中国语言资源集

河南

语音卷

辛永芬 王新宇 段亚广 ◎ 主编

中国社会科学出版社

审图号：豫S（2023）003号
图书在版编目（CIP）数据

中国语言资源集. 河南. 语音卷 / 辛永芬，王新宇，段亚广主编. —北京：中国社会科学出版社，2023.7
ISBN 978-7-5227-2224-5

Ⅰ.①中… Ⅱ.①辛…②王…③段… Ⅲ.①北方方言–语音–方言研究–河南 Ⅳ.①H17

中国国家版本馆CIP数据核字（2023）第129428号

出 版 人	赵剑英
责任编辑	宫京蕾　郭如玥
责任校对	韩天炜
责任印制	郝美娜

出　　版	中国社会科学出版社
社　　址	北京鼓楼西大街甲158号
邮　　编	100720
网　　址	http://www.csspw.cn
发 行 部	010-84083685
门 市 部	010-84029450
经　　销	新华书店及其他书店
印刷装订	北京君升印刷有限公司
版　　次	2023年7月第1版
印　　次	2023年7月第1次印刷
开　　本	787×1092　1/16
印　　张	27
插　　页	4
字　　数	578千字
定　　价	168.00元

凡购买中国社会科学出版社图书，如有质量问题请与本社营销中心联系调换
电话：010-84083683
版权所有　侵权必究

中国语言资源保护工程

中国语言资源集·河南 组委会

主 任

宋争辉

执行主任

尹洪斌　吕　冰

成 员

（按姓名音序排列）

丰晓光　韩　冰　李伟民
唐　磊　薛盈莲　张　楠

教育部语言文字信息管理司
河　南　省　教　育　厅　指导

中国语言资源保护研究中心　统筹

中国语言资源保护工程

中国语言资源集·河南 编委会

主 任
韩 冰 李伟民

主 编
辛永芬 王新宇 段亚广

副主编
申少帅 鲁 冰 郭向敏

编 委
（按姓名音序排列）

段亚广 郭向敏 李会转 鲁 冰
罗家坤 申少帅 沈恒娟 孙志波
王 静 王 昕 王新宇 辛永芬
叶祖贵 尹百利 尤晓娟 庄会彬

中国语言资源保护工程
河南方言调查点分布图

总　序

教育部、国家语言文字工作委员会于 2015 年 5 月发布《教育部 国家语委关于启动中国语言资源保护工程的通知》（教语信司〔2015〕2 号），启动中国语言资源保护工程（以下简称"语保工程"），在全国范围开展以语言资源调查、保存、展示和开发利用等为核心的各项工作。

在教育部、国家语委统一领导下，经各地行政主管部门、专业机构、专家学者和社会各界人士共同努力，至 2019 年底，语保工程超额完成总体规划的调查任务。调查范围涵盖包括港澳台在内的全国所有省份、123 个语种及其主要方言。汇聚语言和方言原始语料文件数据 1000 多万条，其中音视频数据各 500 多万条，总物理容量达 100TB，建成世界上最大规模的语言资源库和展示平台。

语保工程所获得的第一手原始语料具有原创性、抢救性、可比性和唯一性，是无价之宝，亟待开展科学系统的整理加工和开发应用，使之发挥应有的重要作用。编写《中国语言资源集（分省）》（以下简称"资源集"）是其中的一项重要工作。

早在 2016 年，教育部语言文字信息管理司（以下简称"语信司"）就委托中国语言资源保护研究中心（以下简称"语保中心"）编写了《中国语言资源集（分省）编写出版规范（试行）》。2017 年 1 月，语信司印发《关于推进中国语言资源集编写的通知》（教语信司函〔2017〕6 号），要求"各地按照工程总体要求和本地区进展情况，在资金筹措、成果设计等方面早设计、早谋划、早实施，积极推进分省资源集编写出版工作"。"努力在第一个'百年'到来之际，打造标志性的精品成果"。2018 年 5 月，又印发了《关于启动中国语言资源集（分省）编写出版试点工作的通知》（教语信司函〔2018〕27 号），部署在北京、上海、山西等地率先开展资源集编写出版试点工作，并明确"中国语言资源集（分省）编写出版工作将于 2019 年在全国范围内全面铺开"。2019 年 3 月，教育部办公厅印发《关于部署中国语言资源保护工程 2019 年度汉语方言调查及中国语言资源集编制工作的通知》（教语信厅函〔2019〕2 号），要求"在试点基础上，在全国范围内开展资源集编制工作"。

为科学有效开展资源集编写工作，语信司和语保中心通过试点、工作会、研讨会等形式，广泛收集意见建议，不断完善工作方案和编写规范。语信司于 2019 年 7 月印发了修订后的《中国语言资源集（分省）实施方案》和《中国语言资源集（分省）编写出版规范》（教语信司函〔2019〕30 号）。按规定，资源集收入本地区所有调查点的全部字词句语料，并列表对照排列。该方案和规范既对全国作出统一要求，保证了一致性和可比性，也兼顾各地具体情况，保持了一定的灵活性。

各省（区、市）语言文字管理部门高度重视本地区资源集的编写出版工作，在组织领导、管理监督和经费保障等方面做了大量工作，给予大力支持。各位主编认真负责，严格要求，专家团队团结合作，协同作战，保证了资源集的高水准和高质量。我们有信心期待《中国语言资源集》将成为继《中国语言文化典藏》《中国濒危语言志》之后语保工程的又一重大标志性成果。

语保工程最重要的成果就是语言资源数据。各省（区、市）的语言资源按照国家统一规划规范汇集出版，这在我国历史上尚属首次。而资源集所收调查点数之多，材料之全面丰富，编排之统一规范，在全世界范围内亦未见出其右者。从历史的眼光来看，本系列资源集的出版无疑具有重大意义和宝贵价值。我本人作为语保工程首席专家，在此谨向多年来奋战在语保工作战线上的各位领导和专家学者致以崇高的敬意！

曹志耘
2020 年 10 月 5 日

序

  河南地处中原，是华夏文化的发祥重地，也是历代文化的交融中心。

  河南人口过亿，河南话是中国 1/14 人口所使用的语言，多为中原官话，分布在 104 个市县和 1 个市辖区，方言学界将其再分为郑开片、兖菏片、洛嵩片、关中片、南鲁片、漯项片、商阜片和信蚌片 8 个片区。黄河以北、京广线以西 18 个市县的河南话别有特点，属于与山西话相近的晋方言区，方言学界称之为邯新片内的获济小片。

  今日之河南话是历史上河南话的延续。4000 多年前的大夏王朝，自鲧、禹以来都城皆在今河南境内，那时的河南话就应是王朝的"国语"。殷商时代的甲骨文，是迄今为止发现的中国最早的文字，是盘庚迁殷至纣王 270 年间王室占卜记事的"档案"，也是对当时用作"国语"的河南话的记录。周秦汉唐宋，中国的政治中心转到长安、洛阳、开封一带，历史上以洛阳、开封为中心的河南话曾被称为"雅言""通语""正音""河洛音""汴洛音""中州音""中原雅音"等，在相当长的历史时期担当着"国语"的角色，并在此基础上产生了大量的书面文献，包括形成中华文化、惠润至今的华夏经典。《论语·述而第七》中说："子所雅言，《诗》《书》、执礼，皆雅言也。"南北朝时期的大儒颜之推，在《颜氏家训·音辞篇》中说："共以帝王都邑，参校方俗，考核古今，为之折衷。摧而量之，独金陵与洛下耳。"宋代陆游在《老学庵笔记·卷六》中也说："中原惟洛阳得天地之中，语音最正。"

  河南话因其历史上在政治、文化、语言等领域的权威地位，对周边汉语方言和民族语言也都产生过较大影响。特别是历史上数次衣冠南渡，因动乱而发生大规模人口南迁，如西晋末年，晋元帝渡江定都建康（今江苏南京）；唐代"安史之乱"后，中原士庶避乱南徙；北宋末年，宋高宗渡江建都临安（今浙江杭州）。历史上的移民、迁徙，是南方方言形成的主因，且许多南方方言的形成都深受河南话影响，比如客家方言、闽南方言、赣方言、南京话、杭州话等。一些南方方言随着华人远去南洋的船帆也流播海外，把"河洛话"的影响带至世界。近世的河南，也因灾荒等原因不断向四邻移民，带来方言外溢，如皖南、江苏的河南方言岛，陇海沿线的河南方言带，新疆许多区域流行的河南话。从历史上的衣冠南渡到百年来的陇海西行、新疆建设，河南话早就流布四方。许多人的家族谱系上，都称河南为"老家"，河南话也就是很多中国人、中华人的

"老家话"。

　　河南话在中华文明史、汉语发展史上的独特地位，可与之鼎足者不多。历史上汉语音韵、词汇、训诂的研究，虽不能说就是关于河南话的研究，但都会涉及河南话的研究。相对而言，现代方言学兴起以后，对现代河南话的研究则非常之不够。最早研究河南话的文献，是1935年以河南通志馆的名义发表于《河南教育月刊》的《河南方言调查》。1956年，国家高教部、教育部启动全国汉语方言普查，开封师范学院（河南大学前身）中文系的张启焕、陈天福、程仪三位先生承担了河南省的方言普查，共调查方言点123个，成果集中体现在三位先生1993年出版的《河南方言研究》一书中。

　　2000年前，对河南话研究贡献最大的是曾任中国社会科学院语言研究所副所长、《方言》杂志主编的贺巍先生，他的《获嘉方言研究》《洛阳方言研究》《洛阳方言词典》是这方面的代表作，丁声树、卢甲文、崔灿、周庆生、李宇明、郭熙、王森、赵清治、刘冬冰等也发表过有影响的论文。2000年之后，河南话研究的队伍开始壮大，辛永芬、陈卫恒、段亚广、庄会彬、李学军、赵祎缺、孙红举、史艳锋、支建刚、胡伟、陈鹏飞、牛顺心、叶祖贵、张慧丽、王东、王自万、司罗红、鲁冰、陈晓姣等发表了不少成果，发现了不少有价值的语言现象乃至语言规律，还出版了多部专著，如辛永芬《浚县方言语法研究》、段亚广《中原官话音韵研究》、陈鹏飞《林州方言志》《豫北晋语语音演变研究》、王东《河南罗山方言研究》、李学军《河南内黄方言研究》、叶祖贵《固始方言研究》、张慧丽《官话方言变韵研究》等。

　　2008年，教育部、国家语委启动"中国语言资源有声数据库建设"。2015年，在此基础上又启动"中国语言资源保护工程"。这项国家重大工程，一期建设周期历经五年，参与的高校和科研机构350多家，组建专家团队1000多个，投入专业技术人员4500多名，语言发音人9000多名，完成1712个调查点（包括港澳台在内的全国所有省区市）、123个语种及其主要方言的调查，得到原始音视频语料文件1000多万条，总物理容量达100TB，是迄今为止世界上规模最大的语言资源保护项目。河南省积极参与，2016年开始启动，除完成语保工程布局的25个方言点和1个少数民族方言点的调查之外，还完成了省财政自筹经费支持的8个方言点的调查工作，筹建了河南方言有声资源数据平台。这是用现代语言调查技术对河南境内的语言进行的最为全面的调查，《中国语言资源集·河南》展示的就是这一调查的标志性成果。

　　《中国语言资源集·河南》共分为四卷，包括《语音卷》《词汇卷》《语法卷》《口头文化卷》。《语音卷》包括33个点的语音系统、各种音变和1000个字的字音对照表。《词汇卷》包括33个点的1200个词汇对照表。《语法卷》包括33个点的50个语法例句对照表。《口头文化卷》包括33个点的歌谣、故事和自选条目等内容。河南资源集的编写体例和编写规范，遵循的是《中国语言资源集》的统一规划和标准，全国的语言资源依照同一标准汇集，百川入海，蔚为大观。

作为《中国语言资源集·河南》未出版时的读者，我异常兴奋。原因之一，我也是"中国语言资源有声数据库建设"和"中国语言资源保护工程"的参与者，当年的许多设想今日成为现实，自然兴奋。同时也在思考中国语保的后续进程，反思这一工作的许多缺憾，虽然有人说"缺憾有时也是一种美"。原因之二，书中记录的是我的父母语，其中还有我家乡泌阳方言点的情况，边读边做语感校验，有时会心一笑，有时凝眉而思，有时觉得很神奇，相隔千里竟然会有如此相似的民谣儿歌，哪是"底本"？谁是"祖师"？原因之三，诱发我思考河南话的研究价值。方言研究中，南方方言是热点，无论是为推广普通话来研究方言，还是为寻求特殊的语言现象、语言规律来研究方言，南方方言当然最有价值。然而河南话离普通话的距离太近，无论是为推广普通话还是为寻求普通话之外的特殊语言现象、语言规律，河南话似乎都没有"太大意义"。但若换个思路，河南话的研究价值或会飙升。

其一，历史研究。河南话史不仅可以共时构拟，可以参照"外溢方言"构拟，而且因其"历史国语"的地位，有较多文献可以辅助构拟，具有独特优势。河南话及其方言史研究，对于历史上音韵、文字、训诂乃至中国语言学史的研究，对于中华文化、中华文明的研究，也有非凡意义。

其二，外溢方言研究。皖南、江苏等地的河南方言岛、陇海沿线的河南方言带及新疆的河南方言块，这些外溢方言的现状及其历史研究，可以加深对语言演变规律的认识，也可以丰富移民史、移民文化的研究。当然，如果延伸历史眼光，把这些研究与受河南话影响的一些南方方言研究集合起来，不仅可以更全面地发挥河南话的历史作用，而且也可能对方言史的研究有所裨益。

其三，河南是农业大省，早在七八千年前的裴李岗文化时期，这里就产生了农业、畜牧业和制陶等手工业。现在每年产粮1300亿斤，可为全国每人每年奉上千斤口粮。方言所保存的文化层面主要是农牧文化。河南话蕴含着传统农业的语言文化，蕴含着传统农民的生产方式和生活方式，着力探究河南话关于传统农业的蕴含，可为即将失去的传统农业社会保留其语言文化存照。同时，探讨语言生活与乡村振兴的关系，更有未来学价值，观察乡村振兴对当下语言生活的影响，探讨语言对乡村振兴的襄助，努力为一个亿人大省、千亿斤粮仓的振兴发展做出语言学的贡献。

刷新传统的方言观就马上认识到，河南话文化底蕴深厚，现实意义重大，值得花气力进行调查研究。《中国语言资源集·河南》为河南话研究做出了里程碑式的贡献。语音、词汇、语法研究是方言研究的基础，内部划分和外部归属是方言研究的必修课，但是，就河南话而言，在有了一定基础、做了一些必修课之后，更应研究其历史作用和现实作为，特别是研究在河南人生活中的作用、在河南发展中的可能作为。河南的语言学人、身处省外的河南籍语言学人，都应为河南话的研究做些贡献，因为它是河南话。方言学界、语言学界、相关学界也要关注河南话的研究，因为：

　　河南话是中华瑰宝！

李宇明

2022 年 6 月 3 日

序于北京惧闲聊斋

语音卷目录

概述 ·· 1
第一章　各地音系 ·· 11
　第一节　安阳方音 ·· 11
　　壹　概况 ·· 11
　　贰　声韵调 ··· 12
　　叁　连读变调 ·· 14
　　肆　异读 ·· 14
　　伍　儿化和小称音 ··· 15
　　陆　其他主要音变 ··· 17
　第二节　林州方音 ·· 18
　　壹　概况 ·· 18
　　贰　声韵调 ··· 19
　　叁　连读变调 ·· 21
　　肆　异读 ·· 22
　　伍　儿化和小称音 ··· 23
　　陆　其他主要音变 ··· 24
　第三节　鹤壁方音 ·· 25
　　壹　概况 ·· 25
　　贰　声韵调 ··· 26
　　叁　连读变调 ·· 28
　　肆　异读 ·· 29
　　伍　儿化和小称音 ··· 29
　　陆　其他主要音变 ··· 31
　第四节　新乡方音 ·· 32
　　壹　概况 ·· 32
　　贰　声韵调 ··· 33
　　叁　连读变调 ·· 35
　　肆　异读 ·· 35
　　伍　儿化和小称音 ··· 36
　　陆　其他主要音变 ··· 38

第五节 济源方音······39
壹 概况······39
贰 声韵调······41
叁 连读变调······42
肆 异读······43
伍 儿化和小称音······44
陆 其他主要音变······46

第六节 沁阳方音······48
壹 概况······48
贰 声韵调······49
叁 连读变调······51
肆 异读······52
伍 儿化和小称音······53
陆 其他主要音变······55

第七节 温县方音······56
壹 概况······56
贰 声韵调······57
叁 连读变调······59
肆 异读······60
伍 儿化和小称音······61
陆 其他主要音变······63

第八节 范县方音······65
壹 概况······65
贰 声韵调······66
叁 连读变调······68
肆 异读······68
伍 儿化和小称音······69

第九节 郑州方音······71
壹 概况······71
贰 声韵调······72
叁 连读变调······74
肆 异读······76
伍 儿化和小称音······77
陆 其他主要音变······78

第十节 开封方音······80
壹 概况······80
贰 声韵调······81

叁　连读变调 ………………………………………………… 83
　　　肆　异读 ……………………………………………………… 84
　　　伍　儿化和小称音 …………………………………………… 84
　　　陆　其他主要音变 …………………………………………… 86
第十一节　濮阳方音 ……………………………………………… 87
　　　壹　概况 ……………………………………………………… 87
　　　贰　声韵调 …………………………………………………… 88
　　　叁　连读变调 ………………………………………………… 89
　　　肆　异读 ……………………………………………………… 90
　　　伍　儿化和小称音 …………………………………………… 91
　　　陆　其他主要音变 …………………………………………… 93
第十二节　浚县方音 ……………………………………………… 93
　　　壹　概况 ……………………………………………………… 93
　　　贰　声韵调 …………………………………………………… 94
　　　叁　连读变调 ………………………………………………… 96
　　　肆　异读 ……………………………………………………… 97
　　　伍　儿化和小称音 …………………………………………… 97
　　　陆　其他主要音变 …………………………………………… 99
第十三节　长垣方音 ……………………………………………… 103
　　　壹　概况 ……………………………………………………… 103
　　　贰　声韵调 …………………………………………………… 104
　　　叁　连读变调 ………………………………………………… 105
　　　肆　异读 ……………………………………………………… 106
　　　伍　儿化和小称音 …………………………………………… 107
　　　陆　其他主要音变 …………………………………………… 108
第十四节　兰考方音 ……………………………………………… 112
　　　壹　概况 ……………………………………………………… 112
　　　贰　声韵调 …………………………………………………… 113
　　　叁　连读变调 ………………………………………………… 115
　　　肆　异读 ……………………………………………………… 116
　　　伍　儿化和小称音 …………………………………………… 117
　　　陆　其他主要音变 …………………………………………… 119
第十五节　洛阳方音 ……………………………………………… 119
　　　壹　概况 ……………………………………………………… 119
　　　贰　声韵调 …………………………………………………… 120
　　　叁　连读变调 ………………………………………………… 122
　　　肆　异读 ……………………………………………………… 123

　　　　伍　儿化和小称音 ··· 124
　　　　陆　其他主要音变 ··· 125
　第十六节　洛宁方音 ··· 126
　　　　壹　概况 ··· 126
　　　　贰　声韵调 ·· 127
　　　　叁　连读变调 ··· 129
　　　　肆　异读 ··· 130
　　　　伍　儿化和小称音 ··· 131
　　　　陆　其他主要音变 ··· 132
　第十七节　三门峡方音 ··· 133
　　　　壹　概况 ··· 133
　　　　贰　声韵调 ·· 135
　　　　叁　连读变调 ··· 136
　　　　肆　异读 ··· 137
　　　　伍　儿化和小称音 ··· 139
　　　　陆　其他主要音变 ··· 139
　第十八节　灵宝方音 ··· 140
　　　　壹　概况 ··· 140
　　　　贰　声韵调 ·· 141
　　　　叁　连读变调 ··· 143
　　　　肆　异读 ··· 144
　　　　伍　儿化和小称音 ··· 145
　　　　陆　其他主要音变 ··· 147
　第十九节　商丘方音 ··· 147
　　　　壹　概况 ··· 147
　　　　贰　声韵调 ·· 148
　　　　叁　连读变调 ··· 150
　　　　肆　异读 ··· 150
　　　　伍　儿化和小称音 ··· 151
　　　　陆　其他主要音变 ··· 153
　第二十节　永城方音 ··· 153
　　　　壹　概况 ··· 153
　　　　贰　声韵调 ·· 155
　　　　叁　连读变调 ··· 156
　　　　肆　异读 ··· 157
　　　　伍　儿化和小称音 ··· 158
　　　　陆　其他主要音变 ··· 160

第二十一节　郸城方音 ································· 160
　　壹　概况 ··· 160
　　贰　声韵调 ·· 161
　　叁　连读变调 ··· 162
　　肆　异读 ··· 163
　　伍　儿化和小称音 ······································ 164

第二十二节　漯河方音 ································· 166
　　壹　概况 ··· 166
　　贰　声韵调 ·· 167
　　叁　连读变调 ··· 169
　　肆　异读 ··· 170
　　伍　儿化和小称音 ······································ 171
　　陆　其他主要音变 ······································ 172

第二十三节　许昌方音 ································· 173
　　壹　概况 ··· 173
　　贰　声韵调 ·· 174
　　叁　连读变调 ··· 176
　　肆　异读 ··· 177
　　伍　儿化和小称音 ······································ 178
　　陆　其他主要音变 ······································ 180

第二十四节　周口方音 ································· 180
　　壹　概况 ··· 180
　　贰　声韵调 ·· 182
　　叁　连读变调 ··· 184
　　肆　异读 ··· 184
　　伍　儿化和小称音 ······································ 185

第二十五节　驻马店方音 ······························ 187
　　壹　概况 ··· 187
　　贰　声韵调 ·· 189
　　叁　连读变调 ··· 190
　　肆　异读 ··· 191
　　伍　儿化和小称音 ······································ 193

第二十六节　长葛方音 ································· 195
　　壹　概况 ··· 195
　　贰　声韵调 ·· 196
　　叁　连读变调 ··· 198
　　肆　异读 ··· 199

伍　儿化和小称音·····200
　　陆　其他主要音变·····201
第二十七节　泌阳方音·····203
　　壹　概况·····203
　　贰　声韵调·····204
　　叁　连读变调·····206
　　肆　异读·····207
　　伍　儿化和小称音·····208
　　陆　其他主要音变·····211
第二十八节　南阳方音·····212
　　壹　概况·····212
　　贰　声韵调·····213
　　叁　连读变调·····214
　　肆　异读·····217
　　伍　儿化和小称音·····218
　　陆　其他主要音变·····219
第二十九节　鲁山方音·····219
　　壹　概况·····219
　　贰　声韵调·····221
　　叁　连读变调·····222
　　肆　异读·····223
　　伍　儿化和小称音·····224
　　陆　其他主要音变·····226
第三十节　邓州方音·····226
　　壹　概况·····226
　　贰　声韵调·····227
　　叁　连读变调·····229
　　肆　异读·····229
　　伍　儿化和小称音·····231
第三十一节　西峡方音·····232
　　壹　概况·····232
　　贰　声韵调·····233
　　叁　连读变调·····235
　　肆　异读·····237
　　伍　儿化和小称音·····237
　　陆　其他主要音变·····239
第三十二节　信阳方音·····239

壹　概况 ……………………………………………………… 239
　　贰　声韵调 …………………………………………………… 241
　　叁　连读变调 ………………………………………………… 243
　　肆　异读 ……………………………………………………… 243
　　伍　儿化和小称音 …………………………………………… 244
　　陆　其他主要音变 …………………………………………… 246
　第三十三节　固始方音 ………………………………………… 246
　　壹　概况 ……………………………………………………… 246
　　贰　声韵调 …………………………………………………… 248
　　叁　连读变调 ………………………………………………… 249
　　肆　异读 ……………………………………………………… 250
　　伍　儿化和小称音 …………………………………………… 251
　　陆　其他主要音变 …………………………………………… 251
第二章　字音对照表 ……………………………………………… 253
参考文献 …………………………………………………………… 399
附录　方言调查和发音人信息表 ………………………………… 401
后记 ………………………………………………………………… 415

概 述

一 河南省概况

河南省，简称"豫"，古称中原、中州、豫州，因历史上省境大部分位于黄河以南，故名河南。河南地处华北平原南部的黄河中下游地区，地理坐标为东经110°21′~116°39′，北纬31°23′~36°22′，东西直线距离约580千米，南北直线距离约550千米，东连山东、安徽，西邻陕西，北与河北、山西相接，南临湖北，总面积为16.7万平方公里。河南地势西高东低，北、西、南三面由太行山、伏牛山、桐柏山、大别山沿省界呈半环形分布；中、东部为黄淮海冲积平原；西南部为南阳盆地。河南地跨长江、淮河、黄河、海河四大水系，流域内大小河流有1500多条，其中黄河横贯中部，境内干流711千米，流域面积3.62万平方千米，约占全省面积的1/5。河南是全国重要的综合交通枢纽和人流、物流、信息流中心，素有"九州腹地、十省通衢"之称。

河南是中华民族与华夏文明的发源地，至迟在50万年前就有人类在这里生息和繁衍。七八千年前的裴李岗文化时期，这里就产生了农业、畜牧业和制陶等手工业；到了4000多年前的龙山文化中晚期，中原进入了石、铜器并用时代，产生了私有制和阶级的萌芽，夏朝就是在中原地区建立的。从夏朝至宋朝，河南作为国家的政治、经济、文化中心长达3000多年，先后有20多个朝代建都或迁都河南，诞生了洛阳、开封、安阳、郑州、商丘、南阳、濮阳、许昌等古都。是中国建都朝代最多、建都历史最长、古都数量最多的省份。河南自古就有"天下名人，中州过半"之说。

春秋战国时期，河南境内小国林立。秦始皇灭六国、统一中国之后，分天下为36郡，河南占了8个。西汉时期，河南境内有梁国和淮阳国，又分河南、南阳、陈留、河内、河东、颍川等11郡。东汉、三国承袭不变。西晋分设司州和豫州，两州之下又设郡21个。自晋至隋，郡或增或减，或分或合，变化不大。唐朝分天下为十道，在河南境内设河南道。五代因袭唐代旧制未变。北宋定都汴梁（今开封），在河南境内设开封、河南、颍昌、淮宁四府，郑、孟、汝、滑、蔡五州，属京西北路；又设应天府、卫、浚、怀三州，属京西路；拱、亳二州属淮南东路；相、磁二州属河北路；隆德府属河东路；陕、虢二州属陕西路；唐、邓二州属京西南路；光州属淮西南路。金灭北宋后迁都汴梁，改名为南京（开封府），在河南境内设河北、河东、京兆三路，路下设府和州。元朝创行省制，以汴梁等五路、旧德等三府置河南江北行中书省管辖。明朝初年改河南江北行中书省为河南承宣布政司，下辖7府、12州、82县，嘉靖年间升归德为府，共领8府、12州、96县。清朝因袭不变。民国和中华人民共和国成立后，河南一直设省。1949年8月，黄河以北地区成立平原省，省会驻新乡市，河南省保留黄河以南地区。1952年11月，撤销平原省，其行政区域大部分并入河南省。1954年10月，河南省会驻地从开封市迁驻郑州市。截至2020年4月，全省18个省辖市（53个市辖区）、21个县级市、83个县，共157个县级区划。

河南省境内文物古迹众多，有记载着祖先在中原大地繁衍生息的裴李岗文化遗址、仰韶文化遗址、龙山文化遗址、二里头文化遗址；有"人祖"伏羲太昊陵、黄帝故里和轩辕丘；有最古老的天文台周公测景台；有历史上最早的关隘函谷关、最早的佛教寺院白马寺；有"天下第一名刹"嵩山少林寺和闻名中外的大相国寺，等等。洛阳、开封、商丘、安阳、南阳、郑州、浚县、濮阳是全国历史文化名城。

2021年5月，第七次全国人口普查结果公布，截至2020年11月1日零时河南省常住人口99365519人。河南省56个民族成分齐全，少数民族分布呈大分散、小聚居的显著特征。2020年，全省少数民族人口约154万。其中，占比较高的少数民族有回族、蒙古族、满族[①]。

二 河南省汉语方言的分区

河南省境内的汉语方言分属于中原官话和晋语两个大方言区。

（一）中原官话

中原官话分布极广，以中原地区黄河流域为核心，南北拓展，东西绵延，从东海之滨的连云港到新疆维吾尔自治区的喀什，横跨江苏、安徽、山东、河南、河北、山西、陕西、四川、甘肃、宁夏、青海、新疆等12个省区，共计有397个县市[②]。中原官话内部又分为14个片区，省境内的中原官话分属于其中的8个片区，即郑开片、兖菏片、洛嵩片、关中片、南鲁片、漯项片、商阜片、信蚌片，包括104个市县和1个市辖区[③]。

郑开片23：郑州市、开封市（原开封县划归为开封市祥符区）、内黄县、濮

[①] 河南省的历史、地理、行政区划以及人口概况主要参考了河南省人民政府门户网站上的材料：http://www.henan.gov.cn/，最后浏览时间为2021年10月20日。

[②] 据《中国语言地图集》（2012）第二版，中原官话共计有397个县市。段亚广《中原官话音韵研究》（2012）进行了相关核实，中原官话共计394个县市。2012年之后，河南行政区划做了一些调整，本资源集的划分按照新行政区划进行，数据方面可能会有出入。

[③] 方言片区各市县的归属按照河南省最新行政区划进行划分。最新区划中，原开封县、陕县、郾城县、睢县分别划归为开封市祥符区、三门峡市陕州区、漯河市郾城区、商丘市睢阳区。各个市辖区不单独列出，但漯河市郾城区与漯河市其他市辖区分属于南鲁片和漯项片两个片区，故漯河市郾城区单独在南鲁片中列出。

阳市、清丰县、南乐县、浚县、滑县、长垣县、延津县[①]、封丘县、原阳县、荥阳市、新密市、新郑市、鄢陵县、中牟县、兰考县、民权县、杞县、通许县、尉氏县

兖菏片 2：台前县、范县

洛嵩片 15：洛阳市、嵩县、登封市、巩义市、偃师市、孟州市、孟津县、伊川县、新安县、宜阳县、渑池县、洛宁县、义马市、栾川县、卢氏县

关中片 2：灵宝市、三门峡市（原陕县划归为三门峡市陕州区）

南鲁片 28：南阳市、鲁山县、长葛市、许昌市、许昌县、平顶山市、舞钢市、襄城县、郏县、禹州市、汝州市、汝阳县、宝丰县、叶县、舞阳县、临颍县、漯河市郾城区（原郾城县）、方城县、南召县、西峡县、淅川县、内乡县、镇平县、社旗县、泌阳县、唐河县、邓州市、新野县

漯项片 16：漯河市、项城市、扶沟县、西华县、周口市、淮阳县、商水县、西平县、遂平县、上蔡县、汝南县、驻马店市、确山县、正阳县、平舆县、新蔡县

商阜片 10：商丘市（原睢县划归为商丘市睢阳区）、太康县、宁陵县、柘城县、虞城县、鹿邑县、夏邑县、永城市、郸城县、沈丘县

信蚌片 10：信阳市、桐柏县、息县、淮滨县、罗山县、潢川县、光山县、新县、商城县、固始县

（二）晋语

晋语指"山西及其毗连地区有入声的方言"（李荣 1985），主要分布在山西省中北部地区、内蒙古自治区中西部地区、陕西省北部地区、河南省黄河以北大部分地区、河北省西部地区等，共计有 175 个市县。晋语内部又分为 8 个片区，河南境内的晋语属于晋语邯新片获济小片（《中国语言地图集》2012），主要分布在黄河以北地区，共有 18 个市县[②]。具体分布点如下：

邯新片获济小片 18：安阳市、安阳县、林州市、汤阴县、鹤壁市、淇县、新乡市、新乡县、获嘉县、辉县市、卫辉市、焦作市、温县、沁阳市、博爱县、武陟县、修武县、济源市

三　河南境内中原官话和晋语的分界

河南境内的中原官话在黄河以北地区与晋语相邻接，二者的分界线差不多与

[①]《中国语言地图集》（2012）第二版中，延津县被划归为豫北晋语，但据我们这些年的实地调查发现，延津县除了西部靠近新乡的少部分地区保留有入声以外，大部分地区属于中原官话，故本资源集把延津县归入中原官话。

[②] 孟州方言保留了入声调，相对应的入声韵已经消失，属于晋语到中原官话的过渡地带，贺巍（1985）和《中国语言地图集》第一版（1987）把孟州方言归入中原官话"洛徐片"，贺巍（2005）和《中国语言地图集》第二版（2012）归入"洛嵩片"。《河南方言研究》（张启焕 1993）把孟州方言归入"洛阳片"。史艳锋（2008）认为孟州方言保留了独立的入声调，其语音表现与焦作市的其他县市比较接近，应该归入晋语邯新片中的获济小片。本资源集将孟州方言归入洛嵩片。

现在的京广铁路线平行，京广铁路线以西主要是晋语分布区，京广铁路线以东主要为中原官话分布区，临近铁路两边的地区是两种方言的过渡区。豫北地区的这种方言分布格局及其形成过程与历史上的黄河河道变迁和明代人口迁徙有紧密的联系（裴泽仁 1988）。据历史记载，黄河早期在河南境内的流向是自西南向东北方向流出，由于地质的变化和黄河的频繁泛滥才形成了现在的流向。历史上，黄河曾决溢 1500 多次，大的改道有 26 次（陈泓、李海洁 2006），每次改道都是把黄河下游的河道向东南方向迁徙，这就使得向东北方向流动的黄河故道逐渐退缩，留下一条宽带状的黄河淤积平原。也就是说，古黄河流经豫北地区，其河道将豫北一分为二，东西两边的人员流动和交往受到一定阻隔，这种阻隔一直延续到黄河改道东流才结束。另外，据史料及各地县志记载，元末明初的战乱造成豫北地区的人口锐减，所以明建朝以来，政府制定了移民政策，组织过多次大规模的人口迁移工作，即从山西向豫北、豫东等其他地区移民，民间广泛流传的"要问我家哪里来，山西洪洞大槐树"就是明代移民的历史写照。由于地理相邻相近，豫北西部地区来自山西的移民明显多于东部地区，形成了目前豫北地区中原官话与晋语东西两分的格局。

四 河南方言的语音、词汇、语法特点

（一）河南方言的语音特点

（1）古全浊声母都已清化。清化的规律分两种，属于关中片的灵宝市、三门峡市今读塞音、塞擦音的字"无论平仄都读送气"，其他方言都是"平声送气、仄声不送气"。

（2）古精知庄章四组声母的分合分为四种类型。第一种是开封型，特点是古知庄章合一，读为翘舌的[tʂ tʂʰ ʂ ʐ]，与精组[ts tsʰ s]形成对立。这种类型主要分布在郑开片、兖菏片、南鲁片和商阜片，覆盖面比较大。第二种是洛阳型，特点是古知二庄开口、止开三章组与精组字合流，读[ts tsʰ s]；古知二庄合口、知三章（止摄除外）读[tʂ tʂʰ ʂ ʐ]。这种类型主要分布在洛嵩片，在郑开片、南鲁片和商阜片的个别点也有分布。第三种是上蔡型（段亚广 2012），特点是古精知庄章四类声母合一，都读平舌[ts tsʰ s]。这种类型主要分布在漯项片、信蚌片的大部分方言点，郑开片也有个别方言属于这种类型。第四种是新乡型，特点是古精知庄章四组声母读音基本合一，有的方言以[ts tsʰ s]为主，有时也读[tʂ tʂʰ ʂ ʐ]，有的方言以[tʂ tʂʰ ʂ ʐ]为主，有时也读[ts tsʰ s]，二者可以自由变读。这种类型主要分布在豫北晋语区。

（3）尖团音的分混分两种类型，一种是分尖团，即古精组细音字没有发生腭化，还读[ts tsʰ s]，古见组的细音字（喉牙音二等字）发生了腭化，变读为[tɕ tɕʰ ɕ]，尖团音有区别，比如"精[tsiəŋ]≠经[tɕiəŋ]、清[tsʰiəŋ]≠轻[tɕʰiəŋ]、西[si]≠稀[ɕi]、聚[tsy]≠句[tɕy]"等，这种类型主要分布在郑开片、洛嵩片、南鲁片、商阜片的大部分地区，晋语的个别点，如林州的东南部有些地区也分尖团（支建刚 2020）。

另一种是不分尖团，即古精组细音字和古见组的细音字都发生了腭化，都变读为[tɕ tɕʰ ɕ]，如"精[tɕiəŋ]=经[tɕiəŋ]、清[tɕʰiəŋ]=轻[tɕʰiəŋ]、西[ɕi]=稀[ɕi]、聚[tɕy]=句[tɕy]"。漯项片、信蚌片、关中片属于不分尖团的方言区。

（4）古微母字的读音分两种，一种读[v]，一种读零声母。读[v]母的主要分布在晋语邯新片获济小片、洛嵩片、关中片，信蚌片也有零星分布。其他方言读零声母。

（5）影疑母开口字除关中片、信蚌片读[ŋ]声母以外，其他大部分地区都读舌根浊擦音[ɣ]，如"袄、熬、安、案、牛、硬"等，区别是有些方言摩擦轻微一些，有的方言摩擦明显一些。

（6）除了信蚌片一些方言[n][l]不分以外，其他方言都作区分。

（7）果摄合口一等见系字大部分仍保持合口读音，如"戈、科、课、颗、禾、和、棵"等。

（8）遇摄合口三等知系字韵母读作[ʅ]/[ʯ]，如"猪、住、出、除、书、输"等，主要分布在郑开片、洛嵩片、南鲁片和豫北晋语区。

（9）古蟹止摄合口三等非组字，中原官话除信蚌片以外的大部分地区都可以与[i]相拼（老派），如"飞、费、废、肥、肺、匪"等，晋语区没有这个特点。

（10）止摄开口日母字，如"儿、二、耳、而、尔、饵"等有三种读音，一种读自成音节的舌尖后边音[ɭ̩]或[ɭə]，主要分布在豫北晋语、郑开片、南鲁片，漯项片、商阜片也有零星分布。一种读平舌的[ɯ]，主要分布在洛嵩片、南鲁片的部分地区，属于晋豫的焦作、济源、温县、武陟、修武等地"儿"单独不读[ɯ]，但儿化韵收[ɯ]尾。一种读卷舌元音[ər]，中原官话漯项片、商阜片、信蚌片、郑开片等都有分布。

（11）鼻尾韵演变分四种类型。第一种是分四组，前鼻音两组，后鼻音两组，相互不混，也没有鼻化现象，主要分布在郑开片、洛嵩片、南鲁片、漯项片、商阜片。第二种表现为四种鼻尾韵保持对立，但鼻尾韵开始弱化，使得其前面的元音带上了鼻化色彩，洛嵩片、关中片、商阜片都有分布，豫北晋语区鼻化更为明显，发生鼻化的主要是前鼻韵尾。第三种是前后鼻韵尾相混，或者前鼻韵尾与阴声韵部分合流。如林州方言和洛宁方言，咸山摄韵母读成了单元音[a]，与阴声韵合流。深臻摄韵母，林州方言与曾梗摄合流，读成后鼻韵尾型韵母，洛宁方言读成[i]尾韵。信蚌片有些方言曾梗摄合流，都读成前鼻韵尾。第四种是前鼻韵尾完全消失，无论是咸山摄还是深臻摄都变读为[i]，属于n>i型，主要分布在长垣及周边地区。

（12）古入声韵的演变分两种类型，中原官话区的入声韵全部舒化，有的与其他阴声韵合流，有的演变为独立的韵类。比如德陌麦三韵合并为一韵，读成[ɛ]/[ei]等韵，药铎觉三韵合并为一韵，读成歌戈韵。晋语区入声韵，古清声母入声字和次浊声母入声字还读入声韵，入声韵都收喉塞尾[ʔ]，古全浊声母入声字读单字音时基本已经舒化，没有入声韵，但有些字在词汇中还保留入声韵。豫北晋语的入声韵系统大部分都趋向了简化，合并为两套或三套。

(13) 河南方言的声调类型分为三种：三调型、四调型和五调型。三调型方言很少，洛嵩片的渑池和洛宁属于三调型，特点是平声不分阴阳，浊上归去、去声不分阴阳，古入声字归入平声。四调型与普通话一样，平分阴阳，浊上归去、去声不分阴阳，古清声母和次浊声母入声字归阴平，全浊声母入声字归阳平。渑池、洛宁、孟州方言以外的中原官话都属于四调型。五调型是阴平、阳平、上声、去声和入声，豫北晋语区方言和孟州方言属于五调型。

(二) 河南方言的词汇特点

(1) 河南中北部的中原官话和晋语都有丰富的圪头词、分音词等。圪头词如"圪针、圪节儿、圪巴儿、圪应、圪糟、圪渣、圪蹬、圪歪、圪垯、圪蔫、圪档、圪嘍、圪丁、圪绫、圪搅、圪料、圪答、圪星、圪洼、圪吱、圪嘣、圪蹴"等，其中"圪"因地区不同，发音有一些差异，入声区多读[kəʔ]，中原官话区多读[˷kɛ]。分音词如"不啦（拨）、胡啦（划）、骨碌（辊）、出溜（促）、出律、滴溜（吊）、骨轮（滚）、扑撩（飘）、扑棱（蓬）、吱唠（叫）、骨涌（拱）、圪老（角）、圪棱（梗）、曲连（蜷）、克朗（腔）、克髁（壳）"等，这些分音词的发音也因地而异，但其内部一致性很高。河南境内方言里的这些圪头词、分音词与山西方言有很多共同之处，但在丰富性和使用频率方面，东部的中原官话与西部的中原官话、晋语相比显得要弱一些。这与豫北晋语与山西晋语的地缘相接以及语言接触有关，也与明代的历史移民有较大关系，即从山西移民而来的人比较集中于河南西部和北部靠近山西的地区。

(2) 合音词是整个河南话一个很显著的特点，正如侯宝林先生在《戏剧与方言》里所描绘的那样，河南话表达方面最"省事"。这种"省事"很多时候是合音造成的。河南境内的中原官话和晋语有许多常用词汇都用合音形式，如代词"俺（我、我们）、恁（你、你们）、咱、[人家]、啥、咋（怎么）、镇（这么）、恁（那么）"；方位词"[里头]、[外头]、[底下]、[地上]、[顶上]、[身上]、[起来]、[出来]"；数量组合"[一个]、[两个]、[三个]、[四个]、[五个]、[六个]、[七个]、[八个]、[九个]、[十个]、[几个]"；其他词"[没有]、[不要]、[知道]、[多少]、[清早]、[时候]"等。尽管合音词合音后的音值各地稍有不同，但其合音类型、合音趋势非常一致。

(3) 在河南境内的中原官话和晋语中，合音还经常发生在地名词中，变韵与基本韵的对应关系与动词、形容词变韵相同，也称地名变韵，主要发生在第一个音节以姓氏命名的地名词。如"李[D]村、王[D]村、高[D]村、孙[D]庄、贺[D]庄、黄[D]庄、井[D]庄、尹[D]庄、段[D]庄、孙[D]寨、堵[D]寨、梁[D]寨、邹[D]寨、孟[D]寨、楚[D]寨、麦[D]寨、路[D]寨、殷[D]寨、党[D]寨、陈[D]营、仝[D]集、韩[D]屯、肖[D]堤、张[D]铺、韦[D]城、周[D]湾、回[D]湾"等等，有时候也发生在非首音节的位置，如"雁李[D]、花王[D]、新吴[D]、菜吴[D]、西吴[D]庄、黄亿[D]庄、双楼王[D]、扁担王[D]、水牛赵[D]、龙王庙[D]"等等。地名变韵在河南方言的结合面和适用范围都很广。

（4）河南方言里还有一些典型的区域特色词。如：
中行，可以（通行于河南大部分地区）　管行，可以（通行于豫东地区）
甜淡　花风流，行为不端　得/得劲舒服、满意　瓢不好，软弱　沉重
眼气/眼热嫉妒　撕气馋　腥气腥　勤勤勤快　小气抠门儿　光棍凶、厉害
仔细俭省，节俭　枯缩皱巴，不平整　圪意心里不舒服，厌恶，讨厌
寻找对象　喷聊天，说大话　哕呕吐　拌扔掉　谝炫耀　撨骗、欺骗　搭抓、逮　撵追
喑=/噘骂　跍蹲蹲下　地奔儿/地走步行　猜枚划拳　拾掇收拾　喝汤吃晚饭
胳老肢儿腋窝儿　卜老盖儿膝盖　茅厕/后茅厕厕所　灶火/灶火屋厨房
就窝儿随即，趁机　没成色没能力、没本事　说瞎话说假话

（三）河南方言的语法特点

语法方面，河南境内的中原官话和晋语，特别是河南中北部地区的方言最显著的特点是有成系统的音变现象，除了上述词汇方面所举出的代词合音、方位词合音、数量词合音、地名词合音以外，还存在与语法意义相关的系统音变现象，如儿音变、Z 音变、D 音变等。儿音变主要用来表示小称。除了焦作的几个县市、洛嵩片和南鲁片的部分方言使用平舌儿化[ɯ]以外，其他的中原官话和晋语都使用卷舌儿化，且这种用于名词的小称形式还扩展到了形容词短语的层面。形容词短语小称的语法意义是把形容词短语所表示的数量或程度量往小里说。这种特殊的语法音变现象，表现出了汉语中词法规则向句法方面渗透的个性特征。

（1）Z 变音

Z 变音就是汉语方言中通过词根音节的语音变化来表示普通话中"子"尾词意义的一种音变现象，又称"Z 变韵母"（贺巍 1965）、"子变韵母"（侯精一 1985）、"u 化韵"（周庆生 1987）、"Z 化韵"（卢甲文 1992）、"子变韵"（王福堂 1999）等，它本质上是一种词根音节与后缀音节在语流中产生的合音现象。Z 变音所涉及的县市共有 60 多个，集中分布在河南北部和中部、山西南部和东南部地区。河南境内的 Z 变音北起林州、汤阴南部，南到尉氏北部、西北部，东到杞县、通许西部，西到荥阳西部，这之间呈连续分布。从地理分布、类型特点以及人口变迁等方面看，Z 变音是中原地区自源性的音变现象。从语音演变、历史文献以及方言事实等方面看，Z 变音是汉语史上表小称义的名词词缀"子""儿"或"子+儿"等与其词根语素进一步融合的结果，是词缀语义虚化或语法强化的一种语音表现。目前，汉语方言共时层面的 Z 变音已失去小称义，只表示泛称或统称，它与后起的其他小称形式，比如儿化小称、重叠小称、圪头词等形成了新的语义对立（辛永芬、庄会彬 2019）。Z 音变虽然是一种构词方面的合音现象，但在共时平面上已成为一种形态化的构词手段，这种合音音变的形成过程及其演变规律从河南及其周边地区的地理分布状况看得更为清楚。

（2）D 变音

D 变音是句法方面的音变现象，也是从合音而来的，与词法方面的儿音变、Z 变音不太相同，它们是动词、形容词等与其后面语法虚成分的合音，可以表达

体意义、格意义、程度义、祈使义等,是语法成分虚化之后的一种语音弱化表现。D变音在河南的分布范围也很广,北起内黄县,东到山东东明界,南到漯河郾城区,西到荥阳。更为特别的是,这种语音弱化的进程在河南北部和中部地区的十多个县市达到了极致,即零形式。从共时分布看,河南境内中原官话和晋语的D音变经历了四个阶段的变化,而且不同阶段的语音弱化形式在河南境内方言的共时平面都保留着,甚至一些过渡阶段的形式也有分布,可以说是语法化中语音弱化过程的活化石。

(3) 重叠

河南境内中原官话和晋语表示语法意义的重叠形式也很丰富,特别是形容词的重叠有一些较为特殊的表现。如双音节形容词的重叠和单音节形容词加缀重叠多采用"ABB"或"AXX"式,这种三音节的重叠式是整个河南方言最常见也是使用频率最高的一种形式,且重叠式在语音形式上有固定的韵律模式。以焦作为核心的晋语区,如焦作、温县、博爱、武陟、修武、沁阳、济源等地方言中有一种独具特色的重叠形式,即形容词重叠再加缀的"老AA""老AA老AA""老ABAB"形式,颇具地方特色,是河南境内的中原官话和山西、陕西、内蒙古、河北等其他晋语区没有的重叠形式。

(4) 介词

河南境内中原官话和晋语的介词系统相对来说一致性也比较高。比如表示处所的介词大致分两类,一类是[t]声母,一类是[k]声母。表示处置的介词与处所介词有一定关联,一般也以[t]声母和[k]声母作为区分,其使用区域也与处所介词的区域大致相同。表示起点和经由的介词非常丰富,可以分为四类,第一类是"从、打、打从、搭",主要分布在中原官话区,晋语区也有使用;第二类是"押/[˗ia]/[˗a]、压、牙、捱、挨/[˗iɛ]/[˗ɛ]、依/[iʔ]",中原官话和晋语都使用;第三类是"改ᴅ、搁、给ᴅ、起",是由表示存在的动词和表趋向的动词演变而来的;第四类是"沿住/着、顺住/着",是专门表示经由的双音节介词,中原官话和晋语方言都用。引进受事的介词主要有"给""连""盖ᴅ""搁""弄ᴅ"等,其来源与普通话"把""将"有所不同,主要与给予义、连接义、处所义相关。表示被动的介词一般使用"叫",与普通话不同的是,"叫"在南鲁片方言中还可以作处置标记。

(5) 句法格式

河南境内中原官话和晋语在疑问句系统方面的表现一致性也很高,即都没有与普通话对应的"吗"字是非问,反复问的类型是"VP没有"和"VP不VP"呈互补分布,后者带宾语的类型是"VO不V"。河南境内中原官话和晋语的能性补语结构有两种类型,一种是"VC了/V不C",一种是"能VC/V不C",有些方言点二者并存。本地区方言大多数点都有一种代词复指型处置式,记作"(A/B)+Vᴅ+复制性代词+X",一般表示位移处置或结果处置。

河南中原官话和晋语中还有一种非常特殊的"有"字句,其主体结构为"V(x)有(NP)",如"俺存(嘞/哩)有钱儿""墙上挂(嘞/哩)有画儿""报纸俺订（嘞/哩）有""俺买（嘞/哩）有"等，主要表示动作实现且动作结果或结果状态的存在，"V（嘞/哩）有NP"语义上是三种表述的套合，即"VNP""V（嘞/哩）有"和"有NP"的套合，句法上是一种特殊的兼语结构，源于汉语史共享宾语的连谓结构。这种结构在其他方言中也有分布，结构形式丰富多彩。据考察，方言中丰富多彩的"V（x）有（NP）"是对汉语史同类结构不同阶段的继承和发展。

五　本卷内容和编排方式

本卷为河南方言语音卷，包括两部分内容：

第一部分主要描写中国语言资源保护工程（以下简称"语保工程"）河南省33个调查点的音系。具体内容是：方言点概况，发音人概况，声韵调系统，新老异读，文白异读，连读变调，儿化和小称音变，其他音变。方言点概况中的地理、人口、行政区划等数据均来自各地政府的官方网站，其数据统计截止时间点一般是2019年或2020年。发音人概况只介绍提供本卷语言信息的老年男性发音人（简称"老男"）和青年男性发音人（简称"青男"）。为了让读者了解其语言背景，我们对发音人的经历做了较为详细的介绍。

第二部分主要以表格形式展示语保工程河南省33个调查点的单字音。表格以字为列，以方言点为行，方便方言之间的横向比较。字目以《中国语言资源调查手册·汉语方言》中的"单字（方言老男）"所列1000个汉字为准，并标注了每个字的中古音韵地位，以便于进行古今音对照比较。方言音值来自语保工程各课题组的调查记录。本部分所录单字音，按照语保工程的调查规范，详细记录了文白异读、又读等信息，是对语音卷第一部分声韵调系统、文白异读部分描写的具体展示。

在发音人的遴选上，为准确地记录方言，语保调查描写中设置有一系列的严格规定或标准：调查地点要在城关；发音人中的老年发音人调查时的年龄应在55～65岁，文化程度一般为小学或中学，当地出生、当地长大，父母、配偶也都必须是当地人。

本卷调查点排列顺序为，先排晋语获济小片，再排中原官话各小片。具体顺序如下：

晋语
邯新片获济小片：安阳、林州、鹤壁、新乡、济源、沁阳、温县
中原官话
兖菏片：范县
郑开片：郑州、开封、濮阳、浚县、长垣、兰考
洛嵩片：洛阳、洛宁
关中片：三门峡、灵宝
商阜片：商丘、永城、郸城

漯项片：漯河、许昌、周口、驻马店、长葛、泌阳
南鲁片：南阳、鲁山、邓州、西峡
信蚌片：信阳、固始

每页根据实际情况排 1 个或数个表格；每个表格均排 8 个单字。

六　凡例

本书记音方式以教育部语言文字信息管理司、中国语言资源保护研究中心《中国语言资源调查手册·汉语方言》（商务印书馆，2015 年）为规范。涉及本卷的内容主要有：

（1）本卷国际音标一律使用 IpaPanNew 字体，其中送气符号一律采用上标 h，调值采用阿拉伯数字上标，轻声使用 0 上标。零声母不标注，直接书写音节。句子音标除标点符号以外，直接连写。

（2）连读调表格中，出现连读变调的用例，则用加粗来表示，如：安阳"52+43 典礼 左手"。连调式的例词数量，根据描写需要来具体控制，但为了便于核对，一般仅限于从语保工程所记录的词汇、语法例句中选取。因此，受数据规模的限制，每个连调式的用例数量不全一致。

（3）在描述异读时，字音的新老异读排布为老男读音在前，青男读音在后。字音的文白异读排布为白读形式在前，文读形式在后。

（4）在描述合音现象时，在其合并后的音节所对应的语素组合上加[]，如浚县方言中的"[出来]"。

（5）子变韵是河南方言的一个特点，在描述子变韵时，在发生子变现象的语素后标 Z 表示，如浚县方言的"鼻^Z""套^Z""桌^Z"等。

第一章 各地音系

第一节 安阳方音

壹 概况

一 安阳调查点概况

安阳位于河南省最北部，地处豫、晋、冀三省交界处。调查点为安阳市文峰区，地理坐标为东经 113°37′~114°58′，北纬 35°12′~36°22′。截止到 2012 年本区总人口为 38 万人，其中汉族人口 37.3 万人，蒙古族、回族、满族、壮族等少数民族共 6000 余人，约占总人口的 2%。调查点所在区域没有少数民族语言分布。

文峰区位于安阳市东南部，是安阳的政治、经济和文化中心。全区共辖 2 个乡镇、12 个街道办事处，方言内部差别不大，不存在方言岛问题。方言的差异主要表现为新老派口音的差别。安阳话分布在文峰区主要区域，使用人口约 38 万，为本地通用的方言，近年来变化很大，正在向普通话靠拢。

安阳的地方戏主要有大平调、二夹弦、大弦戏等地方曲艺形式，一般在逢年过节或者本地其他大型活动时演出。

二 安阳方言发音人

1. 方言老男

华东林，1955 年 4 月 8 日出生于安阳市文峰区仓巷街 31 号，初中文化程度。1962 年至 1969 年，在文峰区后仓小学读书；1969 年至 1972 年，在安阳市十七中学读书，后转入安阳四中；1972 年至 1985 年在文峰区制铅厂工作；1985 年至 2010 年在安阳市教育局下属生产公司工作，同时在本地有短暂经商经历；2010 年至今退休在家，一直在安阳市生活。华东林没有长期离开过安阳市，会说安阳话和普通话，现在主要说安阳话。父亲、母亲和配偶都是安阳市文峰区人，都只会说安阳话。

2. 方言青男

王雨，1988 年 12 月 17 日出生于安阳市文峰区仓巷街 14 号，文化程度为函授本科。1995 年至 2001 年，在文峰区三道街小学读书；2001 年至 2004 年，在安阳师范学院附中读书；2004 年至 2006 年，在安阳市旅游学校读书；2006 年至 2008 年为自由职业者；2008 年至今在中国人保财险公司安阳分公司工作。王雨没有长期离开过安阳市，会说安阳话和普通话，现在主要说安阳话。父亲和母亲都是安阳市文峰区人，都只会说安阳话。配偶也是安阳市文峰区人，会说安阳话和普通话，现在主要说安阳话。

3. 口头文化发音人

王建洲，1956 年 11 月出生于安阳市文峰区仓巷街，初中文化程度。小学、初中都在文峰区读书，初中毕业后一直在文峰区工作，职业为工人。没有长期外出经历，现在一直说安阳话。提供的调查材料有歌谣、谚语、民间故事等。

贰 声韵调

一 声母（21 个，包括零声母在内）

p 八兵病	pʰ 派片爬	m 麦明	f 飞风副蜂肥饭			v 味问温王	
t 多东毒	tʰ 讨天甜	n 脑南				l 老蓝连路	
ts 资早租字贼坐 张竹柱争装纸 主	tsʰ 刺草寸祠抽 拆茶抄初床 车春船城		s 丝三酸事山双 顺手书十			z 热软	
tɕ 酒九	tɕʰ 清全轻权	ȵ 年泥	ɕ 想谢响县				
k 高共	kʰ 开		x 好灰活				
∅ 熬月安云用药							

说明：

1. 声母[ts tsʰ s z]有一套音位变体[tʂ tʂʰ ʂ ʐ]，具体哪部分字读[tʂ tʂʰ ʂ ʐ]无规律可循，也不区别意义。这里不把[tʂ tʂʰ ʂ ʐ]列在单字音音系中，在词汇系统中也没有记录。

2. [n]、[ȵ]互补，[n]拼开口呼、合口呼，[ȵ]拼齐齿呼、撮口呼。

二 韵母（44 个，包括自成音节的[l̩]在内）

ɿ 师丝试十后音节直文	i 米戏急		u 苦五猪		y 雨局
l̩ 二					
a 茶瓦法文	ia 牙鸭文		ua 刮文		
ɤɛ 车	iɛ 写鞋				yɛ 靴学文
ə 歌盒			uə 坐过活		yə 学文
ai 开排白			uai 快		
ei 赔飞			uei 对鬼		

ao 宝饱　　　　　　iao 笑桥
ɔu 豆走　　　　　　iəu 油六
ã 南山半　　　　　　iã 盐年　　　　　uã 短官　　　yã 权
ẽ 深根　　　　　　　iẽ 心新　　　　　uẽ 寸滚春　　yẽ 云
aŋ 糖王　　　　　　iaŋ 响讲　　　　　uaŋ 床双
əŋ 灯升争横₂　　　　iəŋ 硬病星　　　　uŋ 横₂东　　yŋ 兄用
ɛʔ 十₂单字音或前一音节热北　iɛʔ 鸭₂接贴急₂节　uɛʔ 说　　　　yɛʔ 月橘
　　直₂色尺　　　　　　七一锡
ɐʔ 塔法₂辣八壳　　　　　　　　　　　uɐʔ 刮₂骨出托　yɐʔ 药
　　　　　　　　　　　　　　　　　郭国谷绿

说明：

1. [iɛ]实际音值为[ie]。
2. [ai uai]阴平、上声为单元音，实际音值为[æ]，阳平、去声为复合元音[ai]。
3. [ao iao]收音时舌位稍靠上，近[u]。
4. [ã iã uã yã]主元音开口度稍小。
5. 入声韵的塞音韵尾不够紧促，有舒化趋势。
6. "二"自成音节，记作[ḷ]，实际音值为[ḽ]。
7. [ɣɛ]由单字"车"补入；[uɐʔ]由词汇"说媒"补入。[ɣɛ]主元音开口度比[ɛ]小，比[e]大，实际音值为[ɛ]。

三　声调（5个）

阴平　44　东该灯风通开天春
阳平　52　门龙牛油铜皮糖红急₂毒白盒罚
上声　43　懂古鬼九统苦讨草买老五有
去声　31　动罪近后冻怪半四痛快寸去卖路硬乱洞地饭树六
入声　33　谷百搭节急₂哭拍塔切刻麦叶月

说明：

1. 阴平是半高平调44。
2. 阳平是直降调52。
3. 上声起点比阳平略低，是一个短降，降幅不到2度，有时略平一些，近似于阴平，记作43。
4. 去声是个中降调，拖音时略有点曲折，落点不到2，为311，记作31。
5. 入声33，部分全浊入声字已舒化，其他入声也在舒化过程中。急阳平：急诊；急入声：着急。入声在词汇中大多读短调，按实际读音记。

叁 连读变调

两字组连读调表

前字＼后字	阴平 44	阳平 52	上声 43	去声 31	入声 33
阴平 44	44+44 飞机 声音	44+52 高楼 猪皮	44+43 工厂 浇水	44+31 干旱 公路	44+33 钢铁 中国
阳平 52	52+44 床单 农村	52+52 皮球 农民	52+43 长短 牛马	52+31 肥皂 迟到	52+33 潮湿 毛笔
上声 43	43+44 普通 火车	43+52 水壶 打雷	**52+43** **典礼 左手** **13+43** **洗脸 洗澡**	43+31 等待 小路	43+33 粉笔 宝塔
去声 31	31+44 士兵 汽车	31+52 象棋 证明	31+43 淡水 字典	**13+31** **部队 唱戏**	31+33 道德 顾客
入声 33	3+44 读书 目标	3+52 足球 食堂	3+43 热水 木板	3+31 铁路 绿豆	3+33 积极 出力

说明：

以上表格中，加粗的连调组为连读变调。安阳方言两字组连读变调基本规律是：上声在上声前一般前字变读阳平调 52，也有少部分变读为低升调 13；去声在去声前前字变读为低升调 13；入声在阴平、阳平、上声、去声前都读为短促调 3。

此外，安阳方言还存在一种特殊变调，就是上声在轻声前变读为阳平 52，例如 "嘴水[tsuei⁵²suei⁰]、打摆子[ta⁵²pai⁰tsʅ⁰]、蚂蚁[ma⁵²i⁰]、老虎[lao⁵²xu⁰]" 等；去声在轻声前变读为低升调 13，例如 "病了[piəŋ¹³lə⁰]、运气[yẽ¹³tɕʰi⁰]、大娘[ta¹³ɲiaŋ⁰]、事儿[sʅ¹³ər⁰]" 等。

肆 异读

一 新老异读

安阳新老派之间的语音略有不同。在语音系统方面，老男上声调为 43，青男为 42。青男今开口呼韵母自成音节时有摩擦不太明显的[ɣ]声母，老男都读零声母。

老男和青男之间没有成系统的新老异读，但因所受普通话影响程度不同，有个别字老男和青男存在读音差别，有的字老男一读，青男有两读，有的字老男两读，青男一读，有些字读音不同，表现出了语音发展的阶段性特点。举例如下：

	老男	青男
拖	tʰuə⁴⁴	tʰuɐʔ³³/tʰəu⁴⁴
渠	tɕy⁵²	tɕy⁵²/tɕʰy⁵²
竖	suɐʔ³³/su³¹	su³¹
糙	tsao³¹	tsʰao⁴⁴
绕	zao⁵²	zao³¹
塔	tʰɐʔ³³	tʰaʔ³³/tʰa⁴²
甲	tɕiɛʔ³³/tɕia⁵²	tɕiɛʔ³³
佛	fu⁵²	fuə⁵²
弱	zuə⁴⁴	zuɐʔ³³
墨	mei³¹/muə³¹	mei³¹
贞	tsəŋ⁴⁴/tsẽ⁴⁴	tsẽ⁴⁴
锡	ɕiɛʔ³³	ɕiɛʔ³³/ɕi⁴⁴

二　文白异读

安阳方言的文白异读比较少，一般为零星的，不成系统。有些文白读两个层次之间的差异与新老派差异重合，此不赘述。有些只在老派中存在，例如："踏白[tʰɐʔ³³]/踏文[tʰa⁴⁴]、达白[tɐʔ³³]/达文[ta⁵²]、瞎白[ɕiɛʔ³³]/瞎文[ɕia⁴⁴]、刷白[suɐʔ³³]/刷文[sua⁴⁴]、石白[sɐʔ³³]/石文[sʅ⁵²]、壁白[piɛʔ³³]/壁文[pi³¹]、育白[yɛʔ³³]/育文[y³¹]"等。有些只在新派中存在，例如"雷白[luei⁵²]/雷文[lei⁵²]、类白[luei³¹]/类文[lei³¹]、折白[tsɤʔ³³]/折文[tsɛ⁵²]、寻白[ɕiẽ⁵²]/寻文[ɕyẽ⁵²]、嫩白[luẽn³¹]/嫩文[nẽ³¹]、特白[tʰɛʔ³³]/特文[tʰʅʔ³³]、目白[mɐʔ³³]/目文[mu³¹]"，等等。

伍　儿化和小称音

儿化音变规律表

儿化韵	基本韵	例词
ɐr	a	刀把儿、分叉儿、爪儿、抓儿
	ai	瓶盖儿、门牌儿
	ã	花篮儿、猪肝儿
iɐr	ia	衣架儿、豆芽儿
	iã	小辫儿、小燕儿、一件儿

续表

儿化韵	基本韵	例词
uɐr	ua	小瓜儿、小花儿、小褂儿
	uai	一块儿
	uã	小官儿、小碗儿、拐弯儿
yɐr	yã	圆圈儿、手绢儿、花园儿
ɿr	ə	小河儿
	ɜʅ	小车儿
	ao	小刀儿、羊羔儿
	ɐʔ	腊八儿、没法儿、泡沫儿
iɜr	iao	豆苗儿、一条儿
	iɛ	树叶儿
	iɐʔ	小鸭儿、皮夹儿
uɜr	uə	一摞儿
	uɐʔ	小桌儿、手戳儿、小刷儿
er	ɿ	戒指儿
	y	闺女儿、小马驹儿
	ei	一辈儿、妹儿
	ɐʔ	黑儿
uer	uei	小锤儿、小鬼儿
ɛr	ɛʔ	一折儿、颜色儿、方格儿
iɛr	iɛʔ	一撇儿、一捏儿
	iɛ	爷儿俩、蝴蝶儿、手戳儿
yɛr	yɛʔ	小月儿
ẽr	ẽ	树根儿、一阵儿、花盆儿
iẽr	iẽ	有劲儿
uẽr	uẽ	木棍儿
	uŋ	酒盅儿
yẽr	yẽ	小裙儿

说明：

安阳方言有儿化现象，可以通过儿化表示"小""喜爱"之意。其小称音变规律大致有两种情况：一是变韵，即儿化韵；二是直接在后面加[-ər]作儿尾。具体如下：

1. 儿化韵有 31 个，如上表。

2. 直接加[-ər]的儿尾有 13 个，分别是[ɿ i u y əu iəu aŋ iaŋ uaŋ əŋ iəŋ uŋ yŋ]，例如"铁丝儿[tʰiɛʔ³sɿ⁴⁴ər⁰]、马蹄儿[ma⁴³tʰi⁵²ər⁰]、小鼓儿[ɕiao¹³ku⁴³ər⁰]、小鱼儿[ɕiao⁴³y⁵²ər⁰]、小狗儿[ɕiao¹³kəu⁴³ər⁰]、衣袖儿[i⁴⁴ɕiəu³¹ər⁰]、一行儿[iɛ³xaŋ³¹ər⁰]、模样儿[mɤ⁵²iaŋ³¹ər⁰]、渔网儿[y⁵²uaŋ⁵²ər⁰]、小木凳儿[ɕiao⁴³mɤʔ³təŋ³¹ər⁰]、花瓶儿[xua⁴⁴pʰiəŋ⁵²ər⁰]、小虫儿[ɕiao⁴³tsʰuŋ⁵²ər⁰]、小熊儿[ɕiao⁴³ɕyŋ⁵²ər⁰]"等。[uŋ]韵也有儿化情况，如"酒盅儿"。

陆　其他主要音变

一　子尾

安阳的子尾一律读作[tɛ⁰]（子尾的音在豫北方言中一般读作[təʔ⁰]。但安阳方言的子尾已经舒化，不再是喉塞音，主元音的实际音值也变为[ɛ]），例如"冷子[ləŋ⁴³tɛ⁰]、沙子[sa⁴⁴tɛ⁰]、土豆子[tʰu⁴³təu³¹tɛ⁰]、小虫子[ɕiao⁴³tsʰuŋ⁵²tɛ⁰]"等。

二　弱化

安阳方言的词汇中，后字声母有弱化现象。常见的有：

1. 后字的送气音变为不送气音，例如"石头[sɿ⁵²təu⁰]、核桃[xɤʔ³tao⁰]、蛐蟮[tsʰuɤʔ³tsuã⁰]、馊气[sɿ⁴⁴tɕi⁰]"等。

2. 双音节或多音节词的后字声母变为零声母，例如"起来[tɕʰi⁴³ai⁰]、厨房[tsʰu⁵²aŋ⁰]、窗户[tsʰuaŋ⁴⁴u⁰]、柴火[tsʰai⁵²uə⁰]、元宵[yã⁵²iao⁰]、包袱[pao⁴⁴u⁰]、和尚[xuə⁵²aŋ⁰]、学校[ɕyɛ⁵²iao³¹]、暖和[nã⁴³uə⁰]、几个[tɕi⁴³ə⁰]、多少[tuə⁴⁴ao⁰]"等；还有一些在变零声母的同时，开口变成了合口，例如"翅膀[tsʰɿ³¹uaŋ⁰]、马蜂[ma⁴³uəŋ⁰]"等。

3. 后字的声母[s]变为[z]，例如"后半晌儿[xəu³¹pã³¹zaŋ⁴³ər⁰]、衣裳[i⁴⁴zaŋ⁰]、杂碎[tsa⁵²zuei³¹]"等；或者变为零声母，例如"后晌[xəu³¹aŋ⁰]、衣裳[i⁴⁴aŋ⁰]"等。

4. 后字声母被前字同化，例如"耳朵[l⁴³lə⁰]"等。

第二节 林州方音

壹 概况

一 林州调查点概况

林州位于河南省最北部的太行山东麓，地处豫、晋、冀三省交界处。地理坐标为东经 113°37′~114°51′，北纬 35°40′~36°21′。林州现属河南省安阳市管辖，截止到 2017 年，本市总人口为 116 万人，其中汉族人口约 108 万人，回族人口约 6 万人，满族、蒙古族等其他少数民族约 2 万人。调查点所在区域没有少数民族语言分布。林州方言属于邯新片获济小片。

林州共辖 16 个乡镇、4 个街道办事处，方言内部差别不大，不存在方言岛问题。方言的差异主要表现为新老派口音的差别。林州话分布在林州市各乡镇，使用人口 100 多万，为本地通用的方言。根据子尾词及其发音的不同可以分为三个片区：城关、合涧、原康、桂林、姚村（部分）、石板岩、东城等乡镇的子尾有两类[əʔ]和[ləʔ]；林淇、五龙、茶店三个乡镇的子尾是[tɐʔ]；任村、东岗、河顺等城镇是子变韵，音多为[uə]。

林州主要的曲艺形式有四股弦等，一般在逢年过节或者本地其他大型活动时演出。此外还有林州方言快板，经常在婚丧嫁娶时演出。

二 林州方言发音人

1. 方言老男

张鸣声，1953 年 3 月出生于林州市城关镇下申街村，小学文化程度。1961 年至 1964 年，在林州市城关镇下申街村小学读书；1964 年被林县电影公司招进剧团，工作至 2013 年退休，一直在林州市生活。没有长期离开过林州市，会说林州话和普通话，现在主要说林州话。父亲、母亲和配偶都是林州市城关镇人，都只会说林州话。

2. 方言青男

秦波，1984 年 10 月出生于河南省林州市城关镇李庄村西台村，文化程度为初中。1991 年至 1996 年在城关镇西台村小学读书，1996 年至 1999 年在城关镇李庄学校读初中，1999 年至 2002 年在林州市药玻医药有限公司工作，2002 年至 2004 年在林州市荧光灯管厂工作，2004 年至 2006 年在喜之郎公司林州销售部工作，2006 年到林州市建筑公司上班至今。没有长期离开过林州市，会说林州话和普通话，现在主要说林州话。父亲和母亲都是林州市城关镇人，都只会说林州话。配偶也是林州市城关镇人，会说林州话和普通话，现在主要说林州话。

3. 口头文化发音人

杨双枝，女，1957年9月出生于河南省林州市城关镇城里村王家庄，高中文化程度。小学、初中、高中都在林州市读书，高中毕业后一直在林州市工作，职业为教师。没有长期外出经历，现在一直说林州话。同时也是林州调查点的方言老女发音人。提供的调查材料有歌谣、民间故事等。

赵长生，男，1950年5月出生于河南省林州市城关镇，初中文化程度，小学、初中都在林州市读书，初中毕业后一直在林州市工作，职业为警察。没有长期外出经历，现在一直说林州话。提供的调查材料有快板书等。

任保青，女，1972年2月出生于河南省林州市茶店镇辛店村，初中文化程度，小学、初中都在林州市读书，初中毕业后一直在家务农。没有长期外出经历，现在一直说林州话。提供的调查材料是四股弦剧目《刘秀招亲（选段）》。

闫改芬，女，1970年7月出生于河南省林州市临淇镇社书村，高中文化程度，小学、初中、高中都在林州市读书，高中毕业后一直在林州市工作，职业为工人。没有长期外出经历，现在一直说林州话。提供的调查材料是四股弦剧目《刘秀招亲（选段）》。

侯国勤，女，1950年5月出生于河南省林州市茶店镇大峪村，高中文化程度，小学、初中、高中都在林州市读书，高中毕业后一直在林州市工作，职业为工人。没有长期外出经历，现在一直说林州话。提供的调查材料是四股弦剧目《刘秀招亲（选段）》。

侯巧荣，女，1954年5月出生于河南省林州市城关镇，初中文化程度，小学、初中都在林州市读书，初中毕业后一直在林州市工作，职业为演员。没有长期外出经历，现在一直说林州话。提供的调查材料是四股弦剧目《刘秀招亲（选段）》。

张鸣声，男，同方言老男发音人。提供的调查材料有笑话和四股弦剧目《刘秀招亲（选段）》等。

贰　声韵调

一　声母（25个，包括零声母在内）

p	八兵病	p^h	派片爬	m	麦明	f	飞凤副蜂肥饭	v	味问温王
t	多东毒	t^h	讨天甜	n	脑南			l	老蓝连路
ts	资早租酒字贼坐	ts^h	刺草寸清全祠			s	丝三酸想谢	
tʂ	张竹柱争装纸主	$tʂ^h$	抽拆茶抄初床车春船城			ʂ	事山双顺手书十	ʐ 热软
tɕ	九	$tɕ^h$	轻权	ȵ	年泥	ɕ	响县	
k	高共	k^h	开			x	好灰活	ɣ 熬安
∅	月云用药							

说明：

1. 声母[v]的实际音值是[ʋ]，发音时唇齿有轻微接触，摩擦较轻。
2. 声母[tɕ tɕʰ ɕ tʂ tʂʰ ʂ ʐ]与开口呼相拼时，舌位比较靠后，塞音成分强，擦音成分不明显。
3. 声母[n]、[ȵ]互补分布，[n]拼开口呼、合口呼，[ȵ]拼齐齿呼、撮口呼。
4. 声母[ɣ]为舌根浊擦音，发音时声带振动不明显，主要表现为喉部的摩擦。
5. [ŋ]只有一个字"俺"，不记入音系。

二　韵母（41个，包括自成音节的[l̩]在内）

ɿ	丝	i	米戏	u	苦五猪	y	雨局
ʅ	师试						
l̩	二						
a	南山半	ia	盐年	ua	短官	ya	权
ɣ	车	iɛ	写鞋				
ɔ	茶瓦刮乂	iɔ	牙				
ɤ	歌盒壳			uɤ	坐过活	yɤ	靴学
ai	开排白			uai	快		
ei	赔飞			uei	对鬼		
ɑu	宝饱	iɑu	笑桥				
ou	豆走	iou	油六				
aŋ	糖王	iaŋ	响讲	uaŋ	床双		
əŋ	深根灯升争	iəŋ	心新硬病星	uəŋ	寸滚春横东	yəŋ	云兄用
ɿʔ	十直尺	iʔ	急七一锡	uʔ	骨出谷绿	yʔ	橘
ɐʔ	塔法辣八热北色	iɐʔ	鸭接贴节	uɐʔ	托郭国刮乂	yɐʔ	药月
əʔ	福						

说明：

1. [a ia ua]的主元音[a]实际音值为舌面后不圆唇的低元音[ɑ]；[aŋ iaŋ uaŋ]的主元音[a]比[ʌ]靠后，但不到[ɑ]，都带鼻化色彩。
2. [ɣ]的实际音值为[ɤ]。
3. [ɔ iɔ]的主元音[ɔ]实际音值开口度更小，但不到[o]。
4. [ɤ uɤ yɤ]的主元音[ɤ]舌位较低。
5. [uəŋ yəŋ]中的[ə]是个滑音，实际音值为[uᵊŋ yᵊŋ]。
6. [ɿʔ iʔ yʔ]的实际音值为[ɿᵊʔ iᵊʔ yᵊʔ]，uʔ的实际音值为[uᵊʔ]。
7. [iɐʔ]中山摄开口三、四等字（包括个别合口三、四等字）的主元音[ɐ]实际音值为[ɛ]。
8. 有些入声字在语流中已经舒化，仍按入声来记。

三 声调（5个）

阴平 31　东该灯风通开天春
阳平 42　门龙牛油铜皮糖红毒白盒罚
上声 54　懂古鬼九统苦讨草买老五有
去声 33　动罪近后冻怪半四痛快寸去卖路硬乱洞地饭树六
入声 3　　谷百搭节急哭拍塔切刻麦叶月

说明：

1. 上声记作54，实际开头平，尾略降，实际音值为554。
2. 去声为中平调33，语流有读32的现象。
3. 入声是个短调3，单字表示强调时有读32的现象，部分全浊入声字已舒化。

叁　连读变调

两字组连读调表

前字＼后字	阴平 31	阳平 42	上声 54	去声 33	入声 3
阴平 31	31+31 春分 伤风	31+42 樱桃 清明	31+54 东海 开水	31+33 商量 针线	31+3 中国 规格
阳平 42	42+31 神仙 前天	**13+42（0）** **黄河 油条** 42+42 长虫 胡同	42+54 茶碗 门口	42+33 邮票 勤快	42+3 牛角 颜色
上声 54	54+31 火车 眼睛	54+42 斗篷 斧头	54+54 眨眼 表婶 **13+54** **摆柳**	54+33 土地 晚上	54+3 守法 买药
去声 33	**13+31** **唱歌 订婚** 33+31 汽车 粪糟	33+42 太阳 算盘 **13+42** **剧团**	33+54 扫帚 妇女	33+33 电话 忘记	33+3 性格 事迹
入声 3	3+31 吃亏 热天	3+42 屋檐 出来	3+54 吃草 法宝	3+33 得罪 绿豆	3+3 漆黑 七月

说明：

以上表格中，加粗的连调组为连读变调。林州方言两字组连读变调的基本规律是：阳平在阳平前有部分前字由 42 变为 13，此时后字多为轻声；上声在上声前也有个别前字变为 13；去声在阴平和阳平前有部分前字变为 13。

肆 异读

一 新老异读

林州新老派之间的语音略有不同。在语音系统方面，老男今开口呼韵母前读[ɣ]声母，青男都读零声母。老男读[ʔ iʔ uʔ yʔ]的，青男读[əʔ iəʔ uəʔ yəʔ]，青男[iɛʔ uɛʔ yɛʔ iʌ uʌ yʌ]依然分明，老男则将二者合并为[iɐʔ uɐʔ yɐʔ]。

老男和青男之间没有成系统的新老异读，但因所受普通话影响程度不同，有个别字老男和青男存在读音差别，有的字老男一读，青男有两读，有的字老男两读，青男一读，有些字读音不同，表现出了语音发展的阶段性特点。举例如下：

	老男	青男
裕	yʔ³	y³³
类	luei⁴²	lei⁴²
闸	tʂɔ⁴²/tʂɔ⁵⁴	tʂɔ⁵⁴
孽	ɲiɐʔ³/iɐʔ³	ɲie³³
端	ta³¹/tua³¹	tua³¹
绝	tsyɐʔ³/tɕyɣ⁴²	tsyɐʔ³
吞	tʰəŋ³¹	tʰuəŋ³¹
鹤	xɐʔ³	xɣ³³
削	syɐʔ³	siɑ³¹
横	xuəŋ³³	xuəŋ³³/xəŋ³³
松	syəŋ³¹	syəŋ³¹/suəŋ³¹

二 文白异读

林州方言的文白异读比较少，一般为零星的，不成系统。有些文白读两个层次之间的差异与新老派差异重合，此不赘述。有些只在老派中存在，例如"课白[kʰuɣ³³]/课文[kʰɣ³³]、糙白[tsɑɔ³³]/糙文[tsʰɑɔ³³]、急白[tɕiʔ³]/急文[tɕi⁴²]、舌白[ʂɣ⁴²]/舌文[ʂʔ³]、暖白[na⁵⁴]/暖文[nua⁵⁴]"等；有些只在新派中存在，例如"雷白[luei⁴²]/雷文[lei⁴²]、松白[syəŋ³¹]/松文[suəŋ³¹]"等；有些是老派和新派都有的，例如"尾白[vei⁵⁴]/尾文[i⁵⁴]、抱白[pu³¹]/抱文[pɑɔ⁴²]、牛白[ɣou⁴²]/牛文[ɲiou⁴²]、休白[xou³¹]/休文[ɕiou³¹]、深白[tʂhəŋ³¹]/深文[ʂəŋ³¹]、更白[tɕiəŋ³¹]/更文[kəŋ³¹]、拍白[pʰiɐʔ³]/拍文[pʰɐʔ³]、弄白[luəŋ³³]/弄文[nuəŋ³³]、宿白[syʔ³]/宿文[suʔ³]、龙白[lyəŋ⁴²]/龙文[luəŋ⁴²]"等。

伍　儿化和小称音

儿化音变规律表

儿化韵	基本韵	例词
ɐr	a	河岸儿、毛毯儿
	ɔ	刀把儿、树杈儿
	ɤ	小盒儿、烟盒儿
	ai	纸牌儿、袋儿
	aɔ	毛儿、刀儿
	aŋ	行儿、房儿
	ɐʔ	方法儿、沫儿
iɐr	ia	尖儿、点儿
	iɔ	一家儿、匣儿
	iɛ	小鞋儿、小碟儿
	iaɔ	苗儿、鸟儿
	iaŋ	亮儿、腔儿
	iɐʔ	树叶儿、一页儿
uɐr	o	画儿、花儿
	ua	大官儿、饭馆儿
	uɤ	干活儿、勺儿
	uai	筷儿、一块儿
	uaŋ	蛋黄儿、筐儿
	uɐʔ	牙刷儿、托儿
yɐr	yɤ	靴儿
	ya	手绢儿、圆圈儿
	yɐʔ	小脚儿、墙角儿
ər	ɿ	铁丝儿、单词儿
	ʅ	水池儿、树枝儿、豆汁儿
	ei	一辈儿、酒杯儿

续表

儿化韵	基本韵	例词
ɚ	əu	兜儿、小偷儿
	əŋ	根儿、门儿
	əʔ	零食儿
	ɜ	小车儿
	iəŋ	顶儿
iɚ	i	封皮儿、梨儿
	iəu	小酒儿、抓阄儿
	iəŋ	使劲儿、影儿、铃儿
	iʔ	粒儿、脊儿
uɚ	u	饭铺儿、碎步儿
	uei	一对儿、腿儿
	uəŋ	魂儿、村儿
	uʔ	小牛犊儿
yɚ	y	鱼儿、造句儿
	yəŋ	一小群儿、小熊儿
	yʔ	小曲儿、一小掬儿

说明：

林州方言有儿化现象，可以通过儿化表示"小""喜爱"或随意之意。41个韵母中，除了声化韵[l̩]外，其他韵母都有儿化现象。

1. 当韵母为[ʅ ɿ]时，儿化卷舌度较轻，[r]音值为[l̩]。
2. 儿化韵不只来自"名词+儿"的形式，还有别的音节过来的，如"二十[lər:³³]""三十[sɐr:³¹]""钥匙[yɐr:⁴²]"等。
3. 儿化韵[tər]的实际音值为[tʳər]。

陆 其他主要音变

一 子尾

林州方言子尾根据前字韵母的不同，有[ʂʔ⁰]和[ləʔ⁰]两种读法。

（一）"-子"在[ʅ ɿ i u y ai uai ei uei ɑo iɑo ə uə ei uei ɑŋ iɑŋ uɑŋ əŋ iəŋ uəŋ yəŋ]韵

母后读作[əʔ⁰]，例如"铁丝子[tʰie⁵⁴sʅ³¹əʔ⁰]、柿子[ʂʅ³³əʔ⁰]、椅子[i⁵⁴əʔ⁰]、裤子[kʰu³³əʔ⁰]、驴子[ly⁴²əʔ⁰]、袋子[tai³³əʔ⁰]、拐子[kuai⁵⁴əʔ⁰]、妹子[mei³³əʔ⁰]、线穗子[ɕia⁵⁴ʂuei⁰əʔ⁰]、包子[pɑo³¹əʔ⁰]、舀子[iɑo⁵⁴əʔ⁰]、篓子[ləu⁵⁴əʔ⁰]、袖子[siəu³³əʔ⁰]、帐子[tʂaŋ³³əʔ⁰]、箱子[ɕiaŋ³¹əʔ⁰]、树桩子[ʂu³³tʂuaŋ³¹əʔ⁰]、冷子[ləŋ⁵⁴əʔ⁰]、镜子[tɕiəŋ³³əʔ⁰]、聋子[luəŋ⁴²əʔ⁰]、裙子[tɕʰyəŋ⁴²əʔ⁰]、锅耳子[kuɤ³¹ʅ⁵³əʔ⁰]"等。

（二）"-子"在[a ia ua ya ɔ ei ɤ uɤ yɤ ɜʅ iɜʅ iʔ yʔ ia fa yau ʂau ʂai fa yɤ yɤʔ əʔ]韵母后读作[ləʔ⁰]，例如"扇子[ʂa³³ləʔ⁰]、剪子[tsia⁵⁴ləʔ⁰]、椽子[tʂʰua⁴²ləʔ⁰]、院子[ya³³ləʔ⁰]、耙子[pɔ³³ləʔ⁰]、架子[tɕiɔ³³ləʔ⁰]、鸡爪子[tɕi³¹tʂuɔ⁵⁴ləʔ⁰]、桑蛾子[saŋ³¹ɤɤ⁴²ləʔ⁰]、骡子[luɤ⁴²ləʔ⁰]、瘸子[tɕʰyɤ⁴²ləʔ⁰]、车子[tʂʰɜʅ³¹ləʔ⁰]、茄子[tɕʰiɛ³¹ləʔ⁰]、虱子[ʂʅʔ³ləʔ⁰]、集子[tɕiʔ³ləʔ⁰]、竹子[tʂuʔ³ləʔ⁰]、橘子[tɕyʔ³ləʔ⁰]、鸽子[kɐʔ³ləʔ⁰]、瞎子[ɕiɐʔ³ləʔ⁰]、桌子[tʂuɐʔ³ləʔ⁰]、橛子[tɕyɐʔ³ləʔ⁰]"等。

二　合音词

林州方言词中有一些合音词，例如"[这个][tʂuɤ³³]、[那个][nuɤ³³]、[媳妇][siəu³¹]、[木楞][məŋ³¹]"等。

三　弱化

（一）双音节词中，后字声母为[ʂ]时常弱化，有时读为[ʐ̩]，例如"衣裳[i³¹ʐaŋ⁰]"；有时读为[∅]，例如"前晌[tsʰia⁴²aŋ⁰]、后晌[xəu³³aŋ⁰]"等。

（二）双音节词中，后字读轻声时，声母常弱化，有时读为[∅]，例如"起来[tɕʰi⁵⁴ai⁰]、厨房[tʂʰu⁴²aŋ⁰]、柴火[tʂʰai⁵³uɤ⁰]、六个[liəu³³ɤ⁰]"等；有时干脆就读合音，例如"出来[tʂʰuai³¹]、回来[xuai⁴²]"等。

（三）双音节词中，后字为送气音的，在后字读轻声的时候，有时送气符号也随之消失，例如"核桃[xɤʔ³tɑɔ⁰]、前头[tsʰia⁴²təu⁰]、后头[xəu³³təu⁰]"等。

部分入声字在词汇中有舒化现象，但单字音不舒化。因此，单字录音没有录舒化音。词汇记音时，按实际读音，例如"石"记为[sɤʔ³]，"吸铁石"记为[ɕiəʔ³tʰiaʔ³sʅ⁵³]等。

第三节　鹤壁方音

壹　概况

一　鹤壁调查点概况

鹤壁位于河南省北部，太行山东麓向华北平原过渡地带。调查点为鹤壁市鹤山区，地理坐标为东经114°0′～114°09′，北纬35°55′～36°0′。截止到2015年本区总人口约为14万人，其中汉族13.9万人，回族179人。调查点所在区域没有少数民族语言分布。鹤壁方言属于晋语邯新片获济小片。

鹤山区面积较小，共两个乡镇、五个街道办事处，方言内部差别不大，不存在方言岛问题。方言的差异主要表现为新老派口音的差别。文化水平较高、有外出生活经历和受过正规教育的人，[an ian uan yan]读鼻音尾，不读鼻化韵；能区分[ən əŋ]两套鼻音，能读出[tʂ tʂʰ ʂ z̩]声母来。文化水平低、无外出经历的世居百姓，[an ian uan yan]则读鼻化韵[ã iã uã yã]，[ən əŋ]两套不分，没有[tʂ tʂʰ ʂ z̩]声母。

鹤壁的地方戏主要有豫剧、四股弦和大平调，其中以豫剧和四股弦较为流行。曲艺主要有秧歌、跑驴和唢呐。

二 鹤壁方言发音人

1. 方言老男

姚贵群，1953年3月出生于河南鹤壁市鹤山区鹤壁集镇东街村，初中文化程度。1960年至1967年，在鹤壁市第一小学读书；1968年至1971年，在鹤壁市第三中学读书；1971年鹤壁市第三中学高中班肄业；1971年至今在家务农。没有长期离开过鹤壁市，会说鹤壁话、普通话、林州话，现在主要说鹤壁话。父亲、母亲和配偶都为鹤壁市鹤山区鹤壁集人，都只会说鹤壁话。

2. 方言青男

张德魁，1989年7月出生于鹤山区鹤壁集镇东街村，大专文化程度。1996年至2002年，在鹤壁市第一小学读书；2002年至2005年，在鹤壁市第四初级中学读书；2005年至2008年，在鹤壁市矿务局中学读书；2008年至2011年在郑州经贸职业学院读书；2011年至今，在鹤壁市经商。没有长期离开过鹤壁市，会说鹤壁话、普通话，现在主要说鹤壁话。父亲、母亲和配偶都为鹤壁市鹤山区鹤壁集人，都说鹤壁话。

3. 口头文化发音人

姬有良，1971年12月出生于鹤壁市鹤山区姬家山乡姬家山村，初中文化程度。小学、初中都在鹤山区读书，初中毕业后一直在家，没有长期外出经历，现在只说鹤壁话，现为鹤壁市四股弦非遗传承人。提供的材料为自选条目0031《四股弦·三六九打呀朝日》、0032《四股弦·汉光武帝十三岁走南阳》、0033《四股弦·呼丕显皇府金殿领圣旨》、0034《四股弦·为王下殿》。

姚贵群，同方言老男发音人。提供的材料为歌谣、谚语0001～0006，规定故事0021《牛郎和织女》。

贰 声韵调

一 声母（22个，包括零声母在内）

p 八兵病	pʰ 派片爬	m 麦明	f 飞凤副蜂肥饭	v 味问月温王
t 多东毒	tʰ 讨天甜	n 脑南		l 老蓝连路
ts 资早租字贼坐张	tsʰ 刺草寸祠抽		s 丝三酸事山双	z 热软

	竹柱争装纸主		拆茶抄初床 车春船城		顺手书十
tɕ	酒九	tɕʰ	清全轻权	ɲ	年泥	ɕ	想谢响县
k	高共	kʰ	开			x	好灰活	ɣ	熬安
∅	月云用药								

说明：

1. [v]的实际音值是[ʋ]，发音时唇齿有轻微接触，摩擦较轻。语流中有些字也可读成零声母，如"忘、王、望"等字。

2. [ts tsʰ s z]有一套音位变体[tʂ tʂʰ ʂ ʐ]，具体哪部分字读[tʂ tʂʰ ʂ ʐ]无规律可循，也不区别意义。[tʂ tʂʰ ʂ ʐ]发音时舌位稍靠后一些。另外，在儿化韵系统中原读[ts tsʰ s z]的声母偶尔会变读为舌尖后的[tʂ tʂʰ ʂ ʐ]声母，如"虫儿[tʂʰuər⁵³]"。这种音变属于儿化音变的伴随特征，在词汇系统中以发音人实际音值记录。这里不把[tʂ tʂʰ ʂ ʐ]列在单字音系中。

3. [ɣ]为舌根浊擦音，发音时声带振动不明显，主要表现为喉部的摩擦。

4. [n]、[ɲ]互补，[n]拼开口呼、合口呼，[ɲ]拼齐齿呼、撮口呼。

二　韵母（40个，包括自成音节的[l̩]在内）

ɿ	师丝试	i	米戏急文	u	苦五猪	y	雨局
ɑ	茶瓦	iɑ	牙	uɑ	瓜花		
		iɛ	写鞋			yɛ	靴
ɤ	歌盒壳			uɤ	坐过活	yɤ	学
ai	开排白文			uai	快		
ei	赔飞白白			uei	对鬼		
ɑɔ	宝饱	iɔ	笑桥				
ɤu	豆走	iɤu	油六				
ã	南山半	iã	盐年	uã	短官	yã	权
ɑŋ	糖王	iɑŋ	响讲	uɑŋ	床双		
əŋ	深根灯升硬₁争	iəŋ	心新硬₂病星	uəŋ	寸滚春横东	yəŋ	云兄用
ɐʔ	塔法辣八北色	iɐʔ	鸭接贴节	uɐʔ	刮托郭国	yɐʔ	月药
ɔʔ	十热直尺	iəʔ	急白七一锡	uəʔ	骨出谷绿	yəʔ	橘
l̩	二						

说明：

1. [ai uai]的[a]是舌面前不圆唇的低元音，[ɑ iɑ uɑ]、[ɑɔ iɔ]、[ã iã uã yã]、[ɑŋ iɑŋ uɑŋ]中的[ɑ]都是舌面后不圆唇的低元音。

2. [u]的发音较松，实际音值是[ʊ]。

3. [iəʔ uəʔ yəʔ]中的[ə]为弱化的[ə]，[ə]前元音为主元音，[ə]是后衍音，实际音值是[iᵊʔ uᵊʔ yᵊʔ]。

4. "儿、耳、二"等字读舌尖后边音[ʅ]，为声化韵。

三 声调（5个）

阴平 33　东该灯风通开天春
阳平 53　门龙牛油铜皮糖红讨₁急₂毒白盒罚
上声 55　懂古鬼九统苦讨₂草买老五有
去声 31　动罪近后冻怪半四痛快寸去卖路硬乱洞地饭树六
入声 3　　谷百搭节急₁哭拍塔切刻麦叶月

声调说明：

1. 阴平为中平调33，语流有读23的现象。
2. 阳平是高降调53，起点为五个声调的最高点，收音处略低于3。
3. 上声是半高平调，调值为44，为了和阴平调对比区别，定为55。
4. 去声为低降调31，单字表示强调时有发成312的现象。
5. 入声为短调3，部分全浊入声字已舒化。
6. 讨₁：讨论；讨₂：讨饭。急₁：白读；急₂：文读。

叁　连读变调

两字组连读调表

前字＼后字	阴平 33	阳平 53	上声 55	去声 31	入声 3
阴平 33	33＋33 开车 飞机	**34＋53** 天桥 高楼	33＋44 山顶 工厂	33＋31 花布 山洞	33＋3 钢笔 生铁
阳平 53	53＋33 茶杯 平安	53＋53 池塘 银行	53＋55 长短 棉袄	53＋31 能干 绸缎	53＋3 潮湿 红色
上声 55	**53＋33** 酒杯 老师	55＋53 好人 倒霉	**53＋55** 火把 水果	55＋31 考试 保护	**53＋3** 粉笔 宝塔
去声 31	31＋33 战争 电灯	31＋53 象棋 透明	31＋55 道理 信纸	**34＋31** 重要 大树	31＋3 爱国 大雪
入声 3	3＋33 北方 菊花	3＋53 说明 竹篮	3＋55 竹板 桌椅	3＋31 国外 节俭	3＋3 铁塔 骨肉

说明：

鹤壁方言两字组连读变调基本规律是：阴平在阳平前一般变读中升调34（变读34调的词大多为生活中的常用词，少数书面语用词不变调，仍读原调33），上声在阴平、上声和入声前变读阳平53，去声在去声前，前字变为34。

此外，鹤壁方言中还存在一种特殊变调：处在连读后字位置的部分上声字，如果这个字儿化，通常都会变读为阳平调；不儿化则不存在此现象。如："养马儿[iaŋ⁵⁵mɐr⁵³]、过火儿[kuɤ³¹xuɤr⁵³]、鞋底儿[ɕiɛ⁵³tiər⁵³]、小坎儿[ɕiɑo⁵³kʰər⁵³]、水果儿[suei⁵³kuər⁵³]、在哪儿[tɛ³¹nɐr⁵³]、大家伙儿[tɑ³¹tɕiɑ⁰xuɐr⁵³]、瓜子儿[kua³⁵tsər⁵³]、闺女儿[kuei³⁵n̠yər⁵³]、派出所儿[pʰai³¹tsʰuəʔ³suɐr⁵³]"。

肆　异读

一　新老异读

语音系统方面，声调略有不同。老男的阴平为33，上声为55，青男的阴平为23，上声为44。普通话零声母的开口呼字，鹤壁年轻人发音时喉部略有轻微摩擦，浊音声母 ɣ 已消失。韵母的差异主要是前鼻韵尾方面。老派读鼻化的[ã iã uã yã]，新派读为[an ian uan yan]。老派[ən iən uən yən]混读为[əŋ iəŋ uəŋ yəŋ]，新派[ən iən uən yən]的大部分字仍与[əŋ iəŋ uəŋ yəŋ]混，但少部分已出现前鼻音的读法，尤其以合口韵字较多。入声韵也有不同，新派出现了一定简化，其中[yɤʔ]与[yəʔ]合并为[yɛʔ]，[iəʔ]、[iɐʔ]两韵也有合并趋势，有部分字已混并。新派入声韵[iəʔ]的喉塞尾处在弱化之中，有些字的读音已接近舒声韵[iɛ]。

除了音系方面的差别外，还有个别字新老派读音也有不同。如：

	老男	青男
课	kʰuɤ²¹³/kʰɤ²¹³	kʰɤ²¹³
鼠	ʂuɤ⁵⁵	ʂu⁴⁴
牛	ɣɤu⁵³/n̠iɤu⁵³	n̠iɤu⁵³
集	tɕiəʔ³/tɕi⁵³	tɕi⁵³
白	pei⁵³/pai⁵³	pai⁵³
壁	pei³¹/pi³¹	piɜʔ³

二　文白异读

鹤壁话的文白异读只是零星的，不成系统。比如"祠文[sɿ⁵³]/祠白[tsʰɿ⁵³]、抱白[pu³³]/抱文[pɑo³¹]、造白[tsʰɑo³¹]/造文[tsɑo³¹]、休白[xɤu³³]/休文[ɕiɤu³³]、实白[tsʰɿ⁵³]/实文[sɿ⁵³]、硬白[yəŋ³¹]/硬文[iəŋ³¹]、荣白[yəŋ⁵³]/荣文[zuəŋ⁵³]"等。

伍　儿化和小称音

儿化音变规律表

儿化韵	基本韵	例词
ɐr	ɑ	刀把儿、渣儿、哪儿、一苲儿
	ɐ	没法儿

续表

儿化韵	基本韵	例词
iɐr	ia	架儿、豆芽儿
	iɐʔ	夹儿、匣儿
uɐr	ua	褂儿、鸡爪儿、牙刷儿、狗娃儿
ɜr	ai	牌儿、盖儿、孩儿、筛儿
	ã	板儿、摊儿、篮儿、竹竿儿、杆儿
iɜr	iɛ	撇儿、碟儿、小鞋儿、半截儿
	iã	一点儿、辫儿、面儿、剪儿、馅儿
uɜr	uɑi	拐儿、筷儿、一块儿、乖乖儿
	uã	一段儿、管儿、罐儿、串儿、丸儿、茶馆儿、好玩儿
yɜr	yɛ	木橛儿、瘸儿、靴儿、仨两月儿
	yã	考试卷儿、花卷儿、一大圈儿、院儿、菜园儿
ər	ɿ	挑刺儿、石子儿、水池儿、树枝儿
	ei	妹儿、一辈儿、刀背儿
	əŋ	棚儿、小凤儿、板凳儿、坑儿、盆儿、树根儿 椅子樽儿、小声儿、两生儿三岁
iər	i	门鼻儿、玩意儿、垫底儿、弟儿们
	iəŋ	饼儿、瓶儿、钉儿、领儿、林儿、芯儿、脚印儿 火星儿
uər	u	铺儿、肚儿、兔儿、有数儿
	uʔ	小屋儿
	uei	一对儿、穗儿、位儿、耳坠儿、跑腿儿
	ɔ	包儿、帽儿、桃儿、手套儿、灯泡儿
	ʊu	豆儿、钩儿、猴儿、胳膊肘儿、老头儿、小偷儿、门口儿
	uəŋ	墩儿、囤儿、洞儿、竹筒儿、孙儿、没准儿
yər	y	驴儿、钢锯儿、有趣儿、小闺女儿
	yəʔ	小曲儿、小玉儿
	iʊu	袖儿、长个瘤儿、扎个鬏儿、煤球儿、加油儿
	yəŋ	小熊儿、哭穷儿、合群儿、裙儿、晕晕儿哩

续表

儿化韵	基本韵	例词
ɤʵ	ɤ	盒儿、个儿、小车儿、唱歌儿
uɤʵ	uɤ	一撮儿、豁儿、桌儿、酒窝儿、脖儿、婆儿、锯末儿、上坡儿
yɤʵ	yeʔ	豆角儿、小药儿、小脚儿
ɑʵ	ɑi	瓢儿、调儿、小鸟儿
yɤʵ	ɑi	料儿、知了儿
ɑ̃ʵ	ɑŋ	胖儿、房儿、缸儿、一场儿、瓜瓢儿、药方儿
iɛ̃ʵ	iɑŋ	箱儿、鞋样儿、唱腔儿、有讲儿、将将儿
uɛ̃ʵ	uɑŋ	筐儿、庄儿、鸡蛋黄儿、小床儿

说明：

鹤壁方言有儿化现象，可以通过儿化表示"小"或"喜爱"之意。40个韵母中，除了[ueʔ ə ieʔ]没有儿化韵外，其他韵母都有儿化现象。

另外，鹤壁方言中，部分词小称形式的儿尾还能以单音节形式存在，即儿化韵还没有和前面音节融合。如："明儿[miəŋ⁵³ əʵ⁰]、后儿[xɤu³¹ əʵ⁰]、镜儿[tɕiəŋ³¹ əʵ⁰]、桃儿[tʰɑo⁵³ ʵɛ⁰]、杏儿[ɕiəŋ³¹ ʵɛ⁰]"。此现象出现的规律不太明显，以低元音较多，高元音较少。同一元音，有的词必须采用融合形式，有的词既可融合又可分开。

陆　其他主要音变

一　子尾

鹤壁方言子尾读[tɛ⁰]。如："猴子儿[xɤu⁵³ tɛ⁰]、蚊子儿[vəŋ⁵³ tɛ⁰]、蝇子儿[iəŋ⁵³ tɛ⁰]、虱子儿[sɚʔ³ tɛ⁰]"。

二　舒化

部分入声字在词汇中有舒化现象，但单字音不舒化。因此，单字录音没有录舒化音。词汇记音时，按实际读音，若读舒化就记舒化音，如"石"记为[sɚʔ³]，"吸铁石"记为[ɕiəʔ³tʰiɛʔ³sɿ⁵³]。

第四节 新乡方音

壹 概况

一 新乡调查点概况

新乡位于河南省北部,南临黄河,北依太行。调查点为新乡市卫滨区,地理坐标为东经113°23′~115°01′,北纬34°53′~35°50′。截止到2017年本区总人口为23万人,其中汉族22.5万人,回族等少数民族约0.5万人。调查点所在区域没有少数民族语言分布。

卫滨区位于新乡市区西南部,因坐落于新乡市卫河之滨而得名。卫滨区辖1个镇、7个街道,总面积52平方公里,方言内部差别不大,不存在方言岛问题。方言的差异主要表现为新老派口音的差别。新乡市卫滨区、红旗区、牧野区、凤泉区这四区方言属晋语邯新片获济小片,使用人口约90万,卫滨区、红旗区、牧野区方言较为一致,凤泉区方言与其他三区存在一定差别,典型特点是咸山摄阳声韵字在卫滨、红旗、牧野三区读作鼻化元音,而凤泉区丢失鼻音色彩,读作元音韵母[eiɛ uyɛ]。随着普通话和周边官话方言的影响,新乡方言的晋语特点逐渐暗淡。

新乡无本区方言特色地方戏,但通行豫剧。

二 新乡方言发音人

1. 方言老男

韩吉虎,1959年2月出生于新乡市卫滨区平原镇八里营村,大专文化程度。1966年至1971年在八里营小学就读,1971年至1973年在八里营初中就读,1973年至1976年在新乡市二十四中就读,1976年至1991年在八里营小学任教师,1991年至1993年在新乡市平原大学就读,1993年至今,在八里营小学任教师,一直在新乡市生活。没有长期离开过新乡市,会说新乡话和普通话,现在主要说新乡话。父亲、母亲和配偶都是新乡市卫滨区人,都只会说新乡话。

2. 方言青男

张淑宝,1989年1月9日出生于新乡市卫滨区平原镇朱召村,初中文化程度。1996年至2002年在朱召小学就读,2002年至2005年在新乡市二十四中就读,2005年至2006年在新乡市起重机械设备厂当工人,2006年至今,在新乡市胖东来超市等多家超市打工,一直在新乡市生活。没有长期离开过新乡市,会说新乡话和普通话,现在主要说新乡话。张淑宝目前未婚,父亲、母亲都是新乡市卫滨区人,都只会说新乡话。

3. 口头文化发音人

朱命乐,男,1948年9月出生于新乡市卫滨区,中专文化程度。小学、初中、中专都在新乡市读书，中专毕业后一直在新乡市工作，职业为铁路职工。没有长期外出经历，现在一直说新乡话。提供的调查材料有歌谣、俏皮话、谚语、歇后语等。

贺占坤，男，1963年11月出生于新乡市新乡县，本科文化程度。小学、初中、高中、本科都在新乡市读书，本科毕业后一直在新乡市工作，职业为医生。没有长期外出经历，现在主要说新乡话，偶尔说普通话。提供的调查材料是民间故事等。

贾林，男，1960年7月出生于新乡市卫滨区，大专文化程度。小学、初中、大专都在新乡市读书，大专毕业后一直在新乡市工作，职业为企业职工。没有长期外出经历，现在一直说新乡话。提供的调查材料是相声《方言与普通话》。

潘小郑，男，1962年5月出生于新乡市红旗区，本科文化程度。小学、初中、高中、本科都在新乡市读书，本科毕业后一直在新乡市工作，职业为医生。没有长期外出经历，现在主要说新乡话，偶尔说普通话。提供的调查材料是相声《方言与普通话》。

贰　声韵调

一　声母（22个，包括零声母在内）

p 八兵病	pʰ 派片爬	m 麦明	f 飞风副蜂肥饭	v 味问温王
t 多东毒	tʰ 讨天甜	n 脑南		l 老蓝连路
ts 资早租字贼坐张竹柱争装纸主	tsʰ 刺草寸祠抽拆茶抄初床车春船城		s 丝三酸事山双顺手书十	z 热软
tɕ 酒九	tɕʰ 清全轻权	ɲ 年泥	ɕ 想谢响县	
k 高共	kʰ 开		x 好灰活	ɣ 熬安
∅ 月云用药				

说明：
1. [v]的实际音值是[ʋ]，发音时唇齿有轻微接触，摩擦较轻。
2. [ts tsʰ s z]读音略带舌叶色彩。
3. [ɣ]为舌根浊擦音，发音时声带振动不明显，主要表现为喉部的摩擦。
4. [n]、[ɲ]互补，[n]拼开口呼、合口呼，[ɲ]拼齐齿呼、撮口呼。

二　韵母（45个，包括自成音节的[l̩]在内）

ɿ 师丝试	i 米戏急	u 苦五猪	y 雨局
l̩ 二			
a 茶瓦	ia 牙鸭	ua 刮文	
ɤ 车	iə 写鞋		yə 靴

ɤ	歌盒			uɤ	坐过活	yɤ	学
ai	开排白			uai	快		
ei	赔飞			uei	对鬼		
ɑɔ	宝饱	iɑɔ	笑桥				
ou	豆走	iou	油六文				
ẽ	南山半	iẽ	盐年	uẽ	短官	yẽ	权
ən	深根	iən	心新	uən	寸滚春	yən	云
ɑŋ	糖王	iɑŋ	响讲	uɑŋ	床双		
əŋ	灯升硬争横	iəŋ	病星	uəŋ	东	yəŋ	兄用
aʔ	塔法辣八热北色	iaʔ	接贴节	uaʔ	刮白托郭国	yaʔ	月药
əʔ	十直尺	eʔ	七一锡	uəʔ	骨出谷六白绿白	yəʔ	橘绿文

说明：

1. [a ia ua]的实际音值为[ʌ iʌ uʌ]。

2. [iə yə]韵母的主要元音音值偏低，为[ɐ]。

3. [uɤ]与唇音声母拼合时音值为[ᵘɤ]。

4. [ei uei]在阳平和去声音节中音值为[ɛi uɛi]。

5. [ai uai]在阳平和去声音节中音值为[æ uæ]。

6. [ɑɔ iɑɔ]在阳平和去声音节中的音值为[ɔi iɔi]。

7. [ɑŋ iɑŋ uɑŋ]在阴平、上声音节中音值为[ɑŋ iɑŋ uɑŋ]，在阳平、去声音节中音值为[ã iã uã]。

8. [iəŋ uəŋ]的实际音值为[i°ŋ u°ŋ]，[iəŋ]在去声音节中的音值为[iʌŋ]。

9. 声化韵[ḷ]后带有元音[ə]，实际音值为[lə]。

10. [ŋə]韵母是据1000个单字中的部分例字补充的。

三 声调（5个）

阴平 24 东该灯风通开天春叶

阳平 52 门龙牛油铜皮糖红急毒白盒罚

上声 55 懂古鬼九统苦讨草买老五有

去声 21 动罪近后冻怪半四痛快寸去卖路硬乱洞地饭树六₂

入声 34 谷百搭节哭拍塔切刻六₁麦月

说明：

1. 阴平实际调值为34，但在单字音中为了和入声相区别，记作24。

2. 去声记作21，其实际调值为211。

3. 入声读作短促调3或34两类，连读变调为34，所以记作34。

4. 六₁：白读；六₂：文读。

叁 连读变调

两字组连读调表

前字＼后字	阴平 24	阳平 52	上声 55	去声 21	入声 34
阴平 24	24+24 拉稀 观音	24+52 今年 梳头	24+55 莴笋 公狗	24+21 松树 猪圈	24+34 汤药 钢笔
阳平 52	52+24 台风 洋灰	52+52 前年 顽皮 **24+52** **调皮 农民**	52+55 年底 黄酒	52+21 油菜 蚕豆	52+34 油笔 潮湿
上声 55	55+24 打针 **52+24** **小坑 水沟**	55+52 火炉 以前	55+55 母狗 米酒 **52+55** **展览 典礼**	55+21 柳树 土豆	55+34 喜鹊 老鳖
去声 21	21+24 喂猪 菜锅	21+52 后年 后茅 **24+52** **面条 化脓**	21+55 上午 大水	21+21 变蛋 **13+21** **地震 半夜**	21+34 教室 第一
入声 34	34+24 木工 一天	34+52 角牛 脊梁	34+55 不懂 不好	34+21 说媒 割稻	34+34 吃药 一百

说明：

以上表格中，加粗的连调组为连读变调。新乡方言两字组连读变调基本规律是：阳平在阳平前一般前字变读阴平 24（变读 24 调的字是古次浊平声，古全浊平声不变调，仍读原调 52）；上声在阴平和上声前部分变读阳平 52；去声在阳平前变读为阴平 24、在去声前变为低升调 13。

肆 异读

一 新老异读

新乡新老派之间的语音略有不同。在语音系统方面，老男只有平舌音，青男有平翘舌两类。老男今开口呼韵母前读[ɣ]声母，青男差不多都读零声母。

老男和青男之间除了音系的差异外，因受普通话影响程度不同，有个别字老男和青男存在读音差别，有的字老男一读，青男有两读，有的字老男两读，青男一读，有些字读音不同，表现出了语音发展的阶段性特点。举例如下：

	老男	青男
靴	ɕyə²⁴	ɕyaʔ³⁴
华	xua²⁴	xua⁵²
雷	luei⁵²	luei⁵²/lei⁵²
二	l̩²¹	l̩²¹/ər²¹
抱	pɔ²¹/pu²¹	pɔ²¹
猫	mɔ⁵²	mɔ²⁴
妇	fu²⁴	fu²¹
塔	tʰɐʔ³⁴	tʰɐʔ³⁴/tʰa²⁴
夹	tɕia²⁴	tɕiɐʔ³⁴/tɕia²⁴
达	tɐʔ³⁴/ta²⁴	ta⁵²
笔	piəʔ³⁴/pei²⁴	pei²⁴

二 文白异读

新乡方言的文白异读比较少，一般为零星的，不成系统。有些文白读两个层次之间的差异与新老派差异重合，此不赘述。有些只在老派中存在，例如"烛白[tsuəʔ³⁴]/烛文[tsu²⁴]、绿白[luəʔ³⁴]/绿文[lyəʔ³⁴]、宿白[ɕyəʔ³⁴]/宿文[suəʔ³⁴]、鹤白[xɐʔ³⁴]/鹤文[xɤ²¹]、吞白[tʰən²⁴]/吞文[tʰuən²⁴]"等；有些只在新派中存在，例如"实白[ʂəʔ³⁴]/实文[ʂʅ²¹]、一白[iəʔ³⁴]/一文[i²⁴]、骨白[kuə²³⁴]/骨文[ku⁵⁵]、摸白[mɐʔ³⁴]/摸文[muɤ²⁴]、恶白[ɣɐʔ³⁴]/恶文[ɣɤ²¹]、托白[tʰuɐʔ³⁴]/托文[tʰuɤ²⁴]、秧白[zaŋ³⁴]/秧文[iaŋ²⁴]、黑白[xɐʔ³⁴]/黑文[xei²⁴]、直白[tʂəʔ³⁴]/直文[tʂʅ⁵²]、色白[sɐʔ³⁴]/色文[sə²¹]、织白[tʂəʔ³⁴]/织文[tʂʅ²⁴]、食白[ʂəʔ³⁴]/食文[ʂʅ⁵²]"等。新派的文白异读比老派的文白异读要多。

三 其他异读

新乡方言的其他异读很少，有的与新老异读重合。此外有个别出现在不同的语境。例如"拉~车[lɐʔ³⁴]/拉~手[la²⁴]/拉~走[lɔ²⁴]、浆豆~[tɕiaŋ²⁴]/浆~糊[tɕiaŋ⁵²]、曲~折[tɕʰyəʔ³⁴]/曲歌~[tɕʰy⁵⁵]"等。

伍 儿化和小称音

儿化音变规律表

儿化韵	基本韵	例词
ɚ	ʅ	刺儿、字儿、有事儿、烧纸儿
	ei	小妹儿、眼泪儿
	ɣ	小车儿
	ən	树根儿、脸盆儿
	əʔ	一只儿、卷尺儿

续表

儿化韵	基本韵	例词
iər	i	小鸡儿、鞋底儿
	iə	叶儿
	iən	毛巾儿、口信儿
	iəʔ	颗粒儿、毛栗儿
uər	u	小铺儿、小兔儿
	uei	零碎儿、一对儿
	uən	打滚儿、小棍儿、门墩儿
	uəʔ	一出儿、小秃儿
yər	y	鱼儿、马驹儿
	yən	花裙儿、彩云儿
	yəʔ	小曲儿
ɐr	a	一把儿、手帕儿
	ɤ	歌儿、飞蛾儿
	ai	口袋儿、小孩儿
	ɛ̃	毛毯儿、老伴儿
	ɐʔ	门插儿、球拍儿
iɐr	ia	枝丫儿、豆芽儿
	iɛ̃	冒烟儿、一点儿
	iɐʔ	三伏贴儿、一节儿
uɐr	ua	花儿、瓜儿
	uɤ	窝儿、花朵儿
	uai	一块儿、拐儿
	uɛ̃	遛弯儿、一段儿
	uɐʔ	茶托儿、酒桌儿
yɐr	yɛ̃	小院儿、一卷儿
	yɐʔ	麻雀儿
ɔr	ɑ	棉袄儿、小草儿
iɔr	iɑ	小鸟儿、纸条儿
or	ou	小狗儿、接口儿、小手儿
ior	iou	小袖儿、小球儿

续表

儿化韵	基本韵	例词
ãr	aŋ	鞋帮儿、茅草房儿
iãr	iaŋ	箱儿、样儿
uãr	uaŋ	小筐儿、门框儿、村庄儿
ə̃r	əŋ	缝儿、钢镚儿
iə̃r	iəŋ	没影儿、风铃儿
uə̃r	uəŋ	小桶儿、鸟笼儿
yə̃r	yəŋ	小熊儿、蚕蛹儿

说明：

新乡方言的 45 个韵母中，除了[yɤ]没有儿化韵外，其他韵母都有儿化现象。

1. [ts tsʰ s]声母儿化会读作[tʂ tʂʰ ʂ]组，儿化在词汇或语流中按照实际音值记录。

2. 齐齿呼、撮口呼韵母儿化时，带有闪音[ɾ]，表中[iər yər yɤr ior iãr yãr]的实际音值为[iɾər yɾər yɾɤr iɾor iɾãr yɾãr]。

3. [t tʰ l]的开口呼、合口呼儿化时，为[ɾər ɾer ɾor ɾor ɾãr uɾər uɾer uɾãr]。

陆　其他主要音变

Z 变韵规律表

Z 变韵	基本韵	例证
ɿou	ɿ	狮ᶻ、柿ᶻ
iou	i	椅ᶻ、鼻ᶻ、李ᶻ
	ei	一辈ᶻ、痱ᶻ
ɔ	ɚ	车ᶻ
	ɑɔ	嫂ᶻ、刀ᶻ
	ʂɑ	袜ᶻ
ɔɿ	ai	筛ᶻ
ɔi	ai	袋ᶻ、盖ᶻ
	ia	一大家ᶻ
	iə	茄ᶻ
	iɑɔ	半吊ᶻ

续表

Z变韵	基本韵	例证
iɔ	uai	筷ᶻ
	iɐʔ	蝎ᶻ
	yɐʔ	坐月ᶻ
yɔ	yɐʔ	小月ᶻ
uɔ	uɤ	骡ᶻ、垛ᶻ、坨ᶻ、豁ᶻ
aŋ	ɛ̃	扇ᶻ、毯ᶻ
iaŋ	iɛ̃	剪ᶻ、钳ᶻ
uaŋ	uɛ̃	橡ᶻ、栓ᶻ
ʌ̃	aŋ	房ᶻ、章ᶻ
yʌ̃	iaŋ	脚脛ᶻ
əŋ	nə	盆ᶻ
	iən	妗ᶻ、引ᶻ

说明：

新乡方言存在 Z 变韵，但是范围已经大规模萎缩，被儿化或者"子"尾取代，上面列出的是 Z 变韵与基本韵大致对应的情形。

第五节　济源方音

壹　概况

一　济源调查点概况

济源位于河南省西北部，因济水发源地而得名，地处黄河以北，是愚公移山故事的发源地，地理坐标为东经 112°01′～112°45′，北纬 34°53′～35°16′。根据 2010 年数据显示，济源共有 67 万人口，由 17 个民族构成，汉族人口占 98.5%，回族近 1 万人，占少数民族人口的 90% 以上。调查点所在区域没有少数民族语言分布。济源方言属于晋语邯新片获济小片。

济源共辖 11 个镇、5 个街道。方言内部差别不大，不存在方言岛问题。济源话分布在济源各乡镇，使用人口 67 万，为本地通用的方言，近年来变化较快，正在向普通话靠拢。

济源的曲艺形式主要有王屋琴书,是济源土生土长的民间艺术,曾活跃在王屋镇、邵原镇一带,为百姓喜闻乐见。

二 济源方言发音人

1. 方言老男

王金平,1962年9月出生于济源市城关镇东街,高中文化程度。1969年至1974年在济源市东街学校就读小学,1974年至1977年在济源市东街学校就读初中,1977年至1981年在济源二中就读高中,1981年至2004年在济源汽车大修厂工作直至退休,职业为司机,2004年至今,退休后一直在济源市生活。没有长期离开过济源市,会说济源话和普通话,现在主要说济源话。父亲、母亲和配偶都是济源市城关镇人,都只会说济源话。

2. 方言青男

刘程,1986年1月出生于济源市城关镇济水南街,中专文化程度。1992年至1998年在济源南街学校读小学,1998年至2001年在济水一中读初中,2001年至2004年在济源市职业技术学院上中专,2006年至2013年在济源市房地产管理局工作,2014年至今,在济源市保障性住房管理中心工作,一直在济源市生活。没有长期离开过济源市,会说济源话和普通话,现在主要说济源话。父亲和母亲都是济源市城关镇人,都只会说济源话。配偶也是济源市城关镇人,会说济源话和普通话,现在主要说济源话。

3. 口头文化发音人

姚兰,女,1954年8月出生于济源市城关镇,高中文化程度。小学、初中、高中都在济源市读书,高中毕业后一直在济源市工作,职业为工人。没有长期外出经历,现在一直说济源话。提供的调查材料有歌谣、谜语、歇后语、民间故事等。

李小玲,女,1958年12月出生于济源市城关镇,高中文化程度。小学、初中、高中都在济源市读书,高中毕业后一直在济源市工作,职业为工人。没有长期外出经历,现在一直说济源话。提供的调查材料有民间故事等。

李道繁,男,1942年12月出生于济源市城关镇,大专文化程度。小学、初中、高中都在济源市读书,大专在焦作市就读,大学毕业后一直在焦作市工作,职业为教师。2002年退休后回到济源市生活,现在一直说济源话。提供的调查材料有歌谣等。

王慧芳,女,1998年7月出生于济源市邵原镇洪村,本科文化程度。小学、初中、高中都在济源市读书,目前在新乡市就读大学本科,职业为学生。平常在学校主要说普通话,寒暑假回家主要说济源话。提供的调查材料有顺口溜、歇后语、谚语等。

贰 声韵调

一 声母（25个，包括零声母在内）

p	八兵病	pʰ	派片爬	m	麦明	f	飞风副蜂肥饭	v	问
t	多东毒	tʰ	讨天甜	n	脑南			l	老蓝连路
ts	资早字贼纸	tsʰ	刺草祠拆茶抄			s	丝三事山		
tʂ	租坐张竹柱争装主	tʂʰ	寸抽初床车春船城			ʂ	酸双顺手书十	ʐ	热软
tɕ	酒九	tɕʰ	清全轻权	ȵ	年泥	ɕ	想谢响县		
k	高共	kʰ	开			x	好灰活	ɣ	熬安
∅	味月温王云用药								

说明：

1. [ts tsʰ s]拼合口字时读为[tʂ tʂʰ ʂ]。
2. [n]和[ȵ]互补分布，[n]拼开口呼、合口呼，[ȵ]拼齐齿呼、撮口呼。
3. 有部分古日母和微母字读作[v]，但是摩擦不是很明显，实际音值应为[ʋ]。
4. [ɣ]声母为舌根浊擦音，发音时声带振动不明显，主要表现为喉部的摩擦。

二 韵母（46个）

ɿ	师丝试	i	米戏急₂	u	苦五	y	雨局
ʅ	十₂直₂					ʯ	猪
ɚ	二						
a	茶	ia	牙鸭	ua	瓦刮₂		
ɛ	开排白	iɛ	写鞋学₂	uɛ	快	yɛ	学₂
ɤ	歌盒壳₂			uɤ	坐过活	yɤ	靴
ɔ	宝饱	iɔ	笑桥壳₂				
ei	赔飞北₂			uei	对鬼		
ou	豆走	iou	油六₂				
ã	南山半	iã	盐年	uã	短官	yã	权
ɔ̃	深根	iɔ̃	心新	uɔ̃	寸滚春	yɔ̃	云
ãŋ	糖	iãŋ	响讲	uãŋ	床王双		

əŋ 灯升硬白争横文　　iəŋ 硬文病星　　uəŋ 横白东　　yəŋ 兄用
ɐʔ 塔法辣八热色　　ieʔ 接贴节药　　ueʔ 刮~风托郭国　　yeʔ 月药文
əʔ 十文北白直文尺　　iəʔ 急白七一锡　　uəʔ 骨出谷六绿文　　yəʔ 橘绿文

说明：

1. 韵母[ie]的主元音舌位稍高，"街""鞋"的实际音值是[ie]。

2. [ɤ]与唇音[p pʰ m]相拼时，前面都有一个[u]。

3. [an iɛn uan yan]的主元音舌位稍高，实际音值为[æn iæn uæn yæn]。

4. [ən iən uən yən]齐齿呼鼻尾[n]有弱化趋势。

5. [əŋ iəŋ uəŋ yəŋ]与合口呼、撮口呼相拼时主元音为[o]，与开口呼、齐齿呼相拼时主元音为[ə]，但在齐齿呼的某些字中[ə]不是很明显，实际音值为[iŋ]。

6. [əʔ iəʔ uəʔ yəʔ]在[ts tsʰ s tʂ tʂʰ ʂ ʐ]组后面时，发音不是很到位，实际音值为[ɿʔ ɿʔ uʔ yʔ]，有舒化趋势。

7. "还"（副）主元音为[æ]，只有一个字，音系中无，仍记作[an]。

三　声调（5个）

阴平　44　东该灯风通开天春叶
阳平　312　门龙牛油铜皮糖红急文毒白盒罚
上声　52　懂古鬼九统苦讨草买老五有
去声　24　动罪近后冻怪半四痛快寸去卖路硬乱洞地饭树六文
入声　23　谷百搭节急白哭拍塔切刻六白麦月

说明：

1. 阳平为曲折调312，有时曲折不明显，语流中为31。

2. 去声为中升调24，有时为平升调224。

3. 入声23，并不短促，有舒化趋势，语流中读为短调2。

叁　连读变调

两字组连读调表

前字＼后字	阴平 44	阳平 312	上声 52	去声 24	入声 23
阴平 44	44+44 飞机　东风	**44+31** **清明　收成**	44+52 担保　清理	44+24 公社　开会	44+2 中国　工业

续表

前字＼后字	阴平 44	阳平 312	上声 52	去声 24	入声 23
阳平 312	31+44 农村 良心	**31+31** **回来 媒婆** **13+31** **农民 羊毛**	31+52 农场 局长	31+24 农具 劳动	31+2 农业 毛笔
上声 52	52+44 火车 手枪	**52+31** **火炉 海绵**	**13+52** **火种 洗脸**	52+24 改造 打动	52+2 火药 粉笔
去声 24	24+44 教师 细心	**24+31** **教员 报名**	24+52 教导 政府	24+24 教训 胜利	24+2 建设 爱国
入声 23	2+44 热心 列车	**2+31** **热情 发明**	2+52 热水 密码	2+24 热闹 木料	2+23 蜡烛 目录

说明：

以上表格中，加粗的连调组为连读变调。济源方言两字组连读变调基本规律是：阳平在语流中时，一般是降调，调值由 312 变为 31，不管是前字还是后字，除非有意拖音则不变；两阳平相连，部分前字调值由 31 变为 13；两上声相连，前字调值由 52 变为 13；入声在语流中为短促调 2，个别拖音的除外。

肆 异读

一 新老异读

济源新老派之间的语音略有不同。在语音系统上主要表现在声调方面：阳平调老男发音时有拖音，为 312，不拖音时为 31；青男发音干脆，为 31，偶尔收尾时有上扬。上声调老男降幅较大，为 52；青男降幅较小，为 53。去声为声调 24，老男有时为 224。入声调老男是一个上扬的调，为 23；青男则是一个低降调，为 21。老男的[ts tsʰ s]与合口呼相拼时一律变为翘舌音[tʂ tʂʰ ʂ]。老男读[ãn iãn uãn yãn ōn iōn uōn yōn]的，青男鼻化色彩较轻，读[an ian uan yan ən iən uən yən]。入声在舒化过程中，老派常有舒促两读，而新派则以入声为主，有个别有舒促两读，只有舒声的极少。

除了音系方面的差别外，因受普通话影响程度不同，有个别字老男和青男存在读音差别：有的字老男一读，青男有两读，有的字老男两读，青男一读，有些字读音不同，表现出了语音发展的阶段性特点。举例如下：

　　　　　　　　老男　　　　　　　青男

奴　　　　　　nuŋ³¹²　　　　　　nu³¹

钓	tiɔ⁴⁴	tiɔ²⁴
浸	tɕʰiə̃⁵²	tɕiən⁴⁴
寻	ɕiə̃³¹²/ɕyə̃³¹²	ɕiən³¹
刷	ʂuɐʔ²³/ʂua⁴⁴	ʂuɐʔ²¹
万	uã²⁴	uan²⁴/van²⁴
血	ɕiɐʔ²³/ɕyɐʔ²³	ɕiɐʔ²¹
民	mi³¹²	miən³¹
笋	ɕyə̃⁵²	ɕyən⁵³/suən⁵³
硬	ɣəŋ²⁴/ȵiəŋ²⁴/iəŋ²⁴	ɣəŋ²⁴/ȵiəŋ²⁴
石	ʂəʔ²³	ʂəʔ²¹/ʂʅ³¹
叔	ʂuɐʔ²³/ʂu⁴⁴	ʂu⁴⁴
容	yŋ³¹²/ʐuŋ³¹²	ʐuŋ³¹

二 文白异读

济源话的文白异读只是零星的，例如"雷白[luei³¹²]/雷文[lei³¹²]、尾白[i⁵³]/尾文[uei⁵³]、牛白[ɣou³¹²]/牛文[ȵiou³¹²]、深白[tʂʰə̃n⁴⁴]/深文[ʂə̃n⁴⁴]、嫩白[luə̃n²⁴]/嫩文[nə̃n²⁴]"等。

三 其他异读

济源话的其他异读主要是又读和语境。又读有"竖文[ʂu²⁴]/竖又[ʂʅ²⁴]、类文[luei²⁴]/类又[lei²⁴]、秧文[zɑ̃ŋ⁴⁴]/秧又[iɑŋ⁴⁴]、横文[xuŋ³¹²]/横又[xəŋ³¹²]、粽文[tɕyŋ²⁴]/粽又[tsuŋ²⁴]、龙文[lyŋ³¹²]/龙又[luŋ³¹²]"等；语境有"做~好[tʂuɐʔ²³]/做~饭[tsou²⁴]、姨阿~[i²⁴]/姨~夫[iɛ³¹²]、闸水~[tsa³¹²]/闸电~[tsa⁵²]、嫌招人~[ɕiɑ̃⁵²]/嫌~气[ɕiɑ̃³¹²]、刮~风[kuɐʔ²³]/刮~墙[kua⁴⁴]/刮~胡[kua⁵²]、握把~[uɐʔ²³]/握~手[uɤ⁴⁴]"等。

伍　儿化和小称音

儿化音变规律表

儿化韵	基本韵	例词
ɣ	ɭə	二儿、儿儿
	ei	一辈儿、棉被儿
	ou	小丑儿、河沟儿、时候儿、扣儿
	əʔ	小吃儿、湿湿儿
iɣ	ɿ	菜籽儿、大字儿、肉刺儿、铁丝儿
	ʅ	树枝儿、没治儿、没事儿
	i	头尾儿、竹批儿、鞋底儿、豆皮儿、驴蹄儿、小米儿、小旗儿

续表

儿化韵	基本韵	例词
iʏ	iou	小酒儿、小袖儿、球儿
	iəʔ	水滴儿、没力儿
uʏ	u	小碎步儿、饭铺儿、媳妇儿、小兔儿、门路儿、木梳儿、小壶儿
	ʮ	数儿、小猪儿、几处儿、小老鼠儿、小树儿
	uei	一对儿
	uəʔ	初六儿
yʏ	y	鱼儿、小毛驴儿
æ	a	把儿、小马儿、树杈儿、圪渣儿、麦茬儿、裤衩儿、散沙儿
	ɐʔ	腊八儿、门搭儿、门插儿
iæ	ia	一下儿、豆芽儿、书架儿、马虾儿
	iɐʔ	马甲儿
uæ	ua	花儿、小西瓜儿、大褂儿、狗娃儿
	uɐʔ	牙刷儿
ø	ɤ	歌儿、盒儿
	ɛ	牌儿、鞋带儿、井台儿
	ɔ	包儿、灯泡儿、小棉袄儿、小刀儿
	ãn	盘儿、床单儿、摆摊儿、小布衫儿
	ɐʔ	球拍儿
iø	iɛ	碟儿、半截儿、搭界儿、树叶儿
	iɔ	走调儿、水漂儿、树苗儿、睡一觉儿
	iãn	被面儿、鞋垫儿、过年儿、尖儿、竹签儿
	iɐʔ	镊儿、出血儿、竹节儿、小脚儿
uø	uɤ	老婆、小磨儿、朵儿、一坨儿、小镲锣儿、小锁儿、窝儿
	uɛ	开怀儿、块儿
	uãn	金刚钻儿、段儿、饭馆儿、药丸儿
	uɐʔ	墙豁儿、小说儿、桌儿、一掇儿
yø	yɤ	橛儿、小靴儿
	yãn	馅儿、圈儿、菜园儿
	yɐʔ	小雪儿、小月儿

续表

儿化韵	基本韵	例词
ə̃ʏ	ə̃n	刀刃儿、本儿、盆儿、妹儿、脚后跟儿
	əŋ	杏儿、门缝儿、油灯儿、外甥儿、小声儿
ĩʏ	iə̃n	皮筋儿、信儿、胡琴儿、对襟儿
	iəŋ	瓶儿、毛病儿、图钉儿、铃儿
ũʏ	uə̃n	车轮儿、门墩儿、嘴唇儿、拐棍儿、没魂儿
	uŋ	没空儿、小桶儿、鸟笼儿、小虫儿、面瓮儿、酒盅儿
ỹʏ	yə̃n	成群儿、小裙儿、木头榫儿、麦垄儿
æ̃	ãŋ	菜帮儿、药方儿、肉汤儿、嗓儿、一晌儿、西瓜瓤儿、鞋掌儿
iæ̃	iãŋ	小样儿、足量儿、信箱儿、小羊儿、没想儿
uæ̃	uãŋ	小床儿、村庄儿、小筐儿、小窗儿、蛋黄儿

说明：

济源方言有儿化现象，可以通过儿化表示"小""喜爱"之意。46 个韵母中，除了[yɛ yəʔ]没有儿化韵外，其他韵母都有儿化现象。

陆　其他主要音变

Z 变韵规律表

Z 变韵	基本韵	例词
ləu	lə	侄儿 ᶻ
ɿəu	ɿ	瓜籽 ᶻ、铁丝 ᶻ
ʅəu	ʅ	树枝 ᶻ、耙齿 ᶻ、柿 ᶻ、狮 ᶻ
i:əu	i	鼻 ᶻ、翻馍批 ᶻ、粉皮 ᶻ、鸡 ᶻ、梯 ᶻ、蹄 ᶻ
	ei	被 ᶻ、砖坯 ᶻ、痱 ᶻ
	uei	窗帷 ᶻ、苇 ᶻ
ɔu	a	柴火把 ᶻ、打杈 ᶻ
	ɤ	脖 ᶻ、老婆 ᶻ、纺花车 ᶻ
	ɔ	包 ᶻ、袍 ᶻ、划一道 ᶻ、嫂 ᶻ、椅靠 ᶻ、城壕 ᶻ
	ʔa	钱褡 ᶻ、鸽 ᶻ、水沫 ᶻ

续表

Z变韵	基本韵	例词
iɔu	ia	疙痂ᶻ、木匣ᶻ
	iɛ	树叶ᶻ
	ɛ	带ᶻ、台ᶻ
	ɔi	水漂ᶻ、树苗ᶻ、小ᶻ、裤腰ᶻ、麦要ᶻ
	iɐʔ	一捏ᶻ
uɔu	ua	鸡爪ᶻ、马褂ᶻ、韭花ᶻ
	uɛ	线拐ᶻ、一块ᶻ
	uɤ	手镯ᶻ、烟锅ᶻ、一棵ᶻ、一摞ᶻ、窝ᶻ
	uɐʔ	桌ᶻ、刷ᶻ、墙豁ᶻ
yɔu	yɤ	瘸、木头橛ᶻ
	yɐʔ	坐月ᶻ、籰ᶻ
æ	ãn	篮ᶻ、盘ᶻ、老汉ᶻ、毯ᶻ、铲ᶻ、布衫ᶻ、扇ᶻ
iæ	iãn	辫ᶻ、一大片ᶻ、剪#、钳ᶻ、碾ᶻ、犁面ᶻ、门槛ᶻ、草垫ᶻ
uæ	uãn	缎ᶻ、菜团ᶻ、一串ᶻ、罐ᶻ
yæ	yãn	院ᶻ、园ᶻ、一卷ᶻ、鞋楦ᶻ、老冤ᶻ、驾辕ᶻ
i:ŋ	ɤŋ	洗脸盆ᶻ、蚊ᶻ
	iəŋ	药引ᶻ、地窨ᶻ、妗ᶻ、银ᶻ
u:ŋ	uɤŋ	棍ᶻ、一捆ᶻ
y:ŋ	y	闺女ᶻ
	uɤŋ	孙ᶻ
	yɤŋ	裙ᶻ
	uŋ	粽ᶻ
iɑŋ	iãn	剪ᶻ、帘ᶻ

说明：

济源方言有Z变韵现象，Z变后大多意义属中性。46个韵母中，除了[u ɿ y ɛ ɔ ou iou ãn uãn iãn əŋ iəŋ yəŋ ɤ iɔʔ uɔʔ yɔʔ ɤi uɔʔ yɔʔ ə]没有Z变韵外，其他韵母都有Z变现象。

第六节　沁阳方音

壹　概况

一　沁阳调查点概况

沁阳位于河南省西北部，因故城位于沁水之北而得名，古称怀庆府。地理坐标为东经 112°46′～113°02′，北纬 34°59′～35°18′。根据 2008 年数据显示，沁阳共有 49.8 万人口，由 10 个民族构成，汉族人口占 98.7%，回族近 1 万人，占少数民族人口的 95%以上。调查点所在区域没有少数民族语言分布。沁阳方言属于晋语邯新片获济小片。

沁阳共辖 9 个乡镇、4 个街道。方言内部差别不大，不存在方言岛问题。沁阳话分布在沁阳各乡镇，使用人口 49 万多，为本地普遍通用的方言，近年来变化较快，正在向普通话靠拢。沁阳回民主要居住在城关镇南关、水难关、自治街，以及崇义镇、广利作，他们所说的话与沁阳话的主要区别在于声调与语气。

沁阳的曲艺形式主要有怀梆、唢呐、豫剧和二夹弦等，怀梆属国家级非物质文化遗产，大约有三千年历史。以前有大型活动时在朱载堉音乐厅演出，现在经常送戏下乡。

二　沁阳方言发音人

1. 方言老男

李治亚，1956 年 8 月出生于沁阳市城关镇自治街，高中文化程度。1962 年至 1969 年在沁阳市城关镇自治街小学读书，1969 年至 1972 年在沁阳市第一中学就读初中，1972 年至 1975 年在沁阳市第一中学就读高中，1975 年至 2014 年在沁阳市农机修造厂（后改为沁阳市通用机械厂）工作，2014 年至今，退休在家，一直在沁阳市生活。没有长期离开过沁阳市，会说沁阳话和普通话，现在主要说沁阳话。父亲、母亲和配偶都是沁阳市城关镇人，都只会说沁阳话。

2. 方言青男

李鹏，1992 年 1 月出生于沁阳市城关镇自治街，大学（肄业）文化程度。1999 年至 2005 年在沁阳市第一小学读书，2005 年至 2008 年在沁阳市第二中学实验分校就读初中，2008 年至 2011 年在沁阳市第一中学就读高中，2011 年至 2012 年在郑州市广播电视大学读书，后退学回家，2012 年至 2017 年在沁阳市以自由职业为生，2017 年至今，在杭州中美华东制药有限公司驻沁阳办事处工作，一直在沁阳市生活。没有长期离开过沁阳市，会说沁阳话和普通话，现在主要说沁阳话。李鹏未婚，父亲和母亲都是沁阳市城关镇人，都只会说沁阳话。

3. 口头文化发音人

孙国成，男，1954年2月出生于沁阳市城关镇，中专文化程度。小学、初中、中专都在沁阳市读书，中专毕业后一直在沁阳市工作，职业为怀梆剧演员。孙国成是怀梆剧种省级非物质文化遗产传承人，没有长期外出经历，现在一直说沁阳话。提供的调查材料是怀梆唱段。

都屏君，男，1975年11月出生于沁阳市城关镇灯塔街，大专文化程度。小学、初中、高中、大专都在沁阳市读书，大专毕业后一直在沁阳市工作，自由职业者。没有长期外出经历，现在一直说沁阳话。提供的调查材料是规定故事《牛郎和织女》。

牛二团，男，1980年11月出生于沁阳市王曲乡北孔村，初中文化程度。小学、初中都在沁阳市读书，初中毕业后一直在沁阳市工作，自由职业者。没有长期外出经历，现在一直说沁阳话。提供的调查材料是歌谣、谜语等。

韩电厂，男，1977年10月出生于沁阳市王曲乡北孔村，初中文化程度。小学、初中都在沁阳市读书，初中毕业后一直在沁阳市工作，职业为农民。没有长期外出经历，现在一直说沁阳话。提供的调查材料是歌谣等。

李治才，男，1945年2月出生于沁阳市城关镇自治街，高中文化程度。小学、初中、高中都在沁阳市读书，高中毕业后一直在沁阳市工作，职业为工人。没有长期外出经历，现在一直说沁阳话。提供的调查材料是歌谣、民间故事等。

杨久茹，男，1952年1月出生于沁阳市王召乡马铺村，大专文化程度。小学、初中、高中、大专都在沁阳市读书，大专毕业后一直在沁阳市工作，职业为工人。没有长期外出经历，现在一直说沁阳话。提供的调查材料是民间故事等。

杨寿远，男，1950年6月出生于沁阳市城关镇，大专文化程度。小学、初中、高中都在沁阳市读书，大专在焦作市就读，大专毕业后一直在沁阳市工作，职业为教师。没有长期外出经历，现在一直说沁阳话。提供的调查材料是歌谣、谚语、歇后语等。

贰 声韵调

一 声母（22个，包括零声母在内）

p	八兵病	p^h	派片爬	m	麦明	f	飞风副蜂肥饭	v 味问
t	多东毒	t^h	讨天甜	n	脑南			l 老蓝连路
ts	资早租字贼坐张竹柱争装纸主	ts^h	刺草寸祠抽拆茶抄初床车春船顺₁城			s	丝三酸事山双顺₂手书十	z 热软
tɕ	酒九	$tɕ^h$	清全轻权	ȵ	年泥	ɕ	想谢响县	
k	高共	k^h	开			x	好灰活	ɣ 熬安
∅	月温王云用药							

说明：

1. 声母[v]的实际音值是[ʋ]，发音时唇齿有轻微接触，摩擦较轻。有些字有[v]和零声母两读，如"雾"等，有些字直接读成零声母，如"王"等。

2. 声母[ts tsʰ s z]有一套音位变体[tʂ tʂʰ ʂ ʐ]，具体哪部分字读[tʂ tʂʰ ʂ ʐ]无规律可循，也不区别意义。[ts tsʰ s z]发音时舌位稍靠后一些。

3. [ɣ]声母为舌根浊擦音，发音时声带振动不明显，主要表现为喉部的摩擦，有些字的摩擦几乎消失。

4. [n]、[ȵ]互补，[n]拼开口呼、合口呼，[ȵ]拼齐齿呼、撮口呼；[n]的发音靠后。

二　韵母（50个）

ɿ 师丝试直₂	i 米戏急₂	u 苦五猪	y 雨局
ɚ 二			
a 茶	ia 牙鸭	ua 瓦刮₂	
ɣɛ 车	iɛ 写鞋		yɛ 靴
ɔ 宝饱	iɔ 笑桥		
ɤ 歌盒壳	iɤ 学₂	uɤ 坐过活托₂	yɤ 学₂
ai 开排白		uai 快	
ei 赔飞北₂		uei 对鬼	
ou 豆走	iou 油六₂		
ã 南山半	iã 盐年	uã 短官	yã 权
ẽ 深根	iẽ 心新	uẽ 寸滚春	yẽ 云
aŋ 糖	iaŋ 响讲	uaŋ 床王双	
əŋ 灯升硬₂争横₂	iəŋ 硬病星	uəŋ 横₂东	yəŋ 兄用
ɛʔ 热北₂色	iɛʔ 接贴节	uɛʔ 说	yɛʔ 月
ʌʔ 塔法辣八	iʌʔ 药	uʌʔ 刮₂托₂郭国	yʌʔ 雀
əʔ 十直₂尺	iəʔ 急₂七一锡	uəʔ 骨出谷六₂绿	yəʔ 橘

说明：

1. [ɚ]的实际音值为[ɭ]。

2. [ai ã uã yã]的主元音开口度稍小，实际音值应为[æ]；[aŋ iaŋ uaŋ]的主元音舌位比较靠后，实际音值应为[ɑ ɑi uɑi]，阴平、上声的主元音实际音值为[ɛ]，阳平、去声开口度稍大，接近[æ]。

3. [iɔ]的去声稍有动程，实际音值应为[iɑɔ]。

4. [ei uei]去声开口度大，主元音实际音值为[ɛ]。

5. [iou]的主元音开口度略大，但不到[ɔ]。

6. [ẽ iẽ uẽ yẽ]开口呼的去声主元音开口度大，为[ɛ]。

7. [uəŋ yəŋ]的实际音值为[uŋ yŋ]，后鼻韵尾稍微松弛。

8. [yəʔ]主元音开口度稍大，但其辖字少，不成系统，故仍记作[yəʔ]。

9. 韵母[ɣɛ uɛʔ yʌʔ ɜʔ]由单字"车"、词汇"说媒"和单字"雀"补入。

三　声调（5个）

阴平　44　　东该灯风通开天春统
阳平　312　门龙牛油铜皮糖红急ᵪ毒白盒罚
上声　52　　懂古鬼九苦讨草买老五有搭ᵪ
去声　13　　动罪近后冻怪半四痛快寸去卖路硬乱洞地饭树六ᵪ
入声　23　　谷百搭ᵪ节急ⱼ哭拍塔切刻六ⱼ麦月

说明：

1. 阴平记作44，有时有读43的现象。
2. 阳平是曲折调312，但收尾达不到2，有时为311，也有31。
3. 上声是高降调52，拖音时有微升，但不到3。
4. 清入和次浊入大多数读23，偶有22变体。个别字有舒化现象，如"急"；全浊入舒化，读入阳平。单字塞音尾松弛，几乎消失，词语中比较明显。

叁　连读变调

两字组连读调表

后字 前字	阴平 44	阳平 312	上声 52	去声 13	入声 23
阴平 44	44+44 声音 飞机	44+312 猪皮 高楼	44+52 浇水 工厂	44+13 干旱 公路	44+23 钢铁 中国
阳平 312	**31+44** 农村 床单	**31+312** 皮球 农民	**31+52** 长短 洋碱	31+13 肥皂 迟到	**31+23** 潮湿 红木
		13+312 洋油 男人	13+52 棉袄 黄酒		13+23 洋蜡
上声 52	52+44 普通 火车	52+312 水壶 打雷	**31+52** 表演 左手	52+13 等待 小路	52+23 粉笔 宝塔
			13+52 涂改 洗脸		
去声 13	13+44 士兵 汽车	**31+52** 象棋 证明	13+52 淡水 字典	13+13 部队 大树	13+23 道德 顾客
入声 23	2+44 目标 国家	2+52 足球 食堂	2+52 热水 木板	2+13 铁路 绿豆	2+23 积极 出力

说明：

以上表格中，加粗的连调组为连读变调。沁阳方言两字组连读变调基本规律是：阳平为前一音节时，一律省去拐调，变为31；阳平在阳平、上声、入声前一部分变读为去声调 13（一部分仍读原调 31）。上声在上声前一部分变读为阳平调 31；一部分变读为去声调 13。去声在上声前变读为阳平调 31。入声字做前字时，比单字音短促，实际调值由 23 变为 2。

两字组后字为去声时，有部分后字存在变调现象。"阴平+去声"的有"猪圈[tsu⁴⁴tɕyã¹³]、阴户[iẽ⁴⁴xu¹³]、相信[ɕiaŋ⁴⁴ɕiẽ¹³]"等，"上声+去声"的有"旅社[ly⁵²ʂɛ¹³]、打架[ta⁵²tɕia¹³]、赶会[kã⁵²xuei¹³]"等，"去声+去声"的有"见面[tɕiã¹³mier¹³]、种菜[tsuəŋ¹³tsʰai¹³]、自尽[tsɿ¹³tɕiẽ¹³]"等。总的来说，这类变调后字听感上为一个降平调 311 或者降调 31，但是这种现象不具普遍性和规律性，故仍记为原调，只在此简单说明。

肆　异读

一　新老异读

沁阳新老派之间的语音略有不同。在语音系统方面，入声调老男为 23，青男为 22。老男的唇齿浊擦音[v]，青男差不多都读零声母。入声韵也有不同，新派出现了一些变化，[ʌʔ]在向[ɛʔ]靠拢；入声在舒化过程中，老派有些只有入声，有些有舒促两读；新派有些只有入声，有些有舒促两读，也有一些完全舒化。

除了音系方面的差别外，因受普通话影响程度不同，有个别字老男和青男存在读音差别：有的字老男一读，青男有两读，有的字老男两读，青男一读；有些字读音不同，表现出了语音发展的阶段性特点。举例如下：

	老男	青男
华	xua⁴⁴	xua³¹²
鼠	tsʰuəʔ²³/su⁵²	su⁵²
煤	mẽ³¹²	mei³¹²
类	luei¹³	lei¹³
寻	ɕiẽ³¹²/ɕyẽ³¹²	ɕiẽ³¹²
端	tã⁴⁴/tuã⁴⁴	tuã⁴⁴
吞	tʰẽ⁴⁴	tʰẽ⁴⁴/tʰuẽ⁴⁴
顺	suẽ¹³/tsʰuẽ¹³	suẽ¹³
约	iʌʔ²³	iʌʔ²²/yɛʔ²²
石	səʔ²³/sɿ³¹²	səʔ²²
福	fəʔ²³	fəʔ²²/fu³¹²
容	zuəŋ³¹²/yəŋ³¹²	zuəŋ³¹²

二　文白异读

沁阳话的文白异读只是零星的，不成系统。例如"雾₍白₎[vu¹³]/雾₍文₎[u¹³]、尾₍白₎[i⁵²]/

尾文[vei⁵²]、抱白[pu⁴⁴]/抱文[pɔ¹³]、母白[mʌʔ²²]/母文[mu⁵²]、牛白[ɣou³¹²]/牛文[ɲiou³¹²]、深白[tsʰẽ⁴⁴]/深文[sẽ⁴⁴]、集白[tɕiəʔ²³]/集文[tɕi³¹²]、舌白[səʔ²³]/舌文[ʂʅ³¹²]、北白[pɛʔ²³]/北文[pei⁴⁴]、墨白[mɛʔ²²]/墨文[mẽ⁴⁴]、龙白[lyəŋ³¹²]/龙文[luəŋ³¹²]"等。

三　其他异读

沁阳话的其他异读包括又读和语境两类。又读有"胖又[pʰaŋ⁴⁴]/胖又[pʰaŋ¹³]、撞又[tsuaŋ¹³]/撞又[tsʰuaŋ¹³]、学又[ɕiɤ³¹²]/学又[ɕyɤ³¹²]"等。语境有"端~午[tã⁴⁴]/端~正[tuã⁴⁴]、磨~面[muɤ¹³]/磨~刀[muɤ³¹²]、鼠老~[tsʰuəʔ²³]/鼠~辈[su⁵²]、顺~利[suẽ¹³]/顺孝~[tsʰuẽ¹³]、秋藤蔓[zaŋ⁴⁴]/秋幼苗[iaŋ⁴⁴]、侧~棱[tsɛʔ²³]/侧~面[tsʰɛʔ²³]、更打~[kəŋ⁴⁴]/更三~[tɕiəŋ⁴⁴]、额~外[ɣʌʔ²³]/额~头[ɣɤ³¹²]、壁影~[piəʔ²³]/壁墙~[pi¹³]、容面~[zuəŋ³¹²]/容~易[yəŋ³¹²]"等。

伍　儿化和小称音

儿化音变规律表

类别	变韵	基本韵	例词
不变韵，前加"小"	不变	y	小鱼
		iɛ	小鞋
		iou	小球、小袖
		uei	小鬼
	"小"音变为ɕi	uei	小柜、小堆
		uəŋ	小洞
		yəŋ	小熊
		iaŋ	小箱
		uaŋ	小光
后加独立音节，但卷舌不明显	ərᵣ	u	小路儿、小鼓儿、眼睛珠儿
		uəʔ	小六儿、脊梁骨儿、一出儿戏
		y	小鱼儿、小马驹儿
拼合的	ɛᵣ	ɤ	小河儿、小盒儿
		ɔ	小刀儿、羊羔儿
		ai	瓶盖儿、门牌儿
		ã	花篮儿、猪肝儿
		ɛʔ	方格儿

续表

类别	变韵	基本韵	例词
拼合的	iɛʳ	iɛ	爷儿俩
		iɔ	豆苗儿、一条儿、墙角儿
		iã	小辫儿、小燕儿、一件儿
		iɛʔ	一撇儿、一捏儿
	uɛʳ	uɤ	小伙儿、烟袋锅儿
		uai	一块儿
		uã	小官儿、小碗儿、拐弯儿
	yɛʳ	yã	圆圈儿、手绢儿、花园儿
		yɛʔ	墙角儿
	æ	a	刀把儿、分叉儿
		ʌʔ	腊八儿
	iæ	ia	衣架儿、豆芽儿
		iʌʔ	皮夹儿
	uæ	ua	小瓜儿、小花儿、小褂儿
儿化，但卷舌度不高	ɚ	ei	一辈儿、妹儿
		ou	小偷儿、小狗儿
	iɚ	ɿ	果汁儿
		i	脸皮儿
		iou	香油儿、小袖儿
	uɚ	uei	小锤儿、小堆儿
	əʳ	ẽ	树根儿、一阵儿、花盆儿
		əŋ	说一声儿、小木凳儿
	iəʳ	iẽ	有劲儿
		iəŋ	杏儿、花瓶儿、铁钉儿
	uəʳ	uẽ	木棍儿
		uəŋ	小孔儿、小虫儿、酒盅儿
	yəʳ	yẽ	小裙儿
韵尾丢失，主元音鼻化	ã	aŋ	瓜瓢儿、一行儿、药方儿
	iã	iaŋ	模样儿

说明：

沁阳没有成系统的儿化韵，小称有以下几种表现手段：

1. 前加"小"。①不变韵。②不变韵，但"小"字音变为[ɕi]。
2. 后加独立音节，但是卷舌不明显，比较弱，读作[ɚ]。
3. 拼合的。这一类的主元音都发生了变化，如：[ɤ uɤ iɤ ɔ i c ai uai ã iã uã yã ɛʔ iɛʔ yɛʔ]等变为[ɤʳ ɤʳ iɛʳ uɤʳ yɤʳ], [a ia ua ʌʔ iʌʔ]变为[æ iæ uæ]，发音时是平舌，不卷舌。
4. 儿化，但卷舌度不高。如[ɻ i ei uei ou iou]和[ẽ iẽ uẽ yẽ ən iŋ uən]等。

陆　其他主要音变

Z 变韵规律表

Z 变韵	基本韵	例词
æ	a	柴火把ᶻ、树圪杈ᶻ、傻ᶻ、头发茬ᶻ
iæ	ia	一大家ᶻ、衣架ᶻ、豆芽ᶻ
uæ	ua	鸡爪ᶻ、马褂ᶻ、韭菜花ᶻ
ɔː	ɤ	麦蛾ᶻ、纺花车ᶻ、勺ᶻ
	uʌʔ	袜ᶻ
iɔː	iɤ	茄ᶻ
	ai	生孩ᶻ
	yɤʔ	麻尾鹊ᶻ
uɔː	uɤ	老婆ᶻ
	uəʔ	秃ᶻ
yɔː	yəʔ	大麦曲ᶻ
	ɛʔ	发疟ᶻ
	yɛʔ	麻尾鹊ᶻ
ɻːou	ɻ	柿ᶻ、狮ᶻ、铁丝ᶻ、西瓜籽ᶻ
iːou	i	鼻ᶻ、梯ᶻ、公鸡ᶻ、椅ᶻ
	ei	一辈ᶻ、被ᶻ、痱ᶻ、苇ᶻ
uːou	uei	麦穗ᶻ、锥ᶻ
ɭːou	ɭə	侄儿ᶻ
iã	iaŋ	纸箱ᶻ、鞋样ᶻ

续表

Z变韵	基本韵	例词
iːaŋ	ã	床单 ᶻ、篮 ᶻ
	iã	帘 ᶻ、剪 ᶻ
iːəŋ	ẽ	蚊 ᶻ
	iẽ	金 ᶻ、银 ᶻ、妗 ᶻ、衣襟 ᶻ、地窨 ᶻ
yːoŋ	uẽ	孙 ᶻ
	yẽ	花裙 ᶻ
iʌʔ	iəʔ	毛栗 ᶻ
yʌʔ	yɛʔ	坐月 ᶻ

说明：

Z变韵基本成系统，但是例词不多，有的可用也可不用（可用基本韵来代替）。

第七节　温县方音

壹　概况

一　温县调查点概况

温县隶属于河南省焦作市，地处豫北平原西部，是太极拳发源地。地理坐标为东经112°51′～113°13′，北纬34°52′～35°2′。根据2016年数据显示，温县共有46.8万人口，汉族人口占99.9%，少数民族群众约270人。其中回族居多，居住分散。调查点所在区域没有少数民族语言分布。温县方言属于晋语邯新片获济小片。

温县共辖7个乡镇、4个街道。方言内部差别不大，不存在方言岛问题。温县话分布在各乡镇，为本地普遍通用的方言，近年来变化较快，正在向普通话靠拢。温县地处沁河之南，有些入声已有舒化；南部黄河滩与移民接触较多，受其方言影响；又与官话区为邻，故其方言正处于变化之中，不太稳定。

温县的曲艺形式主要是怀梆，属国家级非物质文化遗产，代表性曲目有《赵氏孤儿》《辕门斩子》等。

二　温县方言发音人

1. 方言老男

张庚申，1953年12月出生于温县温泉镇西梁所村，初中文化程度。1961年至1965年在温泉镇西梁所村就读初小，1965年至1967年在温县西关小学就读高小，1967年至1969年在温泉镇西梁所中学就读初中，1969年至1992年在温县电业局上班至退休，一直在温县生活。没有长期离开过温县，只会说温县话。父亲、母亲和配偶都是温县温泉镇人，都只会说温县话。

2. 方言青男

张磊，1990年2月出生于温县温泉镇前上作村，初中文化程度。1997年至2003年在温县城内小学读书，2003年至2006年在温县城内中学读书，2006年至今在温县博龙机械厂工作，一直在温县生活。没有长期离开过温县，会说温县话和普通话，现在主要说温县话。张磊未婚，父亲和母亲都是温县温泉镇人，都只会说温县话。

3. 口头文化发音人

张峰，男，1985年5月出生于温县温泉镇建设街，大专文化程度。小学、初中、高中都在温县读书，大专在焦作市就读。大专毕业后一直在温县生活，职业为自由职业者。没有长期外出经历，现在一直说温县话。提供的调查材料是歌谣、俏皮话等。

原树武，男，1936年12月出生于温县岳村乡三家庄村，小学文化程度。原树武是怀梆剧种国家级非物质文化遗产的传承人，小学在温县读书，小学毕业后一直在温县生活，职业为怀梆演员。没有长期外出经历，现在一直说温县话。提供的调查材料是怀梆《赵氏孤儿（选段）》。

原雪英，女，1957年12月出生于温县岳村乡三家庄村，高中文化程度。小学、初中、高中都在温县读书，高中毕业后一直在温县生活，职业为公务员。没有长期外出经历，现在一直说温县话。提供的调查材料是怀梆《赵氏孤儿（选段）》。

张庚申，男，同方言老男发音人。提供的调查材料是民间故事等。

王长江，男，1951年8月出生于温县赵堡镇陈家沟村，高中文化程度。小学、初中、高中都在温县读书，高中毕业后一直在温县生活，职业为太极拳师。没有长期外出经历，现在一直说温县话。提供的调查材料是太极拳表演和解说。

贰　声韵调

一　声母（25个，包括零声母在内）

p 八兵病	pʰ 派片爬	m 麦明	f 飞风副蜂肥饭双顺书	v 味_白问软
t 多东毒	tʰ 讨天甜	n 脑南		l 老蓝连路
ts 资早租字贼坐张柱纸主	tsʰ 刺草寸祠拆茶抄初春船城		s 丝三酸事山	
tʂ 竹争装	tʂʰ 抽床车		ʂ 手十	ʐ 热
tɕ 酒九	tɕʰ 清全轻权	ȵ 年泥	ɕ 想谢响县	

k	高共	kʰ	开	x	好灰活	ɣ	熬安
ø	味₂月温王云用药						

说明：

1. 声母[v]的实际音值是[ʋ]，发音时唇齿有轻微接触，摩擦较轻。[v]声母字主要来源于遇、山、臻等摄合口三等的日母和微母。有些有[v]和零声母两读，如"雾、武"等，有些字直接读为零声母，如"王"等。

2. 声母[ts tsʰ s]和[tʂ tʂʰ ʂ]除了个别字之外基本不区别意义，具体哪部分字该读平舌或是翘舌也无规律可循，只是在儿化韵中一律读翘舌，为做区别在音系中列了两种，词汇系统和语流中以实际读音为准。

3. [ɣ]声母为舌根浊擦音，发音时声带振动不明显，主要表现为喉部的摩擦。

4. [n]、[ȵ]互补，[n]拼开口呼、合口呼，[ȵ]拼齐齿呼、撮口呼。

二　韵母（52个）

ɿ	师丝试	i	米戏急₂	u	苦五猪	y	雨局
ʅ	直₂						
ɚ	二						
a	茶	ia	牙鸭	ua	瓦刮₂		
ɛ	开排白	iɛ	写鞋节	uɛ	快	yɛ	靴
ɚ	射						
ɚ	车						
ɤ	歌盒壳	iɤ	学₂	uɤ	坐过活	yɤ	学
ɔ	宝饱	io	笑桥				
ei	赔飞北₂			uei	对鬼		
ou	豆走	iou	油六₂				
æn	南山半	ie	盐年	uæn	短官	ye	权
ẽ	深根	ĩ	心新	uẽ	寸滚春	yẽ	云
ã	糖双	iã	响讲	uã	床王		
əŋ	灯升硬₂争横₂	iəŋ	硬₂病星	uŋ	横₂东	yŋ	兄用
ɤʔ	热北₂色	iɐʔ	接贴节	uɤʔ	国	yɤʔ	月
ɔʔ	十直₂尺	iɔʔ	急₂七一锡	uɔʔ	骨出谷六₂绿	yɔʔ	橘
ʌʔ	塔法辣八	iʌʔ	药	uʌʔ	刮₂托郭	yʌʔ	削

说明：

1. [a ia ua]实际音值为[ʌ iʌ uʌ]。

2. [ɛ iɛ uɛ yɛ]齐、撮二呼的主元音比开、合二呼的要靠上靠后。开、合口的有动程，齐、撮口的韵头为长音，实际音值为[εe iːɛ uɛɛ yːɛ]。

3. [ɤ iɤ uɤ yɤ]跟唇音[p pʰ m]相拼时，有一个介音[u]，而[uɤ]要略低略圆，实际音值为[oʌ]；开口呼在[ts tsʰ s tʂ tʂʰ ʂ]后实际音值为[ɣʌ ʅʌ]；[iɤ]实际音值为[iːʌ]。

为方便书写，记作[ɤ iɤ uɤ]。

4. [æn ie uæn ye]开、合口有很弱的鼻化色彩，有的鼻尾也不是很明显。

5. [ã iã uã]的主元音实际要略高略圆。

6. [əŋ iəŋ uŋ yŋ]合、撮两呼主元音靠后，实际音值为[uoŋ yoŋ]。

7. [ʌʔ iʌʔ uʌʔ yʌʔ]的主元音要略圆略低。[yʌʔ]由单字"雀、削、约"补入。

8. [ɐʯ iɐʯ]由单字"射"和"车、蛇"补入。

三 声调（5个）

阴平 44　东该灯风通开天春叶
阳平 31　门龙牛油铜皮糖红节ᵡ急ᵡ毒白盒罚
上声 53　懂古鬼九统苦讨草买老五有
去声 213　动罪近后冻怪半四痛快寸去卖路硬乱洞地饭树六ᵡ
入声 3　　谷百搭节ᵡ急ᵡ哭拍塔切刻六白麦月

说明：

1. 阴平为中平调44，语流有读34的现象。
2. 阳平是低降调31，实际起点略高，有些字听感上有曲折，近312。
3. 去声为曲折调213，有个别字听感上曲折不明显，近21。
4. 入声是个短调3，有些字听感上为降调，近32。部分全浊入声字已舒化，清入和次浊入也有舒化，但规律性不强。

叁　连读变调

一　两字组连读变调

两字组连读调表

前字＼后字	阴平 44	阳平 31	上声 53	去声 213	入声 3
阴平 44	44+44 飞机 东风	44+31 清明 飞行	44+53 担保 清理	44+21 公社 开会	44+3 中国 工业
阳平 31	31+44 农村 良心	31+31 农民 羊毛 **13+31** 流氓 媒婆	31+53 农场 年底	31+21 白菜 劳动	31+3 农业 合作
上声 53	53+44 火车 手枪	53+31 火炉 海绵 **55+31** 水田 小河	53+53 母狗 **13+53** 火种 洗脸	53+21 火焰 礼拜	53+3 火药 粉笔

续表

前字＼后字	阴平 44	阳平 31	上声 53	去声 213	入声 3
去声 213	**21+44** 教师 细心 **13+44** 定亲 殓棺	21+31 教员 报名	**21+53** 教导 政府 **13+53** 大水	**21+21** 教训 自尽 **13+21** 地动 半夜	21+3 建设 爱国
入声 3	3+44 热心 列车	3+31 热情 发明	3+53 热水 密码	3+21 热闹 木料	3+3 热力 蜡烛

说明：

以上表格中，加粗的连调组为连读变调。温县方言两字组连读变调基本规律是：阳平在阳平前一部分前字变读升调 13；也有部分不变调，仍读原调 44。上声在阳平前部分变读高平声 55；也有部分不变调，仍读原调 53。上声在上声前部分变读低升调 13；也有部分不变调，仍读原调 53。去声在阴平、上声和去声前部分变读低升调 13；也有部分不变调，仍读原调 21。去声在语流中都读低降调 21。

二　其他变调

在温县方言中，还存在一些轻声不轻调现象（词汇中一律按轻声来标记）：阴平读轻声时调值为 22，例如"丝瓜[sʅ⁴⁴kua⁰]、外甥[ue²¹³səŋ⁰]、蜜蜂[miəʔ³fəŋ⁰]"等；阳平、上声、去声读轻声时调值为 21，例如"蝴蝶[xu³¹tiəɣ⁰]、大门[ta²¹mẽ⁰]、脊梁[tɕiəʔ³liɑ̃⁰]、老虎[lɔ³¹xu⁰]、云彩[yẽ³¹tsʰɛ⁰]、竹子[tʂuəʔ³tsʅ⁰]、抽屉[tsʰou⁴⁴tʰi⁰]、干菜[kæn⁴⁴tsʰɛ⁰]"等；入声读轻声时调值为 2，例如"阴历[ĩ⁴⁴liəʔ⁰]、大麦[ta²¹mɐʔ⁰]、扯巴[tsʰɤ⁵³pʌʔ⁰]"等；韵母为[a ɤ u]的有些字读轻声时促化了，例如"红萝卜[xuŋ³¹luəʔ⁰puʔ⁰]、灶伙[tsɔ²¹xuʌʔ⁰]、柴火[tsʰɛ³¹xuʌʔ⁰]"等。

肆　异读

一　新老异读

语音系统方面，声母虽无不同，但是青男的翘舌音相对比老男要多；唇齿摩擦音[v]老男大多有[v]和零声母[ø]两读，而青男除个别读摩擦音[v]外，绝大多数读零声母[ø]；擦音[ʂ]老男多有[ʂ]和[f]两读，青男多读其中一种。韵母方面，老男读[æn ie uæn yen]，青男读[æn iæn uæn yæn]。入声字在新派中已经开始舒化，表现为入声字有舒、促两读。

老男和青男之间没有成系统的新老异读，但因所受普通话影响程度不同，有个别字老男和青男存在读音差别，有的字老男一读，青男有两读，有的字老男两读，青男一读，有些字读音不同，表现出了语音发展的阶段性特点。举例如下：

	老男	青男
书	fu⁴⁴/ʂu⁴⁴	fu⁴⁴
雷	luei³¹	lei³¹
妇	fu⁴⁴	fu²¹³
端	tæn⁴⁴	tæn⁴⁴/tuæn⁴⁴
发头~	fa²¹³	fʌʔ³
吞	tʰẽ⁴⁴	tʰẽ⁴⁴/tʰuẽ⁴⁴
约	iʌʔ³	iʌʔ³/yɐʔ³
粽	tɕyŋ²¹³	tɕyŋ²¹³/tsuŋ²¹³
宿	ʂuəʔ³/ɕyəʔ³	ʂuəʔ³
叔	fəʔ³/fu⁴⁴/ʂu⁴⁴	fu⁴⁴
龙	lyŋ³¹	lyŋ³¹/luŋ³¹
绿	luəʔ³	luəʔ³/lyəʔ³

二 文白异读

温县话的文白异读数量不多，主要表现为以下两类，即舌尖后擦音[ʂ]和唇齿轻擦音[f]、唇齿浊擦音[v]和零声母[ø]之间的变换，此不赘述。此外，还有个别的文白异读现象。例如"抱白[pu⁴⁴]/抱文[pɔ⁴⁴]、牛白[ɣou³¹]/牛文[ȵiou³¹]、索白[ʂuʌʔ³]/索文[ʂuɤ⁵³]、秧白[zaŋ⁴⁴]/秧文[iaŋ⁴⁴]、六白[luəʔ³]/六文[liou²¹³]"等。

三 其他异读

温县话的其他异读包括又读和语境两类。又读有"如又[vəʔ³]/如又[zu³¹]、害又[xɛ⁴⁴]/害又[xɛ²¹³]、胖又[pʰaŋ⁴⁴]/胖又[pʰaŋ²¹³]、撞又[tsuaŋ³]/撞又[tsʰuaŋ²¹³]、学又[ɕiɤ³¹]/学又[ɕyɤ³¹]、横又[xəŋ³¹]/横又[xuŋ³¹]"等；语境有"可单用[kʰʌʔ³]/可词语中[kʰɤ⁵³]、鼠老~[tsʰuəʔ³]/鼠~辈[ʂu⁵³]、嫌~弃[ɕie³¹]/嫌单用[ɕie⁵³]、阔宽~[kʰuʌʔ³]/阔~气[kʰuɤ³]、托~付[tʰuʌʔ³]/托~举[tʰuɤ⁴⁴]、握把~[uʌʔ³]/握~手[uɤ⁴⁴]、北方位[pɐʔ³]/北~京[pei⁴⁴]、硬坚~[ȵiəŋ²¹³]/硬单用[ɣəŋ²¹³]、石~头[ʂəʔ³]/石~碾[sʅ³¹]、曲~折[tɕʰyəʔ³]/曲歌~[tɕʰy⁵³]"等。

伍 儿化和小称音

儿化音变规律表

儿化韵	基本韵	例词
ʅɯ	ʅ	子儿、字儿、刺儿、词儿、丝儿、汁儿、冬至儿、烧纸儿、事儿
iɯ	i	鼻儿、皮儿、灯谜儿、底儿、楼梯儿、梨儿、理儿、小鸡儿、气儿
	ie	左面儿、右面儿
	iəʔ	一滴儿、一粒儿

续表

儿化韵	基本韵	例词
uɯ	u	一步儿、小铺儿、媳妇儿、小兔儿、小老鼠儿、小数儿、一股儿、核儿
	uəʔ	小秃儿、一出儿
yɯ	y	小鱼儿、小雨儿、小毛驴儿、小马驹儿、一句儿
	yəʔ	小曲儿
ɿɯ	ɿə	二儿
æ	a	把儿、树杈儿、一打儿、娃儿、哪儿
	ʌʔ	刷儿、法儿、黑板擦儿、钱褡儿
	ɐʔ	球拍儿
iæ	ia	月牙儿、蚂蚱儿、发芽儿、讲价儿、一家儿、一下儿、话匣儿
	ie	前年儿
	iʌʔ	夹儿
uæ	ua	小褂儿、花儿、画儿、说话儿、爪儿
ɤɯ	ɤ	脖儿、鸽儿、小哥儿、盒儿、下巴颏儿、这儿、壳儿、歌儿
	ʌʔ	老末儿、泡沫儿
uəɯ	uɤ	颗儿、坡儿、小磨儿、一朵儿、托儿、座儿、锁儿、锅儿、活儿、窝儿
	uei	一对儿、小腿儿、嘴儿、锤儿、柜儿、灰儿、座位儿、穗儿
əɤ	ɐʔ	车儿
ɤ	a	那儿
	ɛ	白儿、牌儿、袋儿、戏台儿、瓶塞儿、瓶盖儿、小孩儿
	ɔ	包儿、刀儿、豆腐脑儿、老儿、草儿、鳌儿、蒿儿、靠儿、羊羔儿
iəɤ	iɛ	蝶儿、半截儿、爷儿俩
	iɔ	苗儿、纸条儿、鸟儿、材料儿
	iʌʔ	角儿
uəɤ	uɛ	筷儿、一块儿
	uʌʔ	桌儿、托儿
yəɤ	yʌʔ	麻雀儿
əɯ	ei	妹儿、一辈儿、味儿、尾儿
	ou	豆儿、小偷儿、小狗儿、鱼钩儿、扣儿、开口儿、小手儿、棉绸儿
	ẽ	本儿
	əʔ	黑儿
iəɯ	iou	油儿、小酒儿、九儿
uəɯ	uei	一会儿、头尾儿、穗儿
	ou	时候儿

续表

儿化韵	基本韵	例词
ɤɤ	æn	伴儿、盘儿、胆儿、摊儿、蓝儿、杆儿、汗儿、蚕儿、扇儿、河岸儿
	ɐʔ	格儿、打折儿
	a	那儿
iɤɤ	ie	边儿、片儿、面儿、点儿、年儿、脸儿、尖儿、馅儿、烟儿、门槛儿
	iɐʔ	圪节儿、小镊儿、花孽儿、树叶儿
uɤɤ	uæn	段儿、团儿、罐儿、宽儿、案儿、欢儿、串儿、玩儿、碗儿
yɤɤ	ie	馅儿
	ye	手绢儿、试卷儿、圈儿、院儿、驾辕儿、旋儿、券儿
	yɐʔ	橛儿
ə̃	ẽ	盆儿、门儿、份儿、纹儿、根儿、脚跟儿、人儿、刃儿、鸡胗儿
iə̃	ĩ	印儿、背心儿、劲儿、妗儿、皮筋儿、信儿、芯儿、树荫儿
uə̃	uẽ	墩儿、孙儿、冰棍儿、一捆儿
	uŋ	小虫儿
yə̃	yẽ	裙儿
æn	ã	汤儿、一趟儿、一张儿、半晌儿、秧儿
iæn	iã	样儿
uæn	uã	窗儿、庄儿
ou	əʔ	一只儿

说明：

温县方言有儿化现象，可以通过儿化表示"小""喜爱"或"随意"之意。52个韵母中，除了[ɿ ʅ y ɐ ɜ ɐʔ yɤ ə̃ iə̃ yŋ uɤ ɣ ʅ]没有儿化韵外，其他韵母都有儿化现象。

陆　其他主要音变

一　Z 变韵

Z 变韵相当于普通话的"子"尾词，即在温县方言里，相当于普通话后缀"子"的成分与前面的词根音节产生了合音。Z 变韵是成系统的，与基本韵有很整齐的对应关系。具体音变如下：

Z 变韵规律表

Z 变韵	基本韵	例词
ləu	ə	侄儿ᶻ
ʅːou	ʅ	狮ᶻ、柿ᶻ、铁丝ᶻ、树枝ᶻ、耙齿ᶻ

续表

Z变韵	基本韵	例词
i:ou	i	鼻ᶻ、算ᶻ、梯ᶻ、大椅ᶻ、虮ᶻ、粉皮ᶻ、鞋底ᶻ、翻馍批ᶻ、菜畦ᶻ
ɔː	u	褥ᶻ
iɔː	iɛ	茄ᶻ、半截ᶻ
uɔː	uɤ	一坨ᶻ、一撂ᶻ、柴火垛ᶻ、老婆ᶻ
	uəʔ	谷ᶻ
yɔː	yəʔ	麦麴ᶻ
æ	æn	床单ᶻ、毛毯ᶻ、篮ᶻ、老汉ᶻ、菜案ᶻ、茅庵ᶻ
iæ	ie	一大片ᶻ、火瓣ᶻ、帘ᶻ、老虎钳ᶻ、草垫ᶻ、剪ᶻ、窟窿眼ᶻ、炮捻ᶻ
uæ	uæn	一串ᶻ、鸡爪ᶻ、缎ᶻ、油罐ᶻ
yæ	ye	一卷ᶻ、鞋楦ᶻ、树园ᶻ
ʌʔ	ɐʔ	刷ᶻ
iʌʔ	iɐʔ	蝎ᶻ
yʌʔ	yɐʔ	坐月ᶻ

说明：

温县方言有Z变韵现象，可以通过Z变来表示"大"或贬义、中性之意，多与儿化意义相对。Z变韵范围已缩小，系统性不强。在52个韵母中，只有15个韵母有Z变现象。在Z变韵系统中，还有些Z变韵词的语音形式与其基本韵相同，我们认为这种情况也是一种音变，只是音理等方面的作用，合音的最后又变回到了原形式，我们将这一类称为零形式变音。温县方言中共有14个零形式变韵：[a ia ua][ɔ iɔ][uei][əu iəu][æn uæn][ɯn uŋ]。Z变韵在词汇和语法部分及口头文化部分用Z上标表示，如"桌ᶻ""梯ᶻ"等。

二　合音

温县方言合音音变非常丰富，除了以上几种系统性音变之外，两字组甚至更多字组的合音也较为常见，这里列举出一些常用的。

知道[tʂɔ⁴⁴]　　　　　　　起来[tɕʰie⁵³]

里头[liou⁵³]　　　　　　　不要[pɔ³¹]

咋[tsa⁵³]　　　　　　　　（"怎么"的合音）

啥[sa²¹³]　　　　　　　　（"什么"的合音）

镇[tʂən²¹³]　　　　　　　（"这么"的合音）

恁[nən²¹³]　　　　　　　（"那么"的合音）

另外,"一[iəʔ³]、二[ɤ²¹³]、三[sæn⁴⁴]、四[sɿ²¹³]、五[u⁵³]、六[luəʔ³]、七[tɕhiəʔ³]、八[pʌʔ³]、九[tɕiou⁵³]、十[səʔ³]"跟量词"个[kɤ²¹³]"的组合也经常使用合音形式。合音形式如下:"一个[iɤ⁴⁴]、两个[lia⁵³]、三个[sa⁴⁴]、四个[sɿɤ²¹³]、五个[uɤ⁵³]、六个[luɤ⁴⁴]、七个[tɕhiɤ⁴⁴]、八个[pa⁴⁴]、九个[tɕyɤ⁵³]、十个[sɿɤ³¹]"。

第八节 范县方音

壹 概况

一 范县调查点概况

范县位于河南省东北部,与山东省聊城市接壤。地理坐标为东经 115°20′～115°44′,北纬 35°37′～35°55′。范县现属河南省濮阳市管辖,截止到 2016 年,本县总人口为 55.34 万人,其中汉族 55.2 万人;满族、回族、壮族等少数民族共计 1000 余人。调查点所在区域没有少数民族语言分布。范县方言属于中原官话兖菏片。

范县共辖 12 个乡镇、1 个街道办事处,方言内部差别不大,不存在方言岛问题。范县地理位置特殊,故其方言与中原官话兖菏片的莘县南部乡镇方言和台前话基本一致,与濮阳话差别较大。不过范县话内部较一致。

范县的曲艺形式有国家级非遗项目四平调,另有市级非遗项目山东琴书、河南坠子、犁铧大鼓等,这些曲艺形式活跃在民间,为当下的新农村文化建设做出了贡献。

二 范县方言发音人

1. 方言老男

田东海,1954 年 12 月出生于范县城关镇西李庄村,高中文化程度。1962 年至 1967 年在范县城关镇西李庄小学就读,1967 年至 1970 年在范县城关镇甜水井初中就读,1970 年至 1973 年在范县杏子铺高中就读,1973 年至 1978 年在家务农,1978 年至 1979 年在济南木器学校学习木匠手艺,1979 年至今在范县城关镇西李庄村以务农和做木匠为生,曾任西李庄村村长,一直在范县生活。没有长期离开过范县,只会说范县话。父亲、母亲和配偶都是范县城关镇人,都只会说范县话。

2. 方言青男

张新超,1986 年 6 月出生于范县城关镇东李庄村,初中文化程度。1994 年至 2000 年在范县城关镇东李庄小学就读,2000 年至 2003 年在范县城关镇中学就读,2003 年至 2005 年在范县某饭店从事餐饮经营,2005 年 5 月至今在范县从事建筑工作,一直在范县生活。没有长期离开过范县,会说范县话和普通话,现在主要说范县话。父亲、母亲和配偶都是范县城关镇人,都只会说范县话。

3. 口头文化发音人

顾生荣，男，1965年4月出生于范县城关镇北一街，大专文化程度。小学、初中、高中都在范县读书，大专在濮阳市就读，大专毕业后一直在范县工作，职业为公务员。没有长期外出经历，现在一直说范县话。提供的调查材料是歌谣、歇后语等。

刘训江，男，1945年4月出生于范县辛庄乡毛楼村，高中文化程度。小学、初中、高中都在范县读书，高中毕业后一直在范县工作，职业为范县郑板桥纪念馆讲解员。没有长期外出经历，现在一直说范县话。提供的调查材料是民间故事等。

常兆功，男，1990年12月出生于范县颜村铺乡五常庄村，中专文化程度。小学、初中、中专都在范县读书，中专毕业后一直在范县工作，职业为四平调演员。没有长期外出经历，现在一直说范县话。提供的调查材料是四平调唱段。

荆慧，女，1989年1月出生于范县张寨乡荆庄村，中专文化程度。小学、初中、中专都在范县读书，中专毕业后一直在范县工作，职业为四平调演员。没有长期外出经历，现在一直说范县话。提供的调查材料是四平调唱段。

晏聪聪，女，1996年8月出生于范县濮城镇濮城村，中专文化程度。小学、初中、中专都在范县读书，中专毕业后一直在范县工作，职业为四平调演员。没有长期外出经历，现在一直说范县话。提供的调查材料是四平调唱段。

刘帆，女，1991年7月出生于范县辛庄镇韩庄村，中专文化程度。小学、初中、中专都在范县读书，中专毕业后一直在范县工作，职业为四平调演员。没有长期外出经历，现在一直说范县话。提供的调查材料是四平调唱段。

贰　声韵调

一　声母（24个，包括零声母在内）

p 八兵病	p^h 派片爬	m 麦明	f 飞凤副蜂肥饭双顺_白书
t 多东毒	t^h 讨天甜	n 脑南	l 老蓝连路
ts 资早租酒字贼坐	ts^h 刺草寸清全祠		s 丝三酸想谢
tʂ 张竹柱争装纸主	$tʂ^h$ 抽拆茶抄初床车春船城		ʂ 事山顺_文手十　ʐ 热软
tɕ 九	$tɕ^h$ 轻权	ȵ 年泥	ɕ 响县
k 高共	k^h 开		x 好灰活　ɣ 熬安
∅ 味问月温王云用药			

说明：

1. 有一部分尖音的舌位稍后移，但不到舌叶。例如"斜、寻（前音）、集、习、新、七、想、像、息、姓"等，发音人能够区分。

2. [ɣ]声母为舌根浊擦音，发音时声带振动不明显，主要表现为喉部的摩擦。
3. [n]、[ȵ]互补，[n]拼开口呼、合口呼，[ȵ]拼齐齿呼、撮口呼。

二 韵母（37个）

ɿ 丝	i 米戏飞急七一锡	u 苦五猪骨出谷	y 雨橘绿局
ʅ 师试十直尺			
ər 二			
a 茶塔法辣八	ia 牙鸭	ua 瓦刮	
	iɛi 街		
ɛ 开排	iɛ 写鞋接贴节	uɛ 快	
ə 歌盒热壳		uə 坐过活托郭国	yə 靴月药学
ɔ 宝饱	iɔ 笑桥		
ei 赔北色白		uei 对鬼	
ou 豆走	iou 油六		
ã 南山半	iã 盐年	uã 短官	yã 权
en 深根	ien 心新	uen 寸滚春	yen 云
aŋ 糖双	iaŋ 响讲	uaŋ 床王	
əŋ 灯升争横	iəŋ 硬病星	uŋ 东	yŋ 兄用

说明：
1. [ɛ iɛ uɛ]存在异调分韵现象，在阳平、上声中为[ɛ]，在阴平、去声中有轻微动程，近[ai]。[iɛi]的韵尾不明显，几乎与[iɛ]一致。
2. [ə]在唇音后有介音[u]，实际音值为[uo]；[yə]的实际音值为[yºə]。
3. [ər]存在异调分韵现象，上声为[]，阳平介于二者之间。
4. [ã iã uã yã]的鼻化色彩较轻，前鼻韵尾也较轻，正在脱落中。
5. [en ien uen yen]主元音在开口呼、合口呼中舌位稍低且稍后，实际音值为[ə]。
6. [aŋ iaŋ uaŋ]主元音靠后，实际音值为[ɑ]，后鼻韵尾较弱，也有轻微鼻化现象。
7. [yŋ]的实际音值为[yuŋ]。

三 声调（4个）

阴平 24 东该灯风通开天春谷百搭节哭拍塔切刻麦叶月
阳平 42 门龙牛油铜皮糖红急毒白盒罚
上声 55 懂古鬼九统苦讨草买老五有
去声 313 动罪近后冻怪半四痛快寸去卖路硬乱洞地饭树六

说明：
1. 阴平为半低升调24，实际落点比4高但不到5。
2. 阳平是半高降调42，起点略高于4。

3. 上声是高平调 55，有的落点稍低，但不到 4。
4. 去声为曲折调 313，有 31 变体，在词汇中以 31 为主。

叁　连读变调

两字组连读调表

前字＼后字	阴平 24	阳平 42	上声 55	去声 313	轻声 0
阴平 24	24+24 铅笔 书包	24+42 丢人 发愁	24+55 热水 烧纸	24+313 松树 高兴	24+0 筛子 干净 **31+0** 星星 热闹
阳平 42	42+24 年轻 农村	42+42 零钱 农民 **24+42** 围脖 来牌	42+55 赔本 洪水	42+313 随便 学校	42+0 时候 梅花
上声 55	55+24 满月 水坑	55+42 水壶 打雷	**42+55** 左手 洗澡	55+313 等待 小路	55+0 牡丹 尾巴 **24+0** 简单 韭菜 **42+0** 蚂蚁 老鼠
去声 313	**31+24** 唱歌 稻谷	**31+42** 划拳 受凉	**31+55** 后悔 下雨	**24+313** 地震 庙会	**31+0** 太阳 簸箕

说明：

以上表格中，加粗的连调组为连读变调。范县方言两字组连读变调基本规律是：阳平在阳平前，有一部分前字变读为阴平 24；一部分仍保持原调 42。上声在上声前变读为阳平 42。去声在去声前前字变读阴平 24；在阴平、阳平、上声前变曲折调为降调 31。

在轻声前，阴平有部分变读去声 31；上声有变读阴平 24 和阳平 42 的。

肆　异读

一　新老异读

语音系统方面，声调略有不同。去声虽都有 31 变体，但老派的去声为曲折比较明显的 313，新派的去声在不拖音时是不曲折的。声母的差异主要表现在老派的尖团音分别仍然清晰，新派的尖音正在腭化过程中。韵母的差异主要表现在：

老派读[uə yʰə]，新派读[uo yo]；老派读[ər]，新派读[er]；老派读[ã iã uã yã]，新派读[an ian uan yan]，老派的前鼻尾正在脱落中，新派的主元音略高，近[æ]，稍有鼻化色彩，韵尾较松，有弱化趋势。老派读[en ien uen yen]，新派读[ən iən uən yən]；老派读[aŋ iaŋ uaŋ]，新派读[ãŋ iãŋ uãŋ]。

除了音系方面的差别外，因所受普通话影响程度不同，有个别字老男和青男存在读音差别，有的字老男一读，青男有两读，有的字老男两读，青男一读，有些字读音不同，表现出了语音发展的阶段性特点。举例如下：

	老男	青男
奴	nuŋ⁴²	nu⁴²
街	tɕiɛi²⁴	tɕiɛ²⁴
水	fei⁵⁵/ʂuei⁵⁵	fei⁵⁵
费	fi³¹³	fi³¹²/fei³¹²
糙	tsɔ³¹³	tsʰɔ²⁴
绝	tsuə⁴²	tsuə⁴²/tɕyɛ⁴²
或	xuei⁴²	xuə⁴²
择	tʂei⁴²	tʂei⁴²/tsə⁴²
荣	yŋ⁴²	zuŋ⁴²
宿	sy²⁴	su³¹²

二 文白异读

范县话的文白异读只是零星的，不成系统。例如"水白[fei⁵⁵]/水文[ʂuei⁵⁵]、寻白[sien⁴²]/寻文[suen⁴²]、深白[tʂʰen²⁴]/深文[ʂen²⁴]、顺白[fen³¹³]/顺文[ʂuen³¹³]、墨白[mei²⁴]/墨文[muə²⁴]、嫩白[luən³¹²]/嫩文[nən³¹²]"等。

三 其他异读

其他异读包括又读和语境。又读有"撞又[tʂʰuaŋ³¹³]/撞又[tʂuaŋ³¹³]、刻又[kʰei²⁴]/刻又[kʰə²⁴]、策又[tʂʰei²⁴]/策又[tʂʰə³¹²]"等。语境有"做~饭[tsəu³¹³]/做~作业[tsuə²⁴]、输~赢[zu²⁴]/输~液[fu²⁴]/输运~[ʂu²⁴]、刮~风[kua²⁴]/刮~胡[kua⁵⁵]、侧~棱[tʂei²⁴]/侧[tʂʰə³¹³]、更三~[kən²⁴]/更打~[tɕiəŋ²⁴]、属~相[fu⁴²]/属家属[ʂu⁵⁵]"等。

伍 儿化和小称音

儿化音变规律表

儿化韵	基本韵	例词
ər	ɿ	铁丝儿、碰瓷儿
	ʅ	年三十儿、戒指儿、老师儿、侄儿、家伙什儿

续表

儿化韵	基本韵	例词
ər	i	猜谜儿
	ei	傍黑儿、小麦儿
	en	年根儿、大门儿、洗脸盆儿、小针儿、人儿
iər	i	猪蹄儿、断气儿、妮儿、粒儿
	ien	手巾儿、背心儿、得劲儿
uər	uei	洗脸水儿、裤腿儿、栽嘴儿、味儿
	uen	钢墩儿、村儿、光棍儿
yər	y	鱼儿、钢锯儿、水渠儿
	yen	水裙儿
ur	u	端午儿、䲀辘儿
ar	a	把儿、哪儿
iar	ia	蚂虾儿、豆芽儿、衣架儿
uar	ua	藕花儿、爪儿
ɤr	ə	小河儿、扑棱蛾儿、唱歌儿
uɤr	uə	花骨朵儿、水果儿、洋火儿、干活儿
yɤr	yə	角儿、小月儿
ɛr	ɛ	锅台儿、盖儿、布袋儿、小孩儿
	ã	竹竿儿
iɛr	iɛ	夜儿哩、小帖儿、歇歇儿、叶儿
	iã	小沿儿、上边儿、对面儿、年儿、点儿
uɛr	uɛ	一块儿
	uã	新郎官儿、玩儿
yɛr	yã	馅儿
ɔr	ɔ	小道儿、洗澡儿
iɔr	iɔ	檩条儿、口条儿、小儿
əur	əu	水沟儿、土豆儿、小偷儿
iəur	iəu	酱油儿

续表

儿化韵	基本韵	例词
ãr	aŋ	瓜瓢儿、抬杠儿
iãr	iaŋ	样儿、刚刚儿
uãr	uaŋ	筐儿、蛋黄儿
ə̃r	əŋ	畦埂儿、缝儿、双生儿
iə̃r	iəŋ	过明儿、名儿
ũr	uŋ	小窟窿儿、小洞儿、小虫儿、胡同儿
ỹr	yŋ	小熊儿

说明：

范县方言有儿化现象，可以通过儿化表示"小""喜爱"之意。37个韵母中，除了[ə iɛi]没有儿化韵外，其他韵母都有儿化现象。

1. 韵母无韵尾和主元音是后元音时，儿化韵是直接在原来元音基础上卷舌。
2. 主元音是前高元音时，儿化韵是[ər]，主元音是后高元音时，儿化韵是[er]。
3. 韵母为后鼻韵尾时，儿化韵是主元音鼻化加卷舌。

第九节　郑州方音

壹　概况

一　郑州调查点概况

郑州位于河南省中部偏北，地处黄河中下游和伏牛山脉东北翼向黄淮平原过渡的交界地带。地理坐标为东经112°42′～114°14′，北纬34°16′～34°58′，属中纬度地区。截止到2018年，郑州总人口为1013.6万人，主要民族为汉族，约958.81万人，占94.59%；各少数民族人口为54.79万人，占5.41%。

郑州方言属于中原官话郑开片，是居住在市区的大多数人中通行的地方话。郑州市区方言内部略有差异，大致可分为新老两派。老派分尖团，口语中儿化音、u化音较多，新派不分尖团，儿化音向北京音靠拢，u化音明显减少。老派主要分布在管城区，即原城关所在地，新派主要分布在金水区、中原区、二七区等地。

郑州地区的戏剧剧种以豫剧、曲剧、越调影响较大，其中豫剧与京剧、评剧、越剧并称为中国四大剧种。郑州的戏曲氛围浓厚，早在20世纪初，郑州火车站附近的老坟岗会聚了坠子、相声、评书、戏法、戏曲和拉洋片的艺人，后来，郑州市内各大公园和文化宫成为戏曲爱好者活动的主要场所。

二 郑州方言发音人

1. 方言老男

赵彦群，1959年9月出生于河南省郑州市金水区陈砦村，高中文化程度。1968年8月至1974年6月，在河南省郑州市陈砦小学上学；1974年9月至1976年6月，在河南省郑州市郑大附中（初中）上学；1976年9月至1978年6月，在河南省郑州市郑大附中（高中）上学；1978年至今从事自由职业。没有长期离开过郑州，只会说郑州话。父亲、母亲、配偶均为河南省郑州市金水区人，平时都只说郑州话。

2. 方言青男

关敬轩，1987年7月出生于河南省郑州市金水区沙口路113号院2号楼20号，本科文化程度。1994年9月至2000年6月，就读于河南省郑州市沙口路小学；2000年9月至2003年6月，就读于河南省郑州市邙山二中；2003年9月至2006年6月，就读于河南省郑州市第十六中学；2006年9月至2007年6月，就读于河南省荥阳市荥阳高中；2007年9月至2011年6月，就读于河南科技大学；2011年7月至2016年4月，在机械工业第六设计研究院有限公司工作；2016年至今，在河南省郑州市华信咨询设计研究院有限公司工作。没有长期离开过郑州，会说郑州话和普通话，父母均为河南省郑州市金水区人，平时都只说郑州话。

3. 口头文化发音人

连德林，男，1937年10月出生于河南省郑州市管城区十八里河村1号院，高中文化程度，十八里河村宣传员。父母和配偶均为郑州人，没有长期外出经历，平时只说郑州话。提供的调查材料有歌谣、其他故事、自选条目。

郭爱生，男，1958年11月出生于河南省郑州市二七区升龙城11号院，高中文化程度，工人。父母和配偶均为郑州人，没有长期外出经历，平时只说郑州话。提供的调查材料有规定故事《牛郎和织女》。

连晓爽，女，2000年9月出生于河南省新郑市和庄镇罗庄，本科文化程度，学生。父母和配偶均为郑州人，没有长期外出经历，平时只说郑州话。提供的调查材料有自选条目。

贰 声韵调

一 声母（24个，包括零声母在内）

p 八兵病	pʰ 派片爬	m 麦明	f 飞凤副蜂肥饭
t 多东毒	tʰ 讨天甜	n 脑南	l 老蓝连路
ts 资早租酒字贼坐	tsʰ 刺草寸清全祠	s 丝三酸想谢	
tʂ 张竹柱争装纸主	tʂʰ 抽拆茶抄初床 车春船城	ʂ 事山双顺手书十	ʐ 热软

tɕ 九　　　　　　　tɕʰ 轻权　　　　　ȵ 年泥　　　ɕ 响县
k 高共　　　　　　kʰ 开　　　　　　　　　　　　x 好灰活　　　　ɣ 熬安
ø 味问月温王云用药

说明：

1. [ȵ]为鼻音，发音部位与[tɕ tɕʰ ɕ]相同，由于舌面特征明显，未与舌尖中鼻音[n]归并为一个音位。

2. 分尖团，古精组声母今逢细音读[ts tsʰ s]，除个别古精组字（主要是文读音）发生腭化，大部分没有发生腭化。

3. [ɣ]在不同的韵母前听感的明显程度不同，在[ai au an]前明显，在[ə]前不明显。

二　韵母（40个）

ɿ 丝	i 米戏飞白急七一锡	u 苦五猪骨出谷	y 雨橘绿局
ʅ 师试十直尺			
ʅə 热			
ər 二			
a 茶塔法辣八	ia 牙鸭	ua 瓦刮	
ᴇ 色白	iᴇ 写鞋接贴节	uᴇ 国白	yᴇ 靴月
ə 歌盒壳		uə 坐过活托郭国文	yə 药学
ai 开排		uai 快	
ei 赔飞文北		uei 对鬼	
au 宝饱	iau 笑桥		
ou 豆走	iou 油六		
an 南山半	ian 盐年	uan 短官	yan 权
ən 深根	iən 心新	uən 寸滚春	yən 云
aŋ 糖	iaŋ 响讲	uaŋ 床王双	
əŋ 灯升硬白争横文	iəŋ 硬文病星	uəŋ 横白东	yəŋ 兄用

说明：

1. [ə uə]中的主要元音[ə]实际读音舌位略靠后，介于[ə]和[ɤ]之间，这里记作[ə]。

2. 韵母[ᴇ iᴇ uᴇ]中的主要元音[ᴇ]实际发音部位偏高。

3. 韵母[ai au an]中的主元音在上声44调后开口度偏小，且[au]动程较小。

4. 梗摄合口三四等和通摄的字，记为[əŋ uəŋ yəŋ]，其中[ə]有时候开口略大且靠后，接近[ɤ]。

三　声调（4个）

阴平 24　东该灯风通开天春统文谷百搭节哭拍塔切刻麦叶月
阳平 53　门龙牛油铜皮糖红讨急毒白盒罚

上声　44　懂古鬼九统ₓ苦草买老五有

去声　31　动罪近后冻怪半四痛快寸去卖路硬乱洞地饭树六

说明：

1. 阴平实际发音起点比 2 略高。

2. 去声实际发音起点比 3 略低。

3. 上声 44 调在个别单字拖长音时，结尾处略升。

叁　连读变调

两字组连读调规律表

（1）非叠字非轻声两字组连读调规律

非叠字非轻声两字组连读调表

后字 前字	阴平 24	阳平 53	上声 44	去声 31
阴平 24	24+24 冰雹　中间 香菇　杀猪	24+53 天明　公猫 锅台　梳头	24+44 山顶　热水 交九　辣酒	24+31 松树　猪圈 鸡蛋　家具
阳平 53	53+24 河堤　除夕 梅花　房间	53+53 池塘　洋油 茶瓶　农民	53+44 年底　白果 棉袄　洋碱	53+31 蚊帐　狐臭 石磨　学校
上声 44	44+24 小溪　板栗 里屋　打折	44+53 水田　小虫 扁食　纸钱	44+44 水果　主考 小腿　冷水	44+31 口试　改造 小路　扫地
	44+53 **尾巴**	**53+31** **柳树**	**44+53** **耳朵**	
去声 31	31+24 见天　喂猪 唱歌　定亲	31+53 剃头　酱油 肚疼　上学	31+44 下雨　大水 傍晚　断奶	31+31 翅膀　看病 **24+31** **地震　弟妹** **饭店　路费**

说明：

1. 本表为连读调表，加粗为变调，不加粗为不变调。

2. 郑州方言除以上变调情况外，非叠字两字组连读时后字有的读为轻声，具体情况见"非叠字轻声两字组连读调表"。

（2）非叠字轻声两字组连读调规律

非叠字轻声两字组连读调表

前字＼后字	阴平 24	阳平 53	上声 44	去声 31
阴平 24	24+0 正月 腊月 公鸡 招呼	24+0 月明 砖头 出来 收成	24+0 沙子 家里 竹子	24+0 阴历 出去 师傅
阳平 53	53+0 棉花 黄瓜 邻居	53+0 石头 前头 回来 长虫	53+0 云彩 凉水 苹果	53+0 阳历 油菜 芹菜 徒弟
上声 44	44+0 小麦	44+0 里头 起来	44+0 晌午 母狗	44+0 底下 眼气
去声 31	31+0 大麦 菜锅 嫁妆 大方	31+0 后年 上头 外头 下来	31+0 露水 上午 稻草 豆腐	31+0 上去 叫唤 53+0 绿豆

（3）叠字两字组连读变调规律

叠字两字组连读调表

前字＼后字	阴平 24	阳平 53	上声 44	去声 31
阴平 24	24+0 星星 框框 敲敲 天天			
阳平 53		53+0 球球 瓶瓶 牌牌 排排		
上声 44			44+0 本本 想想 洗洗 扫扫 31+24 婶婶	
去声 31				31+0 转转 泡泡 晾晾 晃晃 31+24 大大

说明：

前字为阴平、阳平、上声时，后字为轻声的实际调值是2，前字为去声时，后字为轻声的实际调值是1，这里统一记作0。

肆　异读

一　新老异读

郑州新老派之间的语音略有不同。在语音系统方面，老派声母[ts tsʰ s]与细音相拼时已经有腭化倾向，新派已全部腭化；普通话零声母的开口呼字，郑州年轻人发音时喉部有轻微摩擦，浊音声母[ɣ]已消失；老派的唇齿音声母[f]可与[i]相拼，新派已完全符合普通话的拼合规律。韵母部分，通摄泥精组一等今读合口呼，三等今多读撮口呼；中古入声铎、药、觉三韵今读的主要元音为[ə]；中古入声薛、德、职、陌、麦等韵入声字主要元音今读为[ɛ]。

除了音系方面的差别之外，因其所受普通话的影响程度不同，还有个别字也有不同。例如：

	老男	青男
鹅	ɣə⁵³	ə⁵³
饿	ɣə³¹	ə³¹
爱	ɣai³¹	ai³¹
矮	ɣai⁴⁴	ai⁴⁴
西	si²⁴	ɕi²⁴
洗	si⁴⁴	ɕi⁴⁴
飞	fi²⁴	fei²⁴
费	fi³¹	fei³¹
肥	fi⁵³	fei⁵³
酒	tsiou⁴⁴	tɕiou⁴⁴
龙	lyəŋ⁵³	luəŋ⁵³
松	syəŋ²⁴	suəŋ²⁴
约	yə²⁴	yɛ²⁴
学	ɕyə⁵³	ɕyɛ⁵³
得	tɛ²⁴	tə⁵³
特	tʰɛ²⁴	tʰə³¹

二　文白异读

郑州方言的文白异读比较少，一般为零星的，不成系统。有些文白读两个层次之间的差异与新老派之间的差异重合，此不赘述。有些只在老派中存在，如"尾文[uei⁴⁴]/尾白[i⁴⁴]、雪文[ɕyɛ⁴⁴]/雪白[ɕyɛ²⁴]、百文[pai⁴⁴]/百白[pai²⁴]、隔文[kə⁵³]/隔白[kə²⁴]、做文

[tsuə³¹]/做白[tsu³¹]、深文[ʂəŋ²⁴]/深白[tʂʰən²⁴]、横文[xəŋ³¹]/横白[xuəŋ³¹]"等。

伍 儿化和小称音

郑州方言儿化丰富，很多单字常以儿化形式出现构成儿化词，如"把儿、花儿、瓶儿、名儿、屋儿"等。儿化韵的具体规律见下表。

儿化音变规律表

儿化韵	基本韵	例词
ər	ɿ	字儿、刺儿
	ʅ	事儿、汁儿
	ə	鸽儿
	ei	宝贝儿、一辈儿
	ən	小盆儿、本儿、根儿、门儿
iər	i	皮儿、鸡儿、面剂儿
	in	信儿、心儿、印儿
uər	uə	山坡儿、干活儿
	uei	墨水儿、一会儿
	uən	轮儿、村儿、花纹儿
yər	y	有趣儿、小鱼儿、驴驹儿
	yə	墙角儿
	yn	群儿、小军儿
ɐr	ə	格儿、盒儿、歌儿
	ᴇ	白儿里白天
	a	刀把儿、号码儿
	ai	牌儿、盖儿
	an	小摊儿、老伴儿
	ɚ	小车儿、打折儿
iɐr	ia	豆芽儿、打架儿
	iᴇ	蝴蝶儿、树叶儿
	ian	面儿、眼儿

续表

儿化韵	基本韵	例词
uɐr	uə	小勺儿、被窝儿
	ua	牙刷儿、花儿
	uai	一块儿、筷儿
	uan	官儿、罐儿
yɐr	yE	小雪儿
	yan	院儿、圈儿
or	au	刀儿、包儿、羊羔儿、枣儿
	aŋ	药方儿、牙缸儿、汤儿
	əŋ	凳儿、坑儿
ior	iau	苗儿、调儿、料儿、鸟儿
	iaŋ	树凉儿
	iəŋ	图钉儿、小命儿、影儿
uor	uaŋ	小窗儿、筐儿、网儿
	uəŋ	小洞儿、有空儿、小虫儿
yor	yE	麻雀儿
	yəŋ	小熊儿
ur	u	牛犊儿、小树儿、电炉儿、核儿
our	ou	豆儿、小楼儿、小周儿
iour	iou	袖儿、加油儿

陆　其他主要音变

一　Z 变韵

　　Z 变韵是指汉语方言中通过韵母变化来表示相当于普通话子尾小称词语的韵母形式，也称 Z 变音、子变韵或子化变音。郑州有较为丰富的 Z 变韵现象，具体规律如下表。

Z 变韵规律表

Z 变韵	基本韵	例词
ou	ɿ	铁丝 ᶻ
	ʅ	柿 ᶻ、虱 ᶻ
iou	i	梯 ᶻ、鼻 ᶻ
au	a	傻 ᶻ
	ə	鸽 ᶻ
	uə	脖 ᶻ
iau	iᴇ	镊 ᶻ、叶 ᶻ
	ia	瞎 ᶻ
	ai	孩 ᶻ
uau	ua	袜 ᶻ
	uə	桌 ᶻ
yau	yᴇ	靴 ᶻ
	uai	筷 ᶻ

二 其他音变规律

以下 6 种情况在郑州方言中发音轻而短，记为 0：

1. 重叠词后字，如"星星、姑姑、哥哥"等，具体音变规律见表 3。
2. 词缀，如"头、里"等。

"头"单字调为 53，作词缀时读轻声，如"前头、后头、里头、外头、上头、木头、石头、舌头"等。

"里"单字调为 44，作词缀时读轻声，如"屋里、城里、村里、房里"等。

3. 趋向动词，主要有"来、去"等，如"上去、下来、进去、出来、回来、出去、回来、起来"等。
4. 表示名物性的构词语素"的"，如"做饭的、剃头的、要饭的"等。
5. 结构助词"的、地、得"等。
6. 时体助词、句末语气词"了、啦、喽、嘞"等。

第十节 开封方音

壹 概况

一 开封方言点概况

开封位于黄河中下游平原东部、河南省中东部，西与省会郑州市毗邻，东与商丘市相连，南接许昌市和周口市，北依黄河与新乡市隔河相望，地理坐标为东经113°35′～115°02′、北纬34°12′～35°01′，人口约14.3万，其中汉族13.7万、回族0.54万。调查点为鼓楼区相国寺街道办事处。调查点所在区域没有少数民族语言，回族人讲汉语。

开封城区大体以明清城墙为界分为城内和城外。城内主要是世居开封的老居民，城外以解放后迁入的居民为主。移民的来源主要是开封下辖五县（开封县、杞县、通许县、兰考县和尉氏县）和黄河以北新乡市的封丘、长垣二县。语言的差别主要表现在古入声字的读音和子变韵上。以"客"为例，城内读[kʰɛ²⁴]，城外读[kʰiɛ²⁴]；另一差别是子变韵。城外居民普遍有子变韵，如鼻子读[piou⁵³]、袜子读[uɔo²⁴]、鸡子读[tɕiou²⁴]。城内居民只有少数词汇读子变韵，大部分词汇则读同普通话一样的儿化韵。城内老派居民也视子变韵为"乡下音"或"河北（黄河以北）音"。

地方戏主要有豫剧、曲剧和二夹弦，地方曲艺主要有河南坠子和快板书。豫剧是影响最大的地方戏，有专业剧团，街头巷尾随处有人演唱。其他曲艺形式现在已基本消失。

二 开封方言发音人

1. 方言老男

苏雨洪，汉族，1946年2月出生于河南省开封市顺河回族区宋门关中街。1953年入开封市宋门关小学读书，1958年小学毕业，同年考入开封十中读初中。1961年初中毕业，同年考入开封市实验中学(今河南大学附属中学)读高中，1963年肄业。1964年招工进入开封市电机电器厂，1973年调入开封市空分设备厂，2006年退休。本人无长期外出经历，平时讲开封话，会说普通话。父母为鼓楼区人，说开封话。配偶为开封市顺河回族区人，说开封话。

2. 方言青男

王文胜，汉族，1976年5月出生于河南省开封市顺河回族区宋门关中街，现在开封市交通局工作。1982—1987年在宋门关小学读书，1987—1990年在开封市第三十中学读初中，1990—1993年在开封五中读高中。1994年入伍，1996年底复员。1997—1999年在河南省委党校读函授大专班。1996年12月转业安置到开封市交通局工作至今。平时讲开封话和地方普通话，父亲为开封市顺河回族区人，说开封话；

母亲为开封市鼓楼区人，说开封话；配偶为开封市顺河回族区人，说开封话。

3. 口头文化发音人

李中华，男，1951 年 7 月出生于开封市顺河回族区宋门社区。大学专科学历，开封市群众艺术馆馆员。没有长时间外出经历，现在一直说开封话。提供调查材料为规定故事，其他故事，豫剧唱段。

王冠生，男，1962 年 6 月出生于开封市通许县朱砂镇石岗村，现住河南省开封市鼓楼区包府坑街。小学文化程度，民间艺人。没有长时间外出经历，现在一直说开封话。提供调查材料为开封大鼓。

席天才，男，1945 年 9 月出生于开封市龙亭区徐府坑街。高中文化程度，工人，现住河南省开封市龙亭区康乐家园。没有长时间外出经历，现在一直说开封话。提供调查材料为吟诵。

叶欣，女，1947 年 4 月出生于开封市鼓楼区城隍庙后街。中专文化程度，工人，现住开封市龙亭区文兴苑。没有长时间外出经历，现在一直说开封话。提供调查材料为歌谣、豫剧唱段。

别青霞，女，1959 年 4 月出生于开封市鼓楼区小纸坊街 97 号。高中文化程度，工人，现住河南省开封市顺河回族区京都苑。没有长时间外出经历，现在一直说开封话。提供调查材料为歌谣。

张俊，女，1977 年 1 月出生于开封市鼓楼区西坡北街。专科文化程度，自由职业者，现住河南省开封市鼓楼区西坡北街。没有长时间外出经历，现在一直说开封话。提供调查材料为豫剧唱段。

贰　声韵调

一　声母（23 个，包括零声母）

p 八兵病	pʰ 派片爬	m 麦明	f 飞凤副蜂肥饭
t 多东毒	tʰ 讨天甜	n 脑南	l 老蓝连路
ts 资早租字贼坐	tsʰ 刺草寸祠		s 丝三酸
tʂ 张竹柱争装纸主	tʂʰ 抽拆茶抄初床车春船城		ʂ 事山双顺手书十　ʐ 热软
tɕ 酒九	tɕʰ 清全轻权	ȵ 年泥	ɕ 想谢响县
k 高共	kʰ 开		x 好灰活
∅ 味问月温月熬安王云用药			

说明：

1. 尖团音已经合流，发音人偶尔会发出个别尖音来，但已无区别音义作用。
2. [n ȵ]互补，[n]拼开口呼、合口呼，[ȵ]拼齐齿呼、撮口呼。
3. 零声母的开口呼音节，发音时喉部有紧张感，略带摩擦，但语图显示已无浊音。

二 韵母（39个）

ɿ	丝	i	米戏急七一锡	u	苦五猪骨出谷	y	雨橘绿局
ʅ	师试十直尺						
ər	二						
a	茶塔法辣八	ia	牙鸭	ua	瓦刮		
ɛ	热色白	iɛ	写鞋接贴节	uɛ	国白	yɛ	靴月
ɤ	歌盒壳			uo	坐过活托郭国文	yo	学药
ai	开排			uai	快		
ei	赔飞北			uei	对鬼		
ɔo	宝饱	iɔo	笑桥				
ou	豆走	iou	油六				
an	南山半	ian	盐年	uan	短官	yan	权
ən	深根	in	心新	uən	寸滚春	yn	云
aŋ	糖	iaŋ	响讲	uaŋ	床王双		
əŋ	灯升硬白争横文	iəŋ	硬文病星	uəŋ	横白东	yəŋ	兄用

说明：

1. [a ia ua]的实际音值是[ᴀ iᴀ uᴀ]；[ian yan]的实际音值是[iɛn yɛn]。
2. "波婆馍"等唇音字发音时有介音[u]，与"坐过活"合并，韵母记为[uo]。
3. 韵母[ou]和[uo]中的[o]都不太圆，介于[ɤ]和[o]之间。
4. [ai]的实际音值为[æe]，有动程但较小；[ei]的实际音值为[eɪ]。
5. [u]的发音较松，实际音值是[ʊ]。
6. [ɤ]与[tʂ tʂʰ ʂ ʐ]相拼时，舌尖与前硬腭的摩擦性较强，有个弱的舌尖音作介音，即"蔗车蛇"一类字的实际读音是[tʂʅɤ tʂʰʅɤ ʂʅɤ]。
7. [ɛ（拼[tʂ tʂʰ ʂ ʐ]以外的声母）iɛ uɛ yɛ中的[ɛ]发音时开口度稍小，实际音值是[ᴇ]；[ɛ]与[tʂ tʂʰ ʂ ʐ]相拼时，不仅舌尖与前硬腭的摩擦性增强、有弱的舌尖介音，而且舌面的高点会后移，出现央化现象，实际音值为[ɜ]。这类字限于中古的入声字，如"摘择拆测色"，实际读音是[tʂʅɜ tʂʰʅɜ ʂʅɜ]。
8. [an ən aŋ əŋ]四组鼻尾韵的主元音有轻微鼻化现象，接近[ãn ə̃n ãŋ ə̃ŋ]。
9. "说"单字音为[ʂɥᴇ]，词汇中读[ʂuo]。因仅此一字，没有单独设置[ɥᴇ]韵母，合并到[uɛ]韵母中。
10. [aŋ iaŋ uaŋ]的实际音值是[ɑŋ iɑŋ uɑŋ]；[uəŋ yəŋ]的实际音值是[uoŋ yoŋ]。

三 声调（4个）

阴平 24　东该灯风通开天春统谷百搭节哭拍切刻麦叶月

阳平 53　门龙牛油铜皮糖红讨急毒白盒罚

上声 44　懂古鬼九统苦草买老五有

去声 312 动罪近后冻怪半四痛快寸去卖路硬乱洞地饭树六

说明：

1. 阴平是中升调 24，个别单字音会发成 224。
2. 阳平是高降调，起点为声调最高点，收音处略低于 3，不到 2。
3. 上声是半高平调，声调的起点有时会略高于 4。
4. 去声单字音为曲折调 312，先降后升，下降趋势明显。在语流中读为低降调 31，个别单字音也有读成 31 的。

叁 连读变调

开封方言的声调演变规律是平声按古声母清浊分为阴平和阳平；清上和次浊上今读上声，浊上归去声；去声不分阴阳；清入和次浊入今读阴平，全浊入今读阳平。

开封方言的连读变调较为简单，有两种变调现象：一是去声这一曲折调在两字组的前一音节时会变成低降调，即 312 变成 31；二是"去声 312＋去声 312"变为"24＋312"。

开封方言两字组连读变调规律总结如下：

两字组连读调表

前字＼后字	阴平 24	阳平 53	上声 44	去声 312	轻声 0
阴平 24	24＋24 开车 飞机 钢笔	24＋53 天桥 高楼 消毒	24＋44 山顶 工厂 结果	24＋312 花布 山洞 立夏	24＋0 梯子 妈妈 桌子
阳平 53	53＋24 茶杯 平安 白天	53＋53 池塘 银行 食堂	53＋44 长短 棉袄 十五	53＋312 能干 绸缎 学费	53＋0 拿来 爷爷 脖子
上声 44	44＋24 酒杯 老师	44＋53 好人 倒霉	44＋44 火把 水果	44＋312 考试 保护	44＋0 眼睛 姐姐
去声 312	31＋24 战争 电灯	31＋53 象棋 透明	31＋44 道理 信纸	24＋312 重要 破布	31＋0 豆腐 爸爸

开封方言中还有一种与入声字有关的特殊的两字组连读变调，因变调规律不具有普遍性，上表没有列出，现作简要介绍如下。清入字和次浊入字在开封话中本应读阴平，但其中的少数字，当出现在双音节词（部分词，不是全部）的前字位置时会出现变读阳平的现象。如"绿豆"本应读[ly^{24}tou^0]，却读成[ly^{53}tou^0]；"木匠"本应读[mu^{24}tɕiaŋ^0]，却读成[mu^{53}tɕiaŋ^0]。这种现象不具普遍性，即使同一个词也会有时变有时不变，如：铁的[tʰiɛ^{24}tə^0]、铁匠[tʰiɛ^{53}tɕiaŋ^0]，日子[ʐʅ^{24}tsʅ^0]、日头[ʐʅ^{53}tʰou^0]。

肆 异读

开封方言老派有文白异读的差别,老派为开封本地音,文读音与普通话更为接近。文白异读的差别主要表现在韵母的读音上面,如:

车	tʂʰε²⁴ 白	tʂʰɤ²⁴ 文
做	tsu³¹² 白	tsuo³¹² 文
初	tʂʰuo²⁴ 白	tʂʰu²⁴ 文
锄	tʂʰuo⁵³ 白	tʂʰu⁵³ 文
数动	ʂuo⁴⁴ 白	ʂu⁴⁴ 文
数名	ʂuo³¹² 白	ʂu³¹² 文
尾	i⁴⁴ 白	uei⁴⁴ 文
寻	ɕiən⁵³ 白	ɕyən⁵³ 文
鲜	ɕyan²⁴ 白	ɕian²⁴ 文
学	ɕyo⁵³ 白	ɕyε⁵³ 文
国	kuε²⁴ 白	kuo²⁴ 文
硬	əŋ³¹² 白	iəŋ³¹² 文
横~竖	xuəŋ³¹² 白	xəŋ³¹² 文
缩	tʂʰu²⁴ 白	suo²⁴ 文
浴	y²⁴ 白	y³¹² 文
阔	kʰuo³¹² 又	kʰuo²⁴ 又

部分单字的文白异读表现在声母上,如:

牛	ou⁵³ 白	ȵiou⁵³ 文
深	tʂʰən²⁴ 白	ʂən²⁴ 文
俊	tsuən³¹² 白	tɕyən³¹² 文
秧	zaŋ²⁴ 白	iaŋ²⁴ 文
更三~	tɕiən²⁴ 白	kəŋ²⁴ 文
宿住~	ɕy²⁴ 白	su²⁴ 文
足	tɕy²⁴ 白	tsu²⁴ 文

新派没有文白差别,用文读音。

伍 儿化和小称音

开封方言有儿化现象,可以通过儿化表示"小"或"喜爱"之意。40个韵母中,除了 ər 和 uε 没有儿化韵外,其他韵母的儿化音变规律如下:

儿化音变规律表

儿化韵	基本韵	例词
ᴀr	a	刀把儿、没法儿、煤渣儿
iᴀr	ia	夹儿、芽儿、衣架儿

续表

儿化韵	基本韵	例词
uʌr	ua	大褂儿、牙刷儿、袜儿
ɐr	an	一半儿、盘儿、床单儿
	ɛ	擦黑儿、色儿
	ai	门牌儿、小孩儿、口袋儿
iɐr	ian	面儿、鞭儿、尖儿
	iɛ	一节儿、树叶儿
uɐr	uan	一段儿、当官儿、玩儿
	uai	一块儿、筷儿
yɐr	yan	试卷儿、圈儿、小院儿
	yɛ	小雪儿、树橛儿
ər	ɿ	写字儿、刺儿、草籽儿
	ʅ	侄儿、事儿、齿儿
	ei	一辈儿、小妹儿
	ən	盆儿、门儿、根儿
iər	i	皮儿、提儿、小鸡儿
	iən	围巾儿、音儿、芯儿
uər	uei	一对儿、水儿、耳坠儿
	uən	车轮儿、村儿、孙儿
yər	y	小鱼儿、马驹儿
	yən	连衣裙儿、竹笋儿
ɤr	ɤ	唱歌儿、小车儿
uor	uo	一朵儿、桌儿、老婆儿
yor	yo	小脚儿、药儿
ur	u	布儿、肚儿、猪儿
ɔr	ɔ	包儿、刀儿、不高儿
iɔr	iɔ	表儿、树苗儿、小鸟儿
our	ou	狗儿、扣儿、当头儿
iour	iou	皮球儿、一绺儿
ãr	aŋ	喝汤儿、缸儿、瓜瓢儿
iãr	iaŋ	娘儿俩、鞋样儿
uãr	uaŋ	庄儿、床儿、网儿
ə̃r	əŋ	小缝儿、小坑儿、小声儿
iə̃r	iəŋ	小瓶儿、有名儿、没影儿
uə̃r	uəŋ	小桶儿、没空儿、小虫儿
yə̃r	yəŋ	包粽儿

陆　其他主要音变

一　Z 变韵

开封方言中有 Z 变韵现象：普通名词及部分量词可以变韵，变韵后虽仍是一个音节，但语法功能相当于普通话中带"子"后缀的合成词。这种现象从市区周边到市区中心逐渐衰减，越到郊区越多，越往市中心越少。一般认为这种音变与明清以来黄河以北等地的移民有关。本书记录的是开封鼓楼区和顺河区一带老派居民的 Z 变韵，只有十四个 Z 变韵母，个别词有两种以上读法。

Z 变韵规律表

Z 变韵	基本韵	例词
ʅou	ʅ	铁丝 ^{Z}tʰiɛ^{24}sʅou^{24}
ʅou	ʅ	柿 ^{Z}ʂʅou^{312}、树枝 ^{Z}ʂu^{31}tʂʅou^{24}
iou	i	鼻 ^{Z}piou^{53}、鸡 ^{Z}tɕiou^{24}、李 liou^{44}
iou	ei	老妹 ^{Z}i^{44}miou^{312}、痱 ^{Z}fiou^{312}
ɔɔ	a	一沓 ^{Z}i^{24}tɔɔ^{53}、沙 ^{Z}ʂɔɔ^{24}
ɔɔ	ɔ	帽 ^{Z}mɔɔ^{312}、刀 ^{Z}tɔɔ^{24}
ɔɔ	ɤ	鸽 ^{Z}kɔɔ^{24}、洋车 ^{Z}iaŋ^{53}tʂʰɔɔ^{24}
iɔɔ	ia	夹 ^{Z}tɕiɔɔ^{24}、鸭 ^{Z}iɔɔ^{24}
iɔɔ	iɛ	叶 ^{Z}iɔɔ^{24}、茄 ^{Z}tɕʰiɔɔ^{53}
iɔɔ	ai	束腰带 ^{Z}tsʰu^{24}iau^{24}tiɔɔ^{312}、盖 ^{Z}kiɔɔ^{312}、孩 ^{Z}xiɔɔ^{53}
uɔɔ	ua	袜 ^{Z}uɔɔ^{24}、刷 ^{Z}ʂuɔɔ^{24}
uɔɔ	uo	桌 ^{Z}tʂuɔɔ^{24}、一窝 ^{Z}i^{44}uɔɔ^{24}
yɔɔ	uai	筷 ^{Z}kʰyɔɔ^{312}
yɔɔ	yɛ	坐月 ^{Z}tsuo^{31}yɔɔ^{24}、瘸 ^{Z}tɕʰyɔɔ

二　"一、不"的变调

在开封方言中，"一、不"单念或在词句末尾，或在阳平和上声前时，读原调阴平 24，如：

一[i^{24}]、第一[ti^{31}i^{24}]、不[pu^{24}]、一年[i^{24}ȵian^{53}]、一两[i^{24}liaŋ^{44}]、不同[pu^{24}tʰuəŋ^{53}]、不管[pu^{24}kuan^{44}]

在阴平和去声前变读上声 44，如：

一般[i⁴⁴pan²⁴]、一边[i⁴⁴pian²⁴]、一定[i⁴⁴tiəŋ³¹²]、一样[i⁴⁴iaŋ³¹²]

不吃[pu⁴⁴tʂʰʅ²⁴]、不开[pu⁴⁴kʰai²⁴]、不去[pu⁴⁴tɕʰy³¹²]、不看[pu⁴⁴kʰan³¹²]

"不"在阴平和去声前表示强调时会变读阳平，如：

我就不[pu⁵³]吃！我就不[pu⁵³]去！

第十一节　濮阳方音

壹　概况

一　濮阳调查点概况

濮阳位于河南省东北部，冀、鲁、豫三省交界处，调查点为濮阳市濮阳县。地理坐标为东经 114°52′～115°25′，北纬 35°20′～35°50′。截止到 2016 年，濮阳县总人口约为 115.1 万人，其中汉族 114.7 万人；回族、维吾尔族、藏族、土家族等 21 个少数民族人口共计 3000 余人。调查点所在区域没有少数民族语言分布。濮阳方言属于中原官话郑开片。

濮阳县共辖 20 个乡镇、1 个街道办事处，方言内部差别不大，不存在方言岛问题。濮阳话分布在全县各个乡镇，涵盖所有人口，为本地的通用方言。近年来变化很快，逐渐向普通话靠拢。

濮阳县的曲艺形式主要有大弦戏、大平调。大平调属于国家级非物质文化遗产。

二　濮阳方言发音人

1. 方言老男

王连聚，1950 年 3 月出生于濮阳县城关镇富兴街，初中文化程度。1960 年至 1966 年在濮阳县城关镇西完小上小学，1966 年至 1969 年在濮阳县城关三中上初中，1969 年至今以打工和务农为生，一直在濮阳县生活。没有长期离开过濮阳县，只会说濮阳话。父亲、母亲和配偶都是濮阳县城关镇人，都只会说濮阳话。

2. 方言青男

李兆阳，1986 年 5 月出生于濮阳县城关镇三义庙街，中专文化程度。1993 年至 1999 年在濮阳县城关镇东完小上小学，1999 年至 2002 年在濮阳县五七中学上初中，2002 年至 2005 年在濮阳市工业学校上中专，2005 年至今在濮阳市安保服务总公司工作，一直在濮阳县生活。没有长期离开过濮阳县，会说濮阳话和普通话，现在主要说濮阳话。父亲、母亲和配偶都是濮阳县城关镇人，都只会说濮阳话。

3. 口头文化发音人

王连聚，同方言老男发音人。提供的调查材料是歌谣、顺口溜、民间故事等。

张焕竹，女，1953年3月出生于濮阳县城关镇东新街，小学文化程度，是濮阳调查点方言老女发音人。小学在濮阳县读书，小学毕业后一直在濮阳县工作，职业为农民。没有长期外出经历，现在一直说濮阳话。提供的调查材料是歌谣、民间故事等。

贰 声韵调

一 声母（28个，包括零声母在内）

p	八兵病	pʰ	派片爬	m	麦明	f	飞风副蜂肥饭
t	多东毒	tʰ	讨天甜	n	脑南	l	老蓝连路
ts	资早租酒字贼坐	tsʰ	刺草寸清全祠	s	丝三酸想谢		
tʂ	张_文_竹柱_文_争装纸_文_主_文_	tʂʰ	抽_文_拆_文_茶抄初_文_床车_文_春船顺_白_城_文_	ʂ	事山双顺_文_书_文_十_文_	ʐ	热_文_软
tʃ	张_白_柱_白_纸_白_主_白_	tʃʰ	抽_白_拆_白_初_白_车_白_城_白_	ʃ	手书_白_十_白_	ʒ	热_白_
tɕ	九	tɕʰ	轻权	ȵ	年泥	ɕ	响县
k	高共	kʰ	开	x	好灰活	ɣ	熬安
∅	味问月温王云用药						

说明：

1. [tʂ tʂʰ ʂ]不是标准的舌尖后音，舌位比[ts tsʰ s]靠后又比[tʂ tʂʰ ʂ]靠前。

2. 尖团音分得很清楚。

3. 舌叶音基本成系统，大部分舌叶音在读单字时都有舌叶和舌尖后两读（这是受读书音影响的缘故），但在语流中依然是以舌叶音为主。舌叶音和舌尖后音两读的字没有规律。

4. [ɣ]声母为舌根浊擦音，发音时声带振动不明显，主要表现为喉部的摩擦。

5. [n]、[ȵ]互补，[n]拼开口呼、合口呼，[ȵ]拼齐齿呼、撮口呼。

二 韵母（40个）

ɿ	丝	i	米师_白_戏十急七一直_白_尺_白_锡	u	苦五猪_文_骨出_文_谷	y	猪_白_雨出_白_橘绿局
ʅ	师_文_试十_文_直_文_尺_文_						
ər	二壳_儿化_						

a	茶塔法辣八	ia	牙鸭	ua	瓦刮		
ɛ	热文色白	iɛ	写接贴热白节	uɛ	国白	yɛ	靴月
ə	歌盒			uə	坐过活托郭国文	yə	药学
ai	开排	iai	鞋	uai	快		
ei	赔飞北			uei	对鬼		
au	宝饱	iau	笑桥				
əu	豆走	iəu	油六				
an	南山半	ian	盐年	uan	短官	yan	权
ən	深文根	iən	心深白新	uən	寸滚春	yən	云
aŋ	糖	iaŋ	响讲	uaŋ	床王双		
əŋ	灯升文硬白争横文	iəŋ	升白硬文病星	uəŋ	横白东	yəŋ	兄用

说明：

1. [a ia ua]的主元音[a]比较靠后，实际音值为[A]。

2. [ə uə]的主元音[ə]开口度略大；[yə]的主元音[ə]舌位比较靠后，实际音值应为[ɤ]。

3. [uəŋ yəŋ]的实际音值为[uŋ yŋ]。

4. [ɤɛ]为补入韵母。

三 声调（4 个）

阴平 35　东该灯风通开天春谷百搭节哭拍塔切刻麦月

阳平 42　门龙牛油铜皮糖红急毒白盒罚

上声 55　懂古鬼九统苦讨草买老五有

去声 31　动罪近后冻怪半四痛快寸去卖路硬乱洞地饭树六叶

说明：

1. 阴平为中升调35，有些字落点不到5，实际音值为34。

2. 阳平为半高降调42，拖音时听感上有曲折，接近423，以降为主。

3. 去声为中降调31，有曲折，但曲折度不大，近311。

叁　连读变调

两字组连读调表

前字＼后字	阴平 35	阳平 42	上声 55	去声 31	轻声 0
阴平 35	35+35 声音　飞机	35+42 猪皮　高楼	35+55 浇水　工厂	35+31 干旱　公路	**35+55** **冰隆　干净**

续表

后字 前字	阴平 35	阳平 42	上声 55	去声 31	轻声 0
阳平 42	42+35 床单 农村	42+42 皮球 农民	42+55 长短 牛马	42+31 肥皂 迟到	**42+31** 云彩 核桃
上声 55	55+35 普通 火车	55+42 水壶 打雷	**42+55** 左手 洗澡	55+31 等待 小路	55+31 晌午 嘴水
去声 31	31+35 士兵 汽车	**13+42** 课堂 下棋	31+55 淡水 字典	**13+31** 地震 见面	31+55 运气 砚台

说明：

以上表格中，加粗的连调组为连读变调。濮阳方言两字组连读变调基本规律是：上声在上声前一律变读阳平调 42；去声在阳平和去声前前字变读为低升调 13。

另外，濮阳方言存在轻声不轻调现象，一般规律是：阴平和去声后的轻声读上声调 55，阳平和上声后的轻声读去声调 31。词汇和语流中一律按轻声记，在此作说明。

肆 异读

一 新老异读

语音系统方面，阴平调都为 35，老男多为 35 和 34，青男则以 34 为主，有的近 33。老男的声母多出一套舌叶音[tʃ tʃʰ ʃ ʒ]，青男的舌叶音基本混同于舌面音，只有个别还带有舌叶音的影子，数量少且没有对立。老男的尖团音分得很清楚，青男已经趋于混同，常有尖团两读现象。青男没有韵母[uɛ]，老男读[uɛ]的青男都读作[uə]，老男读[ɛ yɛ]的青男有的读[ə yə]，有的两读。

除了音系方面的差别外，因所受普通话影响程度不同，有个别字老男和青男存在读音差别，有的字老男一读，青男有两读，有的字老男两读，青男一读，有些字读音不同，表现出了语音发展的阶段性特点。举例如下：

	老男	青男
课	$k^hu\partial^{31}/k^h\partial^{31}$	$k^h\partial^{31}$
蛇	$\int i\varepsilon^{42}/\operatorname{\mathfrak{s}}\!\varepsilon^{35}$	$\operatorname{\mathfrak{s}}\!\partial^{42}$
类	$luei^{31}$	lei^{31}
越	$y\varepsilon^{35}$	$y\varepsilon^{35}/y\varepsilon^{31}$
吞	$t^h\partial n^{35}$	$t^hu\partial n^{35}$
嫩	$lu\partial n^{31}/nu\partial n^{31}$	$lu\partial n^{31}/n\partial n^{31}$
墨	mei^{35}	$mu\partial^{31}$
或	$xu\varepsilon^{42}/xuei^{42}$	$xu\partial^{31}$

硬	ɣəŋ³¹/iəŋ³¹	iəŋ³¹
容	ɣəŋ⁴²	ʐuŋ⁴²

二　文白异读

濮阳话的文白异读基本是成系统的，就是舌叶音和舌面音的关系。除此之外，还有一些零星的异读。例如"抱白[pau³¹]/抱文[pu³¹]、撞白[tʂʰuaŋ³¹]/撞文[tʂuaŋ³¹]、角白[tɕyɛ³⁵]/角文[tɕiau³⁵]、国白[kuɛ³⁵]/国文[kuə³⁵]、拍白[pʰiɛ³⁵]/拍文[pʰɛ³⁵]、额白[ɣɛ³⁵]/额文[ɣə³⁵]、弄白[nuəŋ⁴²]/弄文[nuəŋ³¹]"等。

三　其他异读

其他异读分为两类，一类是又读，一类是语境差异。又读（主要是青男）有"车又[tɕʰiɛ³⁵]/车又[tʂʰɛ³⁵]、树又[ʃy³¹]/树又[ʂu³¹]、色又[sɛ³⁵]/色又[sə³¹]、清又[tsʰiəŋ³⁵]/清又[tɕʰiəŋ³⁵]、静又[tsiəŋ³¹]/静又[tɕiəŋ³¹]、姓又[siəŋ³¹]/姓又[ɕiəŋ³¹]、星又[siəŋ³⁵]/星又[ɕiəŋ³⁵]"等。语境有"鼠老~[ʃy³¹]/鼠~辈[ʂu⁵⁵]、主~意[tʃy⁵⁵]/主~要[tʂu⁵⁵]、树杨~[ʃy³¹]/树~立[ʂu³¹]、顺~利[ʂuən³¹]/顺孝~[tʂʰuən³¹]、削剥~[suɑ³⁵]/削~笔[siɑu³⁵]、统~~[tʰuəŋ³⁵]/统~~[tʰuəŋ⁴²]、磨~刀[muə⁴²]/磨~面[muə³¹]"等。

伍　儿化和小称音

儿化音变规律表

儿化韵	基本韵	例词
ər	ɿ	铁丝儿
	ʅ	树枝儿、事儿
	ə	小河儿、小车儿
	ei	石碑儿、水杯儿
	ən	树根儿、一阵儿、花盆儿
iər	i	豆皮儿、小米儿
	iən	手巾儿、劲儿
uər	u	小路儿、小鼓儿
	uə	一摞儿、水果儿
	uei	小柜儿、小鬼儿
	uən	丢魂儿、木棍儿
yər	y	小鱼儿、小马驹儿
	yən	小裙儿

续表

儿化韵	基本韵	例词
ar	a	刀把儿、分叉儿
	aŋ	小木棒儿、瓜瓢儿、一行儿
iar	ia	衣架儿、豆芽儿
	iaŋ	小箱儿、模样儿、一辆儿
uar	ua	小瓜儿、小花儿、小褂儿
	uaŋ	弹簧儿、渔网儿
ɛr	ɛ	色儿
iɛr	iɛ	树叶儿
yɛr	yɛ	小月儿
ɐr	ai	瓶盖儿、门牌儿
	an	花篮儿、猪肝儿、算盘儿
iɐr	iai	小鞋儿
	ian	小辫儿、小燕儿、一件儿
uɐr	uai	一块儿
	uan	小碗儿、拐弯儿
yɐr	yan	圆圈儿、手绢儿、花园儿
aur	au	小刀儿、羊羔儿
iaur	iau	豆苗儿、一条儿
our	əu	小偷儿、小狗儿
iour	iəu	小球儿、衣袖儿
ə̃r	əŋ	杏儿、小木凳儿
iə̃r	iəŋ	花瓶儿、铁钉儿
uə̃r	uəŋ	酒盅儿、小虫儿
yə̃r	yəŋ	小熊儿

说明：

濮阳方言有儿化现象，可以通过儿化表示"小""喜爱"之意。40个韵母中，除了[ey ɜu yə]没有儿化韵外，其他韵母都有儿化现象。

陆　其他主要音变

濮阳方言的子尾词可以分为两类情况：一部分读[tɛ⁰]，例如"秧子[iaŋ³⁵tɛ⁰]""柚子[iəu³¹tɛ⁰]""柿子[ʂʅ³¹tɛ⁰]""茄子[tɕʰiɛ⁴²tɛ⁰]""猴子[xəu⁴²tɛ⁰]""椅子[i⁵⁵tɛ⁰]""筷子[kʰuai³¹tɛ⁰]""电棒子[tian¹³paŋ³¹tɛ⁰]""袖子[ʃiəu³¹tɛ⁰]""裤子[kʰu³¹tɛ⁰]"等；一部分读轻声，例如"瓟子[puə⁴²tsʅ⁰]""沙子[ʂa³⁵tsʅ⁰]""毛栗子[mau⁴²li³⁵tsʅ⁰]""梯子[tʰi³⁵tsʅ⁰]""单子[tan³⁵tsʅ⁰]""坛子[tʰan⁴²tsʅ⁰]""襻子[tsiɛ³¹tsʅ⁰]"等。

第十二节　浚县方音

壹　概况

一　浚县调查点概况

浚县位于河南省北部，地处太行山东麓与华北平原的过渡地带。地理坐标为东经114°14′52″～114°45′12″，北纬35°26′00″～35°50′52″，属中纬度地区，现属河南省鹤壁市管辖。截止到 2015 年，浚县总人口为 71.3 万人，主要民族为汉族。少数民族占比很小，有回族、藏族、壮族、满族等，共计 185 人，县境内没有少数民族语言分布。浚县方言属于中原官话郑开片。

浚县辖 6 镇 1 乡和 4 个街道办事处。根据各地语音的不同可以分为两个区。第一方言区辖卫溪、黎阳、浚州、伾山 4 个办事处以及卫贤、小河、新镇、善堂、王庄 5 个镇，白寺乡东部和屯子镇东南部。第二方言区为白寺乡西部和屯子镇西、北部。二区的区别主要是[ts tsʰ s z]和[tʂ tʂʰ ʂ z]的分混与否。第一区不混，第二区混读成[ts tsʰ s z]。本书的调查点为老城区卫溪办事处。

浚县有化妆坠子、坠胡等口头说唱艺术，二者来源于民间说书艺术，表演中有坠胡、竹板、鼓作伴奏，主唱者有一人或二人。此外，活跃于老百姓中间的地方戏曲有大平调、豫剧、曲剧、二夹弦、落腔、皮影戏等。

二　浚县方言发音人

1. 方言老男

李全民，1959 年 2 月出生于河南浚县东大街，高中文化程度，浚县拖拉机厂退休工人。1967 年 2 月至 1972 年 1 月在浚县实验小学上学，1972 年 2 月至 1977 年 7 月在浚县二中上学，1977 年 10 月至 2003 年 4 月在浚县拖拉机厂工作，2003 年 4 月至今退休在家。没有长期离开过浚县，只会说浚县话。父亲为浚县东大街人，母亲为浚县新镇人，配偶为浚县南关外人，平时都只说浚县话。

2. 方言青男

吴晓明，1990 年 10 月出生于河南浚县辛庄街，高中文化程度。1997 年 9 月至2001年7月在浚县实验小学上学，2001年9月至2004年7月在浚县实验中学上学，2006年9月至2008年12月在登封塔沟武校上学，2009年1月至今为自由职业人。没有长期离开过浚县，会说浚县话和普通话，平时生活中主要说浚县话。父亲为浚县辛庄街人，母亲为浚县顺河街人，平时都只说浚县话。

3. 口头文化发音人

辛永忠，男，1969年12月出生于河南浚县东大街，大专文化程度。父亲为浚县东大街人，母亲为浚县伾山办事处东张庄人，配偶为浚县东关人。辛永忠小学、中学都在浚县上学，大专为河南大学自考生。1989年8月高中毕业后在鹤壁轮胎厂（位于浚县）工作至2011年3月，2011年4月为民营企业管理人员。没有长期外出经历，平时只说浚县话。提供的调查材料为规定故事0021《牛郎和织女》。

李志华，女，1973年3月出生于河南浚县西大街，高中文化程度，现为私立小学教师。父母都为浚县西大街人，配偶为浚县东大街人。小学、中学都在浚县读书，没有离开过浚县，会说浚县话和普通话，平时生活中只说浚县话。提供的调查材料为歌谣、谚语、歇后语等。

王贵珍，女，1962年6月出生于浚县善堂镇贾村，初中文化程度，为浚县大平调演员。父母和配偶都是浚县人，没有长期外出经历，平时只说浚县话。提供的调查材料为戏曲大平调《凤府堂上用目观》《均州湖广遭旱荒》。

韩学荣，女，1963年5月出生于浚县北大街，初中文化程度，为浚县大平调演员。父母和配偶都是浚县人，没有长期外出经历，平时只说浚县话。提供的调查材料为戏曲大平调《李老爷有话听衷肠》《老爹爹哭啼啼下了金殿》。

郭秀林，男，1936年1月出生于浚县王庄镇南苏村，高中文化程度，为浚县非物质文化遗产"化妆坠子"传承人。提供的调查材料为化妆坠子《罗龙算卦》《吕洞宾洛阳打彩》。

贰　声韵调

一　声母（24个，包括零声母在内）

p 八兵病	pʰ 派片爬	m 麦明	f 飞风副蜂肥饭
t 多东毒	tʰ 讨天甜	n 脑南	l 老蓝连路
ts 资早祖字贼坐	tsʰ 刺草寸祠	s 丝三酸	
tʂ 张竹柱争装纸主	tʂʰ 抽拆茶抄初床车春船城	ʂ 事山双顺手书十	ʐ 热软
tɕ 酒九	tɕʰ 清全轻权	ȵ 年泥	ɕ 想谢响县
k 高共	kʰ 开	x 好灰活	ɣ 熬安
∅ 味问月温王云用药			

说明：

1. [n]拼开口呼和合口呼，发音部位比较靠后，接近[ŋ]。[n]拼齐齿呼和撮口呼，二者互补分布，不构成音位上的对立，但音色差异明显。

2. [tʂ tʂʰ ʂ z]发音部位略靠后，舌尖翘起的部位在硬腭中部。

3. [tɕ tɕʰ ɕ]发音部位稍微靠后一些，舌面接触的部位在硬腭中后部。

4. 今开口呼韵母自成音节时读[ɣ]。

二 韵母（42个）

ɿ	丝	i	米戏急七一锡踢	u	苦五骨谷绿_白	y	雨橘绿_文局
ʅ	师试十直尺						
ɿə	热						
ʯ	猪出						
ʯə	说						
ər	二						
a	茶塔法辣八	ia	牙鸭	ua	瓦刮		
ɛ	色白	iɛ	写鞋接贴节	uɛ	国_白	yɛ	靴月
ɣ	歌盒壳_{儿化}			uɣ	坐过活托郭国_文	yɣ	药学
ai	开排			uai	快		
ei	赔飞北			uei	对鬼		
au	宝饱	iau	笑桥				
ou	豆走	iou	油六				
an	南山半	ian	盐年	uan	短官	yan	权
ən	深根	iən	心新	uən	寸滚春	yən	云
aŋ	糖	iaŋ	响讲	uaŋ	床王双		
əŋ	灯升硬_白争横_文	iəŋ	硬_文病星	uəŋ	横_白东	yəŋ	兄用

说明：

1. [a]包括三个音值，在[ai uai an ian uan yan]里是[a]，在[a ia ua]里是[A]，在[au iau aŋ iaŋ uaŋ]里是[ɑ]。

2. [ʯ]主要来源于遇摄合口三等鱼虞两韵、臻摄合口三等术韵的知组和章组，与同韵的庄组字有对立，例如：除[tʂʰʯ⁴²]≠锄[tʂʰu⁴²]、书[ʂʯ²⁴]≠梳[ʂu²⁴]、出[tʂʰʯ²⁴]≠初[tʂʰu²⁴]，故韵母表中单独列出。

3. [ɣ]在单字音中有一个略微开一点儿的动程。[uɣ]与唇音声母相拼时带有圆唇的过渡音[u]，实际读音为[ᵘɣ]，如：婆[pʰᵘɣ⁵³]，与韵母[uɣ]读音差别不大，单字、词汇、语法例句及其他材料中都记成[uɣ]。

4. [ɿə]、[ʯə]中[ə]的实际音值是[ə]，只是个韵尾，[ɿ]和[ʯ]是主要元音。

5. [iəŋ]、[uəŋ]的实际音值为[iᵊŋ]、[uᵊŋ]，[yəŋ]的实际音值为[yᵊŋ]。

三 声调（4个）

阴平 24 东该灯风通开天春谷百搭节哭拍塔切刻麦叶月

阳平 42　门龙牛油铜皮糖红急毒白盒罚
上声 55　懂古鬼九统苦讨草买老五有
去声 213　动罪近后冻怪半四痛快寸去卖路硬乱洞地饭树六

说明：

1. 阳平起点稍高，但不到 5，这里记作 42。
2. 去声落点比起点稍高，不到 1 度，这里记作 213，有时也读 212。

叁　连读变调

两字组连读调表

前字＼后字	阴平 24	阳平 42	上声 55	去声 213	轻声 0
阴平 24	24+24 山沟 杀猪	24+42 月食 说媒	24+55 热水 辣酒	24+213 冬至 猪圈	24+0 抽斗 兜兜 绿豆 木梳
阳平 42	42+24 河堤 洋灰	42+42 鱼鳞 学徒	42+55 年底 黄酒	42+213 红薯 黄历	42+0 南瓜 舌头 瞧瞧
上声 55	55+24 火车 老鳖	55+42 鲤鱼 母牛	**42+55 着火 两口**	55+213 扫地 买票	55+0 暖和 姥姥 **42+0 老鼠 想想**
去声 213	**21+24 大麦 喂猪**	**21+42 菜馍 放牛**	**21+55 下雨 大米**	24+213 地动 变蛋	**21+0 挂面 大学 妹妹**

说明：

　　以上表格中，加粗的连调组为连读变调。浚县方言两字组连读变调非常特殊，许多词的后字常常读一个比原调稍微轻短的调，这个调我们在词汇、语法和口头文化中记作轻声 0，但轻声音节的音值因其前字音节调值的不同而有不同的表现。前字为阴平的，后字轻声无论原调值是什么，后字一般都读 44 短调，连调模式为 24+44，如"木梳、兜兜、月亮、抽斗"等。前字为阳平的，无论后字轻声音节的原调值是什么，一般都读 212 或 211 短调，连调模式记作 42+212，如"茶叶、云彩、石榴、勤勤"。前字为上声的，后字轻声的读音分两种情况：一种是读 21 短调，连调模式为 55+21，比如"尾巴、里头、暖和、打算"等；一种是前字变读为 42 调的，后字轻声读 212 或 211 短调，连调模式记作 42+212，与前字为阳平调的连调模式相同，如"老虎、嘴水、想想"等。前字为去声的，前字读变调 21 调，后字轻声无论原调值是什么，一般都读 12 短调，连调模式为 21+12，如"豆腐、妹夫、后悔、大大"等。从时长上来说，轻声调值比非轻声调值的时长稍短，其中前字为上声的 55+21 连调模式中的 21 时长最短。

肆 异读

一 新老异读

浚县新老派之间的语音略有不同。在语音系统方面，老男阳平调为 42 调，青男为 53 调。老男今开口呼韵母前读[ɣ]声母，青男差不多都读零声母。

老男和青男之间没有成系统的新老异读，但因所受普通话影响程度不同，有个别字老男和青男存在读音差别，有的字老男一读，青男有两读，有的字老男两读，青男一读，有些字读音不同，表现出了语音发展的阶段性特点。举例如下：

	老男	青男
书	ʂʅ²⁴	ʂʅ²⁴/ʂu²⁴
出	tʂʰʅ²⁴	tʂʰʅ²⁴/tʂʰu²⁴
学	ɕyɤ⁴²	ɕyɤ⁵³/ɕyɛ⁵³
客	kʰɛ²⁴	kʰɛ²⁴/kʰə²⁴
课	kʰuɤ²¹³/kʰə²¹³	kʰə²¹³
如	ʐʅ⁴²/ʐu⁴²	ʐu⁵³
牛	ɣou⁴²/ȵiou⁴²	ȵiou⁵³
刻	kʰɛ²⁴	kʰɛ²⁴/kʰə²¹³
雀	tɕʰyɤ²⁴	tɕʰyɛ²¹³

二 文白异读

浚县方言的文白异读比较少，一般为零星的，不成系统。有些文白读两个层次之间的差异与新老派差异重合，此不赘述。有些只在老派中存在，如"硬白[ɣəŋ²¹³]/硬文[iəŋ²¹³]、横白[xuən²¹³]/横文[xən²¹³]、绿白[lu²⁴]/绿文[ly²⁴]、造白[tʂau²¹³]/造文[tsau²¹³]、照白[ʐau²¹³]/照文[tʂau²¹³]、休白[xou²⁴]/休文[ɕiou²⁴]、握白[nuɤ²⁴]/握文[uɤ²⁴]、荣白[ɣəŋ⁴²]/荣文[ʐuən⁴²]"等。

三 其他异读

口头文化发音人王贵珍出生于浚县善堂镇贾村，与县城的口音在分尖团方面有差别。县城不分尖团音，善堂镇贾村分尖团音，所以在王贵珍提供的浚县大平调唱词中有比较系统的尖音存在。如："鲜[sian]、心[siən]、相[siaŋ]、钱[tsʰian]、席[si]、全[tsʰyan]"等。

伍 儿化和小称音

儿化音变规律表

儿化韵	基本韵	例词
ɤr	a	话把儿、办法儿
	aŋ	白菜帮儿、药方儿

续表

儿化韵	基本韵	例词
iɐr	ia	豆芽儿、书架儿
	iaŋ	鞋样儿、小箱儿
uɐr	ua	花儿、牙刷儿
	uaŋ	小床儿、筐儿
ɿər	ɿ	秃秃舌儿、小车儿
ʮər	ʮ	小说儿
ər	ɿ	瓜子儿、铁丝儿
	ʅ	小侄儿、树枝儿
	ei	一辈儿、刀背儿
	ou	河沟儿、小偷儿
	ən	年根儿、本儿
	əŋ	过生儿、缝儿、水坑儿
iər	i	苹果皮儿、小椅子
	iɛ	树叶儿、一截儿
	iou	煤球儿、酱油儿
uɤr	u	小路儿、小兔儿
	uɤ	上坡儿、酒窝儿、车座儿
yɤr	yɤ	木橛儿、菜角儿
	yɛ	小雪儿、小月儿流产
ɤr	ɤ	唱歌儿、盒儿、毛壳儿
or	ɛ	黄色儿、方格儿
	ai	瓶盖儿、小孩儿
	au	外号儿、小刀儿
	an	一半儿、冰冰蛋儿
ior	iau	麦苗儿、小鸟儿
	ian	药面儿、笔尖儿、河边儿
uor	uai	一块儿
	uan	拐弯儿、当官儿
yor	yan	考试卷儿、圆圈儿
iour	iou	小球儿、小酒儿

续表

儿化韵	基本韵	例词
ir	i	小鸡儿、一滴儿
	iən	捎信儿、皮筋儿
	iəŋ	清明儿、小名儿
ur	ʮ	小猪儿
	u	小屋儿、小路儿
	uei	那会儿、一对儿、啥味儿
	uən	一捆儿、木棍儿
	uəŋ	小桶儿、有空儿
yr	y	小鱼儿、小曲儿
	yən	花裙儿、小云儿人名
	yəŋ	小熊儿

说明：

浚县方言的儿化音变主要表示小称义，有的也表示可爱、随意的意思。42个韵母中除了[ər uɛ]没有对应的儿化词，其余的都可以儿化。另外，基本韵[i u iou]分别有两种音变形式，二者为自由变体。

陆　其他主要音变

一　Z变音

Z变音相当于普通话的"子"尾词，即在浚县方言里，相当于普通话后缀"子"的成分与前面的词根音节产生了合音。Z变音是成系统的，与基本韵有很整齐的对应关系。具体音变如下：

Z变韵规律表

Z变韵	基本韵	例词
ɿau	ɿ	铁丝ᶻ、瓜子ᶻ、菜籽ᶻ、小四ᶻ
ʅau	ʅ	树枝ᶻ、虱ᶻ、狮ᶻ、水池ᶻ、戒指ᶻ、柿ᶻ
	ɚ	车ᶻ、秃秃舌ᶻ
ɣau	ɣ	鸽ᶻ、纸盒ᶻ、下巴颏ᶻ、泡壳ᶻ、扑棱蛾ᶻ、个ᶻ
ʮau	ʮ	柜橱ᶻ、黍ᶻ、柱ᶻ

续表

Z变韵	基本韵	例词
i:au	i	梯ᶻ、鸡ᶻ、妮ᶻ、鼻ᶻ、席ᶻ、豆皮ᶻ、猪蹄ᶻ、胰ᶻ、椅ᶻ、鞋底ᶻ、李ᶻ、毛栗ᶻ、面剂ᶻ
	ei	一辈ᶻ、抿褙ᶻ
	iɛ	镊ᶻ、蝎ᶻ、茄ᶻ、碟ᶻ、一截ᶻ、褯ᶻ、树叶ᶻ
uau	uɤ	桌ᶻ、豁ᶻ、脖ᶻ、镯ᶻ、勺ᶻ、骡ᶻ、馃ᶻ、一摞ᶻ
yau	yɛ	发疟ᶻ、坐月ᶻ、瘸ᶻ
	yɤ	豆角ᶻ、木橛ᶻ
æ	an	马鞍ᶻ、床单ᶻ、电线杆ᶻ、盘ᶻ、篮ᶻ、板ᶻ、毯ᶻ、铲ᶻ、蒜瓣ᶻ、扇ᶻ、铁蛋ᶻ
iæ	ian	树尖ᶻ、鞭ᶻ、帘ᶻ、钳ᶻ、剪ᶻ、近视眼ᶻ、辫ᶻ、铁链ᶻ、石灰面ᶻ、毛线ᶻ
uæ	uan	弯ᶻ、丸ᶻ、线团ᶻ、橡ᶻ、一串ᶻ、刚钻ᶻ、瓦罐ᶻ
yæ	yan	菜园ᶻ、花卷ᶻ、圈ᶻ、院ᶻ
æu	a	叉ᶻ、马扎ᶻ、煤砟ᶻ、麻ᶻ、一沓ᶻ、胡茬ᶻ、一把ᶻ、靶ᶻ、裤衩ᶻ、树杈ᶻ
	au	包ᶻ、刀ᶻ、桃ᶻ、茅ᶻ、脑ᶻ、帽ᶻ、鳌ᶻ
iæu	ia	夹ᶻ、葡萄架ᶻ、豆芽ᶻ、一下ᶻ、瞎ᶻ、一家ᶻ
	iau	小ᶻ、水舀ᶻ、面条ᶻ、树苗ᶻ、一吊ᶻ
uæu	ua	韭花ᶻ、刷ᶻ、鸡爪ᶻ、汗褂ᶻ、袜ᶻ
ɛau	ɛ	耳塞ᶻ、色ᶻ、麦ᶻ
	ai	筛ᶻ、锅台ᶻ、孩ᶻ、盖ᶻ、束腰带ᶻ
	ei	痱ᶻ
uɛau	uai	拐ᶻ、筷ᶻ
	uei	锥ᶻ、锤ᶻ、棒槌ᶻ、耳坠ᶻ、扁嘴ᶻ
æŋ	aŋ	鞋帮ᶻ、肉汤ᶻ、茶缸ᶻ、肠ᶻ、黄鼠狼ᶻ、嗓ᶻ、膀ᶻ、蚊帐ᶻ、杠ᶻ
iæŋ	iaŋ	箱ᶻ、茧ᶻ、鞋匠ᶻ、鞋样ᶻ、豆瓣酱ᶻ
uæŋ	uaŋ	筐ᶻ、老桩ᶻ、麦芒ᶻ、鸡蛋黄ᶻ、眼眶ᶻ

说明:

在Z变音系统中,有些Z变音词的语音形式与其基本韵相同,我们认为这种情况也是一种音变,只是音理等方面的作用,合音的最后又变回到了原形式,我们将这一类称为零形式变音。浚县方言中共有15个零形式变音:[u y uɛ ʮə ou iou noi no ɛn̩ ən in uən yən əŋ iəŋ uəŋ yəŋ ər]。Z 变音在词汇和语法部分及口头文化部分用 Z 上标表示，如"桌 ᶻ""孩 ᶻ"。

二 D 变音

D 变音是位于动词、形容词后的虚成分与动词、形容词进一步融合的音变现象，其功能相当于普通话动词、形容词后边的"了₁、在/到、着"等虚成分。D 音变的范围涉及动词、形容词、介词、副词和地名词，其中介词、副词是动词或形容词音变的痕迹遗留，不表示语法意义。地名词也是合音音变，不表示语法意义。动词和形容词变韵可以表示体意义、格意义、程度意义和祈使语气意义。D 变音也是成系统的，与基本韵有整齐的对应关系。具体音变如下：

D 变韵规律表

D 变韵	基本韵	例句
ɿə	ɿ	他家一下 ᶻ死 ᴰ三头猪。
ʅə	ʅ	你才吃 ᴰ一碗米了，再吃一碗吧。
ʮə	ʮ	他□[kai²¹³]盖＝那儿住 ᴰ三天。
uə	u	他肚里害不好受嘞，吐 ᴰ一地。
o	au	我给你熬 ᴰ点儿中药，你喝喝试试。
o	ou	他偷 ᴰ[人家]一辆洋车儿。
o	əŋ	这个手巾肮脏了，扔 ᴰ它吧。
io	iau	小张夜个钓 ᴰ一条大鱼，我没钓着。
io	iou	那个信我邮 ᴰ走了。
io	iəŋ	这个月他请 ᴰ两回客。
uo	uəŋ	他□[kai²¹³]家种 ᴰ十几亩地。
yo	yəŋ	我用 ᴰ两天他嘞电脑。
ɛ	ai	上一会只买 ᴰ一本儿书，今个得多买几本儿。
ɛ	ei	老师是不是给 ᴰ你一本厚书呀？
ɛ	nə	老王跟 ᴰ老张一般高儿。
iɛ	i	你比 ᴰ我高，他比 ᴰ你还高。
iɛ	in	天都阴 ᴰ好几天了。
uɛ	uai	小明的包 ᶻ叫[人家]抢跑了，人也争一点儿叫[人家]打坏 ᴰ。
uɛ	uei	这个事儿你对 ᴰ他说了冇？
uɛ	uən	我问 ᴰ两人了都冇问[出来]。

续表

D 变韵	基本韵	例句
yɛ	y	上个月我去 ᴰ 一趟 ᶻ 北京。
	yən	我嘞头都晕 ᴰ 一天了。
æ	an	学校嘞人都给教室安 ᴰ 上空调了。
iæ	ian	老师叫 ᴰ 我去填 ᴰ 个表儿。
uæ	uan	他坐上最后一辆车走了，我晚 ᴰ 一步，我只能[自家]慢 ᴰ 点儿往学校走了。
yæ	yan	我劝 ᴰ 他两句，他还不愿意我嘞。
æŋ	aŋ	床上躺 ᴰ 个老人。
iæŋ	iaŋ	他家养 ᴰ 一条狗。
uæŋ	uaŋ	我嘞书包儿忘 ᴰ 那儿了。

D 变韵系统说明：

与 Z 变韵系统一样，在 D 变韵系统中，也有些语音形式与其基本韵相同，即零形式变音。浚县方言的 D 变音系统中共有 13 个零形式变音，即[ɿə ɿʅə ər a ia ua ɤ uɤ yɤ ɛ iɛ uɛ yɛ]。[ər]韵没有发现 D 变韵例子。D 变音在词汇、语法部分以及口头文化部分用 D 上标表示，如"吃 ᴰ""骑 ᴰ"。

三 "一""不"音变

在语流中，"一[i²⁴]"和"不[pu²⁴]"要发生变调。一般情况下，在阴平、阳平、上声前边读原调 24，如"一天[i²⁴tʰian²⁴]""一男一女[i²⁴nan⁴²i²⁴ny⁵⁵]""不吸[pu²⁴ɕi²⁴]""不来[pu²⁴lai⁴²]""不好[pu²⁴xau⁵⁵]"。在去声前面读降调，但降幅没有那么明显，语流中记作 42，如"一个[i⁴²kɤ²¹³]""不快[pu⁴²kʰuai²¹³]"。

四 合音音变

浚县方言合音音变非常丰富，除了以上几种系统性音变之外，两字组甚至更多字组的合音也较为常见，这里列举出一些常用的。

[知道][tʂo²⁴]　　　　　[起来][tɕʰiai⁵⁵]

[出来][tʂʰɥai²⁴]　　　　[里头][liou⁵⁵]

[外头][uæ²¹³]　　　　　[顶上][tio⁵⁵]

[底下][tiɛ⁵⁵]　　　　　[地下][tiɛ²¹³]

[自家][tsʅə²¹³]　　　　[人家][iæ⁴²]

甭[piən⁴²]　　　　　　（"不用"的合音）

咋[tsa⁵⁵]　　　　　　　（"怎么"的合音）

啥[ʂa⁵⁵]　　　　　　　（"什么"的合音）

镇[tʂən⁴²]　　　　　　（"这么"的合音）
恁[nən²¹³]　　　　　　（"那么"的合音）

另外，"一[i²⁴]、二[ər²¹³]、三[san²⁴]、四[sʐ²¹³]、五[u⁵⁵]、六[liou²¹³]、七[tɕʰi²⁴]、八[pa²⁴]、九[tɕiou⁵⁵]、十[ʂʐ⁴²]"跟量词"个[kɤ²¹³]"的组合也经常使用合音形式。合音形式如下："一个[yɤ²⁴]、两个[lia⁵⁵]、三个[sa²⁴]、四个[sʐə²¹³]、五个[ŋuɤ⁵⁵]、六个[lio²¹³]、七个[tɕʰiɛ²⁴]、八个[pa²⁴]、九个[tɕio⁵⁵]、十个[ʂʐə⁴²]"。

一些虚成分如"的、得、着、了"等出现了弱化的[ə]韵，词汇、语法和口头文化中按实际音值记录。

第十三节　长垣方音

壹　概况

一　长垣调查点概况

长垣位于河南省东北部，地理坐标为北纬 34°59′20″～35°23′25″，东经 114°6′～115°。南、北、西与开封、濮阳、滑县、新乡等地接壤，东隔黄河与山东省东明县相望，据《水经注》云："县有防垣，因县氏之。"截止到 2019 年，长垣市约有人口 88 万，其中汉族人口占 99.9%，另有 28 个少数民族，人口较多的是回族、藏族、壮族、哈尼族、土家族等。调查点所在区域没有少数民族语言分布。长垣方言属于中原官话郑开片。

长垣市域面积 1051 平方公里，辖 11 镇 2 乡 5 个街道，1 个省级高新技术开发区，596 个建制村，19 个社区。根据中古咸、深、山、臻四摄阳声韵韵尾的读音，可分成两大区域，县城及周边的孟岗乡、满村乡等地，今音读作[-i]尾，与中古蟹、止摄合流，其余地方作[-n]尾。但县城年轻人中，咸、深、山、臻阳声韵字也出现了[-n]尾变体。本书的调查点设在长垣市蒲东街道，原为长垣县城关镇。

长垣境内曲艺文化发达，有多个民间曲艺团体，常见的曲艺主要是豫剧、四平调、两夹弦等，长垣市丁栾镇有落腔，系河南省非物质文化遗产。

二　长垣方言发音人

1. 方言老男

李恒印，1959 年 3 月出生于长垣县城关镇北关，7 岁之前一直在长垣县城关镇生活。7～12 岁在北关小学就读，13～16 岁在北关一完小读书，16～18 岁在长垣一中读书，18 岁至今在长垣工作，无长期外出经历。父亲为长垣县城关镇北关人，母亲为长垣县城关镇中心街人，配偶为长垣县城关镇北关人，平日交流只说长垣话。

2. 方言青男

赵世杰，1986 年 1 月出生于长垣县城关镇北关，7 岁之前一直在长垣县城关镇生活。7~12岁就读于北关小学，13~18岁就读于育才中学，18岁至今在长垣县城关镇工作，其间曾短期外出打工，无一年以上外出经历。父母均为长垣县城关镇北关人，其母系方言老男的胞妹，配偶为长垣县城关镇菜园人，平日交流只说长垣话。

3. 口头文化发音人

李恒印，男，简介见"方言老男"，提供的语料为故事《牛郎和织女》、歌谣等。

杨金英，女，1953年11月出生于河南省长垣县城关镇东关，小学文化程度，长期在长垣务农，只会说长垣话，提供的语料为歌谣。

于凤敏，女，1958年3月出生于河南省长垣县城关镇北关，初中文化程度，长期在长垣务农，只会说长垣话，提供的语料为歌谣。

王银芝，女，1963年4月出生于河南省长垣县张寨乡乔堤村，高中文化程度，私营企业经理，只会说长垣话，提供的语料为戏曲四平调《小包公》选段"相爷容禀"。

赵素芳，女，1946年2月出生于河南省长垣县城关镇北关，初中文化程度，退休前为长垣县豫剧团演员，只会说长垣话，提供的语料为戏曲豫剧《朝阳沟》选段"祖国的大建设一日千里"。

贰　声韵调

一　声母（24个，包括零声母在内）

p	八兵病	pʰ	派片爬	m	麦明	f	飞风副蜂肥饭
t	多东毒	tʰ	讨天甜	n	脑南	l	老蓝连路
ts	资早租酒字贼坐	tsʰ	刺草寸清全祠	s	丝三酸想谢	
tʂ	张竹柱争装纸主	tʂʰ	抽拆茶抄初床车春	ʂ	事山双顺手书十	ʐ	热软
tɕ	九	tɕʰ	轻权	ȵ	年泥	ɕ	响县
k	高共	kʰ	开	x	好灰活	ɣ	熬安
∅	味问月温王云用药						

说明：

1. [n]声母的发音部位比普通话的[n]声母靠前。
2. [ɣ]的摩擦性非常轻微。

二　韵母（36个）

ɿ	丝	i	米戏飞急七一锡	u	苦五骨谷	y	雨橘绿局
ʅ	师试十直尺			ʯ	猪出		
a	茶塔法辣八	ia	牙鸭	ua	瓦刮		

ə	歌盒热壳			uə	坐过活托郭国文	yə 药学
ɛ	色白	iɛ	写鞋接贴节	uɛ	国白	yɛ 靴月
ai	开排南山半	iai	盐年	uai	快短官	yai 权
ei	赔深根北	iei	心新	uei	对鬼寸滚春	yei 云
au	宝饱	iau	笑桥			
ou	豆走	iou	油六			
aŋ	糖	iaŋ	响讲	uaŋ	床王双	
əŋ	灯升争硬白横文	iəŋ	硬文病星	uəŋ	横文东	yəŋ 兄用
ər	二					

说明：

1. [uə yə]韵母的主要元音实际音值偏央、偏低。[uə]与唇音声母拼合时为[ᵘə]。
2. [ə]韵母与[tʂ]组声母拼合时音值为[ʏ]，与[k]组声母拼合时，实际音值为[əɐ]。
3. [iɛ yɛ]韵母在发音时，实际读音为[iːɛ]、[yːɛ]，且主要元音偏低。
4. [ai iai uai yai]发音时动程明显，韵尾实际发音为前元音[ɪ]。
5. [ei iei uei yei]的主要元音在齐齿、撮口呼中为[e]，在开口、合口呼中为[ə]。
6. [au iau]韵母的主要元音是[ɑ]。
7. [aŋ iaŋ uaŋ]的主要元音是带有鼻化色彩的[ã]。
8. [əŋ iəŋ uəŋ yəŋ]的主要元音是带有鼻化色彩的[ə̃]。

三　声调（4个）

阴平　24　东该灯风通开天春谷百搭节急哭拍塔切刻麦叶月
阳平　52　门龙牛油铜皮糖红讨毒白盒罚
上声　44　懂古鬼九统苦草买老五有
去声　213　动罪近后冻怪半四痛快寸去卖路硬乱洞地饭树六

说明：

去声的落点比3要低，实际音值是213略低一点。

叁　连读变调

两字组连读调表

前字＼后字	阴平24	阳平52	上声44	去声213	轻声0
阴平 24	24+24 冰糕 猪肝 **52+24** **落生 应该** **24+44** **木梳 竹竿**	24+52 月食 梳头	24+44 开水 烧纸 **24+24** **中指**	24+213 割稻 商店 **24+44** **稀饭**	24+0 抽斗 星星 **52+0** **绿豆**

续表

前字＼后字	阴平 24	阳平 52	上声 44	去声 213	轻声 0
阳平 52	52+24 台风 毛衣	24+52 调皮 52+52 农民	52+44 棉袄 河岗	52+213 蚊帐 驼背	52+0 石头 爷爷
上声 44	44+24 水沟 手灯	44+52 水田 本钱	**52+44** 嘴水 马桶	44+213 米饭 炒菜	44+0 枕头 52+0 老虎 奶奶
去声 213	**21+24** 大坑 盖屋	**21+52** 炕头 大油	**21+44** 中暑 裤腿	**21+213** 教室 24+213 地震 种菜	21+0 妹妹 认识

说明：

长垣方言的轻声与普通话一样具有音长缩短、音强变弱、失去自身单字调等特点，根据前字声调的不同，轻声又可以分成：

（1）在阴平、阳平前是低降调 21 或低平调 22。例如：忽雷[xu^{24}luei^0]、家里[tɕia^{24}li^0]、石头[ʂɿ^{52}tʰou^0]。

（2）在去声前是低平调 22。例如：坝头 pa^{21}tʰou^0、夜个 iɛ^{21}kə^0、后头 xou^{21}tʰou^0。

（3）在上声前是中平调 33 或中降调 31。例如：窟窿眼儿 kʰu^{24}luəŋ^{52}iɛr^0、里头 li^{44}tʰou^0。

肆　异读

长垣方言没有成系统的文白异读，老派方言中少数字如"硬"存在"硬白[ɣəŋ^{213}]/硬文[iəŋ^{213}]"的文白异读。长垣方言的异读情形主要体现为新老异读，最为典型的是青男不区分尖团音，老男区分。另外有些字老男只有一种读法，青男则有两种读法，新读法往往是受普通话影响产生的。例如：

	老男	青男
猪	tʂʅ^{24}	tʂʅ^{24}白/tʂu^{24}文
数	ʂuə^{213}	ʂuə^{213}白/ʂu^{213}文

肺	fi²¹³	fi²¹³白/fei²¹³文
飞	fi²⁴	fi²⁴白/fei²⁴文
费	fi²¹³	fi²¹³白/fei²¹³文
雷	luei⁵²	luei⁵²白/lei⁵²文
墨	mei²⁴	mei²⁴白/muə²¹³文
得	tɛ²⁴	tɛ²⁴白/tə²⁴文
客	kʰɛ²⁴白/kʰə²⁴文	kʰɛ²⁴白/kʰə²¹³文
麦	mɛ²⁴	mɛ²⁴白/mɛ²¹³文

此外需要注意的是，止摄开口三等日母"儿耳二"等字，老男只有[ər]的读法，青男有[ɭ]和[ər]两种读法，例如：老男"儿[ər⁵²]"，青男"儿[ɭ⁵²]/[ər⁵²]"。

伍 儿化和小称音

儿化音变规律

长垣方言36个韵母中，除[ər]和[yə]韵母不可以儿化，[uɛ]韵母缺少儿化词语之外，其余33个韵母均可儿化，共生产儿化韵母22个。

儿化音变规律表

儿化韵	基本韵	例词
ur	u	小兔儿
ar	a	把儿
iar	ia	小鸭儿、小虾儿、一小掐儿
uar	ua	连环画儿
ər	ɿ	瓜子儿、布丝儿
	ʅ	事儿、豆腐汁儿、老师儿
	ə	唱歌儿、小盒儿、小车儿、小鹅儿
uər	uə	手镯儿、水果儿
er	ei	大门儿、小本儿、树根儿、老一辈儿
ier	i	粉皮儿、一滴儿、小旗儿
	iei	手巾儿、使劲儿
uer	ʮ	小猪儿
	uei	村儿、泪儿
yer	y	小鱼儿、马驹儿
	yei	围裙儿

续表

儿化韵	基本韵	例词
ɛr	ɛ	落黑儿
	ai	小孩儿
iɛr	iɛ	一小捏儿、一截儿
	iai	钱儿、毽儿
uɛr	uai	玩儿、小船儿、水管儿、开怀儿
yɛr	yɛ	小雪儿（肉馅[ɕiai]儿，儿化作[ɕyer]）
	yai	花园儿、圆圈儿
ɔr	au	三刀儿、外号儿
iɔr	iau	小苗儿、纸条儿、小桥儿
our	ou	小偷儿、小篓儿、小狗儿、小丑儿
iour	iou	小刘儿、皮球儿
ẽr	aŋ	木棒儿、铃铛儿、一张儿
	əŋ	小缝儿
iẽr	iaŋ	小羊儿、手枪儿
	iəŋ	名儿、小瓶儿
uẽr	uaŋ	小筐儿、鸡蛋黄儿、小光儿
	uəŋ	小洞儿、小孔儿
yẽr	yəŋ	小狗熊儿

陆　其他主要音变

一　Z变韵

长垣方言仅少数外来词带有后缀"子"，凡是普通话中带有后缀"子"的词汇，长垣方言普遍会发生变韵现象，"u、ʮ、y、əu、iəu、ei、iei、uei、yei、əŋ、iəŋ、uəŋ"虽不发生变韵，但仍旧不带后缀"子"，[uɛ]、[yəŋ]韵母由于构词能力的问题，也不发生变韵。具体变韵情形如下：

Z 变韵规律表

Z 变韵	基本韵	例词
ɿʌu	ɿ	树枝 ᶻ、侄 ᶻ、柿 ᶻ
	ɛ	色 ᶻ
	ai	筛 ᶻ
iɐui	i	椅 ᶻ、鼻 ᶻ、蹄 ᶻ
	ai	裤腰带 ᶻ
	ei	一辈 ᶻ
uɐu	uə	脖 ᶻ、桌 ᶻ、狗窝 ᶻ
	uei	锥 ᶻ
yɐu	yə	菜角 ᶻ
ɑu	a	煤渣 ᶻ、树杈 ᶻ、麻 ᶻ
	au	帽 ᶻ、套 ᶻ、罩 ᶻ
iɑu	ia	夹 ᶻ、鸭 ᶻ
	iau	腰 ᶻ（男性性器官）、条 ᶻ、小 ᶻ
uɑu	ua	袜 ᶻ、褂 ᶻ
ɐu	ə	纺花车 ᶻ
uɐu	ə	盒 ᶻ、蛾 ᶻ
uɛi	ai	孩 ᶻ
	uai	筷 ᶻ
i:au	iɛ	镊 ᶻ、茄 ᶻ、蝎 ᶻ
y:au	yɛ	月 ᶻ、瘸 ᶻ
æi	ai	盘 ᶻ、篮 ᶻ
iæi	iai	垫 ᶻ、帘 ᶻ
uæi	uai	丸 ᶻ、罐 ᶻ、缎 ᶻ
yæi	yai	院 ᶻ
ɑŋ	aŋ	茶缸 ᶻ、肠 ᶻ、瓜瓢 ᶻ
iɑŋ	iaŋ	箱 ᶻ
uɑŋ	uaŋ	眼眶 ᶻ、筐 ᶻ

续表

Z变韵	基本韵	例词
u	u	兔 ᶻ、肚 ᶻ、裤 ᶻ
ʮ	ʮ	柱 ᶻ
y	y	锯 ᶻ、驴 ᶻ
əu	əu	猴 ᶻ、兜 ᶻ、小狗 ᶻ
iəu	iəu	瘤 ᶻ、小舅 ᶻ
ei	ei	本 ᶻ、身 ᶻ
iei	iei	金 ᶻ、林 ᶻ、妗 ᶻ
uei	uei	墩 ᶻ、棍 ᶻ、轮 ᶻ、蚊 ᶻ
yei	yei	裙 ᶻ
əŋ	əŋ	棚 ᶻ、疯 ᶻ、绳 ᶻ、凳 ᶻ
iəŋ	iəŋ	饼 ᶻ、亭 ᶻ、钉 ᶻ、鸡毛翎 ᶻ
uəŋ	uəŋ	筒 ᶻ、聋 ᶻ、虫 ᶻ、粽 ᶻ

二　D变韵

长垣方言中"完成体""持续体""终点格"的标记，既可以和普通话一样用"了""着""到"等表示，也可通过改变话语中动词的韵母来实现，36个基本韵母有24个可以发生动词变韵现象。地名中的变韵现象同于D变韵，但不具有语法意义。

D变韵规律表

D变韵	基本韵	单字	例句
ɿə	ɿ	撕	我撕 ᴰ 二尺布。
uə	u	吐、铺	吐 ᴰ 一地、铺 ᴰ 到床上。
ʅə	ʅ	吃	我吃 ᴰ 点馍。
ʮə	ʮ	煮	煮 ᴰ 一锅肉。
ε	ai	按	按 ᴰ 个手印。
ε	ai	戴	头上戴 ᴰ 个草帽。
ε	ei	背	他背 ᴰ 个小孩。
ε	ei	跟	他跟 ᴰ 别人走 ᴰ。

续表

D 变韵	基本韵	单字	例句
iɛ	i	骑	骑 ᴰ 洋车来的。
	iai	念	我只念 ᴰ 三年书。
	iei	印	复印东西，印 ᴰ 两张。
uɛ	uai	拴	树上拴 ᴰ 个驴。
		拐	他媳妇叫人拐 ᴰ 走啦。
	uei	喂	今天中午喂 ᴰ 他点米。
		存	我存 ᴰ 两万块钱。
yɛ	yai	劝	劝 ᴰ 他半天了。
	yei	晕	酒喝多了，晕 ᴰ 两天了。
ɔ	au	招	他招 ᴰ 个养老女婿。
	əu	投	选干部咧，我投 ᴰ 他一票。
iɔ	iau	掉	东西掉 ᴰ 井[里头]。
	iəu	留	我给他留 ᴰ 几个桃。
ã	aŋ	放	东西放 ᴰ 哪。
	əŋ	蹬	他蹬 ᴰ 我一脚。
iã	iaŋ	晾	麦晾 ᴰ 两天了。
	iəŋ	赢	我赢 ᴰ 他两三块钱。
uã	uaŋ	装	我夜个给他装 ᴰ 一布袋麦。
	uəŋ	懂	他才十岁已经懂 ᴰ 事啦。
yã	yəŋ	用	这个东西我用 ᴰ 两三年了。

三　合音音变

长垣方言除 Z 变韵、D 变韵等系统性音变之外，还具有丰富的两字组甚至多字组的合音，常见情形如下：

[日头]儿[ʐour²⁴]　　　[清晌][tsʰiaŋ²⁴]　　　[后晌][xaŋ²¹³]

[这个][tʂau²¹]　　　　[那个][nuə²¹]　　　　[哪个][nau⁴⁴]

[几个][tsai⁴⁴]　　　　[自家][tsia²¹³]　　　　[没有][mau²⁴]

[起来][tɕʰiai⁴⁴]　　　　[里头][liou⁴⁴]　　　　[顶上][tiaŋ⁴⁴]

"一[i²⁴]、两[liaŋ⁴⁴]、三[san²⁴]、四[sʅ²¹³]、五[u⁴⁴]、六[liou²¹³]、七[tɕʰi²⁴]、八[pa²⁴]、九[tɕiou⁴⁴]、十[sʅ⁴²]"后接量词"个[kə²¹³]"时，"一、两、三、四、七、十"会出现合音形式："一个[yə⁵²]、两个[lia⁵⁵]、三个[sa²⁴]、四个[sə²¹³]、七个[tɕʰiɛ⁵²]、十个[sə⁵²]"。声调优势也会发生变化，"八个"则以变调形式出现"八个[pa⁵²]"。"五、六、九"后的"个"弱化为[uə]，"五个[u⁴⁴ uə⁰]、六个[liou²¹³ uə⁰]、九个[tɕiou⁴⁴ uə⁰]"。合音音变在词汇、语法和口头文化中按实际音值记录。

第十四节 兰考方音

壹 概况

一 兰考调查点概况

兰考县位于河南省东北部，华北平原西南边缘地带，九曲黄河最后一道弯，地理坐标为东经114°41′~115°15′，北纬34°45′~35°41′。截止到2018年，本县总人口为86.49万人，其中少数民族有23个，包括回族、蒙古族、土家族、满族、壮族、彝族等，少数民族人口9800多人，其中回族8300多人。调查点所在区域没有少数民族语言分布。兰考方言属于中原官话郑开片，调查点为兰考县城关镇。

历史上的州县分合形成了今兰考方言的内部差异。依据中古知庄章组声母的不同分合大体分为三区：第一区以城关镇为代表，包括城关镇、城关乡、三义寨乡、东坝头乡、谷营乡、爪营乡、仪封乡以及红庙镇西南部，古属兰封县。这一区古知庄章三组今合为一组[ts tsʰ s]。第二区以堌阳镇为代表，包括堌阳镇、孟寨乡、阎楼乡、红庙镇北部、小宋乡西北部，古属考城。这一区古知庄章三组今演变为[ts tsʰ s]和[tʃ tʃʰ ʃ]两组。第三区以张君墓镇为代表，包括张君墓镇、南彰镇、葡萄架乡、许河乡、小宋乡东南部、红庙镇东部，古属考城。这一区古知庄章三组今演变为[ts tsʰ s]、[tʃ tʃʰ ʃ]和[tɕ tɕʰ ɕ]三组。另一个比较明显的区别是：一区大部分地区非组与晓匣组相混，读为[x]。县城人非组字与晓匣组的合口字有时也读成[ɸ]或[f]，处于分化的过渡阶段。二区、三区[f]、[x]不混。

兰考县的说唱艺术形式主要有豫剧、仪封三弦等。仪封三弦是一种民间说唱艺术，是河南坠子的前身。它风格质朴，说唱部分都用方言口语，富有浓郁的地方色彩，是兰考县非物质文化遗产传承之一。

二 兰考方言发音人

1. 方言老男

姬付军，1951年5月出生于河南兰考县城关镇城北社区，小学文化程度。1961年至1968年就读于兰考县北街小学，1968年至今，在兰考县北街村务农。没有长期离开过兰考县，平时只说兰考话。父亲、母亲和配偶都是兰考县城关镇北街村人，都只会说兰考话。

2. 方言青男

王振，1990 年 5 月出生于河南兰考县城关镇北街村，高中文化程度。1995 年 9 月至 2000 年 6 月就读于东街小学，2000 年 9 月至 2003 年 6 月就读于城关镇二中，2003 年 9 月至 2006 年 6 月就读于兰考一高，2006 年 6 月至今，从事汽车销售工作，本人会说兰考话和普通话。父母和配偶都是兰考县北街村人，平时只说兰考话，配偶会说普通话。

3. 口头文化发音人

王莹，女，1990 年 1 月出生于河南省兰考县城关镇北街村，初中文化程度。小学、初中都在兰考县城读书，初中毕业后一直在家。没有长期外出经历，会说兰考话和普通话。提供的口头文化材料为歌谣 0001、0002，自选条目 0031～0034。

程道章，男，1951 年 7 月出生于河南省兰考县城关镇北街村，小学文化程度。小学在兰考县城读书。小学毕业以后在家务农。提供的口头文化材料为歌谣 0003～0005，规定故事《牛郎和织女》0021，其他故事 0023、0024。

曹庆刚，男，1974 年 3 月出生于河南省兰考县城关镇北街村，小学文化程度。小学在兰考县城读书，毕业以后在家务农。提供的口头文化材料为歌谣 0007，谚语 0048～0051。

姬付军，男，1951 年 5 月出生于河南兰考县城关镇城北社区，小学文化程度。1961 年至 1968 年就读于兰考县北街小学，1968 年至今，在兰考县北街村务农。提供的口头文化材料为歌谣 0008、0009。

程道民，男，1948 年 4 月出生于河南省兰考县城关镇北街村，初中文化程度。小学和初中都在兰考县城读书。没有长期离开过兰考。提供的口头文化材料为歌谣 0006，自选条目 0052～0054。

刘虎，男，1961 年 12 月出生于河南省兰考县仪封乡东老君营村，初中文化程度，小学和初中都在兰考仪封乡读书，为兰考仪封三弦非物质文化遗产传承人。提供的口头文化材料为自选条目 0060。

雷国建，男，1962 年 9 月出生于兰考县堌阳镇，中专文化程度。现为兰考县粮食局公务员。提供的口头文化材料为自选条目 0058。

贰　声韵调

一　声母（21 个，包括零声母在内）

p	八兵病	pʰ	派片爬	m	麦明	f	飞风副蜂肥饭
t	多东毒	tʰ	讨天甜	n	脑南	l	老蓝连路
ts	资早租字贼坐张竹柱争装纸主	tsʰ	刺草寸祠抽拆茶抄初床车春船城	s	丝三酸事山双顺手书十	z	热软

tɕ	酒九		tɕʰ	清全轻权		ȵ	年泥		ɕ	想谢响县		
k	高共		kʰ	开				x	好灰活		ɣ 熬安
ø	味问月温王云用药										

说明：

1. [n]拼开口呼和合口呼，[ȵ]拼齐齿呼和撮口呼，二者互补分布，不构成音位上的对立，但音色差异明显。

2. 兰考方言非组字在词汇或自然语流中多读为双唇部位的轻擦音[ɸ]，单字音有时会发成唇齿音[f]，但[ɸ]更为常见，特别是双音节或多音节词汇中的非首字音节，有时也会发成舌根的擦音[x]，如"刮风[kua²⁴ɸuəŋ²⁴]/[kua²⁴xuəŋ²⁴]"，这里记作[f]。晓、匣母开口字一般读作舌根擦音[x]，但遇合口字有时也会发成双唇擦音[ɸ]，如"结婚[tɕie²⁴ɸuən²⁴]""横[ɸuəŋ³¹²]"，这里统一记作[x]。据调查，早期兰考方言非组字与晓、匣组混读为[x]。目前，老男正处于非组与晓、匣组的分化阶段，青男已明确分为[f]、[x]两组。

3. [ts tsʰ s z]发音时舌位稍靠后一些。另外，在儿化韵系统中原读[ts tsʰ s z]的声母偶尔会变读为舌尖后的[tʂ tʂʰ ʂ ʐ]声母，如"虫儿[tʂʰuə̃r⁵³]"。这种音变属于儿化音变的伴随特征，在词汇系统中以发音人实际音值记录。这里不把[tʂ tʂʰ ʂ ʐ]列在单字音音系中。

4. [tɕ tɕʰ ɕ]发音部分也稍微靠后一些。

5. [ɣ]主要来源于中古影、疑母的开口字，有时候摩擦没有那么明显。

二　韵母（40个）

ɿ	师丝试十直尺	i	米戏飞₁急七一锡	u	苦五猪₂骨谷	y	雨橘绿局
ʅ	猪₁出						
ər	二						
a	茶塔法辣八	ia	牙鸭	ua	瓦刮		
ɛ	热色白	iɛ	写接贴节	uɛ	国	yɛ	靴月
ɤ	歌盒壳			uo	坐过活托郭	yo	药学
ai	开排	iai	鞋	uai	快		
ei	赔飞₂北			uei	对鬼		
au	宝饱	iau	笑桥				
ou	豆走	iou	油六				
an	南山半	ian	盐年	uan	短官	yan	权
ən	深根	iən	心新	uən	寸滚春	yən	云
aŋ	糖	iaŋ	响讲	uaŋ	床王双		
əŋ	灯升硬₁争横₂	iəŋ	硬₂病星	uəŋ	横₁东	yəŋ	兄用

说明：

1. [ʅ]韵主要来源于遇摄合口三等鱼虞两韵、臻摄合口三等术韵的知组和章组，与同韵的庄组字有对立，如"出[tsʰʅ²⁴]≠初[tsʰuo²⁴]"，与[u]韵也有对立，如"书[sʅ²⁴]≠速[su²⁴]"，故韵母表中单独列出。

2. 来自果摄合口的帮组字，与声母相拼时带有圆唇的过渡音[u]，实际读音为[ᵘo]，如"婆[pʰᵘo⁵³]"，与韵母[uo]读音差别不大，单字、词汇、语法例句及其他材料中都记成[uo]。

3. [ɤ]实际音值没有那么靠后，且稍微带有一点儿圆唇色彩。

4. [uo]、[yo]里主要元音开口度略大，舌位稍微靠前一点儿，唇形没有那么圆。

5. [ər]主要元音舌位略低。

6. [a ia ua]中[a]的实际音值为[A]，[au iau aŋ iaŋ uaŋ]中实际音值接近[ɑ]，但系统中没有音位对立，统一记作[a]。

7. [əŋ]中的主要元音略低略后，[uəŋ yəŋ]中的主要元音略圆唇。

8. "说"的实际音值为[ɥɛ]，但[ɥɛ]辖字太少，这里记成[uɛ]。

三　声调（4个）

阴平　24　东该灯风通开天春谷百搭节哭拍塔切刻麦叶月

阳平　53　门龙牛油铜皮糖红急毒白盒罚

上声　44　懂古鬼九统苦讨草买老五有

去声　312　动罪近后冻怪半四痛快寸去卖路硬乱洞地饭树六

说明：

1. 阴平为中升调，起点稍高，但不到3。读单字时老男有拖长音节的习惯，拖长后末尾有下降趋势，但不能视为单字调。语流中的单字调仍然是中升调。

2. 阳平为高降调，收音处音高比3略低，不到2。读单字音时老男有拖长音节的习惯，拖长后音值为533，但语流中比较稳定的是53，因此这里仍记为53。

3. 上声为高平调，实际发音比44稍高，有时候末尾略有下降，接近于43。

4. 去声为曲折调，完整调值为312，但有时也有213或313调，以312为常。

叁　连读变调

两字组连读调表

前字＼后字	阴平 24	阳平 53	上声 44	去声 312	轻声 0
阴平 24	24+24 阴天　高山	24+53 猪皮　高楼	24+44 浇水　甘草	24+312 天地　车票	24+0 抽屉　兜兜 53+0 绿豆　木梳

续表

前字＼后字	阴平 24	阳平 53	上声 44	去声 312	轻声 0
阳平 53	53+24 晴天 长江	53+53 羊毛 牛黄	53+44 年底 团长	53+312 白费 棉裤	53+0 丸子 舌头 娘娘
上声 44	44+24 火车 老家	44+53 马棚 好人	44+44 水桶 厂长 **53+44** 左手 两口	44+312 晚会 水费	44+0 暖和 椅子 **53+0** 晌午 手艺 姐姐
去声 312	31+24 卫生 税收	31+53 树皮 后门	31+44 豆饼 县长	**24+312** 部队 地动	31+0 挂面 柜子 妹妹

肆　异读

一　新老异读

兰考方言老派和新派之间成系统的差异主要表现在声母方面，老派有浊擦音声母[ɣ]，新派是零声母。老派非组字在词汇或自然语流中多读为双唇部位的轻擦音[ɸ]，有时也会发成舌根的擦音[x]，如"刮风[kua²⁴ɸuəŋ²⁴]/[kua²⁴xuəŋ²⁴]"。晓、匣母开口字一般读作舌根擦音[x]，但遇合口字有时也会发成双唇擦音[ɸ]，如"结婚[tɕiɛ²⁴ɸuən²⁴]"。目前，老男正处于非组与晓、匣组的分化阶段，青男已明确分为[f]、[x]两组。

另外，老派知庄章和精组声母都读[ts tsʰ s z]，在儿化韵系统中原读[ts tsʰ s z]的声母偶尔会变读为舌尖后的[tʂ tʂʰ ʂ ʐ]声母。受普通话的影响，新派中有些人知组声母读为[tʂ tʂʰ ʂ ʐ]，如兰考青年女性。此外，还有个别字老男和青男存在读音差别，有的字老男一读，青男有两读，有的字老男两读，青男一读，有些字读音不同，表现出了语音发展的阶段性特点。举例如下：

	老男	青男
课	kʰuo³¹²/kʰɤ³¹²	kʰɤ³¹²
蟹	ɕiai³¹²/ɕiɛ³¹²	ɕiɛ³¹²
造	tsʰau³¹²/tsau³¹²	tsau³¹²
牛	ɣou⁵³/ɲiou⁵³	ɲiou⁵³
鲜	ɕyan²⁴/ɕian²⁴	ɕian²⁴
硬	ɣəŋ³¹²/iəŋ³¹²	iəŋ³¹²

数	suo³¹²	suo³¹²/su³¹²
雷	luei⁵³	luei⁵³/lei⁵³
墨	mei²⁴	mei²⁴/muo⁴¹
国	kuɛ²⁴	kuɛ²⁴/kuo²⁴
特	tʰɛ²⁴	tʰɛ²⁴/tʰɤ²⁴

二 文白异读

兰考方言的文白异读比较少，一般为零星的，不成系统。有些文白读两个层次之间的差异与新老派差异重合。如"课白[kʰuo³¹²]/课文[kʰɤ³¹²]、牛白[ɣou⁵³]/牛文[ɲiou⁵³]、数白[suo³¹²]/数文[su³¹²]、横白[xuaŋ³¹²]/横文[xəŋ³¹²]"等。

三 其他异读

口头文化发音人王莹受普通话影响较大，发音中能明显区分[ts tsʰ s z]和[tʂ tʂʰ ʂ ʐ]两组声母。

伍 儿化和小称音

儿化音变规律表

儿化韵	基本韵	例词
ar	a	树圪杈儿、话把儿
	aŋ	白菜帮儿、药方儿
iar	ia	豆芽儿、书架儿
	iaŋ	鞋样儿、小箱儿
uar	ua	花儿、牙刷儿
	uaŋ	小床儿、筐儿
ər	ɿ	瓜子儿、侄儿
	ei	一辈儿、妹儿
	ən	根儿、盆儿
iər	i	皮儿、小鸡儿
	iən	捎信儿、皮筋儿
uər	u	兔儿、小路儿
	ʮ	小树儿
	uei	一对儿、味儿
	uən	捆儿、魂儿

续表

儿化韵	基本韵	例词
yər	y	鱼儿、小曲儿
	yən	裙儿、小云儿_{人名}
ɤr	ɤ	唱歌儿、盒儿
uor	uo	坡儿、酒窝儿、座儿
yor	yo	药儿、菜角儿
	yɛ	小雪儿、小月儿_{流产}
iɐr	iɛ	树叶儿、一截儿、小蝶儿
ɐr	ɛ	擦黑儿、小车儿
	ai	瓶盖儿、小孩儿
	an	一半儿、脸蛋儿
iɐr	ian	药面儿、馅儿、尖儿
uɐr	uai	一块儿
	uan	拐弯儿、玩儿、官儿
yɐr	yan	卷儿、圈儿、院儿
aur	au	包儿、小猫儿、小刀儿
iaur	iau	表儿、麦苗儿、小鸟儿
our	ou	小狗儿、扣儿、兜儿
iour	iou	小球儿、小酒儿、一溜儿
ə̃r	əŋ	门缝儿、坑儿、小声儿
iə̃r	iəŋ	树影儿、瓶儿、小名儿
uə̃r	uəŋ	小桶儿、有空儿、小虫儿
yə̃r	yəŋ	小熊儿、粽儿

说明：

1. 兰考方言的儿化音变主要表示小称义，有的也表示可爱、随意的意思。40个韵母中基本韵[ər]、[iai]、[uɛ]没有对应的儿化词，其余的都可以儿化。

2. 儿化韵中的[uɐr]、[yɐr]实际音值为[uᵊr]、[yᵊr]。

3. [ə̃r iə̃r uə̃r yə̃r]中的鼻化实际音值是半鼻化。

陆 其他主要音变

1. 在儿化韵系统中原读[ts tsʰ s z]的声母偶尔会变读为舌尖后的[tʂ tʂʰ ʂ ʐ]声母，如"虫儿[tʂʰuə̃r⁵³]"。在词汇部分或语流中按实际音值记录。

2. 在语流中，"一[i²⁴]"和"不[pu²⁴]"要发生变调。一般情况下，在阴平、阳平、上声前边读原调 24，如"一天[i²⁴tʰian²⁴]""一男一女[i²⁴nan⁵³·²⁴ny⁴⁴]""不吸[pu²⁴ɕi²⁴]""不来[pu²⁴lai⁵³]""不好[pu²⁴xau⁴⁴]"。在去声前面读降调，但降幅没有那么明显，语流中记作 53，如"一个[i⁵³kɤ³¹²]""不快[pu⁵³kʰuai³¹²]"。

3. 在语流中，老男有个别单字音，原声母为[ts tsʰ s z]的会变读成[tʂ tʂʰ ʂ ʐ]，变音的条件一般是前一音节的韵尾或韵腹为后高元音。如"后晌[xɤ³¹ʂaŋ⁰]""一个人[yo⁵³ʐən⁵³]"。这种情况，我们按照发音人的实际读音来记录。

第十五节 洛阳方音

壹 概况

一 洛阳调查点概况

洛阳位于河南省西部，黄河中下游，因地处洛河之阳而得名。调查点为洛阳市老城区，地理坐标为东经112°17′10″～112°33′10″，北纬34°46′10″～34°36′20″。老城区总人口为 18.5 万人（2010 年第六次人口普查），主要民族为汉族。少数民族占比很小，主要为回族。调查点所在区域没有少数民族语言分布。洛阳方言属于中原官话洛嵩片。

老城区辖西关、南关、东南隅、东北隅、西南隅、西北隅、洛浦、道北路、邙山街道 9 个办事处。方言内部差别不大，不存在方言岛问题。方言的差异主要表现为个别韵母的不同和新老派口音的差别。文化水平较高受过正规教育的年轻人，尖团音已经合流。韵母的不同如：韵母[u]，老城区四关（东关、西关、南关、北关）之外有些地方读[ou]。近年来老城区方言变化较快，年轻人正在向普通话靠拢。

洛阳的地方戏主要有豫剧豫西调和曲剧洛阳小调曲，有专业剧团演出；说唱艺术有河洛大鼓，是濒危曲种，2006 年被列为第一批国家级非物质文化遗产。

二 洛阳方言发音人

1. 方言老男

梁智敏，1960 年 7 月出生于河南省洛阳市老城区南关马市街,高中文化程度。1968 年 9 月至 1973 年 7 月在洛阳市老城区坛角小学读书；1973 年 9 月至 1980

年7月在洛阳市第十中学读初中、高中；1980年9月至1983年7月在洛阳市针织厂工作；1983年至今在洛阳市金属回收公司工作。没有长期离开过老城区，平时说老城话。父亲为洛阳老城区南关马市街人，母亲为洛阳老城区南关菜市街人，配偶为洛阳老城区北关马道街人，平时都只说洛阳老城话。

2. 方言青男

马骏，1989年12月出生于河南省洛阳市老城区东南隅鼓楼社区广平街，大专文化程度。1996年9月至2001年7月在洛阳市长乐街小学读书；2001年9月至2004年7月在洛阳市第三十中学读初中；2004年9月至2007年7月在洛阳市第九中学读高中；2007年12月入伍，2009年11月复员；2010年9月至2012年7月在洛阳市财会学校读函授大专；2009年11月至今在老城区从事餐饮等职业。没有长期离开过老城区，会说洛阳老城话和普通话，平时生活中主要说洛阳老城话。父亲为洛阳老城区广平街人，母亲为洛阳老城区东大街人，平时都只说洛阳老城话。

3. 口头文化发音人

郭松珍，女，1952年5月出生于河南省洛阳市老城区南关风化街，初中文化程度。父亲、母亲均为洛阳市老城区南关风化街人，配偶为洛阳老城区西南隅西门口街人。没有长期外出经历，平时只说洛阳老城话。提供的调查材料为歌谣、顺口溜等。

毕青凤，女，1962年7月出生于河南省洛阳市老城区东大街，大专文化程度。父亲、母亲均为洛阳市老城区东大街人，配偶为洛阳市老城区广平街人。没有长期外出经历，平时说洛阳老城话。提供的调查材料为故事、顺口溜、谚语、谜语等。

梁一帆，女，1986年12月出生于河南省洛阳市老城区南关南门口街，本科文化程度。父亲为洛阳老城区马市街人，母亲为洛阳老城区马道街人。没有长期外出经历，会说洛阳老城话和普通话，平时主要说洛阳老城话。提供的调查材料为歌谣、故事《武则天贬牡丹》等。

梁智敏，同方言老男发音人。提供的调查材料为规定故事《牛郎和织女》、歇后语等。

贰 声韵调

一 声母（25个，包括零声母在内）

p 八兵病	p^h 派片爬	m 麦明	f 飞凤副蜂肥饭	v 味问
t 多东毒	t^h 讨天甜	n 脑南		l 老蓝连路
ts 资早祖酒字贼坐争纸	ts^h 刺草寸清全祠拆茶抄		s 丝三酸想谢事山	

tʂ	张竹柱装主	tʂʰ	抽初床车春船城	ʂ	双顺手书十	ʐ	热软
tɕ	九	tɕʰ	轻权	ȵ	年泥	ɕ	响县
k	高共	kʰ	开	x	好灰活	ɣ	熬安
ø	月温王云用药						

说明：

1. [n]、[ȵ]互补，[n]拼开口呼、合口呼，[ȵ]拼齐齿呼、撮口呼。
2. [ɣ]声母较弱。

二 韵母（37个）

ɿ	师丝试	i	米戏飞急七一锡	u	苦五猪骨出谷六ᵦ	y	雨橘局
ʅ	十直尺						
a	茶塔法辣八	ia	牙鸭	ua	瓦刮		
		iɛ	写鞋接贴节			yɛ	靴月
ə	歌盒			uə	坐过活托郭国	yə	药学
ɯ	二						
ai	开排色白			uai	快		
ei	赔北			uei	对鬼		
au	宝饱	iau	笑桥				
ou	豆走	iou	油六ᵂ				
ã	南山半	iã	盐年	uã	短官	yã	权
ən	深根	iən	心新	uən	寸滚春	yən	云
aŋ	糖	iaŋ	响讲	uaŋ	床王双		
əŋ	灯升硬争横ᵂ	iəŋ	病星				
oŋ	横ᵦ东					yoŋ	兄用

说明：

1. [a]组、[aŋ]组的[a]靠后。
2. [ə]韵近[ɤ]韵，[uə]韵近[uʌ]韵。
3. [uə]拼[p]、[pʰ]、[m]时，实际音值为[ᵘɔ]。
4. [ɯ]韵末尾略开。
5. [ai]的实际音值为[aᶦ]，个别字会读成单元音，单元音的实际音值介于[æ]与[ɛ]之间。
6. [au iau]中，[u]的实际音值是[ɷ]，[a]的实际音值是[ɑ]。
7. [-n]、[-ŋ]韵均带鼻化色彩，[iən]实际音值为[iĩn]，[ã iã uã yã]实际音值为[aⁿ iaⁿ uaⁿ yaⁿ]，[oŋ yoŋ]二韵的实际音值为[õᵑ yõᵑ]。

8. 存在调值分韵现象，如韵尾弱化，[oŋ]逢去声则近[uəɣ]。

三　声调（4个）

阴平 34　东该灯风通开天春统ᵡ谷百搭节哭拍塔切刻六白麦叶月
阳平 53　门龙牛油铜皮糖红讨急毒白盒罚
上声 44　懂古鬼九统ᵡ苦草买老五有
去声 31　动罪近后冻怪半四痛快寸去卖路硬乱洞地饭树六ᵡ

说明：

1. 阴平是一个缓升调，拖音时音值是334，记作34。
2. 阳平是高降调，记作53。
3. 上声是中高平调，记作44，声调的起点有时会略高于4。
4. 去声是中降调31，有些起点会高一点，接近4。

叁　连读变调

两字组连读调表

后字 前字	阴平 34	阳平 53	上声 44	去声 31	轻声 0
阴平 34	34+34 香菇 书包	34+53 刷牙 猜枚	34+44 丢脸 山顶	34+31 商店 天气	34+0 瞎子 风筝
阳平 53	53+34 年轻 毛巾	53+53 洋油 平行	53+44 洋火 洋碱	53+31 狐臭 学校	53+0 房子 石头
上声 44	44+34 米汤 小偷	44+53 赶集 好人	**53+44** **水果 洗澡**	44+31 米饭 考试	**53+0** **老虎 尾巴** 44+0 牡丹 里头
去声 31	31+34 豆浆 电灯	31+53 酱油 拜堂	31+44 中暑 电影	**34+31** **地震 电话**	31+0 被子 上头

说明：

以上表格中，加粗的连调组为连读变调。洛阳方言的连读变调有三种变调现象：（1）两个去声相连，前字读34，后字读本调。（2）两个上声相连，前字读53，后字读本调。（3）"上声+轻声"有两个变调组：一是后字原调为上声的都读为53+0；后字原调为非上声的多数也读为53+0；二是后字原调为非上声的，有少数读为44+0。

此外，洛阳方言还存在轻声不轻的现象，如："尾巴、枕头"。洛阳方言中还有一种特殊的两字组连读变调，亲密语和形容词的叠字中会出现一个超音调，以前字为起点，后字是升调，一直升到最高点，甚至超出 5 度。如："奶奶、婆儿婆儿、姑姑、长长儿、美美儿、晕晕儿"。

肆　异读

一　新老异读

洛阳新老派之间的语音略有不同。在语音系统方面，古微母字老男一般读[v]，青男读零声母；今开口呼韵母自成音节时，老男读[ɣ]声母，青男读零声母；老男分尖团音，青男不分尖团音。

老男和青男之间没有成系统的新老异读，但因受普通话影响程度不同，有个别字老男和青男存在读音差别，有的字老男两读，青男一读，有的字老男一读，青男两读，有些字老男和青男读音不同，表现出了语音发展的阶段性特点。举例如下：

	老男	青男
课	kʰuə³¹/ kʰə³¹	kʰə³¹
卫	uei⁴⁴/ uei³¹	uei³¹
飞	fi³⁴/ fei³⁴	fei³⁴
围	uei⁴⁴/ uei⁵³	uei⁵³
乱	lyã³¹/luã³¹	luã³¹
顽	vã⁵³/uã⁵³	uã⁵³
吞	tʰən³⁴/tʰuən³⁴	tʰuən³⁴
轮	lyən⁵³/ luən⁵³	luən⁵³
松	syoŋ³⁴/soŋ³⁴	soŋ³⁴
容	yoŋ⁵³/ʐoŋ⁵³	ʐoŋ⁵³
末	muə³⁴	muə³⁴/muə³¹
越	yɛ³⁴	yɛ³⁴/ yɛ³¹
宿	sy³⁴	sy³⁴/su³¹
是	sɿ³¹	sɿ³¹/ ʂʅ³¹
给	ku³⁴	ku³⁴/kei³⁴
味	vi³¹	uei³¹
清	tsʰiəŋ³⁴	tɕʰiəŋ³⁴
静	tsiəŋ³¹	tɕiəŋ³¹
集	tsi⁵³	tɕi⁵³
缝	vəŋ³¹	fəŋ³¹
龙	lyoŋ⁵³	loŋ⁵³

二 文白异读

洛阳方言的文白异读比较少，一般为零星的，不成系统。有些文白读两个层次之间的差异与新老派差异重合，此不赘述。有些只在老派中存在，如"容白[yoŋ]^{53}/容文[zoŋ]^{53}、松白[syoŋ]^{34}/松文[soŋ]^{34}、轮白[lyən]^{53}/轮文[luən]^{53}"等。

三 其他异读

无。

伍 儿化和小称音

儿化音变规律表

儿化韵	基本韵	例词
ɯ	ɿ	刺儿、弹子儿
	ʅ	三十儿、侄儿
	ei	长辈儿、美美儿
	ou	小水沟儿、时候儿、兰花豆儿
	ən	开春儿、本儿、根儿、盆儿
	əŋ	小水坑儿、缝儿、蜜蜂儿
iɯ	i	鸡儿、年底儿、初一儿、梨儿、猪蹄儿
	iou	袄袖儿、臼儿
	iən	背心儿、手印儿、捎信儿
	iəŋ	叫鸣儿、瓶儿、钉儿、看病儿
uɯ	u	八月十五儿、窗户儿、桃核儿
	uei	裤腿儿、牌位儿、斧锤儿、麦穗儿
	uən	村儿、棍儿、嘴唇儿、车轱轮儿
	oŋ	窟窿儿、小虫儿、酒盅儿
yɯ	y	鱼儿、闺女儿、毛驴儿
	yən	围裙儿、合群儿
	yoŋ	小龙儿属相

续表

儿化韵	基本韵	例词
ɐɯ	a	疙瘩儿、爹妈儿、瓦碴儿
	ə	唱歌儿、纸盒儿、纺花车儿
	ai	布袋儿、鞋带儿、门牌儿、井台儿
	au	桃儿、枣儿、外号儿、灯泡儿
	ã	布衫儿、床单儿、木板儿、竹竿儿
	aŋ	药方儿、瓜瓢儿
iɐɯ	ia	鱼鳞甲儿、豆芽儿、衣架儿
	iɛ	叶儿、蝴蝶儿、茶叶儿、半截儿
	iã	这边儿、对面儿、馅儿、见面儿、圆点儿、针尖儿
	iau	角儿、面条儿、菜苗儿
	iaŋ	隔墙儿、鞋样儿、娘儿俩
uɐɯ	ua	花儿、画儿书、说话儿
	uə	窝儿、背背锅儿、火锅儿
	uai	块儿
	uã	饭馆儿、旅馆儿、水管儿、小碗儿、当官儿
	uaŋ	鸡蛋黄儿
yɐɯ	yə	小脚儿
	yɛ	木橛儿
	yã	旋儿、圈儿、花卷儿

说明：

[iɯ]组中的[ɯ]较弱。[ɐɯ iɐɯ uɐɯ yɐɯ]组中的[ɐ]接近[ə]。

洛阳方言的儿化音变可以表示细小、亲切、轻松、喜爱等感情。37个韵母中除了[ɯ]没有对应的儿化词，其余的都可以儿化。

陆　其他主要音变

一　"一""不"音变

"一"的原调是34，"不"的原调是44。"一""不"单念或在词句末尾，或在阴平、阳平、上声前面时读原调，在去声前面变阳平。如：

一千[i³⁴tsʰiã³⁴]　　一年[i³⁴ɲiã⁵³]　　一桶[i³⁴tʰuəŋ⁴⁴]　　一万[i⁵³vã³¹]
不中[pu⁴⁴tʂoŋ³⁴]　　不来[pu⁴⁴lai⁵³]　　不美[pu⁴⁴mei⁴⁴]　　不会[pu⁵³xuei³¹]

二 合音音变

洛阳方言合音音变非常丰富，这里列举出一些常用的：

[知道][tʂə⁵³]　　　　　　　[里头][liou⁴⁴]
[顶上][tiaŋ⁴⁴]　　　　　　 [底下][tia⁴⁴]
[地下][tia³¹]　　　　　　　[人家][zα⁴⁴]
[谁家][sia⁵³]　　　　　　　[你家][ɲia⁴⁴]

甭[piəŋ³¹]（"不用"的合音）
咋[tsa⁴⁴]（"怎么"的合音）
啥[ʂa³¹]（"什么"的合音）
镇[tʂən³¹]（"这么"的合音）

另外，"一[i³⁴]、二[ɯ³¹]、三[sã³⁴]、四[sɿ³¹]、五[u⁴⁴]、六[lu³⁴]、七[tsʰi³⁴]、八[pa³⁴]、九[tɕiou⁴⁴]、十[ʂɿ⁵³]、几[tɕi⁴⁴]"和量词"个[kə³¹]"的组合也经常使用合音形式。合音形式如下："[一个][yə³¹]、[两个][lia⁴⁴]、[三个][sa³⁴]、[四个][suə³¹]、[五个][uə³¹]、[六个][luə⁵³]、[七个][tsʰyə⁵³]、[八个][pa⁵³]、[九个][tɕyə⁵³]、[十个][ʂə⁵³]、[几个][tɕyə⁴⁴]"。

第十六节　洛宁方音

壹　概况

一　洛宁调查点概况

洛宁县位于河南省西部，洛河中游。调查点为洛宁县城关镇，其地理坐标为东经111°08′～111°49′，北纬34°05′～34°38′，属中纬度地区，现属河南省洛阳市管辖。截止到2010年（第六次人口普查），洛宁县总人口为42.13万人，主要民族为汉族，有41.5万余人；少数民族约占总人口的1.37%，其中回族人口最多，约5700人，县境内没有少数民族语言分布。洛宁方言属于中原官话洛嵩片。

洛宁县辖10镇8乡。洛宁方言除东北、西北一些乡村外大体一致。近年来，洛宁方言变化较快，年轻人正在向普通话靠拢。洛宁方言以城关镇为代表，城关镇下辖西街、西关、东关、凤翔四个行政村，内部语言差异很小，主要表现为韵母的不同和声调的不同，如"靴"，老年人读[ɕyɑ⁴⁴]，青年人说[ɕyɛ⁴⁴]。上声、去声的调值，老年人分别读35和31，青年人分别读34和41。

洛宁地方戏主要是豫剧、曲剧，说唱艺术有河洛大鼓。豫剧、曲剧都有专业剧团，在洛宁广为传唱；河洛大鼓是濒危曲种，2006年经国务院批准列为第一批国家级非物质文化遗产名录。

二 洛宁方言发音人

1. 方言老男

雷石虎，1956 年 12 月出生于洛宁县城关镇公社东关村，初中文化程度，为洛宁县城关镇东关社区六组村民。1963 年 9 月至 1968 年 6 月，在洛宁县城关公社东关小学上学；1968 年 9 月至 1971 年 6 月，在城关公社东关中学上学。1971 年初中毕业后回乡务农至今。2011 年加入中国共产党。没有长期离开过洛宁，只会说洛宁话。父母都为洛宁县城关公社东关村人，配偶为洛宁县城郊乡寨李村人，平时都只说洛宁话。

2. 方言青男

赵丽峰，1984 年 1 月出生于洛宁县城关公社东关村，初中文化程度，为洛宁县城关镇东关社区四组村民。1991 年 9 月至 1997 年 6 月，在洛宁县城关镇东关小学上学；1997 年 9 月至 2000 年 6 月，在城关镇东关中学上学。2000 年初中毕业后做过多种工作。其中 2003—2005 年在洛宁县玩具厂工作；2009—2011 年在洛宁县消防大队工作。现从事个体经营。没有长期离开过洛宁，主要说洛宁话，会说洛宁普通话。父母都为洛宁县城关公社东关村人，配偶为洛宁县城郊乡坞西村人，平时都只说洛宁话。

3. 口头文化发音人

牛晓琳，女，1990 年 4 月出生于洛宁县城关镇西街，中专文化程度。没有长期离开过洛宁，主要说洛宁话，会说洛宁普通话。父母和配偶都为洛宁县城关镇西街村人，平时都只说洛宁话。提供的调查材料为歌谣、谚语、歇后语等。

赵松林，男，1951 年 11 月出生于洛宁县城关公社东关村，初中文化程度。没有长期离开过洛宁，主要说洛宁话，会说洛宁普通话。父母都为洛宁县城关公社东关村人，配偶为洛宁县城郊乡王协村人，平时都只说洛宁话。提供的调查材料为歌谣、其他故事《革命烈士李翔梧的故事》、谜语等。

雷石虎，同方言老男发音人。提供的调查材料为规定故事《牛郎和织女》、歇后语、顺口溜等。

赵丽峰，同方言青男发音人。提供的调查材料为谜语等。

贰 声韵调

一 声母（26 个，包括零声母在内）

p 八兵病	pʰ 派片爬	m 麦明	f 飞凤副蜂肥饭	v 味问
t 多东毒	tʰ 讨天甜	n 脑南		l 老蓝连路
ts 资早祖字贼坐争纸	tsʰ 刺草寸祠拆茶抄		s 丝三酸事山	z 扔
tʂ 张竹柱装主	tʂʰ 抽初床车春船城		ʂ 双顺手书十	ʐ 热软

tɕ	酒九	tɕʰ	清全轻权	ȵ	年泥	ɕ	想谢响县
k	高共	kʰ	开			x	好灰活	ɣ	熬安
ø	月温王云用药						

说明：

1. [n、ȵ]互补，[n]拼开口呼、合口呼，[ȵ]拼齐齿呼、撮口呼。
2. [z]仅与[əŋ]相拼，如"扔、仍"。
3. [tʂ tʂʰ ʂ ʐ]和遇摄字、止摄字相拼时，有舌叶音色彩。

二　韵母（36个）

ɿ	师丝试	i	米戏急七一锡	u	苦五猪骨出谷	y	雨橘局
ʅ	十直尺						
ɚ	二						
a	南山半	ia	盐年	ua	短官	ya	权
ɐ	茶塔法辣八	iɐ	牙鸭	uɐ	瓦刮		
		iɛ	写鞋文接贴节				
ə	歌盒热壳色文			uə	坐过活托郭国	yə	靴月药学
ɤ	黑						
ai	开排色白白	iai	鞋白	uai	快		
ei	赔对飞深根北	iei	心新	uei	鬼寸滚春	yei	云
au	宝饱	iau	笑桥				
ou	豆走六白绿	iou	油六文				
aŋ	糖	iaŋ	响讲	uaŋ	床王双		
əŋ	灯升硬白争横文	iəŋ	硬文病星	uəŋ	横白东	yəŋ	兄用

说明：

1. [u]韵，和[tʂ tʂʰ ʂ ʐ]相拼时，实际音值是[ʊ]，如"猪、出"。
2. [ə]韵，和[tʂ tʂʰ ʂ ʐ]相拼时，实际音值是[ɤə]，如"车、热"。
3. [ɐ]韵，有时开口度较大，音值接近[a]，如"塔"。
4. [ɤ]韵，音值接近[ɯ]，如"圪"。
5. 韵母 [a]、[ia]、[ua]、[ya]，主要元音[a]带有轻微的鼻化色彩。但有些明显，有些不明显。
6. [ai]韵，有的字如"色"，主要元音[a]，音值接近[ɛ]。
7. 韵母[ei]、[iei]，主要元音[e]带有轻微的鼻化色彩。但有时明显，有时不明显。
8. [uə]、[yə]中的主要元音[ə]，实际音值舌位偏低，唇形偏展。
9. [yə]韵，音值不稳定，有时接近[yɛ]。
10. 存在声调变韵现象，有的韵母逢去声时，主要元音开口度较大。如：[ɚ]是卷舌元音，逢去声时，音值接近[ɐ˞]，如"二"；[ei]韵，逢去声时，音值接近[ɛi]，如"对";[əŋ]韵,逢去声时,音值接近[ʌŋ],如"硬"。

三 声调(4个)

阴平 44　东该灯风通开天春百搭节哭拍塔切刻六白麦叶月
阳平 52　门龙牛油铜皮糖红讨白急毒白盒罚
上声 35　懂古鬼九统苦草讨文买老五有
去声 31　动罪近后冻怪半四痛快寸去卖路硬乱洞地饭树六文

说明:

1. 阴平调值为44,但有时尾端有个升幅,接近445,如"一"。
2. 上声是个中升调,升幅不到2度,记作35。但该调值不稳定:有时调值接近335,如"懂";有时调值接近33,如"苦"。
3. 去声调值为31,但有时尾端有个升幅,接近312。

叁 连读变调

两字组连读调表

前字＼后字	阴平 44	阳平 52	上声 35	去声 31	轻声 0
阴平 44	44+44 山沟 书包 铅笔	44+52 梳头 猜枚 刷牙	**52+35 亲嘴 丢脸 山顶**	44+31 猪圈 家庙 木匠	44+0 芝麻 山药 鸽子 风筝 / **52+0 星星 冬至**
阳平 52	52+44 毛衣 棉衣 围巾	52+52 洋油 农民 流氓	52+35 洋火 白酒 黄酒	52+31 阳历 蚊帐 学校	52+0 石头 棉花 房子 和尚
上声 35	35+44 打针 我爹 米汤 小偷	35+52 赶集 打牌 眼红	**52+35 水果 老表 洗澡**	35+31 柳树 米饭 考试	35+0 里头 尾巴 椅子 枕头 / **52+0 老虎 老鼠**
去声 31	31+44 饭锅 电灯 豆浆	31+52 大油 酱油 拜堂 下棋	31+35 裤腿 妓女 后悔	**35+31 旱地 笨蛋 庙会**	31+0 上头 翅膀 被子 运气

说明:

以上表格中,加粗的连调组为连读变调。洛宁方言的连读变调主要有以下几种变调现象:(1)阴平有两个变调组:"阴平+上声",前字读52,后字读本调;"阴平+轻声",部分读为 52+0。(2)上声有两个变调组:两个上声相连,前字读 52,后字读本调;"上声+轻声",后字原调为上声的,部分读为 52+0。(3)两个去声相连,前字读 35,后字读本调。

洛宁方言存在轻声不轻现象,需做进一步研究。

肆 异读

一 新老异读

洛宁新老派之间的语音略有不同。在语音系统方面,老男上声调为 35,青男为 34,老男去声调为 31,青男为 41;今开口呼韵母自成音节时,老男读[ɣ]声母,青男读零声母;"靴、月、药、学"的韵母,老男读[yə],青男读[yɛ]。

老男和青男之间没有成系统的新老异读,但因所受普通话影响程度不同,有个别字老男和青男存在读音差别。有的字老男一读,青男两读,有些字老男和青男读音不同,表现出了语音发展的阶段性特点。举例如下:

	老男	青男
绕	ʐau³⁵	ʐau³⁴/ʐau⁴¹
浸	tɕʰiei³⁵	tɕʰiei³⁴/tɕiei⁴¹
寻	ɕiei⁵²	ɕiei⁵²/ɕyei⁵²
恶	ə⁴⁴	ə⁴⁴/ə⁴¹
刻	kʰai⁴⁴	kʰai⁴⁴/kʰə⁴¹
或	xuai⁵²	xuai⁵²/xuə⁴¹
额	ai³⁵	ai³⁴/ə⁵²
鹿	lou⁴⁴	lou⁴⁴/lu⁴⁴
宿	ɕy⁴⁴	ɕy⁴⁴/su⁴¹
龙	lyəŋ⁵²	lyəŋ⁵²/luəŋ⁵²
松	ɕyəŋ⁴⁴	ɕyəŋ⁴⁴/suəŋ⁴⁴
足	tɕy⁴⁴	tɕy⁴⁴/tsu⁵²
所	ʂuə³⁵	suə³⁴
折	tʂə⁴⁴	tʂə⁵²
立	li⁴⁴	li⁴¹
佛	fu⁵²	fuə⁵²
畜	tʂʰu⁴⁴	tʂʰu⁴¹

二 文白异读

洛宁方言的文白异读,一般为零星的不成系统的。有些文白读两个层次之间的差异与新老派差异重合,此不赘述。有些只在新派中存在,如"寻白[ɕiei⁵²]/寻文[ɕyei⁵²]、龙白[lyəŋ⁵²]/龙文[luəŋ⁵²]、松白[ɕyəŋ⁴⁴]/松文[suəŋ⁴⁴]"等。

三 其他异读

无。

伍 儿化和小称音

儿化音变规律表

儿化韵	基本韵	例词
ur	u	兔儿、媳妇儿
ər	ɿ	戒指儿、孙子儿、事儿
ər	ʅ	年三十儿
ər	ei	脸盆儿、本儿、根儿
iər	i	梨儿、猪蹄儿、气儿
iər	iei	背心儿
uər	uei	村儿、嘴唇儿、棍儿
yər	y	毛驴儿
yər	yei	合群儿
ar	ɐ	尾巴儿、把儿
iar	iɐ	下儿
uar	uɐ	花儿、猪娃儿
ɐr	a	蚕儿、床单儿、算盘儿
ɐr	ai	盖儿、布袋儿
iɐr	ia	面儿、件儿、点儿
iɐr	iai	小鞋儿
uɐr	ua	饭馆儿、旅馆儿、水管儿、小碗儿
uɐr	uai	块儿
yɐr	ya	旋儿
ẽr	aŋ	药方儿、瓜瓢儿
iẽr	iaŋ	隔墙儿、鞋样儿、娘儿俩
uẽr	uaŋ	筐儿、鸡蛋黄儿

续表

儿化韵	基本韵	例词
ə̃r	əŋ	缝儿、钢镚儿
iə̃r	iəŋ	瓶儿、名儿
uə̃r	uəŋ	西虫儿
iɛr	iɛ	叶儿、蝴蝶儿、姐儿
ɤr	ə	唱歌儿
uɤr	uə	窝儿、勺儿、镯儿
yɤr	yə	小脚儿、豆角儿、主角儿
aur	au	桃儿、豆腐脑儿
iaur	iau	面条儿、庙儿
our	ou	蚕豆儿、猴儿、扣儿
iour	iou	臼儿

说明：

[ə̃r iə̃r uə̃r]的实际音值接近[ɐ̃r iɐ̃r uɐ̃r]。

洛宁方言没有小称音变，但有儿化现象。洛宁方言通过儿化表达"小"或"喜爱""亲昵"的意思。洛宁方言的儿化韵母共有33个，除了[ər ɤ yəŋ]没有对应的儿化词，其余的都可以儿化。

陆　其他主要音变

一　"一""不"音变

"一"的原调是44，"一"单念或在词句末尾，或在阴平、阳平、上声前面时读原调，在去声前变阳平。如：

一千[i⁴⁴tɕʰia⁴⁴]　　一年[i⁴⁴ȵia⁵²]　　一桶[i⁴⁴tʰuəŋ³⁵]　　一万[i⁵²va³¹]

但"一"的变调不太稳定，有时在上声前读52，在去声前读44。

"不"的原调是44。"不"单念或在词句末尾，或在阴平、阳平、上声前面时读原调，在去声前变阳平。如：

不中[pu⁴⁴tʂuəŋ⁴⁴]　不来[pu⁴⁴lai⁵²]　不美[pu⁴⁴mei³⁵]　不会[pu⁵²xuei³¹]

二　合音音变

洛宁方言中有合音现象，主要体现在数量短语、指量短语、代词、方位短语、副词等方面，如：

[两个]：[liɐ⁵²]　　　　　　[三个]：[sɐ⁵²]
[几个]：[tɕiɛ⁵²]　　　　　[哪个]：[ɲiɛ⁵²]
[怎么]：[tsɐ⁵²]　　　　　[什么]：[ʂɐ³¹]
[里头]：[liou⁴⁴]　　　　　[没有]：[miou³⁵]

三　洛宁方言中的称谓变韵

洛宁方言还存在称谓变韵现象，如"哥"，在词汇中读[kə³⁵]；如"娘"，词义为"伯母"时，读[ɲiaŋ⁵²]，在"后娘"这个词中，"娘"字读[ɲiɛ⁵²]。

第十七节　三门峡方音

壹　概况

一　三门峡调查点概况

三门峡地处河南省西部，位于豫、晋、陕三省交界黄河南金三角地区，地理坐标为东经110°21′42″～112°01′24″，北纬33°31′24″～35°05′48″。调查点为湖滨区，地理坐标为东经111°08′～111°24′，北纬34°40′～34°50′。截止到2016年，三门峡湖滨区总人口为33.22万人，主要民族为汉族，占98.85%，另有回族、满族、蒙古族、壮族、朝鲜族等少数民族13个，约占总人口的1.15%，在各少数民族人口中，回族1703人，占总人口的0.86%。湖滨区境内没有少数民族语言分布。三门峡湖滨区方言属于中原官话关中片。

三门峡市湖滨区是1960年在三门峡工区的基础上建立的，原属于陕州专区陕县。目前，湖滨区辖8个街道、3个乡和1个开发区。本区的方言分区归属上有争议。贺巍（2005）归入中原官话洛嵩片，《中国语言地图集》第二版（2012）归入中原官话关中片。三门峡湖滨区目前的方言特点为去声基本不分阴阳，声调为四个，古全浊声母清化规律一般为逢塞音、塞擦音无论平仄都读送气，但这一规则也有例外，特别是新派已向普通话靠拢，仄声开始读不送气音。本区方言的内部差别不大，靠近西部的老陕州城去声个别字还分阴阳。

三门峡使用方言的说唱曲艺有锣鼓书、河南坠子、评书、大鼓书等。地方戏有蒲剧、豫剧等形式。陕州锣鼓书是三门峡特有的说唱艺术，也是蒲剧的前身，是伴随着古人"敬三皇神"而产生的，形式时间早于戏曲。

二　三门峡方言发音人

1. 方言老男

曹润梅，1959年7月出生于三门峡湖滨区会兴公社西坡村，初中文化程度，为三门峡湖滨区会兴街道西坡村村民。1959 年 7 月至 1966 年 2 月成长于会兴公社西坡村，1966 年 2 月至 1971 年 6 月在三门峡湖滨区会兴公社西坡小学上学；1971 年 6 月至 1973 年 6 月，在三门峡湖滨区西河底中学读书。1973 年初中毕业后在西坡村务农至今。没有长期离开过三门峡，只会说三门峡话。父母都是湖滨区会兴公社西坡村人，配偶为湖滨区大安乡人，平时都只说三门峡话。

2. 方言青男

曹彦琪，1984 年 2 月出生于三门峡湖滨区会兴公社西坡村，初中文化程度，现为自由职业人。1991 年 9 月至 1996 年 6 月，在三门峡湖滨区会兴公社东坡小学上学；1996 年 9 月至 1998 年 6 月，在三门峡湖滨区会兴中学上学。1998 年初中毕业至今务农和自由职业人。没有长期离开过三门峡，平时只说三门峡话，会说三门峡普通话。父亲为湖滨区会兴公社西坡村人，母亲为湖滨区大安乡人，配偶为三门峡湖滨区东风市场人，平时都只说三门峡话。

3. 口头文化发音人

曹润梅，同方言老男发音人，提供的材料为 0021 规定故事《牛郎和织女》。

王丑娃，女，1952 年 2 月出生于三门峡湖滨区崖底乡韩庄村，小学文化程度，父母都为三门峡湖滨区崖底乡韩庄村人，配偶为三门峡湖滨区崖底乡庙底村人，平时都只说三门峡话。提供的调查材料为歌谣 0001～0005，自选条目 0031～0045 等。

秦仙绸，女，1962 年 10 月出生于三门峡陕县县城，初中文化程度，现为陕州文化馆馆长，陕州锣鼓书非遗传承人。没有长期离开过三门峡，一般只说三门峡陕州话。提供的调查材料为自选条目 0046 陕州锣鼓书《南洼人家》、自选条目 0047《再唱东方红》、自选条目 0048《陕州十碗席》。

曲健康，男，1953 年 3 月出生于三门峡市湖滨区，高中文化程度，没有长期离开过三门峡，现为锣鼓书演员。提供的调查材料为自选条目 0046 陕州锣鼓书《南洼人家》、自选条目 0047《再唱东方红》、自选条目 0048《陕州十碗席》。

吕大平，女，1962 年 11 月出生于三门峡市湖滨区南关村，高中文化程度，没有长期离开过三门峡，现为锣鼓书演员。提供的调查材料为自选条目 0046 陕州锣鼓书《南洼人家》、自选条目 0047《再唱东方红》、自选条目 0048《陕州十碗席》。

师洪源，男，1975 年 1 月出生于三门峡陕县大营镇温塘村，本科文化程度，没有长期离开过三门峡。提供的调查材料为自选条目 0046 陕州锣鼓书《南洼人家》、自选条目 0047《再唱东方红》、自选条目 0048《陕州十碗席》。

师亚仙，女，1956 年 9 月出生于三门峡陕县大营镇温塘村，函授大专文化程度，没有长期离开过三门峡，现为锣鼓书演员。提供的调查材料为自选条目 0046 陕州锣鼓书《南洼人家》、自选条目 0047《再唱东方红》、自选条目 0048《陕州十碗席》。

贰 声韵调

一 声母（25个，包括零声母在内）

p	八兵病_文	pʰ	派片爬病_白	m	麦明	f	飞风副蜂肥饭	v	味问温王
t	多东	tʰ	讨天甜毒	n	脑南			l	老蓝连路
ts	资早祖字_文贼争纸	tsʰ	刺草寸坐祠 拆茶抄字_白			s	丝三酸事山		
tʂ	张竹柱装主	tʂʰ	抽初床车春船城			ʂ	双顺手书十	ʐ	热软
tɕ	酒九	tɕʰ	清全轻权	ȵ	年泥	ɕ	想谢响县		
k	高共	kʰ	开			x	好灰活	ŋ	熬安
∅	月云用药								

说明：

1. [n]拼开口呼和合口呼，[ȵ]拼齐齿呼和撮口呼，二者互补分布，不构成音位上的对立，但音色差异明显。

2. [tɕ tɕʰ ȵ ɕ]发音部位略微靠后。

二 韵母（37个）

ɿ	师丝试	i	米戏急七一锡	u	苦五骨谷	y	雨橘绿_文局
ʅ	十直尺						
ʅɚ	热						
ʮ	猪出						
ɚ	二						
a	茶瓦塔法辣八	ia	牙鸭	ua	刮		
ɔ	宝饱	iɔ	笑桥				
ɛ	开排鞋色白	iɛ	写接贴节	uɛ	快		
ə	个			uə	歌坐过盒活托郭壳国	yə	靴月药学
ɯ	黑						
eɪ	赔对飞深根北	ieɪ	心新	ueɪ	鬼寸滚春	yeɪ	云
ou	豆走绿_白	iou	油六				
æ	南山半	iæ	盐年	uæ	短官	yæ	权
ɑŋ	糖王	iɑŋ	响讲	uɑŋ	床双		
əŋ	灯升争横	iəŋ	硬病星	uəŋ	东	yəŋ	兄用

说明：

1. [a ia ua]中的[a]舌位略后，实际音值为[ɑ]。

2. [i]的舌位偏低，接近[ɪ]。

3. [u]舌位较低，末尾唇形较展。

4. [ou iou]中的[u]舌位较低，实际音值为[ʊ]。

5. [uə]与唇音声母相拼时实际读音为[ᵘə]，如：婆[pʰᵘə³¹]、磨[mᵘə²¹²]，与韵母[uə]读音差别不大，这里合并为[uə]。单字、词汇、语法例句及其他材料中都记成[uə]。[yə]发音时[y]时长较长，是主要元音，[ə]较弱，实际音值为[yːˀ]。

6. [iɛ]中的[ɛ]实际音值略高，末尾有衍音，近似于[iɛə]，语流中衍音无。[ɛ au uɛ]中的[ɛ]舌位较低，并略有动程，近似于[æɛ]。

7. [eɪ]的实际动程较小。

8. [ɔ iɔ]中的[ɔ]发音时有个小动程，音值接近[aɔ]，有时动程不太明显。

9. [æ iæ uæ yæ]在词汇或句子中有时会读成[æⁿ iæⁿ uæⁿ yæⁿ]。

10. [ɑŋ iɑŋ uɑŋ]三韵中[ɑ]带鼻化色彩。

11. [iəŋ uəŋ yəŋ]实际音值为[iˀŋ uˀŋ yˀŋ]，其中[uəŋ yəŋ]中的[ə]唇形较圆，接近[o]。

三　声调（4个）

阴平　53　东该灯风通开天春谷百搭节哭塔拍切刻六麦叶月

阳平　31　门龙牛油铜皮糖红毒白盒罚急讨

上声　44　懂古鬼九统苦草买老五有

去声　212　动罪近后冻怪半四痛快寸去卖路硬乱洞地饭树

说明：

1. 阴平为高降调，落点多数为3，有时为2，统一记为53。
2. 阳平为中降调，降幅稍缓，老年女性起点略高，接近41调，老男为31。
3. 上声基本为平调，有时后部略有微升，有时整体音高相对较低，统一记为44。
4. 去声听感上为曲折调，但前端的降幅时间较短，落点有时高点儿，有时低点儿，有时又近似于22或23。为显示其曲折特点，统一记为212。

叁　连读变调

两字组连读调表

前字 \ 后字	阴平 53	阳平 31	上声 44	去声 212	轻声 0
阴平 53	**21+53** 冰雹 山沟 当中 擦黑 杀猪	**53+21** 今年 汤圆 猪蹄 推头 天明	53+44 热水 **53+21** 山水 肩膀 辣酒 中指	53+212 木炭 猪圈 阴历 松树 乡下	53+0 正月 星星 清明 端午 钥匙

续表

前字＼后字	阴平 53	阳平 31	上声 44	去声 212	轻声 0
阳平 31	31+53 台风 荷花 郎猪 **21+53** 洋灰 明天 **24+53** 茅屋	31+31 明年 媒人 郎猫 **24+31** 洋油 鱼鳞	31+44 云彩 洋火 着火 年底 黄酒	31+212 河岸 皇历 难受 银杏 学校	31+0 年时 石头 萝卜 **24+0** 条几 毛衣
上声 44	44+53 水沟 老末 小麦 老鳖 眼珠	44+31 彩虹 小河 水泥 鲤鱼 打牌	**42+44** 水果 小产 米酒 老女 **24+42** 扫帚	44+212 水地 往后 柳树 好看 扫地	44+0 暖和 尾巴 牡丹 **42+0** 冷子 老虎
去声 212	**21+53** 豆浆 **23+53** 喂猪 后天 大麦 菜刀	**21+31** 太阳 大油 牸牛 **23+31** 过年 拜堂	**21+44** 裤腿 下雨 稻草 **21+42** 露水 翅膀 妹妹	23+212 地震 对面 半夜 害怕 做饭	44+0 夜个 布袋 **21+0** 地方 叫唤 **23+0** 豆腐

说明：

三门峡老男的两字组连读调有一个很突出的特点，有部分单字调在连调组中的调值与单字调有一定区别，如阴平位于后字位置时起点明显偏低。去声位于后字时常常读 212 或者 21 调。两字组的连调模式也较为复杂，有些有规律可循，如"上声+轻声"组，后字本调为上声的为 42+0，其他为 44+0；"去声+阳平"组，动宾结构与非动宾结构有不同的连调。有些连调组没有明显的规律，如"阴平+上声、阳平+阴平、阳平+阳平、上声+上声、去声+阴平、去声+阳平、去声+上声"都有两种或三种连调模式，但这几种连调模式没有明显的区别条件。

肆 异读

一 新老异读

三门峡新老派之间的语音略有不同。声母方面青男[ts tsʰ s]组发音部位明显比老男靠前。韵母方面差别在一组音上，即假摄三等、蟹摄二等以及咸山摄的入声字老男读[ɨɛ]，青男读[ɨɐ]，主要元音开口度稍大一些。声调方面，阳平调青男比老男的起点略高，老男为31，青男为41。去声青男为213，老男为212。

老男和青男之间没有成系统的新老异读，但因所受普通话影响程度不同，有些字老男和青男存在读音差别。有的字老男一读，青男两读，有些字老男和青男读音不同，表现出了语音发展的阶段性特点。举例如下：

	老男	青男
可	k^hue^{44}	k^hue^{44}/k^he^{44}
河	xue^{31}	xue^{41}/xe^{41}
坐	ts^hue^{212}	$ts^hue^{213}/tsue^{213}$
课	k^hue^{212}	k^hue^{213}/k^he^{213}
步	p^hu^{212}	p^hu^{213}/pu^{213}
鞋	$xɛ^{31}$	$xɛ^{41}/ɕiɐ^{41}$
爱	$ŋɛ^{212}$	$ŋɛ^{213}/ɛ^{213}$
对	$teɪ^{212}$	$teɪ^{213}/tueɪ^{213}$
尝	$ʂaŋ^{31}$	$ʂaŋ^{41}/tʂʰaŋ^{41}$
重	$tʂʰueŋ^{212}$	$tʂʰueŋ^{213}/tʂueŋ^{213}$
来	$lɛ^{31}/neɪ^{31}$	$lɛ^{41}$
字	$tsʰɿ^{212}/tsɿ^{212}$	$tsɿ^{213}$
旧	$tɕʰiou^{212}/tɕiou^{212}$	$tɕiou^{213}$
断	$tʰuæ̃^{212}/tuæ̃^{212}$	$tʰuæ̃^{213}$
侄（儿）	$tʂʰər^{31}/tʂər^{31}$	$tʂɿ^{41}$
病	$p^hiəŋ^{212}/piəŋ^{212}$	$piəŋ^{213}$
静	$tɕʰiəŋ^{212}/tɕiəŋ^{212}$	$tɕiəŋ^{213}$
足	$tɕy^{53}/tsu^{53}$	tsu^{53}
外	$vɛ^{212}$	$uɛ^{213}$
业	$ȵiɐ^{53}$	$iɐ^{53}$
鲜	$ɕyæ̃^{44}$	$ɕiæ̃^{44}$

二　文白异读

三门峡方言的文白异读主要表现为全浊声母清化之后逢塞音、塞擦音送气与否方面，白读是无论平仄都读送气音，文读是平送仄不送。如"旧_白[tɕʰiou^{212}]/旧_文[tɕiou^{212}]、断_白[tʰuæ̃^{212}]/断_文[tuæ̃^{212}]、病_白[pʰiəŋ^{212}]/病_文[piəŋ^{212}]、弟_白[tʰi^{212}]/弟_文[ti^{212}]、垫_白[tʰiæ̃^{212}]/垫_文[tʰiæ̃^{212}]"等。也有与新老异读重叠的，如"牙_白[ȵia^{31}]/牙_文[ia^{31}]、眼_白[ȵiæ̃^{44}]/眼_文[iæ̃^{44}]、去_白[tɕʰi^{212}]/去_文[tɕʰy^{212}]、牛_白[ŋou^{31}]/牛_文[ȵiou^{31}]、绿_白[lou^{53}]/绿_文[ly^{53}]"等。

三　其他异读

无。

伍　儿化和小称音

三门峡方言表示小称的手段有三种：儿化、前加"小"、后加"娃"。一般事物用儿化或前加"小"，如"边儿、面儿、串门儿、小桌、小树、小手巾"等；表人或动物时用后加"娃"，如"女娃、男娃、猪娃、鸡娃"等。三门峡方言的儿化不太发达，主要在[ŋ ʅ i u y ɛ iɛ au iæ uæ yæ eɪ ieɪ ueɪ yeɪ əŋ]等韵中使用，且能儿化的词较少。具体规律如下：

儿化音变规律表

儿化韵	基本韵	例词
ɐr	ɛ	白儿天、卜老盖儿
	æ	坛儿、一半儿
	ɚ	这儿
iɐr	iɛ	树叶儿
	iæ	边儿、面儿、馅儿、见面儿、键儿、件儿、差点儿
uɐr	uɛ	外儿、块儿
	uæ	一碗儿、拐弯儿
yɐr	yæ	汤圆儿
ər	ŋ	老师儿
	ʅ	侄儿
	eɪ	牌位儿、大门儿、尿盆儿、脸盆儿、本儿、串门儿、阵儿
	əŋ	棱儿
iər	i	猪蹄儿、故意儿
	ieɪ	皮筋儿
uər	u	小屋儿
	ueɪ	嘴唇儿、灰儿、石臼锤儿、一会儿、光棍儿
yər	y	猜谜语儿
	yeɪ	小云儿

陆　其他主要音变

一　"了"音变

相当于普通话的"了₁、了₂"成分，三门峡方言单说或者强调时读[la⁰]，但在语流中常常丢失声母读[a⁰]、[ia⁰]、[ua⁰]等，本调查根据实际情况记成"啦[la⁰]、啊[a⁰]、哇[ua⁰]"等。

二 "一"音变

在语流中，"一[i⁵³]"要发生变调。一般情况下，在阴平、阳平、上声前边读升调，升幅不太明显，记作 23 调，如"一天[i²³tʰian⁵³]""一男一女[i²³nan³¹i²³ny⁴⁴]"。在去声前面读降调，降幅也不太明显，在语流中记作本调 53，如"一辈[i⁵³pɛ²¹²]""一下[i⁵³ɕia²¹²]"。

第十八节 灵宝方音

壹 概况

一 灵宝调查点概况

灵宝位于河南省西部，地理坐标为东经 110°21′～111°11′，北纬 35°44′～34°71′。截至 2018 年，灵宝总人口为 75.46 万人，主要民族为汉族，人口数为 75.13 万人；少数民族占比很小，有满族、回族，共计 3320 人。县境内没有少数民族语言分布。

截至 2019 年 8 月，河南省三门峡市下辖县级市灵宝市，共辖 10 个镇、5 个乡。灵宝方言内部差别较大，按区域大致可以分为东部、中部和西部三种口音。西部的豫灵、故县等镇古知庄章今读合口的字有读[pf pfʰ f]的现象（以[f]最为常见），古深臻两摄今变读阴声韵。中部以城关镇和尹庄镇为代表，无[pf pfʰ f]组声母，古深臻摄字今读鼻化韵。城关中心区今 tʰ 声母拼细音不腭化，如"地"读[tʰi²⁴]，郊区则出现腭化，如"地"读[tɕʰi²⁴]。东部大王、阳店镇鼻音尾韵保留完整，也无[pf pfʰ f]组声母。主要有豫剧、眉户、蒲剧和扬高戏。豫剧的知名度最高，眉户和蒲剧最受欢迎，扬高戏流行范围较小。

二 灵宝方言发音人

1. 方言老男

梁建州，1956 年 7 月出生于河南省三门峡市灵宝市虢略镇，高中文化程度，灵宝市金源矿业公司退休工人。1963 年至 1968 年在灵宝市虢略镇解放小学读书；1968 年至 1971 年在灵宝市第一中学读初中和高中；1971 年至 1985 年在家务农；1985 年至 1996 年在灵宝市乳品厂工作；1996 年至 2016 年在灵宝市金源矿业公司工作；2016 年，从金源矿业公司退休至今。没有长期离开过灵宝，只会说灵宝话。父母都为灵宝城关人，配偶为灵宝尹庄镇人，平时都只说灵宝话。

2. 方言青男

陈乐，1984 年 9 月出生于河南省三门峡市灵宝市尹庄镇思平村，高中文化程度。1990年至1995年在灵宝市一小读小学；1995年至1998年在灵宝市一中读初中；1998年至2001年在灵宝市第一高级中学读高中；2001年至今为自由职业者。没有长期离开过灵宝，会说灵宝话和普通话，平时生活中主要说灵宝话。父母和配偶都为灵宝市尹庄镇人，平时都只说灵宝话。

3. 口头文化发音人

张建苗，女，1963年12月出生于河南省三门峡市灵宝市城关镇西华村，大学本科文化程度。提供的调查材料为0032眉户剧《大家喜欢》，0033眉户剧《屠夫状元》。

樊瑞，女，1963年5月出生于河南省三门峡市灵宝市大王镇沸弯村，大专文化程度。提供的调查材料为0031蒲剧《麟骨床》，0034蒲剧《祝你幸福》。

李玉草，女，1929年10月出生于河南省三门峡市灵宝市阳店镇中河村，初小文化程度。提供的调查材料为歌谣0001、0002、0003、0004。

乔亚亭，女，1942年12月出生于河南省三门峡市灵宝市城关镇老城村，高中文化程度。提供的调查材料为歌谣0005、0006、0007、0008。

程引珠，女，1956年6月出生于河南省三门峡市灵宝市尹庄镇岳渡村，中师文化程度。提供的调查材料为规定故事。

贰　声韵调

一　声母（25个，包括零声母在内）

p	八兵病	pʰ	派片爬病	m	麦明	f	飞风副蜂肥饭	v	味问温王
t	多东	tʰ	讨天甜毒	n	脑南			l	老蓝连路
ts	资早租竹争纸	tsʰ	刺草寸字贼坐祠拆茶抄初			s	丝三酸事山		
tʂ	张装主	tʂʰ	抽柱床车春船城			ʂ	双顺手书十	ʐ	热软
tɕ	酒九	tɕʰ	清全轻权	ȵ	年泥	ɕ	想谢响县		
k	高共	kʰ	开			x	好灰活	ŋ	熬安
∅	月云用药								

说明：

1. 部分字[v]声母保存完好，但部分字（主要是中古影、喻母的字）中[v]的浊化程度、摩擦性减弱，已变成通音[ʋ]。

2. [ʐ]声母的实际音值为[ɻ]。

3. 舌根音声母[ŋ]拼前元音时有前化现象，音值近于舌面中的[ɲ]，如"挨"有[ɲɛ²¹³]和[ŋɛ²¹³]两读。

4. 拼齐齿呼的[tʰ]发音时伴随较强气流，舌尖与舌面前部同时上抬，音值近于[ȶ]。

5. [n ȵ]互补，[n]拼开口呼、合口呼，[ȵ]拼齐齿呼、撮口呼。

二 韵母（39个）

ɿ	师丝试	i	赔戏急七一锡	u	苦五骨谷	y	雨橘局
ʅ	十直尺						
ʮ	猪出						
ər	二						
a	茶瓦塔法辣八	ia	牙鸭	ua	刮		
ɛ	开排鞋白₁	iɛ	借	uɛ	快		
		ie	写接贴节白₂				
ɣ	盒热壳色			uɣ	歌坐过活托郭国	yɣ	靴月药学
ɯ	黑						
ɔ	宝饱	iɔ	笑桥				
ei	米飞北			uei	对鬼		
ou	豆走	iou	油六绿				
an	南山半	ian	盐年	uan	短官	yan	权
ẽ	深根	iẽ	心新	uẽ	寸滚春	yẽ	云
aŋ	糖王	iaŋ	响讲	uaŋ	床双		
əŋ	灯升争横	iŋ	硬病星	uŋ	东	yŋ	兄用

说明：

1. 普通话的[i]和[ei]韵在灵宝话中有交叉相混现象。拼[p m]的[ei]动程不明显，实际音值近于[ɪ]，如币、米。

2. [a ia ua]的实际音值是[ɑ iʌ uʌ]。

3. [ɛ]韵主要来自中古蟹摄和部分入声字，存在因调变韵现象：阴平调中为单元音[ɛ]，如开、该；上声和去声中有轻微动程，音值近[æɛ]，如改、盖；阳平调带曲折特征、时长较长，读复元音，音值近[æɪ]，如排、财。

4. [ɔ]韵也存在因调分韵现象：阴平和上声中的[ɔ]单元音，阳平和去声中的[ɔ]有轻微动程，音值为[ɔo]。

5. 灵宝方言[ou]的发音因声母部位不同存在音值的差别：声母的发音部位较前时，主要是中古端组和中古精组声母，[ou]的实际音值为[ou]，发音接近单元音[o]，如：都[tou⁵³]、鹿[lou⁵³]、竹[tsou⁵³]；拼其他声母时为[ou]，如周[tʂou⁵³]、勾[kou⁵³]。

6. [an ian uan yan]一套韵母主元音带轻微鼻化色彩，[ian yan]实际音值是[iɛn yɛn]。

7. [aŋ iaŋ uaŋ]的实际音值是[ɑŋ iɑŋ uɑŋ]。

8. [yŋ]的实际音值为[iʊŋ]。

三 声调（4个）

阴平 53 东该灯风通开天春谷百搭节哭拍塔切刻六麦叶月

阳平 213 门龙牛油铜皮糖红毒白盒罚急
上声 44 懂古鬼九统苦讨草买老五有
去声 24 冻怪半四痛快寸去卖路硬乱洞地饭树动罪近后

说明：

1. 阴平为高降调 53。

2. 阳平是曲折调 213，有时拐点不明显，会读为 113，与去声对比时曲折特征最为突出。

3. 上声总体为半高平调，部分单字调略带拱形特点，接近 343，这里统一记为 44。

4. 去声略短，与阳平对比时接近 35，单字调记为中升调 24。

叁　连读变调

两字组连读调表

前字＼后字	阴平 53	阳平 213	上声 44	去声 24
阴平 53	21＋53 开车 飞机 钢笔	53＋213 天桥 高楼 消毒	53＋44 山顶 工厂 结果	53＋24 花布 山洞 立夏
阳平 213	21＋53 茶杯 平安 白天	24＋213 池塘 银行 食堂	21＋44 长短 棉袄 十五	21＋24 能干 绸缎 学费
上声 44	44＋53 酒杯 老师 火车	44＋213 好人 倒霉 起头儿	53＋44 火把 水果 保险	44＋24 考试 保护 写字
去声 24	24＋53 战争 电灯 让开	24＋213 象棋 透明 化肥	24＋44 道理 信纸 大小	24＋24 叹气 半夜 算卦

说明：

以上表格中，标粗的连调组为连读变调。灵宝方言的声调演变规律是：平分阴阳，浊上归去，清入、次浊入归阴平，全浊入归阳平，今共有四个调类：阴平 53、阳平 213、上声 44、去声 24。灵宝方言两字组连读变调基本规律是：阴平＋阴平→阳平＋阴平，即 53＋53→21＋53；阳平＋阳平→去声＋阳平，即 213＋213→24＋213；阳平和非阳平字相连，前字会变成半降 21，后字不变；上声＋上声→阴平＋上声，即 44＋44→53＋44；其余情况不变调。

肆 异读

一 新老异读

灵宝老男和青男之间没有成系统的新老异读，但因所受普通话影响程度不同，有个别字老男和青男存在读音差别，有的字老男一读，青男有两读，有的字老男两读，青男一读，有些字读音不同，表现出了语音发展的阶段性特点。举例如下：

	老男	青男
解	$kɛ^{44}$	$kɛ^{44}/tɕiɛ^{44}$
弟	$tɕʰi^{24}$	$tɕʰi^{24}/ti^{35}$
鸽	$kɤ^{53}$	$kɤ^{53}/kuɤ^{53}$
暖	$luan^{44}$	$lã^{44}/nuã^{44}$
课	$kʰuɤ^{24}$	$kʰuɤ^{24}/kʰə^{24}$
夜	ia^{24}/ie^{24}	ie^{24}
类	ly^{44}/li^{44}	li^{44}
侧	$tsɤ^{213}/tsʰɤ^{213}$	$tsʰɤ^{213}$

二 文白异读

	白读	文读
歌	$kuɤ^{53}$	$kɤ^{53}$
可	$kʰuɤ^{44}$	$kʰɤ^{44}$
蛇	$ʂa^{213}$	$ʂɤ^{213}$
爷	ia^{213}	ie^{213}
夜	ia^{24}	ie^{24}
做	$tsou^{24}$	$tsuɤ^{24}$
去	$tɕʰi^{24}$	$tɕʰy^{24}$
弟	$tʰi^{24}$	ti^{24}
衣	$ɲi^{53}$	i^{53}
类	ly^{44}	li^{44}
尾	i^{44}	vei^{44}
抱	$pʰu^{24}$	$pɔ^{24}$
豆	$tʰou^{24}$	tou^{24}
牛	$ŋou^{213}$	$ɲiou^{21}$
跌	$tʰie^{53}$	tie^{53}
割	$kuɤ^{53}$	$kɤ^{53}$
瞎	xa^{53}	$ɕia^{53}$
选	$suan^{44}$	$ɕyan^{44}$

日	ər⁵³	ʐɻ⁵³
唇	sẽ²¹³	tsʰuẽ²¹³
各	kuɤ⁵³	kɤ⁵³
侧	tsɤ²¹³	tsʰɤ²¹³
百	pie⁵³	pɛ⁵³
拍	pʰie⁵³	pʰɛ⁵³
白	pʰie²¹³	pʰɛ²¹³
客	tʰie⁵³	kʰɤ⁵³
影	ŋiŋ⁴⁴	iŋ⁴⁴
龙	lyŋ²¹³	luŋ²¹³

伍　儿化和小称音

儿化音变规律表

儿化韵	基本韵	例词
ɐr	a	刀把儿、渣儿、哪儿、一茬儿、打杂儿
iɐr	ia	架儿、夹儿、卡儿、匣儿、豆芽儿
uɐr	ua	褂儿、鸡爪儿、牙刷儿、袜儿、狗娃儿
ɜr	ɛ	牌儿、袋儿、盖儿、孩儿、寨儿、筛儿
	ɤ	鸽儿、壳儿、盒儿、个儿、小车儿、唱歌儿
	an	板儿、盘儿、胆儿、摊儿、篮儿、铲儿、扇儿
iɜr	ie	撇儿、碟儿、小鞋儿、叶儿、半截儿、台阶儿
	ian	一点儿、辫儿、面儿、垫儿、链儿、剪儿
uɜr	uɛ	拐儿、筷儿、一块儿、乖乖儿
	uɤ	脖儿、一摞儿、豁儿、桌儿、酒窝儿、大伙儿
	uan	一段儿、罐儿、串儿、丸儿、茶馆儿、好玩儿
yɜr	yɛ	木橛儿、瘸儿、靴儿、仨俩月儿
	yan	考试卷儿、花卷儿、一大圈儿、院儿、菜园儿
	yɤ	豆角儿、小学儿、小脚儿、小药儿
ɔr	ɔ	包儿、帽儿、刀儿、手套儿、脑儿、口罩儿
iɔr	iɔ	瓢儿、苗儿、调儿、挑儿、小鸟儿、料儿

续表

儿化韵	基本韵	例词
ɚ	ɿ	挑刺儿、肉丝儿、瓜子儿、没词儿
	ʅ	树枝儿、侄儿、水池儿、没事儿
	ei	小妹儿、一辈儿、晚辈儿、刀背儿
	ẽ	盆儿、份儿、树根儿、上身儿、脑门儿
iɚ	i	门鼻儿、皮儿、笛儿、蹄儿、小鸡儿、玩意儿
	iẽ	林儿、芯儿、脚印儿、妗儿、背心儿
uɚ	uei	一对儿、穗儿、一会儿、耳坠儿、有味儿
	uẽ	墩儿、轮儿、光棍儿、村儿、孙儿、没准儿
yɚ	y	钢锯儿、柳絮儿、有趣儿、金鱼儿、小闺女儿
	yẽ	一群儿、合群儿、裙儿、晕晕儿哩
ʮɚ	ʮ	珠儿、有数儿、小树儿、柱儿
ur	u	铺儿、肚儿、炉儿、裤儿、胡儿、屋儿
our	ou	豆儿、钩儿、猴儿、肘儿、东头儿、门口儿
iour	iou	袖儿、长个瘤儿、抓阄儿、煤球儿、加油儿
ãr	aŋ	胖儿、房儿、缸儿、一场儿、瓜瓢儿、药方儿
iãr	iaŋ	箱儿、鞋样儿、唱腔儿、有讲儿、将将儿
uãr	uaŋ	筐儿、庄儿、鸡蛋黄儿、小床儿
ə̃r	əŋ	板凳儿、绳儿、门缝儿、几层儿、小声儿
iə̃r	iŋ	饼儿、钉儿、镜儿、打鸣儿、蛋清儿、火星儿
uə̃r	uŋ	洞儿、竹筒儿、笼儿、种儿、虫儿、没空儿
yə̃r	iuŋ	哭穷儿

说明：

灵宝方言有儿化小称变韵，变韵的基本形式是在音节末尾加上卷舌动作，中间牵涉主元音和韵尾的变化。本地39个韵母中，除[ɚ]和[ɯ]韵母没有儿化韵外，其余都有儿化韵。

陆　其他主要音变

一　轻声变调

灵宝方言的轻声声感上短而弱，调值根据前字声调略有差别：阴平、上声后的轻声调值为 2，如天气、喜虫；去声后的轻声调值为 3，如夜里、后响；阳平后的轻声最高，调值为 4，如池子、石头、年时、前年。其中上声后接轻声时，一部分词前字变读阴平调 53，如冷子、滚水、里头、老虎等；但也有一部分上声后接轻声的词前字不变调，如起来、尾巴等，规律不太整齐。

二　"一、不"变调

"一、不"本调读阴平 53，阴平和上声前的"一、不"变读 21，阳平和去声前的"一、不"不变调，读原调。

据《调查手册》之外的语料补充的声韵调音位

（1）韵母增补音位[iɛ]，来自中古蟹摄开口二等，例字如"界戒[tɕiɛ²⁴]"，与来自假摄及入声的[ie]对立，如"借[tɕie²⁴]、接[tɕie⁵³]"。《调查手册》韵母表所提供的例字无法记出此音，特增补此音位。

（2）韵母增补音位[ɯ]，例字如"黑[xɯ⁵³]、疙[kɯ⁵³]"。《调查手册》韵母表所提供的例字无法记出此音，特增补此音位。

第十九节　商丘方音

壹　概况

一　商丘调查点概况

商丘位于豫、鲁、苏、皖四省接合部，是河南省的东大门。地理坐标为东经 114°49′～116°39′，北纬 33°43′～34°52′，属暖温带半湿润大陆性季风气候，春暖、夏热、秋凉、冬寒，四季分明。为河南省辖地级市。截至 2016 年，商丘市总人口为 915.12 万人，主要民族为汉族，少数民族占比很小，有回、满、苗、黎等 35 个民族，其中回族有 113691 人。县境内没有少数民族语言分布。商丘方言属于中原官话商阜片。

商丘市下辖 6 县 2 区，1 个省直管县级市和 1 个市城乡一体化示范区。商丘市今包括梁园区和睢阳区，梁园区为商丘市老城区，睢阳区为旧商丘县并入商丘市后之新名。

商丘的主要曲艺形式为大鼓书。一般流行于街头，以大鼓、二胡、快板等为伴奏。

二 商丘方言发音人

1. 方言老男

黄孝杰，1958年2月出生于河南省商丘市北郊公社王寨村，自学大专文化程度，教师。1964年9月至1970年8月在田庄小学读书，1970年9月至1976年7月在田庄中学读书，1976年8月至2013年7月在王寨小学教学，2013年9月至2016年8月在董井小学教学，2016年9月至今在第一回民小学教学。没有长期离开过商丘市，会说商丘话、普通话，平时生活中主要说商丘话。父亲为商丘市北郊公社人，母亲为商丘市李庄人，配偶为商丘市双八镇人，平时都只说商丘话。

2. 方言青男

刘恩慧，1992年10月出生于河南省商丘市梁园区王楼乡小坝村，自学本科文化程度，自由职业者。1998年9月至2004年7月在王楼乡小坝小学上学，2004年9月至2007年7月在王楼乡第一中学上学，2007年9月至2009年7月在商丘市第四高中上学，2009年至今从事自由职业。没有长期离开过商丘市，会说商丘话、普通话，平时生活中主要说商丘话。父亲、母亲和配偶都为商丘市梁园区人，平时都只说商丘话。

3. 口头文化发音人

黄付荣，女，1957年8月出生于河南商丘梁园区双八镇黄楼村，初中文化程度，务农。父母和配偶都是商丘人，没有长期外出经历，平时只说商丘话。提供的调查材料为歌谣、谚语、歇后语、规定故事《牛郎和织女》等。

吴桂莲，女，1949年11月出生于河南商丘梁园区东风办事处，初中文化程度，为河南省非物质文化遗产"河南坠子"代表性传承人。父母和配偶都是商丘人，没有长期外出经历，平时只说商丘话。提供的调查材料为河南坠子《苏三起解》。

贰 声韵调

一 声母（23个，包括零声母在内）

p	八兵病	pʰ	派片爬	m	麦明	f	飞凤副蜂肥饭双白顺白书白
t	多东毒	tʰ	讨天甜	n	脑南	l	老蓝连路
ts	资早租字贼坐	tsʰ	刺草寸全祠			s	丝三酸
tʂ	张竹柱争装纸主	tʂʰ	抽拆茶抄初床车春船城			ʂ 事山双文顺文手书文十	ʐ 热软
tɕ	酒九	tɕʰ	清轻权	ɲ	年泥	ɕ	想谢响县
k	高共	kʰ	开			x	好灰活
∅	味问熬月安温王云用药						

说明：

1.[n]拼开口呼和合口呼，[ɲ]拼齐齿呼和撮口呼，二者互补分布，不构成音位上的对立，但音色差异明显。

2. 今开口呼韵母自成音节时有些前面略带一点摩擦。

二　韵母（**40 个，包括自成音节的[l̩]在内**）

ɿ	丝	i	米戏飞白急七一锡	u	苦五猪骨出谷	y	雨橘绿局
ʅ	师试十直尺						
ər	二文						
a	茶塔法辣八	ia	牙鸭	ua	瓦刮		
æ	开排			uæ	快		
ɛ	色白	iɛ	写鞋接贴节	uɛ	或白		
ə	歌盒壳			uə	坐过活托郭国文或文	yə	靴月药学
ɣə	热						
ei	赔飞文北			uei	对鬼国白		
ɑɔ	宝饱	iɑɔ	笑桥				
ou	豆走	iou	油六				
ã	南山半	iã	盐年	uã	短官	yã	权
ən	深根	iən	心新	uən	寸滚春	yən	云
ʌ̃	糖双白	iʌ̃	响讲	uʌ̃	床王双文		
əŋ	灯升争横文	iəŋ	硬病星	uəŋ	横白东	yəŋ	兄用
l̩	二白						

说明：

1. [a]的实际音值是[ʌ]。

2. [æ]的实际音值介于[a]与[æ]之间，接近[ᵃæ]，记作[æ]。

3. [ei]的实际音值为[ᴇᵉ]，但读音不稳定，正处于变化之中。阴平、阳平、上声字多读[ᴇᵉ]，[ᴇ]到[e]的动程比较小，如"杯[pei²²³]""煤[mei⁵²]""鬼[kuei⁴⁴]"；去声字多读[ᴇ]，如"配[pʰei⁴¹]""罪[tsuei⁴¹]"，但也有些去声字读[ᴇᵉ]，如"累[lei⁴¹]""桂[kuei⁴¹]"。总之，[ei]韵与[ᴇ]韵有合并的趋势。

4. [ᴇ]的开口度比[ᴇᵉ]中的主要元音略微大一点儿，如单字 0822 "侧" 白读为[tsei⁵²]，文读为[tsʰᴇ²²³]。

5. [ɑɔ iɑɔ]有时会读作单元音[ɔ]，[ɑ]到[ɔ]的动程比较短。

6. [ou]的实际音值是[oʊ]，[o]到[ʊ]的动程比较短。

7. [ə uə yə]中的主元音略低略后，其中[uə yə]实际音值接近[uʌ yʌ]。[ə]拼舌根声母时实际音值为[ɤə]。[uə]拼唇音时实际音值为[ʷə]。

8. [ã iã uã yã]的实际音值接近[æⁿ iæⁿ uæⁿ yæⁿ]。有[i]介音时，主要元音舌位稍微靠上。[n]尾在单字中趋于消失，在词汇中较为明显。

9. [ən iən uən yən]的实际音值接近[ə̃ⁿ iə̃ⁿ uə̃ⁿ yə̃ⁿ]。

10. [ʌ̃ iʌ̃ uʌ̃]的实际音值接近[ʌ̃ⁿ iʌ̃ⁿ uʌ̃ⁿ]，鼻尾不明显。

11. [uəŋ yəŋ]中的主元音接近[o]。

12. [uɛ]为补充音位，来自1000个单字中0830"或"字的韵母。

三 声调（4个）

阴平 223 东该灯风通开天春谷百搭节哭拍塔切刻麦叶月
阳平 52 门龙牛油铜皮糖红毒白盒罚讨急
上声 44 懂古鬼九统苦草买老五有
去声 41 动罪近后冻怪半四痛快寸去卖路硬乱洞地饭树六

说明：

1. 阴平起头稍微有个降幅，但幅度较小，不太明显。
2. 去声结尾处偶尔会出现拐点，接近412或者411，这里记作41。

叁 连读变调

两字组连读调表

前字＼后字	阴平 223	阳平 52	上声 44	去声 41	轻声 0
阴平 223	223+223 阴天 高山	223+52 猪皮 高楼	22+44 热水 辣酒	223+41 车票 **52+41** **绿豆**	22+0 抽斗 兜兜
阳平 52	52+223 晴天 长江	52+52 羊毛 牛黄	52+44 年底 团长	52+41 白费 棉裤	52+0 舌头 娘娘
上声 44	44+223 火车 老家	44+52 马棚 好人	**52+44** **左手 两口** **展览**	44+41 晚会 水费	**223+0** **暖和 椅子** **52+0** **晌午 姥姥**
去声 41	41+223 卫生 税收	41+52 树皮 后门	41+44 豆饼 县长	**34+41** **部队 地动**	41+0 挂面 柜子 妹妹

肆 异读

一 新老异读

商丘新老派之间的语音略有不同。在语音系统方面，虽然两代的阴平都记为223，但老男阴平起头稍微有个降幅，不过幅度较小，不太明显，而青男阴平调有时是直升，近似于24调，有时候读223调。老男今开口呼韵母自成音节时有些前面略带一点摩擦，青男差不多都读零声母。老男[ei]的实际音值为[ɛᵉ]，但读音不稳定，正处于变化之中，[ei]韵与[ɛ]韵有合并的趋势，青男[ei]的实际音值为[eɪ]，老派中的[ei]与[ɛ]在新派中合并为一套，记为[ei]；老男[ã iã uã yã]的实际音值接近[æ̃ⁿ iæ̃ⁿ uæ̃ⁿ yæ̃ⁿ]。有[i]介音时，主要元音舌位稍微靠上。[n]尾在单字中趋于消失，在词汇中较为明显，青男[an ian uan yan]这组音有介音分韵现象，其主元音有鼻化倾向，其中[ian]实际音值接近[iæ]，鼻尾不明显；老男[ã iã uã]的实际音值接近[ãⁿ iã̃ⁿ uã̃ⁿ]，鼻尾不明显，青男的鼻尾较为明显，记为[aŋ iaŋ uaŋ]。

老男和青男之间没有成系统的新老异读，但因所受普通话影响程度不同，有个别字老男和青男存在读音差别，有的字老男一读，青男有两读，有的字老男两读，青男一读，有些字读音不同，表现出了语音发展的阶段性特点。举例如下：

	老男	青男
初	tʂʰuə²²³	tʂʰuə²²³/tʂʰu²²³
全	tsʰuã⁵²	tsʰuan⁵²/tɕʰyan⁵²
嫩	luən⁴¹	luən⁴¹/nən⁴¹
弄	nuəŋ⁴¹	nəŋ⁴¹/nuəŋ⁴¹
租	tsu²²³/tsu⁴⁴	tsu²²³
权	tɕʰyã⁴⁴/tɕʰyã⁵²	tɕʰyan⁵²
书	fu²²³/ʂu²²³	fu²²³
肺	fi⁴¹/fei⁴¹	fi⁴¹

二 文白异读

商丘方言的文白异读比较少，一般为零星的，不成系统。有些文白读两个层次之间的差异与新老派差异重合，此不赘述。有些只在老派中存在，例如"书ᵂ[ʂu²²³]/书ᵂ[fu²²³]、鼠ᵂ[ʂu⁴⁴]/鼠ᵂ[fu⁴⁴]、肺ᵂ[fei⁴¹]/肺ᵂ[fi⁴¹]、吹ᵂ[tʂʰuei²²³]/吹ᵂ[tsʰuei²²³]、造ᵂ[tsɑ⁴¹]/造ᵂ[tsʰɑ⁴¹]、双ᵂ[ʂuã²²³]/双ᵂ[fã²²³]、特ᵂ[tʰə²²³]/特ᵂ[tʰɛ⁵²]、额ᵂ[ə⁵²]/额ᵂ[ɛ²²³]"等。

伍 儿化和小称音

儿化音变规律表

儿化韵	基本韵	例词
ar	a	话把儿、办法儿
	ɛ	方格儿
	æ	瓶盖儿、球拍儿
	ã	一半儿、小铲儿
iar	ia	一下儿、书架儿、发芽儿
	iã	偏心眼儿

续表

儿化韵	基本韵	例词
uar	ua	花儿
	uæ	一块儿
	uã	拐弯儿
yar	yã	考试卷儿、圈儿、院儿
ɚ	ʅ	瓜子儿
	ɿ	树枝儿
	ei	一辈儿、妹儿
	ən	门儿
iɚ	i	小鸡儿、锅底儿
	iən	信儿、筋儿
uɚ	uə	酒窝儿、一撮儿
	uei	味儿
	uən	捆儿、魂儿
yɚ	y	小鱼儿
	yə	药儿、菜角儿
	yən	小云儿、裙儿
iɛr	iɛ	树叶儿、一节儿
ur	u	小卖铺儿、小兔儿
ɤr	ə	唱歌儿、壳儿
	ɤ	小车儿
ɔr	ɔ	包儿、小猫儿、小刀儿、手套儿
iɔr	iɔ	填表儿、麦苗儿、调儿、小鸟儿
our	ou	小狗儿、扣儿、头儿、兜儿
iour	iou	小球儿、小酒儿、一溜儿、妞儿
ãr	ã	白菜帮儿、药方儿、汤儿、茶缸儿
iãr	iã	样儿、小箱儿、小手枪儿、娘儿俩
uãr	uã	庄儿、小床儿、麦芒儿、筐儿
ə̃r	əŋ	门缝儿、坑儿、小声儿、凳儿

续表

儿化韵	基本韵	例词
iə̃r	iəŋ	树影儿、瓶儿、名儿、门铃儿
uə̃r	uəŋ	小桶儿、有空儿、小虫儿、种儿
yə̃r	yəŋ	小熊儿、粽儿

说明：

1. [ər ɭ uɛ]韵无儿化。
2. 商丘方言的儿化词不太发达，同样的意思多用子尾表示。

陆 其他主要音变

1. 商丘市的子尾比较特殊。子尾词在实际语流中，如果前字是鼻音韵尾，子尾读作[nɛ]，如"裙子[tɕʰyən⁵²nɛ⁰]""凳子[təŋ⁴¹nɛ⁰]"，如果前字是阴声韵韵尾，子尾读作[tɛ]，如"面条子[miã⁴¹tʰiɑɔ⁵²tɛ⁰]"。

2. 在语流中，"一[i²²³]"和"不[pu²²³]"要发生变调。一般情况下，在阴平、阳平、上声前边读22，如"一天[i²²tʰiã²²³]""一男一女[i²²nã⁵²i²²ny⁴⁴]""不吸[pu²²ɕi²²³]""不来[pu²²læ⁵²]""不好[pu²²xɑɔ⁴⁴]"。在去声前面读降调，但降幅没有那么明显，语流中记作52，如"一个[i⁵²kə⁴¹]""不快[pu⁵²kʰuæ⁴¹]"。

第二十节 永城方音

壹 概况

一 永城调查点概况

永城位于河南省最东部，地处豫、鲁、苏、皖四省接合部，素有"中原门户、豫东明珠"之称。地理坐标为东经 115°58′～116°39′，北纬 33°42′～34°18′，属湿润的暖温带季风气候，冬季寒冷干燥，夏季炎热多雨，四季分明，光照充足。现属河南省商丘市管辖。截至 2016 年，永城市总人口约为 155.9 万人，主要民族为汉族，共 155.9 万人，少数民族占比很小，回族共计 577 人，其他少数民族共 759 人，县境内没有少数民族语言分布。永城方言属于中原官话商阜片。

截至 2019 年末，永城下辖 6 个街道、24 个镇、1 个乡。全市方言一致性程度较高，东北部芒山镇、薛湖镇不分尖团，其余地区都分尖团，芒山镇、薛湖镇和西南部鄢城镇、龙岗镇审母合口韵、开口韵的部分字读成非组字，如"书、水"读成[fu fei]。

永城市主要的曲艺形式有：柳琴戏，河南省非物质文化遗产，主要分布于苏、鲁、豫、皖四省交界地区；大铙，河南省非物质文化遗产，是永城稀有的传统戏曲剧种之一，因伴奏乐器得名；清音（豫东琴书），河南省非物质文化遗产，由传统的琴书艺术演变而来，以扬琴、软弓、京胡伴奏为主。

二 永城方言发音人

1. 方言老男

李子相，1956年1月出生于河南省永城县城关镇西关村，高中文化程度，会计。1962年9月至1967年1月在东风小学上学，1967年2月至1973年1月在五七高中上学，1973年2月至2016年2月任永城市城关镇会计，2016年2月至今退休在家。没有长期离开过永城，只会说永城话。父亲、母亲和配偶都为永城县城关镇西关村人，平时都只说永城话。

2. 方言青男

陶万棵，1990年3月出生于河南省永城县城关镇南关村，初中文化程度，司机。1997年9月至2001年7月在永城市实验小学上学，2001年9月至2003年7月在永城市一初中上学，2003年7月至2005年10月待业，2005年11月至2008年3月在永城市永煤集团汇龙水泥厂工作，2008年4月至2015年7月在永城市物资局工作，2015年8月至今在永城市环保局工作。没有长期离开过永城市，会说永城话和普通话，平时生活中主要说永城话。父亲为永城县城关镇南关村人，母亲为永城县城关镇北关村人，配偶为永城县城关镇东关村人，平时都只说永城话。

3. 口头文化发音人

陶秋芬，女，1958年7月出生于河南永城县城关镇南关村，高中文化程度，永城市物资局职工。父母和配偶都是永城人，没有长期外出经历，平时只说永城话。提供的调查材料为歌谣。

李子相，同方言老男发音人。提供的调查材料为规定故事《牛郎和织女》。

杨之献，男，1955年6月出生于河南永城县城关镇南关村，大专（函授）文化程度，教师。父母和配偶都是永城人，没有长期外出经历，平时只说永城话。提供的调查材料为谚语、歇后语等。

陈淑云，女，1968年4月出生于河南永城县陈官庄乡陈官庄村，中专文化程度，演员。父母和配偶都是永城人，没有长期外出经历，平时只说永城话。提供的调查材料为柳琴戏《王三善与苏三》。

李世友，男，1963年4月出生于河南永城县薛湖镇陈小庙村，初中文化程度，演员。父母和配偶都是永城人，没有长期外出经历，平时只说永城话。提供的调查材料为戏曲《大汉的江山四百年》。

聂守杰，男，1971年5月出生于河南永城县薛湖镇王桥村，初中文化程度，演员。父母和配偶都是永城人，没有长期外出经历，平时只说永城话。提供的调查材料为戏曲《正二三月桃花红》。

苏玲侠，女，1961年4月出生于河南永城县城关镇东方居委会，高中文化程度，演员。父母和配偶都是永城人，没有长期外出经历，平时只说永城话。提供的调查材料为戏曲《太阳一落黑了天》。

贰　声韵调

一　声母（23个，包括零声母在内）

p	八兵病	pʰ	派片爬	m	麦明	f	飞风副蜂肥饭
t	多东毒	tʰ	讨天甜	n	脑南	l	老蓝连路
ts	资早租酒字贼坐	tsʰ	刺草寸清全文祠	s	丝三酸想谢		
tʂ	张竹柱争装纸主	tʂʰ	抽拆茶抄初床车春船城	ʂ	事山双顺手书十	ʐ	热软
tɕ	九	tɕʰ	全文轻权	ȵ	年泥	ɕ	响县
k	高共	kʰ	开			x	好灰活
ø	味问熬月安温王云用药						

说明：
1. [n]的发音部位较为靠前，发音时舌尖抵上齿背。
2. [ts tsʰ s]发音部位较为靠前，而且塞音部分较松。
3. 今开口呼韵母自成音节时有些前面略带一点摩擦。

二　韵母（37个，包括自成音节的[l]在内）

ɿ	丝	i	米戏飞白急七一锡	u	苦五猪骨出谷绿白	y	雨橘绿文局
ʅ	师试十直尺						
ər	二文						
a	茶塔法辣八	ia	牙鸭	ua	瓦刮		
æ	开排			uæ	快		
ɔ	宝饱	iɔ	笑桥				
		iɛ	写鞋接贴节				
ə	歌盒热壳			uə	坐过活托郭国文	yə	靴月药学
ᴇ	赔飞文北色白			uᴇ	对鬼国白		
ou	豆走	iou	油六				
ã	南山半	iã	盐年	uã	短官	yã	权
ẽ	深根新	iẽ	心	uẽ	寸滚春	yẽ	云
ɑ̃	糖	iɑ̃	响讲	uɑ̃	床王双		
əŋ	灯升争横文	iəŋ	硬病星	uəŋ	横白东	yəŋ	兄用
l̩	二白						

说明：

1. [æ]有一个动程，实际音值为[æᵉ]，单字音动程很小，语流中非首字音节动程稍明显。

2. [ɛ]有一个动程，实际音值为[ɛᵉ]，单字音动程很小，语流中非首字音节动程稍明显。

3. [ou iou]里的[u]的实际音值为[ʊ]。

4. [ə uə yə]中主元音略低略后，其中[ə]独立成音节时略有一个开的动程。

5. [ã iã uã yã]的元音[a]开口度略小，有时会接近[æ]。

6. [ã iã uã]的实际音值为[ãŋ iãŋ uãŋ]，鼻尾不明显。

7. [əŋ iəŋ]的主元音带有一点鼻化色彩，实际音值近似于[ɔ̃ŋ iɔ̃ŋ]。

8. [uəŋ yəŋ]的主元音为[o]，语流中带鼻化色彩，实际读音为[uõŋ yõŋ]。

三 声调（4个）

阴平 213 东该灯风通开天春谷百搭节哭拍塔切刻麦叶月

阳平 53 门龙牛油铜皮糖红毒白盒罚讨急

上声 334 懂古鬼九统苦草买老五有

去声 41 动罪近后冻怪半四痛快寸去卖路硬乱洞地饭树六

说明：

1. 阴平起头有下降，但降幅不到1度，有时会读223。

2. 阳平起头略平，有时会读成553，这里记作53。

3. 上声前边是平的，结尾处有缓升，这里记作334。

叁 连读变调

两字组连读调表

前字＼后字	阴平 213	阳平 53	上声 334	去声 41	轻声 0
阴平 213	**23+213** 山沟 一天	**21+53** 天明 花鲢	**21+334** 失火 热水	**23+41** 木炭 冬至	**21+0** 星星 窟窿
阳平 53	53+213 台风 河堤	53+53 洋油 番茄	53+334 城里 凉水	53+41 农历 阳历	53+0 云彩 明年
上声 334	**33+213** 水坑 老鳖	**33+53** 马棚 鲤鱼	**32+334** 打闪 老虎	**33+41** 柳树 水稻	334+0 冷子 晌午
去声 41	41+213 稻秸 大葱	41+53 大门 放牛	41+334 大水 露水	41+41 过去 旱地	41+0 太阳 妹妹

说明：

永城方言的轻声比较轻短，其调值因前字声调的不同略有高低的不同，阴平和去声前稍高一些，阳平和上声的后面略低一些。阳平+轻声组变调，前字阳平降幅变小，实际为554，这里仍记为53。

肆　异读

一　新老异读

永城新老派之间的语音略有不同。在语音系统方面，老男阴平起头有下降，但降幅不到1度，有时会读223，这里记为213，青男阴平起头稍高一点儿，偶尔会出现嘎裂音，嘎裂音音值为21ʔ12，记为212调；老男阳平起头略平，有时会读成553，我们记作53，青男阳平起头略平，结尾有个降幅，但降幅较小，实际为443，这里记为43。老男今开口呼韵母自成音节时有些前面略带一点摩擦，青男差不多都读零声母。

老男和青男之间没有成系统的新老异读，但因所受普通话影响程度不同，有个别字老男和青男存在读音差别，有的字老男一读，青男有两读，有的字老男两读，青男一读，有些字读音不同，表现出了语音发展的阶段性特点。举例如下：

	老男	青男
所	ṣuə³³⁴	ṣuə³³/suə³³
选	suã³³⁴	suã³³/ɕyã³³
嫩	luẽ⁴¹	luẽ⁵²/nẽ⁵²
特	tʰɐ⁵³	tʰɐ²¹²/tʰə⁵²
宿	sy²¹³	ɕy²¹²/su²¹²
造	tsʰɔ⁴¹/tsɔ⁴¹	tsɔ⁵²
或	xuɐ⁵³/xuə⁵³	xuə⁵²
弄	nəŋ⁴¹/nuəŋ⁴¹	nəŋ⁵²

二　文白异读

永城方言的文白异读比较少，一般为零星的，不成系统。有些文白读两个层次之间的差异与新老派差异重合，此不赘述。有些只在老派中存在，如"造文[tsɔ⁴¹]/造白[tsʰɔ⁴¹]、或文[xuə⁵³]/或白[xuɐ⁵³]、弄文[nuəŋ⁴¹]/弄白[nəŋ⁴¹]"等。

伍　儿化和小称音

儿化音变规律

儿化韵	基本韵	例词
ar	a	把儿
	ã	麦秆儿、一半儿 小铲儿
iar	ia	一下儿、书架儿
	iã	物件儿、馅儿
uar	ua	花儿、连环画儿
	uã	新郎官儿、玩儿、段儿
yar	yã	考试卷儿、圈儿、院儿
ɐr	æ	小口袋儿、瓶盖儿、小孩儿
uɐr	uæ	一块儿
ɔr	ɔ	豆腐脑儿、小猫儿、小刀儿、手套儿
iɔr	iɔ	两桥儿
ər	ɿ	小小子儿、字儿、肉丝儿
	ʅ	年三十儿、侄儿
	E	方格儿
	ẽ	门儿、洗脸盆儿
	uẽ	孙儿
iɛr	iɛ	树叶儿、一节儿
iər	i	年初一儿、小鸡儿
	iẽ	围巾儿
uər	u	端午儿、小猪儿
	uE	一对儿、这会儿
	uẽ	冰棍儿
yər	y	小鱼儿、小曲儿
	yẽ	小云儿、裙儿
ɤr	ə	唱歌儿、壳儿、小车儿
uɤr	uə	昨儿个、干活儿、白果儿

续表

儿化韵	基本韵	例词
yɤr	yə	角儿、药儿
our	ou	水沟儿、小偷儿、小狗儿、扣儿
iour	iou	小球儿、小酒儿、一溜儿、妞儿
ãr	ã	行儿、白菜帮儿、药方儿、汤儿、茶缸儿
iãr	iã	模样儿、小箱儿、小手枪儿、娘儿俩
uãr	uã	庄儿、冰棒儿、小床儿、麦芒儿、筐儿
ə̃r	əŋ	水坑儿、缝儿、小声儿、凳儿
iə̃r	iəŋ	火星儿、姓儿、萝卜缨儿
uə̃r	uəŋ	当中儿、手电筒儿、有空儿、小虫儿、种儿
yə̃r	yəŋ	小熊儿、粽儿

说明：

1. [ər]、[iər]、[uər]、[yər]的开口小一些。

2. 永城的儿化韵系统中有一个比较明显的特点，部分儿化词带有闪音，儿化闪音的规律如下：

（1）今开口呼和合口呼音节，凡遇塞音声母[t tʰ]、塞擦音声母[ts tsʰ]、擦音声母[s]儿化时，基本都带舌尖闪音[ɾ]。其中遇声母为塞音[t tʰ]的儿化词，闪音比较明显，尤其是去声音节闪音更为明显，有个别甚至读为颤音[r]。闪音或颤音的位置一般在声母后韵母前，韵尾再带卷舌。比如：

一沓儿[i²³traɾ⁵³]、刀儿[tɾɚ²¹³]、猪肚儿[tʂu²³truəɾ³³⁴]

铁塔儿[tʰiɛ²³tʰraɾ²¹³]、套儿[tʰɾɚ⁵³]、小兔儿[siɔ³³tʰruəɾ⁴¹]

石子儿[ʂʅ⁵³tsɾɚ³³⁴]、枣儿[tsɾɚ³³⁴]、昨儿个[tsruɤɾ⁵³kə⁰]

刺儿[tsʰɾɚ⁴¹]、小菜儿[siɔ³³tsʰɾɚ⁴¹]、两层儿[liã³³tsʰɾə̃ɾ⁵³]

三儿[sraɾ²¹³]、毛骚儿[mɔ⁵³sɾɚ²¹³]、鸡嗉儿[tɕi²³sruəɾ⁴¹]

（2）今齐齿呼音节，凡遇声母为[p pʰ m t tʰ n l ts tsʰ s]的音节儿化时，[i]丢失，声母与韵母之间带闪音或颤音。凡遇声母为[tɕ tɕʰ ɕ]和零声母的音节儿化时，[i]保留，闪音的位置位于介音[i]与韵腹之间。有些没有闪音。发闪音时，声母发音部位不同，闪音的音值也不同。比如：

鼻儿[pɾɚ⁵³]、凉皮儿[liã⁵³pʰɾɚ⁵³]、小米儿[siɔ³²mɾɚ³³⁴]

锅底儿[kuə²³tɾɚ³³⁴]、楼梯儿[lou⁵³tʰɾɚ²¹³]、泥儿[nɾɚ⁵³]

牛儿[nrouɾ⁵³]、米粒儿[mi³³lɾɚ²¹³]、一绺儿[i²³lrouɾ³³⁴]

小酒儿[siɔ³²tsrouɾ³³⁴]、初七儿[tʂʰuə²³tsʰɾɚ²¹³]、姓儿[sɾə̃ɾ⁴¹]

小鸡儿[ɕiɔ³³tɕiər²¹³]、强儿[tɕʰiɻãr⁵³]、响儿[ɕiɻãr³³⁴]。

（3）今撮口呼音节，凡遇声母为[n l]的音节儿化时，[y]变为[u]然后儿化。凡遇声母为[tɕ tɕʰ ɕ]和零声母的音节儿化时，[y]保留，儿化音节一般不带闪音或颤音。比如：

小闺女儿[ɕiɔ³³kuẽ²³nuər³³⁴]、小毛驴儿[ɕiɔ³³mɔ⁵³luər⁵³]

句儿[tɕyər⁴¹]、小曲儿[ɕiɔ³³tɕʰyər³³⁴]、毛学儿[mɔ⁵³ɕyər⁵³]

小鱼儿[ɕiɔ³³yər⁵³]

陆　其他主要音变

在语流中，"一[i²¹³]"和"不[pu²¹³]"要发生变调。一般情况下，在阴平、阳平、上声前边读升调，但升幅不大，语流中记作 23，如 "一天[i²³tʰiã²¹³]" "一男一女[i²³nã⁵³i²³n̩y³³⁴]" "不吸[pu²³ɕi²¹³]" "不来[pu²³læ⁵³]" "不好[pu²³xɔ³³⁴]"。在去声前面读降调，但降幅不大，语流中记作 21，如 "一个[i²¹kə⁴¹]" "不快[pu²¹kʰuæ⁴¹]"。

第二十一节　郸城方音

壹　概况

一　郸城调查点概况

郸城县位于河南省东部豫、皖两省交界处，隶属于河南省周口市管辖。地理坐标为东经 115°10′~115°46′，北纬 33°38′~33°65′。据 2013 年数据，郸城县总人口为 140.3 万人，其中汉族 136 万人；回族等少数民族人口共计 4 万余人。调查点所在区域没有少数民族语言分布。郸城方言属于中原官话商阜片。

郸城县共辖 19 个乡镇、3 个街道办事处和 1 个产业集聚区，方言内部差别不大，不存在方言岛问题。郸城方言属于中原官话商阜片。本县内部语言上无大差别，只有一些词汇说法不同。近年来变化很快，逐渐向普通话靠拢。

二　郸城方言发音人

1. 方言老男

黄相林，1958 年 7 月出生于郸城县城关镇闫庄大队王小楼村，高中文化程度。1966 年至 1973 年在郸城县城关镇闫庄学校就读小学，1973 年至 1975 年在郸城县城关镇闫庄学校就读初中，1975 年至 1977 年在郸城县完中就读高中，1977 年至 2018 年在郸城县城关镇闫庄小学工作至退休，任数学教师，2018 年 6 月至今，退休在家，一直在郸城县生活。没有长期离开过郸城县，会说郸城话和普通话，现在主要说郸城话。父亲、母亲和配偶都是郸城县城关镇人，都只会说郸城话。

2. 方言青男

王灿豪，1994 年 10 月出生于郸城县城关镇后门村，初中文化程度。2001 年至 2003 年在郸城县城关镇东环路小学就读，2003 年至 2007 年转学至郸城县城关镇南关小学就读，2007 年至 2010 年在郸城县城关镇第一中学就读，2010 年至 2012 年在北京、洛阳等地打工，2012 年 5 月至今，在郸城县以经营理发店为生，一直在郸城县生活。王灿豪未婚，没有长期离开过郸城县，会说郸城话和普通话，现在主要说郸城话。父亲、母亲都是郸城县城关镇人，都只会说郸城话。

3. 口头文化发音人

王景云，女，1955 年 10 月出生于郸城县城关镇英庄村，高中文化程度。没有长期外出经历，现在一直说郸城话。提供的调查材料是歌谣、民间故事、顺口溜、谚语等。

贰　声韵调

一　声母（24 个，包括零声母在内）

p	八兵病	pʰ	派片爬	m	麦明	f	飞风副蜂肥饭双顺书白
t	多东毒	tʰ	讨天甜	n	脑南		l 老蓝连路
ts	资早租字贼坐	tsʰ	刺草寸祠			s	丝三酸
tʂ	张竹柱争装纸主	tʂʰ	抽拆茶抄初床车春船城			ʂ	事山手书文十	ʐ 热软用
tɕ	酒九	tɕʰ	清全轻权	ȵ	年泥	ɕ	想谢响县
k	高共	kʰ	开			x	好灰活	ɣ 熬安
∅	味问月温王云药						

说明：
1. [ɣ]声母为舌根浊擦音，发音时声带振动不明显，主要表现为喉部的摩擦。
2. [n]、[ȵ]互补，[n]拼开口呼、合口呼，[ȵ]拼齐齿呼、撮口呼。

二　韵母（37 个）

ɿ	丝	i	米戏急七一锡	u	苦五猪骨出谷	y	雨橘绿局
ʅ	师试十直尺						
ɚ	二						
a	茶塔法辣八	ia	牙鸭	ua	瓦刮		
		iɛ	写鞋接贴节			yɛ	靴月
ɤ	歌盒热壳			uɤ	坐过活托郭国文	yɤ	药学
ɔ	宝饱	iɔ	笑桥				
ai	开排色白			uai	快国白		

ei 赔对₀飞北		uei 对ₓ鬼		
ou 豆走	iou 油六			
an 南山半	ian 盐年	uan 短官	yan 权	
en 深根	ien 心新	uen 寸滚春	yen 云	
aŋ 糖双	iaŋ 响讲	uaŋ 床王		
əŋ 灯升硬₀争横	iəŋ 硬ₓ病星	uŋ 东用	yŋ 兄	

说明：

1. 卷舌韵母[ɚ]的实际音值为[ɛɹ]。
2. [a ia ua]的主要元音[a]靠后，实际音值为[ᴀ]。
3. [ɤ]韵母跟唇音[p pʰ m]声母拼合时，唇形较圆，近[o]。
4. [ɔ iɔ]的主元音舌位较低，有稍许动程。
5. [ai uai]韵母实际音值为[æɛ uæɛ]或[æe uæe]，主要元音和韵尾之间的动程很短。
6. [ei uei]的[i]舌位较低，实际音值为[eɪ ueɪ]。
7. [an ian uan yan]主要元音的音值略高，韵尾[n]较松，主要元音带有轻微鼻化色彩，实际音值为[æ̃n iæ̃n uæ̃n yæ̃n]。
8. [en ien uen yen]主要元音的开口度稍大，且带有轻微鼻化色彩。
9. [aŋ iaŋ uaŋ]主要元音偏后，且带有鼻音色彩，实际音值为[ɑ̃ŋ iɑ̃ŋ uɑ̃ŋ]。

三 声调（4个）

阴平 24　东该灯风通开天春谷百搭节哭拍塔切刻麦叶月
阳平 42　门龙牛油铜皮糖红讨急毒白盒罚
上声 44　懂古鬼九统苦草买老五有
去声 51　动罪近后冻怪半四痛快寸去卖路硬乱洞地饭树六

说明：

1. 阴平为半低升调24，前边稍长，实际音值224。
2. 阳平是半高降调42，起点略高于4。
3. 上声是半高平调44，有33变体。

叁　连读变调

两字组连读调表

后字 前字	阴平 24	阳平 42	上声 44	去声 51	轻声 0
阴平 24	24+24 香菇 冰糕	24+42 梳头 香油 **21+42** **今年 汤圆**	24+44 山顶 工厂	24+51 花布 山洞	24+0 钢笔 生铁 **42+0** **木梳 热闹**
阳平 42	42+24 河堤 洋灰	42+42 鱼鳞 农民	42+44 红薯 条几	42+51 时运 学校	42+0 云彩 蘑菇

续表

前字＼后字	阴平 24	阳平 42	上声 44	去声 51	轻声 0
上声 44	44+24 米汤 娶亲	44+42 水田 赶集	44+44 垄埂 洗澡 **24+44** **母狗 洗脸**	44+51 考试 保护 **24+51** **手电 做饭**	44+0 粉笔 宝塔 **24+0** **冷子 老鸹**
去声 51	**31+24** **喂猪 豆浆**	51+42 放牛 大门	51+44 下雨 玉米	51+51 自尽 饭店 **24+51** **地震 变蛋**	51+0 爱国 大雪

说明：

以上表格中，加粗的连调组为连读变调。郸城方言两字组连读变调基本规律是：阴平在阳平前一部分变读低降调 21，一部分仍读原调 24；在轻声前有部分变读阳平 42。上声在上声、去声和轻声前，有部分变读阳平 24，一部分仍读原调 44。去声在去声前部分变读阳平 24，一部分仍读原调 51。

肆　异读

一　新老异读

语音系统方面，声调略有不同。老男的上声为 44，青男的上声为 33。普通话零声母的开口呼字，郸城年轻人发音时喉部的摩擦十分轻微，浊音声母[ɣ]几近消失。关于[ʂ]、[f k kʰ x]和[tɕ tɕʰ ɕ]，有的字老男一读，青男有两读，有的字老男两读，青男一读。

除了音系方面的差别外，因所受普通话影响程度不同，有个别字老男和青男存在读音差别，有的字老男一读，青男有两读，有的字老男两读，青男一读，有些字读音不同，表现出了语音发展的阶段性特点。举例如下：

	老男	青男
扮	fan^{51}/pan^5	pan^{51}
晚	mian^{44}/uan^{44}	uan^{33}
刻	kʰɤ^{24}/tɕiɛ^{24}	kʰɤ^{51}
格	tɕiɛ^{24}/kɤ^{24}	kɤ^{42}
永	ʐuŋ^{44}	yŋ^{33}
粽	tsuŋ^{51}	tɕyŋ^{51}
宿	ɕy^{24}	su^{24}
龙	lyŋ^{42}/luŋ^{42}	luŋ^{42}
拥	ʐuŋ^{24}	ʐuŋ^{24}/yŋ^{24}

二 文白异读

郸城话的文白异读只是零星的，不成系统。例如"蛇白[ʂa⁴²]/蛇文[ʂɤ⁴²]、对白[tei⁵¹]/对文[tueiʴ⁵¹]、寻白[ɕien⁴²]/寻文[ɕyen⁴²]、深白[tʂʰen²⁴]/深文[ʂen²⁴]、国白[kuai²⁴]/国文[kuɤ²⁴]、硬白[ɣəŋ⁵¹]/硬文[iəŋ⁵¹]、顺[fen⁵¹]/顺[ʂuen⁵¹]、黑白[ɕie²⁴]/黑文[xei²⁴]"等。

三 其他异读

其他异读有又读和语境两类。又读有"锁又[ɕyɤ⁴⁴]/锁文[suɤ⁴⁴]、还副又[xan⁴²]/还副又[xai⁴²]、撞又[tʂʰuaŋ⁵¹]/撞文[tʂuaŋ⁵¹]、墨又[mei²⁴]/墨文[mɤ²⁴]"等。语境有"做~饭[tsou⁵¹]/做~作业[tsuɤ⁵¹]、输~赢[zu²⁴]/输~运[su²⁴]、双一~[faŋ²⁴]/双~生[faŋ⁵¹]、角牛~[tɕyɤ²⁴]/角儿~钱[tɕyɤ⁴⁴]、刻时~[kʰɤ²⁴]/刻~章[tɕʰie²⁴]、侧~身[tʂai⁴⁴]/侧~棱[tʂʰai²⁴]、冲往前~[tʂʰuŋ²⁴]/冲说话~[tʂʰuŋ⁵¹]、福幸~[fu²⁴]/福~气[fu⁴²]"等。

伍 儿化和小称音

儿化音变规律表

儿化韵	基本韵	例词
ər	ɿ	豆腐丝儿
	ʅ	树枝儿
	ei	小酒杯儿
	en	一阵儿、花盆儿
iər	i	豆皮儿、小米儿
	ien	手巾儿、有劲儿
uər	uei	小锤儿、小鬼儿、小柜儿
	uen	丢魂儿、木棍儿
yər	y	小鱼儿、马驹儿
	yen	小裙儿
ur	u	小路儿
ar	a	刀把儿、分叉儿
iar	ia	衣架儿、豆芽儿
uar	ua	小瓜儿、小花儿、小褂儿
ɤr	ɤ	小河儿、小车儿
uɤr	uɤ	一撮儿、水果儿、小桌儿
yɤr	yɤ	小脚儿

续表

儿化韵	基本韵	例词
ɛr	ai	瓶盖儿、门牌儿
	an	花篮儿、猪肝儿
iɛr	iɛ	一些儿、小鞋儿
	ian	小辫儿、小燕儿、一件儿
uɛr	uai	一块儿
	uan	小官儿、小碗儿、拐弯儿
yɛr	yɛ	小雪儿
	yan	圆圈儿、手绢儿、花园儿
ɔr	ɔ	小刀儿、羊羔儿
iɔr	iɔ	豆苗儿、一条儿
our	ou	小偷儿、小狗儿
iour	iou	小球儿、衣袖儿
ãr	aŋ	小木棒儿、瓜瓢儿、一行儿
iãr	iaŋ	小箱儿、模样儿
uãr	uaŋ	弹簧儿、渔网儿
ə̃r	əŋ	说一声儿、小木凳儿
iə̃r	iəŋ	花瓶儿
ũr	uŋ	小孔儿、小洞儿、小虫儿
ỹr	yŋ	小熊儿

说明：

郸城方言有儿化现象，37 个韵母中，除了[ər]没有儿化韵外，其他韵母都有儿化现象。

（1）韵母无韵尾和主元音是后元音时，儿化韵是直接在原来元音基础上卷舌。

（2）主元音是前高元音时，儿化韵是[ər]，主元音是后高元音时，儿化韵是[ɛr]。

（3）韵母为后鼻韵尾时，儿化韵是主元音鼻化加卷舌。

第二十二节 漯河方音

壹 概况

一 漯河调查点概况

漯河位于河南省中部偏南，华北平原西南边缘地带。调查点为漯河市郾城区，地理坐标为东经113°45′~114°6′，北纬33°34′~33°44′。截止到2018年本区总人口为49.36万人，其中少数民族有26个，包括回族、壮族、侗族、白族、维吾尔族、蒙古族等，少数民族人口共有7608人，其中回族最多，有7152人。调查点所在区域没有少数民族语言分布。漯河方言属于中原官话漯项片。

漯河市有三个城区：郾城区、源汇区和召陵区，三区之间因历史上的行政区划变革，在口音方面略有区别。主要区别在语音方面，源汇区和召陵区古知、庄、章完全合并为一套[ts tsʰ s z]，但郾城区部分知庄章组有两读现象，即[ts tsʰ s z]与[tʂ tʂʰ ʂ ʐ]，二者是自由变读。郾城区老城区分尖团，其他两区尖团基本合流，郾城区新派已不分尖团。

漯河市的说唱艺术主要是地方戏，有豫剧、曲剧、越调、河南坠子等形式。豫剧四大流派中的沙河调（此外还有豫东、豫西、祥符）源于漯河，保留了自己的一些独特唱腔。此外，越调在本地区较受欢迎。

二 漯河方言发音人

1. 方言老男

陈建国，1957年2月出生于河南漯河市郾城区城关镇东街，初中文化程度。1963年9月至1969年6月就读于郾城第二小学。1969年9月至1971年6月，就读于郾城二中。1971年6月至1975年3月，在家务农。1975年3月至1992年11月，在郾城第二化肥厂工作。1992年11月至2009年11月，一直在做企业干部。2009年12月至2017年3月，在郾城区审计局工作。2017年至今退休在家。没有长期离开过漯河市，平时只说漯河话。父亲为郾城区城关镇东街人，母亲为郾城区城关镇王堂人，配偶也是郾城区城关镇王堂人，都只会说漯河话。

2. 方言青男

赵成武，1990年4月出生于河南漯河市郾城区城关镇西街村，自学本科文化程度。1996年9月至2001年6月，就读于郾城西南街小学。2001年9月至2004年6月，就读于郾城二中。2005年9月至2008年6月，就读于郾城四高。2008年9月至2011年6月，就读于陕西旅游烹饪职业学院（在西安加起来没超过两年）。2011年9月至2013年4月，在家待业。2013年至今，在漯河市源汇区城投公司工作。本人会说漯河郾城话和普通话。父母都是郾城城关镇西街人，只会说郾城话。配偶为郾城城关镇连庄村人，会说郾城话和普通话。

3. 口头文化发音人

郭秀芬，女，1954年7月出生于河南省漯河市郾城区城关镇北关村，初中文化程度。小学、初中都在郾城区读书，初中毕业后一直在家。没有长期外出经历，现在只说郾城话。提供的口头文化材料为歌谣，谚语0001～0020、0034～0055，规定故事0021。

姜华，女，1978年12月出生于河南省漯河市郾城区城关镇岷山路居委会，初中文化程度。小学、初中都在郾城区读书。现为戏曲演员。提供的口头文化材料为自选条目0032《风雪配·今日是我出闺的前一晚上》。

魏园，女，1981年11月出生于河南省漯河市郾城区石槽赵村，初中文化程度。小学、初中都在郾城区读书。现为戏曲演员。提供的口头文化材料为自选条目0033《沁园春·雪》。

马顺安，男，1958年1月出生于河南省漯河市郾城区井冈山路居委会，初中文化程度。小学、初中都在郾城区读书。现为戏曲演员。提供的口头文化材料为自选条目0031《卷席筒·小仓娃》。

贰　声韵调

一　声母（20个，包括零声母在内）

p	八兵病	pʰ	派片爬	m	麦明	f	飞风副蜂肥饭
t	多东毒	tʰ	讨天甜	n	脑南	l	老蓝连路
ts	资早租酒字贼坐张竹柱争装纸主	tsʰ	刺草寸清全祠抽拆茶抄初床车春船城	s	丝三酸想谢事山双顺手书十	z	热软₁
tɕ	九	tɕʰ	轻权	ȵ	年泥	ɕ	响县
k	高共	kʰ	开			x	好灰活
∅	味问熬月安温王云用药软₂						

说明：

1. [n]拼开口呼和合口呼，[ȵ]拼齐齿呼和撮口呼，二者互补分布，不构成音位上的对立，但音色差异明显。

2. 漯河郾城区老派[ts tsʰ s z]和[tʂ tʂʰ ʂ ʐ]存在两种读音情况：（1）多数人以读[ts tsʰ s z]为主，偶尔有个别字自由变读为[tʂ tʂʰ ʂ ʐ]。（2）也有少部分人[ts tsʰ s z]和[tʂ tʂʰ ʂ ʐ]并存，特别是交往比较活跃或文化水平较高的人，因受普通话影响开始区分[ts tsʰ s z]和[tʂ tʂʰ ʂ ʐ]，但二者没有音位对立，这里一律记作[ts tsʰ s z]。声母为[ts tsʰ s z]的字儿化时有些变读为[tʂ tʂʰ ʂ ʐ]。

3. 老派在尖团问题上也有两种情况：（1）一部分人严格区分尖团音，但[ts tsʰ s]拼细音时有时略带舌面色彩，有个别字听起来接近[tɕ tɕʰ ɕ]，如"想、全、鲜"等；（2）一部分人尖团合流，[ts tsʰ s]拼细音时声母都读成[tɕ tɕʰ ɕ]。

4. [tɕ tɕʰ ɕ]发音部分稍微靠后一些，舌面接触的部位在硬腭中后部。

5. 今开口呼零声母音节有时前面有轻微摩擦，近似于[ɣ]，但大多数音节不明显，今记为[ø]。

6. "软₁""软₂"之间为又读。

二　韵母（41 个）

ɿ	师丝试十直尺	i	米戏飞急七一锡	u	苦五猪骨出谷	y	雨橘绿局
ɿə	热						
ʮə	说						
ər	二						
a	茶塔法辣八	ia	牙鸭	ua	瓦刮		
ɛ	色白	iɛ	写接贴节	uɛ	国	yɛ	靴月
ɤ	歌盒			uɤ	坐过活托郭	yɤ	药学
ai	开排	iai	鞋	uai	快		
ei	赔北			uei	对鬼		
ɑɔ	宝饱	iɑɔ	笑桥				
ou	豆走	iou	油六				
an	南山半	ian	盐年	uan	短官	yan	权
ən	深根	in	心新	uən	寸滚春	yn	云
aŋ	糖	iaŋ	响讲	uaŋ	床王双		
əŋ	灯升硬争横₂	iəŋ	病星	uəŋ	横₁东	yəŋ	兄用

说明：

1. [a]包括三个音值，在[ai uai an ian uan yan]里是[a]，在[a ia ua]里是[ᴀ]，在[ɑɔ iɑɔ aŋ iaŋ uaŋ]里是[ɑ]。

2. [uɤ yɤ]中的[ɤ]舌位略前略低。[uɤ]与唇音声母相拼时实际读音为[ʷɤ]，如：婆[pʰʷɤ⁵³]，与韵母[uɤ]读音差别不大，这里合并为[uɤ]。单字、词汇、语法例句及其他材料中都记成[uɤ]。

3. [ai iai]中的[ai]动程较小，实际音值为[ae]。

4. [ɑɔ]动程较小，有介音的[iɑɔ]实际音值为[iɑʊ]。

5. [an ian uan yan]中的鼻尾[n]结尾处舌尖的部位在硬腭前部。

6. [iəŋ]实际音值为[iᵊŋ]，[uəŋ yəŋ]中的[ə]唇形较圆。

三 声调（4个）

阴平 224 东该灯风通开天春谷百搭节哭拍塔切刻麦叶月统₁
阳平 53 门龙牛油铜皮糖红急毒白盒罚
上声 44 懂古鬼九统苦讨草买老五有
去声 31 动罪近后冻怪半四痛快寸去卖路硬乱洞地饭树六

说明：

1. 阴平为缓升调，有时 234，有时前段略平，为 224，记为 224。
2. 阳平为高降调，有时降幅较大，为 52，有时为 53，这里记作 53。
3. 上声一般为中高平调，有时偶有微升，但不到一度，记为 44。
4. 去声为中降调，起点有时比 3 高，但不到一度，记为 31。

叁 连读变调

两字组连读调表

前字＼后字	阴平 224	阳平 53	上声 44	去声 31	轻声 0
阴平 224	24+224 山沟 阴历 杀猪 / 24+53 星星 清明 胳膊	24+53 冰龙 蝴蝶 说媒	24+44 失火 开水 厕屎	24+31 冬至 猪圈 猜谜	24+0 正月 今年 山药 / 53+0 日头 出来 绿豆
阳平 53	53+224 河堤 洋灰 牙猪	53+53 鱼鳞 学徒 男猫	53+44 年底 黄酒 牙狗	53+31 劳动 桃树 狐臭	53+0 苹果 舌头 回来
上声 44	44+224 火车 老鳖 养猪	44+53 鲤鱼 母牛 女猫	43+44 小米 两口 打伞	44+31 扫地 买票 手电	44+0 暖和 老实 底下 / 53+0 老虎 晌午 姥姥
去声 31	31+224 大麦 菜刀 唱歌	31+53 菜馍 放牛 剃头	31+44 下雨 大米 尿桶	24+31 半夜 地震 唱戏	31+0 露水 进去 妹妹

说明：

漯河老男的两字组阴平＋阴平有两组变调模式，以 24＋224 为普遍，另一组与阴平＋阳平变调相同，都是 24＋53，目前还没有发现其规律。阴平＋轻声也有两组变调模式，其中一组 53+0 的前字一般为入声字。上声+上声连读时，前字略降，记为 43+44。上声+轻声也有两组变调模式，其中 53+0 的前字、后字本调都为上声字。

此外，漯河方言中有一些特殊的三字组的变调情况，比如"吸铁石 224+224+53"变读为 21+24+53。

肆　异读

一　新老异读

漯河新老派之间的语音存在是否区分尖团音的区别。老派分尖团，新派不分。另外，老派和新派的去声调值不同，老男为 31 调，青男为 41 调。

老派和新派之间成系统的新老异读也主要表现在是否分尖团音。此外，还有个别字老男和青男存在读音差别，有的字老男一读，青男有两读，有的字老男两读，青男一读，有些字读音不同，表现出了语音发展的阶段性特点。举例如下：

	老男	青男
酒	tsiou^{44}	tɕiou^{44}
清	tsʰiən^{224}	tɕʰiən^{224}
全	tsʰyan^{53}	tɕʰyan^{53}
课	kʰuɤ^{31}/kʰɤ^{31}	kʰɤ^{41}
墨	mei^{224}	mei^{224}/muɤ^{41}
国	kuɛ^{224}	kuɛ^{224}/kuɤ^{224}
特	tʰɛ^{224}	tʰɛ^{224}/tʰɤ^{41}
硬	eŋ^{31}	eŋ^{41}/iəŋ^{41}
虱	sɛ^{224}	sʅ^{224}

二　文白异读

漯河方言的文白异读比较少，一般为零星的，不成系统。有些文白读两个层次之间的差异与新老派差异重合。如"课白[kʰuɤ^{31}]/课文[kʰɤ^{31}]、寻白[sin^{53}]/寻文[syn^{53}]、横白[xuəŋ^{31}]/横文[xəŋ^{31}]、握白[nuɤ^{224}]/握文[uɤ^{224}]"等。

三　其他异读

口头文化发音人姜华、魏园、马顺安在戏曲表演中，[ts tsʰ s z]组声母和[tʂ tʂʰ ʂ ʐ]组声母区分明显，但与普通话相比，他们的[tʂ tʂʰ ʂ ʐ]组声母发音部位明显靠前一些。

伍 儿化和小称音

儿化音变规律表

儿化韵	基本韵	例词
ɐr	a	话把儿
	ɛ	颜色儿
	ai	瓶盖儿、小孩儿
	an	一半儿
	aŋ	白菜帮儿、药方儿
	əŋ	水坑儿、缝儿
iɐr	ia	豆芽儿、书架儿
	iɛ	树叶儿、一截儿
	iai	小鞋儿
	ian	药面儿、馅儿、尖儿、河边儿
	iaŋ	鞋样儿、小箱儿
	iəŋ	清明儿、小名儿
uɐr	ua	花儿、牙刷儿
	uai	一块儿
	uan	拐弯儿、玩儿、官儿
	uaŋ	小床儿、筐儿
	uəŋ	小桶儿、有空儿
yɐr	yɛ	小雪儿
	yan	卷儿、院儿
ər	ɿ	瓜子儿、铁丝儿
	ʅ	侄儿
	ei	一辈儿
	ən	年根儿
iər	i	皮儿、小椅子、小鸡儿、一滴儿
	in	捎信儿、皮筋儿

续表

儿化韵	基本韵	例词
uər	ɥə	小说儿
	uɤ	酒窝儿、座儿
	uei	一对儿、味儿
	uən	捆儿、村儿
yər	y	小鱼儿、小曲儿
	yɤ	药儿、菜角儿
	yən	裙儿、小云儿
ɤr	ɤ	唱歌儿、盒儿、毛壳儿
ur	u	小屋儿、小路儿、小兔儿
ɔr	ɔ	外号儿、小刀儿
iɔr	iɔ	麦苗儿、小鸟儿
our	ou	河沟儿、小偷儿
iour	iou	小球儿、小酒儿、一溜儿

说明：

漯河方言的儿化音变主要表示小称义，有的也表示可爱、随意的意思。41 个韵母中除了[ər uɛ yəŋ]没有对应的儿化词，其余的都可以儿化。语流中，有些儿化偏离了儿化韵规律，但属于偶尔发生的，按实际发音记录。

陆　其他主要音变

一　"一""不"音变

在语流中，"一[i^{224}]"和"不[pu^{224}]"要发生变调。一般情况下，在阴平、阳平、上声前边读 24，如"一天[i^{24}tʰian^{224}]""一男一女[i^{24}nan^{53} i^{24}ny^{44}]""不吸[pu^{24}ɕi^{224}]""不来[pu^{24}lai^{53}]""不好[pu^{24}xau^{44}]"。在去声前面读降调，但降幅没有那么明显，语流中记作 43，如"一个[i^{43}kɤ^{31}]""不快[pu^{43}kʰuai^{31}]"。

二　合音音变

漯河方言合音音变非常丰富，除了以上儿化音变之外，两字组甚至更多字组的合音也较为常见，甚至出现了基本音系中没有的音节，如[o]，这里列举出一些常用的：

[知道][tso³¹]　　　　[起来][tɕʰiɛ⁴⁴]
[出来][tsʰuai²²⁴]　　[里头][liou⁴⁴]
[底下][tiɛ⁴⁴]　　　　[地下][tiɛ³¹]
[这么][tso³¹]　　　　[那么][no³¹]
[哪个][no⁴⁴]　　　　[嫂子][so⁴⁴]
啥[sa⁴⁴]（"什么"的合音）
镇[tsən³¹]（"这么"的合音）
恁[nən³¹]（"那么"的合音）

第二十三节　许昌方音

壹　概况

一　许昌调查点概况

许昌位于河南省中部，调查点为许昌市魏都区，地理坐标为东经113°03′～114°19′，北纬33°42′～34°24′，属中纬度地区。截止到2017年底，许昌总人口约为489.61万人，主要民族为汉族，约479.4928万人，还有回族、蒙古族等，但因少数民族人口分布零散，故未见对其统计的人口数。

许昌方言为本地普遍通用的方言，依据当地人语感可分为五个方言区：魏都建安区、禹州区、长葛区、鄢陵区和襄城区。魏都建安区分布在许昌城区，主要包括魏都区和建安区，使用人口约119万人；禹州区主要分布在禹州市及其周边地区，使用人口约125.96万人；长葛区主要分布在长葛市及其周边地区，使用人口约80万人；鄢陵区主要分布在鄢陵县及其下辖乡镇，使用人口约68万人；襄城区主要分布在襄城县及其下辖乡镇，使用人口约86.53万人。近年来许昌方言变化较快，正在向普通话靠拢。本书调查对象为许昌市魏都区方言，属魏都建安区。

许昌主要有地方戏豫剧和越调，流行于许昌大多数地区。这些地方戏以民间自发组成的社团为主，主要以活动和娱乐形式展开，传唱人以中老年为主，青年爱好者极少。

二　许昌方言发音人

1. 方言老男

胡建民，1958年5月出生于河南省许昌市魏都区西大街37号，初中文化程度，河南省许昌市魏都区大观家具厂工人。1966年9月至1972年6月在许昌市西大街小学上学；1972年9月至1975年6月在许昌市二中上学；1975年7月至1977年4月在许昌市烤烟厂工作；1977年5月至1979年11月为许昌市柠檬酸厂锅炉工；1979年12月至2010年7月在许昌市大观家具厂工作；2010年至今，退休在家。没有长期离开过许昌，只会说许昌话。父亲、母亲和配偶均为河南省许昌市魏都区人，平时都只说许昌话。

2. 方言青男

候帅，1992年11月出生于河南省许昌市魏都区半截河乡，中专文化程度，河南省许昌市魏都区文化馆相声演员。1997年9月至2002年6月，就读于许昌市碾上小学；2002年9月至2003年2月，在许昌市三中上学；2003年3月至2005年6月，转学于许昌市十五中；2005年9月至2007年6月，就读于许昌市第五高中（高中未读完）；2007年9月至2010年6月，就读于许昌市文化艺术学校；2010年至今，在许昌市文化馆工作。没有长期离开过许昌，会说许昌话、普通话，现在主要说许昌话，父亲、母亲均为河南省许昌市魏都区人，平时都只说许昌话。

3. 口头文化发音人

杨明军，男，1962年4月出生于河南省许昌市魏都区向阳路向阳花园，高中文化程度，干部。父母和配偶均为许昌人，没有长期外出经历，平时只说许昌话。提供的调查材料为歌谣。

李恋花，女，1958年2月出生于河南省许昌市魏都区文兴路石油公司和商业局家属院，初中文化程度，自由职业者。父母和配偶均为许昌人，没有长期外出经历，平时只说许昌话。提供的调查材料为越调。

张凤琴，女，1963年6月出生于河南省许昌市魏都区向阳路向阳花园，高中文化程度，工人。父母和配偶均为许昌人，没有长期外出经历，平时只说许昌话。提供的调查材料为歌谣和自选条目。

孙淑华，女，1958年2月出生于河南省许昌市魏都区五一路万象新天地小区6号楼，高中文化程度，工人。父母和配偶均为许昌人，没有长期外出经历，平时只说许昌话。提供的调查材料为规定故事《牛郎和织女》。

贰　声韵调

一　声母（23个，包括零声母在内）

p 八兵病	p^h 派片爬	m 麦明	f 飞凤副蜂肥饭				
t 多东毒	t^h 讨天甜	n 脑南				l 老蓝连路	
ts 资早租酒字贼坐	ts^h 刺草寸清全祠		s 丝三酸想谢				
tʂ 张竹柱争装纸主	$tʂ^h$ 抽拆茶抄初床车春船城		ʂ 事山双顺手书十			ʐ 热软	
tɕ 九	$tɕ^h$ 轻权	ȵ 年泥	ɕ 响县				
k 高共	k^h 开		x 好灰活				
∅ 味问熬月安温王云用药							

说明：

1. [ɲ]为舌面前鼻音，发音部位与[tɕ tɕʰ ɕ]相同，由于舌面特征明显，未与舌尖中鼻音[n]归并为一个音位。

2. [ts tsʰ s]与细音相拼时已具有腭化色彩，靠近舌面元音[tɕ tɕʰ ɕ]，这里记作[ts tsʰ s]。

3. 舌尖前清塞音[t tʰ]与洪音相拼且儿化时带有闪音色彩，实际发音为[tɾ tʰɾ]，这里记作[t tʰ]。

4. "二、而、耳"在单字音中的实际读音略有延长，接近于[l̩ːlə]，但在词汇和语流中则自成音节，所以这里仍记作[l̩]。

二 韵母（42个，包括自成音节[l̩]在内）

ɿ	丝	i	米戏飞白急七一锡	u	苦五猪骨谷绿	y	雨橘六绿文局
ʅ	师试十直尺						
ʅə	热						
ər	二文						
l̩	二白						
a	茶塔法辣八	ia	牙鸭	ua	瓦刮		
		iɛ	写接贴节	uɛ	国白	yɛ	靴月
ɤ	歌盒壳			uɤ	坐过活托过国文	yɤ	药学
ai	排开色白	iai	鞋	uai	快		
ei	赔飞文北			uei	对鬼		
au	宝饱	iau	笑桥				
əu	豆走	iəu	油六文				
an	南山半	ian	盐年	uan	短官	yan	权
ən	深根	iən	心新	uən	寸滚春	yən	云
aŋ	糖	iaŋ	响讲	uaŋ	床王双		
əŋ	灯升硬白争横文	iəŋ	硬文病星	uəŋ	横白东	yəŋ	兄用

说明：

1. [ɤ uɤ]中的主要元音[ɤ]实际读音舌位靠前，介于[ə]和[ɤ]之间，这里记作[ɤ]。

2. [iɛ uɛ]中的主要元音[ɛ]实际发音部位偏高。

3. [ai]韵遇到阴平时，有个别字出现单韵母化。

三 声调（4个）

阴平 24 东该灯风通开天春谷百搭节哭拍塔切刻六白麦叶月统白

阳平 53 门龙牛油铜皮糖红毒盒罚讨急

上声 44 懂古鬼九统文苦草买老五有

去声 31　动罪近后冻怪半四痛快寸去卖路硬乱洞地饭树六文

说明：

1. 阴平实际发音起点比 2 略高。
2. 去声实际发音起点比 3 略低。

叁　连读变调

两字组连读调规律表

（1）非叠字非轻声两字组连读调规律

非叠字非轻声两字组连读调表

前字＼后字	阴平 24	阳平 53	上声 44	去声 31
阴平 24	24+24 阴天 东风 飞机	24+53 月明 天明 锅台	24+44 热水 辛苦 清理	24+31 热水 猪圈
阳平 53	53+24 河堤 洋灰	53+53 农民 和平	53+44 洪水 人影 **31+44** 洋碱	53+31 蚊帐
上声 44	44+24 小葱 火车 **44+53** 手巾	44+53 口才 主食 水田 小虫	44+44 小米 打水 理想 水果	44+31 体面 土地 口试 改造
去声 31	31+24 见天 喂猪 唱歌 定亲	31+53 剃头 酱油 肚疼 上学	31+44 下雨 大水 傍晚 断奶	**24+31** 面部 电报 用户 看病

说明：

许昌方言除以上变调情况外，非叠字两字组连读时后字均读为轻声，具体情况见"非叠字轻声两字组连读调表"。

（2）非叠字轻声两字组连读调规律

非叠字轻声两字组连读调表

前字＼后字	阴平 24	阳平 53	上声 44	去声 31
阴平 24	24+0 公鸡 山药 53+0 木梳	53+0 日头 出来	24+0 闺女 沙子 家里 竹子	24+0 松树 钩担 53+0 木匠 高兴

续表

前字\后字	阴平 24	阳平 53	上声 44	去声 31
阳平 53	53+0 良心 邻居	53+0 长虫 围裙 眉毛 祠堂	53+0 棉袄 长远	53+0 毛病 芹菜
上声 44	44+0 点心 满月	44+0 里头 草房	44+0 母狗 晌午	44+0 韭菜 小气
去声 31	31+0 大方 气力	31+0 后年 上头 外头 下来	31+0 露水 豆腐	31+0 上去 53+0 挂面

（3）叠字两字组连读调规律

叠字两字组连读调表

前字\后字	阴平 24	阳平 53	上声 44	去声 31
阴平 24	24+0 星星 框框 敲敲 天天	—	—	—
阳平 53	—	53+0 球球 瓶瓶 牌牌 排排	—	—
上声 44	—	—	44+0 本本 想想 洗洗 扫扫	—
去声 31	—	—	—	31+0 转转 泡泡 晾晾 晃晃

说明：

前字为阴平、去声时，后字的实际调值是 2，前字为阳平、上声时，后字的实际调值是 3，这里统一记作 0。

肆　异读

一　新老异读

许昌新老派之间的语音略有不同。在语音系统方面，老男声母[ts tsʰ s]与细音相拼时已经有腭化倾向，青男已全部腭化；老派的唇齿音声母[f]可与[i]相拼，新派已完全符合普通话的拼合规律。韵母部分，老派通摄泥精组一等字今读合口呼，三等今多读撮口呼，而新派已读作合口呼；老派蟹摄合口一等和止摄合口三等的来母字都读合口呼，而新派已读作开口呼。

除了音系方面的差别之外，因其所受普通话的影响程度不同，还有个别字也有不同。例如：

	老男	青男
所	ʂuɤ⁴⁴/suɤ⁴⁴	suɤ⁴⁴
戒	tɕiai³¹	tɕiɛ³¹
雷	luei⁵³	lei⁵³
讨	tʰau⁵³	tʰau⁴⁴
孽	ȵiɛ²⁴	ȵiɛ³¹
闰	yən³¹	ʐuan³¹
雀	tɕʰyɤ³¹	tɕʰyɛ³¹
削	ɕyɤ²⁴	ɕiau²⁴
龙	lyəŋ⁵³	luəŋ⁵³
绿	lu²⁴/ly²⁴	ly²⁴/ly⁵³

二　文白异读

许昌方言的文白异读比较少，一般为零星的，不成系统。有些文白读两个层次之间的差异与新老派差异重合，此不赘述。有些只在老派中存在，如"所文[suɤ⁴⁴]/所白[ʂu⁴⁴]、飞文[fei²⁴]/飞白[fi²⁴]、牛文[ȵieu⁵³]/牛白[əu⁵³]、休文[ɕieu²⁴]/休白[xəu²⁴]、撞文[tʂuan³¹]/撞白[tʂʰuan³¹]、国文[kuɤ²⁴]/国白[kuɛ²⁴]、横文[xəŋ³¹]/横白[xuəŋ³¹]、六文[lieu³¹]/六白[ly²⁴]、深文[ʂən²⁴]/深白[tʂʰən²⁴]、俊文[tɕyən³¹]/俊白[tsuən³¹]、做文[tsuɤ³¹]/做白[tsu³¹]、尾文[uei⁴⁴]/尾白[i⁴⁴]"等。

伍　儿化和小称音

许昌方言儿化丰富，很多单字常以儿化形式出现构成儿化词，如"把儿、花儿、瓶儿、名儿、屋儿"等。许昌方言的儿化中，当声母为舌尖前塞音[t tʰ]且与洪音相拼，儿化后声母则带有闪音色彩，实际发音是[tɾ tɾʰ]。儿化韵的具体规律见下表。

儿化音变规律表

儿化韵	基本韵	例词
ɚ	ʅ	字儿、刺儿
	ʅ	事儿、汁儿
	ən	本儿、根儿、门儿

续表

儿化韵	基本韵	例词
ər	əŋ	凳儿、坑儿
	ɤ	歌儿、小盆儿
	ei	宝贝儿、一辈儿
iər	i	皮儿、鸡儿、面剂儿
	iən	信儿、心儿、印儿
	iəŋ	图钉儿、小命儿、影儿
uər	uei	墨水儿、一会儿
	uən	轮儿、村儿、花纹儿
	uəŋ	小洞儿、有空儿、小虫儿
yər	y	有趣儿、小鱼儿、驴驹儿
	yən	群儿、小军儿
ɐr	ɤ	格儿
	a	刀把儿、号码儿
	ai	牌儿、盖儿
	an	小摊儿、老伴儿
iɐr	ia	豆芽儿、打架儿
	iɛ	蝴蝶儿、树叶儿
	iai	小鞋儿
	ian	面儿、眼儿
uɐr	ua	牙刷儿、花儿
	uai	一块儿、筷儿
	uan	官儿、罐儿
yɐr	yɛ	小雪儿
	yan	院儿、圈儿
or	au	刀儿、包儿、羊羔儿、枣儿
	aŋ	药方儿、牙缸儿、汤儿

续表

儿化韵	基本韵	例词
ior	iau	苗儿、调儿、料儿、鸟儿
	iaŋ	树凉儿
uor	uɤ	错儿、干活儿、窝儿、桌儿、勺儿
	uaŋ	小窗儿、筐儿、网儿
yor	yɤ	麻雀儿、主角儿
ur	u	牛犊儿、小树儿、电炉儿、核儿
əur	əu	豆儿、小楼儿、小周儿
iəur	iəu	袖儿、加油儿

陆　其他主要音变

以下 6 种情况在许昌方言中发音轻而短，记为[0]：

1. 重叠词后字，如："星星、姑姑、哥哥"等，具体音变规律见表 3。
2. 词缀，如："头、里"等。

"头"单字调为 53，作词缀时读轻声，如："前头、后头、里头、外头、上头、木头、石头、舌头"等。

"里"单字调为 44，作词缀时读轻声，如："屋里、城里、村里、房里"等。

3. 趋向动词，主要有"来、去"等，如："上去、下来、进去、出来、回来、出去、回去、起来"等。
4. 表示名物性的构词语素"的"，如："做饭的、剃头的、要饭的"等。
5. 结构助词"的、地、得"等。
6. 时体助词、句末语气词"了、啦、喽、嘞"等。

第二十四节　周口方音

壹　概况

一　周口调查点概况

周口位于河南省东南部，地处黄淮平原腹地，东临安徽阜阳，西接漯河、许昌，南与驻马店相连，北和开封、商丘接壤。地理坐标为东经 114°05′～115°39′，北纬 33°03′～34°20′，属中纬度地区，为河南省辖地级市。截至 2013 年，周口总人口为 10271 万人，其中汉族 63 万人，回族 7 万人。县境内没有少数民族语言分布。周口话属于中原官话漯项片。

截至 2019 年末，周口市共辖 2 个区、7 个县，代管 1 个县级市。周口市川汇区的方言大致以沙河为界分为南北两片。沙河以南是老市区所在地，老派市民[tʂ tʂʰ ʂ ʐ]与[ts tsʰ s z]已混，但还能读出[tʂ tʂʰ ʂ ʐ]来，只是大都属于自由变读，不区分意义；沙河以南地区老派的[f x]也不混，20~50 岁的中年人出现了混读现象，而 20 岁以下的年轻人又区分得十分清楚。沙河以北原属郊区，现属于新市区，[tʂ tʂʰ ʂ]与[ts tsʰ s]已合并成一套[ts tsʰ s]；[f]声母消失，合并到[x]里。其他如词汇和语法方面，区内高度一致，没有差别。

周口的曲艺主要是周口渔鼓，渔鼓也叫"渔鼓道情"，当地老百姓叫"梆梆筒子"，其形式是用三尺三寸长的竹筒，蒙上猪护心皮，配上木筒板拍打发出响音说唱。

二 周口方言发音人

1. 方言老男

齐太坤，1955 年 4 月出生于河南省周口市川汇区李庄村，高中文化程度，自由职业者。1962 年 9 月至 1966 年 6 月在周口市杨庄小学读书，1970 年 9 月至 1972 年 6 月在周口市李庄小学读书，1972 年 9 月至 1976 年在周口市第四中学读初中、高中，1979 年 11 月进入周口市蔬菜乡李庄缝纫组当工人，1981 年结束。1982 年起做个体经商户至 1999 年。1999 年至今，在周口市川汇区从事自由职业。没有长期离开过周口市，只会说周口话。父亲、母亲和配偶都为周口市川汇区蔬菜乡人，平时都只说周口话。

2. 方言青男

崔金哲，1992 年 6 月出生于周口市川汇区陈州社区，初中文化程度，自由职业者。1999 年 9 月至 2004 年 6 月在周口市牛营小学读书，2004 年 9 月至 2007 年 6 月在周口市第六初中读书，2008 年 6 月至 2016 年 6 月在周口市人民商场工作，2018 年 3 月至今在周口市哈罗单车公司上班。没有长期离开过周口市，会说周口话和普通话，平时生活中主要说周口话。父亲、母亲和配偶都为周口市川汇区人，平时都只说周口话。

3. 口头文化发音人

王永光，男，1997 年 6 月出生于河南周口太康县杨庙乡王湾村，小学文化程度，演员。父母和配偶都是周口人，没有长期外出经历，平时只说周口话。提供的调查材料为道情戏：《双拜寿》《王金豆借粮》。

张玉梅，女，1966 年 10 月出生于河南周口太康许寨乡马庄村，小学文化程度，演员。父母和配偶都是周口人，没有长期外出经历，平时只说周口话。提供的调查材料为道情戏：《王宝钏住寒窑》《卖箩筐》《前进路上》。

崔喜爱，女，1957 年 9 月出生于河南周口川汇区陈州社区，小学文化程度，周口市毛纺厂职工。父母和配偶都是周口人，没有长期外出经历，平时只说周口话。提供的调查材料为歌谣。

史国强，男，1956年4月出生于河南周口川汇区人和办事处滩社区，初中文化程度，农民。父母和配偶都是周口人，没有长期外出经历，平时只说周口话。提供的调查材料为歌谣、谚语和规定故事《牛郎和织女》。

李笼，女，1955年5月出生于河南周口川汇区七一路办事处李庄村，小学文化程度，自由职业者。父母和配偶都是周口人，没有长期外出经历，平时只说周口话。提供的调查材料为歌谣、谚语。

贰 声韵调

一 声母（20个，包括零声母在内）

p	八兵病	pʰ	派片爬	m	麦明	f	飞风副蜂肥饭
t	多东毒	tʰ	讨天甜	n	脑南	l	老蓝连路
ts	资早租字贼坐张竹柱争装纸主	tsʰ	刺草寸祠抽拆茶抄初床车春船城	s	丝三酸事山双顺手书十	z	热软用₀
tɕ	酒九	tɕʰ	清全轻权	ȵ	年泥	ɕ	想谢响县
k	高共	kʰ	开			x	好灰活
∅	味问熬月安温王云用₂药						

说明：

1. [ts tsʰ s z]有一套自由变体[tʂ tʂʰ ʂ ʐ]，二者不区别意义，可以自由变读，以读[ts tsʰ s z]为常态。

2. [z]声母的实际音值为[ɹ]。

3. 零声母的开口呼字"牛[ou⁵³]、鹅[ɤ⁵³]、爱[ai³¹]、硬[əŋ³¹]"，发音时喉部略带摩擦。

4. [n ȵ]互补，[n]拼开口呼、合口呼，[ȵ]拼齐齿呼、撮口呼。

二 韵母（37个）

ɿ	师丝试十直尺	i	米戏急七一锡	u	苦五猪骨出谷绿₀	y	雨橘绿₂局
ər	二						
a	茶塔法辣八	ia	牙鸭	ua	瓦刮		
		iɛ	写鞋接贴节			yɛ	靴月
ɔ	宝饱	iɔ	笑桥				
ɤ	歌盒热壳色₂			uo	坐过活托郭国₂	yo	药学
ai	开排色₀白			uai	快国		
ei	赔飞北			uei	对鬼		

ou 豆走　　　　iou 油六

an 南山半　　　ian 盐年　　　　uan 短官　　　yan 权

ən 深根　　　　in 心新　　　　uən 寸滚春　　yn 云

aŋ 糖　　　　　iaŋ 响讲　　　　uaŋ 床王双

əŋ 灯升硬白争横文　iŋ 硬文病星

uŋ 横白东用白　　iuŋ 兄用文

　　　　　　　　　　　　　　　uoŋ 翁

说明：

1. [u]的实际音值接近[ʊ]。

2. [a ia ua]的实际音值是[ᴀ iᴀ uᴀ]。

3. 复元音[ai]有单元音变体[ɛ]。这种变体的出现不是严格意义上的因韵分调，只是在阳平与去声中单元音出现的几率高一些，在阴平和上声中复元音出现的几率更高。准确地讲，周口方言中的这种变化属于自由变体，同一个字在不同语言环境或不同的时间能发出不同的音来，且不具区别意义作用。因此本方言的记音没有设立[ɛ]音位，而是统一记为复元音[ai]。

4. 韵母[uo ou]中的[o]不太圆，介于[ɤ]和[o]之间。

5. [iɛ yɛ]的实际音值是[iᴇ yᴇ]。

6. [ian yan]的实际音值是[iɛn yɛn]。

7. [aŋ iaŋ uaŋ]的实际音值是[ɑŋ iɑŋ uɑŋ]。

8. [iuŋ]中的[i]唇形略圆。

9. "儿耳二"等字音值记为[ər]，去声里的开口度稍大，实际为[ɐ˞]。

10. [i]与[pʰ]相拼，带有摩擦色彩。

11. 韵母增补一个音位[uoŋ]（实际音值为[woŋ]），例字如"翁嗡瓮"，与前有声母的韵母[uŋ]发音有别。

三　声调（4 个）

阴平　24　东该灯风通开天春谷百搭节急哭拍塔切刻麦叶月

阳平　53　门龙牛油铜皮糖红毒白盒罚讨

上声　44　懂古鬼九统苦草买老五有

去声　41　动罪近后冻怪半四痛快寸去卖路硬乱洞地饭树六

说明：

1. 阴平为中升调 24。

2. 阳平是高降调，起点为四个声调的最高点。特点属一种急降调，记为 53。

3. 上声从听感上总体为平调，实际调值略升，接近 34。

4. 去声为中降，记为 41，有时末尾较平或略升。

叁 连读变调

周口市川汇区方言的声调演变规律是：平分阴阳，浊上归去，清入、次浊入归阴平，全浊入归阳平，今共有四个调类：阴平24、阳平53、上声44、去声41。

周口市川汇区方言两字组连读变调基本规律是：去声41调在去声前变读低升调24，即41+41→24+41，其余情况不变调。

现将周口市川汇区方言的两字组连读变调规律列表如下（加粗字体表示变调）：

后字 前字	阴平24	阳平53	上声44	去声41	轻声0
阴平24	24+24 开车 飞机 钢笔	24+53 天桥 高楼 消毒	24+44 山顶 工厂 结果	24+41 花布 山洞 立夏	24+0 兄弟 妈妈 桌子
阳平53	53+24 茶杯 平安 白天	53+53 池塘 银行 食堂	53+44 长短 棉袄 十五	53+41 能干 绸缎 学费	53+0 拿着 爷爷 脖子
上声44	44+24 酒杯 老师 火车	44+53 好人 倒霉 起头儿	44+44 火把 水果 保险	44+41 考试 保护 写字	**53+0** **母狗 醒醒** **嘴水**
去声41	41+24 战争 电灯 让开	41+53 象棋 透明 化肥	41+44 道理 信纸 大小	**24+41** **叹气 半夜** **算卦**	41+0 豆腐 爸爸 卖家儿

周口市川汇区方言中还存在一些特殊变调现象：

（一）前字为阴平、后字为轻声，部分词前字会变读为阳平，即24+0→53+0，如鸡蛋[tɕi⁵³tan⁰]、高兴[kɔ⁵³ɕiŋ⁰]。特别是当前字为来自中古的清入字和次浊入声字时，变调发生的概率较高，如：绿豆[ly⁵³tou⁰]、木匠[mu⁵³tɕiaŋ⁰]、日头[ʐ̩⁵³tʰou⁰]。这种现象仅限于口语中的部分词，不具普遍性，大部分不变调。

（二）后字读轻声的双音节词，轻声的调值根据前字声调略有差别：阴平后的轻声，如桌子的"子"，调值为4；阳平后的轻声，如笛子的"子"，调值为2；上声后的轻声，如底子的"子"，调值为3；去声后的轻声，如豆子的"子"，调值为1。

（三）"一"和"不"的变调。"一""不"在阳平和上声前读原调24，在阴平和去声前变调读上声44。

肆 异读

一 新老异读

周口新老派之间的语音略有不同。在语音系统方面，虽然两派的阳平调都是高降调，并且都记为 53 调，但老男的阳平是一种急降调，而青男的阳平特点是先平后降，实际调值为 553；老男的去声为中降，记为 41，有时末尾较平或略升，而青男的去声为 41，接近 51。老男今零声母的开口呼字"牛[ou^{53}]、鹅[ɤ^{53}]、爱[ai^{31}]、硬[əŋ^{31}]"，发音时喉部略带摩擦，青男差不多都读零声母。

老男和青男之间没有成系统的新老异读，但因所受普通话影响程度不同，有个别字老男和青男存在读音差别，有的字老男一读，青男有两读，有的字老男两读，青男一读，有些字读音不同，表现出了语音发展的阶段性特点。举例如下：

	老男	青男
塔	tʰa^{24}	tʰa^{24}/tʰa^{44}
折	tsɤ^{24}	tsɤ^{24}/tsɤ^{53}
业	iɛ^{24}	iɛ^{24}/iɛ^{41}
法	fa^{24}	fa^{24}/fa^{44}
课	kʰuo^{41}/kʰɤ^{41}	kʰɤ^{41}
蛇	sa^{53}/sɤ^{53}	sɤ^{53}
做	tsu^{41}/tsuo^{41}	tsuo^{41}
类	luei^{41}/lei^{41}	lei^{41}

二　文白异读

周口方言的文白异读比较少，一般为零星的，不成系统。有些文白读两个层次之间的差异与新老派差异重合，此不赘述。有些只在老派中存在，如"课文[kʰɤ^{41}]/课白[kʰuo^{41}]、蛇文[sɤ^{53}]/蛇白[sa^{53}]、做文[tsuo^{41}]/做白[tsu^{41}]、错文[tsʰuo^{41}]/错白[tsʰuo^{24}]、肺文[fei^{41}]/肺白[fi^{41}]、类文[lei^{41}]/类白[luei^{41}]、费文[fei^{41}]/费白[fi^{41}]、肥文[fei^{53}]/肥白[fi^{53}]、尾文[uei^{44}]/尾白[i^{44}]、撞文[tsuaŋ^{41}]/撞白[tsʰuaŋ^{41}]、刻文[kʰɤ^{24}]/刻白[kʰiɛ^{24}]、测文[tsʰɤ^{24}]/测白[tsʰai^{24}]、或文[xuo^{53}]/或白[xuai^{53}]、格文[kɤ^{24}]/格白[kie^{24}]、策文[tsʰɤ^{24}]/策白[tsʰai^{24}]、贞文[tsən^{24}]/贞白[tsən^{24}]、历文[li^{41}]/历白[li^{24}]、永文[iuŋ^{44}]/永白[zuŋ^{44}]、宿文[su^{41}]/宿白[ɕy^{41}]、松文[suŋ^{24}]/松白[ɕiuŋ^{24}]、拥文[iuŋ^{24}]/拥白[zuŋ^{24}]、容文[zuŋ^{53}]/容白[iuŋ^{53}]、用文[iuŋ^{41}]/用白[zuŋ^{41}]、绿文[ly^{24}]/绿白[lu^{24}]、足文[tsu^{24}]/足白[tɕy^{24}]"等。还有个别词在老派和新派中都有文白两个层次，但两派的读音略有差异，如："列"老派读为[lai^{24}白/liɛ^{24}文]，新派读为[liɛ^{24}白/liɛ^{41}文]；"特"老派读为[tʰai^{53}白/tʰɤ^{53}文]，新派读为[tʰɤ^{24}白/tʰɤ^{41}文]；"色"老派读为[sai^{24}白/sɤ^{24}文]，新派读为[sai^{24}白/sɤ^{41}文]。

伍　儿化和小称音

周口川汇区方言有儿化小称变韵，变韵的基本形式是在音节末尾加上卷舌动作，中间牵涉主元音和韵尾的变化。本地 37 韵母中，除[ɚ]和[uəŋ]两个韵母没有儿化韵外，其余 35 个都有儿化韵。其音变规律列表如下：

儿化音变规律表

儿化韵	基本韵	例词
ᴀr	a	刀把儿、渣儿、哪儿、一茬儿、打杂儿
iᴀr	ia	架儿、夹儿、卡儿、匣儿、豆芽儿
uᴀr	ua	褂儿、鸡爪儿、牙刷儿、袜儿、狗娃儿、菜花儿
ɛr	ai	牌儿、袋儿、盖儿、孩儿、寨儿、筛儿
ɛr	an	板儿、盘儿、胆儿、摊儿、篮儿、铲儿、扇儿
iɛr	iɛ	撇儿、碟儿、小鞋儿、叶儿、半截儿、台阶儿
uɛr	uai	拐儿、筷儿、一块儿、乖乖儿
yɛr	yɛ	木橛儿、瘸儿、靴儿、仨俩月儿
iɛr	ian	一点儿、辫儿、面儿、垫儿、链儿、剪儿、馅儿
uɛr	uan	一段儿、罐儿、串儿、丸儿、茶馆儿、好玩儿
yɛr	yan	考试卷儿、花卷儿、一大圈儿、院儿、菜园儿
ɔr	ɔ	包儿、帽儿、刀儿、手套儿、脑儿、稿儿、口罩儿
iɔr	iɔ	瓢儿、苗儿、调儿、挑儿、小鸟儿、料儿
ər	ɿ	挑刺儿、肉丝儿、瓜子儿、没词儿、树枝儿、侄儿、水池儿、没事儿
ər	ei	妹儿、一辈儿、晚辈儿、刀背儿、摸黑儿
ər	ən	盆儿、份儿、树根儿、上身儿、脑门儿、刀刃儿
iər	i	门鼻儿、皮儿、笛儿、蹄儿、小鸡儿、玩意儿
iər	in	林儿、芯儿、脚印儿、妗儿、背心儿
uər	uei	一对儿、穗儿、一会儿、耳坠儿、有味儿
uər	uən	墩儿、轮儿、光棍儿、村儿、孙儿、没准儿
yər	y	钢锯儿、柳絮儿、有趣儿、金鱼儿、小闺女儿
yər	yn	一群儿、合群儿、裙儿、晕晕儿哩
ɣr	ɣ	鸽儿、壳儿、盒儿、个儿、小车儿、唱歌儿
ur	u	铺儿、肚儿、炉儿、裤儿、胡儿、珠儿、屋儿
uor	uo	脖儿、一摞儿、豁儿、桌儿、酒窝儿、大伙儿
yor	yo	豆角儿、小学儿、小脚儿、小药儿

续表

儿化韵	基本韵	例词
our	ou	豆儿、钩儿、猴儿、肘儿、东头儿、门口儿
iour	iou	袖儿、长个瘤儿、抓阄儿、煤球儿、加油儿
ẽr	aŋ	胖儿、房儿、缸儿、一场儿、瓜瓢儿、药方儿
iẽr	iaŋ	箱儿、鞋样儿、唱腔儿、有讲儿、将将儿
uẽr	uaŋ	筐儿、庄儿、鸡蛋黄儿、小床儿
ə̃r	əŋ	板凳儿、绳儿、门缝儿、几层儿、小声儿
iə̃r	iŋ	饼儿、钉儿、镜儿、打鸣儿、蛋清儿、火星儿
uə̃r	uŋ	洞儿、竹筒儿、笼儿、种儿、虫儿、没空儿
yə̃r	iuŋ	哭穷儿

第二十五节 驻马店方音

壹 概况

一 驻马店调查点概况

驻马店位于河南省中南部，属中纬度地区。调查点为驻马店市驿城区，地理坐标为东经 113°57′～114°05′，北纬 32°55′～33°01′。截止到 2015 年，驻马店驿城区总人口为 90 万人，主要民族为汉族。少数民族只有回族，回族人口共计 9.97 万人。调查点所在区域没有少数民族语言，回族人讲汉语。

驻马店驿城区的方言内部总体一致，特别是在方言词汇和语法方面一致性程度较高，语音方面略有差异。根据方言内部语音的差异，驿城区方言可以分为三片：中部、东部和西部。中部是驿城区方言的主体，此片主要包城区的十个街道办事处及其周边相邻地区。方言的主要特点是声母不分舌尖前后音，只有一套[ts tsʰ s]；"客""黑"有[tɕʰie/kʰie]、[ɕie/xie]两读，儿化韵与普通话接近。使用人口约 63 万人，占总人口的 70%。东部指水屯镇以东靠近汝南县境的一些村镇，方言的主要特点是，凡驻马店话[s]声母拼合口呼的音节，在此片一律读[f]声母，如"水[fei]、书[fu]、说[fɛ]、宋[fəŋ]"。另外，此片方言儿化有闪音现象存在。此片使用人口约 8 万人，约占总人口的 9%。西部指靠近遂平县和泌阳县的几个乡镇，方言的特点与中部接近，主要特点是"客"读[tɕʰie]、"黑"读[ɕie]。此片使用人口约19万人,占总人口的21%。

曲艺主要有大鼓书、坠子书和评书,地方戏主要有豫剧、曲剧和越调。各戏曲中,以豫剧最为驻马店人喜闻乐见和普及,几乎人人张口能唱。

二　驻马店方言发音人

1. 方言老男

高会武,1945年8月出生于河南省驻马店市驿城区刘阁街道办事处刘阁村,高中文化程度,河南省驻马店市驿城区刘阁街道办事处干部。1952—1958年在刘阁小学读书;1958—1961年在驻马店市胡庙初中读书;1961—1964年在驻马店市第八高中读书;1966—1976年在刘阁小学担任小学教师;1977—1987年在刘阁乡文化站工作;1988—1998年在刘阁乡土地管理所工作,1998年10月退休。没有长期离开过驻马店,只会说驻马店话。父母都为驻马店市驿城区刘阁街道办事处人,配偶为驻马店市驿城区诸市乡沈楼村人,平时都只说驻马店话。

2. 方言青男

汪烁,1992年2月出生于河南省驻马店市驿城区新华街道办事处,大专文化程度。1999—2005年在驻马店市第三小学读书;2005—2008年驻马店第二初级中学读书;2008—2011年在驻马店市高级中学读书;2011—2014年在郑州旅游职业学院读书;2014年至今在驻马店成胜信息技术服务有限公司工作。会说驻马店话、普通话、英语,平时生活中主要说驻马店话。父母都为河南省驻马店市驿城区人,平时都只说驻马店话。

3. 口头文化发音人

贺学云,女,1956年1月出生于河南省驻马店市平舆县辛店乡两口村,小学文化程度。提供的调查材料为曲剧《李豁子结婚·黑窝窝》。

李小响,女,1961年4月出生于河南省驻马店市汝南县罗店乡张庄村,小学文化程度。提供的调查材料为曲剧《寇准背靴·今晚上这日子实在不好受》。

靳阿慧,女,1988年4月出生于河南省周口市淮阳县新站镇靳湾村,中专文化程度。提供的调查材料为豫剧《泪洒相思地·千悔万错儿招认》《红菊·我要唱》。

柴丽丽,女,1959年5月出生于河南省驻马店市驿城区新华街道办事处,高中文化程度。提供的调查材料为童谣《筛箩箩》《板凳板凳歪歪》。

高会武,男,1945年8月出生于河南省驻马店市驿城区刘阁街道办事处刘阁村,高中文化程度。提供的调查材料为规定故事《牛郎和织女》,其他故事《水牛寺》以及顺口溜《矬大姐》。

贰 声韵调

一 声母（21个，包括零声母在内）

p	八兵病	pʰ	派片爬	m	麦明	f	飞凤副蜂肥饭
t	多东毒	tʰ	讨天甜	n	脑南	l	老蓝连路
ts	资早祖字贼坐	tsʰ	刺草寸祠			s	丝三酸	z 热软
tɕ	酒九	tɕʰ	清全轻权	ȵ	年泥	ɕ	想谢响县
k	高共	kʰ	开			x	好灰活	ɣ 熬安
∅	味问月温王云用药						

说明：

1. 声母[f]发音时上齿与下唇接触轻微，气流的摩擦性较弱，个别人有[f x]相混现象。

2. 声母[ts tsʰ s]有一套音位变体[tʂ tʂʰ ʂ]，具体哪部分字读[tʂ tʂʰ ʂ]无规律可循，也不区别意义。[ts tsʰ s z]发音时舌位稍靠后一些。另外，在儿化韵系统中原读[ts tsʰ s z]的声母偶尔会变读为舌尖后的[tʂ tʂʰ ʂ ʐ]声母，如"虫儿[tʂʰuɐr⁵³]"。这种音变属于儿化音变的伴随特征，在词汇系统中以发音人实际音值记录。这里不把[tʂ tʂʰ ʂ]列在单字音音系中。

3. 舌面声母[tɕ tɕʰ ɕ]在拼撮口呼时，舌面与硬腭的阻碍点较普通话靠后，介于[tɕ c]之音，接近舌面中音[c cʰ ç]。

4. [k kʰ x]拼齐齿呼时实际发音是[c cʰ ç]。

5. [ɣ]声母发音时喉部有摩擦和振动，在去声调中及拼主元音为后元音的韵母时尤其明显，语图中可测出 VOT 为负值。在非去声及韵母的主元音靠前时，浊音不太明显。

6. [n ȵ]互补，[n]拼开口呼、合口呼，[ȵ]拼齐齿呼、撮口呼。

二 韵母（37个）

ɿ	师丝试十直尺	i	米戏急七一锡踢	u	苦五猪骨出谷绿白	y	雨橘绿文局
ər	二						
a	茶塔法辣八	ia	牙鸭	ua	瓦刮		
		ie	写鞋接贴节			ye	靴月
ɛ	开排热白色白白	iɛ	戒	uɛ	快国白		
ɔ	宝饱	iɔ	笑桥				
ɤ	歌盒热文壳色文			uɤ	坐过活托郭国文	yɤ	药学
ei	赔对飞北			uei	鬼		
ou	豆走	iou	油六				

an 南山半	ian 盐年	uan 短官	yan 权
ən 深根	iən 心新	uən 寸滚春	yən 云
aŋ 糖	iaŋ 响讲	uaŋ 床王双	
əŋ 灯升硬白争横文	iəŋ 硬文病星	uoŋ 横白东用	yoŋ 升兄

说明：

1. [a ia ua]的实际音值是[ɑ iɑ uɑ]；[ian yan]的实际音值是[iɛn yɛn]。

2. "波婆馍"等唇音字发音时有[u]介音，与"坐过活"合并，主元音唇形略展，韵母记为[uɤ]。

3. 韵母[ou]中的[o]不太圆，介于[ɤ]和[o]之间。

4. [u]的发音较松，实际音值是[ʊ]；[y]的发音撮唇明显，口形较圆，是典型的前高圆唇元音。

5. 单元音韵母[ɛ ɔ]在去声调中有轻微动程，实际音值是[ɛe ɑɔ]。

6. [ie ye]的实际音值是[iE yE]。

7. [an ian uan yan]和[ən iən uən yən]两套前鼻音韵韵尾有弱化现象，主元音带鼻化色彩，实际音值是[ã iẽn uã yẽn]和[ɔ̃ iɔ̃n uɔ̃n yɔ̃n]。

8. "说"单字音为[sʮE]，因仅此一字，没有单独设置[ʮE]韵母，合并到[uɛ]韵母中。

9. [aŋ iaŋ uaŋ]的实际音值是[ɑŋ iɑŋ uɑŋ]。

三　声调（4个）

阴平 213 东该灯风通开天春统文谷百搭节哭拍塔切刻麦叶月

阳平 53 门龙牛油铜皮糖红讨文急毒白盒罚

上声 44 懂古鬼九统文苦讨文草买老五有

去声 31 动罪近后冻怪半四痛快寸去卖路硬乱洞地饭树六

说明：

1. 部分阴平字[213]的曲折程度有时不太明显，前端稍平接近[113]，但阴平字在二字组连读处在第二字位置时，曲折表现得较为典型。

2. 阳平是高降调，起点为四个声调的最高点，收音处略低于[3]。

3. 上声是半高平调[44]。

4. 去声为低降调[31]，单字表强调时有发成[312]的现象。

叁　连读变调

驻马店方言的声调演变规律是：平分阴阳，浊上归去，清入、次浊入归阴平，全浊入归阳平，今共有四个调类：阴平213、阳平53、上声44、去声31。

现将驻马店方言的两字组连读变调规律列表如下（加粗字体表示变调）：

两字组连读调表

前字\后字	阴平 213	阳平 53	上声 44	去声 31	轻声 0
阴平 213	23+213 开车 飞机 钢笔	213+53 天桥 高楼 消毒	23+44 山顶 工厂 结果	23+31 花布 山洞 立夏	23+4 兄弟 妈妈 桌子
阳平 53	53+213 茶杯 平安 白天	53+53 池塘 银行 食堂	53+44 长短 棉袄 十五	53+31 能干 绸缎 学费	53+2 拿着 爷爷 脖子
上声 44	44+213 酒杯 老师 火车	44+53 好人 倒霉 起头儿	44+44 火把 水果 保险	44+31 考试 保护 写字	53+3 老虎 姐姐 嘴水
去声 31	31+213 战争 电灯 让开	31+53 象棋 透明 化肥	31+44 道理 信纸 大小	23+31 重要 大树 路费	31+1 豆腐 爸爸 卖家儿

驻马店方言两字组连读变调基本规律是：阴平在非阳平前一律变读低升调23，上声在轻声前变读阳平53，去声在去声前变读低升调23，其余情况不变调。双音节词汇中的后字轻声一律标作0。事实上轻声也有调值，调值的高低取决于前字的调值：前字为阴平时，轻声的调值为4；前字为阳平时，轻声的调值为2；前字为上声时，轻声的调值为3；前字为去声时，轻声的调值为1。

肆 异读

一 新老异读

驻马店方言的新老异读主要表现为以下几种情况：

（一）来自假摄的章组字、入声的德陌麦等韵字新老派的韵母读音有别：新派读[ɤ]，与普通话相同，老派读[ɛ]。

	新派	老派
车	tsʰɤ²¹³	tsʰɛ²¹³
蛇	sɤ⁵³	sɛ⁵³
射	sɤ⁴¹	sɛ³¹
得	tɤ²¹³	tɛ²¹³
特	tʰɤ²¹³	tʰɛ²¹³
侧	tsʰɤ⁴¹	tsɛ⁴⁴
测	tsʰɤ²¹³	tsʰɛ²¹³
色	sɤ⁴¹	sɛ²¹³
额	ɤ⁵³	ɣɛ⁴⁴
策	tsʰɤ⁴¹	tsʰɛ²¹³

（二）古效摄字新派读二合元音，老派读单元音。

	新派	老派
宝	pɑɔ⁴⁴	pɔ⁴⁴
抱	pɑɔ⁴¹	pu³¹
毛	mɑɔ⁵³	mɔ⁵³
帽	mɑɔ⁴¹	mɔ³¹
刀	tɑɔ²¹³	tɔ²¹³
讨	tʰɑɔ⁴⁴	tʰɔ⁴⁴
桃	tʰɑɔ⁵³	tʰɔ⁵³
道	tɑɔ⁴¹	tɔ³¹
脑	nɑɔ⁴⁴	nɔ⁴⁴
老	lɑɔ⁴⁴	lɔ⁴⁴
早	tsɑɔ⁴⁴	tsɔ⁴⁴
灶	tsɑɔ⁴¹	tsɔ³¹
草	tsʰɑɔ⁴⁴	tsʰɔ⁴⁴

（三）曾梗摄的入声字，老派读腭化音，新派读如普通话。

	新派	老派
刻	kʰɤ²¹³	tɕʰie²¹³
黑	xei²¹³	ɕie²¹³
格	kɤ⁵³	tɕie²¹³
客	kʰɤ²¹³	tɕʰie²¹³
隔	kɤ²¹³	tɕie²¹³

二 文白异读

	白读	文读
课	kʰuɤ³¹	kʰɤ³¹
车~辆	tsʰɛ²¹³	tsʰɤ²¹³
蛇	sɛ⁵³	sɤ⁵³
射	sɛ³¹	sɤ³¹
做	tsou³¹	tsuɤ³¹
初	tsʰuɤ²¹³	tsʰu²¹³
渠~道	tɕy⁵³	tɕʰy⁵³
比	pei⁴⁴	pi⁴⁴
尾	i⁴⁴	uei⁴⁴
牛	ɣou⁵³	ȵiou⁵³
折~叠	tsɛ²¹³	tsɤ²¹³
深	tsʰən²¹³	sən²¹³

鲜	ɕyan²¹³	ɕian²¹³
列	lɛ²¹³	lie²¹³
舌	sɛ⁵³	sʏ⁵³
设	sɛ³¹	sʏ³¹
热	zɛ²¹³	zʏ²¹³
阔	kʰuʏ²¹³	kʰuʏ³¹
笔	pei²¹³	pi⁵³
轮	lyən⁵³	luən⁵³
佛~像	fu⁵³	fʏ⁵³
秧	zaŋ²¹³	iaŋ²¹³
得	tɛ²¹³	tʏ²¹³
测	tsʰɛ²¹³	tsʰʏ²¹³
色	sɛ²¹³	sʏ²¹³
国	kuɛ²¹³	kʰuʏ²¹³
硬	ɣəŋ³¹	iəŋ³¹
格	tɕie²¹³	kie²¹³
客	tɕʰie²¹³	kʰie²¹³
额	ɣɛ⁴⁴	ɣʏ⁵³
横~竖	xuoŋ³¹	xəŋ³¹
缩	tsʰu²¹³	suʏ²¹³
龙	lyoŋ⁵³	luoŋ⁵³
松~树	ɕyoŋ²¹³	suoŋ²¹³
绿	lu²¹³	ly²¹³
足	tɕy²¹³	tsu²¹³

伍　儿化和小称音

驻马店方言有儿化现象，可以通过儿化表示"小"或"喜爱"之意。37个韵母中，除了[ɚ]和[iɛ]没有儿化韵外，其他韵母的儿化音变规律如下：

儿化音变规律表

儿化韵	基本韵	例词
ɐr	a	刀把儿、渣儿、哪儿、一茬儿
	əɐ	棚儿、小风儿、板凳儿、坑儿、绳儿、门缝儿、信封儿、几层儿、椅子樘儿、小声儿、两生儿三岁
iɐr	ia	架儿、夹儿、匣儿、豆芽儿
	iəi	饼儿、瓶儿、钉儿、领儿、镜儿、杏儿、蝇儿、打鸣儿、鸡蛋清儿、火星儿

续表

儿化韵	基本韵	例词
uɐr	ua	褂儿、鸡爪儿、牙刷儿、狗娃儿
	uoŋ	洞儿、竹筒儿、种儿、虫儿
yɐr	yoŋ	小熊儿、哭穷儿
ɛr	ɛ	牌儿、盖儿、孩儿、筛儿
	an	板儿、摊儿、篮儿、竹竿儿、杆儿
iɛr	ie	撇儿、碟儿、小鞋儿、半截儿
	iɛn	一点儿、瓣儿、面儿、剪儿、馅儿
uɛr	uɛ	拐儿、筷儿、一块儿、乖乖儿
	uan	一段儿、管儿、罐儿、串儿、丸儿、茶馆儿、好玩儿
yɛr	ye	木橛儿、瘸儿、靴儿、仨两月儿
	yan	考试卷儿、花卷儿、一大圈儿、院儿、菜园儿
ɔr	ɔ	包儿、帽儿、桃儿、手套儿、灯泡儿
iɔr	iɔ	瓢儿、调儿、小鸟儿、料儿
ər	ɿ	挑刺儿、石子儿、水池儿、树枝儿
	ei	妹儿、一辈儿、刀背儿
	ən	盆儿、树根儿、上身儿、书本儿、脑门儿、杏仁儿
iər	i	门鼻儿、玩意儿、垫底儿、弟儿们
	iən	林儿、芯儿、脚印儿、妗儿、背心儿
uər	uei	一对儿、穗儿、位儿、耳坠儿、跑腿儿
	uən	墩儿、囤儿、轮儿、光棍儿、捆儿、村儿、孙儿、没准儿
yər	y	驴儿、钢锯儿、有趣儿、小闺女儿
	yən	一群儿、合群儿、裙儿、晕晕儿哩
ɤr	ɤ	盒儿、个儿、小车儿、唱歌儿
uɤr	uɤ	一摞儿、豁儿、桌儿、酒窝儿、脖儿、婆儿、锯末儿、上坡儿、粉末儿
yɤr	yɤ	豆角儿、小药儿、小脚儿、墙角儿
ur	u	铺儿、肚儿、兔儿、屋儿、有数儿

续表

儿化韵	基本韵	例词
our	ou	豆儿、钩儿、猴儿、胳膊肘儿、老头儿、小偷儿、门口儿
iour	iou	袖儿、长个瘤儿、扎个鬏儿、煤球儿、加油儿
ẽr	aŋ	胖儿、房儿、缸儿、一场儿、瓜瓢儿、药方儿
iẽr	iaŋ	箱儿、鞋样儿、唱腔儿、有讲儿、将将儿
uẽr	uaŋ	筐儿、庄儿、鸡蛋黄儿、小床儿

第二十六节　长葛方音

壹　概况

一　长葛调查点概况

长葛位于河南省中部，许昌市北部，地理坐标为北纬 34°09′~34°20′、东经 113°34′~114°08′，处于豫西山区向豫东平原过渡地带，现属河南省许昌市管辖。截止到 2020 年底，长葛总人口为 71 万人，主要民族为汉族。另有回族、维吾尔族等 25 个少数民族，共 11241 多人。市内没有少数民族语言分布。长葛方言属于中原官话南鲁片。

长葛市区共辖 4 个街道、12 个镇，均使用长葛方言。内部语音差别不大，但新老派在尖团方面和知庄章组的演化方面有不同。老派尖团分明，新派已经合流都读舌面音。老派知庄章分化为[ts tsʰ s z]和[tʂ tʂʰ ʂ ʐ]，而新派或有两读，或都读成[tʂ tʂʰ ʂ ʐ]。

长葛方言说唱艺术与周边其他县市的说唱艺术大体相同，主要有豫剧、曲剧、越调、河南坠子等。这些地方戏以民间自发组成的社团为主，主要以活动和娱乐形式展开。传唱人以中老年为主，青年爱好者极少。

二　长葛方言发音人

1. 方言老男

贾保顺，1954 年 2 月出生于长葛市老城镇东关村，初中文化程度。1962 年 9 月至 1964 年 6 月就读于长葛城关小学，1964 年 9 月至 1967 年 6 月就读于长葛东关小学，1967 年 9 月至 1970 年 6 月就读于长葛五七中学，1970 年 7 月至今在家务农。没有长期离开过长葛，只会说长葛话。父亲为长葛东关村人，母亲为长葛老城镇岗张人，配偶为长葛东关村人，平时都只说长葛话。

2. 方言青男

陈辉良，1990年4月出生于长葛老城东关村，初中文化程度。1997年9月至2002年6月就读于长葛东关小学，2002年9月至2005年6月就读于长葛实验中学，2005年6月至2007年6月在家待业，2007年6月至2009年7月在长葛东关酒精厂工作，2009年8月至今在长葛煤雪电器做电焊工。没有长期离开过长葛，会说长葛话和普通话，平时生活中主要说长葛话。父亲为长葛老城东关村人，母亲为长葛老城毛庄人，平时都只说长葛话。

3. 口头文化发音人

武松岭，女，1957年6月出生于河南长葛市老城镇东关村，高中文化程度。小学、中学都在长葛上学。父亲为长葛老城镇东关村人，母亲为长葛老城镇大赵庄人，配偶为长葛市老城镇北街村人。没有长期外出经历，平时只说长葛话。提供的调查材料为歌谣0001～0006，自选条目0021、0037～0064。

陈宝花，女，1966年2月出生于长葛老城镇北街村，初中文化程度，农民，戏曲爱好者。父母都为长葛老城人，配偶为老城镇北街村人。小学、中学都在长葛读书，没有离开过长葛，平时生活中只说长葛话。提供的调查材料为自选条目0031曲剧《扶贫下乡·锣鼓声声震天响》，自选条目0032曲剧《刘公案·太阳出来一点红》，自选条目0036快板儿《歌颂十九大·走上台问声好，先谢谢评委和领导》。

张会菊，女，1962年12月出生于长葛市老城镇和平村，初中文化程度，农民，戏曲爱好者。没有长期外出经历，平时只说长葛话。提供的调查材料为自选条目0033曲剧《秦香莲·说什么一步走错祸临身》。

张庭阳，男，1953年7月出生于长葛老城镇和平村，初中文化程度，农民，戏曲爱好者。父母都是长葛老城镇人，没有长期外出经历。提供的调查材料为自选条目0034豫剧《李双双·哇哇地里好庄稼》。

路长喜，男，1931年1月出生于长葛老城镇和平村，小学文化程度，农民，戏曲爱好者。没有长期外出经历。提供的调查材料为自选条目0035豫剧《七品芝麻官·锣鼓喧天齐把道喊》。

贰　声韵调

一　声母（24个，包括零声母在内）

p	八兵病	p^h	派片爬	m	麦明	f	飞凤副蜂肥饭
t	多东毒	t^h	讨天甜	n	脑南	l	老蓝连路
ts	资早祖酒字贼坐争纸	ts^h	刺草寸清全祠拆茶抄	s	丝三酸想谢事山		
tʂ	张竹柱装主	$tʂ^h$	抽初床车春船城	ʂ	双顺手书十	ʐ	热软

tɕ	九	tɕʰ	轻权	ȵ	年泥	ɕ	响县
k	高共	kʰ	开			x	好灰活	ɣ	熬安
∅	味问月温王云用药

说明：

1. [n]拼开口呼和合口呼，发音部位比较靠后，接近[ŋ]。[n]拼齐齿呼和撮口呼，二者互补分布，不构成音位上的对立，但音色差异明显。

2. [ts tsʰ s]与细音相拼时，有些字有腭化的色彩，如"酒、全、签、浸"，有个别字完全腭化，比如"进、松松树、粽、足满足"，腭化字的声母直接记为[tɕ tɕʰ ɕ]。

3. 今开口呼韵母自成音节时前面有个浊擦音 ɣ，但有时摩擦比较轻微。

4. [ts tsʰ s]的发音部位舌尖位置稍靠后。

5. [tʂ tʂʰ ʂ ʐ]发音时舌尖翘起的部位略微靠后，在硬腭中部。

二　韵母（41 个，包括自成音节的[l̩]在内）

ɿ	师丝试	i	米戏飞急七一锡踢	u	苦五猪骨出谷六白	y	雨橘绿局
ʅ	十直尺						
ʮɛ	说						
a	茶塔法辣八	ia	牙鸭	ua	瓦刮		
ɛ	色白	iɛ	写接贴节	uɛ	国白	yɛ	靴月
ɤ	歌盒壳			uɤ	坐过活托郭国文	yɤ	药学
ai	开排	iai	鞋	uai	快		
ei	赔北			uei	对鬼		
au	宝饱	iau	笑桥				
ou	豆走	iou	油六文				
an	南山半	ian	盐年	uan	短官	yan	权
ən	深根	iən	心新	uən	寸滚春	yən	云
aŋ	糖	iaŋ	响讲	uaŋ	床王双		
əŋ	灯升硬争横文	iəŋ	病星	uəŋ	横白东	yəŋ	兄用
l̩	二						

说明：

1. [a]包括四个音值，在[ai uai an uan]里是[a]，在[ian yan]里是[ɛ]，在[a ia ua]里是[ʌ]，在[au iau aŋ iaŋ uaŋ]里是[ɑ]，它们没有对立，统一记为[a]。

2. [uɤ yɤ]中的[ɤ]舌位略前略低。[uɤ]与唇音声母相拼时实际读音为[ᵘɤ]，如婆[pʰᵘɤ⁵²]、磨[mᵘɤ³¹]，与韵母[uɤ]读音差别不大，这里合并为[uɤ]。单字、词汇、语法例句及其他材料中都记成[uɤ]。

3. [au]与[iau]中[au]的实际音值为[iaʊ]。

4. [iəŋ uəŋ yəŋ]实际音值为[iᵊŋ uᵊŋ yᵊŋ]，其中[uəŋ yəŋ]中的[ə]唇形较圆，接近[o]。

三　声调（4个）

阴平 24　东该灯风通开天春谷百搭节哭拍塔切刻麦叶月统ᵪ
阳平 52　门龙牛油铜皮糖红急毒白盒罚讨
上声 44　懂古鬼九统ᵪ苦草买老五有
去声 31　动罪近后冻怪半四痛快寸去卖路硬乱洞地饭树六

说明：

1. 阴平为缓升调，前段略平，近似于224，记为24。
2. 阳平为高降调，降幅较大，记为52，偶尔也读51。
3. 去声有时尾部略带一点拖音，拖音时接近于311，记为31。

叁　连读变调

两字组连读调表

前字＼后字	阴平 24	阳平 52	上声 44	去声 31	轻声 0
阴平 24	24+24 飞机 阴天 杀猪 **22+24** 东关	24+52 月食 天明 说媒	24+44 失火 热水 辣酒	24+31 冬至 猪圈 猜谜	24+0 木梳 星星 沙子 **52+0** 日头 节气 绿豆
阳平 52	52+24 茅厕 洋灰 厨屋	52+52 洋油 鱼鳞 学徒	52+44 苹果 年底 黄酒	52+31 难受 埋怨 学校	52+0 南瓜 舌头 头发
上声 44	44+24 水坑 火车 老鳖	44+52 鲤鱼 母牛 打牌	**52+44** 打闪 洋碱 米酒 **52+24** 姥姥 奶奶	44+31 水坝 往后 扫地	44+0 暖和 尾巴 手巾 **52+0** 老鼠 韭菜 牡丹
去声 31	31+24 豆浆 喂猪 号脉 33+24 细心	31+52 大油 放牛 肚疼 33+52 地图 二十	31+44 大水 中暑 下雨	24+31 地震 放屁 看病	231+0 外人 露水 料理

说明：

长葛老男的两字组阴平+阴平有两组连调模式，一种是不变调，另一种是 22+24，目前发现这种变调词语很少。阴平+轻声的连调模式也有两种。一种是前字不变，另一种是前字变读为降调，即 52+0 这种变调模式一般前字为入声字。上声+上声连读时，有两种变调，一种是前字变读为降调，与阳平+上声相同，记为 52+44，如"打闪""米酒"。另一种为 52+24，如"姥姥""奶奶"。上声+轻声有两组变调模式，其中 52+0 组变调没有发现规律。去声+阴平也有两种连调模式，一种为不变调，另一种为 33+24，也只发现"细心"等少数变读情况。去声+阳平也有两种连调模式，即 31+52 和 33+52，后一种情况很少，只发现了"地图""二十"等少数几个。去声+去声都变读为 24+31，如"地震""放屁"等。去声后为轻声的连调模式为 231+0，这种变调比较特殊，体现了长葛方言的特色。

此外，长葛方言中有一些特殊的三字组变调情况，比如"甜秫秆 52+52+44"变读为 24+52+0，"月奶奶 24+44+44"变读为 24+44+24 等，与两字组变调不同。

肆　异读

一　新老异读

长葛方言新老派之间的语音略有不同。在语音系统方面，成系统的区别是老派分尖团，新派已经不分尖团。老派音系中有些读[ts tsʰ s]的字，因受普通话影响在新派中有[ts tsʰ s] 和[tʂ tʂʰ ʂ z]两读，如"争、纸、拆、茶、抄、事、山"。老男读[ɛ]韵的字，青男大部分有两读，即[ɛ]/[ɤ]。另外，老男今开口呼韵母自成音节时读[ɣ]声母，青男读零声母。此外，还有个别字老男和青男存在读音差别，有的字老男一读，青男有两读，有的字老男两读，青男一读，有些字读音不同，表现出了语音发展的阶段性特点。举例如下：

	老男	青男
酒	tsiou⁴⁴	tɕiou⁴⁴
清	tsʰiəŋ²⁴	tɕʰiəŋ²⁴
全	tsʰyan⁵²	tɕʰyan⁵²
茶	tsʰa⁵²	tsʰa⁵²/tʂʰa⁵²
争	tsəŋ²⁴	tsəŋ²⁴/tʂəŋ²⁴
山	san²⁴	san²⁴/ʂan²⁴
车	tʂʰɛ²⁴	tʂʰɛ²⁴/tʂʰɤ²⁴
国	kuɛ²⁴	kuɛ²⁴/kuɤ²⁴
特	tʰɛ²⁴	tʰɛ²⁴/tʰɤ³¹
握	nuɤ²⁴/uɤ²⁴	uɤ²⁴
恩	ɣən²⁴	ən²⁴

二 文白异读

长葛方言的文白异读一般为零星的，不成系统，如"做白[tsu³¹]/做文[tsuɤ³¹]、街白[tɕiai²⁴]/街文[tɕiɛ²⁴]、鞋白[ɕiai⁵²]/鞋文[ɕiɛ⁵²]、抱白[pu³¹]/抱文[pau³¹]、寻白[siən⁵²]/寻文[syən⁵²]"等。有些文白读两个层次之间的差异与新老派差异重合，此不赘述。有些只在老派中存在，如"横白[xuən³¹]/横文[xən³¹]、握白[nuɤ²⁴]/握文[uɤ²⁴]"等。

伍 儿化和小称音

儿化音变规律表

儿化韵	基本韵	例词
ɐr	a	话把儿、办法儿
	ɛ	颜色儿、瓶塞儿
	ai	瓶盖儿、鞋带儿
	an	一半儿、冰冰蛋儿
iɐr	ia	豆芽儿、书架儿
	iɛ	树叶儿、一截儿
	iai	小鞋儿
	ian	药面儿、馅儿、笔尖儿、河边儿
uɐr	ua	红花儿、牙刷儿
	uai	一块儿、竹筷儿
	uan	拐弯儿、玩儿、官儿
yɐr	yɛ	小雪儿、做小月儿
	yan	一卷儿、圆圈儿
ər	ɿ	瓜子儿、铁丝儿
	ʅ	小侄儿、树枝儿
	ei	一辈儿、刀背儿
	ən	年根儿、课本儿
iər	i	苹果皮儿、小椅儿、一滴儿
	iən	捎信儿、皮筋儿
uər	uei	那会儿、一对儿
	uən	木棍儿、一捆儿
	uɛ	小说儿
yər	y	小鱼儿、小曲儿
	yən	花裙儿、小云儿人名

续表

儿化韵	基本韵	例词
ɔr	ɤ	唱歌儿、烟盒儿
	ɑɔ	外号儿、小刀儿
	ɑŋ	白菜帮儿、药方儿
	əŋ	过生儿、门缝儿、水坑儿
iɔr	iɑɔ	麦苗儿、小鸟儿
	iɑŋ	鞋样儿、小箱儿
	iəŋ	清明儿、小名儿
uɔr	uɤ	酒窝儿、插座儿
	uɑŋ	小床儿、小筐儿
	uəŋ	小桶儿、有空儿
yɔr	yɤ	木橛儿、菜角儿
ur	u	小兔儿、小路儿
ou	our	河沟儿、小偷儿
iou	iour	小球儿、小酒儿、一溜儿

说明：

基本韵[ər uɛ ɜu yəŋ]没有对应的儿化词。

陆　其他主要音变

一　D变韵

D变音是位于动词、形容词后的虚成分与动词、形容词进一步融合的音变现象，其功能相当于普通话动词、形容词后边的"了₁、在/到、着"等虚成分。D变韵的范围涉及动词、形容词、介词、副词和地名词，其中介词、副词是动词或形容词音变的痕迹遗留，不表示语法意义。地名词也是合音音变，不表示语法意义。动词和形容词变韵可以表示体意义、格意义、程度意义和祈使语气意义。长葛方言D变韵也非常成系统，与基本韵有整齐的对应关系。具体音变如下：

D变韵规律表

D变韵	基本韵	例句
ʅɛ	ʅ	他家一下ᶻ死ᴰ仨猪。
ʅɛ	ʅ	你才吃ᴰ一碗米了，再吃一碗吧。

续表

D 变韵	基本韵	例句
uə	u	输 ᴰ 一百块钱。
ɔ	aɔ	我给你熬 ᴰ 点儿中药，你喝喝试试。
ɔ	ou	他偷 ᴰ [人家]一辆洋车儿。
ɔ	aŋ	床上躺 ᴰ 个老人。
ɔ	əŋ	这个手巾肮脏了，扔 ᴰ 它吧。
iɔ	iaɔ	小张夜个钓 ᴰ 一条大鱼，我没钓着。
iɔ	iou	那个信我邮 ᴰ 走了。
iɔ	iaŋ	他家养 ᴰ 一条狗。
iɔ	iəŋ	这个月他请 ᴰ 两回客。
uɔ	uaŋ	我哩书包儿忘 ᴰ 那儿了。
uɔ	uəŋ	他盖=家种 ᴰ 十几亩地。
yɔ	yəŋ	我用 ᴰ 两天他嘞电脑。
ɛ	ai	上一会只买 ᴰ 一本儿书，今个得多买几本儿。
ɛ	ei	老师是不是给 ᴰ 你一本厚书呀？
ɛ	an	学校嘞人都给教室安 ᴰ 上空调了。
ɛ	ən	老王跟 ᴰ 老张一般高儿。
iɛ	i	你比 ᴰ 我高，他比 ᴰ 你还高。 他跟 ᴰ 个病人样嘞倚 ᴰ 那沙发上。
iɛ	ian	老师叫 ᴰ 我去填 ᴰ 个表儿。
iɛ	in	亲 ᴰ 他一口。
uɛ	uai	小明的包 ᶻ 叫[人家]抢跑了，人也争一点儿叫[人家]打坏 ᴰ。
uɛ	uei	这个事儿你对 ᴰ 他说了冇？
uɛ	uan	他坐上最后一辆车走了，我晚 ᴰ 一步，我只能[自家]慢 ᴰ 点儿往学走了。
uɛ	uən	我问 ᴰ 两人了都没有问[出来]。
yɛ	y	上个月我去 ᴰ 一趟 ᶻ 北京。
yɛ	yan	我劝 ᴰ 他两句，他还不愿意我嘞。
yɛ	yən	我哩头都晕 ᴰ 一天了。

说明：

在 D 变音系统中，也有些语音形式与其基本韵相同，即零形式变音。长葛方言的 D 变音系统中共有 11 个零形式变音，即[a ia ua ɤ uɤ yɤ ɛ iɛ uɛ yɛ ʯɛ]。[l̩ iai]韵没有发现 D 变韵例子。D 变音在词汇、语法部分以及口头文化部分记为上标的 D。

二 "一""不"音变

在语流中，"一[i²⁴]"和"不[pu²⁴]"要发生变调。一般情况下，在阴平、阳平、上声前边读原调 24，如"一天[i²⁴tʰian²⁴]""一男一女[i²⁴nan⁵²i²⁴ȵy⁴⁴]""不吸[pu²⁴ɕi²⁴]""不来[pu²⁴lai⁵²]""不好[pu²⁴xau⁴⁴]"。在去声前面读降调，但降幅没有那么明显，语流中记作 52，如"一个[i⁵²kɤ³¹]""不快[pu⁵²kʰuai³¹]"。

三 合音音变

长葛方言合音音变非常丰富，除了以上儿化音变之外，两字组甚至更多字组的合音也较为常见，合音中甚至出现了基本音系中没有的音节，如[o]，这里列举出一些常用的：

[知道][tʂo⁵²]　　　　[起来][tɕʰiai⁴⁴]

[出来][tʂʰuai⁴⁴]　　　[里头][liou⁴⁴]

[底下][tia⁵²]　　　　[不要][pɔ⁵²]

[这个][tʂuɤ³¹]　　　　[那个][nuɤ³¹]

[哪个][nuɤ⁴⁴]　　　　啥[ʂa³¹]（"什么"的合音）

镇[tʂən³¹]（"这么"的合音）

恁[nən³¹]（"那么"的合音）

合音音变在词汇、语法和口头文化中按实际音值记录。

第二十七节 泌阳方音

壹 概况

一 泌阳调查点概况

泌阳位于河南省驻马店市西南部，地处南阳盆地东隅，地理坐标为东经113°52′～115°02′，北纬32°34′～33°09′，属中纬度地区，现属河南省驻马店市管辖。截止到 2017 年底，泌阳总人口为 93.04 万人，其中汉族 92.3 万人，占 99.20%；回族 7400 人，占 0.80%。调查点所在区域没有少数民族语言分布。

泌阳县下辖 3 个街道、11 个镇、8 个乡，本书调查点为古城街道办事处、新华居委会、泌水镇。泌阳方言的内部差别主要表现为城乡差别和新老派差别。中古止摄的日母字在城关三个街道办事处大都出现了[l̩ ɚ]两读：单字音读[ɚ]，词汇中读[l̩]。城关以外的其他乡镇都只有[l̩]一读。全县方言分尖团，但县城中新派方言的尖音已开始消失，老派则保留尖团对立，城关以外的其他乡镇尖团区分严明。其他方面全县方言内部高度一致。泌阳主要有大调曲子、曲剧、豫剧和坠子书。流行较广的是曲剧和豫剧，妇孺皆知。最具地方特色的是大调曲子和坠子书。在民间，坠子书是最受欢迎的曲艺形式。

二 泌阳方言发音人

1. 方言老男

袁海建，1963年3月出生于泌阳泌水镇，高中文化程度，至上小学一直在本地生活。1970—1975年，在泌阳三小读小学；1975—1977年，在泌阳县遵义中学读初中；1977—1980年，在泌阳县第一高中读高中；1980年通过招工进入泌阳县建筑社做木工工人，1985年辞职，然后自由经商至今。会说泌阳话、地方普通话，现在主要说泌阳话。父亲为泌阳县古城街道办事处人，说泌阳话，母亲为泌阳县杨集乡人，说泌阳话，配偶为泌阳县古城街道办事处人，说泌阳话。

2. 方言青男

焦成伟，1992年2月出生于泌阳县花园街道办事处，高中文化程度，至上小学一直在本地生活。1998—2004年，在泌阳县泌水五小读小学；2004—2007年，在泌阳县泌水三中读初中；2007—2010年，在泌阳县第一高级中学读高中；2010年11月至今在泌阳县文化馆上班。会说泌阳话、普通话，现在主要说泌阳话。父母都为泌阳县花园街道办事处人，说泌阳话。

3. 口头文化发音人

张振甫，男，1955年10月出生于河南省泌阳县双庙乡桑盘村，小学文化程度，民间艺人，提供的调查材料为《柳树空》《刘秀劫饭》《小分队出发到林海雪原》《罗成算卦》《初三、十三、二十三》。

禹建民，女，1957年2月出生于河南省泌阳县古城街道办事处，小学文化程度，工人，提供的调查材料为《筛罗罗》《老白猫》《孤男寡女》。

袁海建，男，1963年3月出生于河南省泌阳县古城街道办事处新华居委会，高中文化程度，自由职业者，提供的调查材料为歌谣《山老鸹儿》《种瓜》。

贰 声韵调

一 声母（24个，包括零声母在内）

p 八兵病	pʰ 派片爬	m 麦明	f 飞风副蜂肥饭
t 多东毒	tʰ 讨天甜	n 脑南	l 老蓝连路
ts 资早租字贼坐	tsʰ 刺草寸清全祠		s 丝三酸想谢

tʂ	张竹柱争装纸主	tʂʰ	抽拆茶抄初床车春船城	ʂ 事山双顺手书十	ʐ	热软用
tɕ	九	tɕʰ	轻权	ɲ 年泥	ɕ	想谢响县
k	高共	kʰ	开	x 好灰活	ɣ	熬安
∅	味问温王云药					

说明：

1. 声母分尖团，尖音发音时舌尖和舌叶同时上抬，阻碍点比[ts tsʰ s]靠后。

2. 与别的方言相比，擦音声母[f s ʂ ɕ x]发音时时长较长、摩擦较重、气流较强。

3. 普通话零声母的开口呼字，在泌阳话中发音时喉部有摩擦。语图显示已无浊音声母，但为突出这一发音特点，这里记作[ɣ]声母。如"牛[ɣou⁵³]、鹅[ɣɣ⁵³]、爱[ɣɛ³¹]、硬[ɣəŋ³¹]"。

4. [n ɲ]互补，[n]拼开口呼、合口呼，[ɲ]拼齐齿呼、撮口呼。

二 韵母（38个）

ɿ	丝	i	米戏飞白急七一锡	u	苦五猪骨出谷绿白	y	雨橘绿文局
ʅ	二白						
ʅ	师试十直尺						
ər	二文						
a	茶塔法辣八	ia	牙鸭	ua	瓦刮		
ɛ	开排色	iɛ	写鞋接贴节	uɛ	快国白		
ɣ	歌盒热壳			uo	坐过活托郭国文	yo	靴月药学
ei	赔对飞文北			uei	对文鬼		
ɔ	宝饱	iɔ	笑桥				
ou	豆走	iou	油				
an	南山半	ian	盐年	uan	短官	yan	权
ən	深根	in	心新	uən	寸滚春	yn	云
aŋ	糖	iaŋ	响讲	uaŋ	床王双		
əŋ	灯升硬白争横文	iŋ	硬文病星	uŋ	横东用		
		iuŋ	兄	uoŋ	翁		

说明：

1. [u]的发音也较松，实际音值是[u̜]。

2. [ʅ]是个声化韵，单字音已很少读，在词汇中存在较为普遍。

3. [a ia ua]的实际音值是[ᴀ iᴀ uᴀ]。

4. [ɣ]与声母[tʂ tʂʰ ʂ ʐ]相拼时，记为[tʂɣ tʂʰɣ ʂɣ ʐɣ]，实际音值是[tʂɹ̩ɣ tʂʰɹ̩ɣ ʂɹ̩ɣ ʐɹ̩ɣ]，如"蔗车热设"等字。

5. "波婆馍"等唇音字发音时有[u]介音，韵母记为[uo]，实际音值是[u̜o]。

6. 韵母[uo ou]中的[o]，舌位较低，唇形略展。

7. [iɛ]的实际音值是[iE]。

8. [an ian uan yan]和[ən in uən yn]两套前鼻音韵，主元音略有鼻化色彩。

9. [ian yan]的实际音值是[iɛn yɛn]。

10. [aŋ iaŋ uaŋ]的实际音值是[ɑŋ iɑŋ uɑŋ]。

三 声调（4个）

阴平 24　东该灯风通开天春谷百搭节哭拍塔切刻麦叶月

阳平 53　门龙牛油铜皮糖红讨急毒白盒罚

上声 44　懂古鬼九统苦草买老五有

去声 31　动罪近后冻怪半四痛快寸去卖路硬乱洞地饭树六

说明：

1. 阴平调起始时有较短的半低平阶段，有时会呈略降形态，调值接近224，这里记为24。

2. 阳平是高降调，起点为四个声调的最高点，起始时有短暂的高平段，实际调值接近553，记为53。

3. 上声总体是半高平调44，部分字常有升幅，接近34。

4. 去声为低降调31，有时调值接近41。单字表强调时有发成312的现象。

叁　连读变调

两字组连读调表

前字＼后字	阴平 24	阳平 53	上声 44	去声 31	轻声 0
阴平 24	24＋24 开车 飞机 钢笔	22＋53 天桥 高楼 消毒	22＋44 山顶 工厂 结果	24＋31 花布 山洞 立夏	22＋0 兄弟 妈妈 桌子
阳平 53	53＋24 茶杯 平安 白天	53＋53 池塘 银行 食堂	53＋44 长短 棉袄 十五	53＋31 能干 绸缎 学费	53＋0 拿着 爷爷 脖子
上声 44	44＋24 酒杯 老师 火车	44＋53 好人 倒霉 起头儿	44＋44 火把 水果 保险	44＋31 考试 保护 写字	44＋0 母亲 顶上 嘴水
去声 31	31＋24 战争 电灯 让开	31＋53 象棋 透明 化肥	31＋44 道理 信纸 大小	24＋31 愿意 后代 路费	31＋0 豆腐 爸爸 卖家儿

说明：

泌阳方言的声调演变规律是：平分阴阳，浊上归去，清入、次浊入归阴平，全浊入归阳平，今共有四个调类：阴平 24、阳平 53、上声 44、去声 31。

泌阳方言两字组连读变调基本规律是：阴平在阳平、上声和轻声前变读为低平带微降调，这里记为 22，即 24＋53→22＋53、24＋44→22＋44、24＋0→22＋0；去声 31 调在去声前变读低升调 24，即 31＋31→24＋31。其余情况不变调。

泌阳方言中还存在一些特殊变调现象：

（一）前字为阴平、后字为轻声，部分词前字会变读为阳平，即 24＋0→53＋0，如"鸡蛋[tɕi⁵³tan⁰]、车票[tʂʰɤ⁵³pʰiɔ⁰]、冬至[tuŋ⁵³tʂʅ⁰]、高兴[kɔ⁵³ɕiŋ⁰]"。特别是当前字为来自中古的清入字和次浊入声字时，变调发生的概率较高，如："绿豆[ly⁵³tou⁰]、木匠[mu⁵³tɕiaŋ⁰]、铁匠[tʰiɛ⁵³tɕiaŋ⁰]、日头[zʅ⁵³tʰou⁰]"。但这种现象仅限于口语中的部分词，不具普遍性，大部分不变调。

（二）有些变调仅出现于个别口语词中，无规律可言，属特殊词汇变调。如："哭穷[kʰu⁴⁴tɕʰiuŋ⁰]、一路儿[i⁴⁴luɻ²⁴]、天气[tʰian²⁴tɕʰi⁴⁴]、布袋儿[pu³¹tɜɻ⁵³]、眉头[mei²⁴tʰou⁵³]"。

（三）泌阳话中后字读轻声的双音节词，轻声的调值根据前字声调略有差别：阴平后的轻声，如桌子的"子"，调值为 4；阳平后的轻声，如笛子的"子"，调值为 2；上声后的轻声，如底子的"子"，调值为 3；去声后的轻声，如豆子的"子"，调值为 1。

（四）"一"和"不"的变调。"一""不"在阳平和上声前读原调 24，在阴平和去声前变调读上声 44。

肆　异读

一　新老异读

无。

二　文白异读

	白读	文读
课	kʰuo³¹	kʰɤ³¹
对	tei³¹	tuei³¹
岁	sei³¹	suei³¹
肺	fi³¹	fei³¹
二	ʅ³¹	ər³¹
耳	ʅ⁴⁴	ər⁴⁴
嘴	tsei⁴⁴	tsuei⁴⁴
随	sei⁵³	suei⁵³

醉	tsei³¹	tsuei³¹
水	ʂei⁴⁴	ʂuei⁴⁴
飞	fi²⁴	fei²⁴
费	fi³¹	fei³¹
肥	fi⁵³	fei⁵³
尾	i⁴⁴	uei⁴⁴
牛	ɣou⁵³	n̡iou⁵³
寻	sin⁵³	syn⁵³
深	tʂʰən²⁴	ʂən²⁴
列	lɛ²⁴	liɛ²⁴
秧	zaŋ²⁴	iaŋ²⁴
撞	tʂʰuaŋ³¹	tʂuaŋ³¹
式	tʂʰʅ³¹	ʂʅ³¹
国	kuɛ²⁴	kuo²⁴
或	xuɛ⁵³	xuo⁵³
硬	ɣəŋ³¹	iŋ³¹
格	kɛ²⁴	kɤ²⁴
客	kʰɛ²⁴	kʰɤ²⁴
额	ɣɛ⁴⁴	ɣɤ⁴⁴
隔	kɛ²⁴	kɤ²⁴
横~竖	xuŋ³¹	xəŋ³¹
弄	nəŋ³¹	nuŋ³¹
宿住~	sy²⁴	su²⁴
缩	tʂʰu²⁴	ʂuo²⁴
龙	liuŋ⁵³	luŋ⁵³
松~树	siuŋ²⁴	suŋ²⁴
绿	lu²⁴	ly²⁴
足	tsy²⁴	tsu²⁴
褥	lu²⁴	zu²⁴

三 其他异读

无。

伍 儿化和小称音

泌阳方言有儿化小称音变现象，38个韵母中除[ər]、[uoŋ]和[iuŋ]外，其余34个韵母均有儿化韵。根据儿化韵的发音特征，泌阳方言的儿化小称音变可以分两类：一类是带闪音的儿化，一类是不带闪音的儿化。

（1）带闪音的儿化

泌阳方言的部分音节儿化后有闪音。闪音附着在音节末尾，舌尖闪动轻微，是一种不太典型的单音节型儿化。从发音部位看，发音的主动调音器官是舌尖，被动调音部位在齿龈后，我们用[ɻ]来标记这种闪音；从发音的方法上看，在音节发音结束时，舌尖向后、向上快速抬起，形成轻微颤动，时间短暂且伴随舌尖的弹动，有时带有轻微刮擦硬腭的动作。

需要说明的是：这种闪音在泌阳话中已呈衰减趋势，城关保留得相对较少，县城南部较为偏远的乡镇保留得相对较多。发音时，老年人带闪音的几率较大，年轻人较小。有些音或闪或不闪呈自由变体，但能感受到舌尖位置较为靠后。

闪音的出现以声母和韵母为条件：舌尖声母[t tʰ n l ts tsʰ s]和舌面声母[tɕ tɕʰ ɕ]所拼音节儿化时都会带闪音；唇音声母中，[p pʰ m]与非齐齿呼、撮口呼相拼不带闪音，只有[f]拼开口呼的部分音节可以带闪音；舌尖后声母[tʂ tʂʰ ʂ ʐ]和舌根音声母[k kʰ x]不带闪音；韵母中，齐齿呼和撮口呼的儿化韵都会带闪音。其规律表列如下：

	开口呼	齐齿呼	合口呼	撮口呼
p pʰ m	不闪	闪	不闪	闪
f	闪/不闪	—	不闪	—
t tʰ n l	闪	闪	闪	闪
ts tsʰ s	闪	闪	闪	闪
tʂ tʂʰ ʂ ʐ	不闪		不闪	
tɕ tɕʰ ȵ ɕ	—	闪	—	闪
k kʰ x	不闪		不闪	
∅	不闪	闪	不闪	闪

现将泌阳方言的儿化闪音情况列表如下：

儿化闪音音变规律表

儿化韵	基本韵	例词
ɻ	a	哪儿、那儿、打杂儿、没法儿
	ɛ	塑料袋儿、小菜儿
	an	胆儿、摊儿、篮儿、小三儿、雨伞儿、一点儿
	aŋ	药方儿、喝汤儿
	əŋ	板凳儿、几层儿、门缝儿、信封儿

续表

儿化韵	基本韵	例词
iɛʵ	ia	支架儿、书夹儿、发卡儿、小匣儿、豆芽儿
	iɛ	撒儿、碟儿、小鞋儿、叶儿、半截儿、台阶儿
	ian	辫儿、片儿、面儿、垫儿、帘儿、剪儿、馅儿、抽签儿
	iaŋ	箱儿、鞋样儿、唱腔儿、有讲儿、刚刚儿
	iŋ	酒瓶儿、小病儿、打鸣儿、钉儿、领儿、镜儿、鸡蛋清儿、火星儿、萝卜缨儿
uɛʵ	uan	一段儿、一团儿
	uŋ	洞儿、竹筒儿、窟窿儿、小葱儿
yɛʵ	yan	考试卷儿、花卷儿、一大圈儿、院儿、菜园儿
ɔʵ	ɔ	刀儿、道儿、桃儿、手套儿、脑儿
iɔʵ	iɔ	水瓢儿、麦苗儿、小调儿、小鸟儿、材料儿
əʵ	ɿ	挑刺儿、萝卜丝儿、肉丝儿、瓜子儿、石子儿、没词儿
	ei	一对儿、一堆儿、跑腿儿
iəʵ	i	门鼻儿、皮儿、笛儿、蹄儿、小鸡儿、镧儿、玩意儿、垫底儿、弟儿们
	in	林儿、芯儿、脚印儿、妗儿、背心儿
uəʵ	uən	墩儿、囤儿、轮儿、村儿、孙儿
yəʵ	y	驴儿、钢锯儿、柳絮儿、曲儿、金鱼儿、小闺女儿
	yn	一群儿、合群儿、裙儿、晕晕儿哩
uʵ	u	肚儿、兔儿、炉儿、小卒儿、一路儿
uoʵ	uo	一撮儿、不多儿
yoʵ	yo	木橛儿、瘸儿、靴儿、仨两月儿
ouʵ	ou	金豆儿、小偷儿、东头儿、小小儿、锅焦儿
iouʵ	iou	袖儿、长个瘤儿、扎个鬏儿、煤球儿、加油儿

（2）不带闪音的儿化

泌阳方言不带闪音的儿化是在元音后加上卷舌动作。鼻尾韵儿化后会丢失鼻音尾，不同的韵儿化后有合并现象，现列表如下：

无儿化闪音音变规律表

儿化韵	基本韵	例词
ɜr	a	刀把儿、药渣儿、马扎儿、一茬儿
	ɛ	牌儿、盖儿、孩儿、寨儿、筛儿
	an	板儿、盘儿、竹竿儿、杆儿、铲儿、扇儿、庵儿
	aŋ	胖胖儿哩、苞谷棒儿、缸儿、一场儿、瓜瓢儿
	əŋ	棚儿、小凤儿、坑儿、绳儿、小声儿
uɜr	ua	褂儿、鸡爪儿、牙刷儿、袜儿、画画儿、狗娃儿、菜花儿
	uɛ	拐儿、筷儿、一块儿、乖乖儿
	uan	罐儿、串儿、丸儿、茶馆儿、好玩儿
	uaŋ	筐儿、庄儿、鸡蛋黄儿、小床儿
	uŋ	留种儿、虫儿、没空儿
ɔr	ɔ	包儿、帽儿、稿儿、口罩儿、灯泡儿
ɚr	ʅ	树枝儿、侄儿、水池儿、没事儿、大年三十儿
	ei	妹儿、一辈儿、晚辈儿、刀背儿、摸黑儿
	ən	盆儿、份儿、树根儿、上身儿、脑门儿、刀刃儿
uɚr	uei	锤儿、穗儿、位儿、一会儿、耳坠儿、有味儿
	uən	光棍儿、捆儿、没准儿、打春儿
ɤr	ɤ	鸽儿、壳儿、盒儿、个儿、小车儿、唱歌儿
ur	u	铺儿、裤儿、胡儿、柱儿、珠儿、屋儿、有数儿
uor	ou	豁儿、桌儿、酒窝儿、大伙儿、水沫儿、上坡儿
our	ou	钩儿、扣儿、猴儿、肘儿、门口儿

陆 其他主要音变

泌阳方言无其他主要音变。据《调查手册》之外的语料补充的韵如下：

韵母增补一个音位[uoŋ]（实际音值为[woŋ]），例字如"翁嗡瓮"，与前有声母的韵母[uŋ]发音有别。《调查手册》韵母表所提供的例字无法记出此音，特增补此音位。

第二十八节　南阳方音

壹　概况

一　南阳调查点概况

南阳位于河南省西南部，与湖北省、陕西省接壤，因地处伏牛山以南、汉水之北而得名。地理坐标为东经 110°58′～113°49′，北纬 32°17′～33°48′，属典型的季风大陆半湿润气候，四季分明，阳光充足，雨量充沛。为河南省辖地级市。截至 2017 年，南阳市总人口为 1194.23 万人，主要为汉族，约 1165.57 万人；还有回族、蒙古族、满族等 43 个少数民族，总人口约 28.66 万人，县境内没有少数民族语言分布。南阳方言属于中原官话南鲁片。

南阳市现辖 2 行政区、4 个开发区、10 个县。南阳方言为本地普遍通用的方言，根据当地人语感，方言内部可分为三个方言区：东部区、西部区和中部区。东部区主要指南阳东南部的桐柏、唐河等县，使用人口约 140 万；西部区主要包括西峡、淅川、内乡三县及镇平、邓州西部，使用人口约 170 万；中部区以南阳市区为中心，包括宛城、卧龙、方城、社旗等地，使用人口约 700 万（引自丁全 1995）。

南阳地区主要有大调曲子、三弦书、鼓词、河南坠子及其他曲种。南阳曲艺形式多样，素有"书山曲海""曲艺之乡"之称。大调曲子、三弦书、鼓词、槐书、锣鼓曲、善书、故事植根深远；河南坠子、评书广为流传；另有渔鼓、蛤蟆嗡、莲花落以及相声、山东快书、竹板书等形式。各种曲（书）目计约 3000 部（篇）。

二　南阳方言发音人

1. 方言老男

刘明甫，1960 年 8 月出生于河南省南阳市宛城区，大专文化程度，工人。1968 年 8 月至 1974 年 6 月在南阳市第三小学上小学，1974 年 9 月至 1976 年 6 月在南阳市第一中学上初中，1976 年 9 月至 1978 年 6 月在南阳市第一中学上高中，1978 年 9 月至 1979 年 6 月在南阳市第十二中学上高中，1979 年底至 1995 年底在南阳市红卫针织厂工作，1996 年初至今在南阳市城管局市政管理处工作。没有长期离开过南阳市，只会说南阳话。父母和配偶都为南阳市宛城区人，平时都只说南阳话。

2. 方言青男

郭隆达，1982 年 7 月出生于河南省南阳市宛城区，大专文化程度，自由职业者。1988 年 9 月至 1994 年 6 月在南阳市第三小学上学，1994 年 9 月至 1998 年 6 月在南阳市第三中学上学，1998 年 9 月至 2001 年 6 月在南阳市文化艺术学校上学，2001年7月至2017年12月在南阳市电信公司工作，2017年12月至今从事个体经营。没有长期离开过南阳市，会说南阳话和普通话，平时生活中主要说南阳话。父母和配偶都为南阳市宛城区人，平时都只说南阳话。

3. 口头文化发音人

黄泳，女，1966年11月出生于河南南阳市宛城区，本科文化程度，教师。父母和配偶都是南阳人，没有长期外出经历，平时只说南阳话。提供的调查材料为歌谣和规定故事《牛郎和织女》。

牛天锋，男，1970年10月出生于河南南阳市宛城区，大学本科文化程度，河南电力技能培训中心教师。父母和配偶都是南阳人，没有长期外出经历，平时只说南阳话。提供的调查材料为戏曲《古城会》《贾似道游湖》。

金果，男，1974年10月出生于河南南阳市镇平县彭营街，本科文化程度，教师。父母和配偶都是南阳人，没有长期外出经历，平时只说南阳话。提供的调查材料为戏曲伴奏《古城会》《贾似道游湖》。

宋珂，女，1975年12月出生于河南南阳市邓州市兰营村，大专文化程度，教师。父母和配偶都是南阳人，没有长期外出经历，平时只说南阳话。提供的调查材料为戏曲伴奏《古城会》《贾似道游湖》。

贰　声韵调

一　声母（23个，包括零声母在内）

p	八兵病	p^h	派片爬	m	麦明	f	飞风副蜂肥饭
t	多东毒	t^h	讨天甜	n	脑南		l 老蓝连路
ts	资早租酒字贼坐	ts^h	刺草寸清全祠			s	丝三酸想谢
tʂ	张竹柱争装纸主	$tʂ^h$	抽拆茶抄初床车春船城			ʂ	事山双顺手书十　ʐ 热软
tɕ	九	$tɕ^h$	轻权	ȵ	年泥	ɕ	响县
k	高共	k^h	开			x	好灰活
∅	味问熬月安温王云用药						

说明：

1. [ȵ]为舌面前浊鼻音，发音部位与[tɕ tɕʰ ɕ]相同，由于舌面特征明显，未与舌尖中浊鼻音[n]归并为一个音位。

2. [ts tsʰ s]与细音相拼时已经有很浓的腭化色彩，接近舌面音[tɕ tɕʰ ɕ]，这里记作[ts tsʰ s]。

二　韵母（38个）

ɿ	丝	i	米戏急七一锡	u	苦五猪骨出谷绿	y	雨橘局

ɿ	师试十直尺						
ər	二						
a	茶塔法辣八	ia	牙鸭	ua	瓦刮		
ɛ	开排色白	iɛ	写鞋接贴节	uɛ	快国白		
ə	歌盒壳			uə	坐过活托郭国文	yə	靴月药学
ɤ	热						
ei	赔对飞北			uei	鬼		
ɑo	宝饱	iɑo	笑桥				
əu	豆走	iəu	油六				
an	南山半	ian	盐年	uan	短官	yan	权
ən	深根	iən	心新	uən	寸滚春	yən	云
aŋ	糖	iaŋ	响讲	uaŋ	床王双		
əŋ	灯升硬争横文	iəŋ	病星	uəŋ	横白东	yəŋ	兄用
ɯ	黑						

说明：

1. [ə uə]中的主要元音[ə]实际读音舌位靠后，介于[ə]和[ɤ]之间，这里记作[ə]。

2. [ɛ iɛ uɛ]中的主要元音[ɛ]实际发音部位偏高。

3. [ɯ]为补充音位，来自1000个单字中0809"黑"字的韵母。

4. [ər]只有在读"二"时的实际读音为[ɐr]，这里统一记作[ər]。

三 声调（4个）

阴平 224　东该灯风通开天春谷百搭节哭拍塔切刻麦叶月统

阳平 42　门龙牛油铜皮糖红毒白盒罚讨急

上声 55　懂古鬼九苦草买老五有

去声 31　动罪近后冻怪半四痛快寸去卖路硬乱洞地饭树六

说明：

1. 阴平前段略平，记作224。

2. 阳平42，有的字实际读音结尾略高，近于3。

3. 上声实际发音比5略低。

叁　连读变调

两字组连读调规律表

（1）非叠字非轻声两字组连读调规律

非叠字非轻声两字组连读调表

前字＼后字	阴平 224	阳平 42	上声 55	去声 31
阴平 224	**24+224** 春天 开刀 消灭 **24+31** 阴历 **31+224** 目录 **42+31** 陆军	**24+42** 说媒 工程 风俗 **24+55** 力求	**24+55** 酸枣 清理 **24+42** 衣裳 胳膊	**24+31** 中部 天气 开会 立柜 **42+31** 热闹 木匠
阳平 42	**42+224** 毛巾 年级 林业 **42+55** 房租 时刻	**42+42** 文明 和平 来源 **42+31** 文凭 年龄	**42+55** 门口 油饼 **42+24** 杨柳 **42+31** 行李	**42+31** 毛裤 元帅 文字 **24+31** 蚊帐 石磨
上声 55	**55+224** 火车 粉笔 小麦	**55+42** 火炉 厂房 **24+42** 以前	**55+55** 口语 打水 小腿 买米 **55+31** 早起	**55+31** 口试 省市 小命 狗肉
去声 31	**31+224** 下乡 犯法 上药	**31+42** 后年 受凉 动词 **31+55** 自然	**31+55** 部长 受苦 户口	**24+31** 犯罪 受气 道路 做饭 **31+24** 孕妇

说明：

南阳方言除以上变调情况外，非叠字两字组连读时后字均读为轻声，具体情况见"非叠字轻声两字组连读调表"。

（2）非叠字轻声两字组连读调规律

非叠字轻声两字组连读调表

前字＼后字	阴平 224	阳平 42	上声 55	去声 31
阴平 224	24+0 公鸡 山药 31+0 双生	24+0 收拾	24+0 乡里 指甲	24+0 窗户 抽屉 姑父 42+0 猪圈
阳平 42	42+0 头发 迎客 名声 良心 邻居	42+0 明白 石头 盘缠	42+0 老鼠 蚂蚁	42+0 杂碎 鸡蛋
上声 55	55+0 手巾	55+0 枕头	55+31 马路 小暑	55+0 姊妹
去声 31	31+0 道德 气功 政策	31+0 太平 艺术 病人	31+0 灶火 露水	31+0 挂面 舅母 55+0 负号

（3）叠字两字组连读变调规律

叠字两字组连读调表

前字＼后字	阴平 224	阳平 42	上声 55	去声 31
阴平 224	24+0 星星 框框 敲敲 天天	—	—	—
阳平 42	—	42+0 球球 瓶瓶 牌牌 排排	—	—
上声 55	—	—	55+0 本本 想想 洗洗 扫扫	—
去声 31	—	—	—	31+0 转转 泡泡 晾晾 晃晃

说明：

前字为阴平、阳平时，后字的实际调值是 3；前字为上声时，后字的实际调值是 2；前字是去声时，后字的实际调值是 1，这里统一记作 0。

肆　异读

一　新老异读

南阳新老派之间的语音略有不同。在语音系统方面，老男阴平前段略平，记作 224，青男为 24；老男阳平为 42，青男为 53；老男上声为 55，青男为 44。蟹摄开口一二等字与合口二等字中，老男读[ε uε]，其中主要元音[ε]实际发音部位偏高，青男的读音有一定的动程，记为[aε]。

老男和青男之间没有成系统的新老异读，但因所受普通话影响程度不同，有个别字老男和青男存在读音差别，有的字老男一读，青男有两读，有的字老男两读，青男一读，有些字读音不同，表现出了语音发展的阶段性特点。举例如下：

	老男	青男
物	u^{224}	u^{24}/u^{31}
隔	$kε^{224}$	$kə^{24}/kə^{53}$
得	$tε^{224}$	$taε^{24}/tə^{24}$
外	$uei^{31}/uε^{31}$	$uaε^{31}$
牛	$əu^{42}/ɲiəu^{42}$	$ɲiəu^{53}$
吞	$tʰən^{224}/tʰuən^{224}$	$tʰuən^{24}$
削	$syə^{224}/siaɔ^{224}$	$syə^{24}$
国	$kuε^{224}/kuə^{224}$	$kuə^{24}$
或	$xuε^{42}/xuə^{31}$	$xuə^{31}$

二　文白异读

南阳方言的文白异读比较少，一般为零星的，不成系统。有些文白读两个层次之间的差异与新老派差异重合，此不赘述。有些只在老派中存在，如"额文[$ə^{42}$]/额白[$ε^{55}$]、外文[$uε^{31}$]/外白[uei^{31}]、牛文[$ɲiəu^{42}$]/牛白[$əu^{42}$]、寻文[$syən^{42}$]/寻白[$siən^{42}$]、深文[$ʂən^{224}$]/深白[$tʂʰən^{224}$]、吞文[$tʰuən^{224}$]/吞白[$tʰən^{224}$]、削文[$siaɔ^{224}$]/削白[$syə^{224}$]、侧文[$tʂʰə^{224}$]/侧白[$tʂʰε^{224}$]、国文[$kuə^{224}$]/国白[$kuε^{224}$]、或文[$xuə^{31}$]/或白[$xuε^{42}$]、策文[$tʂʰə^{224}$]/策白[$tʂʰε^{224}$]、横文[$xəŋ^{31}$]/横白[$xuəŋ^{31}$]、弄文[$nuəŋ^{31}$]/弄白[$nəŋ^{31}$]、宿文[su^{224}]/宿白[sy^{224}]、足文[tsu^{224}]/足白[tsy^{224}]"等。

伍　儿化和小称音

儿化音变规律表

儿化韵	基本韵	例词
ər	ə	歌儿
	ɿ	刺儿、一丝儿
	ʅ	事儿、橘汁儿
	ɯ	天黑儿
	ei	一辈儿
	ən	盆儿、本儿
iər	i	皮儿、鸡儿、剂儿
	iən	信儿、心儿、印儿
uər	uei	墨水儿、一会儿
	uən	花纹儿、轮儿、村儿
	uə	干活儿、窝儿、桌儿
yər	y	小鱼儿、句儿、雨儿
	yə	麻雀儿、主角儿、月儿
	yən	小裙儿
ɐr	a	刀把儿、号码儿、办法儿、打杂儿
	ɛ	牌儿、带儿、盖儿、孩儿
	ɤ	小车儿、打折儿
	an	小摊儿、老伴儿、汗衫儿
iɐr	ia	豆芽儿、架儿
	iɛ	一圪节儿、树叶儿、一页儿
	ian	面儿、天儿、小眼儿、针尖儿
uɐr	ua	牙刷儿、画儿、鸡爪儿、花儿、娃儿
	uan	官儿、罐儿、弯儿、茶碗儿
	uɛ	一块儿
yɐr	yan	小院儿
ur	u	小路儿、打呼噜儿
əur	əu	豆儿、小楼儿、小口儿

续表

儿化韵	基本韵	例词
iəur	iəu	袖儿、加油儿
ɑɔr	ɑɔ	刀儿、包儿、羊羔儿、枣儿、棉袄儿
iɑɔr	iɑɔ	苗儿、调儿、料儿、鸟儿
ẽr	aŋ	药方儿、牙缸儿、汤儿
iẽr	iaŋ	荫凉儿
uẽr	uaŋ	筐儿
ə̃r	əŋ	凳儿、水坑儿、双生儿
iə̃r	iəŋ	图钉儿、小命儿、影儿、名儿、明儿
uə̃r	uəŋ	小洞儿、有空儿、小虫儿、桶儿
yə̃r	yəŋ	熊儿

陆 其他主要音变

以下6种情况在南阳方言中发音轻而短，记为0：

1. 重叠词后字，如："星星、姑姑、哥哥"等，具体音变规律见表3。
2. 词缀，如："头、里"等。

"头"单字调为42，作词缀时读轻声，如："前头、后头、里头、外头、上头、木头、石头、舌头"等。

"里"单字调为55，作词缀时读轻声，如："屋里、城里、村里、房里"等。

3. 趋向动词，主要有"来、去"等，如："上去、下来、进去、出来、回来、出去、回去、起来"等。
4. 表示名物性的构词语素"的"，如："要饭的、剃头的、做衣裳的"等。
5. 结构助词"的、地、得"等。
6. 时体助词、句末语气词"了、啦、哩"等。

第二十九节 鲁山方音

壹 概况

一 鲁山调查点概况

鲁山县隶属于河南省平顶山市，地处河南省中西部，伏牛山东麓，地理坐标为东经112°14′~113°14′，北纬33°34′~34°00′。截止到2019年总人口为97万人，主要民族为汉族，有96.15万余人；少数民族33个，占比很小，其中数量最多的是回族，有6848人。调查点所在区域没有少数民族语言分布。鲁山方言属于中原官话南鲁片。

鲁山县辖4个街道，7个镇，14个乡。各地方言在声母、韵母和声调上无明显差异，差异主要表现在儿化时韵母的改变上。鲁山县城及城东南、东北等地都是平舌儿化，如"弯儿"[uɐr²⁴]，但位于鲁山西北的瓦屋、观音寺等几个乡是翘舌儿化，收[ɯ]尾，如"弯儿"的读音为[uɐɯ²⁴]。

鲁山县的地方戏主要是豫剧、曲剧，另有越调流传。曲艺类主要有河南坠子、三弦书、大鼓书等，主要由一些民间组织在各地表演。大鼓书鼓儿词2009年被列入河南省非物质文化遗产保护名录。

二 鲁山方言发音人

1. 方言老男

刘栓，1957年8月出生于河南省平顶山市鲁山县城关镇九街，高中文化程度。1964年至1969年在鲁山县城关镇南关小学读书；1969年至1972年在鲁山二中读初中；1972年至1975年在鲁山二中读高中。1975年高中毕业后回乡务农至今。没有长期离开过鲁山县，会说鲁山话、普通话，平时生活中只说鲁山话。父亲、母亲和配偶均为平顶山市鲁山县城关镇人，都只会说鲁山话。

2. 方言青男

张朋，1989年7月出生于河南省平顶山市鲁山县城关镇北后街，大专文化程度。1994年至2000年在鲁山县城厢小学读书；2000年至2003年在鲁山一中读初中；2003年至2006年在鲁山二中读高中。2006年高中毕业后到鲁山县第二人民医院工作至今，其间通过进修获取大专文凭。没有长期离开过鲁山县，会说鲁山话、普通话，平时生活中主要说鲁山话。父亲、母亲和配偶均为平顶山市鲁山县城关镇人，都只会说鲁山话。

3. 口头文化发音人

刘栓，男，同方言老男发音人。提供的调查材料为规定故事《牛郎和织女》。

谢令利，女，1958年8月出生于河南省平顶山市鲁山县城关镇建设街，初中文化程度。小学、初中都在鲁山县读书。没有长期外出经历，平时只说鲁山话，提供的调查材料为其他故事《姑嫂石》。

谢小利，女，1962年10月出生于河南省平顶山市鲁山县城关镇建设街，高中文化程度。没有长期外出经历，平时只说鲁山话，提供的调查材料为歌谣。

张朋，男，同方言青男发音人。提供的调查材料为谜语和歇后语。

冯国，男，1964年6月出生于河南省平顶山市鲁山县赵村镇小儿城村，初中文化程度，为鲁山县非物质文化遗产"鼓儿词"传承人，提供的调查材料为《鼓儿词介绍》《唱鲁山》。

贰 声韵调

一 声母（24个，包括零声母在内）

p	八兵病	pʰ	派片爬	m	麦明	f	飞风副蜂肥饭
t	多东毒	tʰ	讨天甜	n	脑南	l	老蓝连路
ts	资早租酒字贼坐	tsʰ	刺草寸清			s	丝三酸想谢
tʂ	张竹柱争装纸主	tʂʰ	抽拆茶抄初床车春船城			ʂ	事山双顺手书十	z 热软
tɕ	九	tɕʰ	全轻权	ɲ	年泥	ɕ	响县
k	高共	kʰ	开			x	好灰活	ɣ 熬安
∅	味问月温王云用药						

说明：

1. [n]拼开口呼和合口呼，[ɲ]拼齐齿呼和撮口呼，二者互补分布，不构成音位上的对立，但音色差异明显。

2. [z]声母在升调前全浊色彩浓厚，在其他声调前浊的色彩不明显，基本上是一个无擦通音[ɻ]，此处统一记作[z]。

3. 开口呼韵母自成音节时前面带一个浊擦音声母[ɣ]，发音时声带振动不明显，主要表现为喉部的摩擦。

4. 总体分尖团，个别字已经腭化，如"全、浸"。

二 韵母（38个）

ɿ	丝	i	米戏飞急七一锡	u	苦五猪骨出谷六₀绿	y	雨橘局
ʅ	师试十直尺						
ɤ	黑						
l̩	二						
a	茶塔法辣八	ia	牙鸭	ua	瓦刮		
		iɛ	写接贴节				
ə	歌盒热壳			uə	坐过活托郭国₂	yə	药学
ai	开排色白	iai	鞋	uai	快国₀		
ei	赔对₀北			uei	对₂鬼		
ɔ	宝饱	iɔ	笑桥				
ou	豆走	iou	油六				
an	南山半	ian	盐年	uan	短官	yan	权
ən	深根	iən	心新	uən	寸滚春	yən	云

aŋ 糖　　　　　　iaŋ 响讲　　　　　　uaŋ 床王双

əŋ 灯升硬₀争横₂　　iəŋ 硬₂病星　　　　uəŋ 横₀东　　　　　yəŋ 兄用

说明：

1. [a]包括三个音值，在[ai uai an ian uan yan]里是[a]，在[a ia ua]里是[A]，在[aɔ iaɔ aŋ iaŋ uaŋ]里是[ɑ]。

2. [ai]动程较小，个别字接近单元音[ɛ]，如"牌"。

3. [aɔ]动程较小，个别字接近单元音[ɔ]。

4. [ə]拼舌尖后声母时实际音值是[ɿ]。

5. [uə]拼唇音声母时合口色彩较弱。

6. [an ian uan yan]与[ən iən uən yən]中的韵尾弱化，主要元音带有鼻化色彩。

7. [iəŋ]的韵腹在有些字中表现不明显，实际音值接近[iŋ]，如"病"。

8. [ɤ]的实际音值比[ɤ]舌位略高。

9. 声化韵[l̩]有时后面会带上一个元音，如"耳"的实际音值是[l̩ə]。

三　声调（4个）

阴平　24　东该灯风通开天春统谷百搭节哭拍塔切刻六₀麦叶月

阳平　53　门龙牛油铜皮糖红讨急毒白盒罚

上声　44　懂古鬼九苦草买老五有

去声　31　动罪近后冻怪半四痛快寸去卖路硬乱洞地饭树六₂

说明：

1. 阴平是一个缓升调，发音时起端略平，实际音值接近224，记作24。

2. 上声基本是一个平调，有些字调尾有微升但不明显，统一记作44。

3. 去声是一个中降调，个别字有曲折，类似312，如"雾"，但绝大多数是31。

叁　连读变调

两字组连读调表

前字＼后字	阴平 24	阳平 53	上声 44	去声 31	轻声 0
阴平 24	24+24 蜂蜜 书包 喝汤	24+53 月食 说媒	24+44 热水 辣酒	24+31 冬至 商店	24+0 星星 砖头 **53+0** **日头 热闹**
阳平 53	53+24 台风 洋葱	53+53 洋油 茶瓶	53+44 凉水 黄酒	53+31 狐臭 难看	53+0 石头 苹果 蝇子

续表

前字＼后字	阴平 24	阳平 53	上声 44	去声 31	轻声 0
上声 44	44+24 米汤 老鳖	44+53 暖瓶 赶集	44+44 老表 保险	44+31 扫地 炒菜	44+0 冷子 爪子 **53+0** 晌午 老鼠 **24+0** 李子 扁担
去声 31	31+24 菜刀 豆浆	31+53 上学 放牛	31+44 下雨 中暑	31+31 半夜 算卦 **34+31** 地震 做饭	31+0 稻谷 柱子 下头

说明：

以上表格中，加粗的连调组为连读变调。鲁山方言两字组连读变调的基本规律是：一部分阴平在轻声音节前变读阳平 53；上声在轻声音节前一部分变读阳平 53，一部分变读阴平 24；一部分去声在去声前前字变读中升调 34。

另外需要说明的是，鲁山方言中存在轻声不轻的情况，有待进一步研究。

肆　异读

一　新老异读

鲁山县新老派之间的语音略有不同，主要体现在韵母方面。老男的[ai uai]组韵母，青男读[ɛ uɛ]。另外，老男的[ə uə yə]组字，青男大声念时主要元音舌位比[ə]稍低，实际音值接近[ɐ]；老男的[iɛ]组字，青男大声念时主要元音舌位比[ɛ]稍低，接近[æ]。声调方面，老男去声是一个中降调，调值为 31，个别字有曲折，类似 312；青男去声起调比 3 略高，个别字起调达到 4。

除了音系方面的差别外，还有个别字新老派读音也有不同。有的字老男两读，青男一读，有的字老男一读，青男有两读，有些字读音不同，表现出了语音发展的阶段性特点。举例如下：

	老男	青男
课	$k^huə^{31}/k^hə^{31}$	$k^hə^{31}$
休	$you^{24}/ɕiou^{24}$	$ɕiou^{24}$
粽	$tɕyəŋ^{31}/tsuəŋ^{31}$	$tsuəŋ^{31}$
墨	$mei^{24}/muə^{24}$	$muə^{24}$

寻	siən⁵³/syən⁵³	siən⁵³/ɕyən⁵³
块	kʰuai⁴⁴	kʰuɛ³¹/kʰuɛ⁴⁴
鞋	ɕiai⁵³	ɕiɛ⁵³
绿	lu²⁴	ly²⁴
贼	tsuei⁵³	tsei⁵³
吞	tʰən²⁴	tʰuən²⁴
甲	tɕia²⁴	tɕia⁴⁴
延	ian³¹	ian⁵³
决	tɕyə²⁴	tɕyə⁵³
吉	tɕi²⁴	tɕi⁵³

二 文白异读

鲁山方言的文白异读只是零星的，不成系统。比如"硬白[ɣəŋ³¹]/硬文[iəŋ³¹]、横白[xuəŋ³¹]/横文[xəŋ³¹]、休白[xou²⁴]/休文[ɕiou²⁴]、嫩白[lyən²⁴]/嫩文[nən³¹]、照白[ʐɑ³¹]/照文[tʂɑ³¹]、或白[xuai⁵³]/或文[xuə⁵³]、牛白[ɣou⁵³]/牛文[ȵiou⁵³]、国白[kuai²⁴]/国文[kuə²⁴]、六白[lu²⁴]/六文[liou³¹]"等。

伍 儿化和小称音

儿化音变规律表

儿化韵	基本韵	例词
ɐr	a	把儿、疙瘩儿、那儿
	ai	盖儿、孩儿、布袋儿
	an	盘儿、肝儿、布衫儿
ẽr	aŋ	前半晌儿、趟儿
iɐr	ia	衣架儿、一下儿
	iai	穿小鞋儿
	ian	馅儿、面儿、辫儿、点儿
iẽr	iaŋ	样儿
uɐr	ua	花儿、娃儿、说话儿
	uai	块儿
	uan	饭馆儿、晒暖儿、当官儿
uẽr	uaŋ	筐儿、庄儿

续表

儿化韵	基本韵	例词
yɐr	yan	手绢儿、旋儿、院儿
ər	ɿ	肉丝儿、瓜子儿
	ʅ	侄儿、事儿、戒指儿
	ei	裤腿儿、长辈儿
	ən	阵儿、本儿、婶儿、门儿
	əŋ	生儿、水坑儿、绳儿、年成儿
iər	i	梨儿、蹄儿、气儿、笛儿
	iən	今儿、背心儿、手印儿
	iəŋ	名儿、钉儿
uər	uei	锤儿、味儿、嘴儿
	uən	棍儿、唇儿、孙儿
	uəŋ	小虫儿、酒盅儿
yər	y	鱼儿、孙女儿、毛驴儿
	yən	围裙儿
	yəŋ	属小龙儿
ɤr	ə	下巴颏儿、唱歌儿
uɤr	uə	窝儿、锅儿、活儿、朵儿
yɤr	yə	豆角儿、小脚儿
ur	u	短裤儿、眼睛珠儿、姑儿
our	ou	扣儿、水沟儿、小偷儿、头儿
iour	iou	酱油儿、牛儿、酒儿
ɔr	ɔ	外号儿、猫儿、脑儿
iɔr	iɔ	面条儿、鸟儿、菜苗儿
iər	iɛ	茶叶儿、蝴蝶儿

说明：

鲁山方言的儿化音变主要表示小称义，有的也表示喜爱、随意的感情色彩。38 个韵母中除了[ɤ]没有对应的儿化词，其余的都可以儿化。

陆　其他主要音变

一　"三""七""八""不"的变调

在语流中，鲁山方言中的"三[san^{24}]""七[ts^{h}i^{24}]""八[pa^{24}]""不[pu^{24}]"一般会发生变调。

"三"在阴平、阳平前边读原调 24，在上声、去声前边变读 53，如"三天[san^{24}t^{h}ian^{24}]""三年[san^{24}ȵian^{53}]""三桶[san^{53}t^{h}uəŋ^{44}]""三万[san^{53}uan^{31}]"。

"七"在阴平、阳平前边读原调 24，在上声、去声前边变读 53，如"七天[ts^{h}i^{24}t^{h}ian^{24}]""七年[ts^{h}i^{24}ȵian^{53}]""七桶[ts^{h}i^{53}t^{h}uəŋ^{44}]""七万[ts^{h}i^{53}uan^{31}]"。

"八"在阴平、阳平前边读原调 24，在上声、去声前边变读 53，如"八天[pa^{24}t^{h}ian^{24}]""八年[pa^{24}ȵian^{53}]""八桶[pa^{53}t^{h}uəŋ^{44}]""八万[pa^{53}uan^{31}]"。

"不"在阴平、阳平、上声前边读原调 24，在去声前边变读 53，如"不听[pu^{24}t^{h}iəŋ^{24}]""不来[pu^{24}lai^{53}]""不好[pu^{24}xaɤ^{44}]""不看[pu^{53}k^{h}an^{31}]"。

二　合音现象

鲁山方言中常见的合音现象如下：

[起来][tɕ^{h}iai^{44}]　　[媳妇][siou^{53}]　　[知道][tʂə^{53}]　　[这个][tʂuə^{31}]　　[那个][nuə^{31}]
[哪个][nuə^{44}]　　[一个][yə^{31}]　　[几个][tɕie^{44}]　　[地下][tia^{31}]　　[里头][liou^{44}]

合音音变在词汇、语法和口头文化中按实际音值记录。

第三十节　邓州方音

壹　概况

一　邓州调查点概况

邓州位于河南省西南部，是河南省直管县级市，由南阳市代管。地理坐标为东经 111°37′～111°20′，北纬 33°22′～32°59′。据 2017 年数据，邓州总人口为 178.6 万人，其中汉族约 170 万人；回族等少数民族人口共计 8 万余人。调查点所在区域没有少数民族语言分布。邓州方言属于中原官话南鲁片。

邓州共辖 24 个乡镇、3 个街道办事处，方言内部差别不大，不存在方言岛问题。邓州方言属于中原官话南鲁片。南鲁片分布区域较广，以南阳为中心，遍及淅川、内乡、邓州、西峡等地。本区域内方言较一致。

邓州的地方戏曲有豫西越调和罗卷戏，都属于国家级非物质文化遗产项目。它们以戏曲大篷车的形式活跃在城市和乡村，为新农村文化建设做出了贡献。

二 邓州方言发音人

1. 方言老男

闫林，1957年8月出生于邓县城关公社（现邓州市城关镇），高中文化程度。1965年至1970年在邓县城区第一小学就读，1970年至1973年在邓县城区第一初中就读，1973年至1976年在邓县第二高中就读，1976年至2017年在邓州市商业局工作，2017年7月至今退休在家，一直在邓州市生活。没有长期离开过邓州市，只会说邓州话。父亲、母亲和配偶都是邓州市城关镇人，都只会说邓州话。

2. 方言青男

苏殿川，1988年7月出生于邓州市城关镇湍河街道办事处三里河大队韩庄村，初中文化程度。1994年至2000年在邓州市三里河中心小学就读，2000年至2003年在邓州市城郊第二初中就读，2003年7月至今，从事自由职业，以在本地打工和经商为生，一直在邓州市生活。没有长期离开过邓州市，会说邓州话和普通话，现在主要说邓州话。父亲和母亲都是邓州市城关镇人，都只会说邓州话。配偶也是邓州市城关镇人，会说邓州话和普通话，现在主要说邓州话。

3. 口头文化发音人

汤清莲，女，1958年11月出生于邓县城关公社（现邓州市城关镇），高中文化程度，医生。没有长期外出经历，现在一直说邓州话。提供的调查材料有歌谣等。

闫林，男，同方言老男发音人。提供的调查材料是歌谣、民间故事、顺口溜、谚语等。

刘志强，男，1964年12月出生于邓州市桑庄镇孔庄村，初中文化程度，农民。没有长期外出经历，现在一直说邓州话。提供的调查材料是罗卷戏唱段。

贰 声韵调

一 声母（24个，包括零声母在内）

p 八兵病	p^h 派片爬	m 麦明	f 飞风副蜂肥饭		
t 多东毒	t^h 讨天甜	n 脑南		l 老蓝连路
ts 资早租酒字贼坐	ts^h 刺草寸清全祠	s 丝三酸想谢		
tʂ 张竹柱争装纸主	$tʂ^h$ 抽拆茶抄初床 车春船城	ʂ 事山双顺手书十	ʐ 热软
tɕ 九	$tɕ^h$ 轻权	ȵ 年泥	ɕ 响县
k 高共	k^h 开		x 好灰活	ɣ 熬安
∅ 味问月温王云用药				

说明：

1. [tɕ $tɕ^h$ ɕ]不是典型的舌面前音色彩，有舌面中音[c c^h ç]色彩。

2. [ɣ]声母为舌根浊擦音，发音时声带振动不明显，主要表现为喉部的摩擦。

3. [n ȵ]互补，[n]拼开口呼、合口呼，[ȵ]拼齐齿呼、撮口呼。

二　韵母（37个）

ɿ	丝	i	米戏急七一锡	u	苦五猪骨出谷	y	雨橘绿_文局
ʅ	师试十直尺						
a	茶塔法辣八	ia	牙鸭	ua	瓦刮		
ɛ	开排色白	iɛ	写接贴节	uɛ	快国		
		ie	鞋				
ə	歌盒热壳			uə	坐过活托郭	yə	靴月药学
ɔ	宝饱	iɔ	笑桥				
ɯ	二						
ei	赔对飞北			uei	鬼		
ou	豆走六_白绿_白	iou	油六_文				
an	南山半	ian	盐年	uan	短官	yan	权
en	深根	ien	心新	uen	寸滚春	yen	云
aŋ	糖	iaŋ	响讲	uaŋ	床王双		
əŋ	灯升硬争	iəŋ	病星	uəŋ	横东	yəŋ	兄用

说明：

1. [i u]带有轻微的破裂化色彩，实际音值为[iᵖ uᵖ]。

2. [a ia ua]主元音发音偏央，实际音值为[A iA uA]。

3. [ə uə]跟舌根音拼合时，主元音是[ɤ]，跟[tʂ tʂʰ ʂ]拼合时，实际发音为[ɹ̩]。

4. [ei uei]主元音[e]跟韵尾[i]间的动程较短，实际音值为[eɪ]。

5. [ou iou]实际音值接近[ɤu iɤu]。

6. [ien yen]实际音值为[in yn]。

7. [aŋ iaŋ uaŋ]鼻尾有弱化趋势。

三　声调（4个）

阴平　33　东该灯风通开天春统谷百搭节哭拍塔切刻六_白麦叶月

阳平　42　门龙牛油铜皮糖红讨急毒白盒罚

上声　55　懂古鬼九苦草买老五有

去声　31　动罪近后冻怪半四痛快寸去卖路硬乱洞地饭树六_文

说明：

1. 阴平为中平调33，发音偶有上升表现。

2. 上声为高平调55，单字中有55和53两个自由变体，在语流中以53为主。

3. 去声为中降调31，起点略高，有311变体。个别字受普通话影响，有51变体。

叁 连读变调

两字组连读调表

前字\后字	阴平 33	阳平 42	上声 55	去声 31	轻声 0
阴平 33	33+33 香菇 花生	33+42 蜂糖 工钱	33+55 温水 竹笋 **33+53** **烧纸 妇女**	33+31 猪圈 生日	33+0 星星 风筝 **32+0** **冬至 鸡蛋**
阳平 42	42+33 河堤 洋灰	42+42 洋油 农民 **13+42** **银圆 跳绳**	42+55 长短 棉袄	42+31 蚊帐 油菜	42+0 朋友 石头
上声 55	55+33 眼珠 **53+33** **马虾 豆角**	53+42 口条 本钱	53+53 米酒 口水 **13+53** **洗澡 老表**	55+31 保佑 考试 **53+31** **韭菜 米饭**	55+0 冷子 果木 53+0 晌午 喜欢
去声 31	31+33 背心 衬衫 **13+33** **害羞 号脉**	31+42 盖房 剃头 **13+42** **面条 肚疼**	31+55 露水 **13+53** **稻草 后老**	31+31 教室 入殓 **13+31** **地震 半夜**	31+0 匠人 运气 **13+0** **弟妹 外号**

说明：

以上表格中，加粗的连调组为连读变调。邓州方言两字组连读变调基本规律是：上声高平调 55 有一自由变体 53，所以涉及上声的基本都有两种。阳平在阳平、上声前有部分由 42 变为低升调 13；上声在上声前部分前字由 55 变为 13；去声为前字时有部分由 31 变为 13，一部分仍读原调 31。

阴平在轻声前有部分由 33 变为 32；去声在轻声前有部分由 31 变读 13。

肆 异读

一 新老异读

语音系统方面，新老派之间声调略有不同。老男的阴平为 33，去声为 31，青男阴平为 35，去声为 312。老男的尖音自成体系，青男尖音已开始腭化；老男[tɕ tɕʰ ɕ]组有舌面中音[c cʰ ç]色彩，青男[tɕ]组是典型的舌面前音。老派的[e]与[ɛ]还有区别，新派已经融合。

除了音系方面的差别外，因所受普通话影响程度不同，有个别字老男和青男存在读音差别，有的字老男一读，青男有两读，有的字老男两读，青男一读，有些字读音不同，表现出了语音发展的阶段性特点。举例如下：

	老男	青男
课	kʰuə³¹	kʰə³¹²
靴	ɕyə³³	ɕyɛ³⁵
奴	nou⁴²	nu⁴²
街	tɕie³³	tɕie³⁵
坏	xɛ³¹/xuɛ³¹	xuɛ³¹²
嘴	tsei⁵⁵	tsei⁵⁵/tsuei⁵⁵
尾	iɛ⁵⁵/uei⁵⁵	i⁵⁵/uei⁵⁵
蹲	tsuen³³/tuen³³	tuen³⁵
黑	xɯ³³	xɯ³⁵/xei³⁵
色	ʂɛ³³	ʂɛ³⁵/sə³¹²
格	kɛ⁴²/kə⁴²	kə⁴²
鹿	lou³³	lou³⁵/lu³¹²
宿	sy³³	su³¹²

二 文白异读

邓州话的文白异读只是零星的，不成系统。例如"牛白[ȵiou⁴²]/牛文[ɣou⁴²]、深白[tʂen³³]/深文[ʂen³³]、六白[liu³¹]/六文[lou³³]、龙白[lyaŋ⁴²]/龙文[luəŋ⁴²]、客白[kʰɛ³⁵]/客文[kʰə³¹²]、国白[kuɛ³⁵]/国文[kuə³⁵]、墨白[mei³⁵]/墨文[muə³¹²]、嫩白[lyen³¹²]/嫩文[nen³¹²]"等。

三 其他异读

其他异读包括又读和语境。又读有"蹲又[tsuen³³]/蹲又[tuen³³]、撞又[tʂʰuan³¹]/撞又[tʂuan³¹]、闸又[tʂa⁵⁵]/闸又[tʂa⁴²]、隔又[kɛ³⁵]/隔又[kə³⁵]、色又[ʂɛ³⁵]/色又[sə³¹²]、血又[ɕiɛ³⁵]/血又[ɕyɛ³⁵]、水又[ʂei⁵⁵]/水又[ʂuei⁵⁵]、醉又[tsei³¹²]/醉又[tsuei³¹²]、嘴又[tsei⁵⁵]/嘴又[tsuei⁵⁵]"等。语境有"外~婆[uei³¹]/外里~[uɛ³¹]、块几~钱[kʰɛ³³]/块土~[kʰuɛ³¹]、尾~巴[iɛ⁵⁵]/尾[uei⁵⁵]、寻~媳妇[sien⁴²]/寻~找[syen⁴²]、刮~风[kua³³]/刮~胡子[kua⁵⁵]、浆~豆[tsiaŋ³³]/浆~布[tsiaŋ³¹]、冲~锋[tʂʰuəŋ³³]/冲~脾气~[tʂʰuəŋ³¹]、角~儿[tɕyə³⁵]/角元~分[tɕiɔ⁵⁵]、削~水果[ɕiɔ³⁵]/削剥~[ɕyɛ³⁵]、娘伯母[ȵiaŋ³⁵]/娘母亲[ȵiaŋ⁴²]、拉~手[la³⁵]/拉~二胡[la⁴²]、输~赢[zu³⁵]/输运~[ʂu³⁵]、做~饭[tsou³¹²]/做~作业[tsuə³⁵]"等。

伍 儿化和小称音

儿化音变规律表

儿化韵		基本韵	例词
ɯ	ɯ	ʅ	刺儿
		ɻ	吸铁石儿、年三十儿、事儿
		ei	洗脸水儿、裤腿儿
		en	洗脸盆儿、囟门儿、婶儿、本儿、小人儿书
	iɯ	i	年初一儿、末尾儿、猪蹄儿、断气儿、妯娌儿、撮箕儿、笛儿
		ien	今儿、背心儿
	uɯ	u	处儿、眼珠儿
		uei	味儿、会儿
		uen	村儿、嘴唇儿、提拉孙儿、棍儿、打盹儿
	yɯ	y	女儿
		yen	水裙儿
əɯ	əɯ	a	手帕儿、洋马儿、裤衩儿、把儿
		ɛ	白儿起、盖儿、布袋儿
		ə	推车儿、画册儿、这儿呵⁼儿
		an	坛儿、衬衫儿、猪肝儿、光身汉儿
	iəɯ	ia	看家儿、当家儿哩
		iɛ	一些儿、叶儿、蝴蝶儿、茶叶儿、换帖儿、老爷儿
		an	门槛儿
		ian	前儿夜儿、面儿、馅儿、辫儿、狐臭眼儿、毽儿、点儿
	uəɯ	ua	花儿、猪娃儿、生娃儿、娃儿、拍话儿
		uɛ	块儿、一块儿
		uə	朵儿、一撂儿
		uan	新郎官儿、玩儿
	yəɯ	yə	角儿
		yan	汤圆儿、小银元儿

说明：

邓州方言有儿化现象，可以通过儿化表示"小""喜爱"之意。37个韵母中，除了[ie ɔ ən ei ue əi uəi ɑ̃ i ɛ̃ ũ ŋ uəɣ uo ou iou ɑŋ iɑŋ uɑŋ əŋ iəŋ uəŋ yəŋ]没有儿化韵外，其他韵母都有儿化现象。

第三十一节 西峡方音

壹 概况

一 西峡调查点概况

西峡位于河南省西南部，地处伏牛山南麓，地理坐标为东经111°01′～110°46′，北纬33°05′～33°48′，属中纬度地区，现属河南省南阳市管辖。截止到2010年底，西峡总人口为44万人，主要为汉族，约43万人，占总人口的98%左右；少数民族主要有回族、蒙族、满族等族，约1万人，占总人口的2%左右。

西峡方言按照其声母、韵母、声调的特点，大致可分为城关、西坪、寨根（含桑坪南部）、米坪、太平镇5个小方言点。其中西坪所说方言为湖北荆襄、安徽潜江、陕西商南和西峡方言结合后的地方话，但潘家港等村居民会话时仍以太平话为主；米坪话的特点是在西峡话基础上与栾川、卢氏话有相似之处；太平镇以西峡话为主，受栾川嵩县语音影响，形成了自己的特点。西峡境内存在多方言点的主要原因是受环境影响和人口迁移影响。

西峡县主要有大调曲子、三弦琴书、锣鼓词、西坪民歌、靠山红等曲艺形式。其中诞生于西峡县米坪镇的"靠山红"戏剧目前面临失传的危机，能唱出几个段子的演员只有4人，有部分不常用的调门和有一定特色的高难度唱腔已经流失。

二 西峡方言发音人

1. 方言老男

李新珊，1958年10月出生于河南省南阳市西峡县城关镇城区，中师文化程度，河南省南阳市西峡县教育体育局干部。1964年9月至1969年7月，就读于河南省南阳市西峡县城关镇第一小学；1969年9月至1972年7月，就读于河南省南阳市西峡县城关镇第一初中；1972年9月至1975年7月，就读于河南省南阳市西峡县西峡一高；1979年9月至1981年7月，就读于河南省南阳市内乡县内乡师范学校；1981年至今一直在河南省南阳市西峡县教育体育局工作。没有长期离开过西峡，只会说西峡话。父母、配偶均为河南省南阳市西峡县城关镇人，平时只说西峡话。

2. 方言青男

张洪超，1989年8月出生于河南省南阳市西峡县城关镇张岗4号附4号，本科文化程度，教师。1996年9月至2001年7月，就读于河南省南阳市西峡县城关镇城区二小；2001年9月至2004年7月，就读于河南省南阳市西峡县城关镇城区二中；2004年9月至2008年7月，就读于河南省南阳市西峡县西峡一高；2008年9月至2012年7月，就读于河南省周口市周口师范学院；2012年9月至今，在河南省南阳市西峡县军马河镇第二中心小学工作。没有长期离开过西峡，会说西峡话和普通话，平时生活中主要说西峡话。父母、配偶均为河南省西峡县城关镇人，平时都只说西峡话。

3. 口头文化发音人

张闪，女，1987年7月出生于河南省南阳市西峡县城关镇新兴居委会，本科文化程度，教师。父母、配偶均为西峡人，没有长期外出经历，平时只说西峡话。提供的调查材料为歌谣和自选条目。

王春兰，女，1957年3月出生于河南省南阳市西峡县城关镇土门街道张岗队，初中文化程度，医生。父母、配偶均为西峡人，没有长期外出经历，平时只说西峡话。提供的调查材料有歌谣。

周海静，女，1968年12月出生于河南省南阳市城关镇北二环紫金新城，大专文化程度，工人。父母、配偶均为西峡人，没有长期外出经历，平时只说西峡话。提供的调查材料有规定故事《牛郎和织女》。

曹刚林，男，1946年11月出生于河南省南阳市西峡县城关镇礼堂街27号，中专文化程度，教师。父母、配偶均为西峡人，没有长期外出经历，平时只说西峡话。提供的调查材料有自选条目大调曲《后悔药》、自选条目三弦书《颠倒颠》。

韩花立，男，1964年5月出生于河南省南阳市西峡县城关镇，初中文化程度，农民。父母、配偶均为西峡人，没有长期外出经历，平时只说西峡话。提供的调查材料有自选条目曲剧。

黄芊，女，1988年11月出生于河南省西峡县城关镇白羽路，本科文化程度，教师。父母、配偶均为西峡人，没有长期外出经历，平时只说西峡话。提供的调查材料有自选条目西峡民歌《拍花手》。

姚社平，女，1960年6月出生于河南省南阳市西峡县米坪镇村六组，高中文化程度，农民。父母、配偶均为西峡人，没有长期外出经历，平时只说西峡话。提供的调查材料有自选条目《靠山红》。

贰　声韵调

一　声母（24个，包括零声母在内）

p	八兵病	p^h	派片爬	m	麦明	f	飞凤副蜂肥饭	v	味问
t	多东毒	t^h	讨天甜	n	脑南			l	老蓝连路
ts	资早租酒字贼坐	ts^h	刺草寸清全祠			s	丝三酸想谢		

tʂ	张竹柱争装纸主	tʂʰ	抽拆茶抄初床车春船城	ʂ	事山双顺手书十	ʐ	热软
tɕ	九	tɕʰ	轻权	ȵ	年泥	ɕ	响县
k	高共	kʰ	开			x	好灰活
ø	熬月安温王云用药						

说明：

1. [ȵ]为舌面前浊鼻音，发音部位与[tɕ tɕʰ ɕ]相同，由于舌面特征明显，未与舌尖中浊鼻音[n]归并为一个音位。

2. 西峡方言大部分分尖团。[ts tsʰ s]与细音相拼时，个别字舌尖化色彩不太明显，如"酒、清、想"，但这里声母仍记作[ts tsʰ s]，有极个别的字已具明显的腭化色彩。

3. 疑、影母效摄开口一等字，开头处有轻微的摩擦，接近浊擦音[ɣ]，仍记作零声母。

二 韵母（38个）

ɿ	丝	i	米戏急七一锡	u	苦五猪骨出谷绿文	y	雨橘局
ʅ	师试十直尺						
ɯ	黑						
aɯ	二						
a	茶塔法辣八	ia	牙鸭	ua	瓦刮		
ɛ	开排色白			uɛ	快国		
		ie	写鞋接贴节			ye	月文学文
ə	歌盒热壳			uə	坐过活托郭	yə	靴月白药学
ei	赔对飞北			uei	鬼		
aɔ	宝饱	iaɔ	笑桥				
əu	豆走六白绿白	iəu	油六文				
an	南山半	ian	盐年	uan	短官	yan	权
ən	深	iən	心	uən	寸滚春	yən	云
aŋ	糖	iaŋ	响讲	uaŋ	床王双		
əŋ	灯升硬争横文	iəŋ	病星	uəŋ	横白东	yəŋ	兄用

说明：

1. [ə uə]中的主要元音[ə]实际读音舌位靠后，介于[ə]和[ɤ]之间，这里记作[ə]。

2. [uɛ ie ye]中的主要元音[e]实际发音部位偏低。

3. [aɔ iaɔ]中的主要元音[a]受后半低圆唇元音[ɔ]的影响，实际发音靠后，接近[ɑ]；[aŋ iaŋ uaŋ]中的主要元音[a]受后鼻音[ŋ]的影响，实际发音靠后，接近[ɑ]。

4. [ɯ]为补充音位，来自1000个单字中"黑"字的韵母。

三 声调（4个）

阴平 24　东该灯风通开天春统谷百搭节哭拍塔切刻六₆麦叶月
阳平 42　门龙牛油铜皮糖红急毒白盒罚
上声 55　懂古鬼九苦讨草买老五有
去声 31　动罪近后冻怪半四痛快寸去卖路硬乱洞地饭树六₂

说明：
1. 阳平 42，有的字实际读音结尾略高，近于 3。
2. 上声实际发音比 5 略低。

叁 连读变调

两字组连读调表
（1）非叠字非轻声两字组连读调规律

非叠字非轻声两字组连读调表

前字＼后字	阴平 24	阳平 42	上声 55	去声 31
阴平 24	24+24 冰雹 当中 香菇 杀猪	24+42 日食 天明 清明 猪油	24+55 失火 热水 末尾 公狗	24+31 开水 松树 香菜 稀饭
阳平 42	42+24 洋灰 洋葱 棉衣 年糕	42+42 池塘 茶壶 祠堂 来牌 **31+42** **油条**	42+55 洪水 着火 凉水 白酒 **42+31** **柴火**	42+31 芫荽 蚊帐 集市
上声 55	55+24 小溪 养猪 手灯 满月	55+42 剪头 口条 赶集 起床	55+55 洗澡 **24+55** **老表**	55+31 野路 柳树
去声 31	31+24 见天 菜刀 旱烟 号脉	31+42 大河 放牛 酱油 教室	31+55 下雨 大水 尿桶 后悔	**24+31** **旱地 地震** **看病 庙会**

说明：
西峡方言除以上变调情况外，非叠字两字组连读时后字均读为轻声，具体情况见"非叠字轻声两字组连读调表"。

（2）非叠字轻声两字组连读调规律

非叠字轻声两字组连读调表

前字＼后字	阴平 24	阳平 42	上声 55	去声 31
阴平 24	24+0 正月 春天	24+0 日头 砖头 冰糖 木材	24+0 酸枣 粗鲁	24+0 阴历 干饭
	31+0 双生	42+0 出来		**42+0** 冬至 绿豆
阳平 42	42+0 毛衣 白天 棉花 毛衣	42+0 石头 明年 围裙 回来	42+0 云彩 苹果 白果	**24+0** 阳历 银杏
上声 55	55+0 海军 脑筋 礼物 领域	55+0 起来 檩条	55+0 母狗	55+0 晚上 扫地 米饭 打算
			42+0 早起	
去声 31	31+0 道德 事业	31+0 后年 下来	31+0 露水 稻草	31+0 下去 运气
				24+0 半夜 唱戏

（3）叠字两字组连读变调规律

叠字两字组连读调表

前字＼后字	阴平 24	阳平 42	上声 55	去声 31
阴平 24	24+0 星星 框框 敲敲 天天	—	—	—
阳平 42	—	42+0 盆盆 瓶瓶 牌牌 排排	—	—
上声 55	—	—	55+0 本本 想想 洗洗 扫扫	—
去声 31	—	—	—	31+0 转转 泡泡 晾晾 晃晃

说明：

前字为阴平、阳平和去声时，后字的实际调值是 2；前字为上声时，后字的实际调值是 3，这里统一记作 0。

肆　异读

一　新老异读

西峡新老派之间的语音略有不同。在语音系统方面，老派声母[tṣ tṣʰ ṣ]与细音相拼时，个别字舌尖化色彩不太明显，新派已全部腭化。韵母部分，中古入声铎、药、觉三韵今读的主要元音为[ə]；蟹摄和止摄一三等合口端系字老派依旧读为合口呼，新派读为开口呼。例如：

	老男	青男
钱	tsʰian⁵⁵	tsʰian⁴²
鲜	suan²⁴/sian²⁴	suan²⁴
脚	tɕyə²⁴	tɕye²⁴
约	yə²⁴	ye²⁴
药	yə²⁴	yə²⁴
租	tsəu⁴²	tsəu²⁴

二　文白异读

西峡方言的文白异读比较少，一般为零星的，不成系统。有些文白读两个层次之间的差异与新老派差异重合，此不赘述。有些只在老派中存在，如"做文[tsuə²⁴]/做白[tsəu³¹]、尾文[uei⁵⁵]/尾白[i⁵⁵]、深文[ʂən²⁴]/深白[tʂʰən²⁴]、晚文[uan⁵⁵]/晚白[van⁵⁵]、缩文[ʂuə⁴²]/缩白[tʂʰəu²⁴]、侧文[tʂʰɛ²⁴]/侧白[tʂɛ⁴²]、足文[tsu²⁴]/足白[tsy²⁴]"等。

伍　儿化和小称音

西峡方言儿化丰富，很多单字常以儿化形式出现构成儿化词，如"把儿、花儿、瓶儿、名儿、屋儿"等。儿化韵的具体规律见下表。

儿化音变规律表

儿化韵	基本韵	例词
ɯ	ɿ	字儿、刺儿、丝儿
	ʅ	事儿、果汁儿
	a	刀把儿、号码儿
	ɛ	牌儿、盖儿、孩儿
	ə	打折儿、小车儿

续表

儿化韵	基本韵	例词
ɯ	uə	山坡儿、泡沫儿
	ei	宝贝儿、墨水儿
	an	小摊儿、老汉儿
	ən	盆儿、本儿
iɯ	i	皮儿、鸡儿、剂儿
	ie	蝴蝶儿、树叶儿
	ia	豆芽儿、书架儿
	ian	面儿、天儿、小眼儿
	iən	信儿、心儿、印儿
uɯ	u	小树儿、枣核儿
	uə	干活儿、窝儿、桌儿
	ua	牙刷儿、画画儿
	uɛe	一块儿
	uei	木柜儿、一会儿
	uan	当官儿、拐弯儿
	uən	花纹儿、轮儿、村儿
əuɯ	ɿ	侄儿
yɯ	y	小鱼儿、句儿、雨儿
	yə	麻雀儿、主角儿、月儿
	yan	小院儿、转圈儿
	yən	小裙儿、小军儿
õ	aɔ	小刀儿、书包儿
	əu	土豆儿、小楼儿、小周儿
iõ	iaɔ	麦苗儿、小调儿
	iəu	袖儿、加油儿、小妞儿
õ̃	aŋ	牙缸儿、药方儿
	əŋ	牙缝儿、水坑儿

续表

儿化韵	基本韵	例词
iõ	iaŋ	光亮儿、插秧儿
	iəŋ	杏儿、明儿、影儿、名儿
uõ	uaŋ	小窗儿、筐儿
ə̃	əŋ	凳儿、过生儿、外甥儿、绳儿
iə̃	iəŋ	图钉儿、明儿夜
uə̃	uəŋ	老翁儿
yə̃	yəŋ	小熊儿

陆　其他主要音变

以下 6 种情况在西峡方言中发音轻而短，记为 0：

1. 重叠词后字，如"星星、姑姑、哥哥"等，具体音变规律见表 3。
2. 词缀，如"头、里"等。

"头"单字调为 42，作词缀时读轻声，如"前头、后头、里头、外头、上头、木头、石头、舌头"等。

"里"单字调为 55，作词缀时读轻声，如"屋里、城里、村里、房里"等。

3. 趋向动词，主要有"来、去"等，如"上去、下来、进去、出来、回来、出去、回去、起来"等。
4. 表示名物性的构词语素"的"，如"要饭的、剃头的、做衣裳的"等。
5. 结构助词"的、地、得"等。
6. 时体助词、句末语气词"了、啦、哩"等。

第三十二节　信阳方音

壹　概况

一　信阳调查点概况

信阳位于河南省南部，是鄂、豫、皖三省交界之地。调查点为信阳市浉河区，地理坐标为东经 113°42′~114°08′，北纬 31°24′~32°33′，在河南省信阳市西部，地处淮河上游、大别山北麓，毗邻湖北省，是信阳市主城区、老城区。境内面积 1512 平方千米，总人口约 56 万人（2015 年数据），其中汉族 55.5 万人，回族 0.53 万人，蒙古族 240 余人，满族 200 余人。调查点所在区域没有少数民族语言分布。信阳方言属于中原官话信蚌片。

1998 年信阳地区改市，信阳市区改设浉河区，因境内美丽的浉河穿城而过得名。全区辖 8 个乡镇、8 个办事处、1 个产业集聚区。全区共有 91 个居民委员会、147 个村民委员会。全区地处大别山低山丘陵地带，主产以水稻、小麦为主，特产信阳毛尖、板栗等。工业有化工、机械、纺织、制药、制革、酿酒、食品等。

信阳浉河方言内部有差异，尤其是南部谭家河乡的方言跟老城区差异较大。声调上，谭家河方言的阴平为 42，阳平为 44，上声为 35，去声为 42。声母上，谭家河方言的[ts tʂ]有别。韵母上，谭家河有[ʮ]类韵母。信阳浉河方言的差异还表现为新老派口音的差别，如新派阴平调值为 312，老派阴平调值为 113。

信阳老城区地方戏主要有豫剧等，为当地的中老年人模仿河南北部郑州、开封等地方言演唱。

二　信阳方言发音人

1. 方言老男

王荣德，1953 年 4 月出生于河南省信阳市浉河区老城街道小南门，小学文化程度。1961 年至 1966 年，就读于信阳市第十三小学；1966 年至 1967 年，在老城公社上游造纸厂做学徒；1967 年至 1968 年，在老城公社联防队工作；1968 年至 1969 年，在老城公社做泥瓦匠；1969 年至 1971 年，在信阳市陶瓷厂工作；1971 年至 1974 年，在信阳市皮革厂工作；1974 年至 2005 年，在信阳市化工厂工作；2005 年至今，退休在家。没有长期离开过信阳老城区，会说信阳话、地方普通话，现在主要说信阳话。父亲、母亲和配偶均为信阳市浉河区老城街道人，主要说信阳话，其配偶也会说地方普通话。

2. 方言青男

周海军，1984 年 2 月出生于河南省信阳市浉河区车站办事处新华东路，大专文化程度。1991 年至 1996 年，信阳市第十三小学就读；1996 年至 1999 年，信阳市第十一中学就读；1999 年至 2002 年，信阳师范学校就读；2002 年至 2004 年，信阳师范学院就读；2004 年至 2006 年，浉河区浉河港乡郝家冲小学任教；2006 年至 2013 年，信阳市浉河区胜利路小学任教；2013 年至今，浉河区教育局工作。周海军没有长期离开过信阳市，会说信阳话、地方普通话，现在主要说信阳话、地方普通话。父亲、母亲都为信阳市浉河区车站办事处人，主要说信阳话。其配偶为羊山新区（2006 年前为浉河区）光明社区人，会说信阳话、地方普通话。

3. 口头文化发音人

项臻，男，1983 年 7 月出生于河南省信阳市浉河区五里墩街道肖家湾社区，硕士研究生学历。主要说信阳话、地方普通话。提供调查材料为歌谣和其他故事。

王荣德，男，同方言老男发音人。提供调查材料为自选条目。

周海军，男，同方言青男发音人。提供调查材料为自选条目。

陈宝玉，女，1953 年 10 月出生于河南省信阳市浉河区五里墩街道肖家塆社区，初中文化程度。主要说信阳话。提供调查材料为自选条目。

钟力群，女，1987 年 1 月出生于河南省信阳市浉河区五里墩街道新华西路社区，本科学历。主要说信阳话、地方普通话。提供调查材料为其他故事。

严建华，女，1954 年 6 月出生于河南省信阳市浉河区老城街道鲍氏街，初中文化程度。主要说信阳话、地方普通话。提供调查材料为规定故事和自选条目。

秦臻，女，1982 年 11 月出生于河南省信阳市浉河区车站街道四里棚，本科学历。主要说信阳话、地方普通话。提供调查材料为自选条目。

贰　声韵调

一　声母（21 个，包括零声母在内）

p	八兵病	pʰ	派片爬	m 麦明	f 飞风副蜂肥饭灰活	v	味问温王
t	多东毒	tʰ	讨天甜			l	脑南老蓝连路
ts	资早租字贼坐张竹争装纸	tsʰ	刺草寸祠抽拆茶抄初床车城		s 丝三酸事山双手十	z	热软用
tɕ	酒柱主九	tɕʰ	清全春船轻权	ȵ 年泥	ɕ 想谢顺书响县		
k	高共	kʰ	开	ŋ 熬安	x 好		
∅	月云药						

说明：

[tɕ tɕʰ ɕ] 发音部位稍靠前，略带舌叶色彩。

二　韵母（40 个）

ɿ	师丝试十直尺	i	米戏急七一锡	u	苦骨谷	y	猪雨出橘绿文局
ər	二						
a	茶法辣八塔瓦	ia	牙鸭	ua	刮	ya	□大声吆喝乂
ɛ	热北色白	iɛ	写鞋接贴节	uɛ	国	yɛ	靴月
ɤ	歌盒壳						
o	活			uo	坐过托郭	yo	药学
ai	开排	iai	街	uai	快		
ei	赔对飞			uei	鬼		

ɔu 宝饱　　　　　　iɔu 笑桥

ou 豆走绿₍白₎　　　iou 油六

an 南山半短　　　　ian 盐年　　　　uan 官　　　　yan 权

ən 根寸灯升争　　　in 新心硬₍文₎病星　　uən 滚春₍文₎　　yən 春₍白₎云
　硬₍白₎深

aŋ 糖床王双　　　　iaŋ 响讲　　　　uaŋ 光

ɤŋ 横东用　　　　　　　　　　　　　　　　　　yɤŋ 兄

oŋ 空孔

n 你嗯

　　说明：

　　1. [i y]韵母出现在零声母后，其摩擦性非常明显。

　　2. [u]韵母在跟声母[v]拼合时，因受[v]的影响，带有一定的摩擦色彩。

　　3. [ɤ]韵有圆唇色彩，实际音值介于[o ɤ]二者之间。

　　4. [ər]是[ə]的卷舌，[ə]的舌位稍低。

　　5. [a ia ua]中[a]的舌位较为靠后。

　　6. [ɛ iɛ uɛ yɛ]中[ɛ]的开口度较小，实际音值为[ɐ]。其中[ɛ]韵与声母[k kʰ x]相拼时，偶尔会出现介音[i]，语流中则更加明显，但已无区别意义的作用。

　　7. [uo]中的[o]唇形较展。

　　8. [ai iai uai]中[a]的开口度较小，实际音值为[æ]。

　　9. 鼻韵尾均稍显模糊，尤其[aŋ iaŋ uaŋ]，其实际音值为[aⁿ iaⁿ uaⁿ]。

　　10. [ɤŋ]韵与[oŋ]韵为互补分布，[oŋ]韵只与声母[k kʰ x]相拼。[ɤŋ]韵在通摄字中实际音值为[uɤŋ]，记作[ɤŋ]；[oŋ]韵略有动程，实际音值为[uoŋ]，记作[oŋ]。[yɤŋ]中的[ɤ]唇形略圆。

三　声调（4个）

阴平　113　东该灯风通开天春谷百搭节急哭拍塔切刻麦叶月

阳平　44　门龙牛油铜皮糖红毒白盒罚

上声　24　懂古鬼九统苦讨草买老五有

去声　53　动罪近后冻怪半四痛快寸去卖路硬乱洞地饭树六

说明：

　　1. 阴平前头略降，但不到一度。

　　2. 阳平比较短促。

　　3. 上声在起头处先有一个微小的降幅，然后急促上升，是一个急升调。

　　4. 上声有时较高，为35。

叁 连读变调

1. 阴平位于前字时，当后字为阴平、去声时，前字阴平的起点 1 大多读得较模糊，有的甚至就没读出来，实际音值为 13。当后字为阳平、上声和轻声时，前字阴平的落点 3 大多没读出来，直接读成了 11 调值。不过这个 11 调值的起点 1 略高，接近 2 度，因此 11 实际是一个接近 21 的略降的调子。

2. 阴平位于后字时，一般都读得稍轻稍短，很多时候落点就没读到 3，接近 112，上升很不明显。有的甚至连 2 都没到，有的则干脆读成很轻短的 11 调了。但无论读作 113、112 或 11，都没有意义差异，鉴于这种情况，我们一律记作 113。

3. "阳平+阳平""阳平+上声"中，前字阳平略降，实际音值为 43。为统一起见，我们仍记作本调 44。

4. 去声和去声连读时，前字变 224，但起点的 2 略高，接近 3 度。后字不变，依然读本调 53。

具体规律如下表：

两字组连续调表

前字＼后字	阴平 113	阳平 44	上声 24	去声 53	轻声 0
阴平 113	**13+113** 腊月 公鸡	**11+44** 木材 芝麻	**11+24** 温水 开水	**13+53** 冬至 松树	**11+0（调值 2）** 星星 高头
阳平 44	44+113 条几 毛衣	44+44 洋油 厨房	44+24 凉水 苹果	44+53 狐臭 学校	44+0 云彩 台风
上声 24	24+113 母鸡 里屋	24+44 鲤鱼 板油	24+24 老虎 马桶	24+53 柳树 长相	24+0 冷子 早晌
去声 53	53+113 大椒 豆浆	53+44 稻田 放牛	53+24 大水 后悔	**224+53** 大堰 地震	53+0 太阳 露水

肆 异读

一 新老异读

语音系统方面，老男的阴平为 113，青男的阴平为 312。普通话零声母合口呼字，新派的唇齿摩擦程度较老派轻微，实际音值接近[v]。老派的[iai]韵母（来自蟹摄开口二等见系部分字，如"街秸介"等），新派读[iɛ]韵母。老派的[yɤŋ]韵母，新派读[ioŋ]韵母。

除了音系方面的差别外，新、老派在个别字上读音也有不同。如：

	老男	青男
科	kʰuo¹¹³/kʰɤ¹¹³	kʰɤ³¹²
肃	ɕy¹¹³	su³¹²
俗	ɕy⁴⁴	su⁴⁴
宿	ɕy¹¹³	su³¹²
税	sei⁵³	suei⁵¹
崔	tsʰei¹¹³	tsʰuei³¹²

二 文白异读

信阳老城话的文白异读只是零星的，不成系统。例如"做文[tsuo⁵³]/做白[tsou⁵³]、去文[tɕʰy⁵³]/去白[tɕʰi⁵³]、尾文[vei²⁴]/尾白[i²⁴]、造文[tsɔu⁵³]/造白[tsʰɔu⁵³]、深文[sən¹¹³]/深白[tsʰən¹¹³]、扁文[pian²⁴]/扁白[piɛ²⁴]、笔文[pi⁴⁴]/笔白[pei⁴⁴]、笋文[sən²⁴]/笋白[ɕyən²⁴]、春文[tsʰuən¹¹³]/春白[tɕʰyən¹¹³]、硬文[in⁵³]/硬白[ŋən⁵³]、绿文[ly¹¹³]/绿白[lou¹¹³]。"

伍 儿化和小称音

儿化音变规律

信阳老城话有 41 个韵母，其中 36 个韵母都有儿化韵，[ɚ ya uɛ iai n]等五个没有儿化韵，共产生出 21 个儿化韵。儿化音变规律如下：

儿化韵	基本韵	例词
ar	a	号码儿、板擦儿
	aŋ	药方儿、香肠儿、肩膀儿、蛋黄儿
iar	ia	一下儿、豆芽儿
	iaŋ	花样儿、小羊儿
uar	ua	脑瓜儿、大褂儿
	uaŋ	沾光儿、小王儿
ɐr	ai	名牌儿、鞋带儿、小孩儿、蒜薹儿
	an	蒜瓣儿、收摊儿
iɐr	ian	雨点儿、牙签儿、露馅儿、心眼儿
uɐr	uai	一块儿、碗筷儿
	uan	火罐儿、当官儿、大款儿
yɐr	yan	汤圆儿、人缘儿、打转儿、烟卷儿、手绢儿

续表

儿化韵	基本韵	例词
ɤr	ɛ	自行车儿、小推车儿
or	o	粉末儿、做活儿
	ɤ	唱歌儿、矮个儿、饭盒儿
	oŋ	抽空儿、小孔儿
	ɤŋ	门缝儿、小洞儿
iɤr	iɛ	烟叶儿、一截儿
uor	uo	火锅儿、书桌儿
yor	yo	同学儿、小学儿
	yɛ	木橛儿、小雪儿、小脚儿
	yɤŋ	兄儿
ɐr	ei	刀背儿、岔辈儿
	ɿ	瓜子儿、写字儿、小侄儿、没事儿
	ən	老本儿、一花盆儿、车轮儿、山村儿、泥坑儿
iɐr	i	小鸡儿、小妮儿
	in	捎信儿、皮筋儿、花瓶儿、风景儿、人影儿
uɐr	uei	小鬼儿、小乌龟儿
	uən	打滚儿、几捆儿
yɐr	y	小曲儿、小鱼儿
	yən	合群儿、嘴唇儿
ɔr	ɔ	红包儿、灯泡儿、口哨儿、绝招儿
iɔr	iɔ	面条儿、开窍儿
our	ou	老头儿、小偷儿、小路儿
iour	iou	打球儿、泥鳅儿、中秋儿
ur	u	菜谱儿、牛仔裤儿、小屋儿、敲边鼓儿、小老虎儿

说明：

1. [ɐr iɐr uɐr yɐr]中的实际音值比[ɐ]略高、略前。

2. [ɤ]韵儿化后，唇形略圆，记为[or]；[ɤŋ]和[oŋ]韵儿化之后保留了单字音中的合口介音，其儿化韵的实际音值为[ᵘor]。

陆　其他主要音变

一　"一、不"的变调

1. "一"的变调

（1）阴平前一般符合"阴平+阴平"两字组连读变调规律，读 13 调。如：

一箱儿　一分　一千

（2）阳平和上声前一般符合"阴平+阳平""阴平+上声"两字组连读变调规律，读 11 调。如：

一同　一厘　一碗　一起　一闪

（3）去声前一般读阳平 44 调，如：

一下儿　一路儿　一块儿　一半儿

（4）夹在两个相同字的中间时一般读轻声。如：

说一说　拖一拖　管一管　走一走　看一看

2. "不"的变调

（1）阴平、去声前一般读阳平 44 调。如：

不中　不开　不在　不会　不去

（2）阳平、上声前一般读去声 53 调。如：

不同　不想　不好　不懂　不打

（3）夹在两个相同字的中间一般读轻声。如：

去不去　看不看　来不来　行不行

二　其他音变现象

浉河区存在少量词汇条件的多音现象。这些多音现象，单念时读阴平，在许多词语中也读阴平，但在个别词语中却读阳平。如"木"，单念时读阴平，在"木门""木床""木头"中也读阴平，但在"木匠"一词中却读阳平。此外像"脚气、篾匠、月亮、出来、出去、猪圈、绿豆、蛛蛛"等也是。

第三十三节　固始方音

壹　概况

一　固始调查点概况

固始位于河南省信阳市东南端，豫、皖两省交界处，南依大别山，北临淮河，属华东与中原交融地带，中国南北地理分界线秦岭淮河一线之淮河穿境而过，素有"北国江南，江南北国"之称。地理坐标为东经 115°21′～115°56′，北纬 31°46′～

32°35′。南北最长 94.16 千米，东西最宽 56.19 千米，总面积 2946 平方公里。固始县总人口 174 万人（2016 年数据），其中汉族 171 万余人，回族 3 万余人，蒙古族、满族、土族共 1100 余人。县境内没有少数民族语言分布。固始方言属于中原官话信蚌片。

固始县下辖三个街道、十七个镇、十三个乡，是河南省第一人口大县。无论是语音、词汇还是语法，固始方言内部都有一定差异，这种差异表现最明显的是语音。全县大致可以划分为东南区、西南区、西北区等三个小方言片。这三个方言片的声韵差异主要表现在声母[f x]、[n l]及鼻韵尾[-n -ŋ]三个方面。东南区，包括城关、南大桥、郭陆滩、黎集、方集、段集、祖师等乡镇，主要特点是[n]与[l]、[n]与[ŋ]不分，但[f x]却不混。西南区，包括胡族铺、马堽集等乡镇，主要特点是[n]与[l]、[n]与[ŋ]、[f x]都不分。西北区，包括往流、李店、三河尖等乡镇，主要特点是[n]与[l]、[n]与[ŋ]都不混。

固始的曲艺主要有用固始本地方言演唱的灶戏，是当地的非物质文化遗产项目。

二　固始方言发音人

1. 方言老男

熊建军，1956 年 12 月出生在河南省固始县城关镇三街公所梁家巷，高中文化程度。1962 年 9 月至 1967 年 7 月在固始城关镇跃进小学上学；1967 年 8 月至 1973 年 7 月辍学在家；1973 年 9 月至 1975 年 7 月在固始城关中学上学；1975 年 9 月至 1977 年 7 月在固始高中上学；1977 年 8 月至 1980 年 7 月在家待分配；1980 年 8 月至退休，在固始县城关镇烟酒商店工作。没有长期离开过固始，会说固始话、地方普通话。父亲、母亲均为城关镇三街人，配偶为城关镇汪庙人，都只会说固始话。

2. 方言青男

张孝兵，1982 年 4 月出生在河南省固始县城关镇第六社区梓树巷 12 号，大专学历。1988 年 9 月至 1993 年 7 月在固始二小上学；1993 年 9 月至 1996 年 7 月在固始城关中学上学；1996 年 9 月至 1998 年 1 月在固始一中上学；1998 年 1 月至 1999 年 9 月在固始城关镇第六社区工作；1999 年 9 月至 2001 年 8 月在信阳市委党校进修大专；2001 年 9 月至 2007 年 8 月在城关镇第六社区工作；2007 年 9 月至 2015 年 4 月在城关镇踏月寺社区工作；2015 年 4 月至 2016 年 7 月在城关镇第一社区工作；2016 年 7 月至今，在城关镇第七社区工作。没有长期离开过固始，会说固始话、地方普通话。父亲为城关镇第六社区人，母亲为城关镇第七社区人，配偶为城关镇第三社区人，都只会说固始话。

3. 口头文化发音人

吴曾明，男，1955 年 4 月出生在河南省固始县城关镇第六社区植树巷中段，大专文化程度。没有长期外出经历，平时只说固始话。提供的调查材料为歌谣、故事、歇后语、谚语等。

周成英，女，1956年6月出生在河南省固始县城关镇第六社区史湖街，小学文化程度。提供的调查材料为歌谣。

赵海英，女，1951年10月出生在河南省固始县城郊乡（现为秀水办事处）阳关村，小学文化程度。提供的调查材料为歌谣与歇后语等。

熊建军，男，同方言老男发音人。提供的调查材料为《牛郎和织女》的故事、顺口溜、歇后语、谚语等。

程泽云，女，1961年10月出生在河南省固始县城关镇第七社区顺河街，小学文化程度。提供的调查材料为谚语与歇后语等。

张孝兵，男，同方言青男发音人。提供的调查材料为歇后语、谚语等。

李迎新，女，1976年11月出生在河南省固始县城关镇状元街4号，大专文化程度。提供的调查材料为谚语与歇后语等。

贰　声韵调

一　声母（19个）

p	八兵病	pʰ	派片爬	m	麦明	f	飞风副蜂肥饭
t	多东毒	tʰ	讨天甜			l	脑南年泥老蓝连路
ts	资早租字贼坐张竹柱争装纸主	tsʰ	刺草寸祠抽拆茶抄初床车春船城	s	丝三酸事山双顺手十	z	热软用
tɕ	酒九	tɕʰ	清全轻权	ɕ	想谢书响县		
k	高共	kʰ	开	x	好灰活	ɣ	熬硬安
ø	味问温王月云药						

说明：

1. [t tʰ ts tsʰ s]的发音部位略靠后。

2. [k kʰ x]在与来自入声的[e]韵母相拼时，舌位前移，实际音值为[c cʰ ç]，如"隔客黑"等。

3. 合口呼零声母字的[u]韵头的触唇动作较为明显。

二　韵母（37个）

ɿ	师丝试十直尺	i	米戏急七一锡	u	苦五猪骨谷绿	y	雨出橘局
a	茶塔法辣八	ia	牙鸭	ua	刮瓦		
ɛ	开排二热北色白	iɛ	写鞋接贴节	uɛ	快国	yɛ	靴月
e	隔客黑						

ɤ	歌盒壳剥			uɤ	坐过托郭活	yɤ 药学
ei	赔对飞			uei	鬼	
au	宝饱	iau	笑桥			
ou	豆走	iou	油六			
an	南山半	ian	盐年	uan	短官	yan 权
en	深根寸灯升争硬	in	心新病星	uen	滚春	yen 云
aŋ	糖	iaŋ	响讲	uaŋ	光床王双	
eŋ	横东			uŋ	用	yŋ 兄
n̩	你嗯					
ŋ̍	嗡_{蜜蜂等的叫声}					

说明：

1. [i y]韵母出现在零声母后，其摩擦性较为明显。

2. [a ia ua]等韵母中[a]的舌位稍靠后。

3. [ɤ]有圆唇色彩，实际音值介于[o ɤ]二者之间，在跟唇音声母相拼时，舌位稍高。

4. [uɤ yɤ]中[ɤ]的舌位稍高，唇形略圆。

5. [ɛ]韵母的阴平、上声和去声调的开口度略大，实际音值为[æ]。但[ɛ æ]并无音位差异，故统一记作[ɛ]。

6. [ei uei]中[e]的舌位略高。

7. [au iau]中[a]的舌位略高，唇形较圆，接近[ɔ]。

8. 韵尾[n]没有舌尖接触齿龈的动程，韵尾[ŋ]没有舌根接触软腭的动程，因此[an en aŋ eŋ]等鼻韵母都有鼻化韵色彩。

三　声调（4个）

阴平　213　东该灯风通开天春百搭哭拍塔切麦叶月
阳平　55　　门龙牛油铜皮糖红谷节急刻毒白盒罚
上声　24　　懂古鬼九统苦讨草买老五有
去声　51　　动罪近后冻怪半四痛快寸去卖路硬乱洞地饭树六

说明：

1. 阴平的起点没有到2，也可以记为113。

2. 阳平稍短促，音高有时不到55，也可记作44。

叁　连读变调

两字组连读变调规律

1. 阴平213位于前字时，当后字为阴平、去声时，前字阴平的起点2大多读得较模糊，甚至就没读出来，实际音值接近13；当后字为阳平、上声和轻声时，前字阴平的落点3大多没读出来，直接读成了21调值。

2. 阳平55位于前字时，当后字为阳平、上声和轻声时，前字阳平略降，实际调值接近 54。但 54 和本调 55 在听感上差异并不明显，因此仍记作本调 55。

3. 去声和去声连读时，前字变 224，但起点的 2 略高，接近 3 度。

4. 固始方言的轻声不轻，均带有一定的调型，且其调值的具体读法取决于前字。比如阴平后面的轻声，实际调值为短促的 44，听感上跟阳平的 55 调值比较相近。如"庄稼[tsuaŋ²¹³tɕia⁰]"和"装甲[tsuaŋ²¹³tɕia⁵⁵]"相比，轻声的"稼[tɕia⁰]"只是比阳平的"甲[tɕia⁵⁵]"显得稍轻稍短，调值略低一些，在听感上差别并不大，故将阴平后面的轻声 44 标为 44。同理，阳平、上声后的轻声标为 42，去声后的轻声标为 21。

具体规律如下表：

两字组连读调表

前字＼后字	阴平 213	阳平 55	上声 24	去声 51	轻声 0
阴平 213	**13+213** 香菇 乌鸦 公鸡	**21+55** 清泉 香油 工钱	**21+24** 开水 辣酒 输水	**13+51** 冬至 家具 鸡蛋	**21+0** 星星 高头 蜂子
阳平 55	55+213 台风 泥巴 洋灰	55+55 洋油 刨锄 零钱	55+24 凉水 洋火 黄酒	55+51 皮蛋 瞧病 划算	55+0 云彩 石头 城里
上声 24	24+213 女猫 纸烟 小偷	24+55 鲤鱼 水瓢 晓得	24+24 水果 左手 洗澡	24+51 柳树 炒菜 旅社	24+0 冷子 底下 李子
去声 51	51+213 喂猪 菜刀 豆浆	51+55 放牛 大门 菜馍	51+24 下雨 稻草 电火	**224+51** 地震 饭店 做梦	51+0 露水 缝子 夜里

肆　异读

一　新老异读

音系方面，新派[ɣ]声母的摩擦程度较老派轻微。普通话合口呼零声母字，新派和老派的唇齿摩擦都比较明显，但相对来说，新派的摩擦程度较轻。老派的[en uen yen eŋ]韵母，新派读成[ən uən yən əŋ]韵母。老派的[e]韵母，新派有一个较模糊的[i]介音，实际音值接近[ⁱe]。

除音系方面的差异外，固始话的新老异读在个别字上也有体现。如：

	老男	青男
造	tsʰau⁵¹	tsau⁵¹
肃	ɕy⁵⁵	su⁵⁵
俗	ɕy⁵⁵	su⁵⁵

足	tɕy⁵⁵	tsu⁵⁵
税	sei⁵¹	suei⁵¹
崔	tsʰei²¹³	tsʰuei²¹³

二 文白异读

固始话的文白异读只有零星表现，不成系统。如：

	文读	白读
尾	uei²⁴	i²⁴
解	tɕiɛ²⁴	kɛ²⁴
涉	sɛ⁵⁵	tsʰɛ⁵⁵
拦	lan⁵⁵	luan⁵⁵
槛	kʰan²⁴	tɕʰian⁵¹
暖	luan²⁴	laŋ²⁴
券	tɕʰyan⁵¹	tɕyan⁵¹
深	sen²¹³	tsʰen²¹³
晨	tsʰen⁵⁵	sen⁵⁵
辰	tsʰen⁵⁵	sen⁵⁵
藏	tsʰaŋ⁵⁵	tɕʰiaŋ⁵⁵
在	tsɛ⁵¹	tɛ⁵⁵
牛	liou⁵⁵	ɣou⁵⁵
使	sʅ²⁴	sɛ²⁴
随	sei⁵⁵	tsʰei⁵⁵

伍 儿化和小称音

儿化音变规律

固始方言没有儿化音。

陆 其他主要音变

一 "一"的变调

1. 单念或在阴平字前读阴平 213 调，如"一、一箱、一分、一千"。
2. 阳平和上声前读 21 调，如"一同、一厘、一行、一本、一碗、一闪"。
3. 去声前读阳平 55 调，如"一路、一块、一半"。
4. 夹在两个相同字中间读轻声，如"说一说、拦一拦、走一走、看一看"。

二 "不、别、再、只、可表反问的副词、才、还"的变调

1. 在阴平、阳平、上声前面读去声 51 调，如"不中、别听、再说、只吃、

可香_香不香_、才穿、还热、不行、别拿、再来、只能、可疼_疼不疼_、才凉、还忙、不懂、别吵、再想、只买、可好_好不好_、才走、还少"。

2. 在去声前读阳平 55 调，如"不会、别动、再借、只要、可去_去不去_、才做、还盖"。

三　轻声音节[u]（如"午[u²⁴]""误[u⁵¹]"）的音变

音节[u]（如"午[u²⁴]""误[u⁵¹]"）在词中读轻声时，当词中前后有鼻音韵母时，便会被同化为[en⁰]，如"晌午[saŋ²⁴en⁰]""五端午[u²⁴taŋ²¹³en⁰]""耽误[taŋ²¹³en⁰]"。

四　"姑"的变调

"姑"位于一个词的末尾时读上声，如"老姑、姨姑、大姑、小姑、亲姑"。其他位置读阴平，如"姑夫、老姑娘、姑爷、大姑奶"。

五　其他音变现象

固始话存在少量词汇条件的多音现象。这种现象主要表现在清、次浊入声字中。如"百"在"百货"中读阴平，"百岁_小孩打喷嚏时的祝愿语_"中读阳平，"老百姓"中阴平、阳平两读；"落"在"落后"中读阴平，"大头落地_比喻完成了主要工作_"中读阳平；"木"在"木头"中读阴平，"木匠"中读阳平，"木耳"中阴平、阳平两读；"铁"在"铁丝子_铁丝_"中读阴平，"铁匠"中读阳平，"铁矿"中阴平、阳平两读；"客"在"顾客"中读阴平，"客气"中读阳平；"末"在"老末_最后一位_"中读阴平，"末后_最后一位_"中读阳平，"末班车"中阴平、阳平两读；"绿"在"绿色"中读阴平，"绿豆"中读阳平。

第二章 字音对照表

	0001 多 果开一 平歌端	0002 拖 果开一 平歌透	0003 大~小 果开一 去歌定	0004 锣 果开一 平歌来	0005 左 果开一 上歌精	0006 歌 果开一 平歌见	0007 个 果开一 去歌见	0008 可 果开一 上歌溪
安阳	tuə⁴⁴	tʰuə⁴⁴	ta³¹	luə⁵²	tsuə⁴³	kə⁴⁴	kə³¹	kʰə⁴⁴
林州	tuɤ³¹	tʰuɤ³¹	tɔ³³	luɤ⁴²	tsuɤ⁵⁴	kɤ³¹	kɤ³³	kʰɤ⁵⁴
鹤壁	tuɤ³³	tʰuɤ³³	ta³¹	luɤ⁵³	tsuɤ⁵⁵	kɤ³³	kɤ³¹	kʰɤ⁵⁵
新乡	tuɤ²⁴	tʰuɤ²⁴	ta²¹	luɤ⁵²	tsuɤ⁵⁵	kɤ²⁴	kɤ²¹	kʰɤ⁵⁵
济源	tuɤ⁴⁴	tʰuɤ⁴⁴	ta²⁴	luɤ³¹²	tʂuɤ⁵²	kɤ⁴⁴	kɤ²⁴	kʰɤ⁵²
沁阳	tuɤ⁴⁴	tʰuɤ⁴⁴	ta¹³	luɤ³¹²	tsuɤ⁵²	kɤ⁴⁴	kɤ¹³	kʰʌʔ²³ 副词 kʰɤ⁵²
温县	tuɤ⁴⁴	tʰuɤ⁴⁴	ta²¹³	luɤ³¹	tsuɤ⁵³	kɤ⁴⁴	kɤ²¹³	kʰʌʔ³ 单用,~惜 kʰɤ⁵³
范县	tuə²⁴	tʰuə²⁴	ta³¹³	luə⁴²	tsuə⁵⁵	kə²⁴	kə³¹³	kʰə⁵⁵
郑州	tuə²⁴	tʰuə²⁴	ta³¹	luə⁵³	tsuə⁴⁴	kə²⁴	kə³¹	kʰə⁴⁴
开封	tuo²⁴	tʰuo²⁴	ta³¹²	luo⁵³	tsuo⁴⁴	kɤ²⁴	kɤ³¹²	kʰɤ⁴⁴
濮阳	tuə³⁵	tʰuə³⁵	ta³¹	luə⁴²	tʂuə⁵⁵	kə³⁵	kə³¹	kʰə⁵⁵
浚县	tuɤ²⁴	tʰuɤ²⁴	ta²¹³	luɤ⁴²	tsuɤ⁵⁵	kɤ²⁴	kɤ²¹³	kʰɤ⁵⁵
长垣	tuə²⁴	tʰuə²⁴	ta²¹³	luə⁵²	tsuə⁴⁴	kə²⁴	kə²¹³	kʰə⁴⁴
兰考	tuo²⁴	tʰuo²⁴	ta³¹²	luo⁵³	tsuo⁴⁴	kɤ²⁴	kɤ³¹²	kʰɤ⁴⁴
洛阳	tuə³⁴	tʰuə³⁴	ta³¹	luə⁵³	tsuə⁴⁴	kə³⁴	kə³¹	kʰə⁴⁴
洛宁	tuə⁴⁴	tʰuə⁴⁴	tɐ³¹	luə⁵²	tsuə³⁵	kə⁴⁴	kə³¹	kʰə⁴⁴
三门峡	tuə⁵³	tʰuə⁵³	ta²¹²	luə³¹	tsuə²¹²	kuə⁵³	kuɛ⁴⁴ 白 ke⁴⁴ 白 kə⁴⁴ 文	kʰuə⁴⁴
灵宝	tuɤ⁵³	tʰuɤ⁵³	ta²⁴	luɤ²¹³	tsuɤ⁴⁴	kuɤ⁵³ 白 kɤ⁵³ 文	kɛ⁴⁴ 这~ kuɤ⁴⁴ ~头	kʰuɤ⁴⁴ 白 kʰɤ⁴⁴ 文
商丘	tuə²²³	tʰuə²²³	ta⁴¹	luə⁵²	tsuə⁴⁴	kə²²³	kə⁴¹	kʰə⁴⁴
永城	tuə²¹³	tʰuə²¹³	ta⁴¹	luə⁵³	tsuə³³⁴	kə²¹³	kə⁴¹	kʰə³³⁴
郸城	tuɤ²⁴	tʰuɤ²⁴	ta⁵¹	luɤ⁴²	tsuɤ⁴⁴	kɤ²⁴	kɤ⁵¹	kʰɤ⁴⁴
漯河	tuɤ²²⁴	tʰuɤ²²⁴	ta³¹	luɤ⁵³	tsuɤ⁴⁴	kɤ²²⁴	kɤ³¹	kʰɤ⁴⁴
许昌	tuɤ²⁴	tʰuɤ²⁴	ta³¹	luɤ⁵³	tsuɤ⁴⁴	kɤ²⁴	kɤ³¹	kʰɤ⁴⁴
周口	tuo²⁴	tʰuo²⁴	ta⁴¹	luo⁵³	tsuo⁴⁴	kɤ²⁴	kɤ⁴¹	kʰɤ⁴⁴
驻马店	tuɤ²¹³	tʰuɤ²¹³	ta³¹	luɤ⁵³	tsuɤ⁴⁴	kɤ²¹³	kɤ³¹	kʰɤ⁴⁴
长葛	tuɤ²⁴	tʰuɤ²⁴	ta³¹	luɤ⁵²	tsuɤ⁴⁴	kɤ²⁴	kɤ³¹	kʰɤ⁴⁴
泌阳	tuo²⁴	tʰuo²⁴	ta³¹	luo⁵³	tsuo⁴⁴	kɤ²⁴	kɤ³¹	kʰɤ⁴⁴
南阳	tuə²²⁴	tʰuə²²⁴	ta³¹	luə⁴²	tsuə⁵⁵	kə²²⁴	kə³¹	kʰə⁵⁵
鲁山	tuə²⁴	tʰuə²⁴	ta³¹	luə⁵³	tsuə⁴⁴	kə²⁴	kə³¹	kʰə⁴⁴
邓州	tuə³³	tʰuə³³	ta³¹	luə⁴²	tsuə⁵⁵	kə³³	kə³¹	kʰə⁵⁵
西峡	tuə²⁴	tʰuə²⁴	ta³¹	luə⁴²	tsuə⁵⁵	kə²⁴	kə³¹	kʰə⁵⁵
信阳	tuo¹¹³	tʰuo¹¹³	ta⁵³	luo⁴⁴	tsuo²⁴	kɤ¹¹³	kɤ⁵³	kʰɤ²⁴
固始	tuɤ²¹³	tʰuɤ²¹³	ta⁵¹	luɤ⁵⁵	tsuɤ²⁴	kɤ²¹³	kɤ⁵¹	kʰɤ²⁴

	0009 鹅 果开一 平歌疑	0010 饿 果开一 去歌疑	0011 河 果开一 平歌匣	0012 茄 果开三 平戈群	0013 破 果合一 去戈滂	0014 婆 果合一 平戈並	0015 磨动 果合一 平戈明	0016 磨名 果合一 去戈明
安阳	ə⁵²	ə³¹	xə⁵²	tɕʰiɛ⁵²	pʰuə³¹	pʰuə⁵²	muə⁵²~面 muə⁵²~刀	muə³¹
林州	ɣɤ⁴²	ɣɤ³³	xɤ⁴²	tɕʰiɛ⁴²	pʰuɤ³³	pʰuɤ⁴²	muɤ⁴²	muɤ³³
鹤壁	ɣɤ⁵³	ɣɤ³¹	xɤ⁵³	tɕʰiɛ⁵³	pʰuɤ³¹	pʰuɤ⁵³	muɤ⁵³~面 muɤ⁵³~刀	muɤ³¹
新乡	ɣɤ⁵²	ɣɤ²¹	xɤ⁵²	tɕʰiə⁵²	pʰuɤ²¹	pʰuɤ⁵²	muɤ⁵²	muɤ²¹
济源	ɣɤ³¹²	ɣɤ²⁴	xɤ³¹²	tɕʰiɛ³¹²	pʰuɤ²⁴	pʰuɤ³¹²	muɤ³¹²	muɤ²⁴
沁阳	ɣɤ³¹²	ɣɤ¹³	xɤ³¹²	tɕʰiɤ³¹²	pʰuɤ¹³	pʰuɤ³¹²	muɤ¹³~面 muɤ³¹²~刀	muɤ¹³
温县	ɣɤ³¹	ɣɤ²¹³	xɤ³¹	tɕʰiɛ³¹	pʰuɤ²¹³	pʰuɤ³¹	muɤ³¹	muɤ²¹³
范县	ɣə⁴²	ɣə³¹³	xə⁴²	tɕʰiɛ⁴²	pʰuə³¹³	pʰuə⁴²	muə³¹³~面 muə⁴²~刀	muə³¹³
郑州	ɣə⁵³	ɣə³¹	xə⁵³	tɕʰiE⁵³	pʰuə³¹	pʰuə⁵³	muə³¹~面 muə⁵³~刀	muə³¹
开封	ɤ⁵³	ɤ³¹²	xɤ⁵³	tɕʰie⁵³	pʰuo³¹²	pʰuo⁵³	muo³¹²~面 muo⁵³~刀	muo³¹²
濮阳	ɣə⁴²	ɣə³¹	xə⁴²	tɕʰiɛ⁴²	pʰuə³¹	pʰuə⁴²	muə⁴²	muə³¹
浚县	ɣɤ⁴²	ɣɤ²¹³	xɤ⁴²	tɕʰiɛ⁴²	pʰuɤ²¹³	pʰuɤ⁴²	muɤ²¹³~面 muɤ⁴²~刀	muɤ²¹³
长垣	ɣə⁵²	ɣə²¹³	xə⁵²	（无）	pʰuə²¹³	pʰuə⁵²	muə²¹³~面 muə⁵²~刀	muə²¹³
兰考	ɣɤ⁵³	ɣɤ³¹²	xɤ⁵³	tɕʰiɛ⁵³	pʰuo³¹²	pʰuo⁵³	muo⁵³	muo³¹²
洛阳	ɣə⁵³	ɣə³¹	xə⁵³	tɕʰiɛ⁵³	pʰuə³¹	pʰuə⁵³	muə³¹~面 muə⁵³~刀	muə³¹
洛宁	ɣə⁵²	ɣə³¹	xə⁵²	tɕʰiɛ⁵²	pʰuə³¹	pʰuə⁵²	muə⁵²~面 muə³¹~刀	muə³¹
三门峡	ŋuə³¹	ŋuə²¹²	xuə³¹	tɕʰiɛ³¹	pʰuə²¹²	pʰuə³¹	muə²¹²	muə²¹²
灵宝	ŋuɤ²¹³	ŋuɤ²⁴	xuɤ²¹³	tɕʰiɛ²¹³	pʰuɤ²⁴	pʰuɤ²¹³	muɤ²⁴~面 muɤ²¹³~刀	muɤ²⁴
商丘	ə⁵²	ə⁴¹	xə⁵²	tɕʰiE⁵²	pʰuə⁴¹	pʰuə⁵²	muə⁴¹~面 muə⁵²~刀	muə⁴¹
永城	ə⁵³	ə⁴¹	xə⁵³	tɕʰiɛ⁵³	pʰuə⁴¹	pʰuə⁵³	muə⁴¹~面 muə⁵³~刀	muə⁴¹
郸城	ɣɤ⁴²	ɣɤ⁵¹	xɤ⁴²	tɕʰiɛ⁴²	pʰɤ⁵¹	pʰɤ⁴²	mɤ⁵¹~面 mɤ⁴²~刀	mɤ⁵¹
漯河	ɤ⁵³	ɤ³¹	xɤ⁵³	tɕʰiɛ⁵³	pʰuɤ³¹	pʰuɤ⁵³	muɤ³¹~面 muɤ⁵³~刀	muɤ³¹
许昌	ɤ⁵³	ɤ³¹	xɤ⁵³	tɕʰiɛ⁵³	pʰuɤ⁵³	pʰuɤ⁵³	muɤ⁵³	muɤ³¹
周口	ɤ⁵³	ɤ⁴¹	xɤ⁵³	tɕʰiɛ⁵³	pʰuo⁴¹	pʰuo⁵³	muo⁴¹~面 muo⁵³~刀	muo⁴¹
驻马店	ɣɤ⁵³	ɣɤ³¹	xɤ⁵³	tɕʰiɛ⁵³	pʰuɤ³¹	pʰuɤ⁵³	muɤ³¹~面 muɤ⁵³~刀	muɤ³¹
长葛	ɣɤ⁵²	ɣɤ³¹	xɤ⁵²	tɕʰiɛ⁵²	pʰuɤ³¹	pʰuɤ⁵²	muɤ³¹~面 muɤ⁵²~刀	muɤ³¹
泌阳	ɣɤ⁵³	ɣɤ³¹	xɤ⁵³	tɕʰiɛ⁵³	pʰuo³¹	pʰuo⁵³	muo³¹~面 muo⁵³~刀	muo³¹
南阳	ə⁴²	ə³¹	xə⁴²	tɕʰiɛ⁴²	pʰuə³¹	pʰuə⁴²	muə³¹~面 muə⁴²~刀	muə³¹
鲁山	ɣə⁵³	ɣə³¹	xə⁵³	tɕʰiɛ⁵³	pʰuə³¹	pʰuə⁵³	muə³¹~面 muə⁵³~刀	muə³¹
邓州	ɣə⁴²	ɣə³¹	xə⁴²	tɕʰiɛ⁴²	pʰuə³¹	pʰuə⁴²	muə³¹~面 muə⁴²~刀	muə³¹
西峡	ə⁴²	ə³¹	xə⁴²	tɕʰiɛ⁴²	pʰuə³¹	pʰuə⁴²	muə³¹~面 muə⁴²~刀	muə³¹
信阳	ŋɤ⁴⁴	ŋɤ⁵³	xo⁴⁴	tɕʰyɛ⁴⁴	pʰo⁵³	pʰo⁴⁴	mo⁵³~面 mo⁴⁴~刀	mo⁵³
固始	ɣɤ⁵⁵	ɣɤ⁵¹	xɤ⁵⁵	tɕʰyɛ⁵⁵	pʰɤ⁵¹	pʰɤ⁵⁵	mɤ⁵⁵	mɤ⁵¹

第二章　字音对照表

	0017 躲	0018 螺	0019 坐	0020 锁	0021 果	0022 过~来	0023 课	0024 火
	果合一	果合一	果合一	果合一	果合一	果合一	果合一	果合一
	上戈端	平戈来	上戈从	上戈心	上戈见	去戈见	去戈溪	上戈晓
安阳	tuə^{43}	luə^{52}	tsuə^{31}	suə^{43}	kuə^{43}	kuə^{31}	kʰə^{31}	xuə^{43}
林州	tuɤ^{54}	luɤ^{42}	tsuɤ^{33}	suɤ^{54}	kuɤ^{54}	kuɤ^{33}	kʰɤ^{33}白 kʰɤ^{33}文	xuɤ^{54}
鹤壁	tuɤ^{55}	luɤ^{53}	tsuɤ^{31}	suɤ^{55}	kuɤ^{55}	kuɤ^{31}	kʰɤ^{31}白 kʰɤ^{31}文	xuɤ^{55}
新乡	tuɤ^{55}	luɤ^{52}	tsuɤ^{21}	suɤ^{55}	kuɤ^{55}	kuɤ^{21}	kʰɤ^{21}	xuɤ^{55}
济源	tuɤ^{52}	luɤ^{312}	tʂuɤ^{24}	ʂuɤ^{52}	kuɤ^{52}	kuɤ^{24}	kʰɤ^{24}	xuɤ^{52}
沁阳	tuɤ^{52}	luɤ^{312}	tʂuɤ^{13}	ʂuɤ^{52}	kuɤ^{52}	kuɤ^{13}	kʰɤ^{13}	xuɤ^{52}
温县	tuɤ^{53}	luɤ^{31}	tʂuɤ^{213}	ʂuɤ^{53}	kuɤ^{53}	kuɤ^{213}	kʰɤ^{213}	xuɤ^{53}
范县	tuə^{55}	luə^{42}	tsuə^{313}	suə^{55}	kuə^{55}	kuə^{313}	kʰə^{313}	xuə^{55}
郑州	tuə^{44}	luə^{53}	tsuə^{31}	suə^{44}	kuə^{44}	kuə^{31}	kʰuə^{31}白 kʰə^{31}文	xuə^{44}
开封	tuo^{44}	luo^{53}	tsuo^{312}	suo^{44}	kuo^{44}	kuo^{312}	kʰuo^{312}白 kʰə^{312}文	xuo^{44}
濮阳	tuə^{55}	luə^{42}	tʂuə^{31}	ʂuə^{55}	kuə^{55}	kuə^{31}	kʰuə^{31}白 kʰə^{31}文	xuə^{55}
浚县	tuɤ^{55}	luɤ^{42}	tsuɤ^{213}	suɤ^{55}	kuɤ^{55}	kuɤ^{213}	kʰuɤ^{213}白 kʰɤ^{213}文	xuɤ^{55}
长垣	tuə^{44}	luə^{52}	tsuə^{213}	suə^{44}	kuə^{44}	kuə^{213}	kʰə^{213}	xuə^{44}
兰考	tuo^{44}	luo^{53}	tsuo^{312}	suo^{44}	kuo^{44}	kuo^{312}	kʰuo^{312}白 kʰə^{312}文	xuo^{44}
洛阳	tuə^{44}	luə^{53}	tsuə^{31}	suə^{44}	kuə^{44}	kuə^{31}	kʰuə^{31}白 kʰə^{31}文	xuə^{44}
洛宁	tuə^{35}	luə^{52}	tsuə^{31}	suə^{35}	kuə^{35}	kuə^{31}	kʰə^{31}	xuə^{35}
三门峡	tuə^{44}	luə^{31}	tsʰuə^{212}	suə^{44}	kuə^{44}	kuə^{212}	kʰuə^{212}白 kʰə^{212}文	xuə^{44}
灵宝	tuɤ^{44}	luɤ^{213}	tsʰuɤ^{24}	suɤ^{44}	kuɤ^{44}	kuɤ^{24}	kʰuɤ^{24}	xuɤ^{44}
商丘	tuə^{44}	luə^{52}	tsuə^{41}	suə^{44}	kuə^{44}	kuə^{41}	kʰə^{41}	xuə^{44}
永城	tuə^{334}	luə^{53}	tsuə^{41}	suə^{334}	kuə^{334}	kuə^{41}	kʰuə^{41}白 kʰə^{41}文	xuə^{334}
郸城	tuɤ^{44}	luɤ^{42}	tsuɤ^{51}	ɕyɤ^{44} 又 suɤ^{44} 又	kuɤ^{44}	kuɤ^{51}	kʰɤ^{51}	xuɤ^{44}
漯河	tuɤ^{44}	luɤ^{53}	tsuɤ^{31}	suɤ^{44}	kuɤ^{44}	kuɤ^{31}	kʰuɤ^{31}白 kʰɤ^{31}文	xuɤ^{44}
许昌	tuɤ^{44}	luɤ^{53}	tsuɤ^{31}	suɤ^{44}	kuɤ^{44}	kuɤ^{31}	kʰɤ^{31}	xuɤ^{44}
周口	tuo^{44}	luo^{53}	tsuo^{41}	suo^{44}	kuo^{44}	kuo^{41}	kʰuo^{41}白 kʰə^{41}文	xuo^{44}
驻马店	tuɤ^{44}	luɤ^{53}	tsuɤ^{31}	suɤ^{44}	kuɤ^{44}	kuɤ^{31}	kʰuɤ^{31}白 kʰə^{31}文	xuɤ^{44}
长葛	tuɤ^{44}	luɤ^{52}	tsuɤ^{31}	suɤ^{44}	kuɤ^{44}	kuɤ^{31}	kʰɤ^{31}	xuɤ^{44}
泌阳	tuo^{44}	luo^{53}	tsuo^{31}	suo^{44}	kuo^{44}	kuo^{31}	kʰuo^{31}白 kʰɤ^{31}文	xuo^{44}
南阳	tuə^{55}	luə^{42}	tsuə^{31}	suə^{55}	kuə^{55}	kuə^{31}	kʰə^{31}	xuə^{55}
鲁山	tuə^{44}	luə^{53}	tsuə^{31}	suə^{44}	kuə^{44}	kuə^{31}	kʰuə^{31}白 kʰə^{31}文	xuə^{44}
邓州	tuə^{55}	luə^{42}	tsuə^{31}	suə^{55}	kuə^{55}	kuə^{31}	kʰuə^{31}	xuə^{55}
西峡	tuə^{55}	luə^{42}	tsuə^{31}	suə^{55}	kuə^{55}	kuə^{31}	kʰə^{31}	xuə^{55}
信阳	tuo^{24}	luo^{44}	tsuo^{53}	suo^{24}	kuo^{24}	kuo^{53}	kʰuo^{53}	fo^{24}
固始	tuɤ^{24}	luɤ^{55}	tsuɤ^{51}	suɤ^{24}	kuɤ^{24}	kuɤ^{51}	kʰɤ^{51}	xɤ^{24}

	0025 货	0026 祸	0027 靴	0028 把量	0029 爬	0030 马	0031 骂	0032 茶
	果合一	果合一	果合三	假开二	假开二	假开二	假开二	假开二
	去戈晓	上戈匣	平戈晓	上麻帮	平麻並	上麻明	去麻明	平麻澄
安阳	xuə³¹	xuə³¹	ɕye⁴⁴	pa⁴³	pʰa⁵²	ma⁴³	ma³¹	tsʰa⁵²
林州	xuɤ³³	xuɤ³³	ɕyɤ³¹	pɔ⁵⁴	pʰɔ⁴²	mɔ⁵⁴	mɔ³³	tʂʰɔ⁴²
鹤壁	xuɤ³¹	xuɤ³¹	ɕyɤ³³	pɑ⁵⁵	pʰɑ⁵³	mɑ⁵⁵	mɑ³¹	tsʰɑ⁵³
新乡	xuɤ²¹	xuɤ²¹	ɕyə²⁴	pa⁵⁵	pʰa⁵²	ma⁵⁵	ma²¹	tsʰa⁵²
济源	xuɤ²⁴	xuɤ²⁴	ɕyɤ⁴⁴	pa⁵²	pʰa³¹²	ma⁵²	ma²⁴	tsʰa³¹²
沁阳	xuɤ¹³	xuɤ¹³	ɕye⁴⁴	pa⁵²	pʰa³¹²	ma⁵²	ma¹³	tsʰa³¹²
温县	xuɤ²¹³	xuɤ²¹³	ɕye⁴⁴	pa⁵³	pʰa³¹	ma⁵³	ma²¹³	tsʰa³¹
范县	xuə³¹³	xuə³¹³	ɕye²⁴	pa⁵⁵	pʰa⁴²	ma⁵⁵	ma³¹³	tʂʰa⁴²
郑州	xuə³¹	xuə³¹	ɕyE²⁴	pa⁴⁴	pʰa⁵³	ma⁴⁴	ma³¹	tʂʰa⁵³
开封	xuo³¹²	xuo³¹²	ɕye²⁴	pa⁴⁴	pʰa⁵³	ma⁴⁴	ma³¹²	tʂʰa⁵³
濮阳	xuə³¹	xuə³¹	ɕye³⁵	pa⁵⁵	pʰa⁴²	ma⁵⁵	ma³¹	tʂʰa⁴²
浚县	xuɤ²¹³	xuɤ²¹³	ɕye²⁴	pa⁵⁵	pʰa⁴²	ma⁵⁵	ma²¹³	tʂʰa⁴²
长垣	xuə²¹³	xuə²¹³	ɕye²⁴	pa⁴⁴	pʰa⁵²	ma⁴⁴	ma²¹³	tʂʰa⁵²
兰考	xuo³¹²	xuo³¹²	ɕye²⁴	pa⁴⁴	pʰa⁵³	ma⁴⁴	ma³¹²	tsʰa⁵³
洛阳	xuə³¹	xuə³¹	ɕye³⁴	pa⁴⁴	pʰa⁵³	ma⁴⁴	ma³¹	tsʰa⁵³
洛宁	xuə³¹	xuə³¹	ɕye⁴⁴	pɐ³⁵	pʰɐ⁵²	mɐ³⁵	mɐ³¹	tsʰɐ⁵²
三门峡	xuə²¹²	xuə²¹²	ɕye⁵³	pa⁴⁴	pʰa³¹	ma⁴⁴	ma²¹²	tsʰa³¹
灵宝	xuɤ²⁴	xuɤ²⁴	ɕyɤ⁵³	pa⁴⁴	pʰa²¹³	ma⁴⁴	ma²⁴	tsʰa²¹³
商丘	xuə⁴¹	xuə⁴¹	ɕye²²³	pa⁴⁴	pʰa⁵²	ma⁴⁴	ma⁴¹	tʂʰa⁵²
永城	xuə⁴¹	xuə⁴¹	ɕye²¹³	pa³³⁴	pʰa⁵³	ma³³⁴	ma⁴¹	tsʰa⁵³
郸城	xuɤ⁵¹	xuɤ⁵¹	ɕye²⁴	pa⁴⁴	pʰa⁴²	ma⁴⁴	ma⁵¹	tʂʰa⁴²
漯河	xuɤ³¹	xuɤ³¹	ɕye²²⁴	pa⁴⁴	pʰa⁵³	ma⁴⁴	ma³¹	tʂʰa⁵³
许昌	xuɤ³¹	xuɤ³¹	ɕye²⁴	pa⁴⁴	pʰa⁵³	ma⁴⁴	ma³¹	tʂʰa⁵³
周口	xuo⁴¹	xuo⁴¹	ɕye²⁴	pa⁴⁴	pʰa⁵³	ma⁴⁴	ma⁴¹	tsʰa⁵³
驻马店	xuɤ³¹	xuɤ³¹	ɕye²¹³	pa⁴⁴	pʰa⁵³	ma⁴⁴	ma³¹	tsʰa⁵³
长葛	xuɤ³¹	xuɤ³¹	ɕye²⁴	pa⁴⁴	pʰa⁵²	ma⁴⁴	ma³¹	tsʰa⁵²
泌阳	xuo³¹	xuo³¹	ɕyo²⁴	pa⁴⁴	pʰa⁵²	ma⁵⁵	ma³¹	tʂʰa⁵²
南阳	xuə³¹	xuə³¹	ɕye²²⁴	pa⁵⁵	pʰa⁴²	ma⁵⁵	ma³¹	tʂʰa⁴²
鲁山	xuə³¹	xuə³¹	ɕyə²⁴	pa⁴⁴	pʰa⁵³	ma⁴⁴	ma³¹	tsʰa⁵³
邓州	xuə³¹	xuə³¹	ɕyə³³	pa⁵⁵	pʰa⁴²	ma⁵⁵	ma³¹	tʂʰa⁴²
西峡	xuə³¹	xuə³¹	ɕye²⁴	pa⁵⁵	pʰa⁴²	ma⁵⁵	ma³¹	tʂʰa⁴²
信阳	fo⁵³	fo⁵³	ɕye¹¹³	pa²⁴	pʰa⁴⁴	ma²⁴	ma⁵³	tsʰa⁴⁴
固始	xɤ⁵¹	xɤ⁵¹	ɕye²¹³	pa²⁴	pʰa⁵⁵	ma²⁴	ma⁵¹	tsʰa⁵⁵

第二章　字音对照表

	0033 沙	0034 假 真~	0035 嫁	0036 牙	0037 虾	0038 下 方位	0039 夏 春~	0040 哑
	假开二	假开二	假开二	假开二	假开二	假开二	假开二	假开二
	平麻生	上麻见	去麻见	平麻疑	平麻晓	上麻匣	去麻匣	上麻影
安阳	sa⁴⁴	tɕia⁴³	tɕia³¹	ia⁵²	ɕia⁴⁴	ɕia³¹	ɕia³¹	ia⁴³
林州	ʂɔ³¹	tɕiɔ⁵⁴	tɕiɔ³³	iɔ⁴²	ɕiɔ³¹	ɕiɔ³³	ɕiɔ³³	iɔ⁵⁴
鹤壁	sɑ³³	tɕiɑ⁵⁵	tɕiɑ³¹	iɑ⁵³	ɕiɑ³³	ɕiɑ³¹	ɕiɑ³¹	iɑ⁵⁵
新乡	sa²⁴	tɕia⁵⁵	tɕia²¹	ia⁵²	ɕia²⁴	ɕia²¹	ɕia²¹	ia⁵⁵
济源	sa⁴⁴	tɕia⁵²	tɕia²⁴	ia³¹²	ɕia⁴⁴	ɕia²⁴	ɕia²⁴	ia⁵²
沁阳	sa⁴⁴	tɕia⁵²	tɕia¹³	ia³¹²	ɕia⁴⁴	ɕia¹³	ɕia¹³	ia⁵²
温县	sa⁴⁴	tɕia⁵³	tɕia²¹³	ia³¹	ɕia⁴⁴	ɕia²¹³	ɕia²¹³	ia⁵³
范县	ʂa²⁴	tɕia⁵⁵	tɕia³¹³	ia⁴²	ɕia²⁴	ɕia³¹³	ɕia³¹³	ia⁵⁵
郑州	ʂa²⁴	tɕia⁴⁴	tɕia³¹	ia⁵³	ɕia²⁴	ɕia³¹	ɕia³¹	ia⁴⁴
开封	ʂa²⁴	tɕia⁴⁴	tɕia³¹²	ia⁵³	ɕia²⁴	ɕia³¹²	ɕia³¹²	ia⁴⁴
濮阳	ʂa³⁵	tɕia⁵⁵	tɕia³¹	ia⁴²	ɕia³⁵	ɕia³¹	ɕia³¹	ia⁵⁵
浚县	ʂa²⁴	tɕia⁵⁵	tɕia²¹³	ia⁴²	ɕia²⁴	ɕia²¹³	ɕia²¹³	ia⁵⁵
长垣	ʂa²⁴	tɕia⁴⁴	tɕia²¹³	ia⁵²	ɕia²⁴	ɕia²¹³	ɕia²¹³	ia⁴⁴
兰考	sa²⁴	tɕia⁴⁴	tɕia³¹²	ia⁵³	ɕia²⁴	ɕia³¹²	ɕia³¹²	ia⁴⁴
洛阳	sa³⁴	tɕia⁴⁴	tɕia³¹	ia⁵³	ɕia³⁴	ɕia³¹	ɕia³¹	ia⁵³
洛宁	sæ⁴⁴	tɕiɛ³⁵	tɕiɛ³¹	iɛ⁵²	ɕiɛ⁴⁴	ɕiɛ³¹	ɕiɛ³¹	iɛ³⁵
三门峡	sa⁵³	tɕia⁴⁴	tɕia²¹²	ȵia³¹	ɕia⁵³	ɕia²¹²	ɕia²¹²	ia⁵³
灵宝	sa⁵³	tɕia⁴⁴	tɕia²⁴	ȵia²¹³	ɕia⁵³	xa²⁴	ɕia²⁴	ȵia⁴⁴
商丘	ʂa²²³	tɕia⁴⁴	tɕia⁴¹	ia⁵²	ɕia²²³	ɕia⁴¹	ɕia⁴¹	ia⁴⁴
永城	ʂa²¹³	tɕia³³⁴	tɕia⁴¹	ia⁵³	ɕia²¹³	ɕia⁴¹	ɕia⁴¹	ia³³⁴
郸城	ʂa²⁴	tɕia⁴⁴	tɕia⁵¹	ia⁴²	ɕia²⁴	ɕia⁵¹	ɕia⁵¹	ia⁴⁴
漯河	sa²²⁴	tɕia⁴⁴	tɕia³¹	ia⁵³	ɕia²²⁴	ɕia³¹	ɕia³¹	ia⁴⁴
许昌	ʂa²⁴	tɕia⁴⁴	tɕia³¹	ia⁵³	ɕia²⁴	ɕia³¹	ɕia³¹	ia⁴⁴
周口	sa²⁴	tɕia⁴⁴	tɕia⁴¹	ia⁵³	ɕia²⁴	ɕia⁴¹	ɕia⁴¹	ia⁴⁴
驻马店	sa²¹³	tɕia⁴⁴	tɕia³¹	ia⁵³	ɕia²¹³	ɕia³¹	ɕia³¹	ia⁴⁴
长葛	sa²⁴	tɕia⁴⁴	tɕia³¹	ia⁵²	ɕia²⁴	ɕia³¹	ɕia³¹	ia⁴⁴
泌阳	ʂa²⁴	tɕia⁴⁴	tɕia³¹	ia⁵³	ɕia²⁴	ɕia³¹	ɕia³¹	ia⁴⁴
南阳	ʂa²²⁴	tɕia⁵⁵	tɕia³¹	ia⁴²	ɕia²²⁴	ɕia³¹	ɕia³¹	ia⁵⁵
鲁山	ʂa²⁴	tɕia⁴⁴	tɕia³¹	ia⁵³	ɕia²⁴	ɕia³¹	ɕia³¹	ia⁴⁴
邓州	ʂa³³	tɕia⁵⁵	tɕia³¹	ia⁴²	ɕia³³	ɕia³¹	ɕia³¹	ia⁵⁵
西峡	ʂa²⁴	tɕia⁵⁵	tɕia³¹	ia⁴²	ɕia²⁴	ɕia³¹	ɕia³¹	ia⁵⁵
信阳	sa¹¹³	tɕia²⁴	tɕia⁵³	ia⁴⁴	ɕia¹¹³	ɕia⁵³	ɕia⁵³	ia⁵³
固始	sa²¹³	tɕia²⁴	tɕia⁵¹	ia⁵⁵	ɕia²¹³	ɕia⁵¹	ɕia⁵¹	ia²⁴

	0041 姐	0042 借	0043 写	0044 斜	0045 谢	0046 车~辆	0047 蛇	0048 射
	假开三	假开三	假开三	假开三	假开三	假开三	假开三	假开三
	上麻精	去麻精	上麻心	平麻邪	去麻邪	平麻昌	平麻船	去麻船
安阳	tɕie⁴³	tɕie³¹	ɕie⁴³	ɕie⁵²	ɕie³¹	tsʰʅe⁴⁴	sʅe⁵²	sʅe³¹
林州	tsie⁵⁴	tsie³³	sie⁵⁴	sie⁴²	sie³³	tsʰʅe³¹	sʅe⁴²	sʅe³³
鹤壁	tɕie⁵⁵	tɕie³¹	ɕie⁵⁵	ɕie⁵³	ɕie³¹	tsʰɤ³³	sɤ⁵³	sɤ³¹
新乡	tɕiə⁵⁵	tɕiə²¹	ɕiə⁵⁵	ɕiə⁵²	ɕiə²¹	tsʰʅə²⁴	sʅə⁵²	sʅə²¹
济源	tɕie⁵²	tɕie²⁴	ɕie⁵²	ɕie³¹²	ɕie²⁴	tsʰɤ⁴⁴	sɤ³¹²	sɤ²⁴
沁阳	tɕie⁵²	tɕie¹³	ɕie⁵²	ɕie³¹²	ɕie¹³	tsʰʅe⁴⁴	sʅe³¹²	sʅe¹³
温县	tɕie⁵³	tɕie²¹³	ɕie⁵³	ɕie³¹	ɕie²¹³	tsʰʅe⁴⁴	sʅe³¹	sʅe²¹³
范县	tsie⁵⁵	tsie³¹³	sie⁵⁵	sie⁴²	sie³¹³	tsʰə²⁴	ʂa⁴²	ʂə³¹³
郑州	tsiᴇ⁴⁴	tsiᴇ³¹	siᴇ⁴⁴	siᴇ⁵³	siᴇ³¹	tsʰʅə²⁴	sʅə⁵³	sʅə³¹
开封	tɕie⁴⁴	tɕie³¹²	ɕie⁴⁴	ɕie⁵³	ɕie³¹²	tsʰɛ²⁴ 白 tsʰɛ²⁴ 文	ʂɛ⁵³	ʂɛ³¹²
濮阳	tsie⁵⁵	tsie³¹	sie⁵⁵	sie⁴²	sie³¹	tʃʰie³⁵ 白 tsʰɛ³⁵ 文	ʃie⁴² 白 ʃʅe⁴² 文	ʃie³¹
浚县	tɕie⁵⁵	tɕie²¹³	ɕie⁵⁵	ɕie⁴²	ɕie²¹³	tsʰʅə²⁴	sʅə⁴²	sʅə²¹³
长垣	tsie⁴⁴	tsie²¹³	sie⁴⁴	sie⁵²	sie²¹³	tsʰə²⁴	ʂə⁵²	ʂə²¹³
兰考	tɕie⁴⁴	tɕie³¹²	ɕie⁴⁴	ɕie⁵³	ɕie³¹²	tsʰɛ²⁴	sɛ⁵³	sɛ³¹²
洛阳	tsie⁴⁴	tsie³¹	sie⁴⁴	sie⁵³	sie³¹	tsʰə³⁴	ʂə⁵³	ʂə³¹
洛宁	tɕie³⁵	tɕie³¹	ɕie³⁵	ɕie⁵²	ɕie³¹	tsʰə⁴⁴	ʂə⁵²	ʂə³¹
三门峡	tɕie²¹²	tɕie²¹²	ɕie⁴⁴	ɕie³¹	ɕie²¹²	tsʰə⁵³	sʅə³¹	sʅə⁴⁴
灵宝	tɕie²¹³	tɕie²⁴	ɕie⁴⁴	ɕie²¹³	ɕie²⁴	tsʰɤ⁵³	ʂa²¹³ 白 ʂɤ²¹³ 文	ʂɤ²⁴
商丘	tɕiᴇ⁴⁴	tɕiᴇ⁴¹	ɕiᴇ⁴⁴	ɕiᴇ⁵²	ɕiᴇ⁴¹	tsʰʅə²²³	sʅə⁵²	sʅə⁴¹
永城	tsie³³⁴	tsie⁴¹	sie³³⁴	sie⁵³	sie⁴¹	tsʰʅə²¹³	ʂə⁵³	ʂə⁴¹
郸城	tɕie⁴⁴	tɕie⁵¹	ɕie⁴⁴	ɕie⁴²	ɕie⁵¹	tsʰɤ²⁴	ʂa⁴² 白 ʂɤ⁴² 文	ʂɤ⁵¹
漯河	tsie⁴⁴	tsie³¹	sie⁴⁴	sie⁵³	sie³¹	tsʰʅə²²⁴	sʅə⁵³	sʅə³¹
许昌	tsie⁴⁴	tsie³¹	sie⁴⁴	sie⁵³	sie³¹	tsʰʅə²⁴	sʅə⁵³	sʅə³¹
周口	tɕie⁴⁴	tɕie⁴¹	ɕie⁴⁴	ɕie⁵³	ɕie⁴¹	tsʰɤ²⁴	ʂa⁵³ 白 ʂɤ⁵³ 文	ʂɤ⁴¹
驻马店	tɕie⁴⁴	tɕie³¹	ɕie⁴⁴	ɕie⁵³	ɕie³¹	tsʰɛ²¹³ 白 tsʰɤ²¹³ 文	sɛ⁵³ 白 ʂɤ⁵³ 文	sɛ³¹ 白 ʂɤ³¹ 文
长葛	tɕie⁴⁴	tsie³¹	sie⁴⁴	sie⁵²	sie³¹	tsʰɛ²⁴	ʂɛ⁵²	ʂɛ³¹
泌阳	tsie⁴⁴	tsie³¹	sie⁴⁴	sie⁵³	sie³¹	tsʰɤ²⁴	ʂɤ⁵³	ʂɤ³¹
南阳	tsie⁵⁵	tsie³¹	sie⁵⁵	sie⁴²	sie³¹	tsʰʅə²²⁴	sʅə⁴²	sʅə³¹
鲁山	tsie⁴⁴	tsie³¹	sie⁴⁴	sie⁵³	sie³¹	tsʰə²⁴	ʂə⁵³	ʂə³¹
邓州	tsie⁵⁵	tsie³¹	sie⁵⁵	sie⁴²	sie³¹	tsʰə³³	ʂə⁴²	ʂə³¹
西峡	tsie⁵⁵	tsie³¹	sie⁵⁵	sie⁴²	sie³¹	tsʰə²⁴	ʂə⁴²	ʂə³¹
信阳	tɕie²⁴	tɕie⁵³	ɕie²⁴	ɕie⁴⁴	ɕie⁵³	tsʰɛ¹¹³	sɛ⁴⁴	sɛ⁵³
固始	tɕie²⁴	tɕie⁵¹	ɕie²⁴	ɕie⁵⁵	ɕie⁵¹	tsʰɛ²¹³	sɛ⁵⁵	sɛ⁵¹

	0049 爷	0050 野	0051 夜	0052 瓜	0053 瓦名	0054 花	0055 化	0056 华中~
	假开三	假开三	假开三	假合二	假合二	假合二	假合二	假合二
	平麻以	上麻以	去麻以	平麻见	上麻疑	平麻晓	去麻晓	平麻匣
安阳	iɛ⁵²	iɛ⁴³	iɛ³¹	kua⁴⁴	va⁴³	xua⁴⁴	xua³¹	xua⁴⁴
林州	iɛ⁴²	iɛ⁵⁴	iɛ³³	kɔ³¹	vɔ⁵⁴	xɔ³¹	xɔ³³	xɔ³¹
鹤壁	iɛ⁵³	iɛ⁵⁵	iɛ³¹	kuɑ³³	vɑ⁵⁵	xuɑ³³	xuɑ³¹	xuɑ⁵³
新乡	iə⁵²	iə⁵⁵	iə²¹	kua²⁴	va⁵⁵	xua²⁴	xua²¹	xua²⁴
济源	iɛ³¹²	iɛ⁵²	iɛ²⁴	kua⁴⁴	ua⁵²	xua⁴⁴	xua²⁴	xua³¹²
沁阳	iɛ³¹²	iɛ⁵²	iɛ¹³	kua⁴⁴	ua⁵²	xua⁴⁴	xua¹³	xua⁴⁴
温县	iɛ³¹	iɛ⁵³	iɛ²¹³	kua⁴⁴	ua⁵³	xua⁴⁴	xua²¹³	xua⁴⁴
范县	iɛ⁴²	iɛ⁵⁵	iɛ³¹³	kua²⁴	ua⁵⁵	xua²⁴	xua³¹³	xua⁴²
郑州	iɛ⁵³	iɛ⁴⁴	iɛ³¹	kua²⁴	ua⁴⁴	xua²⁴	xua³¹	xua²⁴
开封	iɛ⁵³	iɛ⁴⁴	iɛ³¹²	kua²⁴	ua⁴⁴	xua²⁴	xua³¹²	xua²⁴
濮阳	iɛ⁴²	iɛ⁵⁵	iɛ³¹	kua³⁵	ua⁵⁵	xua³⁵	xua³¹	xua³⁵
浚县	iɛ⁴²	iɛ⁵⁵	iɛ²¹³	kua²⁴	ua⁵⁵	xua²⁴	xua²¹³	xua²⁴
长垣	iɛ⁵²	iɛ⁴⁴	iɛ²¹³	kua²⁴	ua⁴⁴	xua²⁴	xua²¹³	xua²⁴
兰考	iɛ⁵³	iɛ⁴⁴	iɛ³¹²	kua²⁴	ua⁴⁴	xua²⁴	xua³¹²	xua²⁴
洛阳	iɛ⁵³	iɛ⁴⁴	iɛ³¹	kua³⁴	ua⁴⁴	xua³⁴	xua³¹	xua³⁴
洛宁	iɛ⁵²	iɛ³⁵	iɛ³¹	kuɐ⁴⁴	uɐ³⁵	xuɐ⁴⁴	xuɐ³¹	xuɐ⁴⁴
三门峡	iɛ³¹	iɛ⁴⁴	iɛ²¹²	kua⁵³	va⁴⁴	xua⁵³	xua²¹²	xua⁵³
灵宝	ia²¹³白 iɛ²¹³文	iɛ⁴⁴	iɛ²⁴	kua⁵³	va⁴⁴	xua⁵³	xua²⁴	xua⁵³
商丘	iɛ⁵²	iɛ⁴⁴	iɛ⁴¹	kua²²³	ua⁴⁴	xua²²³	xua⁴¹	xua⁵²
永城	iɛ⁵³	iɛ³³⁴	iɛ⁴¹	kua²¹³	ua³³⁴	xua²¹³	xua⁴¹	xua⁵³
郸城	iɛ⁴²	iɛ⁴⁴	iɛ⁵¹	kua²⁴	ua⁴⁴	xua²⁴	xua⁵¹	xua⁴²
漯河	iɛ⁵³	iɛ⁴⁴	iɛ³¹	kua²²⁴	ua⁴⁴	xua²²⁴	xua³¹	xua²²⁴
许昌	iɛ⁵³	iɛ⁴⁴	iɛ³¹	kua²⁴	ua⁴⁴	xua²⁴	xua³¹	xua²⁴
周口	iɛ⁵³	iɛ⁴⁴	iɛ⁴¹	kua²⁴	ua⁴⁴	xua²⁴	xua⁴¹	xua⁵³
驻马店	iɛ⁵³	iɛ⁴⁴	iɛ³¹	kua²¹³	ua⁴⁴	xua²¹³	xua³¹	xua⁵³
长葛	iɛ⁵²	iɛ⁴⁴	iɛ³¹	kua²⁴	ua⁴⁴	xua²⁴	xua³¹	xua²⁴
泌阳	iɛ⁵³	iɛ⁴⁴	iɛ³¹	kua²⁴	ua⁴⁴	xua²⁴	xua³¹	xua⁵³
南阳	iɛ⁴²	iɛ⁵⁵	iɛ³¹	kua²²⁴	ua⁵⁵	xua²²⁴	xua³¹	xua⁴²
鲁山	iɛ⁵³	iɛ⁴⁴	iɛ³¹	kua²⁴	ua⁴⁴	xua²⁴	xua³¹	xua²⁴
邓州	iɛ⁴²	iɛ⁵⁵	iɛ³¹	kua³³	ua⁵⁵	xua³³	xua³¹	xua⁴²
西峡	iɛ⁴²	iɛ⁵⁵	iɛ³¹	kua²⁴	ua⁵⁵	xua²⁴	xua³¹	xua⁴²
信阳	iɛ⁴⁴	iɛ²⁴	iɛ⁵³	kua¹¹³	va²⁴	fa¹¹³	fa⁵³	fa⁴⁴
固始	iɛ⁵⁵	iɛ²⁴	iɛ⁵¹	kua²¹³	ua²⁴	xua²¹³	xua⁵¹	xua⁵⁵

	0057 谱家~	0058 布	0059 铺动	0060 簿	0061 步	0062 赌	0063 土	0064 图
	遇合一	遇合一	遇合一	遇合一	遇合一	遇合一	遇合一	遇合一
	上模帮	去模帮	平模滂	上模并	去模并	上模端	上模透	平模定
安阳	pʰu⁴³	pu³¹	pʰu⁴⁴	puə⁵²	pu³¹	tu⁴³	tʰu⁴³	tʰu⁵²
林州	pʰu⁵⁴	pu³³	pʰu³¹	pu⁵⁴	pu³³	tu⁵⁴	tʰu⁵⁴	tʰu⁴²
鹤壁	pʰu⁵⁵	pu³¹	pʰu³³	puɤ⁵³	pu³¹	tu⁵⁵	tʰu⁵⁵	tʰu⁵³
新乡	pʰu⁵⁵	pu²¹	pʰu²⁴	puɤ⁵²	pu²¹	tu⁵⁵	tʰu⁵⁵	tʰu⁵²
济源	pʰu⁵²	pu²⁴	pʰu⁴⁴	pu⁵²	pu²⁴	tu⁵²	tʰu⁵²	tʰu³¹²
沁阳	pʰu⁵²	pu¹³	pʰu⁴⁴	（无）	pu¹³	tu⁵²	tʰu⁵²	tʰu³¹²
温县	pʰu⁵³	pu²¹³	pʰu⁴⁴	puɤ³¹	pu²¹³	tu⁵³	tʰu⁵³	tʰu³¹
范县	pʰu⁵⁵	pu³¹³	pʰu²⁴	（无）	pu³¹³	tu⁵⁵	tʰu⁵⁵	tʰu⁴²
郑州	pʰu⁴⁴	pu³¹	pʰu²⁴	（无）	pu³¹	tu⁴⁴	tʰu⁴⁴	tʰu⁵³
开封	pʰu⁴⁴	pu³¹²	pʰu²⁴	pu³¹²	pu³¹²	tu⁴⁴	tʰu⁴⁴	tʰu⁵³
濮阳	pʰu⁵⁵	pu³¹	pʰu³⁵	pʰu⁵⁵	pu³¹	tu⁵⁵	tʰu⁵⁵	tʰu⁴²
浚县	pʰu⁵⁵	pu²¹³	pʰu⁴⁴	（无）	pu²¹³	tu⁵⁵	tʰu⁵⁵	tʰu⁴²
长垣	pʰu⁴⁴	pu²¹³	pʰu²⁴	（无）	pu²¹³	tu⁴⁴	tʰu⁴⁴	tʰu⁵²
兰考	pʰu⁴⁴	pu³¹²	pʰu²⁴	puo⁵³	pu³¹²	tu⁴⁴	tʰu⁴⁴	tʰu⁵³
洛阳	pʰu⁴⁴	pu³¹	pʰu³⁴	pu³¹	pu³¹	tu⁴⁴	tʰu⁴⁴	tʰu⁵³
洛宁	pʰu³⁵	pu³¹	pʰu⁴⁴	pu³¹	pu³¹	tu³⁵	tʰu³⁵	tʰu⁵²
三门峡	pʰu⁴⁴	pu²¹²	pʰu⁵³	（无）	pʰu²¹²	tou⁴⁴	tʰu⁴⁴	tʰu³¹
灵宝	pʰu⁴⁴	pu²⁴	pʰu⁵³	（无）	pʰu²⁴	tu⁴⁴	tʰu⁴⁴	tʰu²¹³
商丘	pʰu⁴⁴	pu⁴¹	pʰu²²³	pu⁴¹	pu⁴¹	tu⁴⁴	tʰu⁴⁴	tʰu⁵²
永城	pʰu³³⁴	pu⁴¹	pʰu²¹³	pu⁴¹	pu⁴¹	tu³³⁴	tʰu³³⁴	tʰu⁵³
郸城	pʰu⁴⁴	pu⁵¹	pʰu²⁴	pɤ⁴²	pu⁵¹	tu⁴⁴	tʰu⁴⁴	tʰu⁴²
漯河	pʰu⁴⁴	pu³¹	pʰu²²⁴	（无）	pu³¹	tu⁴⁴	tʰu⁴⁴	tʰu⁵³
许昌	pʰu⁴⁴	pu³¹	pʰu²⁴	pu³¹	pu³¹	tu⁴⁴	tʰu⁴⁴	tʰu⁵³
周口	pʰu⁴⁴	pu⁴¹	pʰu²⁴	puo⁵³	pu⁴¹	tu⁴⁴	tʰu⁴⁴	tʰu⁵³
驻马店	pʰu⁴⁴	pu³¹	pʰu²¹³	puɤ⁵³	pu³¹	tu⁴⁴	tʰu⁴⁴	tʰu⁵³
长葛	pʰu⁴⁴	pu³¹	pʰu²⁴	puɤ²⁴	pu³¹	tu⁴⁴	tʰu⁴⁴	tʰu⁵²
泌阳	pʰu⁴⁴	pu³¹	pʰu²⁴	puo²⁴	pu³¹	tu⁴⁴	tʰu⁴⁴	tʰu⁵³
南阳	pʰu⁵⁵	pu³¹	pʰu²²⁴	（无）	pu³¹	tu⁵⁵	tʰu⁵⁵	tʰu⁴²
鲁山	pʰu⁴⁴	pu³¹	pʰu²⁴	pu⁴⁴	pu³¹	tu⁴⁴	tʰu⁴⁴	tʰu⁵³
邓州	pʰu⁵⁵	pu³¹	pʰu³³	puə⁴²	pu³¹	tu⁵⁵	tʰu⁵⁵	tʰu⁴²
西峡	pʰu⁵⁵	pu³¹	pʰu²⁴	puə⁴²	pu³¹	təu⁵⁵	tʰəu⁵⁵	tʰəu⁴²
信阳	pʰu²⁴	pu⁵³	pʰu¹¹³	po⁴⁴	pu⁵³	tou²⁴	tʰou²⁴	tʰou⁴⁴
固始	pʰu²⁴	pu⁵¹	pʰu²¹³	pɤ⁵⁵	pu⁵¹	tu²⁴	tʰu²⁴	tʰu⁵⁵

	0065 杜	0066 奴	0067 路	0068 租	0069 做	0070 错对~	0071 箍~桶	0072 古
	遇合一	遇合一	遇合一	遇合一	遇合一	遇合一	遇合一	遇合一
	上模定	平模泥	去模来	平模精	去模精	去模清	平模见	上模见
安阳	tu³¹	nu⁵²	lu³¹	tsu⁴⁴	tsuɐʔ³³	tsʰuə³¹	ku⁴⁴	ku⁴³
林州	tu³³	nu⁴²	lu³³	tsu³¹	tsuʔ³	tsʰuɤ³³	ku³¹	ku⁵⁴
鹤壁	tu³¹	nu⁵³	lu³¹	tsu³³	tsuəʔ³	tsʰuɤ³¹	ku³³	ku⁵⁵
新乡	tu²¹	nu⁵²	lu²¹	tsu²⁴	tsuɤ²¹	tsʰuɤ²¹	ku²⁴	ku⁵⁵
济源	tu²⁴	nuŋ³¹²	lu²⁴	tʂu⁴⁴	tʂuɐʔ²³ / tʂou²⁴~饭	tʂʰuɤ²⁴	ku⁴⁴	ku⁵²
沁阳	tu¹³	nuəŋ³¹²	lu¹³	tsu⁴⁴	tsuʌʔ²³ / tsou¹³~饭	tsʰuɤ¹³	ku⁴⁴	ku⁵²
温县	tu²¹³	nuŋ³¹	lu²¹³	tsu⁴⁴	tʂuʌʔ³ / tsou²¹³~饭	tsʰuɤ²¹³	ku⁴⁴	ku⁵³
范县	tu³¹³	nuŋ⁴²	lu³¹³	tsu²⁴	tsəu³¹³~饭 / tsuə²⁴~作业	tsʰuə³¹³	ku²⁴	ku⁵⁵
郑州	tu³¹	nu⁵³	lu³¹	tsu⁴⁴	tsu³¹白 / tsu³¹文	tsʰuə²⁴	ku²⁴	ku⁴⁴
开封	tu³¹²	nu⁵³	lu³¹²	tsu²⁴	tsu³¹²白 / tsuo³¹²文	tsʰuo³¹²	ku²⁴	ku⁴⁴
濮阳	tu³¹	nu⁴²	lu³¹	tʂu³⁵	tsuə³¹~活 / tʂu³¹~饭	tʂʰuə³¹	ku³⁵	ku⁵⁵
浚县	tu²¹³	nu⁴²	lu²¹³	tsu⁵⁵	tsu²¹³白 / tsuɤ²¹³文	tsʰuɤ²¹³	ku²⁴	ku⁵⁵
长垣	tu²¹³	nu⁵²	lu²¹³	tsu⁴⁴	tsuə²¹³	tsʰuə²¹³	ku²⁴	ku⁴⁴
兰考	tu³¹²	nu⁵³	lu³¹²	tsu⁴⁴	tsu³¹²白 / tsuo³¹²文	tsʰuo³¹²	ku²⁴	ku⁴⁴
洛阳	tu³¹	nu⁵³	lu³¹	tsu⁵³	tsou³¹白 / tsuə³¹文	tsʰuə³¹	ku³⁴	ku⁴⁴
洛宁	tu³¹	nu⁵²	lou³¹	tsu³⁵	tsou³¹白 / tsuə⁴⁴文	tsʰuə³¹	ku³⁵	ku³⁵

	0065 杜	0066 奴	0067 路	0068 租	0069 做	0070 错对~	0071 箍~桶	0072 古
	遇合一	遇合一	遇合一	遇合一	遇合一	遇合一	遇合一	遇合一
	上模定	平模泥	去模来	平模精	去模精	去模清	平模见	上模见
三门峡	tʰu²¹²	nou³¹	lou²¹²	tsu⁴⁴	tsou²¹² 白 / tsuə⁵³ 文	tsʰuə⁵³	ku⁵³	ku⁴⁴
灵宝	tʰu²⁴	nou²¹³	lou²⁴	tsu⁴⁴	tsou²⁴ 白 / tsuɤ²⁴ 文	tsʰuɤ⁵³	ku⁵³	ku⁴⁴
商丘	tu⁴¹	nu⁵²	lu⁴¹	tsu⁴⁴ 又 / tsu⁴⁴ 又	tsou⁴¹ 白 / tsuə⁴¹ 文	tsʰuə⁴¹	ku²²³	ku⁴⁴
永城	tu⁴¹	nuəŋ⁵³	lu⁴¹	tsu²¹³	tsu⁴¹ 白 / tsu⁴¹ 文	tsʰuə⁴¹	ku²¹³	ku³³⁴
郸城	tu⁵¹	nuŋ⁴²	lu⁵¹	tsu²⁴	tsou⁵¹ ~饭 / tsuɤ⁵¹ ~作业	tsʰuɤ⁵¹	ku²⁴	ku⁴⁴
漯河	tu³¹	nu⁵³	lu³¹	tsu⁴⁴	tsu³¹	tsʰuɤ³¹ 又 / tsʰuɤ²²⁴ 又	ku²²⁴	ku⁴⁴
许昌	tu³¹	nu⁵³	lu³¹	tsu²⁴ 又 / tsu⁴⁴ 又	tsu³¹	tsʰuɤ²⁴ 又 / tsʰuɤ⁵³ 又	ku²⁴	ku⁴⁴
周口	tu⁴¹	nu⁵³	lu⁴¹	tsu⁴⁴	tsu⁴¹ 白 / tsuo⁴¹ 文	tsʰuo²⁴ 白 / tsʰuo⁴¹ 文	ku²⁴	ku⁴⁴
驻马店	tu³¹	nu⁵³	lu³¹	tsu⁴⁴	tsou³¹ 白 / tsuɤ³¹ 文	tsʰuɤ²¹³ 认~ / tsʰuɤ³¹ ~误	ku²¹³	ku⁴⁴
长葛	tu³¹	nu⁵²	lu³¹	tsu⁴⁴	tsu³¹ 白 / tsuɤ³¹ 文	tsʰuɤ³¹	ku²⁴	ku⁴⁴
泌阳	tu³¹	nu⁵³	lu³¹	tsu⁴⁴	tsou³¹	tsʰuo³¹	ku²⁴	ku⁴⁴
南阳	tu³¹	nu⁴²	lu³¹	tsu²²⁴	tsəu³¹ 白 / tsuə²²⁴ 文	tsʰuə³¹	ku²²⁴	ku⁵⁵
鲁山	tu³¹	nu⁵³	lu³¹	tsu⁴⁴	tsou³¹ 白 / tsuə²⁴ 文	tsʰuə³¹	ku²⁴	ku⁴⁴
邓州	tu³¹	nou⁴²	lou³¹	tsu⁴²	tsou³¹ ~饭 / tsuə³³ ~作业	tsʰuə³¹	ku³³	ku⁵⁵
西峡	təu³¹	nəu⁴²	ləu³¹	tsəu⁴²	tsəu³¹ 白 / tsuə²⁴ 文	tsʰuə³¹	ku²⁴	ku⁵⁵
信阳	tou⁵³	lou⁴⁴	lou⁵³	tsou⁴⁴	tsou⁵³ 白 / tsuo⁵³ 文	tsʰuo⁵³	kʰu¹¹³	ku²⁴
固始	tu⁵¹	lu⁵⁵	lu⁵¹	tsu²¹³	tsou⁵¹	tsʰuɤ⁵¹	ku²¹³	ku²⁴

	0073 苦	0074 裤	0075 吴	0076 五	0077 虎	0078 壶	0079 户	0080 乌
	遇合一	遇合一	遇合一	遇合一	遇合一	遇合一	遇合一	遇合一
	上模溪	去模溪	平模疑	上模疑	上模晓	平模匣	上模匣	平模影
安阳	k^hu^{43}	k^hu^{31}	u^{52}	u^{43}	xu^{43}	xu^{52}	xu^{31}	u^{44}
林州	k^hu^{54}	k^hu^{33}	u^{42}	u^{54}	xu^{54}	xu^{42}	xu^{33}	u^{31}
鹤壁	k^hu^{55}	k^hu^{31}	u^{53}	u^{55}	xu^{55}	xu^{53}	xu^{31}	u^{33}
新乡	k^hu^{55}	k^hu^{21}	u^{52}	u^{55}	xu^{55}	xu^{52}	xu^{21}	u^{24}
济源	k^hu^{52}	k^hu^{24}	u^{312}	u^{52}	xu^{52}	xu^{312}	xu^{24}	u^{44}
沁阳	k^hu^{52}	k^hu^{13}	u^{312}	u^{52}	xu^{52}	xu^{312}	xu^{13}	u^{44}
温县	k^hu^{53}	k^hu^{213}	u^{31}	u^{53}	xu^{53}	xu^{31}	xu^{213}	u^{44}
范县	k^hu^{55}	k^hu^{313}	u^{42}	u^{55}	xu^{55}	xu^{42}	xu^{313}	u^{24}
郑州	k^hu^{44}	k^hu^{31}	u^{53}	u^{44}	xu^{44}	xu^{53}	xu^{31}	u^{24}
开封	k^hu^{44}	k^hu^{312}	u^{53}	u^{44}	xu^{44}	xu^{53}	xu^{312}	u^{24}
濮阳	k^hu^{55}	k^hu^{31}	u^{42}	u^{55}	xu^{55}	xu^{42}	xu^{31}	u^{35}
浚县	k^hu^{55}	k^hu^{213}	u^{42}	u^{55}	xu^{55}	xu^{42}	xu^{213}	u^{24}
长垣	k^hu^{44}	k^hu^{213}	u^{52}	u^{44}	xu^{44}	xu^{52}	xu^{213}	u^{24}
兰考	k^hu^{44}	k^hu^{312}	u^{53}	u^{44}	xu^{44}	xu^{53}	xu^{312}	u^{24}
洛阳	k^hu^{44}	k^hu^{31}	u^{44}	u^{44}	xu^{44}	xu^{53}	xu^{31}	u^{34}
洛宁	k^hu^{35}	k^hu^{31}	u^{52}	u^{35}	xu^{35}	xu^{52}	xu^{31}	u^{44}
三门峡	k^hu^{44}	k^hu^{212}	u^{31}	u^{44}	xu^{44}	xu^{31}	xu^{212}	u^{53}
灵宝	k^hu^{44}	k^hu^{24}	u^{213}	u^{44}	xu^{44}	xu^{213}	xu^{24}	u^{213}
商丘	k^hu^{44}	k^hu^{41}	u^{52}	u^{44}	xu^{44}	xu^{52}	xu^{41}	u^{223}
永城	k^hu^{334}	k^hu^{41}	u^{53}	u^{334}	xu^{334}	xu^{53}	xu^{41}	u^{213}
郸城	k^hu^{44}	k^hu^{51}	u^{42}	u^{44}	xu^{44}	xu^{42}	xu^{51}	u^{24}
漯河	k^hu^{44}	k^hu^{31}	u^{53}	u^{44}	xu^{44}	xu^{53}	xu^{31}	u^{224}
许昌	k^hu^{44}	k^hu^{31}	u^{53}	u^{44}	xu^{44}	xu^{53}	xu^{31}	u^{24}
周口	k^hu^{44}	k^hu^{41}	u^{53}	u^{44}	xu^{44}	xu^{53}	xu^{41}	u^{24}
驻马店	k^hu^{44}	k^hu^{31}	u^{53}	u^{44}	xu^{44}	xu^{53}	xu^{31}	u^{213}
长葛	k^hu^{44}	k^hu^{31}	u^{52}	u^{44}	xu^{44}	xu^{52}	xu^{31}	u^{24}
泌阳	k^hu^{44}	k^hu^{31}	u^{53}	u^{44}	xu^{44}	xu^{53}	xu^{31}	u^{24}
南阳	k^hu^{55}	k^hu^{31}	u^{42}	u^{55}	xu^{55}	xu^{42}	xu^{31}	u^{221}
鲁山	k^hu^{44}	k^hu^{31}	u^{53}	u^{44}	xu^{44}	xu^{53}	xu^{31}	u^{24}
邓州	k^hu^{55}	k^hu^{31}	u^{42}	u^{55}	xu^{55}	xu^{42}	xu^{31}	u^{33}
西峡	k^hu^{55}	k^hu^{31}	u^{42}	u^{55}	xu^{55}	xu^{42}	xu^{31}	u^{24}
信阳	k^hu^{24}	k^hu^{53}	vu^{44}	vu^{24}	fu^{24}	fu^{44}	fu^{53}	vu^{113}
固始	k^hu^{24}	k^hu^{51}	u^{55}	u^{24}	xu^{24}	xu^{55}	xu^{51}	u^{213}

	0081 女	0082 吕	0083 徐	0084 猪	0085 除	0086 初	0087 锄	0088 所
	遇合三	遇合三	遇合三	遇合三	遇合三	遇合三	遇合三	遇合三
	上鱼泥	上鱼来	平鱼邪	平鱼知	平鱼澄	平鱼初	平鱼崇	上鱼生
安阳	ȵy⁴³	ly⁴³	ɕy⁵²	tʂu⁴⁴	tʂʰu⁵²	tʂʰu⁴⁴	tʂʰu⁵²	ʂuə⁴³
林州	ȵy⁵⁴	ly⁵⁴	sy⁴²	tʂu³¹	tʂʰu⁴²	tʂʰu³¹	tʂʰu⁴²	ʂuɤ⁵⁴
鹤壁	ȵy⁵⁵	ly⁵⁵	ɕy⁵³	tʂu³³	tʂʰu⁵³	tʂʰu³³	tʂʰu⁵³	ʂuɤ⁵⁵
新乡	ȵy⁵⁵	ly⁵⁵	ɕy⁵²	tʂu²⁴	tʂʰu⁵²	tʂʰu²⁴	tʂʰu⁵²	ʂuɤ⁵⁵
济源	ȵy⁵²	ly⁵²	ɕy³¹²	tʂu⁴⁴	tʂʰu³¹²	tʂʰu⁴⁴	tʂʰu³¹²	ʂuɤ⁵²
沁阳	ȵy⁵²	ly⁵²	ɕy³¹²	tʂu⁴⁴	tʂʰu³¹²	tʂʰu⁴⁴	tʂʰu³¹²	ʂuɤ⁵²
温县	ȵy⁵³	ly⁵³	ɕy³¹	tʂu⁴⁴	tʂʰu³¹	tʂʰu⁴⁴	tʂʰu³¹	ʂuɤ⁵³
范县	ȵy⁵⁵	ly⁵⁵	sy⁴²	tʂu²⁴	tʂʰu⁴²	tʂʰu²⁴	tʂʰu⁴²	ʂu⁵⁵
郑州	ȵy⁴⁴	ly⁴⁴	ɕy⁵³	tʂu²⁴	tʂʰu⁵³	tʂʰu²⁴	tʂʰu⁵³	suə⁴⁴
开封	ȵy⁴⁴	ly⁴⁴	ɕy⁵³	tʂu²⁴	tʂʰu⁵³	tʂʰuo²⁴ 白 / tʂʰu²⁴ 文	tʂʰuo⁵³ 白 / tʂʰu⁵³ 文	ʂuo⁴⁴
濮阳	ȵy⁵⁵	ly⁵⁵	sy⁴²	tʃy³⁵ 白 / tʂu³⁵ 文	tʃʰy⁴² 白 / tʂʰu⁴² 文	tʃʰy³⁵ 白 / tʂʰu³⁵ 文	tʂʰu⁴²	ʂuə⁵⁵
浚县	ȵy⁵⁵	ly⁵⁵	ɕy⁴²	tʂʅ²⁴	tʂʰʅ⁴²	tʂʰu²⁴	tʂʰu⁴²	ʂuɤ⁵⁵
长垣	ȵy⁴⁴	ly⁴⁴	sy⁵²	tʂʅ²⁴	tʂʰʅ⁵²	tʂʰu²⁴	tʂʰu⁵²	ʂuə⁴⁴
兰考	ȵy⁴⁴	ly⁴⁴	ɕy⁵³	tsɿ²⁴ 白 / tsu²⁴ 文	tsʰɿ²⁴	tʂʰuo²⁴	tʂʰuo⁵³	suo⁴⁴
洛阳	ȵy⁴⁴	ly⁵³	sy⁵³	tʂʅ³⁴	tʂʰu⁵³	tʂʰu³⁴	tʂʰu⁵²	ʂuə⁴⁴
洛宁	ȵy³⁵	ly³⁵	ɕy⁵²	tʂu⁴⁴	tʂʰu⁵²	tʂʰu⁴⁴	tʂʰu⁵²	ʂuə³⁵
三门峡	ȵy⁴⁴	ly⁴⁴	ɕy³¹	tʂʅ⁵³	tʂʰʅ³¹	tʂʰʅ⁵³	tʂʰʅ³¹	ʂuə⁴⁴
灵宝	ȵy⁴⁴	ly⁴⁴	ɕy²¹³	tʂʅ⁵³	tʂʰʅ²¹³	tsʰou⁵³	tsʰou²¹³	ʂuɤ⁴⁴
商丘	ȵy⁴⁴	ly⁴⁴	ɕy⁵²	tʂu²²³	tʂʰu⁵²	tʂʰuə²²³	tʂʰuə⁵²	fuə⁴⁴ 白 / suə⁴⁴ 文
永城	ȵy³³⁴	ly³³⁴	sy⁵³	tʂu²¹³	tʂʰu⁵³	tʂʰuə²¹³ 白 / tʂʰu²¹³ 文	tʂʰuə⁵³ 白 / tʂʰu⁵³ 文	ʂuə³³⁴
郸城	ȵy⁴⁴	ly⁴⁴	ɕy⁴²	tʂu²⁴	tʂʰu⁴²	tʂʰuɤ²⁴	tʂʰuɤ⁴²	fɤ⁴⁴ 白 / ʂuɤ⁴⁴ 文
漯河	ȵy⁴⁴	ly⁴⁴	sy⁵³	tsu²²⁴	tsʰu⁵³	tʂʰuɤ²²⁴	tʂʰu⁵³	ʂuɤ⁴⁴
许昌	ȵy⁴⁴	ly⁴⁴	ɕy⁵³	tʂu²⁴	tʂʰu⁵³	tʂʰu²⁴	tʂʰu⁵³	ʂuɤ⁴⁴ 白 / suɤ⁴⁴ 文
周口	ȵy⁴⁴	ly⁴⁴	ɕy⁵³	tsu²⁴	tsʰu⁵³	tsʰuo²⁴	tsʰuo⁵³	suo⁴⁴
驻马店	ȵy⁴⁴	ly⁴⁴	ɕy⁵³	tsu²¹³	tsʰu⁵³	tsʰuɤ²¹³ 白 / tsʰu²¹³ 文	tsʰu⁵³	suɤ⁴⁴
长葛	ȵy⁴⁴	ly⁴⁴	sy⁵²	tʂu²⁴	tʂʰu⁵²	tʂʰu²⁴	tʂʰu⁵²	ʂuɤ⁴⁴
泌阳	ȵy⁴⁴	ly⁴⁴	sy⁵³	tʂu²⁴	tʂʰu⁵³	tʂʰu²⁴	tʂʰu⁵³	ʂuo⁴⁴
南阳	ȵy⁵⁵	ly⁵⁵	sy⁴²	tʂu²²⁴	tʂʰu⁴²	tʂʰu²²⁴	tʂʰu⁴²	ʂuə⁵⁵
鲁山	ȵy⁴⁴	ly⁴⁴	sy⁵³	tʂu²⁴	tʂʰu⁵³	tʂʰu²⁴	tʂʰu⁵³	ʂuə⁴⁴
邓州	ȵy⁵⁵	ly⁵⁵	sy⁴²	tʂu³³	tʂʰu⁴²	tʂʰu³³	tʂʰu⁴²	ʂuə⁵⁵
西峡	ȵy⁵⁵	lu⁵⁵	su⁴²	tʂu²⁴	tʂʰu⁴²	tʂʰəu²⁴	tʂʰəu⁴²	suə⁵⁵
信阳	ȵy²⁴	ly²⁴	ɕy⁴⁴	tɕy¹¹³	tɕʰy⁴⁴	tsʰou¹¹³	tsʰou⁴⁴	suo²⁴
固始	ly²⁴	ly²⁴	ɕy⁵⁵	tsu²¹³	tsʰu⁵⁵	tsʰuɤ²¹³	tsʰuɤ⁵⁵	suɤ²⁴

	0089 书	0090 鼠	0091 如	0092 举	0093 锯名	0094 去	0095 渠~道	0096 鱼
	遇合三	遇合三	遇合三	遇合三	遇合三	遇合三	遇合三	遇合三
	平鱼书	上鱼书	平鱼日	上鱼见	去鱼见	去鱼溪	平鱼群	平鱼疑
安阳	su⁴⁴	su³¹ 老~ su⁴³ ~标	zu̞⁵²	tɕy⁴³	tɕy³¹	tɕʰy³¹	tɕy⁵²	y⁵²
林州	ʂu³¹	ʂu⁵⁴	zu̞⁴²	tɕy⁵⁴	tɕy³³	tɕʰy³³	tɕʰy⁴²	y⁴²
鹤壁	su³³	suɤ³¹ 白 su⁵⁵ 文	zu̞⁵³	tɕy⁵⁵	tɕy³¹	tɕʰy³¹	tɕy⁵³	y⁵³
新乡	su²⁴	su⁵⁵	zu̞⁵²	tɕy⁵⁵	tɕy²¹	tɕʰy²¹	tɕʰy⁵⁵	y⁵²
济源	ʂʅ⁴⁴	ʂʅ⁵²	zu̞³¹²	tɕy⁵²	tɕy²⁴	tɕʰy²⁴	tɕʰy³¹²	y³¹²
沁阳	su⁴⁴	tsʰuəʔ²³ 老~ su⁵²	zu̞³¹²	tɕy⁵²	tɕy¹³	tɕʰy¹³	tɕʰy³¹²	y³¹²
温县	fu⁴⁴ 白 su⁴⁴ 文	tsʰuəʔ² 老~ ʂu⁵³	vəʔ³ 白 zu̞³¹ 文	tɕy⁵³	tɕy²¹³	tɕʰy²¹³	tɕʰy³¹	y³¹
范县	fu²⁴	fu⁵⁵	zu̞⁴²	tɕy⁵⁵	tɕy³¹³	tɕʰy³¹³	tɕʰy⁴²	y⁴²
郑州	ʂu²⁴	ʂu⁴⁴	zu̞⁵³	tɕy⁴⁴	tɕy³¹	tɕʰy³¹	tɕʰy⁵³	y⁵³
开封	ʂu²⁴	ʂu⁴⁴	zu̞⁵³	tɕy⁴⁴	tɕy³¹²	tɕʰy³¹²	tɕʰy⁵³	y⁵³
濮阳	ʃy³⁵ 白 su³⁵ 文	ʃy³¹ 白 su⁵⁵ 文	ʒy⁴² 白 zu̞⁴² 文	tɕy⁵⁵	tɕy³¹	tɕʰy³¹	tɕʰy⁴²	y⁴²
浚县	ʂʅ²¹³ ʂu⁵⁵ 又	ʂʅ²¹³ 又	zu̞⁴² 例~ zu̞⁴² ~果	tɕy⁵⁵	tɕy²¹³	tɕʰy²¹³	tɕʰy⁴²	y⁴²
长垣	ʂʅ²⁴	ʂʅ⁴⁴	zʅ⁵² 白 zu̞⁵² 文	tɕy⁴⁴	tɕy²¹³	tɕʰy²¹³	tɕʰy⁵²	y⁵²
兰考	su²⁴	ʂʅ⁴⁴	zu̞⁵³	tɕy⁴⁴	tɕy³¹²	tɕʰy³¹²	tɕʰy⁵³	y⁵³
洛阳	ʂu³⁴	ʂu⁴⁴	zu̞³⁴	tɕy⁴⁴	tɕy³¹	tɕʰy³¹	tɕʰy⁵³	y⁵³
洛宁	ʂu⁴⁴	ʂu³⁵	zu̞⁴⁴	tɕy³⁵	tɕy³¹	tɕʰy³¹	tɕʰy⁵²	y⁵²
三门峡	ʂʅ⁵³	ʂʅ⁴⁴	zu̞³¹	tɕy⁴⁴	tɕy²¹²	tɕʰi²¹² 白 tɕʰy²¹² 文	tɕʰy⁵³	y³¹
灵宝	ʂʅ⁵³	ʂʅ⁴⁴	zu̞²¹³	tɕy⁴⁴	tɕy²⁴	tɕʰi²⁴ 白 tɕʰy²⁴ 文	tɕʰy²¹³	y²¹³
商丘	fu²²³ 白 ʂu²²³ 文	fu⁴⁴ 白 ʂu⁴⁴ 文	zu̞⁵²	tɕy⁴⁴	tɕy⁴¹	tɕʰy⁴¹	tɕʰy⁵²	y⁵²
永城	ʂu²¹³	ʂu³³⁴	zu̞³³⁴	tɕy³³⁴	tɕy⁴¹	tɕʰy⁴¹	tɕʰy⁵³	y⁵³
郸城	fu²⁴ 白 su²⁴ 文	fu⁴⁴	zu̞⁴²	tɕy⁵¹	tɕy⁵¹	tɕʰy⁵¹	tɕy⁴²	y⁴²
漯河	su²²⁴	su⁴⁴	zu̞⁵³	tɕy⁴⁴	tɕy³¹	tɕʰy³¹	tɕʰy⁵³	y⁵³
许昌	ʂu²⁴	ʂu⁴⁴	zu̞⁵³	tɕy⁴⁴	tɕy³¹	tɕʰy³¹	tɕʰy⁵³	y⁵³
周口	su²⁴	su⁴⁴	zu̞⁵³	tɕy⁴⁴	tɕy⁴¹	tɕʰy⁴¹	tɕʰy⁵³	y⁵³
驻马店	su²¹³	su⁴⁴	zu̞⁵³	tɕy⁴⁴	tɕy³¹	tɕʰy³¹	tɕy⁵³ 白 tɕʰy⁵³ 文	y⁵³
长葛	ʂu²⁴	ʂu⁴⁴	zu̞⁵²	tɕy⁴⁴	tɕy³¹	tɕʰy³¹	tɕʰy⁵²	y⁵²
泌阳	ʂu²⁴	ʂu⁴⁴	zu̞⁵³	tɕy⁴⁴	tɕy³¹	tɕʰy³¹	tɕʰy⁵³	y⁵³
南阳	ʂu²²⁴	ʂu⁵⁵	zu̞⁴²	tɕy⁵⁵	tɕy³¹	tɕʰy³¹	tɕʰy⁴²	y⁴²
鲁山	su²⁴	su⁴⁴	zu̞⁵³	tɕy⁴⁴	tɕy³¹	tɕʰy³¹	tɕʰy⁵³	y⁵³
邓州	ʂu³³	ʂu⁵⁵	zu̞⁴²	tɕy⁵⁵	tɕy³¹	tɕʰy³¹	tɕʰy⁴²	y⁴²
西峡	ʂu²⁴	ʂu⁵⁵	zu̞⁴²	tɕy⁵⁵	tɕy³¹	tɕʰy³¹	tɕʰy⁴²	y⁴²
信阳	ɕy¹¹³	ɕy²⁴	y⁴⁴	tɕy²⁴	tɕy⁵³	tɕʰi⁵³ 白 tɕʰy⁵³ 文	tɕʰy⁴⁴	y⁴⁴
固始	su²¹³	tsʰu²⁴	zu⁵⁵	tɕy²⁴	tɕy⁵¹	tɕʰy⁵¹	tɕʰy⁵⁵	y⁵⁵

	0097 许	0098 余 剩~, 多~	0099 府	0100 付	0101 父	0102 武	0103 雾	0104 取
	遇合三	遇合三	遇合三	遇合三	遇合三	遇合三	遇合三	遇合三
	上鱼晓	平鱼以	上虞非	去虞非	上虞奉	上虞微	去虞微	上虞清
安阳	ɕy⁴³	y⁵²	fu⁴³	fu³¹	fu³¹	u⁴³	u³¹	tɕʰy⁴³
林州	ɕy⁵⁴	y⁴²	fu⁵⁴	fu³³	fu³³	u⁵⁴	u³³	tsʰy⁵⁴
鹤壁	ɕy⁵⁵	y⁵³	fu⁵⁵	fu³¹	fu³¹	u⁵⁵	u³¹	tɕʰy⁵⁵
新乡	ɕy⁵⁵	y⁵²	fu⁵⁵	fu²¹	fu²¹	u⁵⁵	u²¹	tɕʰy⁵⁵
济源	ɕy³¹² ɕy⁵² 姓	y³¹²	fu⁵²	fu²⁴	fu²⁴	u⁵²	u²⁴	tɕʰy⁵²
沁阳	ɕy⁵²	y³¹²	fu⁵²	fu¹³	fu¹³	u⁵²	vu¹³ 白 u¹³ 文	tɕʰy⁵²
温县	ɕy⁵³	y³¹	fu⁵³	fu²¹³	fu²¹³	vu⁵³ 白 u⁵³ 文	vu²¹³ 白 u²¹³ 文	tɕʰy⁵³
范县	ɕy⁵⁵	y⁴²	fu⁵⁵	fu³¹³	fu³¹³	u⁵⁵	u³¹³	tsʰy⁵⁵
郑州	ɕy⁴⁴	y⁵³	fu⁴⁴	fu³¹	fu³¹	u⁴⁴	u³¹	tɕʰy⁴⁴
开封	ɕy⁵³ 姓~ ɕy⁴⁴ ~愿	y⁵³	fu⁴⁴	fu³¹² 姓~ fu⁵³ ~钱	fu³¹²	u⁴⁴	u³¹²	tɕʰy⁴⁴
濮阳	ɕy⁵⁵	y⁴²	fu⁵⁵	fu³¹	fu³¹	u⁵⁵	u³¹	tsʰy⁵⁵
浚县	ɕy⁵⁵	y⁴²	fu⁵⁵	fu²¹³	fu²¹³	u⁵⁵	u²¹³	tɕʰy⁵⁵
长垣	ɕy⁴⁴	y⁵²	fu⁴⁴	fu²¹³	fu²¹³	u⁴⁴	u²¹³	tsʰy⁴⁴
兰考	ɕy⁴⁴	y⁵³	fu⁴⁴	fu³¹²	fu³¹²	u⁴⁴	u³¹²	tɕʰy⁴⁴
洛阳	ɕy⁵³	y⁵³	fu⁴⁴	fu³¹	fu³¹	u⁴⁴	u³¹	tsʰy⁴⁴
洛宁	ɕy³⁵ ~愿 ɕy⁵² 姓~	y⁵²	fu³⁵	fu⁴⁴ ~钱 fu³¹ 姓~	fu³¹	vu³⁵	vu³¹	tɕʰy³⁵
三门峡	ɕy⁴⁴	y³¹	fu⁴⁴	fu⁴⁴	fu⁴⁴	u⁴⁴	u²¹²	tɕʰy⁴⁴
灵宝	ɕy⁴⁴	y²¹³	fu⁴⁴	fu²⁴	fu⁴⁴	u⁴⁴	u²⁴	tɕʰy⁴⁴
商丘	ɕy⁴⁴	zu⁵² 白 y⁵² 文	fu⁴⁴	fu⁴¹	fu⁴¹	u⁴⁴	u⁴¹	tɕʰy⁴⁴
永城	ɕy³³⁴	y⁵³	fu³³⁴	fu⁴¹	fu⁴¹	u³³⁴	u⁴¹	tsʰy³³⁴
郸城	ɕy⁴⁴	y⁴²	fu⁴⁴	fu⁵¹	fu⁵¹	u⁴⁴	u⁵¹	tɕʰy⁴⁴
漯河	ɕy⁴⁴	y⁵³	fu⁴⁴	fu³¹ 姓 fu³¹ ~钱	fu³¹	u⁴⁴	u³¹	tsʰy⁴⁴
许昌	ɕy⁴⁴	y⁵³	fu⁴⁴	fu³¹	fu³¹	u⁴⁴	u³¹	tɕʰy⁴⁴
周口	ɕy⁵³ 姓~ ɕy⁴⁴ 允~	u⁵³	fu⁴⁴	fu⁴¹	fu⁴¹	u⁴⁴	u⁴¹	tɕʰy⁴⁴
驻马店	ɕy⁵³ 姓~ ɕy⁴⁴ ~愿	y⁵³	fu⁴⁴	fu³¹	fu³¹	u⁴⁴	u³¹	tɕʰy⁴⁴
长葛	ɕy⁴⁴	y⁵²	fu⁴⁴	fu³¹	fu³¹	u⁴⁴	u³¹	tɕʰy⁴⁴
泌阳	ɕy⁴⁴	y⁵³	fu⁴⁴	fu³¹ ~钱 fu³¹ 姓~	fu³¹	u⁴⁴	u³¹	tsʰy⁴⁴
南阳	ɕy⁵⁵	y⁴²	fu⁵⁵	fu³¹	fu³¹	u⁵⁵	u³¹	tsʰy⁵⁵
鲁山	ɕy⁴⁴	y⁵³	fu⁴⁴	fu⁵³ ~钱 fu³¹ 姓~	fu³¹	u⁴⁴	u³¹	tɕʰy⁴⁴
邓州	ɕy⁵⁵	y⁴²	fu⁵⁵	fu³¹	fu³¹	u⁵⁵	u³¹	tsʰy⁵⁵
西峡	ɕy⁵⁵	y⁴²	fu⁵⁵	fu³¹	fu³¹	u⁵⁵	u³¹	tsʰu⁵⁵
信阳	ɕy⁴⁴	y⁴⁴	fu²⁴	fu⁵³	fu⁵³	vu²⁴	vu⁵³	tɕʰy²⁴
固始	ɕy²⁴	y⁵⁵	fu²⁴	fu⁵¹	fu⁵¹	u⁵⁵	u⁵¹	tɕʰy²⁴

	0105 柱	0106 住	0107 数动	0108 数名	0109 主	0110 输	0111 竖	0112 树
	遇合三	遇合三	遇合三	遇合三	遇合三	遇合三	遇合三	遇合三
	上虞澄	去虞澄	上虞生	去虞生	上虞章	平虞书	上虞禅	去虞禅
安阳	tsu^{31}	tsu^{31}	su^{43}	su^{31}	tsu^{43}	su^{44} 运~ / zu^{44} ~赢	su^{31} 名词 / suɐʔ^{33} 动词	su^{31}
林州	tʂu^{33}	tʂu^{33}	ʂu^{54}	ʂu^{33}	tʂu^{54}	ʂu^{31} 运~ / zu^{31} ~赢	ʂu^{33}	ʂu^{33}
鹤壁	tsu^{31}	tsu^{31}	su^{55}	su^{31}	tsu^{55}	su^{33} 运~ / zu^{33} ~赢	su^{31}	su^{31}
新乡	tsu^{21}	tsu^{21}	su^{55}	su^{21}	tsu^{55}	su^{24} 又 / zu^{24} 又	su^{21}	su^{21}
济源	tʂʯ^{24}	tʂʯ^{24}	ʂʯ^{52}	ʂʯ^{24}	tʂʯ^{52}	ʂu^{44} 运~ / zʯ^{44} 又 / ʂu^{44} 又	ʂu^{24} 又	ʂʯ^{24}
沁阳	tsu^{13}	tsu^{13}	su^{52}	su^{13}	tsu^{52}	su^{44} 运~ / zu^{44} ~赢	su^{13}	su^{13}
温县	tʂu^{213}	tʂu^{213}	fu^{53} 白 / ʂu^{53} 文	ʂu^{213}	tʂu^{53}	fu^{44} 运~ / vu^{44} ~赢	fu^{213} 又 / ʂu^{213} 又	fu^{213} 又 / su^{213} 又
范县	tʂu^{313}	tʂu^{313}	ʂu^{55}	ʂu^{313}	tʂu^{55}	ʂu^{24} ~赢 / fu^{24} ~液 / ʂu^{24} 运~	ʂu^{313}	fu^{313}
郑州	tʂu^{31}	tʂu^{31}	ʂu^{44}	ʂuə^{31} 白 / ʂu^{31} 文	tʂu^{44}	ʂu^{24} 运~ / zu^{24} ~赢	ʂuə^{24} 白 / ʂu^{31} 文	ʂu^{31}
开封	tʂu^{312}	tʂu^{312}	ʂuo^{44} 白 / ʂu^{44} 文	ʂuo^{312} 白 / ʂu^{312} 文	tʂu^{44}	ʂu^{24} 运~ / zu^{24} ~赢	ʂu^{312}	ʂu^{312}
濮阳	tʃy^{31} 白 / tʂu^{31} 文	tʃy^{31} 白 / tʂu^{31} 文	ʂu^{55}	ʂu^{31}	tʃy^{55} 白 / tʂu^{55} 文	ʃy^{35} 白 / ʂu^{35} 文 / ʐy$^{~赢}$	ʃy^{31} 白 / ʂu^{31} 文	ʃy^{31} 白 / ʂu^{31} 文
浚县	tʂʯ^{213} 白 / tʂu^{213} 文	tʂu^{213}	ʂu^{55}	ʂu^{213}	tʂʯ^{55} 白 / tʂu^{55} 文	ʂu^{24} 运~ / zʯ^{24} ~赢	ʂu^{213}	ʂʯ^{213}
长垣	tʂʯ^{213}	tʂʯ^{213}	ʂuə^{44}	ʂuə^{213}	tʂu^{44}	ʂu^{24} 运~ / zu^{24} ~赢	ʂʯ^{213}	ʂʯ^{213}
兰考	tʂʯ^{312}	tʂʯ^{312}	suo^{44}	suo^{312}	tsu^{44}	su^{24} 运~ / zu^{24} ~赢	sʯ^{312}	sʯ^{312}
洛阳	tʂu^{31}	tʂu^{31}	ʂu^{44}	ʂu^{31}	tʂu^{44}	ʂu^{34} 运~ / zu^{34} ~赢	ʂu^{31}	ʂu^{31}
洛宁	tʂu^{31}	tʂu^{31}	ʂu^{35}	ʂu^{31}	tʂu^{35}	ʂu^{44} 运~ / zu^{44} ~赢	ʂu^{31}	ʂu^{31}

	0105 柱	0106 住	0107 数动	0108 数名	0109 主	0110 输	0111 竖	0112 树
	遇合三	遇合三	遇合三	遇合三	遇合三	遇合三	遇合三	遇合三
	上虞澄	去虞澄	上虞生	去虞生	上虞章	平虞书	上虞禅	去虞禅
三门峡	tʂʅ²¹²	tʂʰʅ²¹²白 tʂʅ²¹²文	ʂu⁴⁴	ʂu²¹²	tʂʅ⁴⁴	ʂʅ⁴⁴ 运~ zʅ⁵³ ~赢	ʂʅ²¹²	ʂʅ²¹²
灵宝	tʂʰʅ⁴⁴	tʂʰʅ²⁴	sou⁴⁴	sou²⁴	tʂʅ⁴⁴	ʂʅ⁵³ 运~ zʅ⁵³ ~赢	ʂʅ²⁴	ʂʅ²⁴
商丘	tʂu⁴¹	tʂu⁴¹	fuə⁴⁴	fuə⁴¹	tʂu⁴⁴	fu²²³ 运~白 ʂu²²³ 运~文 zu²²³ ~赢	fu⁴¹白 ʂu⁴¹文	fu⁴¹白 ʂu⁴¹文
永城	tʂu⁴¹	tʂu⁴¹	ʂuə³³⁴	ʂuə⁴¹	tʂu³³⁴	ʂu²¹³ 运~ zu²¹³ ~赢	ʂu⁴¹	ʂu⁴¹
郸城	tʂu⁵¹	tʂu⁵¹	ʂuɤ⁴⁴	ʂuɤ⁵¹	tʂu⁴⁴	ʂu²⁴ 运~ zu²⁴ ~赢	fu⁵¹白 ʂu⁵¹文	fu⁵¹白 ʂu⁵¹文
漯河	tsu³¹	tsu³¹	suɤ⁴⁴	suɤ³¹	tsu⁴⁴	su²²⁴ 运~ zu²²⁴ ~赢	su³¹	su³¹
许昌	tʂu³¹	tʂu³¹	ʂu⁴⁴	ʂu³¹	tʂu⁴⁴	ʂu²⁴ 运~ zu²⁴ ~赢	ʂuɤ²⁴白 ʂu³¹文	ʂu³¹
周口	tsu⁴¹	tsu⁴¹	suo⁴⁴	suo⁴¹	tsu⁴⁴	su²⁴ 运~ zu²⁴ ~赢	su⁴¹	su⁴¹
驻马店	tsu³¹	tsu³¹	suɤ⁴⁴	suɤ³¹	tsu⁴⁴	su²¹³ 运~ zu²¹³ ~赢	su³¹	su³¹
长葛	tʂu³¹	tʂu³¹	ʂu⁴⁴	ʂu³¹	tʂu⁴⁴	zu²⁴ ~赢 ʂu²⁴ 运~	ʂu³¹	ʂu³¹
泌阳	tʂu³¹	tʂu³¹	ʂu⁴⁴	ʂu³¹	tʂu⁴⁴	ʂu²⁴ 运~ zu²⁴ ~赢	ʂu³¹	ʂu³¹
南阳	tʂu³¹	tʂu³¹	ʂu⁵⁵	ʂu³¹	tʂu⁵⁵	ʂu²²⁴ 运~ zu²²⁴ ~赢	ʂu³¹	ʂu³¹
鲁山	tʂu³¹	tʂu³¹	ʂu⁴⁴	ʂu³¹	tʂu⁴⁴	ʂu²⁴ 运~ zu²⁴ ~赢	ʂu³¹	ʂu³¹
邓州	tʂu³¹	tʂu³¹	ʂu⁵⁵	ʂu³¹	tʂu⁵⁵	ʂu³³ 运~ zu³³ ~赢	ʂu³¹	ʂu³¹
西峡	tʂu³¹	tʂu³¹	ʂu⁵⁵	ʂəu³¹	tʂu⁵⁵	ʂu⁴² 运~ zu²⁴ ~赢	ʂu³¹	ʂu³¹
信阳	tɕy⁵³	tɕy⁵³	suo²⁴	suo⁵³	tɕy²⁴	ɕy¹¹³ 运~ y¹¹³ ~赢	ɕy⁵³	ɕy⁵³
固始	tsu⁵¹	tsu⁵¹	suɤ²⁴	suɤ⁵¹	tsu²⁴	su²¹³ 运~ zu²¹³ ~赢	su⁵¹	su⁵¹

	0113 句	0114 区地~	0115 遇	0116 雨	0117 芋	0118 裕	0119 胎	0120 台戏~
	遇合三	遇合三	遇合三	遇合三	遇合三	遇合三	蟹开一	蟹开一
	去虞见	平虞溪	去虞疑	上虞云	去虞云	去虞以	平咍透	平咍定
安阳	tɕy³¹	tɕʰy⁴⁴	y³¹	y⁴³	y³¹	y³¹	tʰai⁴⁴	tʰai⁵²
林州	tɕy³³	tɕʰy³¹	y³³	y⁵⁴	y⁴²	yʔ³	tʰai³¹	tʰai⁴²
鹤壁	tɕy³¹	tɕʰy³³	y³¹	y⁵⁵	y⁵³	y³¹	tʰɑi³³	tʰɑi⁵³
新乡	tɕy²¹	tɕʰy²⁴	y²¹	y⁵⁵	y²¹	y²¹	tʰai⁴⁴	tʰai⁵²
济源	tɕy²⁴	tɕʰy⁴⁴	y²⁴	y⁵²	y²⁴	y²⁴	tʰɛ⁴⁴	tʰɛ³¹²
沁阳	tɕy¹³	tɕʰy⁴⁴	y¹³	y⁵²	y³¹²	y¹³	tʰai⁴⁴	tʰai³¹²
温县	tɕy²¹³	tɕʰy⁴⁴	y²¹³	y⁵³	y³¹	y²¹³	tʰɛ⁴⁴	tʰɛ³¹
范县	tɕy³¹³	tɕʰy²⁴	y³¹³	y⁵⁵	y³¹³	y⁴²	tʰɛ³¹	tʰɛ⁴²
郑州	tɕy³¹	tɕʰy²⁴	y³¹	y⁴⁴	y³¹	y³¹	tʰai²⁴	tʰai⁵³
开封	tɕy³¹²	tɕʰy²⁴	y³¹²	y⁴⁴	y³¹²	y³¹²	tʰai²⁴	tʰai⁵³
濮阳	tɕy³¹	tɕʰy³⁵	y³¹	y⁵⁵	y⁵⁵	y⁵⁵	tʰai³⁵	tʰai⁴²
浚县	tɕy²¹³	tɕʰy²⁴	y²¹³	y⁵⁵	y⁴²	y⁴²	tʰai⁴²	tʰai⁴²
长垣	tɕy²¹³	tɕʰy²⁴	y²¹³	y⁴⁴	y²¹³	y⁵²	tʰai⁴²	tʰai⁵²
兰考	tɕy³¹²	tɕʰy²⁴	y³¹²	y⁴⁴	y³¹²	y³¹²	tʰai²⁴	tʰai⁵³
洛阳	tɕy³¹	tɕʰy³⁴	y³¹	y⁴⁴	y³¹	y³¹	tʰai³⁴	tʰai⁵³
洛宁	tɕy³¹	tɕʰy⁴⁴	y³¹	y³⁵	y³¹	y³¹	tʰai⁴⁴	tʰai⁵²
三门峡	tɕy²¹²	tɕʰy⁵³	y²¹²	y⁴⁴	y²¹²	y³¹	tʰɛ⁵³	tʰɛ³¹
灵宝	tɕy²⁴	tɕʰy⁵³	y²⁴	y⁴⁴	y²⁴	y²⁴	tʰɛ⁵³	tʰɛ²¹³
商丘	tɕy⁴¹	tɕʰy²²³	y⁴¹	y⁴⁴	y⁴¹	y⁵²	tʰæ²²³	tʰæ⁵²
永城	tɕy⁴¹	tɕʰy²¹³	y⁴¹	y³³⁴	y⁴¹	y⁴¹	tʰæ²¹³	tʰæ⁵³
郸城	tɕy⁵¹	tɕʰy²⁴	y⁵¹	y⁴⁴	y⁴²	y⁴²	tʰai²⁴	tʰai⁴²
漯河	tɕy³¹	tɕʰy²²⁴	y³¹	y⁴⁴	y³¹	y⁵³	tʰai²²⁴	tʰai⁵³
许昌	tɕy³¹	tɕʰy²⁴	y³¹	y⁴⁴	y³¹	y³¹	tʰai²⁴	tʰai⁵³
周口	tɕy⁴¹	tɕʰy²⁴	y⁴¹	y⁴⁴	y⁴⁴ 红~ / y⁴¹ ~头	y⁴¹	tʰai²⁴	tʰai⁵³
驻马店	tɕy³¹	tɕʰy²¹³	y³¹	y⁴⁴	y³¹	y³¹	tʰɛ²¹³	tʰɛ⁵³
长葛	tɕy³¹	tɕʰy²⁴	y³¹	y⁴⁴	y³¹	y⁵²	tʰai⁵²	tʰai⁵²
泌阳	tɕy³¹	tɕʰy²⁴	y³¹	y⁴⁴	y³¹	y³¹	tʰɛ²⁴	tʰɛ⁵³
南阳	tɕy³¹	tɕʰy²²⁴	y³¹	y⁵⁵	y³¹	y³¹	tʰɛ²²⁴	tʰɛ⁴²
鲁山	tɕy³¹	tɕʰy²⁴	y³¹	y⁴⁴	y³¹ 洋~ / y⁵³ ~头	y³¹	tʰai²⁴	tʰai⁵³
邓州	tɕy³¹	tɕʰy³³	y³¹	y⁵⁵	y³¹	y⁴²	tʰɛ³³	tʰɛ⁴²
西峡	tɕy³¹	tɕʰy²⁴	y³¹	y⁵⁵	y³¹	y³¹	tʰɛ²⁴	tʰɛ⁴²
信阳	tɕy⁵³	tɕʰy¹¹³	y⁵³	y²⁴	y⁵³	y⁵³	tʰai¹¹³	tʰai⁴⁴
固始	tɕy⁵¹	tɕʰy²¹³	y⁵¹	y²⁴	y⁵¹	y⁵¹	tʰɛ²¹³	tʰɛ⁵⁵

	0121 袋 蟹开一 去咍定	0122 来 蟹开一 平咍来	0123 菜 蟹开一 去咍清	0124 财 蟹开一 平咍从	0125 该 蟹开一 平咍见	0126 改 蟹开一 上咍见	0127 开 蟹开一 平咍溪	0128 海 蟹开一 上咍晓
安阳	tai³¹	lai⁵²	tsʰai³¹	tsʰai⁵²	kai⁴⁴	kai⁴³	kʰai⁴⁴	xai⁴³
林州	tai³³	lai⁴²	tsʰai³³	tsʰai⁴²	kai³¹	kai⁵⁴	kʰai³¹	xai⁵⁴
鹤壁	tɑi³¹	lɑi⁵³	tsʰɑi³¹	tsʰɑi⁵³	kɑi³³	kɑi⁵⁵	kʰɑi³³	xɑi⁵⁵
新乡	tai²¹	lai⁵²	tsʰai²¹	tsʰai⁵²	kai²⁴	kai⁵⁵	kʰai²⁴	xai⁵⁵
济源	tɛ²⁴	lɛ³¹²	tsʰɛ²⁴	tsʰɛ³¹²	kɛ⁴⁴	kɛ⁵²	kʰɛ⁴⁴	xɛ⁵²
沁阳	tai¹³	lai³¹²	tsʰai¹³	tsʰai³¹²	kai⁴⁴	kai⁵²	kʰai⁴⁴	xai⁵²
温县	tɛ²¹³	lɛ³¹	tsʰɛ²¹³	tsʰɛ³¹	kɛ⁴⁴	kɛ⁵³	kʰɛ⁴⁴	xɛ⁵³
范县	tɛ³¹³	lɛ⁴²	tsʰɛ³¹³	tsʰɛ⁴²	kɛ²⁴	kɛ⁵⁵	kʰɛ²⁴	xɛ⁵⁵
郑州	tai³¹	lai⁵³	tsʰai³¹	tsʰai⁵³	kai²⁴	kai⁴⁴	kʰai²⁴	xai⁴⁴
开封	tai³¹²	lai⁵³	tsʰai³¹²	tsʰai⁵³	kai²⁴	kai⁴⁴	kʰai²⁴	xai⁴⁴
濮阳	tai³¹	lai⁴²	tsʰai³¹	tsʰai⁴²	kai³⁵	kai⁵⁵	kʰai³⁵	xai⁵⁵
浚县	tai²¹³	lai⁴²	tsʰai²¹³	tsʰai⁴²	kai²⁴	kai⁵⁵	kʰai²⁴	xai⁵⁵
长垣	tai²¹³	lai⁵²	tsʰai²¹³	tsʰai⁵²	kai²⁴	kai⁴⁴	kʰai²⁴	xai⁴⁴
兰考	tai³¹²	lai⁵³	tsʰai³¹²	tsʰai⁵³	kai²⁴	kai⁴⁴	kʰai²⁴	xai⁴⁴
洛阳	tai³¹	lai⁵³	tsʰai³¹	tsʰai⁵³	kai³⁴	kai⁴⁴	kʰai³⁴	xai⁴⁴
洛宁	tai³¹	lai⁵²	tsʰai³¹	tsʰai⁵²	kai⁴⁴	kai³⁵	kʰai⁴⁴	xai³⁵
三门峡	tɛ²¹²	lɛ³¹ 又 nei³¹ 又	tsʰɛ²¹²	tsʰɛ³¹	kɛ⁵³	kɛ⁴⁴	kʰɛ⁵³	xɛ⁴⁴
灵宝	tɛ²⁴	lɛ²¹³	tsʰɛ²⁴	tsʰɛ²¹³	kɛ⁵³	kɛ⁴⁴	kʰɛ⁵³	xɛ⁴⁴
商丘	tæ⁴¹	læ⁵²	tsʰæ⁴¹	tsʰæ⁵²	kæ²²³	kæ⁴⁴	kʰæ²²³	xæ⁴⁴
永城	tæ⁴¹	læ⁵³	tsʰæ⁴¹	tsʰæ⁵³	kæ²¹³	kæ³³⁴	kʰæ²¹³	xæ³³⁴
郸城	tai⁵¹	lai⁴²	tsʰai⁵¹	tsʰai⁴²	kai²⁴	kai⁴⁴	kʰai²⁴	xai⁴⁴
漯河	tai³¹	lai⁵³	tsʰai³¹	tsʰai⁵³	kai²²⁴	kai⁴⁴	kʰai²²⁴	xai⁴⁴
许昌	tai³¹	lai⁵³	tsʰai³¹	tsʰai⁵³	kai²⁴	kai⁴⁴	kʰai²⁴	xai⁴⁴
周口	tai⁴¹	lai⁵³	tsʰai⁴¹	tsʰai⁵³	kai²⁴	kai⁴⁴	kʰai²⁴	xai⁴⁴
驻马店	tɛ³¹	lɛ⁵³	tsʰɛ³¹	tsʰɛ⁵³	kɛ²¹³	kɛ⁴⁴	kʰɛ²¹³	xɛ⁴⁴
长葛	tai³¹	lai⁵²	tsʰai³¹	tsʰai⁵²	kai²⁴	kai⁴⁴	kʰai²⁴	xai⁴⁴
泌阳	tɛ³¹	lɛ⁵³	tsʰɛ³¹	tsʰɛ⁵³	kɛ²⁴	kɛ⁴⁴	kʰɛ²⁴	xɛ⁴⁴
南阳	tɛ³¹	lɛ⁴²	tsʰɛ³¹	tsʰɛ⁴²	kɛ²²⁴	kɛ⁵⁵	kʰɛ²²⁴	xɛ⁵⁵
鲁山	tai³¹	lai⁵³	tsʰai³¹	tsʰai⁵³	kai²⁴	kai⁴⁴	kʰai²⁴	xai⁴⁴
邓州	tɛ³¹	lɛ⁴²	tsʰɛ³¹	tsʰɛ⁴²	kɛ³³	kɛ⁵⁵	kʰɛ³³	xɛ⁵⁵
西峡	tɛ³¹	lɛ⁴²	tsʰɛ³¹	tsʰɛ⁴²	kɛ²⁴	kɛ⁵⁵	kʰɛ²⁴	xɛ⁵⁵
信阳	tai⁵³	lai⁴⁴	tsʰai⁵³	tsʰai⁴⁴	kai¹¹³	kai²⁴	kʰai¹¹³	xai²⁴
固始	tɛ⁵¹	lɛ⁵⁵	tsʰɛ⁵¹	tsʰɛ⁵⁵	kɛ²¹³	kɛ²⁴	kʰɛ²¹³	xɛ²⁴

第二章 字音对照表

	0129 爱	0130 贝	0131 带动	0132 盖动	0133 害	0134 拜	0135 排	0136 埋
	蟹开一	蟹开一	蟹开一	蟹开一	蟹开一	蟹开二	蟹开二	蟹开二
	去咍影	去泰帮	去泰端	去泰见	去泰匣	去皆帮	平皆並	平皆明
安阳	ai³¹	pei³¹	tai³¹	kai³¹	xai³¹	pai³¹	pʰai⁵²	mai⁵²
林州	ɣai³³	pei³³	tai³³	kai³³	xai³³	pai³³	pʰai⁴²	mai⁴²
鹤壁	ɣai³¹	pei³¹	tɑi³¹	kai³¹	xɑi³¹	pai³¹	pʰai⁵³	mɑi⁵³
新乡	ɣai²¹	pei²¹	tai²¹	kai²¹	xai²¹	pai²¹	pʰai⁵²	mai⁵²
济源	ɣɛ²⁴	pei²⁴	tɛ²⁴	kɛ²⁴	xɛ²⁴	pɛ²⁴	pʰɛ³¹²	mɛ³¹²
沁阳	ɣai¹³	pei¹³	tai¹³	kai¹³	xai¹³	pai¹³	pʰai³¹²	mai³¹²
温县	ɣɛ²¹³	pei²¹³	tɛ²¹³	kɛ²¹³	xɛ⁴⁴又 xɛ²¹³又	pɛ²¹³	pʰɛ³¹	mɛ³¹
范县	ɣɛ³¹³	pei³¹³	tɛ³¹³	kɛ³¹³	xɛ³¹³	pɛ³¹³	pʰɛ²	mɛ⁴²
郑州	ɣai³¹	pei³¹	tai³¹	kai³¹	xai³¹	pai³¹	pʰai⁵³	mai⁵³
开封	ai³¹²	pei³¹²	tai³¹²	kai³¹²	xai³¹²	pai³¹²	pʰai⁵³	mai⁵³
濮阳	ɣai³¹	pei³¹	tai³¹	kai³¹	xai³¹	pai³¹	pʰai⁴²	mai⁴²
浚县	ɣai²¹³	pei²¹³	tai²¹³	kai²¹³	xai²¹³	pai²¹³	pʰai⁴²	mai⁴²
长垣	ɣai²¹³	pei²¹³	tai²¹³	kai²¹³	xai²¹³	pai²¹³	pʰai⁵²	mai⁵²
兰考	ai³¹²	pei³¹²	tai³¹²	kai³¹²	xai³¹²	pai³¹²	pʰai⁵³	mai⁵³
洛阳	ɣai³¹	pei³¹	tai³¹	kai³¹	xai³¹	pai³¹	pʰai⁵³	mai⁵³
洛宁	ɣai³¹	pei³¹	tai³¹	kai³¹	xai³¹	pai³¹	pʰai⁵²	mai⁵²
三门峡	ŋɛ²¹²	pei²¹²	tɛ²¹²	kɛ²¹²	xɛ²¹²	pɛ²¹²	pʰɛ³¹	mɛ³¹
灵宝	ŋɛ²⁴	pei²⁴	tɛ²⁴	kɛ²⁴	xɛ²⁴	pɛ²⁴	pʰɛ²¹³	mɛ²¹³
商丘	æ⁴¹	pei⁴¹	tæ⁴¹	kæ⁴¹	xæ⁴¹	pæ⁴¹	pʰæ⁵²	mæ⁵²
永城	æ⁴¹	pᴇ⁴¹	tæ⁴¹	kæ⁴¹	xæ⁴¹	pæ⁴¹	pʰæ⁵³	mæ⁵³
郸城	ɣai⁵¹	pei⁵¹	tai⁵¹	kai⁵¹	xai⁵¹	pai⁵¹	pʰai⁴²	mai⁴²
漯河	ai³¹	pei³¹	tai³¹	kai³¹	xai³¹	pai³¹	pʰai⁵³	mai⁵³
许昌	ai³¹	pei³¹	tai³¹	kai³¹	xai³¹	pai³¹	pʰai⁵³	mai⁵³
周口	ai⁴¹	pei⁴¹	tai⁴¹	kai⁴¹	xai⁴¹	pai⁴¹	pʰai⁵³	mai⁵³
驻马店	ɣɛ³¹	pei³¹	tɛ³¹	kɛ³¹	xɛ³¹	pɛ³¹	pʰɛ⁵³	mɛ⁵³
长葛	ɣai³¹	pei³¹	tai³¹	kai³¹	xai³¹	pai³¹	pʰai⁵²	mai⁵²
泌阳	ɣɛ³¹	pei³¹	tɛ³¹	kɛ³¹	xɛ³¹	pɛ³¹	pʰɛ⁵³	mɛ⁵³
南阳	ɛ³¹	pei³¹	tɛ³¹	kɛ³¹	xɛ³¹	pɛ³¹	pʰɛ⁴²	mɛ⁴²
鲁山	ɣai³¹	pei³¹	tai³¹	kai³¹	xai³¹	pai³¹	pʰai⁵³	mai⁵³活~ man⁵³~怨
邓州	ɣɛ³¹	pei³¹	tɛ³¹	kɛ³¹	xɛ³¹	pɛ³¹	pʰɛ⁴²	mɛ⁴²
西峡	ɛ³¹	pei³¹	tɛ³¹	kɛ³¹	xɛ³¹	pɛ³¹	pʰɛ⁴²	mɛ⁴²
信阳	ŋai⁵³	pei⁵³	tai⁵³	kai⁵³	xai⁵³	pai⁵³	pʰai⁴⁴	mai⁴⁴
固始	ɣɛ⁵¹	pei⁵¹	tɛ⁵¹	kɛ⁵¹	xɛ⁵¹	pɛ⁵¹	pʰɛ⁵⁵	mɛ⁵⁵

	0137 戒 蟹开二 去皆见	0138 摆 蟹开二 上佳帮	0139 派 蟹开二 去佳滂	0140 牌 蟹开二 平佳並	0141 买 蟹开二 上佳明	0142 卖 蟹开二 去佳明	0143 柴 蟹开二 平佳崇	0144 晒 蟹开二 去佳生
安阳	tɕie³¹	pai⁴³	pʰai³¹	pʰai⁵²	mai⁴³	mai³¹	tsʰai⁵²	sai³¹
林州	tɕie³³	pai⁵⁴	pʰai³³	pʰai⁴²	mai⁵⁴	mai³³	tʂʰai⁴²	ʂai³³
鹤壁	tɕie³¹	pɑi⁵⁵	pʰɑi³¹	pʰɑi⁵³	mɑi⁵⁵	mɑi³¹	tsʰɑi⁵³	sɑi³¹
新乡	tɕiə²¹	pai⁵⁵	pʰai²¹	pʰai⁵²	mai⁵⁵	mai²¹	tsʰai⁵²	sai²¹
济源	tɕie²⁴	pɛ⁵²	pʰɛ²⁴	pʰɛ³¹²	mɛ⁵²	mɛ²⁴	tsʰɛ³¹²	sɛ²⁴
沁阳	tɕie¹³	pai⁵²	pʰai¹³	pʰai³¹²	mai⁵²	mai¹³	tsʰai³¹²	sai¹³
温县	tɕie²¹³	pɛ⁵³	pʰɛ²¹³	pʰɛ³¹	mɛ⁵³	mɛ²¹³	tʂʰɛ³¹	ʂɛ²¹³
范县	tɕie³¹³	pɛ⁵⁵	pʰɛ³¹³	pʰɛ⁴²	mɛ⁵⁵	mɛ³¹³	tʂʰɛ⁴²	ʂɛ³¹³
郑州	tɕie³¹	pai⁴⁴	pʰai³¹	pʰai⁵³	mai⁴⁴	mai³¹	tʂʰai⁵³	ʂai³¹
开封	tɕie³¹²	pai⁴⁴	pʰai³¹²	pʰai⁵³	mai⁴⁴	mai³¹²	tʂʰai⁵³	ʂai³¹²
濮阳	tɕie³¹	pai⁵⁵	pʰai³¹	pʰai⁴²	mai⁵⁵	mai³¹	tʂʰai⁴²	ʂai³¹
浚县	tɕie²¹³	pai⁵⁵	pʰai²¹³	pʰai⁴²	mai⁵⁵	mai²¹³	tʂʰai⁴²	ʂai²¹³
长垣	tɕie²¹³	pai⁴⁴	pʰai²¹³	pʰai⁵³	mai⁴⁴	mai²¹³	tʂʰai⁵²	ʂai²¹³
兰考	tɕiai³¹²	pai⁴⁴	pʰai³¹²	pʰai⁵³	mai⁴⁴	mai³¹²	tʂʰai⁵³	ʂai³¹²
洛阳	tɕie³¹	pai⁴⁴	pʰai³¹	pʰai⁵³	mai⁴⁴	mai³¹	tʂʰai⁵³	ʂai³¹
洛宁	tɕiai³¹	pai³⁵	pʰai³¹	pʰai⁵²	mai³⁵	mai³¹	tʂʰai⁵²	ʂai³¹
三门峡	tɕie²¹²	pɛ⁴⁴	pʰɛ⁴⁴	pʰɛ³¹	mɛ⁴⁴	mɛ²¹²	tʂʰɛ³¹	ʂɛ²¹²
灵宝	tɕie²⁴	pɛ⁴⁴	pʰɛ²⁴	pʰɛ²¹³	mɛ⁴⁴	mɛ²⁴	tʂʰɛ²¹³	ʂɛ²⁴
商丘	tɕiɛ⁴¹	pæ⁴⁴	pʰæ⁴¹	pʰæ⁵²	mæ⁴⁴	mæ⁴¹	tʂʰæ⁵²	sæ⁴¹ 又 ʂæ⁴¹ 又
永城	tɕie⁴¹	pæ³³⁴	pʰæ⁴¹	pʰæ⁵³	mæ³³⁴	mæ⁴¹	tʂʰæ⁵³	ʂæ⁴¹
郸城	tɕie⁵¹	pai⁴⁴	pʰai⁵¹	pʰai⁴²	mai⁴⁴	mai⁵¹	tʂʰai⁴²	ʂai⁵¹
漯河	tɕiai³¹	pai⁴⁴	pʰai³¹	pʰai⁵³	mai⁴⁴	mai³¹	tʂʰai⁵³	ʂai³¹
许昌	tɕie³¹	pai⁴⁴	pʰai³¹	pʰai⁵³	mai⁴⁴	mai³¹	tʂʰai⁵³	ʂai³¹
周口	tɕie⁴¹	pai⁴⁴	pʰai⁴¹	pʰai⁵³	mai⁴⁴	mai⁴¹	tʂʰai⁵³	sai⁴¹
驻马店	tɕie³¹	pɛ⁴⁴	pʰɛ³¹	pʰɛ⁵³	mɛ⁴⁴	mɛ³¹	tʂʰɛ⁵³	ʂɛ³¹
长葛	tɕiai³¹	pai⁴⁴	pʰai³¹	pʰai⁵²	mai⁴⁴	mai³¹	tʂʰai⁵²	ʂai³¹
泌阳	tɕie³¹	pɛ⁴⁴	pʰɛ³¹	pʰɛ⁵³	mɛ⁴⁴	mɛ³¹	tʂʰɛ⁵³	ʂɛ³¹
南阳	tɕie³¹	pɛ⁵⁵	pʰɛ³¹	pʰɛ⁴²	mɛ⁵⁵	mɛ³¹	tʂʰɛ⁴²	ʂɛ³¹
鲁山	tɕie³¹	pai⁴⁴	pʰai³¹	pʰai⁵³	mai⁴⁴	mai³¹	tʂʰai⁵³	ʂai³¹
邓州	tɕie³¹	pɛ⁵⁵	pʰɛ³¹	pʰɛ⁴²	mɛ⁵⁵	mɛ³¹	tʂʰɛ⁴²	ʂɛ³¹
西峡	tɕie³¹	pɛ⁵⁵	pʰɛ³¹	pʰɛ⁴²	mɛ⁵⁵	mɛ³¹	tʂʰɛ⁴²	ʂɛ³¹
信阳	tɕiai⁵³	pai²⁴	pʰai⁵³	pʰai⁴⁴	mai²⁴	mai⁵³	tsʰai⁴⁴	sai⁵³
固始	tɕie⁵¹	pɛ²⁴	pʰɛ⁵¹	pʰɛ⁵⁵	mɛ²⁴	mɛ⁵¹	tʂʰɛ⁵⁵	ʂɛ⁵¹

	0145 街	0146 解~开	0147 鞋	0148 蟹	0149 矮	0150 败	0151 币	0152 制~造
	蟹开二	蟹开二	蟹开二	蟹开二	蟹开二	蟹开二	蟹开三	蟹开三
	平佳见	上佳见	平佳匣	上佳匣	上佳影	去夬並	去祭並	去祭章
安阳	tɕie⁴⁴	tɕie⁴³	ɕie⁵²	ɕie³¹	ai⁴³	pai³¹	pi³¹	tsʅ³¹
林州	tɕie³¹	tɕie⁵⁴	ɕie⁴²	ɕie³³	ɣai⁵⁴	pai³³	pi³³	tsʅ³³
鹤壁	tɕie³³	tɕie⁵⁵	ɕie⁵³	ɕie³¹	ɣai⁵⁵	pɑi³¹	pi³¹	tsʅ³¹
新乡	tɕiə²⁴	tɕiə⁵⁵	ɕiə⁵²	ɕiə²¹	ɣai⁵⁵	pai²¹	pi²¹	tsʅ²¹
济源	tɕie⁴⁴	tɕie⁵²	ɕie³¹²	ɕie²⁴	ɣɛ⁵²	pɛ²⁴	pi²⁴	tsʅ²⁴
沁阳	tɕie⁴⁴	tɕie⁵²	ɕie³¹²	ɕie¹³	ɣai⁵²	pai¹³	pi¹³	tsʅ¹³
温县	tɕie⁴⁴	tɕie⁵³	ɕie³¹	ɕie²¹³	ɣɛ⁵³	pɛ²¹³	pi²¹³	tsʅ²¹³
范县	tɕiei²⁴	tɕie⁵⁵	ɕie⁴²	ɕie³¹³	iɛi⁵⁵	pɛ³¹³	pi³¹³	tsʅ³¹³
郑州	tɕiE²⁴	tɕiE⁴⁴	ɕie⁵³	ɕie³¹	ɣai⁴⁴	pai³¹	pi³¹	tsʅ³¹
开封	tɕie²⁴	tɕie⁴⁴	ɕie⁵³	ɕie³¹²	ai⁴⁴	pai³¹²	pi³¹²	tsʅ³¹²
濮阳	tɕiai³⁵	tɕiai⁵⁵	ɕiai⁴²	ɕiai³¹	ɣai⁵⁵	pai³¹	pi³¹	tʃi³¹白 tsʅ³¹文
浚县	tɕie²⁴	tɕie⁵⁵	ɕie⁴²	ɕie²¹³	ɣai⁵⁵	pai²¹³	pi²¹³	tsʅ²¹³
长垣	tɕie²⁴	tɕie⁴⁴	ɕie⁵²	ɕie²¹³	ɣai⁴⁴	pai²¹³	pi²¹³	tsʅ²¹³
兰考	tɕiai²⁴	tɕiai⁴⁴	ɕiai⁵³	ɕiai³¹²	ɣai⁴⁴	pai³¹²	pi³¹²	tsʅ³¹²
洛阳	tɕie³⁴	tɕie⁴⁴	ɕie⁵³	ɕie³¹	ɣai⁴⁴	pai³¹	pi³¹	tsʅ³¹
洛宁	tɕiai⁴⁴	tɕiai³⁵	ɕiai⁵²白 ɕie⁵²文	tɕiai³¹	ɣai³⁵	pai³¹	pi³¹	tsʅ³¹
三门峡	kɛ⁵³白 tɕie⁵³文	kɛ⁴⁴白 tɕie⁴⁴文	xɛ³¹	xɛ⁴⁴	ŋɛ⁴⁴	pɛ²¹²	pi²¹²	tsʅ²¹²
灵宝	kɛ⁵³	kɛ⁴⁴	xɛ²¹³	xɛ⁴⁴	ŋɛ⁴⁴	pʰɛ²⁴	pei²⁴	tsʅ²⁴
商丘	tɕiE²²³	tɕiE⁴⁴	ɕie⁵²	ɕie⁴¹	iE⁴⁴	pæ⁴¹	pi⁴¹	tsʅ⁴¹
永城	tɕie²¹³	tɕie³³⁴	ɕie⁵³	ɕie³³⁴	ie³³⁴	pæ⁴¹	pi⁴¹	tsʅ⁴¹
郸城	tɕie²⁴	tɕie⁴⁴	ɕie⁴²	ɕie⁵¹	ɣai⁴⁴	pai⁵¹	pi⁵¹	tsʅ⁵¹
漯河	tɕie²²⁴	tɕie⁴⁴	ɕiai⁵³	ɕiai³¹	ai⁴⁴	pai³¹	pi³¹	tsʅ³¹
许昌	tɕiai²⁴	tɕiai⁴⁴	ɕiai⁵³	ɕie³¹	ai⁴⁴	pai³¹	pi³¹	tsʅ³¹
周口	tɕie²⁴	tɕie⁴⁴	ɕie⁵³	ɕie⁴¹	ie⁴⁴	pai⁴¹	pi⁴¹	tsʅ⁴¹
驻马店	tɕie²¹³	tɕie⁴⁴	ɕie⁵³	ɕie³¹	ɛ⁴⁴	pɛ³¹	pi³¹	tsʅ³¹
长葛	tɕiai²⁴白 tɕie²⁴文	tɕiai⁴⁴	ɕiai⁵²白 ɕie⁵²文	ɕie³¹	ɣai⁴⁴	pai³¹	pi³¹	tsʅ³¹
泌阳	tɕie²⁴	tɕie⁴⁴	ɕie⁵³	ɕie⁴⁴	ɣɛ⁴⁴	pɛ³¹	pi³¹	tsʅ³¹
南阳	tɕie²²⁴	tɕie⁵⁵	ɕie⁴²	ɕie³¹	ɛ⁵⁵	pɛ³¹	pi³¹	tsʅ³¹
鲁山	tɕiai²⁴	tɕiai⁴⁴	ɕiai⁵³	tɕiai³¹	ɣai¹¹	pai³¹	pi³¹	tsʅ³¹
邓州	tɕie³³	tɕie⁵⁵	ɕie⁴²	ɕie³¹	ɛ⁵⁵	pɛ³¹	pi³¹	tsʅ³¹
西峡	tɕie²⁴	tɕie⁵⁵	ɕie⁴²	tɕie³¹白 ɕie³¹文	ɛ⁵⁵	pɛ³¹	pi³¹	tsʅ³¹
信阳	tɕiai¹¹³	tɕie²⁴	ɕie⁴⁴	kʰie²⁴白 ɕie⁵³文	ŋai²⁴	pai⁵³	pi⁵³	tsʅ⁵³
固始	tɕie²¹³	kɛ²⁴	ɕie⁵⁵	ɕie⁵¹	ɣɛ²⁴	pɛ⁵¹	pi⁵¹	tsʅ⁵¹

	0153 世 蟹开三 去祭书	0154 艺 蟹开三 去祭疑	0155 米 蟹开四 上齐明	0156 低 蟹开四 平齐端	0157 梯 蟹开四 平齐透	0158 剃 蟹开四 去齐透	0159 弟 蟹开四 上齐定	0160 递 蟹开四 去齐定
安阳	ʂɿ³¹	i³¹	mi⁴³	ti⁴⁴	tʰi⁴⁴	tʰi³¹	ti³¹	ti³¹
林州	ʂɿ³³	i³³	mi⁵⁴	ti³¹	tʰi³¹	tʰi³³	ti³³	ti³³
鹤壁	ʂɿ³¹	i³¹	mi⁵⁵	ti³³	tʰi³³	tʰi³¹	ti³¹	ti³¹
新乡	ʂɿ²¹	i²¹	mi⁵⁵	ti²⁴	tʰi²⁴	tʰi²¹	ti²¹	ti²¹
济源	ʂɿ²⁴	i²⁴	mi⁵²	ti⁴⁴	tʰi⁴⁴	tʰi²⁴	ti²⁴	ti²⁴
沁阳	ʂɿ¹³	i¹³	mi⁵²	ti⁴⁴	tʰi⁴⁴	tʰi¹³	ti¹³	ti¹³
温县	ʂɿ²¹³	i²¹³	mi⁵³	ti⁴⁴	tʰi⁴⁴	tʰi²¹³	ti²¹³	ti²¹³
范县	ʂɿ³¹³	i³¹³	mi⁵⁵	ti²⁴	tʰi²⁴	tʰi³¹³	ti³¹³	ti³¹³
郑州	ʂɿ³¹	i³¹	mi⁴⁴	ti²⁴	tʰi²⁴	tʰi³¹	ti³¹	ti³¹
开封	ʂɿ³¹²	i³¹²	mi⁴⁴	ti²⁴	tʰi²⁴	tʰi³¹²	ti³¹²	ti³¹²
濮阳	ʃi³¹ 白 / ʂɿ³¹ 文	i³¹	mi⁵⁵	ti³⁵	tʰi³⁵	tʰi³¹	ti³¹	ti³¹
浚县	ʂɿ²¹³	i²¹³	mi⁵⁵	ti²⁴	tʰi²⁴	tʰi²¹³	ti²¹³	ti²¹³
长垣	ʂɿ²¹³	i²¹³	mi⁴⁴	ti²⁴	tʰi²⁴	tʰi²¹³	ti²¹³	ti²¹³
兰考	ʂɿ³¹²	i³¹²	mi⁴⁴	ti²⁴	tʰi²⁴	tʰi³¹²	ti³¹²	ti³¹²
洛阳	ʂɿ³¹	i³¹	mi⁴⁴	ti³⁴	tʰi³⁴	tʰi³¹	ti³¹	ti³¹
洛宁	ʂɿ³¹	i³¹	mi³⁵	ti⁴⁴	tʰi⁴⁴	tʰi³¹	ti³¹	ti³¹
三门峡	ʂɿ²¹²	i⁵³	mi⁴⁴	ti⁵³	tʰi⁵³	tʰi⁴⁴	tʰi²¹² 白 / ti²¹² 文	tʰi²¹²
灵宝	ʂɿ²⁴	i²⁴	mei⁴⁴	ti⁵³	tʰi⁵³	tʰi²⁴	tʰi²⁴ 白 / ti²⁴ 文	tʰi²⁴
商丘	ʂɿ⁴¹	i⁴¹	mi⁴⁴	ti²²³	tʰi²²³	tʰi⁴¹	ti⁴¹	ti⁴¹
永城	ʂɿ⁴¹	i⁴¹	mi³³⁴	ti²¹³	tʰi²¹³	tʰi⁴¹	ti⁴¹	ti⁴¹
郸城	ʂɿ⁵¹	i⁵¹	mi⁴⁴	ti²⁴	tʰi²⁴	tʰi⁵¹	ti⁵¹	ti⁵¹
漯河	ʂɿ³¹	i³¹	mi⁴⁴	ti²²⁴	tʰi²²⁴	tʰi³¹	ti³¹	ti³¹
许昌	ʂɿ³¹	i³¹	mi⁴⁴	ti²⁴	tʰi²⁴	tʰi³¹	ti³¹	ti³¹
周口	ʂɿ⁴¹	i⁴¹	mi⁴⁴	ti²⁴	tʰi²⁴	tʰi⁴¹	ti⁴¹	ti⁴¹
驻马店	ʂɿ³¹	i³¹	mi⁴⁴	ti²¹³	tʰi²¹³	tʰi³¹	ti³¹	ti³¹
长葛	ʂɿ³¹	i³¹	mi⁴⁴	ti²⁴	tʰi²⁴	tʰi³¹	ti³¹	ti³¹
泌阳	ʂɿ³¹	i³¹	mi⁴⁴	ti²⁴	tʰi²⁴	tʰi³¹	ti³¹	ti³¹
南阳	ʂɿ³¹	i³¹	mi⁵⁵	ti²²⁴	tʰi²²⁴	tʰi³¹	ti³¹	ti³¹
鲁山	ʂɿ³¹	i³¹	mi⁴⁴	ti²⁴	tʰi²⁴	tʰi³¹	ti³¹	ti³¹
邓州	ʂɿ³¹	i³¹	mi⁵⁵	ti³³	tʰi³³	tʰi³¹	ti³¹	ti³¹
西峡	ʂɿ³¹	i³¹	mi⁵⁵	ti²⁴	tʰi²⁴	tʰi³¹	ti³¹	ti³¹
信阳	ʂɿ⁵³	i⁵³	mi²⁴	ti¹¹³	tʰi¹¹³	tʰi⁵³	ti⁵³	ti⁵³
固始	ʂɿ⁵¹	i⁵¹	mi²⁴	ti²¹³	tʰi²¹³	tʰi⁵¹	ti⁵¹	ti⁵¹

第二章　字音对照表

	0161 泥	**0162 犁**	**0163 西**	**0164 洗**	**0165 鸡**	**0166 溪**	**0167 契**	**0168 系**联~
	蟹开四	蟹开四	蟹开四	蟹开四	蟹开四	蟹开四	蟹开四	蟹开四
	平齐泥	平齐来	平齐心	上齐心	平齐见	平齐溪	去齐溪	去齐匣
安阳	ȵi⁵²	li⁵²	ɕi⁴⁴	ɕi⁴³	tɕi⁴⁴	ɕi⁴⁴	tɕʰi³¹	ɕi³¹
林州	ȵi⁴²	li⁴²	si³¹	si⁵⁴	tɕi³¹	ɕi³¹	tɕʰi³¹	ɕi³³
鹤壁	ȵi⁵³	li⁵³	ɕi³³	ɕi⁵⁵	tɕi³³	ɕi³³	tɕʰi³¹	ɕi³¹
新乡	ȵi⁵²	li⁵²	ɕi²⁴	ɕi⁵⁵	tɕi²⁴	ɕi²⁴	tɕʰi²¹	ɕi²¹
济源	ȵi³¹²	li³¹²	ɕi⁴⁴	ɕi⁵²	tɕi⁴⁴	ɕi⁴⁴	tɕʰi²⁴	ɕi²⁴
沁阳	ȵi³¹²	li³¹²	ɕi⁴⁴	ɕi⁵²	tɕi⁴⁴	ɕi⁴⁴	tɕʰi¹³	ɕi¹³
温县	ȵi³¹	li³¹	ɕi⁴⁴	ɕi⁵³	tɕi⁴⁴	ɕi⁴⁴	tɕʰi²¹³	ɕi²¹³
范县	ȵi⁴²	li⁴²	si²⁴	si⁵⁵	tɕi²⁴	ɕi²⁴	tɕʰi³¹³	ɕi³¹³
郑州	ȵi⁵³	li⁵³	si²⁴	si⁴⁴	tɕi²⁴	ɕi²⁴	tɕʰi³¹	ɕi³¹
开封	ȵi⁵³	li⁵³	ɕi²⁴	ɕi⁴⁴	tɕi²⁴	ɕi²⁴	tɕʰi³¹²	ɕi³¹²
濮阳	ȵi⁴²	li⁴²	si³⁵	si⁵⁵	tɕi³⁵	ɕi³⁵	tɕʰi³¹	ɕi³¹
浚县	ȵi⁴²	li⁴²	ɕi²⁴	ɕi⁵⁵	tɕi²⁴	ɕi²⁴	tɕʰi²¹³	ɕi²¹³
长垣	ȵi⁵²	li⁵²	si²⁴	si⁴⁴	tɕi²⁴	ɕi²⁴	tɕʰi²¹³	ɕi²¹³
兰考	ȵi⁵³	li⁵³	ɕi²⁴	ɕi⁴⁴	tɕi²⁴	ɕi²⁴	tɕʰi³¹²	ɕi³¹²
洛阳	ȵi⁵³	li⁵³	si³⁴	si⁴⁴	tɕi³⁴	ɕi³⁴	tɕʰi³¹	ɕi³¹
洛宁	ȵi⁵²	li⁵²	ɕi⁴⁴	ɕi³⁵	tɕi⁴⁴	ɕi⁴⁴	tɕʰi³¹	ɕi³¹
三门峡	ȵi³¹	li³¹	ɕi⁵³	ɕi⁴⁴	tɕi⁵³	ɕi⁴⁴	tɕʰi⁵³	ɕi²¹²
灵宝	ȵi²¹³	li²¹³	ɕi⁵³	ɕi⁴⁴	tɕi⁵³	ɕi⁵³	tɕʰi²⁴	ɕi²⁴
商丘	ȵi⁵²	li⁵²	ɕi²²³	ɕi⁴⁴	tɕi²²³	ɕi⁴¹	tɕʰi⁴¹	ɕi⁴¹
永城	ȵi⁵³	li⁵³	si²¹³	si³³⁴	tɕi²¹³	ɕi²¹³	tɕʰi⁴¹	ɕi⁴¹
郸城	ȵi⁴²	li⁴²	ɕi²⁴	ɕi⁴⁴	tɕi²⁴	ɕi²⁴	tɕʰi⁵¹	ɕi⁵¹
漯河	ȵi⁵³	li⁵³	si²²⁴	si⁴⁴	tɕi²²⁴	ɕi⁵³	tɕʰi³¹	ɕi³¹
许昌	ȵi⁵³	li⁵³	si²⁴	si⁴⁴	tɕi²⁴	ɕi²⁴	tɕʰi³¹	ɕi³¹
周口	ȵi⁵³	li⁵³	ɕi²⁴	ɕi⁴⁴	tɕi²⁴	ɕi²⁴	tɕʰi⁴¹	ɕi⁴¹
驻马店	ȵi⁵³	li⁵³	ɕi²¹³	ɕi⁴⁴	tɕi²¹³	ɕi²¹³	tɕʰi⁴⁴	ɕi⁴⁴
长葛	ȵi⁵²	li⁵²	si²⁴	si⁴⁴	tɕi²⁴	ɕi²⁴	tɕʰi³¹	ɕi³¹
泌阳	ȵi⁵³	li⁵³	si²⁴	si⁴⁴	tɕi²⁴	ɕi²⁴	tɕʰi³¹	ɕi³¹
南阳	ȵi⁴²	li⁴²	si²²⁴	si⁵⁵	tɕi²²⁴	ɕi²²⁴	tɕʰi³¹	ɕi³¹
鲁山	ȵi⁵³	li⁵³	si²⁴	si⁴⁴	tɕi²⁴	ɕi²⁴	tɕʰi³¹	ɕi³¹
邓州	ȵi⁴²	li⁴²	si³³	si⁵⁵	tɕi³³	ɕi³³	tɕʰi³¹	ɕi³¹
西峡	ȵi⁴²	li⁴²	si²⁴	si⁵⁵	tɕi²⁴	ɕi²⁴	tɕʰi³¹	ɕi³¹
信阳	ȵi⁴⁴	li⁴⁴	ɕi¹¹³	ɕi²⁴	tɕi¹¹³	ɕi¹¹³	tɕʰi⁵³	ɕi⁵³
固始	li⁵⁵	li⁵⁵	ɕi²¹³	ɕi²⁴	tɕi²¹³	ɕi²¹³	tɕʰi⁵¹	ɕi⁵¹

	0169 杯	0170 配	0171 赔	0172 背~诵	0173 煤	0174 妹	0175 对	0176 雷
	蟹合一	蟹合一	蟹合一	蟹合一	蟹合一	蟹合一	蟹合一	蟹合一
	平灰帮	去灰滂	平灰並	去灰並	平灰明	去灰明	去灰端	平灰来
安阳	pei⁴⁴	pʰei³¹	pʰei⁵²	pei³¹	mei⁵²	mei³¹	tuei³¹	luei⁵²
林州	pei³¹	pʰei³³	pʰei⁴²	pei³³	mei⁴²	mei³³	tuei³³	luei⁴²
鹤壁	pei³³	pʰei³¹	pʰei⁵³	pei³¹	mei⁵³	mei³¹	tuei³¹	luei⁵³ 白 lei⁵³ 文
新乡	pei²⁴	pʰei²¹	pʰei⁵²	pei²¹	mei⁵²	mei²¹	tuei²¹	luei⁵²
济源	pei⁴⁴	pʰei²⁴	pʰei³¹²	pei²⁴	mɔ̃n³¹²	mei²⁴	tuei²⁴	luei³¹² 白 lei³¹² 文
沁阳	pei⁴⁴	pʰei¹³	pʰei³¹²	pei¹³	mẽ³¹²	mẽ¹³	tuei¹³	luei³¹²
温县	pei⁴⁴	pʰei²¹³	pʰei³¹	pei²¹³	mẽ³¹	mẽ²¹³	tuei²¹³	luei³¹
范县	pei²⁴	pʰei³¹³	pʰei⁴²	pei³¹³	mei⁴²	mei³¹³	tuei³¹³	lei⁴²
郑州	pei²⁴	pʰei³¹	pʰei⁵³	pei³¹	mei⁵³	mei³¹	tuei³¹	luei⁵³
开封	pei²⁴	pʰei³¹²	pʰei⁵³	pei³¹²	mei⁵³	mei³¹²	tuei³¹²	luei⁵³ 白 lei⁵³ 文
濮阳	pei³⁵	pʰei³¹	pʰei⁴²	pei³¹	mei⁴²	mei³¹	tuei³¹	luei⁴²
浚县	pei²⁴	pʰei²¹³	pʰei⁴²	pei²¹³	mei⁴²	mei²¹³	tuei²¹³	luei⁴²
长垣	pei²⁴	pʰei²¹³	pʰei⁵²	pei²¹³	mei⁵²	mei²¹³	tuei²¹³	luei⁵²
兰考	pei²⁴	pʰei³¹²	pʰei⁵³	pei³¹²	mei⁵³	mei³¹²	tuei³¹²	luei⁵³
洛阳	pei³⁴	pʰei³¹	pʰei⁵³	pei³¹	mei⁵³	mei³¹	tuei³¹	luei⁵³
洛宁	pei⁴⁴	pʰei³¹	pʰei⁵²	pei³¹	mei⁵²	mei³¹	tei³¹	lei⁵²
三门峡	pei⁵³	pʰei²¹²	pʰer³¹	pei²¹²	mei³¹	mei²¹²	ter²¹²	ler³¹
灵宝	pei⁵³	pʰi²⁴	pʰi²¹³	pʰi²⁴	mei²¹³	mei²⁴	tuei²⁴	li²¹³
商丘	pei²²³	pʰei⁴¹	pʰei⁵²	pei⁴¹	mei⁵²	mei⁴¹	tuei⁴¹	lei⁵²
永城	pE²¹³	pʰE⁴¹	pʰE⁵³	pE⁴¹	mẽ⁵³	mẽ⁴¹	tuE⁴¹	lE⁵³
郸城	pei²⁴	pʰei⁵¹	pʰei⁴²	pei⁵¹	mei⁴²	mei⁵¹	tei⁵¹ 白 tuei⁵¹ 文	luei⁴²
漯河	pei²²⁴	pʰei³¹	pʰei⁵³	pei³¹	mei⁵³	mei³¹	tuei³¹	luei⁵³
许昌	pei²⁴	pʰei³¹	pʰei⁵³	pei³¹	mei⁵³	mei³¹	tuei³¹	luei⁵³
周口	pei²⁴	pʰei⁴¹	pʰei⁵³	pei⁴¹	mei⁵³	mei⁴¹	tuei⁴¹	luei⁵³
驻马店	pei²¹³	pʰei³¹	pʰei⁵³	pei³¹	mei⁵³	mei³¹	tei³¹	lei⁵³
长葛	pei²⁴	pʰei³¹	pʰei⁵²	pei³¹	mei⁵²	mei³¹	tuei³¹	luei⁵²
泌阳	pei²⁴	pʰei³¹	pʰei⁵³	pei³¹	mei⁵³	mei³¹	tei³¹ 白 tuei³¹ 文	lei⁵³
南阳	pei²²⁴	pʰei³¹	pʰei⁴²	pei³¹	mei⁴²	mei³¹	tei³¹	lei⁴²
鲁山	pei²⁴	pʰei³¹	pʰei⁵³	pei³¹	mei⁵³	mei³¹	tei³¹ 白 tuei³¹ 文	lei⁵³
邓州	pei³³	pʰei³¹	pʰei⁴²	pei³¹	mei⁴²	mei³¹	tei³¹	lei⁴²
西峡	pei²⁴	pʰei³¹	pʰei⁴²	pei³¹	mei⁴²	mei³¹	tei³¹	lei⁴²
信阳	pei¹¹³	pʰei⁵³	pʰei⁴⁴	pei⁵³	mei⁴⁴	mei⁵³	tei⁵³	lei⁴⁴
固始	pei²¹³	pʰei⁵¹	pʰei⁵⁵	pei⁵¹	mei⁵⁵	mei⁵¹	tei⁵¹	lei⁵⁵

	0177 罪	0178 碎	0179 灰	0180 回	0181 外	0182 会开~	0183 怪	0184 块
	蟹合一	蟹合一	蟹合一	蟹合一	蟹合一	蟹合一	蟹合二	蟹合一
	上灰从	去灰心	平灰晓	平灰匣	去泰疑	去泰匣	去皆见	去皆溪
安阳	tsuei³¹	suei³¹	xuei⁴⁴	xuei⁵²	vai³¹	xuei³¹	kuai³¹	kʰuai³¹
林州	tsuei³³	suei³³	xuei³¹	xuei⁴²	vai³³	xuei³³	kuai³³	kʰuai³³
鹤壁	tsuei³¹	suei³¹	xuei³³	xuei⁵³	vɑi³¹	xuei³¹	kuɑi³¹	kʰuɑi³¹
新乡	tsuei²¹	suei²¹	xuei²⁴	xuei⁵²	vai²¹	xuei²¹	kuai²¹	kʰuai²¹
济源	tʂuei²⁴	ʂuei²⁴	xuei⁴⁴	xuei³¹²	uɛ²⁴	xuei²⁴	kuɛ²⁴	kʰuɛ²⁴
沁阳	tsuei¹³	suei¹³	xuei⁴⁴	xuei³¹²	uai¹³	xuei¹³	kuai¹³	kʰuai¹³
温县	tʂuei²¹³	ʂuei²¹³	xuei⁴⁴	xuei³¹	uɛ²¹³	xuei²¹³	kuɛ²¹³	kʰuɛ²¹³
范县	tsuei³¹³	suei³¹³	xuei²⁴	xuei⁴²	uɛ³¹³	xuei³¹³	kuɛ³¹³	kʰuɛ³¹³
郑州	tsuei³¹	suei³¹	xuei²⁴	xuei⁵³	uei³¹白 uai³¹文	xuei³¹	kuai³¹	kʰuai³¹
开封	tsuei³¹²	suei³¹²	xuei²⁴	xuei⁵³	uai³¹²	xuei³¹²	kuai³¹²	kʰuai³¹²
濮阳	tsuei³¹	suei³¹	xuei³⁵	xuei⁴²	uai³¹	xuei³¹	kuai³¹	kʰuai³¹
浚县	tsuei²¹³	suei²¹³	xuei²⁴	xuei⁴²	uai²¹³	xuei²¹³	kuai²¹³	kʰuai²¹³
长垣	tsuei²¹³	suei²¹³	xuei²⁴	xuei⁵²	uai²¹³	xuei²¹³	kuai²¹³	kʰuai²¹³
兰考	tsuei³¹²	suei³¹²	xuei²⁴	xuei⁵³	uai³¹²	xuei³¹²	kuai³¹²	kʰuai³¹²
洛阳	tsuei³¹	suei³¹	xuei³⁴	xuei⁵³	uei³¹~爷;外祖父 uai³¹~面	xuei³¹	kuai³¹	kʰuai³¹
洛宁	tsuei³¹	suei³¹	xuei⁴⁴	xuei⁵²	uai³¹	xuei³¹	kuai³¹	kʰuai³⁵白 kʰuai³¹文
三门峡	tsuer²¹²	suer²¹²	xuei⁵³	xuei³¹	vɛ²¹²	xuei²¹²	kuɛ²¹²	kʰuɛ⁴⁴
灵宝	tsʰuei²⁴	suei²⁴	xuei⁵³	xuei²¹³	vɛ²⁴	xuei²⁴	kuɛ²⁴	kʰuɛ⁴⁴
商丘	tsuei⁴¹	suei⁴¹	xuei²²³	xuei⁵²	uæ⁴¹	xuei⁴¹	kuæ⁴¹	kʰuæ⁴¹
永城	tsuE⁴¹	suE⁴¹	xuE²¹³	xuE⁵³	uæ⁴¹	xuE⁴¹	kuæ⁴¹	kʰuæ⁴¹
郸城	tsuei⁵¹	suei⁵¹	xuei²⁴	xuei⁴²	uai⁵¹	xuei⁵¹	kuai⁵¹	kʰuai⁵¹
漯河	tsuei³¹	suei³¹	xuei²²⁴	xuei⁵³	uai³¹	xuei³¹	kuai³¹	kʰuai³¹又 kʰuai⁴⁴又
许昌	tsuei³¹	suei³¹	xuei²⁴	xuei⁵³	uei³¹白 uai³¹文	xuei³¹	kuai³¹	kʰuai³¹
周口	tsuei⁴¹	suei⁴¹	xuei²⁴	xuei⁵³	uai⁴¹	xuei⁴¹	kuai⁴¹	kʰuai⁴¹
驻马店	tsuei³¹	suei³¹	xuei²¹³	xuei⁵³	uɛ³¹	xuei³¹	kuɛ³¹	kʰuɛ³¹又 kʰuɛ⁴⁴又
长葛	tsuei³¹	suei³¹	xuei²⁴	xuei⁵²	uai³¹	xuei³¹	kuai³¹	kʰuai³¹
泌阳	tsei³¹	sei³¹	xuei²⁴	xuei⁵³	uei³¹白 uɛ³¹文	xuei³¹	kuɛ³¹	kʰuɛ³¹又 kʰuɛ⁴⁴又
南阳	tsei³¹	sei³¹	xuei²²⁴	xuei⁴²	uei³¹白 uɛ³¹文	xuei³¹	kuɛ³¹	kʰuɛ⁵⁵
鲁山	tsuei³¹	suei³¹	xuei²⁴	xuei⁵³	uai³¹	xuei³¹	kuai³¹	kʰuai⁴⁴
邓州	tsei³¹	sei³¹	xuei³³	xuei⁴²	uɛ³¹ uei³¹~鐾	xuei³¹	kuɛ³¹	kʰuɛ³³几~钱 kʰuɛ³¹土~
西峡	tsei³¹	sei³¹	xuei²⁴	xuei⁴²	uɛɛ³¹	xuei³¹	kuɛɛ³¹	kʰuɛɛ⁵⁵
信阳	tsei⁵³	sei⁵³	fei¹¹³	fei⁴⁴	vai⁵³	fei⁵³	kuai⁵³	kʰuai⁵³
固始	tsei⁵¹	sei⁵¹	xuei²¹³	xuei⁵⁵	uɛ⁵¹	xuei⁵¹	kuɛ⁵¹	kʰuɛ⁵¹

	0185 怀	0186 坏	0187 拐	0188 挂	0189 歪	0190 画	0191 快	0192 话
	蟹合二	蟹合二	蟹合二	蟹合二	蟹合二	蟹合二	蟹合二	蟹合二
	平皆匣	去皆匣	上佳见	去佳见	平佳晓	去佳匣	去夬溪	去夬匣
安阳	xuai⁵²	xuai³¹	kuai⁴³	kua³¹	vai⁴⁴	xua³¹	kʰuai³¹	xua³¹
林州	xuai⁴²	xuai³³	kuai⁵⁴	kɔ³³	vai³¹	xɔ³³	kʰuai³³	xɔ³³
鹤壁	xuɑi⁵³	xuɑi³¹	kuɑi⁵⁵	kuɑ³¹	vɑi³³	xuɑ³¹	kʰuɑi³¹	xuɑ³¹
新乡	xuai⁵²	xuai²¹	kuai⁵⁵	kua²¹	vai²⁴	xua²¹	kʰuai²¹	xua²¹
济源	xuɛ³¹²	xuɛ²⁴	kuɛ⁵²	kua²⁴	uɛ⁴⁴	xua²⁴	kʰuɛ²⁴	xua²⁴
沁阳	xuai³¹²	xuai¹³	kuai⁵²	kua¹³	uai⁴⁴	xua¹³	kʰuai¹³	xua¹³
温县	xuɛ³¹	xuɛ²¹³	kuɛ⁵³	kua²¹³	uɛ⁴⁴	xua²¹³	kʰuɛ²¹³	xua²¹³
范县	xuɛ⁴²	xuɛ³¹³	kuɛ⁵⁵	kua³¹³	uɛ²⁴	xua³¹³	kʰuɛ³¹³	xua³¹³
郑州	xuai⁵³	xuai³¹	kuai⁴⁴	kua³¹	uai²⁴	xua³¹	kʰuai³¹	xua³¹
开封	xuai⁵³	xuai³¹²	kuai⁴⁴	kua³¹²	uai²⁴	xua³¹²	kʰuai³¹²	xua³¹²
濮阳	xuai⁴²	xuai³¹	kuai⁵⁵	kua³¹	uai³⁵	xua³¹	kʰuai³¹	xua³¹
浚县	xuai⁴²	xuai²¹³	kuai⁵⁵	kua²¹³	uai²⁴	xua²¹³	kʰuai²¹³	xua²¹³
长垣	xuai⁵²	xuai²¹³	kuai⁴⁴	kua²¹³	uai²⁴	xua²¹³	kʰuai²¹³	xua²¹³
兰考	xuai⁵³	xuai³¹²	kuai⁴⁴	kua³¹²	uai²⁴	xua³¹²	kʰuai³¹²	xua³¹²
洛阳	xuai⁵³	xuai³¹	kuai⁴⁴	kua³¹	uai³⁴	xua³¹	kʰuai³¹	xua³¹
洛宁	xuai⁵²	xuai³¹	kuai³⁵	kuɛ³¹	uai⁴⁴	xuɛ³¹	kʰuai³¹	xuɛ³¹
三门峡	xuɛ³¹	xuɛ²¹²	kuɛ⁴⁴	kua²¹²	vɛ⁵³	xua²¹²	kʰuɛ²¹²	xua²¹²
灵宝	xuɛ²¹³	xuɛ²⁴	kuɛ⁴⁴	kua²⁴	vɛ⁵³	xua²⁴	kʰuɛ²⁴	xua²⁴
商丘	xuæ⁵²	xuæ⁴¹	kuæ⁴⁴	kua⁴¹	uæ²²³	xua⁴¹	kʰuæ⁴¹	xua⁴¹
永城	xuæ⁵³	xuæ⁴¹	kuæ³³⁴	kua⁴¹	uæ²¹³	xua⁴¹	kʰuæ⁴¹	xua⁴¹
郸城	xuai⁴²	xuai⁵¹	kuai⁴⁴	kua⁵¹	uai⁵¹	xua⁵¹	kʰuai⁵¹	xua⁵¹
漯河	xuai⁵³	xuai³¹	kuai⁴⁴	kua³¹	uai²²⁴	xua³¹	kʰuai³¹	xua³¹
许昌	xuai⁵³	xuai³¹	kuai⁴⁴	kua³¹	uai²⁴	xua³¹	kʰuai³¹	xua³¹
周口	xuai⁵³	xuai⁴¹	kuai⁴⁴	kua⁴¹	uai²⁴	xua⁴¹	kʰuai⁴¹	xua⁴¹
驻马店	xuɛ⁵³	xuɛ³¹	kuɛ⁴⁴	kua³¹	uɛ²¹³	xua³¹	kʰuɛ³¹	xua³¹
长葛	xuai⁵²	xuai³¹	kuai⁴⁴	kua³¹	uai²⁴	xua³¹	kʰuai³¹	xua³¹
泌阳	xuɛ⁵³	xuɛ³¹	kuɛ⁴⁴	kua³¹	uɛ²⁴	xua³¹	kʰuɛ³¹	xua³¹
南阳	xuɛ⁴²	xuɛ³¹	kuɛ⁵⁵	kua³¹	uɛ²²⁴	xua³¹	kʰuɛ³¹	xua³¹
鲁山	xuai⁵³	xuai³¹	kuai⁴⁴	kua³¹	uai²⁴	xua³¹	kʰuai³¹	xua³¹
邓州	xuɛ⁴²	xɛ³¹ 白 xuɛ³¹ 文	kuɛ⁵⁵	kua³¹	uɛ³³	xua³¹	kʰuɛ³¹	xua³¹
西峡	xuɛɛ⁴²	xuɛɛ³¹	kuɛɛ⁵⁵	kʰua³¹ 白 kua³¹ 文	uɛɛ²⁴	xua³¹	kʰuɛɛ³¹	xua³¹
信阳	fai⁴⁴	fai⁵³	kuai²⁴	kua⁵³	vai¹¹³	fa⁵³	kʰuai⁵³	fa⁵³
固始	xuɛ⁵⁵	xuɛ⁵¹	kuɛ²⁴	kua⁵¹	uɛ²¹³	xua⁵¹	kʰuɛ⁵¹	xua⁵¹

	0193 岁	0194 卫	0195 肺	0196 桂	0197 碑	0198 皮	0199 被~子	0200 紫
	蟹合三	蟹合三	蟹合三	蟹合四	止开三	止开三	止开三	止开三
	去祭心	去祭云	去废敷	去齐见	平支帮	平支並	上支並	上支精
安阳	suei^{31}	vei^{31}	fei^{31}	kuei^{31}	pei^{44}	p^{h}i^{52}	pei^{31}	tsʅ^{43}
林州	suei^{33}	vei^{33}	fei^{33}	kuei^{33}	pei^{31}	p^{h}i^{42}	pei^{33}	tsʅ^{54}
鹤壁	suei^{31}	vei^{31}	fei^{31}	kuei^{31}	pei^{33}	p^{h}i^{53}	pei^{31}	tsʅ^{55}
新乡	suei^{21}	vei^{21}	fei^{21}	kuei^{21}	pei^{24}	p^{h}i^{52}	pei^{21}	tsʅ^{55}
济源	ʂuei^{24}	uei^{24}	fei^{24}	kuei^{24}	pei^{44}	p^{h}i^{312}	pei^{24}	tsʅ^{52}
沁阳	suei^{13}	uei^{13}	fei^{13}	kuei^{13}	pei^{44}	p^{h}i^{312}	pei^{13}	tsʅ^{52}
温县	ʂuei^{213}	uei^{213}	fei^{213}	kuei^{213}	pei^{44}	p^{h}i^{31}	pei^{213}	tsʅ^{53}
范县	suei^{313}	uei^{313}	fei^{313}	kuei^{313}	pei^{24}	p^{h}i^{42}	pei^{313}	tsʅ^{55}
郑州	suei^{31}	uei^{31}	fi^{31}	kuei^{31}	pei^{24}	p^{h}i^{53}	pei^{31}	tsʅ^{44}
开封	suei^{312}	uei^{312}	fei^{312}	kuei^{312}	pei^{24}	p^{h}i^{53}	pei^{312}	tsʅ^{44}
濮阳	suei^{31}	uei^{31}	fei^{31}	kuei^{31}	pei^{35}	p^{h}i^{42}	pei^{31}	tsʅ^{55}
浚县	suei^{213}	uei^{213}	fei^{213}	kuei^{213}	pei^{24}	p^{h}i^{42}	pei^{213}	tsʅ^{55}
长垣	suei^{213}	uei^{213}	fi^{213}	kuei^{213}	pei^{24}	p^{h}i^{52}	pei^{213}	tsʅ^{44}
兰考	suei^{312}	uei^{312}	fi^{312} 白 fei^{312} 文	kuei^{312}	pei^{24}	p^{h}i^{53}	pei^{312}	tsʅ^{44}
洛阳	suei^{31}	uei^{31} ~生 uei^{44} 保~	fi^{31}	kuei^{31}	pei^{34}	p^{h}i^{53}	pei^{31}	tsʅ^{44}
洛宁	suei^{31}	uei^{31}	fei^{31}	kuei^{31}	pei^{44}	p^{h}i^{52}	pei^{31}	tsʅ^{35}
三门峡	suei^{212}	vuei^{212}	fei^{212}	kuei^{212}	pei^{53}	p^{h}i^{31}	pei^{212}	tsʅ^{44}
灵宝	suei^{24}	vei^{24}	fei^{24}	kuei^{24}	pei^{53}	p^{h}i^{213}	p^{h}i^{24}	tsʅ^{44}
商丘	suei^{41}	uei^{41}	fi^{41} 白 fei^{41} 文	kuei^{41}	pei^{223}	p^{h}i^{52}	pei^{41}	tsʅ^{44}
永城	suɛ^{41}	uɛ^{41}	fi^{41} 白 fɛ^{41} 文	kuɛ^{41}	pɛ^{213}	p^{h}i^{53}	pɛ^{41}	tsʅ^{334}
郸城	suei^{51}	uei^{51}	fei^{51}	kuei^{51}	pei^{24}	p^{h}i^{42}	pei^{51}	tsʅ^{44}
漯河	suei^{31}	uei^{31}	fi^{31}	kuei^{31}	pei^{224}	p^{h}i^{53}	pei^{31}	tsʅ^{44}
许昌	suei^{31}	uei^{31}	fi^{31} 白 fei^{31} 文	kuei^{31}	pei^{24}	p^{h}i^{53}	pei^{31}	tsʅ^{44}
周口	suei^{41}	uei^{41}	fi^{41} 白 fei^{41} 文	kuei^{41}	pei^{24}	p^{h}i^{53}	pei^{41}	tsʅ^{44}
驻马店	suei^{31}	uei^{31}	fei^{31}	kuei^{31}	pei^{213}	p^{h}i^{53}	pei^{31}	tsʅ^{44}
长葛	suei^{31}	uei^{31}	fi^{31}	kuei^{31}	pei^{24}	p^{h}i^{52}	pei^{31}	tsʅ^{44}
泌阳	sei^{31} 白 suei^{31} 文	uei^{44} 又 uei^{31} 又	fi^{31} 白 fei^{31} 文	kuei^{31}	pei^{24}	p^{h}i^{53}	pei^{31}	tsʅ^{44}
南阳	sei^{31}	uei^{31}	fei^{31}	kuei^{31}	pei^{224}	p^{h}i^{42}	pei^{31}	tsʅ^{55}
鲁山	suei^{31}	uei^{31}	fi^{31}	kuei^{31}	pei^{24}	p^{h}i^{53}	pei^{31}	tsʅ^{44}
邓州	sei^{31}	uei^{31}	fei^{31}	kuei^{31}	pei^{33}	p^{h}i^{42}	pei^{31}	tsʅ^{55}
西峡	sei^{31}	uei^{31}	fei^{31}	kuei^{31}	pei^{24}	p^{h}i^{42}	pei^{31}	tsʅ^{55}
信阳	sei^{53}	vei^{53}	fei^{53}	kuei^{53}	pei^{113}	p^{h}i^{44}	pei^{53}	tsʅ^{24}
固始	sei^{51}	uei^{51}	fei^{51}	kuei^{51}	pei^{213}	p^{h}i^{55}	pei^{51}	tsʅ^{24}

	0201 刺	**0202 知**	**0203 池**	**0204 纸**	**0205 儿**	**0206 寄**	**0207 骑**	**0208 蚁**
	止开三	止开三	止开三	止开三	止开三	止开三	止开三	止开三
	去支清	平支知	平支澄	上支章	平支日	去支见	平支群	上支疑
安阳	tsʰɿ³¹	tsɿ⁴⁴	tsɿ⁵²	tsɿ⁴³	l̩⁵²	tɕi³¹	tɕʰi⁵²	i³¹
林州	tsʰɿ³³	tsɿ³¹	tʂɿ⁴²	tsɿ⁵⁴	l̩⁴²	tɕi³³	tɕʰi⁵³	i⁵⁴
鹤壁	tsʰɿ³¹	tsɿ³³	tsɿ⁵³	tsɿ⁵⁵	l̩⁵³	tɕi³¹	tɕʰi⁵³	i³¹
新乡	tsʰɿ²¹	tsɿ²⁴	tsɿ⁵²	tsɿ⁵⁵	l̩⁵²	tɕi²¹	tɕʰi⁵²	i²¹
济源	tsʰɿ²⁴	tsɿ⁴⁴	tʂɿ³¹²	tsɿ⁵²	lə³¹²	tɕi²⁴	tɕʰi³¹²	i⁵²
沁阳	tsʰɿ¹³	tsɿ⁴⁴	tʂɿ³¹²	tsɿ⁵²	lə³¹²	tɕi¹³	tɕʰi³¹²	i¹³
温县	tsʰɿ²¹³	tsɿ⁴⁴	tsɿ³¹	tsɿ⁵³	lə³¹	tɕi²¹³	tɕʰi³¹	i²¹³
范县	tsʰɿ³¹³	tsɿ²⁴	tʂɿ⁴²	tsɿ⁵⁵	ər⁴²	tɕi³¹³	tɕʰi⁴²	i⁴²
郑州	tsʰɿ³¹	tsɿ²⁴	tʂɿ⁵³	tsɿ⁴⁴	ər⁵³	tɕi³¹	tɕʰi⁵³	i³¹
开封	tsʰɿ³¹²	tsɿ²⁴	tʂɿ⁵³	tsɿ⁴⁴	ər⁵³	tɕi³¹²	tɕʰi⁵³	i⁴⁴
濮阳	tsʰɿ³¹	tʃi³⁵ 白 / tsɿ³⁵ 文	tʃʰi⁴² 白 / tʂʰɿ⁴² 文	tʃi⁵⁵ 白 / tsɿ⁵⁵ 文	ər⁴²	tɕi³¹	tɕʰi⁴²	i³¹
浚县	tsʰɿ²¹³	tsɿ²⁴	tʂɿ⁴²	tsɿ⁵⁵	ər⁴²	tɕi²¹³	tɕʰi⁴²	i²¹³
长垣	tsʰɿ²¹³	tsɿ²⁴	tʂɿ⁵²	tsɿ⁴⁴	ər⁵²	tɕi²¹³	tɕʰi⁵²	i⁴⁴
兰考	tsʰɿ³¹²	tsɿ²⁴	tʂɿ⁵³	tsɿ⁴⁴	ər⁵³	tɕi³¹²	tɕʰi⁵³	i³¹²
洛阳	tsʰɿ³¹	tsɿ³⁴	tʂɿ⁵³	tsɿ⁴⁴	ɯ⁵³	tɕi³¹	tɕʰi⁵³	i³¹
洛宁	tsʰɿ³¹	tsɿ⁴⁴	tʂɿ⁵²	tsɿ³⁵	ər⁵²	tɕi³¹	tɕʰi⁵²	i³¹
三门峡	tsʰɿ²¹²	tsɿ⁵³	tsɿ³¹	tsɿ⁴⁴	ər³¹	tɕʰi²¹²	tɕʰi³¹	i²¹²
灵宝	tsʰɿ²⁴	tsɿ⁵³	tsɿ²¹³	tsɿ⁴⁴	ər²¹³	tɕi²⁴	tɕʰi²¹³	i⁴⁴
商丘	tsʰɿ⁴¹	tsɿ²²³	tʂɿ⁵²	tsɿ⁴⁴	l̩⁵² 白 / ər⁵² 文	tɕi⁴¹	tɕʰi⁵²	i⁴⁴
永城	tsʰɿ⁴¹	tsɿ²¹³	tʂɿ⁵³	tʂɿ³³⁴	l̩⁵³ 白 / ər⁵³ 文	tɕi⁴¹	tɕʰi⁵³	i³³⁴
郸城	tsʰɿ⁵¹	tsɿ²⁴	tʂɿ⁴²	tsɿ⁴⁴	ər⁴²	tɕi⁵¹	tɕʰi⁴²	i⁵¹
漯河	tsʰɿ³¹	tsɿ²²⁴	tʂɿ⁵³	tsɿ⁴⁴	ər⁵³	tɕi³¹	tɕʰi⁵³	i³¹
许昌	tsʰɿ³¹	tsɿ²⁴	tʂɿ⁵³	tsɿ⁴⁴	l̩⁵³ 白 / ər 文	tɕi³¹	tɕʰi⁵³	i⁵³
周口	tsʰɿ⁴¹	tsɿ²⁴	tʂɿ⁵³	tsɿ⁴⁴	ər⁵³	tɕi⁴¹	tɕʰi⁵³	i⁴⁴
驻马店	tsʰɿ³¹	tsɿ²¹³	tʂɿ⁵³	tsɿ⁴⁴	ər⁵³	tɕi³¹	tɕʰi⁵³	i⁴⁴
长葛	tsʰɿ³¹	tsɿ²⁴	tʂɿ⁵²	tsɿ⁴⁴	l̩⁵²	tɕi³¹	tɕʰi⁵²	i⁴⁴
泌阳	tsʰɿ³¹	tsɿ²⁴	tʂɿ⁵³	tsɿ⁴⁴	ər⁵³	tɕi³¹	tɕʰi⁵³	i⁴⁴
南阳	tsʰɿ³¹	tsɿ²²⁴	tʂɿ⁴²	tsɿ⁵⁵	ər⁴²	tɕi³¹	tɕʰi⁴²	i⁵⁵
鲁山	tsʰɿ³¹	tsɿ²⁴	tʂɿ⁵³	tsɿ⁴⁴	l̩⁵³	tɕi³¹	tɕʰi⁵³	i³¹
邓州	tsʰɿ³¹	tsɿ³³	tʂɿ⁴²	tsɿ⁵⁵	ɯ⁴²	tɕi³¹	tɕʰi⁴²	i³¹
西峡	tsʰɿ³¹	tsɿ²⁴	tʂɿ⁴²	tsɿ⁵⁵	aɯ⁴²	tɕi³¹	tɕʰi⁴²	i³¹
信阳	tsʰɿ⁵³	tsɿ¹¹³	tsɿ⁴⁴	tsɿ²⁴	ər⁴⁴	tɕi⁵³	tɕʰi⁴⁴	i²⁴
固始	tsʰɿ⁵¹	tsɿ²¹³	tsʰɿ⁵⁵	tsɿ²⁴	ɣɛ⁵⁵	tɕi⁵¹	tɕʰi⁵⁵	i⁵⁵

第二章　字音对照表

	0209 义	0210 戏	0211 移	0212 比	0213 屁	0214 鼻	0215 眉	0216 地
	止开三	止开三	止开三	止开三	止开三	止开三	止开三	止开三
	去支疑	去支晓	平支以	上脂帮	去脂滂	去脂並	平脂明	去脂定
安阳	i³¹	ɕi³¹	i⁵²	pi⁴³	pʰi³¹	pi⁵²	mei⁵²	ti³¹
林州	i³³	ɕi³³	i⁴²	pi⁵⁴	pʰi³³	piʔ³	mei⁴²	ti³³
鹤壁	i³¹	ɕi³¹	i⁵³	pi⁵⁵	pʰi³¹	pi⁵³	mei⁵³	ti³¹
新乡	i²¹	ɕi²¹	i⁵²	pi⁵⁵	pʰi²¹	pi⁵²	mei⁵²	ti²¹
济源	i²⁴	ɕi²⁴	i³¹²	pi⁵²	pʰi²⁴	pi³¹²	mə̃n³¹²	ti²⁴
沁阳	i¹³	ɕi¹³	i³¹²	pi⁵²	pʰi¹³	pi³¹²	mẽ³¹²	ti¹³
温县	i²¹³	ɕi²¹³	i³¹²	pi⁵³	pʰi²¹³	pi³¹	mẽ³¹	ti²¹³
范县	i³¹³	ɕi³¹³	i⁴²	pi⁵⁵	pʰi³¹³	pi⁴²	mei⁴²	ti³¹³
郑州	i³¹	ɕi³¹	i⁴⁴	pi⁴⁴	pʰi³¹	pi⁵³	mei⁵³	ti³¹
开封	i³¹²	ɕi³¹²	i⁵³	pi⁴⁴	pʰi³¹²	pi⁵³	mei⁵³	ti³¹²
濮阳	i³¹	ɕi³¹	i⁴²	pi⁵⁵	pʰi³¹	pi⁴²	mei⁴²	ti³¹
浚县	i²¹³	ɕi²¹³	i⁴²	pi⁵⁵	pʰi²¹³	pi⁴²	mei⁴²	ti²¹³
长垣	i²¹³	ɕi²¹³	i⁵²	pi⁴⁴	pʰi²¹³	pi⁵²	mei⁵²	ti²¹³
兰考	i³¹²	ɕi³¹²	i⁵³	pi⁴⁴	pʰi³¹²	pi⁵³	mei⁵³	ti³¹²
洛阳	i³¹	ɕi³¹	y⁵³ 白 i⁵³ 文	pi⁴⁴	pʰi³¹	pi⁵³	mei⁵³	ti³¹
洛宁	i³¹	ɕi³¹	i⁵²	pi³⁵	pʰi³¹	pi⁵²	mei⁵²	ti³¹
三门峡	i²¹²	ɕi²¹²	i³¹	pi⁴⁴	pʰi²¹²	pʰi³¹	meɪ³¹	tʰi²¹² 白 ti²¹² 文
灵宝	i²⁴	ɕi²⁴	i²¹³	pei⁴⁴	pʰi²⁴	pʰi²¹³	mei²¹³	tʰi²⁴
商丘	i⁴¹	ɕi⁴¹	i⁵²	pi⁴⁴	pʰi⁴¹	pi⁵²	mei⁵²	ti⁴¹
永城	i⁴¹	ɕi⁴¹	i⁵³	pi³³⁴	pʰi⁴¹	pi⁵³	mɛ⁵³	ti⁴¹
郸城	i⁵¹	ɕi⁵¹	i⁴²	pi⁴⁴	pʰi⁵¹	pi⁴²	mei⁴²	ti⁵¹
漯河	i³¹	ɕi³¹	i⁵³	pi⁴⁴	pʰi³¹	pi⁵³	mei⁵³	ti³¹
许昌	i³¹	ɕi³¹	i⁵³	pi⁴⁴	pʰi³¹	pi⁵³	mei⁵³	ti³¹
周口	i⁴¹	ɕi⁴¹	i⁵³	pi⁴⁴	pʰi⁴¹	pi⁵³	mei⁵³	ti⁴¹
驻马店	i³¹	ɕi³¹	i⁵³	pei⁴⁴ 白 pi⁴⁴ 文	pʰi³¹	pi⁵³	mei⁵³	ti³¹
长葛	i³¹	ɕi³¹	i⁵²	pi⁴⁴	pʰi³¹	pi⁵²	mei⁵²	ti³¹
泌阳	i³¹	ɕi³¹	i⁵³	pi⁴⁴	pʰi³¹	pi⁵³	mei⁵³	ti³¹
南阳	i³¹	ɕi³¹	i⁴²	pi⁵⁵	pʰi³¹	pi⁴²	mei⁴²	ti³¹
鲁山	i³¹	ɕi³¹	i⁵³	pi⁴⁴	pʰi³¹	pi⁵³	mei⁵³	ti³¹
邓州	i³¹	ɕi³¹	i⁴²	pi⁵⁵	pʰi³¹	pi⁴²	mei⁴²	ti³¹
西峡	i³¹	ɕi³¹	i⁴²	pi⁵⁵	pʰi³¹	pi⁴²	mei⁴²	ti³¹
信阳	i⁵³	ɕi⁵³	i⁴⁴	pi²⁴	pʰi⁵³	pi⁴⁴	mei⁴⁴	ti⁵³
固始	i⁵¹	ɕi⁵¹	i⁵⁵	pi²⁴	pʰi⁵¹	pi⁵⁵	mei⁵⁵	ti⁵¹

	0217 梨	0218 资	0219 死	0220 四	0221 迟	0222 师	0223 指	0224 二
	止开三	止开三	止开三	止开三	止开三	止开三	止开三	止开三
	平脂来	平脂精	上脂心	去脂心	平脂澄	平脂生	上脂章	去脂日
安阳	li⁵²	tsɿ⁴⁴	sɿ⁴³	sɿ³¹	tsʰɿ⁵²	ʂɿ⁴⁴	tʂɿ⁴³ / tsɛʔ³³ ~头	ɭ³¹
林州	li⁴²	tsɿ³¹	sɿ⁵⁴	sɿ³³	tsʰɿ⁴²	ʂɿ³¹	tʂɿ⁵⁴	ɭ³³
鹤壁	li⁵³	tsɿ³³	sɿ⁵⁵	sɿ³¹	tsʰɿ⁵³	ʂɿ³³	tʂɿ³³ ~头 / tsʰɿ⁵⁵ ~点	ɭ³¹
新乡	li⁵²	tsɿ²⁴	sɿ⁵⁵	sɿ²¹	tsʰɿ⁵²	ʂɿ²⁴	tʂɿ⁵⁵	ɭ²¹
济源	li³¹²	tsɿ⁴⁴	sɿ⁵²	sɿ²⁴	tsʰɿ³¹²	ʂɿ⁴⁴	tʂɿ⁵²	lə²⁴
沁阳	li³¹²	tsɿ⁴⁴	sɿ⁵²	sɿ¹³	tsʰɿ³¹²	ʂɿ⁴⁴	tʂɿ⁵²	lə¹³
温县	li³¹	tsɿ⁴⁴	sɿ⁵³	sɿ²¹³	tsʰɿ³¹	ʂɿ⁴⁴	tʂɿ⁵³	lə²¹³
范县	li⁴²	tsɿ²⁴	sɿ⁵⁵	sɿ³¹³	tsʰɿ⁴²	ʂɿ²⁴	tʂɿ⁵⁵	ər³¹³
郑州	li⁵³	tsɿ²⁴	sɿ⁴⁴	sɿ³¹	tsʰɿ⁵³	ʂɿ²⁴	tʂɿ⁴⁴ 又 / tʂɿ²⁴ 又	ər³¹
开封	li⁵³	tsɿ²⁴	sɿ⁴⁴	sɿ³¹²	tsʰɿ⁵³	ʂɿ²⁴	tʂɿ⁴⁴ 又 / tʂɿ²⁴ 又	ər³¹²
濮阳	li⁴²	tsɿ³⁵	sɿ⁵⁵	sɿ³¹	tʃʰi⁵⁵	ʃi³⁵ 白 / ʂɿ³⁵ 文	tʃi³⁵ 白 / tʂɿ³⁵ 文	ər³¹
浚县	li⁴²	tsɿ²⁴	sɿ⁵⁵	sɿ²¹³	tsʰɿ⁴²	ʂɿ²⁴	tʂɿ⁵⁵	ər²¹³
长垣	li⁵²	tsɿ²⁴	sɿ⁴⁴	sɿ²¹³	tsʰɿ⁵²	ʂɿ²⁴	tʂɿ⁴⁴	ər²¹³
兰考	li⁵³	tsɿ²⁴	sɿ⁴⁴	sɿ³¹²	tsʰɿ⁵³	ʂɿ²⁴	tʂɿ⁴⁴	ər³¹²
洛阳	li⁵³	tsɿ³⁴	sɿ⁴⁴	sɿ³¹	tsʰɿ⁵³	ʂɿ³⁴	tʂɿ³⁴ 手~ / tʂɿ⁴⁴ ~导	ɯ³¹
洛宁	li⁵²	tsɿ⁴⁴	sɿ³⁵	sɿ³¹	tsʰɿ⁵²	ʂɿ⁴⁴	tʂɿ³⁵	ər³¹
三门峡	li³¹	tsɿ⁵³	sɿ⁴⁴	sɿ²¹²	tsʰɿ³¹	ʂɿ⁵³	tʂɿ⁴⁴	ər⁴⁴
灵宝	li²¹³	tsɿ⁵³	sɿ⁴⁴	sɿ²⁴	tsʰɿ²¹³	ʂɿ⁵³	tʂɿ⁴⁴	ər²⁴
商丘	li⁵²	tsɿ²²³	sɿ⁴⁴	sɿ⁴¹	tsʰɿ⁵²	ʂɿ²²³	tʂɿ⁴⁴	ɭ⁴¹ 白 / ər⁴¹ 文
永城	li⁵³	tsɿ²¹³	sɿ³³⁴	sɿ⁴¹	tsʰɿ⁵³	ʂɿ²¹³	tʂɿ²¹³	ɭ⁴¹ 白 / ɭ⁴¹ 文
郸城	li⁴²	tsɿ²⁴	sɿ⁴⁴	sɿ⁵¹	tsʰɿ⁴²	ʂɿ²⁴	tʂɿ⁴⁴	ər⁵¹
漯河	li⁵³	tsɿ²²⁴	sɿ⁴⁴	sɿ³¹	tsʰɿ⁵³	ʂɿ²²⁴	tʂɿ⁴⁴ 又 / tʂɿ²²⁴ 又	ər³¹
许昌	li⁵³	tsɿ²⁴	sɿ⁴⁴	sɿ³¹	tsʰɿ⁵³	ʂɿ²⁴	tʂɿ⁴⁴	ɭ³¹ 白 / ər³¹ 文
周口	li⁵³	tsɿ²⁴	sɿ⁴⁴	sɿ⁴¹	tsʰɿ⁵³	ʂɿ²⁴	tʂɿ²⁴ 又 / tʂɿ⁴⁴ 又	ər⁴¹
驻马店	li⁵³	tsɿ²¹³	sɿ⁴⁴	sɿ³¹	tsʰɿ⁵³	ʂɿ²¹³	tʂɿ²¹³ 又 / tʂɿ⁴⁴ 又	ər³¹
长葛	li⁵²	tsɿ⁴⁴	sɿ⁴⁴	sɿ³¹	tsʰɿ⁵²	ʂɿ²⁴	tʂɿ⁴⁴	ɭ³¹
泌阳	li⁵³	tsɿ²⁴	sɿ⁴⁴	sɿ³¹	tsʰɿ⁵³	ʂɿ²⁴	tʂɿ⁴⁴ 又 / tʂɿ²⁴ 又	ɭ³¹ 白 / ər³¹ 文
南阳	li⁴²	tsɿ²²⁴	sɿ⁵⁵	sɿ³¹	tsʰɿ⁴²	ʂɿ²²⁴	tʂɿ⁵⁵	ər³¹
鲁山	li⁵³	tsɿ²⁴	sɿ⁴⁴	sɿ³¹	tsʰɿ⁵³	ʂɿ²⁴	tʂɿ⁴⁴ ~导 / tʂɿ²⁴ 手~	ɭ³¹
邓州	li⁴²	tsɿ³³	sɿ⁵⁵	sɿ³¹	tsʰɿ⁴²	ʂɿ³³	tʂɿ⁴⁴	ɯ³¹
西峡	li⁴²	tsɿ²⁴	sɿ⁵⁵	sɿ³¹	tsʰɿ⁴²	ʂɿ²⁴	tʂɿ²⁴	aɯ³¹
信阳	li⁴⁴	tsɿ¹¹³	sɿ²⁴	sɿ⁵³	tsʰɿ⁴⁴	ʂɿ¹¹³	tʂɿ²⁴	ər⁵³
固始	lei⁵⁵	tsɿ²¹³	sɿ²⁴	sɿ⁵¹	tsʰɿ⁵⁵	ʂɿ²¹³	tʂɿ²⁴	ɣɛ⁵¹

	0225 饥~饿	0226 器	0227 姨	0228 李	0229 子	0230 字	0231 丝	0232 祠
	止开三	止开三	止开三	止开三	止开三	止开三	止开三	止开三
	平脂见	去脂溪	平脂以	上之来	上之精	去之从	平之心	平之邪
安阳	tɕi⁴⁴	tɕhi³¹	i⁵²	li⁴³	tsʅ⁴³	tsʅ³¹	sʅ⁴⁴	tsʰʅ⁵²
林州	tɕi³¹	tɕhi³³	i⁴²	li⁵⁴	tsʅ⁵⁴	tsʅ³³	sʅ³¹	tsʰʅ⁴²
鹤壁	tɕi³³	tɕhi³¹	i³¹	li⁵⁵	tsʅ⁵⁵	tsʅ³¹	sʅ³³	sʅ⁵³ 白 / tsʰʅ⁵³ 文
新乡	tɕi²⁴	tɕhi²¹	i²¹	li⁵⁵	tsʅ⁵⁵	tsʅ²¹	sʅ²⁴	tsʰʅ⁵²
济源	tɕi⁴⁴	tɕhi²⁴	i²⁴ / iɛ³¹² ~夫	li⁵²	tsʅ⁵²	tsʅ²⁴	sʅ⁴⁴	tsʰʅ³¹²
沁阳	tɕi⁴⁴	tɕhi¹³	i³¹²	li⁵²	tsʅ⁵²	tsʅ¹³	sʅ⁴⁴	tsʰʅ³¹²
温县	tɕi⁴⁴	tɕhi²¹³	i²¹³	li⁵³	tsʅ⁵³	tsʅ²¹³	sʅ⁴⁴	tsʰʅ³¹
范县	tɕi²⁴	tɕhi³¹³	i⁴²	li⁵⁵	tsʅ⁵⁵	tsʅ³¹³	sʅ²⁴	tsʰʅ⁴²
郑州	tɕi²⁴	tɕhi³¹	i⁵³	li⁴⁴	tsʅ⁴⁴	tsʅ³¹	sʅ²⁴	tsʰʅ⁵³
开封	tɕi²⁴	tɕhi³¹²	i⁵³	li⁴⁴	tsʅ⁴⁴	tsʅ³¹²	sʅ²⁴	tsʰʅ⁵³
濮阳	tɕi³⁵	tɕhi³¹	i⁴²	li⁵⁵	tsʅ⁵⁵	tsʅ³¹	sʅ³⁵	tsʰʅ⁴²
浚县	tɕi²⁴	tɕhi²¹³	i⁴²	li⁵⁵	tsʅ⁵⁵	tsʅ²¹³	sʅ²⁴	tsʰʅ⁴²
长垣	tɕi²⁴	tɕhi²¹³	i⁵²	li⁴⁴	tsʅ⁴⁴	tsʅ²¹³	sʅ²⁴	tsʰʅ⁵²
兰考	tɕi²⁴	tɕhi³¹²	i⁵³	li⁴⁴	tsʅ⁴⁴	tsʅ³¹²	sʅ²⁴	tsʰʅ⁵³
洛阳	tɕi³⁴	tɕhi³¹	i⁵³	li⁴⁴	tsʅ⁴⁴	tsʅ³¹	sʅ³⁴	tsʰʅ⁵³
洛宁	tɕi⁴⁴	tɕhi³¹	i⁵²	li³⁵	tsʅ³⁵	tsʅ³¹	sʅ⁴⁴	tsʰʅ⁵²
三门峡	tɕi⁵³	tɕhi²¹²	i³¹	li⁴⁴	tsʅ⁴⁴	tsʰʅ²¹² 白 / tsʅ²¹² 文	sʅ⁵³	tsʰʅ³¹
灵宝	tɕi⁵³	tɕhi²⁴	i²¹³	li⁴⁴	tsʅ⁴⁴	tsʰʅ²⁴	sʅ⁵³	tsʰʅ²¹³
商丘	tɕi²²³	tɕhi⁴¹	i⁵²	li⁴⁴	tsʅ⁴⁴	tsʅ⁴¹	sʅ²²³	tsʰʅ⁵²
永城	tɕi²¹³	tɕhi⁴¹	i⁵³	li³³⁴	tsʅ³³⁴	tsʅ⁴¹	sʅ²¹³	tsʰʅ⁵³
郸城	tɕi²⁴	tɕhi⁵¹	i⁴²	li⁴⁴	tsʅ⁴⁴	tsʅ⁵¹	sʅ²⁴	tsʰʅ⁴²
漯河	tɕi²²⁴	tɕhi³¹	i⁵³	li⁴⁴	tsʅ⁴⁴	tsʅ³¹	sʅ²²⁴	tsʰʅ⁵³
许昌	tɕi²⁴	tɕhi³¹	i⁵³	li⁴⁴	tsʅ⁴⁴	tsʅ³¹	sʅ²⁴	tsʰʅ⁵³
周口	tɕi²⁴	tɕhi⁴¹	i⁵³	li⁴⁴	tsʅ⁴⁴	tsʅ⁴¹	sʅ²⁴	tsʰʅ⁵³
驻马店	tɕi²¹³	tɕhi³¹	i⁵³	li⁴⁴	tsʅ⁴⁴	tsʅ³¹	sʅ²¹³	tsʰʅ⁵³
长葛	tɕi²⁴	tɕhi³¹	i⁵²	li⁴⁴	tsʅ⁴⁴	tsʅ³¹	sʅ²⁴	tsʰʅ⁵²
泌阳	tɕi²⁴	tɕhi³¹	i⁵³	li⁴⁴	tsʅ⁴⁴	tsʅ³¹	sʅ²⁴	tsʰʅ⁵³
南阳	tɕi²²⁴	tɕhi³¹	i⁴²	li⁵⁵	tsʅ⁵⁵	tsʅ³¹	sʅ²²⁴	tsʰʅ⁴²
鲁山	tɕi²⁴	tɕhi³¹	i⁵³	li⁴⁴	tsʅ⁴⁴	tsʅ³¹	sʅ²⁴	tsʰʅ⁵³
邓州	tɕi³³	tɕhi³¹	i⁴²	li⁵⁵	tsʅ⁵⁵	tsʅ³¹	sʅ³³	tsʰʅ⁴²
西峡	tɕi²⁴	tɕhi³¹	i⁴²	li⁵⁵	tsʅ⁵⁵	tsʅ³¹	sʅ²⁴	tsʰʅ⁴²
信阳	tɕi¹¹³	tɕhi⁵³	i⁴⁴	li²⁴	tsʅ²⁴	tsʅ⁵³	sʅ¹¹³	tsʰʅ⁴⁴
固始	tɕi²¹³	tɕhi⁵¹	i⁵⁵	li²⁴	tsʅ²⁴	tsʅ⁵¹	sʅ²¹³	tsʰʅ⁵⁵

	0233 寺	0234 治	0235 柿	0236 事	0237 使	0238 试	0239 时	0240 市
	止开三	止开三	止开三	止开三	止开三	止开三	止开三	止开三
	去之邪	去之澄	上之崇	去之崇	上之生	去之书	平之禅	上之禅
安阳	sʅ^{44} 大~ sʅ^{31} ~庙	tsʅ^{31}	ʂʅ^{31}	ʂʅ^{31}	ʂʅ^{43}	ʂʅ^{31}	ʂʅ^{52}	ʂʅ^{31}
林州	sʅ^{33}	tsʅ^{33}	ʂʅ^{33}	ʂʅ^{33}	ʂʅ^{54}	ʂʅ^{33}	ʂʅ^{42}	ʂʅ^{33}
鹤壁	sʅ^{31}	tsʅ^{31}	ʂʅ^{31}	ʂʅ^{31}	ʂʅ^{55}	ʂʅ^{31}	ʂʅ^{53}	ʂʅ^{31}
新乡	sʅ^{21}	tsʅ^{21}	ʂʅ^{21}	ʂʅ^{21}	ʂʅ^{55}	ʂʅ^{21}	ʂʅ^{52}	ʂʅ^{21}
济源	sʅ^{24}	tsʅ^{24}	ʂʅ^{24}	ʂʅ^{24}	ʂʅ^{52}	ʂʅ^{24}	ʂʅ^{312}	ʂʅ^{24}
沁阳	sʅ^{13}	tsʅ^{13}	ʂʅ^{13}	ʂʅ^{13}	ʂʅ^{52}	ʂʅ^{13}	ʂʅ^{312}	ʂʅ^{13}
温县	sʅ^{213}	tsʅ^{213}	ʂʅ^{213}	ʂʅ^{213}	ʂʅ^{53}	ʂʅ^{213}	ʂʅ^{31}	ʂʅ^{213}
范县	sʅ^{313}	tsʅ^{313}	ʂʅ^{313}	ʂʅ^{313}	ʂʅ^{55}	ʂʅ^{313}	ʂʅ^{42}	ʂʅ^{313}
郑州	sʅ^{31}	tsʅ^{31}	ʂʅ^{31}	ʂʅ^{31}	ʂʅ^{44}	ʂʅ^{31}	ʂʅ^{53}	ʂʅ^{31}
开封	sʅ^{312}	tsʅ^{312}	ʂʅ^{312}	ʂʅ^{312}	ʂʅ^{44}	ʂʅ^{312}	ʂʅ^{53}	ʂʅ^{312}
濮阳	sʅ^{31}	tʃi^{31} 白 tsʅ^{31} 文	ʂʅ^{31}	ʂʅ^{31}	ʂʅ^{55}	ʂʅ^{31}	ʂʅ^{42}	ʂʅ^{31}
浚县	sʅ^{213}	tsʅ^{213}	ʂʅ^{213}	ʂʅ^{213}	ʂʅ^{55}	ʂʅ^{213}	ʂʅ^{42}	ʂʅ^{213}
长垣	sʅ^{213}	tsʅ^{213}	ʂʅ^{213}	ʂʅ^{213}	ʂʅ^{44}	ʂʅ^{213}	ʂʅ^{52}	ʂʅ^{213}
兰考	sʅ^{312}	tsʅ^{312}	ʂʅ^{312}	ʂʅ^{312}	ʂʅ^{44}	ʂʅ^{312}	ʂʅ^{53}	ʂʅ^{312}
洛阳	sʅ^{31}	tsʅ^{31}	ʂʅ^{31}	ʂʅ^{31}	ʂʅ^{44}	ʂʅ^{31}	ʂʅ^{53}	ʂʅ^{31}
洛宁	sʅ^{31}	tsʅ^{31}	ʂʅ^{31}	ʂʅ^{31}	ʂʅ^{35}	ʂʅ^{31}	ʂʅ^{52}	ʂʅ^{31}
三门峡	sʅ^{212}	tsʅ^{212}	ʂʅ^{212}	ʂʅ^{212}	ʂʅ^{44}	ʂʅ^{212}	ʂʅ^{31}	ʂʅ^{212}
灵宝	sʅ^{24}	tsʅ^{24}	ʂʅ^{24}	ʂʅ^{24}	ʂʅ^{44}	ʂʅ^{24}	ʂʅ^{213}	ʂʅ^{24}
商丘	sʅ^{41}	tsʅ^{41}	ʂʅ^{41}	ʂʅ^{41}	ʂʅ^{44}	ʂʅ^{41}	ʂʅ^{52}	ʂʅ^{41}
永城	sʅ^{41}	tsʅ^{41}	ʂʅ^{41}	ʂʅ^{41}	ʂʅ^{334}	ʂʅ^{41}	ʂʅ^{53}	ʂʅ^{41}
郸城	sʅ^{51}	tsʅ^{51}	ʂʅ^{51}	ʂʅ^{51}	ʂʅ^{44}	ʂʅ^{51}	ʂʅ^{42}	ʂʅ^{51}
漯河	sʅ^{31}	tsʅ^{31}	ʂʅ^{31}	ʂʅ^{31}	ʂʅ^{44}	ʂʅ^{31}	ʂʅ^{53}	ʂʅ^{31}
许昌	sʅ^{31}	tsʅ^{31}	ʂʅ^{31}	ʂʅ^{31}	ʂʅ^{44}	ʂʅ^{31}	ʂʅ^{53}	ʂʅ^{31}
周口	sʅ^{41}	tsʅ^{41}	ʂʅ^{41}	ʂʅ^{41}	ʂʅ^{44}	ʂʅ^{41}	ʂʅ^{53}	ʂʅ^{41}
驻马店	sʅ^{31}	tsʅ^{31}	ʂʅ^{31}	ʂʅ^{31}	ʂʅ^{44}	ʂʅ^{31}	ʂʅ^{53}	ʂʅ^{31}
长葛	sʅ^{31}	tsʅ^{31}	ʂʅ^{31}	ʂʅ^{31}	ʂʅ^{44}	ʂʅ^{31}	ʂʅ^{52}	ʂʅ^{31}
泌阳	sʅ^{31}	tsʅ^{31}	ʂʅ^{31}	ʂʅ^{31}	ʂʅ^{44}	ʂʅ^{31}	ʂʅ^{53}	ʂʅ^{31}
南阳	sʅ^{31}	tsʅ^{31}	ʂʅ^{31}	ʂʅ^{31}	ʂʅ^{55}	ʂʅ^{31}	ʂʅ^{42}	ʂʅ^{31}
鲁山	sʅ^{31}	tsʅ^{31}	ʂʅ^{31}	ʂʅ^{31}	ʂʅ^{44}	ʂʅ^{31}	ʂʅ^{53}	ʂʅ^{31}
邓州	sʅ^{31}	tsʅ^{31}	ʂʅ^{31}	ʂʅ^{31}	ʂʅ^{55}	ʂʅ^{31}	ʂʅ^{42}	ʂʅ^{31}
西峡	sʅ^{31}	tsʅ^{31}	ʂʅ^{31}	ʂʅ^{31}	ʂʅ^{55}	ʂʅ^{31}	ʂʅ^{42}	ʂʅ^{31}
信阳	sʅ^{53}	tsʅ^{53}	ʂʅ^{53}	ʂʅ^{53}	ʂʅ^{24}	ʂʅ^{53}	ʂʅ^{44}	ʂʅ^{53}
固始	sʅ^{51}	tsʅ^{51}	ʂʅ^{51}	ʂʅ^{51}	sɛ^{24} ~劲 ʂʅ^{24} ~者	ʂʅ^{51}	ʂʅ^{55}	ʂʅ^{51}

	0241 耳	0242 记	0243 棋	0244 喜	0245 意	0246 几~个	0247 气	0248 希
	止开三	止开三	止开三	止开三	止开三	止开三	止开三	止开三
	上之日	去之见	平之群	上之晓	去之影	上微见	去微溪	平微晓
安阳	ɭ⁴³	tɕi³¹	tɕʰi⁵²	ɕi⁴³	i³¹	tɕi⁴³	tɕʰi³¹	ɕi⁴⁴
林州	ɭ⁵⁴	tɕi³³	tɕʰi⁴²	ɕi⁵⁴	i³³	tɕi⁵⁴	tɕʰi³³	ɕi³¹
鹤壁	ɭ⁵⁵	tɕi³¹	tɕʰi⁵³	ɕi⁵⁵	i³¹	tɕi⁵⁵	tɕʰi³¹	ɕi³³
新乡	ɭ⁵⁵	tɕi²¹	tɕʰi⁵²	ɕi⁵⁵	i²¹	tɕi⁵⁵	tɕʰi²¹	ɕi²⁴
济源	ɭə⁵²	tɕi²⁴	tɕʰi³¹²	ɕi⁵²	i²⁴	tɕi⁵²	tɕʰi²⁴	ɕi⁵²
沁阳	ɭə⁵²	tɕi¹³	tɕʰi³¹²	ɕi⁵²	i¹³	tɕi⁵²	tɕʰi¹³	ɕi⁴⁴
温县	ɭə⁵³	tɕi²¹³	tɕʰi³¹	ɕi⁵³	i²¹³	tɕi⁵³	tɕʰi²¹³	ɕi⁵³
范县	ər⁵⁵	tɕi³¹³	tɕʰi⁴²	ɕi⁵⁵	i³¹³	tɕi⁵⁵	tɕʰi³¹³	ɕi⁵⁵
郑州	ər⁴⁴	tɕi³¹	tɕʰi⁵³	ɕi⁴⁴	i³¹	tɕi⁴⁴	tɕʰi³¹	ɕi⁴⁴
开封	ər⁴⁴	tɕi³¹²	tɕʰi⁵³	ɕi⁴⁴	i³¹²	tɕi⁴⁴	tɕʰi³¹²	ɕi²⁴
濮阳	ər⁵⁵	tɕi³¹	tɕʰi⁴²	ɕi⁵⁵	i³¹	tɕi⁵⁵	tɕʰi³¹	ɕi³⁵
浚县	ər⁵⁵	tɕi²¹³	tɕʰi⁴²	ɕi⁵⁵	i²¹³	tɕi⁵⁵	tɕʰi²¹³	ɕi⁵⁵
长垣	ər⁴⁴	tɕi²¹³	tɕʰi⁵²	ɕi⁴⁴	i²¹³	tɕi⁴⁴	tɕʰi²¹³	ɕi²⁴
兰考	ər⁴⁴	tɕi³¹²	tɕʰi⁵³	ɕi⁴⁴	i³¹²	tɕi⁴⁴	tɕʰi³¹²	ɕi⁴⁴
洛阳	ɯ⁵³	tɕi³¹	tɕʰi⁵³	ɕi⁴⁴	i³¹	tɕi⁴⁴	tɕʰi³¹	ɕi³⁴
洛宁	ər³⁵	tɕi³¹	tɕʰi⁵²	ɕi³⁵	i³¹	tɕi³⁵	tɕʰi³¹	ɕi⁴⁴
三门峡	ər⁴⁴	tɕi²¹²	tɕʰi³¹	ɕi⁴⁴	i²¹²	tɕi⁴⁴	tɕʰi²¹²	ɕi⁵³
灵宝	ər⁴⁴	tɕi²⁴	tɕʰi²¹³	ɕi⁴⁴	i²⁴	tɕi⁴⁴	tɕʰi²⁴	ɕi⁵³
商丘	ɭ⁴⁴ 白 ər⁴⁴ 文	tɕi⁴¹	tɕʰi⁵²	ɕi⁴⁴	i⁴¹	tɕi⁴⁴	tɕʰi⁴¹	ɕi⁴⁴
永城	ɭ³³⁴ 白 ər³³⁴ 文	tɕi⁴¹	tɕʰi⁵³	ɕi³³⁴	i⁴¹	tɕi³³⁴	tɕʰi⁴¹	ɕi²¹³
郸城	ər⁴⁴	tɕi⁵¹	tɕʰi⁴²	ɕi⁴⁴	i⁵¹	tɕi⁴⁴	tɕʰi⁵¹	ɕi⁴⁴
漯河	ər⁴⁴	tɕi³¹	tɕʰi⁵³	ɕi⁴⁴	i³¹	tɕi⁴⁴	tɕʰi³¹	ɕi²²⁴
许昌	ɭ⁴⁴	tɕi³¹	tɕʰi⁵³	ɕi⁴⁴	i³¹	tɕi⁴⁴	tɕʰi³¹	ɕi²⁴
周口	ər⁴⁴	tɕi⁴¹	tɕʰi⁵³	ɕi⁴⁴	i⁴¹	tɕi⁴⁴	tɕʰi⁴¹	ɕi⁴⁴
驻马店	ər⁴⁴	tɕi³¹	tɕʰi⁵³	ɕi⁴⁴	i³¹	tɕi⁴⁴	tɕʰi³¹	ɕi²¹³
长葛	ɭ⁴⁴	tɕi³¹	tɕʰi⁵²	ɕi⁴⁴	i³¹	tɕi⁴⁴	tɕʰi³¹	ɕi²⁴
泌阳	ɭ⁴⁴ 白 ər⁴⁴ 文	tɕi³¹	tɕʰi⁵³	ɕi⁴⁴	i³¹	tɕi⁴⁴	tɕʰi³¹	ɕi²⁴
南阳	ər⁵⁵	tɕi³¹	tɕʰi⁴²	ɕi⁵⁵	i³¹	tɕi⁵⁵	tɕʰi³¹	ɕi⁵⁵
鲁山	ɭ⁴⁴	tɕi³¹	tɕʰi⁵³	ɕi⁴⁴	i³¹	tɕi⁴⁴	tɕʰi³¹	ɕi⁴⁴
邓州	ɯ⁵⁵	tɕi³¹	tɕʰi⁴²	ɕi⁵⁵	i³¹	tɕi⁵⁵	tɕʰi³¹	ɕi³³
西峡	ɯ⁵⁵	tɕi³¹	tɕʰi⁴²	ɕi⁵⁵	i³¹	tɕi⁵⁵	tɕʰi³¹	ɕi⁵⁵
信阳	ər²⁴	tɕi⁵³	tɕʰi⁴⁴	ɕi²⁴	i⁵³	tɕi²⁴	tɕʰi⁵³	ɕi¹¹³
固始	ɣɛ²⁴	tɕi⁵¹	tɕʰi⁵⁵	ɕi²⁴	i⁵¹	tɕi²⁴	tɕʰi⁵¹	ɕi²¹³

	0249 衣	0250 嘴	0251 随	0252 吹	0253 垂	0254 规	0255 亏	0256 跪
	止开三	止合三	止合三	止合三	止合三	止合三	止合三	止合三
	平微影	上支精	平支邪	平支昌	平支禅	平支见	平支溪	上支群
安阳	i⁴⁴	tsuei⁴³	suei⁵²	tʂʰuei⁴⁴	tʂʰuei⁵²	kuei⁴⁴	kʰuei⁴⁴	kuei³¹
林州	i³¹	tsuei⁵⁴	suei⁴²	tʂʰuei³¹	tʂʰuei⁴²	kuei³¹	kʰuei³¹	kuei³³
鹤壁	i³³	tsuei⁵⁵	suei⁵³	tʂʰuei³³	tʂʰuei⁵³	kuei³³	kʰuei³³	kuei³¹
新乡	i²⁴	tsuei⁵⁵	suei⁵²	tʂʰuei²⁴	tʂʰuei⁵²	kuei²⁴	kʰuei²⁴	kuei²¹
济源	i⁴⁴	tʂuei⁵²	ʂuei³¹²	tʂʰuei⁴⁴	tʂʰuei³¹²	kuei⁴⁴	kʰuei⁴⁴	kuei²⁴
沁阳	i⁴⁴	tʂuei⁵²	ʂuei³¹²	tʂʰuei⁴⁴	tʂʰuei³¹²	kuei⁴⁴	kʰuei⁴⁴	kuei¹³
温县	i⁴⁴	tʂuei⁵³	ʂuei³¹	tʂʰuei⁴⁴	tʂʰuei³¹	kuei⁴⁴	kʰuei⁴⁴	kuei²¹³
范县	i²⁴	tsuei⁵⁵	suei⁴²	tʂʰuei²⁴	tʂʰuei⁴²	kuei²⁴	kʰuei²⁴	kuei³¹³
郑州	i²⁴	tsuei⁴⁴	suei⁵³	tʂʰuei²⁴	tʂʰuei⁵³	kuei²⁴	kʰuei²⁴	kuei³¹
开封	i²⁴	tsuei⁴⁴	suei⁵³	tʂʰuei²⁴	tʂʰuei⁵³	kuei²⁴	kʰuei²⁴	kuei³¹²
濮阳	i³⁵	tʂuei⁵⁵	ʂuei⁴²	tʂʰuei³⁵	tʂʰuei⁴²	kuei³⁵	kʰuei³⁵	kuei³¹
浚县	i²⁴	tsuei⁵⁵	suei⁴²	tʂʰuei²⁴	tʂʰuei⁴²	kuei²⁴	kʰuei²⁴	kuei²¹³
长垣	i²⁴	tsuei⁴⁴	suei⁵²	tʂʰuei²⁴	tʂʰuei⁵²	kuei²⁴	kʰuei²⁴	kuei²¹³
兰考	i²⁴	tsuei⁴⁴	suei⁵³	tʂʰuei²⁴	tʂʰuei⁵³	kuei²⁴	kʰuei²⁴	kuei³¹²
洛阳	i³⁴	tsuei⁴⁴	suei⁵³	tʂʰuei³⁴	tʂʰuei⁵³	kuei³⁴	kʰuei³⁴	kuei³¹
洛宁	i⁴⁴	tsuei³⁵	suei⁵²	tʂʰuei⁴⁴	tʂʰuei⁵²	kuei⁴⁴	kʰuei⁴⁴	kuei³¹
三门峡	i⁵³	tsueɪ⁴⁴	sueɪ³¹	tʂʰueɪ⁵³	tʂʰueɪ³¹	kueɪ⁵³	kʰueɪ⁵³	kʰueɪ²¹²
灵宝	ȵi⁵³ 白 i⁵³ 文	tsuei⁴⁴	suei²¹³	tʂʰuei⁵³	tʂʰuei²¹³	kuei⁵³	kʰuei⁵³	kʰuei²⁴
商丘	i²²³	tsuei⁴⁴	suei⁵²	tsʰuei²²³ 白 tʂʰuei²²³ 文	tʂʰuei⁵²	kuei²²³	kʰuei²²³	kuei⁴¹
永城	i²¹³	tsuɐ³³⁴	suɐ⁵³	tʂʰuɐ²¹³	tʂʰuɐ⁵³	kuɐ²¹³	kʰuɐ²¹³	kuɐ⁴¹
郸城	i²⁴	tsuei⁴⁴	suei⁴²	tʂʰuei²⁴	tʂʰuei⁴²	kuei²⁴	kʰuei²⁴	kuei⁵¹
漯河	i²²⁴	tsuei⁴⁴	suei³¹	tʂʰuei²²⁴	tʂʰuei⁵³	kuei²²⁴	kʰuei²²⁴	kuei³¹
许昌	i²⁴	tsuei⁴⁴	suei⁵³	tʂʰuei²⁴	tʂʰuei⁵³	kuei²⁴	kʰuei²⁴	kuei³¹
周口	i²⁴	tsuei⁴⁴	suei⁵³	tʂʰuei²⁴	tʂʰuei⁵³	kuei²⁴	kʰuei²⁴	kuei⁴¹
驻马店	i²¹³	tsuei⁴⁴	suei⁵³	tʂʰuei²¹³	tʂʰuei⁵³	kuei²¹³	kʰuei²¹³	kuei³¹
长葛	i²⁴	tsuei⁴⁴	suei⁵²	tʂʰuei²⁴	tʂʰuei⁵²	kuei²⁴	kʰuei²⁴	kuei³¹
泌阳	i²⁴	tsei⁴⁴ 白 tsuei⁴⁴ 文	sei⁵³ 白 suei⁵³ 文	tʂʰuei²⁴	tʂʰuei⁵³	kuei²⁴	kʰuei²⁴	kuei³¹
南阳	i²²⁴	tsei⁵⁵	sei⁴²	tʂʰuei²²⁴	tʂʰuei⁴²	kuei²²⁴	kʰuei²²⁴	kuei³¹
鲁山	i²⁴	tsuei⁴⁴	suei⁵³	tʂʰuei²⁴	tʂʰuei⁵³	kuei²⁴	kʰuei²⁴	kuei³¹
邓州	i³³	tsei⁵⁵	sei⁴²	tʂʰuei³³	tʂʰuei⁴²	kuei³³	kʰuei³³	kuei³¹
西峡	i²⁴	tsei⁵⁵	sei⁴²	tʂʰuei²⁴	tʂʰuei⁴²	kuei²⁴	kʰuei²⁴	kuei³¹
信阳	i¹¹³	tsei²⁴	sei⁴⁴	tsʰei¹¹³	tsʰei⁴⁴	kuei¹¹³	kʰuei¹¹³	kuei⁵³
固始	i²¹³	tsei²⁴	sei⁵⁵	tʂʰuei²¹³	tʂʰuei⁵⁵	kuei²¹³	kʰuei²¹³	kuei⁵¹

	0257 危	0258 类	0259 醉	0260 追	0261 锤	0262 水	0263 龟	0264 季
	止合三	止合三	止合三	止合三	止合三	止合三	止合三	止合三
	平支疑	去脂来	去脂精	平脂知	平脂澄	上脂书	平脂见	去脂见
安阳	vei⁴⁴	luei³¹	tsuei³¹	tṣuei⁴⁴	tṣʰuei⁵²	ṣuei⁴³	kuei⁴⁴	tɕi³¹
林州	vei³¹	luei³³	tsuei³³	tṣuei³¹	tṣʰuei⁴²	ṣuei⁵⁴	kuei³¹	tɕi³³
鹤壁	vei³³	luei³¹ 白 lei³¹ 文	tsuei³¹	tṣuei³³	tṣʰuei⁵³	ṣuei⁵⁵	kuei³³	tɕi³¹
新乡	vei²⁴	luei²¹	tsuei²¹	tṣuei²⁴	tṣʰuei⁵²	ṣuei⁵⁵	kuei²⁴	tɕi²¹
济源	uei⁴⁴	luei²⁴ 白 lei²⁴ 文	tsuei²⁴	tṣuei⁴⁴	tṣʰuei³¹²	ṣuei⁵²	kuei⁴⁴	tɕi²⁴
沁阳	uei⁴⁴	luei¹³	tsuei¹³	tṣuei⁴⁴	tṣʰuei³¹²	ṣuei⁵²	kuei⁴⁴	tɕi¹³
温县	uei⁴⁴	luei²¹³	tsuei²¹³	tṣuei⁴⁴	tṣʰuei³¹	fei⁵³ 白 ṣuei⁵³ 文	kuei⁴⁴	tɕi²¹³
范县	uei²⁴	lei³¹³	tsuei³¹³	tṣuei²⁴	tṣʰuei⁴²	fei⁵⁵ 白 ṣuei⁵⁵ 文	kuei²⁴	tɕi³¹³
郑州	uei²⁴	luei³¹	tsuei³¹	tṣuei²⁴	tṣʰuei⁵³	ṣuei⁴⁴	kuei²⁴	tɕi³¹
开封	uei⁴⁴	luei³¹²	tsuei³¹²	tṣuei²⁴	tṣʰuei⁵³	ṣuei⁴⁴	kuei²⁴	tɕi³¹²
濮阳	uei³⁵	luei³¹	tsuei³¹	tṣuei³⁵	tṣʰuei⁴²	ṣuei⁵⁵	kuei³⁵	tɕi³¹
浚县	uei⁵⁵	luei²¹³	tsuei²¹³	tṣuei²⁴	tṣʰuei⁴²	ṣuei⁵⁵	kuei²⁴	tɕi²¹³
长垣	uei⁵⁵	luei²¹³	tsuei²¹³	tṣuei²⁴	tṣʰuei⁵²	ṣuei⁵⁵	kuei²⁴	tɕi²¹³
兰考	uei⁴⁴	luei³¹²	tsuei³¹²	tṣuei²⁴	tṣʰuei⁵³	ṣuei⁴⁴	kuei²⁴	tɕi³¹²
洛阳	uei³⁴	luei³¹	tsuei³¹	tṣuei³⁴	tṣʰuei⁵³	ṣuei⁴⁴	kuei³⁴	tɕi³¹
洛宁	uei⁴⁴	lei³¹	tsuei³¹	tṣuei⁴⁴	tṣʰuei⁵²	sei³⁵	kuei⁴⁴	tɕi³¹
三门峡	vei⁵³	lei⁴⁴	tsuer²¹²	tṣuei⁵³	tṣʰuei³¹	sei⁴⁴	kuei⁵³	tɕi²¹²
灵宝	vei⁵³	ly⁴⁴ 白 li⁴⁴ 文	tsuei²⁴	tṣuei⁵³	tṣʰuei²¹³	sei⁵³	kuei⁵³	tɕi²⁴
商丘	uei⁴⁴	lei⁴¹	tsuei⁴¹	tṣuei²²³	tṣʰuei⁵²	fei⁴⁴	kuei²²³	tɕi⁴¹
永城	uᴇ³³⁴	lᴇ⁴¹	tsuᴇ⁴¹	tṣuᴇ²¹³	tṣʰuᴇ⁵³	ṣuᴇ³³⁴	kuᴇ²¹³	tɕi⁴¹
郸城	uei⁴⁴	luei⁵¹	tsuei⁵¹	tṣuei²⁴	tṣʰuei⁴²	fei⁴⁴	kuei²⁴	tɕi⁵¹
漯河	uei⁴⁴	luei³¹	tsuei³¹	tṣuei²²⁴	tṣʰuei⁵³	ṣuei⁴⁴	kuei²²⁴	tɕi³¹
许昌	uei²⁴	luei³¹	tsuei³¹	tṣuei²⁴	tṣʰuei⁵³	ṣuei⁴⁴	kuei²⁴	tɕi³¹
周口	uei⁴⁴	luei⁴¹ 白 lei⁴¹ 文	tsuei⁴¹	tṣuei²⁴	tṣʰuei⁵³	ṣuei⁴⁴	kuei²⁴	tɕi⁴¹
驻马店	uei⁴⁴	lei³¹	tsuei³¹	tṣuei²¹³	tṣʰuei⁵³	ṣuei⁴⁴	kuei²¹³	tɕi³¹
长葛	uei²⁴	luei³¹	tsuei³¹	tṣuei²⁴	tṣʰuei⁵²	ṣuei⁴⁴	kuei²⁴	tɕi³¹
泌阳	uei⁴⁴	lei³¹	tsei³¹ 白 tsuei³¹ 文	tṣuei²⁴	tṣʰuei⁵³	sei⁴⁴ 白 ṣuei⁴⁴ 文	kuei²⁴	tɕi²⁴
南阳	uei⁵⁵	lei³¹	tsei³¹	tṣuei²²⁴	tṣʰuei⁴²	sei⁵⁵ 白 ṣuei⁵⁵ 文	kuei²²⁴	tɕi³¹
鲁山	uei⁴⁴	lei³¹	tsuei³¹	tṣuei²⁴	tṣʰuei⁵³	ṣei⁴⁴	kuei²⁴	tɕi³¹
邓州	uei³³	lei³¹	tsei³¹	tṣuei³³	tṣʰuei⁴²	ṣei⁵⁵	kuei³³	tɕi³¹
西峡	uei⁵⁵	lei³¹	tsei³¹	tṣuei²⁴	tṣʰuei⁴²	ṣei⁵⁵	kuei²⁴	tɕi³¹
信阳	vei¹¹³	lei⁵³	tsei⁵³	tsei¹¹³	tsʰei⁴⁴	sei⁵³	kuei¹¹³	tɕi⁵³
固始	uei²⁴	lei⁵¹	tsei⁵¹	tsuei²¹³	tsʰuei⁵⁵	sei²⁴	kuei²¹³	tɕi⁵¹

	0265 柜	0266 位	0267 飞	0268 费	0269 肥	0270 尾	0271 味	0272 鬼
	止合三	止合三	止合三	止合三	止合三	止合三	止合三	止合三
	去脂群	去脂云	平微非	去微敷	平微奉	上微微	去微微	上微见
安阳	kuei³¹	vei³¹	fei⁴⁴	fei³¹	fei⁵²	i⁴³ 白 / vei⁴³ 文	vei³¹	kuei⁴³
林州	kuei³³	vei³³	fei³¹	fei³³	fei⁴²	i⁵⁴ 白 / vei⁵⁴ 文	vei³³	kuei⁵⁴
鹤壁	kuei³¹	vei³¹	fei³³	fei³¹	fei⁵³	i⁵⁵ 白 / vei⁵⁵ 文	vei³¹	kuei⁵⁵
新乡	kuei²¹	vei²¹	fei²⁴	fei²¹	fei⁵²	i⁵⁵ 白 / vei⁵⁵ 文	vei²¹	kuei⁵⁵
济源	kuei²⁴	uei²⁴	fei⁴⁴	fei²⁴	fei³¹²	i⁵² 白 / uei⁵² 文	uei²⁴	kuei⁵²
沁阳	kuei¹³	uei¹³	fei⁴⁴	fei¹³	fei³¹²	i⁵² 白 / vei⁵² 文	vei¹³	kuei⁵²
温县	kuei²¹³	uei²¹³	fei⁴⁴	fei²¹³	fei³¹	i⁵³ 白 / uei⁵³ 文	vei²¹³ 白 / uei²¹³ 文	kuei⁵³
范县	kuei³¹³	uei³¹³	fi²⁴	fi³¹³	fi⁴²	i⁵⁵ 白 / uei⁵⁵ 文	uei³¹³	kuei⁵⁵
郑州	kuei³¹	uei³¹	fi²⁴ 白 / fei²⁴ 文	fi³¹ 白 / fei³¹ 文	fi⁵³	i⁴⁴ 白 / uei⁴⁴ 文	uei³¹	kuei⁴⁴
开封	kuei³¹²	uei³¹²	fi²⁴ 白 / fei²⁴ 文	fei³¹²	fei⁵³	i⁴⁴ 白 / uei⁴⁴ 文	uei³¹²	kuei⁴⁴
濮阳	kuei³¹	uei³¹	fei³⁵	fei³¹	fei⁴²	i⁵⁵ 白 / uei⁵⁵ 文	uei³¹	kuei⁵⁵
浚县	kuei²¹³	uei²¹³	fei²⁴	fei²¹³	fei⁴²	i⁵⁵ 白 / uei⁵⁵ 文	uei²¹³	kuei⁵⁵
长垣	kuei²¹³	uei²¹³	fi²⁴	fi²¹³	fi⁵²	i⁴⁴ 白 / uei⁴⁴ 文	uei²¹³	kuei⁴⁴
兰考	kuei³¹²	uei³¹²	fi²⁴ 白 / fei²⁴ 文	fi³¹² 白 / fei³¹² 文	fi⁵³ 白 / fei⁵³ 文	i⁴⁴	uei³¹²	kuei⁴⁴
洛阳	kuei³¹	uei³¹	fi³⁴ 白 / fei³⁴ 文	fi³¹	fi⁵³	i⁴⁴ 白 / uei⁴⁴ 文	vi³¹	kuei⁴⁴
洛宁	kuei³¹	uei³¹	fei⁴⁴	fei³¹	fei⁵²	i³⁵ 白 / vei³⁵ 文	vei³¹	kuei³⁵
三门峡	kʰuei²¹²	vei²¹²	fei⁵³	fei²¹²	fei³¹	i⁴⁴ 白 / vei⁴⁴ 文	vei²¹²	kuei⁴⁴

	0265 柜	0266 位	0267 飞	0268 费	0269 肥	0270 尾	0271 味	0272 鬼
	止合三	止合三	止合三	止合三	止合三	止合三	止合三	止合三
	去脂群	去脂云	平微非	去微敷	平微奉	上微微	去微微	上微见
灵宝	k^huei^{24}	vei^{24}	fei^{53}	fei^{24}	fei^{213}	i^{44}白 vei^{44}文	vei^{24}	kuei^{44}
商丘	kuei^{41}	uei^{41}	fi^{223}白 fei^{223}文	fi^{41}白 fei^{41}文	fi^{52}白 fei^{52}文	i^{44}白 uei^{44}文	uei^{41}	kuei^{44}
永城	kuE^{41}	uE^{41}	fi^{213}白 fE^{213}文	fi^{41}白 fE^{41}文	fi^{53}白 fE^{53}文	i^{334}白 uE^{334}文	uE^{41}	kuE^{334}
郸城	kuei^{51}	uei^{51}	fei^{24}	fei^{51}	fei^{42}	i^{44}白 uei^{44}文	uei^{51}	kuei^{44}
漯河	kuei^{31}	uei^{31}	fi^{224}	fi^{31}	fi^{53}	i^{44}白 uei^{44}文	uei^{31}	kuei^{44}
许昌	kuei^{31}	uei^{31}	fi^{24}白 fei^{24}文	fi^{31}白 fei^{31}文	fi^{53}白 fei^{53}文	i^{44}白 uei^{44}文	uei^{31}	kuei^{44}
周口	kuei^{41}	uei^{41}	fi^{24}白 fei^{24}文	fi^{41}白 fei^{41}文	fi^{53}白 fei^{53}文	i^{44}白 uei^{44}文	uei^{41}	kuei^{44}
驻马店	kuei^{31}	uei^{31}	fei^{213}	fei^{31}	fei^{53}	i^{44}白 uei^{44}文	uei^{31}	kuei^{44}
长葛	kuei^{31}	uei^{31}	fi^{24}	fi^{31}	fi^{52}	i^{44}白 uei^{44}文	uei^{31}	kuei^{44}
泌阳	kuei^{31}	uei^{31}	fi^{24}白 fei^{24}文	fi^{31}白 fei^{31}文	fi^{53}白 fei^{53}文	i^{44}白 uei^{44}文	uei^{31}	kuei^{44}
南阳	kuei^{31}	uei^{31}	fei^{224}	fei^{31}	fei^{42}	i^{55}白 uei^{55}文	uei^{31}	kuei^{55}
鲁山	kuei^{31}	uei^{31}	fi^{24}	fi^{31}	fi^{53}	i^{24}白 uei^{44}文	uei^{31}	kuei^{44}
邓州	kuei^{31}	uei^{31}	fei^{33}	fei^{31}	fei^{42}	iɛ^{55}白 uei^{55}文	uei^{31}	kuei^{55}
西峡	kuei^{31}	uei^{31}	fei^{24}	fei^{31}	fei^{42}	i^{55}白 uei^{55}文	vei^{31}	kuei^{55}
信阳	kuei^{53}	vei^{53}	fei^{113}	fei^{53}	fei^{44}	i^{24}白 vei^{24}文	vei^{53}	kuei^{24}
固始	kuei^{51}	uei^{51}	fei^{213}	fei^{51}	fei^{55}	i^{24}白 uei^{24}文	uei^{51}	kuei^{24}

	0273 贵	0274 围	0275 胃	0276 宝	0277 抱	0278 毛	0279 帽	0280 刀
	止合三	止合三	止合三	效开一	效开一	效开一	效开一	效开一
	去微见	平微云	去微云	上豪帮	上豪並	平豪明	去豪明	平豪端
安阳	kuei^{31}	vei^{52}	vei^{31}	pao^{43}	pu^{44} 白 / pao^{31} 文	mao^{52}	mao^{31}	tao^{44}
林州	kuei^{33}	vei^{42}	vei^{33}	pɔ^{54}	pu^{31} 白 / pɔ^{42} 文	mɔ^{42}	mɔ^{33}	tɔ^{31}
鹤壁	kuei^{31}	vei^{53}	vei^{31}	pɑɔ^{55}	pu^{33} 白 / pɑɔ^{31} 文	mɑɔ^{53}	mɑɔ^{31}	tɑɔ^{33}
新乡	kuei^{21}	vei^{24}	vei^{21}	pɑɔ^{55}	pu^{21} 白 / pɑɔ^{21} 文	mɑɔ^{52}	mɑɔ^{21}	tɑɔ^{24}
济源	kuei^{24}	uei^{312}	uei^{24}	pɔ^{52}	pu^{44} 白 / pɔ^{24} 又 / pɔ^{44} 文	mɔ^{312}	mɔ^{24}	tɔ^{44}
沁阳	kuei^{13}	uei^{312}	uei^{13}	pɔ^{52}	pu^{13} 白 / pɔ^{13} 文	mɔ^{312}	mɔ^{13}	tɔ^{44}
温县	kuei^{213}	uei^{31}	uei^{213}	pɔ^{53}	pu^{44} 白 / pɔ^{44} 文	mɔ^{31}	mɔ^{213}	tɔ^{44}
范县	kuei^{313}	uei^{42}	uei^{313}	pɔ^{55}	pɔ^{313}	mɔ^{42}	mɔ^{313}	tɔ^{24}
郑州	kuei^{31}	uei^{53}	uei^{31}	pau^{44}	pu^{31} 白 / pau^{31} 文	mau^{53}	mau^{31}	tau^{24}
开封	kuei^{312}	uei^{53}	uei^{312}	pɔo^{44}	pɔo^{312}	mɔo^{53}	mɔo^{312}	tɔo^{24}
濮阳	kuei^{31}	uei^{42}	uei^{31}	pau^{55}	pu^{31} 白 / pau^{31} 文	mau^{42}	mau^{31}	tau^{35}
浚县	kuei^{213}	uei^{42}	uei^{213}	pau^{55}	pu^{213} 白 / pau^{213} 文	mau^{42} 姓 / mau^{55} 一~钱	mau^{213}	tau^{24}
长垣	kuei^{213}	uei^{52}	uei^{213}	pau^{44}	pu^{213} 白 / pau^{213} 文	mau^{52}	mau^{213}	tau^{24}
兰考	kuei^{312}	uei^{53}	uei^{312}	pau^{44}	pu^{312} 白 / pau^{312} 文	mau^{53}	mau^{312}	tau^{24}
洛阳	kuei^{31}	uei^{53} ~墙 / uei^{44} 包~	uei^{31}	pau^{44}	pu^{31} 白 / pau^{31} 文	mau^{53}	mau^{31}	tau^{34}

	0273 贵	0274 围	0275 胃	0276 宝	0277 抱	0278 毛	0279 帽	0280 刀
	止合三	止合三	止合三	效开一	效开一	效开一	效开一	效开一
	去微见	平微云	去微云	上豪帮	上豪并	平豪明	去豪明	平豪端
洛宁	kuei³¹	uei⁵²	uei³¹	pau³⁵	pu³¹ 白 pau³¹ 文	mau⁵²	mau³¹	tau⁴⁴
三门峡	kuei²¹²	vei³¹	vei²¹²	pɔ⁴⁴	phɔ⁵³	mɔ³¹ 姓 mɔ⁴⁴ 一~钱	mɔ²¹²	tɔ⁵³
灵宝	kuei²⁴	vei²¹³	vei²⁴	pɔ⁴⁴	phu²⁴ 白 pɔ²⁴ 文	mɔ²¹³	mɔ²⁴	tɔ⁵³
商丘	kuei⁴¹	uei⁵²	uei⁴¹	pɑɔ⁴⁴	pu⁴¹ 白 pɑɔ⁴¹ 文	mɑɔ⁵²	mɑɔ⁴¹	tɑɔ²²³
永城	kuE⁴¹	uE⁵³	uE⁴¹	pɔ³³⁴	pɔ⁴¹	mɔ⁵³	mɔ⁴¹	tɔ²¹³
郸城	kuei⁵¹	uei⁴²	uei⁵¹	pɔ⁴⁴	pu⁵¹ 白 pɔ⁵¹ 文	mɔ⁴²	mɔ⁵¹	tɔ²⁴
漯河	kuei³¹	uei⁵³	uei³¹	pɑɔ⁴⁴	pu³¹	mɑɔ⁵³ 姓 mɑɔ⁴⁴ 一~钱	mɑɔ³¹	tɑɔ²²⁴
许昌	kuei³¹	uei⁵³	uei³¹	pau⁴⁴	pu³¹ 白 pau 文	mau⁵³	mau³¹	tau²⁴
周口	kuei⁴¹	uei⁵³	uei⁴¹	pɔ⁴⁴	pu⁴¹	mɔ⁵³	mɔ⁴¹	tɔ²⁴
驻马店	kuei³¹	uei⁵³	uei³¹	pɔ⁴⁴	pu³¹ 白 pɔ³¹ 文	mɔ⁵³	mɔ³¹	tɔ²¹³
长葛	kuei³¹	uei⁵²	uei³¹	pau⁴⁴	pu³¹ 白 pau³¹ 文	mau⁵² 姓 mau⁴⁴ 一~钱	mau³¹	tau²⁴
泌阳	kuei³¹	uei⁵³	uei³¹	pɔ⁴⁴	pɔ³¹	mɔ⁵³	mɔ³¹	tɔ²⁴
南阳	kuei³¹	uei⁴²	uei³¹	pɑɔ⁵⁵	pɑɔ³¹	mɑɔ⁴²	mɑɔ³¹	tɑɔ²²⁴
鲁山	kuei³¹	uei⁵³	uei³¹	pɑɔ⁴⁴	pu³¹ 白 pɑɔ³¹ 文	mɑɔ⁵³	mɑɔ³¹	tɑɔ²⁴
邓州	kuei³¹	uei⁴²	uei³¹	pɔ⁵⁵	pɔ³¹	mɔ⁴²	mɔ³¹	tɔ³³
西峡	kuei³¹	uei⁴²	uei³¹	pɑɔ⁵⁵	pɑɔ³¹	mɑɔ⁴²	mɑɔ³¹	tɑɔ²⁴
信阳	kuei⁵³	vei⁴⁴	vei⁵³	pou²⁴	pɔu⁵³	mɔu⁴⁴	mou⁵³	tou¹¹³
固始	kuei⁵¹	uei⁵⁵	uei⁵¹	pau²⁴	pau⁵¹	mau⁵⁵	mau⁵¹	tau²¹³

	0281 讨	0282 桃	0283 道	0284 脑	0285 老	0286 早	0287 灶	0288 草
	效开一	效开一	效开一	效开一	效开一	效开一	效开一	效开一
	上豪透	平豪定	上豪定	上豪泥	上豪来	上豪精	去豪精	上豪清
安阳	tʰao⁴³	tʰao⁵²	tao³¹	nao⁴³	lao⁴³	tsao⁴³	tsao³¹	tsʰao⁴³
林州	tʰao⁵⁴	tʰao⁴²	tao³³	nao⁵⁴	lao⁵⁴	tsao⁵⁴	tsao³³	tsʰao⁵⁴
鹤壁	tʰɑo⁵³ 又 tʰɑo⁵⁵ 又	tʰɑo⁵³	tɑo³¹	nɑo⁵⁵	lɑo⁵⁵	tsɑo⁵⁵	tsɑo³¹	tsʰɑo⁵⁵
新乡	tʰaɔ⁵⁵	tʰaɔ⁵²	taɔ²¹	naɔ⁵⁵	laɔ⁵⁵	tsaɔ⁵⁵	tsaɔ²¹	tsʰaɔ⁵⁵
济源	tʰɔ⁵²	tʰɔ³¹²	tɔ²⁴	nɔ⁵²	lɔ⁵²	tsɔ⁵²	tsɔ²⁴	tsʰɔ⁵²
沁阳	tʰɔ⁵²	tʰɔ³¹²	tɔ¹³	nɔ⁵²	lɔ⁵²	tsɔ⁵²	tsɔ¹³	tsʰɔ⁵²
温县	tʰɔ⁵³	tʰɔ³¹	tɔ²¹³	nɔ⁵³	lɔ⁵³	tsɔ⁵³	tsɔ²¹³	tsʰɔ⁵³
范县	tʰɔ⁵⁵	tʰɔ⁴²	tɔ³¹³	nɔ⁵⁵	lɔ⁵⁵	tsɔ⁵⁵	tsɔ³¹³	tsʰɔ⁵⁵
郑州	tʰau⁵³	tʰau⁵³	tau³¹	nau⁴⁴	lau⁴⁴	tsau⁴⁴	tsau³¹	tsʰau⁴⁴
开封	tʰɔo⁴⁴ 又 tʰɔo⁵³ 又	tʰɔo⁵³	tɔo³¹²	nɔo⁴⁴	lɔo⁴⁴	tsɔo⁴⁴	tsɔo³¹²	tsʰɔo⁴⁴
濮阳	tʰau⁵⁵	tʰau⁴²	tau³¹	nau⁵⁵	lau⁵⁵	tsau⁵⁵	tsau³¹	tsʰau⁵⁵
浚县	tʰau⁴²	tʰau⁴²	tau²¹³	nau⁵⁵	lau⁵⁵	tsau⁵⁵	tsau²¹³	tsʰau⁵⁵
长垣	tʰau⁵²	tʰau⁵²	tau²¹³	nau⁴⁴	lau⁴⁴	tsau⁴⁴	tsau²¹³	tsʰau⁴⁴
兰考	tʰau⁴⁴	tʰau⁵³	tau³¹²	nau⁴⁴	lau⁴⁴	tsau⁴⁴	tsau³¹²	tsʰau⁴⁴
洛阳	tʰau⁵³	tʰau⁵³	tau³¹	nau⁴⁴	lau⁴⁴	tsau⁴⁴	tsau³¹	tsʰau⁴⁴
洛宁	tʰau³⁵ 又 tʰau⁵² 又	tʰau⁵²	tau³¹	nau³⁵	lau³⁵	tsau³⁵	tsau³¹	tsʰau³⁵
三门峡	tʰɔ⁴⁴	tʰɔ³¹	tɔ²¹²	nɔ⁴⁴	lɔ⁴⁴	tsɔ⁴⁴	tsɔ²¹²	tsʰɔ⁴⁴
灵宝	tʰɔ⁴⁴	tʰɔ²¹³	tɔ²⁴	nɔ⁴⁴	lɔ⁴⁴	tsɔ⁴⁴	tsɔ²⁴	tsʰɔ⁴⁴
商丘	tʰaɔ⁵²	tʰɑɔ⁵²	taɔ⁴¹	naɔ⁴⁴	laɔ⁴⁴	tsaɔ⁴⁴	tsɑɔ⁴¹	tsʰaɔ⁴⁴
永城	tʰɔ⁵³	tʰɔ⁵³	tɔ⁴¹	nɔ³³⁴	lɔ³³⁴	tsɔ³³⁴	tsɔ⁴¹	tsʰɔ³³⁴
郸城	tʰɔ⁴²	tʰɔ⁴²	tɔ⁵¹	nɔ⁴⁴	lɔ⁴¹	tsɔ⁴⁴	tsɔ⁵¹	tsʰɔ⁴⁴
漯河	tʰaɔ⁵³	tʰaɔ⁵³	taɔ³¹	naɔ⁴⁴	laɔ⁴⁴	tsaɔ⁴⁴	tsaɔ³¹	tsʰaɔ⁴⁴
许昌	tʰau⁵³	tʰau⁵³	tau³¹	nau⁴⁴	lau⁴⁴	tsau⁴⁴	tsau³¹	tsʰau⁴⁴
周口	tʰɔ⁵³	tʰɔ⁵³	tɔ⁴¹	nɔ⁴⁴	lɔ⁴⁴	tsɔ⁴⁴	tsɔ⁴¹	tsʰɔ⁴⁴
驻马店	tʰɔ⁴⁴ 又 tʰɔ⁵³ 又	tʰɔ⁵³	tɔ³¹	nɔ⁴⁴	lɔ⁴⁴	tsɔ⁴⁴	tsɔ³¹	tsʰɔ⁴⁴
长葛	tʰau⁴⁴	tʰau⁵²	tau³¹	nau⁴⁴	lau⁴⁴	tsau⁴⁴	tsau³¹	tsʰau⁴⁴
泌阳	tʰɔ⁵³	tʰɔ⁵³	tɔ³¹	nɔ⁴⁴	lɔ⁴⁴	tsɔ⁴⁴	tsɔ³¹	tsʰɔ⁴⁴
南阳	tʰaɔ⁴²	tʰaɔ⁴²	taɔ³¹	naɔ⁵⁵	laɔ⁵⁵	tsaɔ⁵⁵	tsaɔ³¹	tsʰaɔ⁵⁵
鲁山	tʰaɔ⁵³	tʰaɔ⁵³	taɔ³¹	naɔ⁴⁴	laɔ⁴⁴	tsaɔ⁴⁴	tsaɔ³¹	tsʰaɔ⁴⁴
邓州	tʰɔ⁴²	tʰɔ⁴²	tɔ³¹	nɔ⁵⁵	lɔ⁵⁵	tsɔ⁵⁵	tsɔ³¹	tsʰɔ⁵⁵
西峡	tʰaɔ⁵⁵	tʰaɔ⁴²	taɔ³¹	naɔ⁵⁵	laɔ⁵⁵	tsaɔ⁵⁵	tsaɔ³¹	tsʰaɔ⁵⁵
信阳	tʰɔu²⁴	tʰɔu⁴⁴	tɔu⁵³	lɔu²⁴	lɔu²⁴	tsɔu²⁴	tsɔu⁵³	tsʰɔu²⁴
固始	tʰau⁵⁵	tʰau⁵⁵	tau⁵¹	lau²⁴	lau²⁴	tsau²⁴	tsau⁵¹	tsʰau²⁴

	0289 糙	**0290** 造	**0291** 嫂	**0292** 高	**0293** 靠	**0294** 熬	**0295** 好~坏	**0296** 号名
	效开一	效开一	效开一	效开一	效开一	效开一	效开一	效开一
	去豪清	上豪从	上豪心	平豪见	去豪溪	平豪疑	上豪晓	去豪匣
安阳	tsao³¹	tsao³¹	sao⁴³	kao⁴⁴	kʰao³¹	ao⁵²	xao⁴³	xao³¹
林州	tsaɔ³³ 白 tsʰaɔ³³ 文	tsaɔ³³	saɔ⁵⁴	kaɔ³¹	kʰaɔ³³	ɣaɔ⁴²	xaɔ⁵⁴	xaɔ³³
鹤壁	tsʰɑɔ³¹	tsʰɑɔ³¹ 白 tsɑɔ³¹ 文	sɑɔ⁵³	kɑɔ³³	kʰɑɔ³¹	ɣɑɔ⁵³	xɑɔ⁵⁵	xɑɔ³¹
新乡	tsʰaɔ²¹	tsaɔ²¹	sɔ⁵⁵ 不单说	kaɔ²⁴	kʰaɔ²¹	ɣaɔ⁵²	xaɔ⁵⁵	xaɔ²¹
济源	tsʰɔ⁴⁴	tsɔ²⁴	sɔ⁵²	kɔ⁴⁴	kʰɔ²⁴	ɣɔ⁴⁴ 又 ɔ³¹² 又	xɔ⁵²	xɔ²⁴
沁阳	tsʰɔ¹³	tsɔ¹³	sɔ⁵²	kɔ⁴⁴	kʰɔ¹³	ɣɔ³¹²	xɔ⁵²	xɔ¹³
温县	tsʰɔ²¹³	tsɔ²¹³	sɔ⁵³	kɔ⁴⁴	kʰɔ²¹³	ɣɔ⁴⁴ 又 ɣɔ³¹ 又	xɔ⁵³	xɔ²¹³
范县	tsɔ³¹³	tsɔ³¹³	sɔ⁵⁵	kɔ²⁴	kʰɔ³¹³	ɣɔ⁴²	xɔ⁵⁵	xɔ³¹³
郑州	tsʰau²⁴	tsau³¹	sau⁴⁴	kau²⁴	kʰau³¹	ɣau⁵³ 又 ɣau²⁴ 又	xau⁴⁴	xau³¹
开封	tsʰɔo³¹² 又 tsʰɔo²⁴ 又	tsɔo³¹²	sɔo⁴⁴	kɔo²⁴	kʰɔo³¹²	ɔo⁵³	xɔo⁴⁴	xɔo³¹²
濮阳	tsʰau³¹	tsau³¹	sau⁵⁵	kau³⁵	kʰau³¹	ɣau⁴²	xau⁵⁵	xau³¹
浚县	tsau²¹³	tsʰau²¹³ 白 tsau²¹³ 文	sau⁵⁵	kau²⁴	kʰau²¹³	ɣau⁴² 又 ɣau²⁴ 又	xau⁵⁵	xau²¹³
长垣	tsʰau²⁴	tsau²¹³	sau⁴⁴	kau²⁴	kʰau²¹³	ɣau⁵²	xau⁴⁴	xau²¹³
兰考	tsʰau²⁴	tsʰau³¹² 白 tsau³¹² 文	sau⁴⁴	kau²⁴	kʰau³¹²	ɣau⁵³	xɑu⁴⁴	xɑu³¹²
洛阳	tsʰau³¹	tsau³¹	sau⁴⁴	kau³⁴	kʰau³¹	ɣau⁵³	xau⁴⁴	xau³¹
洛宁	tsʰau³¹	tsau³¹	sau³⁵	kau⁴⁴	kʰau³¹	ɣau⁵²	xau³⁵	xau³¹
三门峡	tsʰɔ³¹	tsɔ²¹²	sɔ⁴⁴	kɔ⁵³	kʰɔ²¹²	ŋɔ³¹	xɔ⁴⁴	xɔ²¹²

	0289 糙	0290 造	0291 嫂	0292 高	0293 靠	0294 熬	0295 好~坏	0296 号名
	效开一 去豪清	效开一 上豪从	效开一 上豪心	效开一 平豪见	效开一 去豪溪	效开一 平豪疑	效开一 上豪晓	效开一 去豪匣
灵宝	tsʰɔ²⁴	tsɔ²⁴	sɔ⁴⁴	kɔ⁵³	kʰɔ²⁴	ŋɔ²¹³	xɔ⁴⁴	xɔ²⁴
商丘	tsʰɔ⁴¹	tsʰɑɔ⁴¹ 白 tsɑɔ⁴¹ 文	sɑɔ⁴⁴	kɑɔ²²³	kʰɑɔ⁴¹	ɑɔ⁵²	xɑɔ⁴⁴	xɑɔ⁴¹
永城	tsʰɔ⁴¹	tsʰɔ⁴¹ 白 tsɔ⁴¹ 文	sɔ³³⁴	kɔ²¹³	kʰɔ⁴¹	ɔ⁵³	xɔ³³⁴	xɔ⁴¹
郸城	tsʰɔ⁵¹	tsɔ⁵¹	sɔ⁴⁴	kɔ²⁴	kʰɔ⁵¹	ɣɔ⁴²	xɔ⁴⁴	xɔ⁵¹
漯河	tsʰɑɔ²²⁴	tsɑɔ³¹	sɑɔ⁴⁴	kɑɔ²²⁴	kʰɑɔ³¹	ɑɔ⁵³ 又 ɑɔ²²⁴ 又	xɑɔ⁴⁴	xɑɔ³¹
许昌	tsʰau²⁴	tsau³¹	sau⁴⁴	kau²⁴	kʰau³¹	au⁵³ 又 au²⁴ 又	xau⁴⁴	xau³¹
周口	tsɔ⁴¹	tsɔ⁴¹	sɔ⁴⁴	kɔ²⁴	kʰɔ⁴¹	ɔ⁵³	xɔ⁴⁴	xɔ⁴¹
驻马店	tsʰɔ³¹	tsʰɔ³¹ 白 tsɔ³¹ 文	sɔ⁴⁴	kɔ²¹³	kʰɔ³¹	ɣɔ⁵³	xɔ⁴⁴	xɔ³¹
长葛	tsʰau²⁴	tsau³¹	sau⁴⁴	kau²⁴	kʰau³¹	ɣau⁵² 又 ɣau²⁴ 又	xau⁴⁴	xau³¹
泌阳	tsʰɔ³¹	tsɔ³¹	sɔ⁴⁴	kɔ²⁴	kʰɔ³¹	ɣɔ⁵³	xɔ⁴⁴	xɔ³¹
南阳	tsʰɑɔ²²⁴	tsɑɔ³¹	sɑɔ⁵⁵	kɑɔ²²⁴	kʰɑɔ³¹	ɑɔ²²⁴ 又 ɑɔ⁴² 又	xɑɔ⁵⁵	xɑɔ³¹
鲁山	tsʰɑɔ³¹	tsɑɔ³¹	sɑɔ⁴⁴	kɑɔ²⁴	kʰɑɔ³¹	ɣɑɔ⁵³	xɑɔ⁴⁴	xɑɔ³¹
邓州	tsʰɔ³¹	tsɔ³¹	sɔ⁵⁵	kɔ³³	kʰɔ³¹	ɣɔ⁴²	xɔ⁵⁵	xɔ³¹
西峡	tsʰɑɔ³¹	tsɑɔ³¹	sɑɔ⁵⁵	kɑɔ²⁴	kʰɑɔ³¹	ɑɔ²⁴ 又 ɑɔ⁴² 又	xɑɔ⁵⁵	xɑɔ³¹
信阳	tsʰou¹¹³ 又 tsʰɔu⁵³ 又	tsʰou⁵³ 白 tsou⁵³ 文	sou²⁴	kou¹¹³	kʰou⁵³	ŋou⁴⁴	xou²⁴	xou⁵³
固始	tsʰau⁵¹	tsʰau⁵¹	sau²⁴	kau²¹³	kʰau⁵¹	ɣau⁵⁵	xau²⁴	xau⁵¹

	0297 包	**0298 饱**	**0299 炮**	**0300 猫**	**0301 闹**	**0302 罩**	**0303 抓**　用手～牌	**0304 找**　～零钱
	效开二	效开二	效开二	效开二	效开二	效开二	效开二	效开二
	平肴帮	上肴帮	去肴滂	平肴明	去肴泥	去肴知	平肴庄	上肴庄
安阳	pɑo⁴⁴	pɑo⁴³	pʰɑo⁵³	mɑo⁴⁴ 单字 / mɑo⁵² 词汇	nɑo³¹	tʂɑo³¹	tsuɑ⁴⁴	tsɑo⁴³
林州	pɔ³¹	pɔ⁵⁴	pʰɔ³³	mɔ⁴²	nɔ³³	tʂɔ³³	tʂɔ³¹	tʂɔ⁵⁴
鹤壁	pɑɔ³³	pɑɔ⁵⁵	pʰɑɔ³¹	mɑɔ⁵³	nɑɔ³¹	tʂɑɔ³¹	tsuɑ³³	tsɑɔ⁵⁵
新乡	pɑɔ²⁴	pɑɔ⁵⁵	pʰɑɔ²¹	mɑɔ⁵²	nɑɔ²¹	tʂɑɔ²¹	tsuɑ²⁴	tsɑɔ⁵⁵
济源	pɔ⁴⁴	pɔ⁵²	pʰɔ²⁴	mɔ⁴⁴	nɔ²⁴	tʂɔ²⁴	tsuɑ⁴⁴	tsɔ⁵²
沁阳	pɔ⁴⁴	pɔ⁵²	pʰɔ¹³	mɔ³¹²	nɔ¹³	tʂɔ¹³	tsuɑ⁴⁴	tsɔ⁵²
温县	pɔ⁴⁴	pɔ⁵³	pʰɔ²¹³	mɔ³¹	nɔ²¹³	tʂɔ²¹³	tsuɑ⁴⁴	tʂɔ⁵³
范县	pɔ²⁴	pɔ⁵⁵	pʰɔ³¹³	mɔ⁴²	nɔ³¹³	tʂɔ³¹³	tʂuɑ²⁴	tʂɔ⁵⁵
郑州	pau²⁴	pau⁴⁴	pʰau³¹	mau⁵³	nau³¹	tʂau³¹	tsuɑ²⁴	tsau⁴⁴
开封	pɔo²⁴	pɔo⁴⁴	pʰɔo³¹²	mɔo⁵³	nɔo³¹²	tʂɔo³¹²	tsuɑ²⁴	tsɔo⁴⁴
濮阳	pau³⁵	pau⁵⁵	pʰau⁴²	mau⁴²	nau³¹	tʂau³¹	tʂuɑ³⁵	tʂau⁵⁵
浚县	pau²⁴	pau⁵⁵	pʰau²¹³	mau⁴²	nau²¹³	tʂau²¹³	tʂuɑ²¹³	tʂau⁵⁵
长垣	pau²⁴	pau⁴⁴	pʰau²¹³	mau⁵²	nau²¹³	tʂau²¹³	tʂuɑ²⁴	tʂau⁴⁴
兰考	pau²⁴	pau⁴⁴	pʰau³¹²	mau⁵³	nau³¹²	tʂau³¹²	tsuɑ²⁴	tsau⁴⁴
洛阳	pau³⁴	pau⁴⁴	pʰau³¹	mau⁵³	nau³¹	tʂau³¹	tsuɑ³⁴	tsau⁴⁴
洛宁	pau⁴⁴	pau³⁵	pʰau²¹³	mau⁵²	nau³¹	tʂau³¹	tʂue⁴⁴	tsau³⁵
三门峡	pɔ⁵³	pɔ⁴⁴	pʰɔ²¹²	mɔ³¹	nɔ²¹²	tʂɔ²¹²	tʂɔ⁵³	tsɔ⁴⁴
灵宝	pɔ⁵³	pɔ⁴⁴	pʰɔ²⁴	mɔ²¹³	nɔ²⁴	tʂɔ²⁴	tʂuɑ⁵³	tsɔ⁴⁴
商丘	pɑɔ²²³	pɑɔ⁴⁴	pʰɑɔ⁴¹	mɑɔ²²³	nɑɔ⁴¹	tʂɑɔ⁴¹	tʂuɑ²²³	tʂɑɔ⁴⁴
永城	pɔ²¹³	pɔ³³⁴	pʰɔ⁴¹	mɔ⁵³	nɔ⁴¹	tʂɔ⁴¹	tʂɔ²¹³	tʂɔ³³⁴
郸城	pɔ²⁴	pɔ⁴⁴	pʰɔ⁵¹	mɔ⁴²	nɔ⁵¹	tʂɔ⁵¹	tsuɑ²⁴	tsɔ⁴⁴
漯河	pɑɔ²²⁴	pɑɔ⁴⁴	pʰɑɔ³¹	mɑɔ⁵³ 又 / mɑɔ²²⁴ 又	nɑɔ³¹	tʂɑɔ³¹	tsuɑ²²⁴	tsɑɔ⁴⁴
许昌	pau²⁴	pau⁴⁴	pʰau³¹	mau⁵³	nau³¹	tʂau³¹	tsuɑ²⁴	tsau⁴⁴
周口	pɔ²⁴	pɔ⁴⁴	pʰɔ⁴¹	mɔ²⁴ 又 / mɔ⁵³ 又	nɔ⁴¹	tʂɔ⁴¹	tsuɑ²⁴	tsɔ⁴⁴
驻马店	pɔ²¹³	pɔ⁴⁴	pʰɔ³¹	mɔ⁵³	nɔ³¹	tʂɔ³¹	tsuɑ²¹³	tsɔ⁴⁴
长葛	pau²⁴	pau⁴⁴	pʰau³¹	mau⁵² 又 / mau²⁴ 又	nau³¹	tʂau³¹	tsuɑ²⁴	tsau⁴⁴
泌阳	pɔ²⁴	pɔ⁴⁴	pʰɔ³¹	mɔ⁵³	nɔ³¹	tʂɔ³¹	tsuɑ²⁴	tʂɔ⁴⁴
南阳	pɑɔ²²⁴	pɑɔ⁵⁵	pʰɑɔ³¹	mɑɔ⁴²	nɑɔ³¹	tʂɑɔ³¹	tsuɑ²²⁴	tʂɑɔ⁵⁵
鲁山	pɑɔ²⁴	pɑɔ⁴⁴	pʰɑɔ³¹	mɑɔ⁵³	nɑɔ³¹	tʂɑɔ³¹	tsuɑ²⁴	tsɑɔ⁵³
邓州	pɔ³³	pɔ⁵⁵	pʰɔ³¹	mɔ⁴²	nɔ³¹	tʂɔ³¹	tsuɑ³³	tʂɔ⁵⁵
西峡	pɑɔ²⁴	pɑɔ⁵⁵	pʰɑɔ³¹	mɑɔ²⁴	nɑɔ³¹	tʂɑɔ³¹	tsuɑ²⁴	tʂɑɔ⁵⁵
信阳	pɔu¹¹³	pɔu²⁴	pʰɔu⁵³	mɔu¹¹³	lɔu⁵³	tsɔu⁵³	tsa¹¹³	tsɔu²⁴
固始	pau²¹³	pau²⁴	pʰau⁵¹	mau²¹³	lau⁵¹	tsau⁵¹	tsua²¹³	tsau²⁴

	0305 抄 效开二 平肴初	0306 交 效开二 平肴见	0307 敲 效开二 平肴溪	0308 孝 效开二 去肴晓	0309 校学~ 效开二 去肴匣	0310 表手~ 效开三 上宵帮	0311 票 效开三 去宵滂	0312 庙 效开三 去宵明
安阳	tʂhao⁴⁴	tɕiao⁴⁴	tɕhiao⁴⁴	ɕiao³¹	ɕiao³¹	piao⁴³	phiao³¹	miao³¹
林州	tʂhao³¹	tɕiao³¹	tɕhiao³¹	ɕiao³³	ɕiao³³	piao⁵⁴	phiao³³	miao³³
鹤壁	tʂhɑɔ³³	tɕiɑɔ³³	tɕhiɑɔ³³	ɕiɑɔ³¹	ɕiɑɔ³¹	piɑɔ⁵⁵	phiɑɔ³¹	miɑɔ³¹
新乡	tʂhaɔ²⁴	tɕiaɔ²⁴	tɕhiaɔ²⁴	ɕiaɔ²¹	ɕiaɔ²¹	piaɔ⁵⁵	phiaɔ²¹	miaɔ²¹
济源	tʂhɔ⁴⁴	tɕiɔ⁴⁴	tɕhiɔ⁴⁴	ɕiɔ²⁴	ɕiɔ²⁴	piɔ⁵²	phiɔ²⁴	miɔ²⁴
沁阳	tʂhɔ⁴⁴	tɕiɔ⁴⁴	tɕhiɔ⁴⁴	ɕiɔ¹³	ɕiɔ¹³	piɔ⁵²	phiɔ¹³	miɔ¹³
温县	tʂhɔ⁴⁴	tɕiɔ⁴⁴	tɕhiɔ⁴⁴	ɕiɔ²¹³	ɕiɔ²¹³	piɔ⁵³	phiɔ²¹³	miɔ²¹³
范县	tʂhɔ²⁴	tɕiɔ²⁴	tɕhiɔ²⁴	ɕiɔ³¹³	ɕiɔ³¹³	piɔ⁵⁵	phiɔ³¹³	miɔ³¹³
郑州	tʂhau²⁴	tɕiau²⁴	tɕhiau²⁴	ɕiau³¹	ɕiau³¹	piau⁴⁴	phiau³¹	miau³¹
开封	tʂhɔo²⁴	tɕiɔo²⁴	tɕhiɔo²⁴	ɕiɔo³¹²	ɕiɔo³¹²	piɔo⁴⁴	phiɔo³¹²	miɔo³¹²
濮阳	tʂhau³⁵	tɕiau³⁵	tɕhiau³⁵	ɕiau³¹	ɕiau³¹	piau⁵⁵	phiau³¹	miau³¹
浚县	tʂhau²⁴	tɕiau²⁴	tɕhiau²⁴	ɕiau²¹³	ɕiau²¹³	piau⁵⁵	phiau²¹³	miau²¹³
长垣	tʂhau²⁴	tɕiau²⁴	tɕhiau²⁴	ɕiau²¹³	ɕiau²¹³	piau⁴⁴	phiau²¹³	miau²¹³
兰考	tʂhau²⁴	tɕiau²⁴	tɕhiau²⁴	ɕiau³¹²	ɕiau³¹²	piau⁴⁴	phiau³¹²	miau³¹²
洛阳	tʂhau³⁴	tɕiau³⁴	tɕhiau³⁴	ɕiau³¹	ɕiau³¹	piau⁴⁴	phiau³¹	miau³¹
洛宁	tʂhau⁴⁴	tɕiau⁴⁴	tɕhiau⁴⁴	ɕiau³¹	ɕiau³¹	piau³⁵	phiau³¹	miau³¹
三门峡	tʂhɔ⁵³	tɕiɔ⁵³	tɕhiɔ⁵³	ɕiɔ²¹²	ɕiɔ²¹²	piɔ⁴⁴	phiɔ²¹²	miɔ²¹²
灵宝	tʂhɔ⁵³	tɕiɔ⁵³	tɕhiɔ⁵³	ɕiɔ²⁴	ɕiɔ²⁴	piɔ⁴⁴	phiɔ²⁴	miɔ²⁴
商丘	tʂhɑɔ²²³	tɕiɑɔ²²³	tɕhiɑɔ²²³	ɕiɑɔ⁴¹	ɕiɑɔ⁴¹	piɑɔ⁴⁴	phiɑɔ⁴¹	miɑɔ⁴¹
永城	tʂhɔ²¹³	tɕiɔ²¹³	tɕhiɔ²¹³	ɕiɔ⁴¹	ɕiɔ⁴¹	piɔ³³⁴	phiɔ⁴¹	miɔ⁴¹
郸城	tʂhɔ²⁴	tɕiɔ²⁴	tɕhiɔ²⁴	ɕiɔ⁵¹	ɕiɔ⁵¹	piɔ⁴⁴	phiɔ⁵¹	miɔ⁵¹
漯河	tʂhaɔ²²⁴	tɕiaɔ²²⁴	tɕhiaɔ²²⁴	ɕiaɔ³¹	ɕiaɔ³¹	piaɔ⁴⁴	phiaɔ³¹	miaɔ³¹
许昌	tʂhau²⁴	tɕiau²⁴	tɕhiau²⁴	ɕiau³¹	ɕiau³¹	piau⁴⁴	phiau³¹	miau³¹
周口	tʂhɔ²⁴	tɕiɔ²⁴	tɕhiɔ²⁴	ɕiɔ⁴¹	ɕiɔ⁴¹	piɔ⁴⁴	phiɔ⁴¹	miɔ⁴¹
驻马店	tʂhɔ²¹³	tɕiɔ²¹³	tɕhiɔ²¹³	ɕiɔ³¹	ɕiɔ³¹	piɔ⁴⁴	phiɔ³¹	miɔ³¹
长葛	tʂhau²⁴	tɕiau²⁴	tɕhiau²⁴	ɕiau³¹	ɕiau³¹	piau⁴⁴	phiau³¹	miau³¹
泌阳	tʂhɔ²⁴	tɕiɔ²⁴	tɕhiɔ²⁴	ɕiɔ³¹	ɕiɔ³¹	piɔ⁴⁴	phiɔ³¹	miɔ³¹
南阳	tʂhaɔ²²⁴	tɕiaɔ²²⁴	tɕhiaɔ²²⁴	ɕiaɔ³¹	ɕiaɔ³¹	piaɔ⁵⁵	phiaɔ³¹	miaɔ³¹
鲁山	tʂhaɔ²⁴	tɕiaɔ²⁴	tɕhiaɔ²⁴	ɕiaɔ³¹	ɕiaɔ³¹	piaɔ⁴⁴	phiaɔ³¹	miaɔ³¹
邓州	tʂhɔ³³	tɕiɔ³³	tɕhiɔ³³	ɕiɔ³¹	ɕiɔ³¹	piɔ⁵⁵	phiɔ³¹	miɔ³¹
西峡	tʂhaɔ²⁴	tɕiaɔ²⁴	tɕhiaɔ²⁴	ɕiaɔ³¹	ɕiaɔ³¹	piaɔ⁵⁵	phiaɔ³¹	miaɔ³¹
信阳	tʂhɔu¹¹³	tɕiɔu¹¹³	tɕhiɔu¹¹³	ɕiɔu⁵³	ɕiɔu⁵³	piɔu²⁴	phiɔu⁵³	miɔu⁵³
固始	tʂhau²¹³	tɕiau²¹³	tɕhiau²¹³	ɕiau⁵¹	ɕiau⁵¹	piau²⁴	phiau⁵¹	miau⁵¹

	0313 焦	**0314 小**	**0315 笑**	**0316 朝~代**	**0317 照**	**0318 烧**	**0319 绕~线**	**0320 桥**
	效开三	效开三	效开三	效开三	效开三	效开三	效开三	效开三
	平宵精	上宵心	去宵心	平宵澄	去宵章	平宵书	去宵日	平宵群
安阳	tɕiao⁴⁴	ɕiao⁴³	ɕiao³¹	tʂʰao⁵²	tʂao³¹	ʂao⁴⁴	ʐao⁵²	tɕʰiao⁵²
林州	tsiɔ³¹	siɔ⁵⁴	siɔ³³	tʂʰɔ⁴²	tʂɔ³³	ʂɔ³¹	ʐɔ³¹	tɕʰiɔ⁴²
鹤壁	tɕɑ³³	ɕɑ⁵⁵	ɕɑ³¹	tʂʰɑ⁵³	tʂɑ³¹	ʂɑ³³	ʐɑ⁵³	tɕʰiɑ⁵³
新乡	tɕiao²⁴	ɕiao⁵⁵	ɕiao²¹	tʂʰao⁵²	tʂao²¹	ʂao²⁴	ʐao²⁴	tɕʰiao⁵²
济源	tɕiɔ⁴⁴	ɕiɔ⁵²	ɕiɔ²⁴	tʂʰɔ³¹²	tʂɔ²⁴	ʂɔ⁴⁴	ʐɔ⁵²	tɕʰiɔ³¹²
沁阳	tɕiɔ⁴⁴	ɕiɔ⁵²	ɕiɔ¹³	tʂʰɔ³¹²	tʂɔ¹³	ʂɔ⁴⁴	ʐɔ⁵²	tɕʰiɔ³¹²
温县	tɕiɔ⁴⁴	ɕiɔ⁵³	ɕiɔ²¹³	tʂʰɔ³¹	tʂɔ²¹³	ʂɔ⁴⁴	ʐɔ⁵³	tɕʰiɔ³¹
范县	tsiɔ²⁴	siɔ⁵⁵	siɔ³¹³	tʂʰɔ⁴²	tʂɔ³¹³	ʂɔ²⁴	ʐɔ⁵⁵	tɕʰiɔ⁴²
郑州	tsiau²⁴	siau⁴⁴	siau³¹	tʂʰau⁵³	tʂau³¹	ʂau²⁴	ʐau⁴⁴ ﹦又 / ʐau³¹ ﹦又	tɕʰiau⁵³
开封	tɕiɔ²⁴	ɕiɔ⁴⁴	ɕiɔ³¹²	tʂʰɔ⁵³	tʂɔ³¹²	ʂɔ²⁴	ʐɔ⁴⁴	tɕʰiɔ⁵³
濮阳	tsiau³⁵	siau⁵⁵	siau³¹	tʃʰiau⁴² 白 / tʂʰau⁴² 文	tʃiau³¹ 白 / tʂau³¹ 文	ʃiau³⁵ 白 / ʂau³⁵ 文	ʒiau⁴⁴ 白 / ʐau³¹ 文	tɕʰiau⁴²
浚县	tɕiau²⁴	ɕiau⁵⁵	ɕiau²¹³	tʂʰau⁴²	ʐau²¹³ 白 / tʂau²¹³ 文	ʂau⁴⁴	ʐau⁴²	tɕʰiau⁴²
长垣	tɕiau²⁴	ɕiau⁴⁴	ɕiau²¹³	tʂʰau⁵²	tʂau²¹³	ʂau⁴⁴	ʐau⁵²	tɕʰiau⁵²
兰考	tɕiau²⁴	ɕiau⁴⁴	ɕiau³¹²	tʂʰau⁵³	tʂau³¹²	ʂau²⁴	ʐau⁵³	tɕʰiau⁵³
洛阳	tsiau³⁴	siau⁴⁴	siau³¹	tʂʰau⁵³	ʐau³¹ 白 / tʂau³¹ 文	ʂau³⁴	ʐau³¹	tɕʰiau⁵³
洛宁	tɕiau⁴⁴	ɕiau³⁵	ɕiau³¹	tʂʰau⁵²	ʐau³¹ 白 / tʂau³¹ 文	ʂau⁴⁴	ʐau³⁵	tɕʰiau⁵²
三门峡	tɕiɔ⁵³	ɕiɔ⁴⁴	ɕiɔ²¹²	tʂʰɔ³¹	tʂɔ²¹²	ʂɔ⁵³	ʐɔ⁴⁴	tɕʰiɔ³¹
灵宝	tɕiɔ⁵³	ɕiɔ⁴⁴	ɕiɔ²⁴	tʂʰɔ²¹³	tʂɔ²⁴	ʂɔ⁵³	ʐɔ⁴⁴	tɕʰiɔ²¹³
商丘	tɕiɑo²²³	ɕiɑo⁴⁴	ɕiɑo⁴¹	tʂʰɑo⁵²	tʂɑo⁴¹	ʂɑo²²³	ʐɑo⁴⁴	tɕʰiɑo⁵²
永城	tsiɔ²¹³	siɔ³³⁴	siɔ⁴¹	tʂʰɔ⁵³	tʂɔ⁴¹	ʂɔ²¹³	ʐɔ³³⁴	tɕʰiɔ⁵³
郸城	tɕiɔ²⁴	ɕiɔ⁴⁴	ɕiɔ⁵¹	tʂʰɔ⁴²	tʂɔ⁵¹	ʂɔ²⁴	ʐɔ⁴⁴	tɕʰiɔ⁴²
漯河	tsiao²²⁴	siao⁴⁴	siao³¹	tʂʰao⁵³	tsao³¹	sao²²⁴	zao⁴⁴	tɕʰiao⁵³
许昌	tsiau²⁴	siau⁴⁴	siau³¹	tʂʰau⁵³	tʂau³¹	ʂau²⁴	ʐau³¹	tɕʰiau⁵³
周口	tɕiɔ²⁴	ɕiɔ⁴⁴	ɕiɔ⁴¹	tʂʰɔ⁵³	tʂɔ⁴¹	ʂɔ²⁴	ʐɔ⁴⁴	tɕʰiɔ⁵³
驻马店	tɕiɔ²¹³	ɕiɔ⁴⁴	ɕiɔ³¹	tʂʰɔ⁵³	tʂɔ³¹	ʂɔ²¹³	ʐɔ⁴⁴	tɕʰiɔ⁵³
长葛	tɕiau²⁴	ɕiau⁴⁴	ɕiau³¹	tʂʰau⁵²	tʂau³¹	ʂau²⁴	ʐau³¹	tɕʰiau⁵²
泌阳	tsiɔ²⁴	siɔ⁴⁴	siɔ³¹	tʂʰɔ⁵³	tʂɔ³¹	ʂɔ²⁴	ʐɔ⁴⁴	tɕʰiɔ⁵³
南阳	tsiao²²⁴	siao⁵⁵	siao³¹	tʂʰao⁴²	tʂao³¹	ʂao²²⁴	ʐao³¹	tɕʰiao⁴²
鲁山	tsiao²⁴	siao⁴⁴	siao³¹	tʂʰao⁵³	ʐao³¹ 白 / tʂao³¹ 文	ʂao²⁴	ʐao⁴⁴	tɕʰiao⁵³
邓州	tsiɔ³³	siɔ⁵⁵	siɔ³¹	tʂʰɔ⁴²	tʂɔ³¹	ʂɔ³³	ʐɔ⁵⁵	tɕʰiɔ⁴²
西峡	tsiao²⁴	siao⁵⁵	siao³¹	tʂʰao⁴²	tʂao³¹	ʂao²⁴	ʐao⁵⁵	tɕʰiao⁴²
信阳	tɕiɔu¹¹³	ɕiɔu²⁴	ɕiɔu⁵³	tʂʰɔu⁴⁴	tʂɔu⁵³	ʂɔu¹¹³	ʐɔu⁵³	tɕʰiɔu⁴⁴
固始	tɕiau²¹³	ɕiau²⁴	ɕiau⁵¹	tʂʰau⁵⁵	tʂau⁵¹	sau²¹³	ʐau⁵¹	tɕʰiau⁵⁵

	0321 轿	0322 腰	0323 要重~	0324 摇	0325 鸟	0326 钓	0327 条	0328 料
	效开三	效开三	效开三	效开三	效开四	效开四	效开四	效开四
	去宵群	平宵影	去宵影	平宵以	上萧端	去萧端	平萧定	去萧来
安阳	tɕiao³¹	iao⁴⁴	iao³¹	iao⁵²	ȵiao⁴³	tiao⁴⁴	tʰiao⁵²	liao³¹
林州	tɕiɑ³³	iɑ³¹	iɑ³³	iɑ⁴²	ȵiɑ⁵⁴	tiɑ³³	tʰiɑ⁴²	liɑ³³
鹤壁	tɕiɑ³¹	iɑ³³	iɑ³¹	iɑ⁵³	ȵiɑ⁵⁵	tiɑ³³	tʰiɑ⁵³	liɑ³¹
新乡	tɕiɑ²¹	iɑ²⁴	iɑ²¹	iɑ⁵²	ȵiɑ⁵⁵	tiɑ²¹	tʰiɑ⁵²	liɑ²¹
济源	tɕiɔ²⁴	iɔ⁴⁴	iɔ²⁴	iɔ³¹²	ȵiɔ⁵²	tiɔ⁴⁴	tʰiɔ³¹²	liɔ²⁴
沁阳	tɕiɔ¹³	iɔ⁴⁴	iɔ¹³	iɔ³¹²	ȵiɔ⁵²	tiɔ⁴⁴	tʰiɔ³¹²	liɔ¹³
温县	tɕiɔ²¹³	iɔ⁴⁴	iɔ²¹³	iɔ³¹	ȵiɔ⁵³	tiɔ⁴⁴	tʰiɔ³¹	liɔ²¹³
范县	tɕiɔ³¹³	iɔ²⁴	iɔ³¹³	iɔ⁴²	ȵiɔ⁵⁵	tiɔ³¹³	tʰiɔ⁴²	liɔ³¹³
郑州	tɕiau³¹	iau²⁴	iau³¹	iau⁵³	ȵiau⁴⁴	tiau³¹	tʰiau⁵³	liau³¹
开封	tɕiɔo³¹²	iɔo²⁴	iɔo³¹²	iɔo⁵³	niɔo⁴⁴	tiɔo³¹² 又 / tiɔo²⁴ 又	tʰiɔo⁵³	liɔo³¹²
濮阳	tɕiau³¹	iau³⁵	iau³¹	iau⁴²	ȵiau⁵⁵	tiau³⁵	tʰiau⁴²	liau³¹
浚县	tɕiau²¹³	iau²⁴	iau²¹³	iau⁴²	niau⁵⁵ 小~ / tiau⁵⁵ ~样儿	tiau²⁴	tʰiau⁴²	liau²¹³
长垣	tɕiau²¹³	iau²⁴	iau²¹³	iau⁵²	ȵiau⁴⁴	tiau²¹³	tʰiau⁵²	liau²¹³
兰考	tɕiau³¹²	iau²⁴	iau³¹²	iau⁵³	ȵiau⁴⁴ 小~ / tiau⁴⁴ ~人	tiau³¹²	tʰiau⁵³	liau³¹²
洛阳	tɕiau³¹	iau³⁴	iau³¹	iau⁵³	ȵiau⁴⁴	tiau³¹	tʰiau⁵³	liau³¹
洛宁	tɕiau³¹	iau⁴⁴	iau³¹	iau⁵²	ȵiau³⁵	tiau⁴⁴	tʰiau⁵²	liau³¹
三门峡	tɕʰiɔ²¹²	iɔ⁵³	iɔ²¹²	iɔ³¹	ȵiɔ⁴⁴	tiɔ⁵³	tʰiɔ³¹	liɔ²¹²
灵宝	tɕʰiɔ²⁴	iɔ⁵³	iɔ²⁴	iɔ²¹³	ȵiɔ⁴⁴	tiɔ²⁴	tʰiɔ²¹³	liɔ²⁴
商丘	tɕiɑɔ⁴¹	iɑɔ²²³	iɑɔ⁴¹	iɑɔ⁵²	ȵiɑɔ⁴⁴ 小~ / tiɑɔ⁴⁴ ~人	tiɑɔ²²³	tʰiɑɔ⁵²	liɑɔ⁴¹
永城	tɕiɔ⁴¹	iɔ²¹³	iɔ⁴¹	iɔ⁵³	ȵiɔ³³⁴ 文 / tiɔ³³⁴ 白	tiɔ⁴¹	tʰiɔ⁵³	liɔ⁴¹
郸城	tɕiɔ⁵¹	iɔ²⁴	iɔ⁵¹	iɔ⁴²	ȵiɔ⁴⁴	tiɔ⁵¹	tʰiɔ⁴²	liɔ⁵¹
漯河	tɕiao³¹	iao²²⁴	iao³¹	iao⁵³	ȵiao⁴⁴ 小~ / tiao⁴⁴ ~样儿	tiao³¹	tʰiao⁵³	liao³¹
许昌	tɕiau³¹	iau²⁴	iau³¹	iau⁵³	ȵiau⁴⁴	tiau³¹	tʰiau⁵³	liau³¹
周口	tɕiɔ⁴¹	iɔ²⁴	iɔ⁴¹	iɔ⁵³	ȵiɔ⁴⁴	tiɔ⁴¹	tʰiɔ⁵³	liɔ⁴¹
驻马店	tɕiɔ³¹	iɔ²¹³	iɔ³¹	iɔ⁵³	ȵiɔ⁴⁴	tiɔ³¹	tʰiɔ⁵³	liɔ³¹
长葛	tɕiau³¹	iau²⁴	iau³¹	iau⁵²	ȵiau⁴⁴ 小~ / tiau⁴⁴ ~样儿	tiau²⁴	tʰiau⁵²	liau³¹
泌阳	tɕiɔ³¹	iɔ²⁴	iɔ³¹	iɔ⁵³	ȵiɔ⁴⁴	tiɔ²⁴	tʰiɔ⁵³	liɔ³¹
南阳	tɕiao³¹	iao²²⁴	iao³¹	iao⁴²	ȵiao⁵⁵	tiao²²⁴	tʰiao⁴²	liao³¹
鲁山	tɕiau³¹	iau²⁴	iau³¹	iau⁵³	ȵiau⁴⁴	tiau²⁴	tʰiau⁵³	liau³¹
邓州	tɕiɔ³¹	iɔ³³	iɔ³¹	iɔ⁴²	ȵiɔ⁵⁵	tiɔ³³	tʰiɔ⁴²	liɔ³¹
西峡	tɕiao³¹	iao²⁴	iao³¹	iao⁴²	ȵiao⁵⁵	tiao²⁴	tʰiao⁴²	liao³¹
信阳	tɕiou⁵³	iou¹¹³	iou⁵³	iou⁴⁴	ȵiou⁵³	tiou⁵³	tʰiou⁴⁴	liou⁵³
固始	tɕiau⁵¹	iau²¹³	iau⁵¹	iau⁵⁵	tiau²⁴	tiau⁵¹	tʰiau⁵⁵	liau⁵¹

	0329 萧	0330 叫	0331 母 丈~，男~	0332 抖	0333 偷	0334 头	0335 豆	0336 楼
	效开四	效开四	流开一	流开一	流开一	流开一	流开一	流开一
	平萧心	去萧见	上侯明	上侯端	平侯透	平侯定	去侯定	平侯来
安阳	ɕiao⁴⁴	tɕiao³¹	mɐʔ³³	təu⁴³	tʰəu⁴⁴	tʰəu⁵²	təu³¹	ləu⁵²
林州	siɔ³¹	tɕiɔ³³	mu⁵⁴	təu⁵⁴	tʰəu³¹	tʰəu⁴²	təu³³	ləu⁴²
鹤壁	ɕiɔ³³	tɕiɔ³¹	mu⁵⁵	tɤu⁵⁵	tʰɤu³³	tʰɤu⁵³	tɤu³¹	lɤu⁵³
新乡	ɕiɔ²⁴	tɕiɔ²¹	mu⁵⁵	tou⁵⁵	tʰou²⁴	tʰou⁵²	tou²¹	lou⁵²
济源	ɕiɔ⁴⁴	tɕiɔ²⁴	mu⁵²	tou⁵²	tʰou⁴⁴	tʰou³¹²	tou²⁴	lou³¹²
沁阳	ɕiɔ⁴⁴	tɕiɔ¹³	mʌʔ²³ 白 / mu⁵² 文	tou⁵²	tʰou⁴⁴	tʰou³¹²	tou¹³	lou³¹²
温县	ɕiɔ⁴⁴	tɕiɔ²¹³	mʌʔ³	tou⁵³	tʰou⁴⁴	tʰou³¹	tou²¹³	lou³¹
范县	siɔ²⁴	tɕiɔ³¹³	mu⁵⁵	təu⁵⁵	tʰəu²⁴	tʰəu⁴²	təu³¹³	ləu⁴²
郑州	siau²⁴	tɕiau³¹	mu⁴⁴	tou⁴⁴	tʰou²⁴	tʰou⁵³	tou³¹	lou⁵³
开封	ɕiɔɔ²⁴	tɕiɔɔ³¹²	mu⁴⁴	tou⁴⁴	tʰou²⁴	tʰou⁵³	tou³¹²	lou⁵³
濮阳	siau³⁵	tɕiau³¹	mu⁵⁵	təu⁵⁵	tʰəu³⁵	tʰəu⁴²	təu³¹	ləu⁴²
浚县	ɕiau²⁴	tɕiau²¹³	mu⁵⁵	tou⁵⁵	tʰou²⁴	tʰou⁴²	tou²¹³	lou⁴²
长垣	ɕiau²⁴	tɕiau²¹³	mu⁴⁴	tou⁴⁴	tʰou²⁴	tʰou⁵²	tou²¹³	lou⁵²
兰考	ɕiau²⁴	tɕiau³¹²	mu⁴⁴	tou⁴⁴	tʰou²⁴	tʰou⁵³	tou³¹²	lou⁵³
洛阳	siau³⁴	tɕiau³¹	mu⁴⁴	tou⁴⁴	tʰou³⁴	tʰou⁵³	tou³¹	lou⁵³
洛宁	ɕiau⁴⁴	tɕiau²⁴	mu³⁵	tou³⁵	tʰou⁴⁴	tʰou⁵²	tou³¹	lou⁵²
三门峡	ɕiɔ⁵³	tɕiɔ²¹²	mu⁴⁴	tou⁴⁴	tʰou⁵³	tʰou³¹	tou²¹²	lou³¹
灵宝	ɕiɔ⁵³	tɕiɔ²⁴	mu⁴⁴	tou⁴⁴	tʰou⁵³	tʰou²¹³	tʰou²⁴ 白 / tou²⁴ 文	lou²¹³
商丘	ɕiaɔ²²³	tɕiaɔ⁴¹	mu⁴⁴	tou⁴⁴	tʰou²²³	tʰou⁵²	tou⁴¹	lou⁵²
永城	siɔ²¹³	tɕiɔ⁴¹	mu³³⁴	tou³³⁴	tʰou²¹³	tʰou⁵³	tou⁴¹	lou⁵³
郸城	ɕiɔ²⁴	tɕiɔ⁵¹	mu⁴⁴	tou⁴⁴	tʰou²⁴	tʰou⁴²	tou⁵¹	lou⁴²
漯河	siaɔ²²⁴	tɕiaɔ³¹	mu⁴⁴	tou⁴⁴	tʰou²²⁴	tʰou⁵³	tou³¹	lou⁵³
许昌	ɕiau²⁴	tɕiau³¹	mu⁴⁴	təu⁴⁴	tʰəu²⁴	tʰəu⁵³	təu³¹	ləu⁵³
周口	ɕiɔ²⁴	tɕiɔ⁴¹	mu⁴⁴	tou⁴⁴	tʰou²⁴	tʰou⁵³	tou⁴¹	lou⁵³
驻马店	ɕiɔ²¹³	tɕiɔ³¹	mu⁴⁴	tou⁴⁴	tʰou²¹³	tʰou⁵³	tou³¹	lou⁵³
长葛	siau²⁴	tɕiau³¹	mu⁴⁴	tou⁴⁴	tʰou²⁴	tʰou⁵²	tou³¹	lou⁵²
泌阳	siɔ²⁴	tɕiɔ³¹	mu⁴⁴	tou⁴⁴	tʰou²⁴	tʰou⁵³	tou³¹	lou⁵³
南阳	siaɔ²²⁴	tɕiaɔ³¹	mu⁵⁵	təu⁵⁵	tʰəu²²⁴	tʰəu⁴²	təu³¹	ləu⁴²
鲁山	siaɔ²⁴	tɕiaɔ³¹	mu⁴⁴	tou⁴⁴	tʰou²⁴	tʰou⁵³	tou³¹	lou⁵³
邓州	siɔ³³	tɕiɔ³¹	mu⁵⁵	tou⁵⁵	tʰou³³	tʰou⁴²	tou³¹	lou⁴²
西峡	siaɔ²⁴	tɕiaɔ³¹	mu⁵⁵	təu⁵⁵	tʰəu²⁴	tʰəu⁴²	təu³¹	ləu⁴²
信阳	ɕiɔu¹¹³	tɕiɔu⁵³	mu²⁴	tou²⁴	tʰou¹¹³	tʰou⁴⁴	tou⁵³	lou⁴⁴
固始	ɕiau²¹³	tɕiau⁵¹	mu²⁴	tou²⁴	tʰou²¹³	tʰou⁵⁵	tou⁵¹	lou⁵⁵

	0337 走	0338 凑	0339 钩	0340 狗	0341 够	0342 口	0343 藕	0344 后前~
	流开一	流开一	流开一	流开一	流开一	流开一	流开一	流开一
	上侯精	去侯清	平侯见	上侯见	去侯见	上侯溪	上侯疑	上侯匣
安阳	tsəu⁴³	tsʰəu³¹	kəu⁴⁴	kəu⁴³	kəu³¹	kʰəu⁴³	əu⁴³	xəu³¹
林州	tsəu⁵⁴	tsʰəu³³	kəu³¹	kəu⁵⁴	kəu³³	kʰəu⁵⁴	ɣəu⁵⁴	xəu³³
鹤壁	tsɤu⁵⁵	tsʰɤu³¹	kɤu³³	kɤu⁵⁵	kɤu³¹	kʰɤu⁵⁵	ɣɤu⁵⁵	xɤu³¹
新乡	tsou⁵⁵	tsʰou²¹	kou²⁴	kou⁵⁵	kou²¹	kʰou⁵⁵	ɣou⁵⁵	xou²¹
济源	tsou⁵²	tsʰou²⁴	kou⁴⁴	kou⁵²	kou²⁴	kʰou⁵²	ɣou⁵²	xou²⁴
沁阳	tsou⁵²	tsʰou¹³	kou⁴⁴	kou⁵²	kou¹³	kʰou⁵²	ɣou⁵²	xou¹³
温县	tsou⁵³	tsʰou²¹³	kou⁴⁴	kou⁵³	kou²¹³	kʰou⁵³	ɣou⁵³	xou²¹³
范县	tsəu⁵⁵	tsʰəu³¹³	kəu²⁴	kəu⁵⁵	kəu³¹³	kʰəu⁵⁵	ɣəu⁵⁵	xəu³¹³
郑州	tsou⁴⁴	tsʰou³¹	kou²⁴	kou⁴⁴	kou³¹	kʰou⁴⁴	ɣou⁴⁴	xou³¹
开封	tsou⁴⁴	tsʰou³¹²	kou²⁴	kou⁴⁴	kou³¹²	kʰou⁴⁴	ou⁴⁴	xou³¹²
濮阳	tsəu⁵⁵	tsʰəu³¹	kəu³⁵	kəu⁵⁵	kəu³¹	kʰəu⁵⁵	ɣəu⁵⁵	xəu³¹
浚县	tsou⁵⁵	tsʰou²¹³	kou²⁴	kou⁵⁵	kou²¹³	kʰou⁵⁵	ɣou⁵⁵	xou²¹³
长垣	tsou⁴⁴	tsʰou²¹³	kou²⁴	kou⁴⁴	kou²¹³	kʰou⁴⁴	ɣou⁴⁴	xou²¹³
兰考	tsou⁴⁴	tsʰou³¹²	kou²⁴	kou⁴⁴	kou³¹²	kʰou⁴⁴	ɣou⁴⁴	xou³¹²
洛阳	tsou⁴⁴	tsʰou³¹	kou³⁴	kou⁴⁴	kou³¹	kʰou⁴⁴	ɣou³⁴	xou³¹
洛宁	tsou³⁵	tsʰou³¹	kou⁴⁴	kou³⁵	kou³¹	kʰou³⁵	ɣou³⁵	xou³¹
三门峡	tsou⁴⁴	tsʰou²¹²	kou⁵³	kou⁴⁴	kou²¹²	kʰou⁴⁴	ŋou⁴⁴	xou²¹²
灵宝	tsou⁴⁴	tsʰou²⁴	kou⁵³	kou⁴⁴	kou²⁴	kʰou⁴⁴	ŋou⁴⁴	xou²⁴
商丘	tsou⁴⁴	tsʰou⁴¹	kou²²³	kou⁴⁴	kou⁴¹	kʰou⁴⁴	ou⁴⁴	xou⁴¹
永城	tsou³³⁴	tsʰou⁴¹	kou²¹³	kou³³⁴	kou⁴¹	kʰou³³⁴	ou³³⁴	xou⁴¹
郸城	tsou⁴⁴	tsʰou⁵¹	kou²⁴	kou⁴⁴	kou⁵¹	kʰou⁴⁴	ɣou⁴⁴	xou⁵¹
漯河	tsou⁴⁴	tsʰou³¹	kou²²⁴	kou⁴⁴	kou³¹	kʰou⁴⁴	ou⁴⁴	xou³¹
许昌	tsəu⁴⁴	tsʰəu³¹	kəu²⁴	kəu⁴⁴	kəu³¹	kʰəu⁴⁴	əu⁴⁴	xəu³¹
周口	tsou⁴⁴	tsʰou⁴¹	kou²⁴	kou⁴⁴	kou⁴¹	kʰou⁴⁴	ou⁴⁴	xou⁴¹
驻马店	tsou⁴⁴	tsʰou³¹	kou²¹³	kou⁴⁴	kou³¹	kʰou⁴⁴	ɣou⁴⁴	xou³¹
长葛	tsou⁴⁴	tsʰou³¹	kou²⁴	kou⁴⁴	kou³¹	kʰou⁴⁴	ɣou⁴⁴	xou³¹
泌阳	tsou⁴⁴	tsʰou³¹	kou²⁴	kou⁴⁴	kou³¹	kʰou⁴⁴	ɣou⁴⁴	xou³¹
南阳	tsəu⁵⁵	tsʰəu³¹	kəu²²⁴	kəu⁵⁵	kəu³¹	kʰəu⁵⁵	əu⁵⁵	xəu³¹
鲁山	tsou⁴⁴	tsʰou³¹	kou²⁴	kou⁴⁴	kou³¹	kʰou⁴⁴	ɣou²⁴	xou³¹
邓州	tsou⁵⁵	tsʰou³¹	kou³³	kou⁵⁵	kou³¹	kʰou⁵⁵	ɣou⁵⁵	xou³¹
西峡	tsəu⁵⁵	tsʰəu³¹	kəu²⁴	kəu⁵⁵	kəu³¹	kʰəu⁵⁵	əu⁵⁵	xəu³¹
信阳	tsou²⁴	tsʰou⁵³	kou¹¹³	kou²⁴	kou⁵³	kʰou²⁴	ŋou²⁴	xou⁵³
固始	tsou²⁴	tsʰou⁵¹	kou²¹³	kou²⁴	kou⁵¹	kʰou²⁴	ɣou²⁴	xou⁵¹

	0345 厚	0346 富	0347 副	0348 浮	0349 妇	0350 流	0351 酒	0352 修
	流开一	流开三	流开三	流开三	流开三	流开三	流开三	流开三
	上侯匣	去尤非	去尤敷	平尤奉	上尤奉	平尤来	上尤精	平尤心
安阳	xəu³¹	fu³¹	fu³¹	fu⁵²	fu³¹	liəu⁵²	tɕiəu⁴³	ɕiəu⁴⁴
林州	xəu³³	fu³³	fu³³	fu⁴²	fu³³	liəu⁴²	tsiəu⁵⁴	siəu³¹
鹤壁	xʏu³¹	fu³¹	fu³¹	fu⁵³	fu³¹	liʏu⁵³	tɕiʏu⁵⁵	ɕiʏu³³
新乡	xou²¹	fu²¹	fu²¹	fu⁵²	fu²⁴	liou⁵²	tɕiou⁵⁵	ɕiou²⁴
济源	xou²⁴	fu²⁴	fu²⁴	fu³¹²	fu⁴⁴	liou³¹²	tɕiou⁵²	ɕiou⁴⁴
沁阳	xou¹³	fu¹³	fu¹³	fu³¹²	fu⁴⁴	liou³¹²	tɕiou⁵²	ɕiou⁴⁴
温县	xou²¹³	fu²¹³	fu²¹³	fu³¹	fu⁴⁴	liou³¹	tɕiou⁵³	ɕiou⁴⁴
范县	xəu³¹³	fu³¹³	fu³¹³	fu⁴²	fu³¹³	liəu⁴²	tsiəu⁵⁵	siəu²⁴
郑州	xou³¹	fu³¹	fu³¹	fu⁵³	fu³¹ 又 / fu²⁴ 又	liou⁵³	tsiou⁴⁴	siou²⁴
开封	xou³¹²	fu³¹²	fu³¹²	fu⁵³	fu²⁴	liou⁵³	tɕiou⁴⁴	ɕiou²⁴
濮阳	xəu³¹	fu³¹	fu³¹	fu⁴²	fu³⁵	liəu⁴²	tsiəu⁵⁵	siəu³⁵
浚县	xou²¹³	fu²¹³	fu²¹³	fu⁴²	fu²⁴	liou⁴²	tɕiou⁵⁵	ɕiou²⁴
长垣	xou²¹³	fu²¹³	fu²¹³	fu⁵²	fu²⁴	liou⁵²	tsiou⁴⁴	siou²⁴
兰考	xou³¹²	fu³¹²	fu³¹²	fu⁵³	fu²⁴	liou⁵³	tɕiou⁴⁴	ɕiou²⁴
洛阳	xou³¹	fu³¹	fu³¹	fu⁵³	fu³⁴	liou⁵³	tsiou⁴⁴	siou³⁴
洛宁	xou³¹	fu³¹	fu³¹	fu⁵²	fu³¹	liou⁵²	tɕiou³⁵	ɕiou⁴⁴
三门峡	xou²¹²	fu²¹²	fu²¹²	fu³¹	fu²¹²	liou³¹	tɕiou⁴⁴	ɕiou⁵³
灵宝	xou²⁴	fu²⁴	fu²⁴	fu²¹³	fu²⁴	liou²¹³	tɕiou⁴⁴	ɕiou⁵³
商丘	xou⁴¹	fu⁴¹	fu⁴¹	fu⁵²	fu²²³	liou⁵²	tɕiou⁴⁴	ɕiou²²³
永城	xou⁴¹	fu⁴¹	fu⁴¹	fu⁵³	fu²¹³	liou⁵³	tsiou³³⁴	siou²¹³
郸城	xou⁵¹	fu⁵¹	fu⁵¹	fu⁴²	fu²⁴	liou⁴²	tɕiou⁴⁴	ɕiou²⁴
漯河	xou³¹	fu³¹	fu³¹	fu⁵³	fu²²⁴	liou⁵³	tsiou⁴⁴	siou²²⁴
许昌	xəu³¹	fu³¹	fu³¹	fu⁵³	fu³¹	liəu⁵³	tɕiəu⁴⁴	ɕiəu²⁴
周口	xou⁴¹	fu⁴¹	fu⁴¹	fu⁵³	fu²⁴	liou⁵³	tɕiou⁴⁴	ɕiou²⁴
驻马店	xou³¹	fu³¹	fu³¹	fu⁵³	fu²¹³	liou⁵³	tɕiou⁴⁴	ɕiou²¹³
长葛	xou³¹	fu³¹	fu³¹	fu⁵²	fu³¹	liou⁵²	tsiou⁴⁴	siou²⁴
泌阳	xou³¹	fu³¹	fu³¹	fu⁵³	fu²⁴	liou⁵³	tsiou⁴⁴	siou²⁴
南阳	xəu³¹	fu³¹	fu³¹	fu⁴²	fu²²⁴	liəu⁴²	tsiəu⁵⁵	siəu²²⁴
鲁山	xou³¹	fu³¹	fu³¹	fu⁵³	fu²⁴	liou⁵³	tsiou⁴⁴	siou²⁴
邓州	xou³¹	fu³¹	fu³¹	fu⁴²	fu³³	liou⁴²	tsiou⁵⁵	siou³³
西峡	xəu³¹	fu³¹	fu³¹	fu⁴²	fu³¹	liəu⁴²	tsiəu⁵⁵	siəu²⁴
信阳	xou⁵³	fu⁵³	fu⁵³	fu⁴⁴	fu⁵³	liou⁴⁴	tɕiou²⁴	ɕiou¹¹³
固始	xou⁵¹	fu⁵¹	fu⁵¹	fu⁵⁵	fu²¹³	liou⁵⁵	tɕiou²⁴	ɕiou²¹³

	0353 袖	0354 抽	0355 绸	0356 愁	0357 瘦	0358 州	0359 臭香~	0360 手
	流开三	流开三	流开三	流开三	流开三	流开三	流开三	流开三
	去尤邪	平尤彻	平尤澄	平尤崇	去尤生	平尤章	去尤昌	上尤书
安阳	ɕiəu³¹	tʂʰəu⁴⁴	tʂʰəu⁵²	tʂʰəu⁵²	ʂəu³¹	tʂəu⁴⁴	tʂʰəu³¹	ʂəu⁴³
林州	siəu³³	tʂʰəu³¹	tʂʰəu⁴²	tʂʰəu⁴²	ʂəu³³	tʂəu³¹	tʂʰəu³³	ʂəu⁵⁴
鹤壁	ɕiɤu³¹	tʂʰɤu³³	tʂʰɤu⁵³	tʂʰɤu⁵³	ʂɤu³¹	tʂɤu³³	tʂʰɤu³¹	ʂɤu⁵⁵
新乡	ɕiou²¹	tʂʰou²⁴	tʂʰou⁵²	tʂʰou⁵²	ʂou²¹	tʂou²⁴	tʂʰou²¹	ʂou⁵⁵
济源	ɕiou²⁴	tʂʰou⁴⁴	tʂʰou³¹²	tʂʰou³¹²	ʂou²⁴	tʂou⁴⁴	tʂʰou²⁴	ʂou⁵²
沁阳	ɕiou¹³	tʂʰou⁴⁴	tʂʰou³¹²	tʂʰou³¹²	ʂou¹³	tʂou⁴⁴	tʂʰou¹³	ʂou⁵²
温县	ɕiou²¹³	tʂʰou⁴⁴	tʂʰou³¹	tʂʰou³¹	ʂou²¹³	tʂou⁴⁴	tʂʰou²¹³	ʂou⁵³
范县	siəu³¹³	tʂʰəu²⁴	tʂʰəu⁴²	tʂʰəu⁴²	ʂəu³¹³	tʂəu²⁴	tʂʰəu³¹³	ʂəu⁵⁵
郑州	siou³¹	tʂʰou²⁴	tʂʰou⁵³	tʂʰou⁵³	ʂou³¹	tʂou²⁴	tʂʰou³¹	ʂou⁴⁴
开封	ɕiou³¹²	tʂʰou²⁴	tʂʰou⁵³	tʂʰou⁵³	ʂou³¹²	tʂou²⁴	tʂʰou³¹²	ʂou⁴⁴
濮阳	siəu³¹	tʃʰiəu³⁵ 白 tʂʰəu³⁵ 文	tʃʰiəu⁴² 白 tʂʰəu⁴² 文	tʂʰəu⁴²	ʂəu³¹	tʂəu³⁵	tʃʰiəu³¹ 白 tʂʰəu³¹ 文	ʃiəu⁵⁵
浚县	ɕiou²¹³	tʂʰou²⁴	tʂʰou⁴²	tʂʰou⁴²	ʂou²¹³	tʂou²⁴	tʂʰou²¹³	ʂou⁵⁵
长垣	siou²¹³	tʂʰou²⁴	tʂʰou⁵²	tʂʰou⁵²	ʂou²¹³	tʂou²⁴	tʂʰou²¹³	ʂou⁴⁴
兰考	ɕiou³¹²	tʂʰou²⁴	tʂʰou⁵³	tʂʰou⁵³	ʂou³¹²	tʂou²⁴	tʂʰou³¹²	ʂou⁴⁴
洛阳	siou³¹	tʂʰou³⁴	tʂʰou⁵³	tʂʰou⁵³	ʂou³¹	tʂou³⁴	tʂʰou³¹	ʂou⁴⁴
洛宁	ɕiou³¹	tʂʰou⁴⁴	tʂʰou⁵²	tʂʰou⁵²	ʂou³¹	tʂou⁴⁴	tʂʰou³¹	ʂou³⁵
三门峡	ɕiou²¹²	tʂʰou⁵³	tʂʰou³¹	tʂʰou³¹	ʂou²¹²	tʂou⁵³	tʂʰou²¹²	ʂou⁴⁴
灵宝	ɕiou²⁴	tʂʰou⁵³	tʂʰou²¹³	tʂʰou²¹³	ʂou²⁴	tʂou⁵³	tʂʰou²¹³	ʂou⁴⁴
商丘	ɕiou⁴¹	tʂʰou²²³	tʂʰou⁵²	tʂʰou⁵²	ʂou⁴¹	tʂou²²³	tʂʰou⁴¹	ʂou⁴⁴
永城	siou⁴¹	tʂʰou²¹³	tʂʰou⁵³	tʂʰou⁵³	ʂou⁴¹	tʂou²¹³	tʂʰou⁴¹	ʂou³³⁴
郸城	ɕiou⁵¹	tʂʰou²⁴	tʂʰou⁴²	tʂʰou⁴²	ʂou⁵¹	tʂou²⁴	tʂʰou⁵¹	ʂou⁴⁴
漯河	siou³¹	tʂʰou²²⁴	tʂʰou⁴²	tʂʰou⁴²	ʂou³¹	tʂou²²⁴	tʂʰou³¹	ʂou⁴⁴
许昌	ɕiəu³¹	tʂʰəu²⁴	tʂʰəu⁵³	tʂʰəu⁵³	ʂəu³¹	tʂəu²⁴	tʂʰəu³¹	ʂəu⁴⁴
周口	ɕiou⁴¹	tʂʰou²⁴	tʂʰou⁵³	tʂʰou⁵³	ʂou⁴¹	tʂou²⁴	tʂʰou³¹	ʂou⁴⁴
驻马店	ɕiou³¹	tʂʰou²¹³	tʂʰou⁵³	tʂʰou⁵³	ʂou³¹	tʂou²¹³	tʂʰou³¹	ʂou⁴⁴
长葛	siou³¹	tʂʰou²⁴	tʂʰou⁵²	tʂʰou⁵²	ʂou³¹	tʂou²⁴	tʂʰou³¹	ʂou⁴⁴
泌阳	siou³¹	tʂʰou²⁴	tʂʰou⁵³	tʂʰou⁵³	ʂou³¹	tʂou²⁴	tʂʰou³¹	ʂou⁴⁴
南阳	siəu³¹	tʂʰəu²²⁴	tʂʰəu⁴²	tʂʰəu⁴²	ʂəu³¹	tʂəu²²⁴	tʂʰəu³¹	ʂəu⁵⁵
鲁山	siou³¹	tʂʰou²⁴	tʂʰou⁵³	tʂʰou⁵³	ʂou³¹	tʂou²⁴	tʂʰou³¹	ʂou⁴⁴
邓州	siou³¹	tʂʰou³³	tʂʰou⁴²	tʂʰou⁴²	ʂou³¹	tʂou³³	tʂʰou³¹	ʂou⁵⁵
西峡	siəu³¹	tʂʰəu²⁴	tʂʰəu⁴²	tʂʰəu⁴²	ʂəu³¹	tʂəu²⁴	tʂʰəu³¹	ʂəu⁵⁵
信阳	ɕiou⁵³	tʂʰou¹¹³	tʂʰou⁴⁴	tʂʰou⁴⁴	ʂou⁵³	tʂou¹¹³	tʂʰou⁵³	ʂou²⁴
固始	ɕiou⁵¹	tʂʰou²¹³	tʂʰou⁵⁵	tʂʰou⁵⁵	ʂou⁵¹	tʂou²¹³	tʂʰou⁵¹	ʂou²⁴

	0361 寿	0362 九	0363 球	0364 舅	0365 旧	0366 牛	0367 休	0368 优
	流开三	流开三	流开三	流开三	流开三	流开三	流开三	流开三
	去尤禅	上尤见	平尤群	上尤群	去尤群	平尤疑	平尤晓	平尤影
安阳	ṣəu³¹	tɕiəu⁴³	tɕʰiəu⁵²	tɕiəu³¹	tɕiəu³¹	ɲiəu⁵²	ɕiəu⁴⁴	iəu⁴⁴
林州	ʂou³³	tɕiəu⁵⁴	tɕʰiəu⁴²	tɕiəu³³	tɕiəu³³	ɣəu⁴² 白 / ɲiəu⁴² 文	xəu³¹ 白 / ɕiəu³¹ 文	iəu³¹
鹤壁	ʂɤu³¹	tɕiɤu⁵⁵	tɕʰiɤu⁵³	tɕiɤu³¹	tɕiɤu³¹	ɣɤu⁵³ 白 / ɲiɤu⁵³ 文	xɤu³³ 白 / ɕiɤu³³ 文	iɤu³³
新乡	sou²¹	tɕiou⁵⁵	tɕʰiou⁵²	tɕiou²¹	tɕiou²¹	ɣou⁵² 仅指动物:老~ / ɲiou⁵²	ɕiou²⁴	iou²⁴
济源	ʂou²⁴	tɕiou⁵²	tɕʰiou³¹²	tɕiou²⁴	tɕiou²⁴	ɣou³¹² 白 / ɲiou³¹² 文	ɕiou⁴⁴	iou⁴⁴
沁阳	sou¹³	tɕiou⁵²	tɕʰiou³¹	tɕiou¹³	tɕiou¹³	ɣou³¹² 白 / ɲiou³¹² 文	ɕiou⁴⁴	iou⁴⁴
温县	ʂou²¹³	tɕiou⁵³	tɕʰiou³¹	tɕiou²¹³	tɕiou²¹³	ɣou³¹ 白 / ɲiou³¹ 文	ɕiou⁴⁴	iou⁴⁴
范县	ʂəu³¹³	tɕiəu⁵⁵	tɕʰiəu⁴²	tɕiəu³¹³	tɕiəu³¹³	ɲiəu⁴²	ɕiəu²⁴	iəu²⁴
郑州	ʂou³¹	tɕiou⁴⁴	tɕʰiou⁵³	tɕiou³¹	tɕiou³¹	ɣou⁵³ 白 / ɲiou⁵³ 文	ɕiou²⁴	iou²⁴
开封	ʂou³¹²	tɕiou⁴⁴	tɕʰiou⁵³	tɕiou³¹²	tɕiou³¹²	ou⁵³ 白 / ɲiou⁵³ 文	ɕiou²⁴	iou²⁴
濮阳	ʂəu³¹	tɕiəu⁵⁵	tɕʰiəu⁴²	tɕiəu³¹	tɕiəu³¹	ɲiəu⁴²	ɕiəu³⁵	iəu³⁵
浚县	ʂou²¹³	tɕiou⁵⁵	tɕʰiou⁴²	tɕiou²¹³	tɕiou²¹³	ɣou⁴² 白 / ɲiou⁴² 文	xou²⁴ ~走 / ɕiou²⁴ 退~	iou²⁴
长垣	ʂou²¹³	tɕiou⁴⁴	tɕʰiou⁵²	tɕiou²¹³	tɕiou²¹³	ɣou⁵² 白 / ɲiou⁵² 文	ɕiou²⁴	iou²⁴
兰考	sou³¹²	tɕiou⁴⁴	tɕʰiou⁵³	tɕiou³¹²	tɕiou³¹²	ɣou⁵³ 白 / ɲiou⁵³ 文	ɕiou²⁴	iou²⁴
洛阳	ʂou³¹	tɕiou⁴⁴	tɕʰiou³⁴ 足~ / tɕʰiou⁵³ 信~	tɕiou³¹	tɕiou³¹	ɣou⁵³ 白 / ɲiou⁵³ 文	ɕiou³⁴	iou³⁴
洛宁	ʂou³¹	tɕiou³⁵	tɕʰiou⁴⁴ 足~ / tɕʰiou⁵² 信~	tɕiou³¹	tɕiou³¹	ɣou⁵² 白 / ɲiou⁵² 文	ɕiou⁴⁴	iou⁴⁴
三门峡	ʂou²¹²	tɕiou⁴⁴	tɕʰiou³¹	tɕiou²¹²	tɕʰiou²¹² 白 / tɕiou²¹² 文	ŋou³¹ 白 / ɲiou³¹ 文	ɕiou⁵³	iou⁵³

	0361 寿	0362 九	0363 球	0364 舅	0365 旧	0366 牛	0367 休	0368 优
	流开三	流开三	流开三	流开三	流开三	流开三	流开三	流开三
	去尤禅	上尤见	平尤群	上尤群	去尤群	平尤疑	平尤晓	平尤影
灵宝	ʂou²⁴	tɕiou⁴⁴	tɕʰiou²¹³	tɕʰiou²¹³	tɕʰiou²⁴	ŋou²¹³ 白 / ȵiou²¹³ 文	ɕiou⁵³	iou⁵³
商丘	ʂou⁴¹	tɕiou⁴⁴	tɕʰiou⁵²	tɕiou⁴¹	tɕiou⁴¹	ȵiou⁵²	ɕiou²²³	iou²²³
永城	ʂou⁴¹	tɕiou³³⁴	tɕʰiou⁵³	tɕiou⁴¹	tɕiou⁴¹	ou⁵³ 白 / ȵiou⁵³ 文	ɕiou²¹³	iou²¹³
郸城	ʂou⁵¹	tɕiou⁴⁴	tɕʰiou⁴²	tɕiou⁵¹	tɕiou⁵¹	ɣou⁴² 动物名 / ȵiou⁴²	ɕiou²⁴	iou²⁴
漯河	sou³¹	tɕiou⁴⁴	tɕʰiou⁵³	tɕiou³¹	tɕiou³¹	ou⁵³ 白 / ȵiou⁵³ 文	ɕiou²²⁴	iou²²⁴
许昌	ʂəu³¹	tɕiəu⁴⁴	tɕʰiəu⁵³	tɕiəu³¹	tɕiəu³¹	əu⁵³ 白 / ȵiəu⁵³ 文	xəu²⁴ 白 / ɕiəu²⁴ 文	iəu²⁴
周口	sou⁴¹	tɕiou⁴⁴	tɕʰiou⁵³	tɕiou⁴¹	tɕiou⁴¹	ou⁵³ 白 / ȵiou⁵³ 文	ɕiou²⁴	iou²⁴
驻马店	sou³¹	tɕiou⁴⁴	tɕʰiou⁵³	tɕiou³¹	tɕiou³¹	ɣou⁵³ 白 / ȵiou⁵³ 文	ɕiou²¹³	iou²¹³
长葛	ʂou³¹	tɕiou⁴⁴	tɕʰiou⁵²	tɕiou³¹	tɕiou³¹	ɣou⁵² 白 / ȵiou⁵² 文	ɕiou²⁴	iou²⁴
泌阳	ʂou³¹	tɕiou⁴⁴	tɕʰiou²⁴	tɕiou³¹	tɕiou³¹	ɣou⁵³ 白 / ȵiou⁵³ 文	ɕiou²⁴	iou²⁴
南阳	ʂəu³¹	tɕiəu⁵⁵	tɕʰiəu²²⁴	tɕiəu³¹	tɕiəu³¹	əu⁴² 白 / ȵiəu⁴² 文	ɕiəu²²⁴	iəu²²⁴
鲁山	ʂou³¹	tɕiou⁴⁴	tɕʰiou²⁴	tɕiou³¹	tɕiou³¹	ɣou⁵³ 白 / ȵiou⁵³ 文	xou²⁴ 白 / ɕiou²⁴ 文	iou²⁴
邓州	ʂou³¹	tɕiou⁵⁵	tɕʰiou³³	tɕiou³¹	tɕiou³¹	ɣou⁴² 白 / ȵiou⁴² 文	ɕiou³³	iou³³
西峡	ʂəu³¹	tɕiəu⁵⁵	tɕʰiəu²⁴	tɕiəu³¹	tɕiəu³¹	əu⁴² 白 / ȵiəu⁴² 文	ɕiəu²⁴	iəu²⁴
信阳	sou⁵³	tɕiou²⁴	tɕʰiou⁴⁴	tɕiou⁵³	tɕiou⁵³	ȵiou⁴⁴	ɕiou¹¹³	iou¹¹³
固始	sou⁵¹	tɕiou²⁴	tɕʰiou⁵⁵	tɕiou⁵¹	tɕiou⁵¹	ɣou⁵⁵	ɕiou²¹³	iou²¹³

第二章　字音对照表

	0369 有 流开三 上尤云	**0370 右** 流开三 去尤云	**0371 油** 流开三 平尤以	**0372 丢** 流开三 平幽端	**0373 幼** 流开三 去幽影	**0374 贪** 咸开一 平覃透	**0375 潭** 咸开一 平覃定	**0376 南** 咸开一 平覃泥
安阳	iəu⁴³	iəu³¹	iəu⁵²	tiəu⁴⁴	iəu³¹	tʰã⁴⁴	tʰã⁵²	nã⁵²
林州	iəu⁵⁴	iəu³³	iəu⁴²	tiəu³¹	iəu³³	tʰa⁴⁴	tʰa⁴²	na⁴²
鹤壁	iɤu⁵⁵	iɤu³¹	iɤu⁵³	tiɤu³³	iɤu³¹	tʰã³³	tʰã⁵³	nã⁵³
新乡	iou⁵⁵	iou²¹	iou⁵²	tiou²⁴	iou²¹	tʰɛ̃²⁴	tʰɛ̃⁵²	nɛ̃⁵²
济源	iou⁵²	iou²⁴	iou³¹²	tiou⁴⁴	iou²⁴	tʰãn⁴⁴	tʰãn³¹²	nãn³¹²
沁阳	iou⁵²	iou¹³	iou³¹²	tiou⁴⁴	iou¹³	tʰã⁴⁴	tʰã³¹²	nã³¹²
温县	iou⁵³	iou²¹³	iou³¹	tiou⁴⁴	iou²¹³	tʰæn⁴⁴	tʰæn³¹	næn³¹
范县	iəu⁵⁵	iəu³¹³	iəu⁴²	tiəu²⁴	iəu³¹³	tʰã²⁴	tʰã⁴²	nã⁴²
郑州	iou⁴⁴	iou³¹	iou⁵³	tiou²⁴	iou³¹	tʰan²⁴	tʰan⁵³	nan⁵³
开封	iou⁴⁴	iou³¹²	iou⁵³	tiou²⁴	iou³¹²	tʰan²⁴	tʰan⁵³	nan⁵³
濮阳	iəu⁵⁵	iəu³¹	iəu⁴²	tiəu³⁵	iəu³¹	tʰan³⁵	tʰan⁴²	nan⁴²
浚县	iou⁵⁵	iou²¹³	iou⁴²	tiou²⁴	iou²¹³	tʰan²⁴	tʰan⁴²	nan⁴²
长垣	iou⁴⁴	iou²¹³	iou⁵²	tiou²⁴	iou²¹³	tʰai²⁴	tʰai⁵²	nai⁵²
兰考	iou⁴⁴	iou³¹²	iou⁵³	tiou²⁴	iou³¹²	tʰan²⁴	tʰan⁵³	nan⁵³
洛阳	iou⁴⁴	iou³¹	iou⁵³	tiou³⁴	iou³¹	tʰã³⁴	tʰã⁵³	nã⁵³
洛宁	iou³⁵	iou³¹	iou⁵²	tiou⁴⁴	iou³¹	tʰa⁴⁴	tʰa⁵²	na⁵²
三门峡	iou⁴⁴	iou²¹²	iou³¹	tiou⁵³	iou²¹²	tʰæ̃⁵³	tʰæ̃³¹	næ̃³¹
灵宝	iou⁴⁴	iou²⁴	iou²¹³	tiou⁵³	iou²⁴	tʰan⁵³	tʰan²¹³	nan²¹³
商丘	iou⁴⁴	iou⁴¹	iou⁵²	tiou²²³	iou⁴¹	tʰã²²³	tʰã⁵²	nã⁵²
永城	iou³³⁴	iou⁴¹	iou⁵³	tiou²¹³	iou⁴¹	tʰã²¹³	tʰã⁵³	nã⁵³
郸城	iou⁴⁴	iou⁵¹	iou⁴²	tiou²⁴	iou⁵¹	tʰan²⁴	tʰan⁴²	nan⁴²
漯河	iou⁴⁴	iou³¹	iou⁵³	tiou²²⁴	iou³¹	tʰan²²⁴	tʰan⁵³	nan⁵³
许昌	iəu⁴⁴	iəu³¹	iəu⁵³	tiəu²⁴	iəu³¹	tʰan²⁴	tʰan⁵³	nan⁵³
周口	iou⁴⁴	iou⁴¹	iou⁵³	tiou²⁴	iou⁴¹	tʰan²⁴	tʰan⁵³	nan⁵³
驻马店	iou⁴⁴	iou³¹	iou⁵³	tiou²¹³	iou³¹	tʰan²¹³	tʰan⁵³	nan⁵³
长葛	iou⁴⁴	iou³¹	iou⁵²	tiou²⁴	iou³¹	tʰan²⁴	tʰan⁵²	nan⁵²
泌阳	iou⁴⁴	iou³¹	iou⁵³	tiou²⁴	iou³¹	tʰan²⁴	tʰan⁵³	nan⁵³
南阳	iəu⁵⁵	iəu³¹	iəu⁴²	tiəu²²⁴	iəu³¹	tʰan²²⁴	tʰan⁴²	nan⁴²
鲁山	iou⁴⁴	iou³¹	iou⁵³	tiou²⁴	iou³¹	tʰan²⁴	tʰan⁵³	nan⁵³
邓州	iou⁵⁵	iou³¹	iou⁴²	tiou³³	iou³¹	tʰan³³	tʰan⁴²	nan⁴²
西峡	iəu⁵⁵	iəu³¹	iəu⁴²	tiəu²⁴	iəu³¹	tʰan²⁴	tʰan⁴²	nan⁴²
信阳	iou²⁴	iou⁵³	iou⁴⁴	tiou¹¹³	iou⁵³	tʰan¹¹³	tʰan⁴⁴	lan⁴⁴
固始	iou²⁴	iou⁵¹	iou⁵⁵	tiou²¹³	iou⁵¹	tʰan²¹³	tʰan⁵⁵	lan⁵⁵

	0377 蚕	**0378 感**	**0379 含** ～一口水	**0380 暗**	**0381 搭**	**0382 踏**	**0383 拉**	**0384 杂**
	咸开一	咸开一	咸开一	咸开一	咸开一	咸开一	咸开一	咸开一
	平覃从	上覃见	平覃匣	去覃影	入合端	入合透	入合来	入合从
安阳	tsʰã⁵²	kã⁴³	xã⁵²	ã³¹	tɐʔ³³	tʰɐʔ³³ 白 tʰa⁴⁴ 文	la⁴⁴ ～住 la⁵² ～弦	tsa⁵²
林州	tsʰa⁴²	ka⁵⁴	xa⁴²	ɣa³³	tɐʔ³	tʰɐʔ³	lɐʔ³ ～车 lɔ³¹ ～手	tsɔ⁴²
鹤壁	tsʰɑ̃⁵³	kɑ̃⁵⁵	xɑ̃⁵³	ɣɑ̃³¹	tɐʔ³	tʰɐʔ³	lɐʔ³ 白 lɑ³³ 文	tsɑ⁵³
新乡	tsʰɛ̃⁵²	kɛ̃⁵⁵	xɛ̃⁵²	ɣɛ̃²¹	tɐʔ³⁴	tʰa²⁴	lɐʔ³⁴ ～车 la²⁴ ～手 lɑɔ²⁴ ～走	tsa⁵²
济源	tsʰãn³¹²	kãn⁵²	xãn³¹²	ɣãn²⁴	tɐʔ²³	tʰa⁴⁴	la⁴⁴ ～手 la³¹² ～二胡 lɔ²⁴ ～住	tsa³¹²
沁阳	tsʰã³¹²	kã⁵²	xã³¹²	ɣã¹³	tʌʔ²³ 动词 ta⁵² 名词	tʰa⁴⁴	la⁴⁴ ～车 la³¹² ～二胡	tsa³¹²
温县	tsʰæn³¹	kæn⁵³	xæn³¹	ɣæn²¹³	tʌʔ³	tʰa⁴⁴	lɔ⁴⁴ 白 la³¹ ～二胡 la⁴⁴ 文	tsa³¹
范县	tsʰã⁴²	kã⁵⁵	xã⁴²	ɣã³¹³	ta²⁴	tʰa²⁴	la²⁴ ～手 la⁴² ～二胡	tsa⁴²
郑州	tsʰan⁵³	kan⁴⁴	xan⁵³	ɣan³¹	ta²⁴	tʰa²⁴	la²⁴ ～扯 la⁵³ ～二胡	tsa⁵³
开封	tsʰan⁵³	kan⁴⁴	xan⁵³	an³¹²	ta²⁴	tʰa²⁴	la²⁴ ～手 la⁵³ ～二胡	tsa⁵³
濮阳	tsʰan⁴²	kan⁵⁵	xan⁴²	ɣan³¹	ta³⁵	tʰa³⁵	la³⁵ ～手 la⁴² ～弦	tsa⁴²
浚县	tsʰan⁴²	kan⁵⁵	xan⁴²	ɣan²¹³	ta²⁴	tʰa²⁴	la²⁴ ～车 la⁴² ～弦儿	tsa⁴²
长垣	tsʰai⁵²	kai⁴⁴	xai⁵²	ɣai²¹³	ta²⁴	tʂʰa⁴⁴	lau²⁴ ～住 la⁴² ～二胡	tsa⁵²
兰考	tsʰan⁵³	kan⁴⁴	xan⁵³	ɣan³¹²	ta²⁴	tʰa²⁴	la²⁴ ～手	tsa⁵³
洛阳	tsʰã⁵³	kã⁴⁴	xã⁵³	ɣã³¹	ta³⁴	tʰa³⁴	la³⁴ ～车 la⁵³ ～弦子	tsa⁵³

第二章　字音对照表

	0377 蚕	0378 感	0379 含 ～一口水	0380 暗	0381 搭	0382 踏	0383 拉	0384 杂
	咸开一	咸开一	咸开一	咸开一	咸开一	咸开一	咸开一	咸开一
	平覃从	上覃见	平覃匣	去覃影	入合端	入合透	入合来	入合从
洛宁	tsʰɐ⁵²	ka³⁵	xa⁵²	ɣa³¹	tɐ⁴⁴	tʰɐ⁴⁴	lɐ⁴⁴ ～车 lɐ⁵² ～二胡	tsɐ⁵²
三门峡	tsʰæ̃³¹	kæ̃⁴⁴	xæ̃³¹	ŋæ̃²¹²	ta⁵³	tʰa³¹	la⁵³	tsa⁵³
灵宝	tsʰan²¹³	kan⁴⁴	xan²¹³	ŋan²⁴	ta⁵³	tʰa²¹³	la⁵³	tsʰa²¹³
商丘	tsʰã⁵²	kã⁴⁴	xã⁵²	ã⁴¹	ta²²³	tʰa²²³	la²²³	tsa⁵²
永城	tsʰã⁵³	kã³³⁴	xã⁵³	ã⁴¹	ta²¹³	tʰa²¹³	la²¹³	tsa⁵³
郸城	tsʰan⁴²	kan⁴⁴	xan⁴²	ɣan⁵¹	ta²⁴	tʰa²⁴	la²⁴ ～车 la⁴² ～二胡 lɔ⁴² ～架	tsa⁴²
漯河	tsʰan⁵³	kan⁴⁴	xan⁵³	an³¹	ta²²⁴	tʰa²²⁴	la²²⁴	tsa⁵³
许昌	tsʰan⁵³	kan⁴⁴	xan⁵³	an³¹	ta²⁴	tʰa²⁴	la²⁴ ～车 la⁵³ ～一下	tsa⁵³
周口	tsʰan⁵³	kan⁴⁴	xan⁵³	an⁴¹	ta²⁴	tʰa²⁴	la²⁴ ～车 la⁵³ ～弦子	tsa⁵³
驻马店	tsʰan⁵³	kan⁴⁴	xan⁵³	ɣan³¹	ta²¹³	tʰa²¹³	la²¹³ ～车 la⁵³ ～弦子	tsa⁵³
长葛	tsʰan⁵²	kan⁴⁴	xan⁵²	ɣan³¹	ta²⁴	tʰa²⁴	la²⁴	tsa⁵²
泌阳	tsʰan⁵³	kan⁴⁴	xan⁵³	ɣan³¹	ta²⁴	tʰa²⁴	la⁵³ ～弦子 la²⁴ ～车	tsa⁵³
南阳	tsʰan⁴²	kan⁵⁵	xan⁴²	an³¹	ta²²⁴	tʰa²²⁴	la²²⁴ ～扯 la⁴² ～二胡	tsa⁴²
鲁山	tsʰan⁵³	kan⁴⁴	xan⁵³	ɣan³¹	ta²⁴	tʰa²⁴	la²⁴ ～车 la⁵³ ～弦子	tsa⁵³
邓州	tsʰan⁴²	kan⁵⁵	xan⁴²	ɣan³¹	ta³³	tʰa³¹	la³³ ～手 la⁴² ～二胡 lɔ³³ ～车	tsa⁴²
西峡	tsʰan⁴²	kan⁵⁵	xan⁴²	an³¹	ta²⁴	tʰa⁴²	la²⁴ ～东西 la⁴² ～二胡	tsa⁴²
信阳	tsʰæ̃⁴⁴	kan²⁴	xan⁴⁴	ŋan⁵³	ta¹¹³	tʰa¹¹³	la¹¹³	tsa⁴⁴
固始	tsʰan⁵⁵	kan²⁴	xan⁵⁵	an⁵¹	ta²¹³	tʰa²¹³	la²¹³	tsa⁵⁵

	0385 鸽	0386 盒	0387 胆	0388 毯	0389 淡	0390 蓝	0391 三	0392 甘
	咸开一	咸开一	咸开一	咸开一	咸开一	咸开一	咸开一	咸开一
	入合见	入合匣	上谈端	上谈透	上谈定	平谈来	平谈心	平谈见
安阳	kɐʔ³³	xə⁵²	tã⁴³	tʰã⁴³	tã³¹	lã⁵²	sã⁴⁴	kã⁴⁴
林州	kɐʔ³	xɤ⁴²	ta⁵⁴	tʰa⁵⁴	ta³³	la⁴²	sa³¹	ka³¹
鹤壁	kɐʔ³	xɤ⁵³	tɑ̃⁵⁵	tʰɑ̃⁵⁵	tɑ̃³¹	lɑ̃⁵³	sɑ̃³³	kɑ̃³³
新乡	（无）不单说	xɤ⁵²	tɛ̃⁵⁵	tʰɛ̃⁵⁵	tɛ̃²¹	lɛ̃⁵²	sɛ̃²⁴	kɛ̃²⁴
济源	kɤ⁴⁴	xɤ³¹²	tãn⁵²	tʰãn⁵²	tãn²⁴	lãn³¹²	sãn⁴⁴	kãn⁴⁴
沁阳	kAʔ²³	xɤ³¹²	tã⁵²	tʰã⁵²	tã¹³	lã³¹²	sã⁴⁴	kã⁴⁴
温县	kɤ⁴⁴	xɤ³¹	tæn⁵³	tʰæn⁵³	tæn²¹³	læn³¹	sæn⁴⁴	kæn⁴⁴
范县	kə²⁴	xə⁴²	tã⁵⁵	tʰã⁵⁵	tã³¹³	lã⁴²	sã²⁴	kã²⁴
郑州	kə²⁴	xə⁵³	tan⁴⁴	tʰan⁴⁴	tan³¹	lan⁵³	san²⁴	kan²⁴
开封	kɤ²⁴	xɤ⁵³	tan⁴⁴	tʰan⁴⁴	tan³¹²	lan⁵³	san²⁴	kan²⁴
濮阳	kə³⁵	xə⁴²	tan⁵⁵	tʰan⁵⁵	tan³¹	lan⁴²	san³⁵	kan³⁵
浚县	kɤ²⁴	xɤ⁴²	tan⁵⁵	tʰan⁵⁵	tan²¹³	lan⁴²	san²⁴	kan²⁴
长垣	kə²⁴	xə⁵²	tai⁴⁴	tʰai⁴⁴	tai²¹³	lai⁵²	sai²⁴	kai²⁴
兰考	kɤ²⁴	xɤ⁵³	tan⁴⁴	tʰan⁴⁴	tan³¹²	lan⁵³	san²⁴	kan²⁴
洛阳	kə³⁴	xə⁵³	tã⁴⁴	tʰã⁴⁴	tã³¹	lã⁵³	sã³⁴	kã³⁴
洛宁	kə⁴⁴	xə⁵²	ta³⁵	tʰa³⁵	ta³¹	la⁵²	sa⁴⁴	ka⁴⁴
三门峡	kuə⁵³	xuə³¹	tæ̃⁴⁴	tʰæ̃⁴⁴	tæ̃²¹²	læ̃³¹	sæ̃⁵³	kæ̃⁵³
灵宝	kuɤ⁵³	xɤ²¹³	tan⁴⁴	tʰan⁴⁴	tʰan²⁴	lan²¹³	san⁵³	kan⁵³
商丘	kə²²³	xə⁵²	tã⁴⁴	tʰã⁴⁴	tã⁴¹	lã⁵²	sã²²³	kã²²³
永城	kə²¹³	xə⁵³	tã³³⁴	tʰã³³⁴	tã⁴¹	lã⁵³	sã²¹³	kã²¹³
郸城	kɤ²⁴	xɤ⁴²	tan⁴⁴	tʰan⁴⁴	tan⁵¹	lan⁴²	san²⁴	kan²⁴
漯河	kɤ²²⁴	xɤ⁵³	tan⁴⁴	tʰan⁴⁴	tan³¹	lan⁵³	san²²⁴	kan²²⁴
许昌	kɤ²⁴	xɤ⁵³	tan⁴⁴	tʰan⁴⁴	tan³¹	lan⁵³	san²⁴	kan²⁴
周口	kɤ²⁴	xɤ⁵³	tan⁴⁴	tʰan⁴⁴	tan⁴¹	lan⁵³	san²⁴	kan²⁴
驻马店	kɤ²¹³	xɤ⁵³	tan⁴⁴	tʰan⁴⁴	tan³¹	lan⁵³	san²¹³	kan²¹³
长葛	kɤ²⁴	xɤ⁵²	tan⁴⁴	tʰan⁴⁴	tan³¹	lan⁵²	san²⁴	kan²⁴
泌阳	kɤ²⁴	xɤ⁵³	tan⁴⁴	tʰan⁴⁴	tan³¹	lan⁵³	san²⁴	kan²⁴
南阳	kə²²⁴	xə⁴²	tan⁵⁵	tʰan⁵⁵	tan³¹	lan⁴²	san²²⁴	kan²²⁴
鲁山	kə²⁴	xə⁵³	tan⁴⁴	tʰan⁴⁴	tan³¹	lan⁵³	san²⁴	kan²⁴
邓州	kə³³	xə⁴²	tan⁵⁵	tʰan⁵⁵	tan³¹	lan⁴²	san³³	kan³³
西峡	kə²⁴	xə⁴²	tan⁵⁵	tʰan⁵⁵	tan³¹	lan⁴²	san²⁴	kan²⁴
信阳	kɤ¹¹³	xɤ⁴⁴	tan²⁴	tʰan²⁴	tan³¹	lan⁴⁴	san¹¹³	kan¹¹³
固始	kɤ²¹³	xɤ⁵⁵	tan²⁴	tʰan²⁴	tan⁵¹	lan⁵⁵	san²¹³	kan²¹³

	0393 敢	0394 喊	0395 塔	0396 蜡	0397 赚	0398 杉~木	0399 减	0400 咸~淡
	咸开一	咸开一	咸开一	咸开一	咸开二	咸开二	咸开二	咸开二
	上谈见	上谈晓	入盍透	入盍来	去咸澄	平咸生	上咸见	平咸匣
安阳	kã^{43}	xã^{43}	tʰɐʔ^{33}	lɐʔ^{33}	tsuã^{31}	sã^{44}	tɕiã^{43}	ɕiã^{52}
林州	ka^{54}	xa^{54}	tʰɐʔ^{3}	lɐʔ^{3}	tsua^{33}	ʂa^{31}	tɕia^{54}	ɕia^{42}
鹤壁	kɑ̃^{55}	xɑ̃^{55}	tʰɐʔ^{3}	lɐʔ^{3}	tsuɑ̃^{31}	sɑ^{33}	tɕiɑ̃^{55}	ɕiɑ̃$^{}$
新乡	kɛ̃^{55}	xɛ̃^{55}	tʰɐʔ^{34}	lɐʔ^{34}	tsuɛ̃^{21}	sɛ̃^{24}	tɕiɛ̃^{55}	ɕiɛ^{52}
济源	kãn^{52}	xãn^{52}	tʰɐʔ^{23}	lɐʔ^{23}	tʂuan^{24}	san^{44}	tɕian^{52}	ɕian^{312}
沁阳	kã^{52}	xã^{52}	tʰʌʔ^{23}	lʌʔ^{23}	tsua^{13}	sã^{44}	tɕiã^{52}	ɕiã^{312}
温县	kæn^{53}	xæn^{53}	tʰʌʔ^{3}	lʌʔ^{3}	tʂuæn^{213}	sæn^{44}	tɕie^{53}	ɕie^{31}
范县	kã^{55}	xã^{55}	tʰa^{24}	la^{24}	tʂuã^{313}	ʂa^{24}	tɕiã^{55}	ɕiã^{42}
郑州	kan^{44}	xan^{44}	tʰa^{24}	la^{24}	tʂuan^{31}	ʂan^{24}	tɕian^{44}	ɕian^{53}
开封	kan^{44}	xan^{44}	tʰa^{24}	la^{24}	tʂuan^{312}	ʂan^{24}	tɕian^{44}	ɕian^{53}
濮阳	kan^{55}	xan^{55}	tʰa^{35}	la^{35}	tʂuan^{31}	ʂan^{35}	tɕian^{55}	ɕian^{42}
浚县	kan^{55}	xan^{55}	tʰa^{24}	la^{24}	tʂuan^{213}	（无）	tɕian^{55}	ɕian^{42}
长垣	kai^{44}	xai^{44}	tʰa^{24}	la^{24}	tʂuai^{213}	ʂai^{24}	tɕiai^{44}	ɕiai^{52}
兰考	kan^{44}	xan^{44}	tʰa^{24}	la^{24}	tsuan^{312}	san^{24}	tɕian^{44}	ɕian^{53}
洛阳	kã^{44}	xã^{44}	tʰa^{34}	la^{34}	tʂuã^{31}	sa^{34}	tɕiã^{44}	ɕiã^{53}
洛宁	ka^{35}	xa^{35}	tʰɐ^{44}	lɐ^{44}	tʂua^{31}	sa^{44}	tɕia^{35}	ɕia^{52}
三门峡	kæ̃^{44}	xæ̃^{44}	tʰa^{53}	la^{53}	tʂuæ̃^{212}	sæ̃^{53}	tɕiæ̃^{44}	xæ̃^{31}
灵宝	kan^{44}	xan^{44}	tʰa^{53}	la^{53}	tʂʰuan^{24}	sa^{53}	tɕian^{44}	xan^{213}
商丘	kã^{44}	xã^{44}	tʰa^{223}	la^{223}	tʂuã^{41}	ʂa^{223}	tɕiã^{44}	ɕiã^{52}
永城	kã^{334}	xã^{334}	tʰa^{213}	la^{213}	tʂuã^{41}	（无）	tɕiã^{334}	ɕiã^{53}
郸城	kan^{44}	xan^{44}	tʰa^{24}	la^{24}	tʂuan^{51}	ʂan^{24}	tɕian^{44}	ɕian^{42}
漯河	kan^{44}	xan^{44}	tʰa^{224}	la^{224}	tsuan^{31}	sa^{224}	tɕian^{44}	ɕian^{53}
许昌	kan^{44}	xan^{44}	tʰa^{24}	la^{24}	tsuan^{31}	ʂan^{24}	tɕian^{44}	ɕian^{53}
周口	kan^{44}	xan^{44}	tʰa^{24}	la^{24}	tsuan^{41}	sa^{24}	tɕian^{44}	ɕian^{53}
驻马店	kan^{44}	xan^{44}	tʰa^{213}	la^{213}	tsuan^{31}	sa^{213}	tɕian^{44}	ɕian^{53}
长葛	kan^{44}	xan^{44}	tʰa^{24}	la^{24}	tsuan^{31}	sa^{24}	tɕian^{44}	ɕian^{52}
泌阳	kan^{44}	xan^{44}	tʰa^{24}	la^{24}	tsuan^{31}	ʂa^{24}	tɕian^{44}	ɕian^{53}
南阳	kan^{55}	xan^{55}	tʰa^{224}	la^{224}	tsuan^{31}	ʂan^{224}	tɕian^{55}	ɕian^{42}
鲁山	kan^{44}	xan^{44}	tʰa^{24}	la^{24}	tsuan^{31}	ʂan^{24}	tɕian^{44}	ɕian^{53}
邓州	kan^{55}	xan^{55}	tʰa^{33}	la^{33}	tsuan^{31}	ʂan^{33}	tɕian^{55}	ɕian^{42}
西峡	kan^{55}	xan^{55}	tʰa^{24}	la^{24}	tsuan^{31}	ʂan^{24}	tɕian^{55}	ɕian^{42}
信阳	kan^{24}	xan^{24}	tʰa^{113}	la^{113}	tɕyan^{53}	sa^{113}	tɕian^{24}	ɕian^{44}
固始	kan^{24}	xan^{24}	tʰa^{213}	la^{213}	tsuan^{51}	sa^{213}	tɕian^{24}	ɕian^{55}

	0401 插	0402 闸	0403 夹~子	0404 衫	0405 监	0406 岩	0407 甲	0408 鸭
	咸开二	咸开二	咸开二	咸开二	咸开二	咸开二	咸开二	咸开二
	入洽初	入洽崇	入洽见	平衔生	平衔见	平衔疑	入狎见	入狎影
安阳	tʂʰɐʔ³³	tsa⁴³	tɕia⁴⁴	sã⁴⁴	tɕia⁴⁴	ia⁵²	tɕie ʔ³³ ~乙 / tɕia⁵² 指~	ieʔ³³ 白 / ia⁴⁴ 文
林州	tʂʰɐʔ³	tʂɔ⁴² 电~ / tʂɔ⁵⁴ 车~	tɕiɐʔ³	ʂa³¹	tɕia³¹	ia⁴²	tɕiɐʔ³	ieʔ³
鹤壁	tʂʰɐʔ³	tsa⁵³	tɕiɐʔ³	sã³³	tɕiã³³	iã⁵³	tɕiɐʔ³	iɐʔ³
新乡	tʂʰɐʔ³⁴	tsa⁵²	tɕia²⁴	sɛ̃²⁴	tɕiɛ̃²⁴	iɛ⁵²	tɕiɐʔ³⁴	ia²⁴
济源	tʂʰɐʔ²³	tsa³¹² 水~ / tsa⁵² 电~	tɕia⁴⁴	sãn⁴⁴	tɕiãn⁴⁴	iãn³¹²	tɕiɐʔ²³	ia⁴⁴
沁阳	tsʰʌʔ²³	tsa³¹² 水~ / tsa⁵² 车~	tɕiʌʔ²³	sã⁴⁴	tɕiã⁴⁴	iã³¹²	tɕiʌʔ²³	ia⁴⁴
温县	tʂʰʌʔ³	tsa⁵³	tɕia⁴⁴	sæn⁴⁴	tɕie⁴⁴	ie³¹	tɕiʌʔ³	ia⁴⁴
范县	tʂʰa²⁴	tsa⁵⁵	tɕia²⁴	sã²⁴	tɕiã²⁴	iã⁴²	tɕia²⁴	ia²⁴
郑州	tʂʰa²⁴	tʂa⁵³ 又 / tʂa⁴⁴ 又	tɕia²⁴	san²⁴	tɕian²⁴	ian⁵³	tɕia²⁴	ia²⁴
开封	tʂʰa²⁴	tsa⁴⁴	tɕia²⁴	san²⁴	tɕian²⁴	ian⁵³	tɕia²⁴	ia²⁴
濮阳	tʂʰa³⁵	tsa⁵⁵	tɕia³⁵	san³⁵	tɕian³⁵	ian⁴²	tɕia³⁵	ia³⁵
浚县	tʂʰa²⁴	tsa⁵⁵	tɕia²⁴	san²⁴	tɕian²⁴	ian⁴²	tɕia²⁴	ia²⁴
长垣	tʂʰa²⁴	tsa⁴⁴	tɕia²⁴	sai²⁴	tɕiai²⁴	iai⁵²	tɕia²⁴	ia²⁴
兰考	tʂʰa²⁴	tsa⁴⁴	tɕia²⁴	san²⁴	tɕian²⁴	ian⁵³	tɕia²⁴	ia²⁴
洛阳	tʂʰa³⁴	tsa⁵³	tɕia³⁴	sã³⁴	tɕiã³⁴	iã⁵³	tɕia³⁴	ia³⁴
洛宁	tsʰɐ⁴⁴	tsɐ⁵²	tɕiɐ⁴⁴	sa⁴⁴	tɕia⁴⁴	ia⁵²	tɕie⁴⁴	ie⁴⁴
三门峡	tʂʰa⁵³	tsa⁴⁴	tɕia⁵³	sæ̃⁵³	tɕiæ̃⁵³	iæ̃³¹	tɕia⁵³	ia⁵³
灵宝	tʂʰa⁵³	tsa⁴⁴	tɕia⁵³	san⁵³	tɕian⁵³	ian²¹³	tɕia⁵³	nia⁵³
商丘	tʂʰa²²³	tsa⁴⁴	tɕia²²³	sã²²³	tɕiã²²³	iã⁵²	tɕia²²³	ia²²³
永城	tʂʰa²¹³	tsa³³⁴	tɕia²¹³	sã²¹³	tɕiã²¹³	iã⁵³	tɕia²¹³	ia²¹³
郸城	tʂʰa²⁴	tsa⁴⁴	tɕia²⁴	san²⁴	tɕian²⁴	ian⁴²	tɕia²⁴	ia²⁴
漯河	tʂʰa²²⁴	tsa⁴⁴	tɕia²²⁴	san²²⁴	tɕian²²⁴	ian⁵³	tɕia⁴⁴	ia²²⁴
许昌	tʂʰa²⁴	tsa⁵³	tɕia²⁴	san²⁴	tɕian²⁴	ian⁵³	tɕia²⁴	ia²⁴
周口	tʂʰa²⁴	tsa⁴⁴	tɕia²⁴	san²⁴	tɕian²⁴	ian⁵³	tɕia²⁴	ia²⁴
驻马店	tʂʰa²¹³	tsa⁴⁴	tɕia²¹³	san²¹³	tɕian²¹³	ian⁵³	tɕia⁴⁴ ~乙 / tɕia²¹³ 盖~	ia²¹³
长葛	tʂʰa²⁴	tsa⁴⁴	tɕia²⁴	san²⁴	tɕian²⁴	ian⁵²	tɕia⁴⁴	ia²⁴
泌阳	tʂʰa²⁴	tsa⁴⁴	tɕia²⁴	san²⁴	tɕian²⁴	ian⁵³	tɕia²⁴ 鱼 / tɕia⁴⁴ ~乙丙	ia²⁴
南阳	tʂʰa²²⁴	tsa⁴² 又 / tsa⁵⁵ 又	tɕia²²⁴	san²²⁴	tɕian²²⁴	ian⁴²	tɕia⁵⁵	ia²²⁴
鲁山	tʂʰa²⁴	tsa⁴⁴	tɕia²⁴	san²⁴	tɕian²⁴	ian⁵³	tɕia²⁴	ia²⁴
邓州	tʂʰa³³	tsa⁵⁵ / tsa⁴² 又	tɕia³³	san³³	tɕian³³	ian⁴²	tɕia³³	ia³³
西峡	tʂʰa²⁴	tsa⁵⁵	tɕia²⁴	san²⁴	tɕian²⁴	ian⁴²	tɕia²⁴	ia²⁴
信阳	tʂʰa¹¹³	tsa⁴⁴	tɕia¹¹³	san¹¹³	tɕian¹¹³	ian⁴⁴	tɕia⁴⁴	ia¹¹³
固始	tʂʰa²¹³	tsa⁵⁵	tɕia⁵⁵	san²¹³	tɕian²¹³	ian⁵⁵	tɕia⁵⁵	ia²¹³

	0409 黏~液	0410 尖	0411 签~名	0412 占~领	0413 染	0414 钳	0415 验	0416 险
	咸开三	咸开三	咸开三	咸开三	咸开三	咸开三	咸开三	咸开三
	平盐泥	平盐精	平盐清	去盐章	上盐日	平盐群	去盐疑	上盐晓
安阳	ɲiã^{52}	tɕiã^{44}	tɕʰiã^{44}	tsã^{31}	zã^{43}	tɕʰiã^{52}	iã^{31}	ɕiã^{43}
林州	ɲia^{42}	tsia^{31}	tsʰia^{31}	tʂa^{33}	za^{54}	tɕʰia^{42}	ia^{33}	ɕia^{54}
鹤壁	ɲiɑ̃^{53}	tɕiɑ̃^{33}	tɕʰiɑ̃^{33}	tsɑ̃^{31}	zɑ̃^{55}	tɕʰiɑ̃^{53}	iɑ̃^{31}	ɕiɑ̃^{55}
新乡	ɲiɛ̃^{52}	tɕiɛ̃^{24}	tɕʰiɛ̃^{24}	tsɛ̃^{21}	zɛ̃^{55}	tɕʰiɛ̃^{52}	iɛ̃^{21}	ɕiɛ̃^{55}
济源	ɲiãn^{312}	tɕiãn^{44}	tɕʰiãn^{44}	tsãn^{24}	zãn^{52}	tɕʰiãn^{312}	iãn^{24}	ɕiãn^{52}
沁阳	ɲiã^{312}	tɕiã^{44}	tɕʰiã^{44}	tsã^{13}	zã^{52}	tɕʰiã^{312}	iã^{13}	ɕiã^{52}
温县	ɲie^{31}	tɕie^{44}	tɕʰie^{44}	tsæn^{213}	zæn^{53}	tɕʰie^{31}	ie^{213}	ɕie^{53}
范县	ɲiã^{42}	tsiã^{24}	tsʰiã^{24}	tsã^{313}	zã^{55}	tɕʰiã^{42}	iã^{313}	ɕiã^{55}
郑州	ɲian^{53}	tɕian^{24}	tɕʰian^{24}	tsan^{31}	zan^{44}	tɕʰian^{53}	ian^{31}	ɕian^{44}
开封	ɲian^{53}	tɕian^{24}	tɕʰian^{24}	tsan^{312}	zan^{44}	tɕʰian^{53}	ian^{312}	ɕian^{44}
濮阳	ɲian^{42}	tsian^{35}	tsʰian^{35}	tʃian^{31} 白 / tsan^{31} 文	ʒian^{55} 白 / zan^{55} 文	tɕʰian^{42}	ian^{31}	ɕian^{55}
浚县	ɲian^{42}	tɕian^{24}	tɕʰian^{24}	tsan^{213}	zan^{55}	tɕʰian^{42}	ian^{213}	ɕian^{55}
长垣	ɲiai^{52}	tɕiai^{24}	tɕʰiai^{24}	tsai^{213}	zai^{44}	tɕʰiai^{52}	iai^{213}	ɕiai^{44}
兰考	ɲian^{53}	tɕian^{24}	tɕʰian^{24}	tsan^{312}	zan^{44}	tɕʰian^{53}	ian^{312}	ɕian^{44}
洛阳	ɲiã^{53}	tsiã^{34}	tsʰiã^{34}	tʂã^{31}	ʐã^{44}	tɕʰiã^{53}	iã^{31}	ɕiã^{44}
洛宁	ɲia^{52}	tɕia^{44}	tɕʰia^{44}	tʂa^{31}	ʐa^{35}	tɕʰia^{52}	ia^{31}	ɕia^{35}
三门峡	ɲiæ^{31}	tɕiæ^{53}	tɕʰiæ^{53}	tʂæ^{212}	ʐæ^{44}	tɕʰiæ^{31}	iæ^{212}	ɕiæ^{44}
灵宝	ʐan^{213}	tɕian^{53}	tɕʰian^{53}	tʂan^{24}	ʐan^{44}	tɕʰian^{213}	ian^{24}	ɕian^{44}
商丘	ɲiã^{52}	tɕiã^{223}	tɕʰiã^{223}	tʂã^{41}	ʐã^{44}	tɕʰiã^{52}	iã^{41}	ɕiã^{44}
永城	ɲiã^{53}	tsiã^{213}	tsʰiã^{213}	tʂã^{41}	ʐã^{334}	tɕʰiã^{53}	iã^{41}	ɕiã^{334}
郸城	ɲian^{42}	tɕian^{24}	tɕʰian^{24}	tsan^{51}	zan^{44}	tɕʰian^{42}	ian^{51}	ɕian^{44}
漯河	ɲian^{53}	tsian^{224}	tsʰian^{224}	tsan^{31}	zan^{44}	tɕʰian^{53}	ian^{31}	ɕian^{44}
许昌	ɲian^{53}	tsian^{24}	tɕʰian^{24}	tsan^{31}	zan^{44}	tɕʰian^{53}	ian^{31}	ɕian^{44}
周口	ɲian^{53}	tɕian^{24}	tɕʰian^{24}	tsan^{41}	zan^{44}	tɕʰian^{53}	ian^{41}	ɕian^{44}
驻马店	ɲian^{53}	tɕian^{213}	tɕʰian^{213}	tsan^{31}	zan^{44}	tɕʰian^{53}	ian^{31}	ɕian^{44}
长葛	ɲian^{52}	tsian^{24}	tsʰian^{24}	tsan^{31}	zan^{44}	tɕʰian^{52}	ian^{31}	ɕian^{44}
泌阳	ɲian^{53}	tsian^{24}	tsʰian^{24}	tʃan^{31}	zan^{44}	tɕʰian^{53}	ian^{31}	ɕian^{44}
南阳	ɲian^{42}	tsɿan^{224}	tsʰian^{224}	tʂan^{31}	ʐan^{55}	tɕʰian^{42}	ian^{31}	ɕian^{55}
鲁山	ɲian^{53}	tsian^{24}	tsʰian^{24}	tsan^{31}	zan^{44}	tɕʰian^{53}	ian^{31}	ɕian^{44}
邓州	ɲian^{42}	tsian^{33}	tsʰian^{33}	tsan^{31}	zan^{55}	tɕʰian^{42}	ian^{31}	ɕian^{55}
西峡	ɲian^{42}	tsian^{24}	tsʰian^{24}	tsan^{31}	zan^{55}	tɕʰian^{42}	ian^{31}	ɕian^{55}
信阳	ɲian^{44}	tɕian^{113}	tɕʰian^{113}	tsan^{53}	zan^{24}	tɕʰian^{44}	ian^{53}	ɕian^{24}
固始	lian^{55}	tɕian^{213}	tɕʰian^{213}	tsan^{51}	zan^{24}	tɕʰian^{55}	ian^{51}	ɕian^{24}

	0417 厌	0418 炎	0419 盐	0420 接	0421 折~叠	0422 叶~树~	0423 剑	0424 欠
	咸开三	咸开三	咸开三	咸开三	山开三	咸开三	咸开三	咸开三
	去盐影	平盐云	平盐以	入叶精	入薛章	入叶以	去严见	去严溪
安阳	iã^{31}	iã^{52}	iã^{52}	tɕiɛʔ^{33}	tsɛʔ^{33}	iʔ^{33}	tɕiã^{31}	tɕʰiã^{31}
林州	ia^{33}	ia^{42}	ia^{42}	tsiɛʔ^{3}	tsʅʔ^{3}	iʔ^{3}	tɕia^{33}	tɕʰia^{33}
鹤壁	iã^{31}	iã^{53}	iã^{53}	tɕiɛʔ^{3}	tsʅʔ^{3}	iʔ^{3}	tɕiã^{31}	tɕʰiã^{31}
新乡	iɛ̃^{21}	iɛ̃^{52}	iɛ̃^{52}	tɕiɛʔ^{34}	tsɐʔ^{34}	iɐ^{24}	tɕiɛ̃^{21}	tɕʰiɛ̃^{21}
济源	iãn^{24}	iãn^{312}	iãn^{312}	tɕiɛʔ^{23}	tsɛʔ^{23}	ie^{44}	tɕiãn^{24}	tɕʰiãn^{24}
沁阳	iã^{13}	iã^{312}	iã^{312}	tɕiɛʔ^{23}	tsɛʔ^{23}	（无）不单说	tɕiã^{13}	tɕʰiã^{13}
温县	ie^{213}	ie^{31}	ie^{31}	tɕiɛʔ^{3}	tsɛʔ^{3}	ie^{44}	tɕie^{213}	tɕʰie^{213}
范县	iã^{313}	iã^{42}	iã^{42}	tsie^{24}	tsə^{24}	ie^{24}	tɕiã^{313}	tɕʰiã^{313}
郑州	ian^{31}	ian^{53}	ian^{53}	tsiɛ^{24}	tsʅ^{24}	iɛ^{24}	tɕian^{31}	tɕʰian^{31}
开封	ian^{312}	ian^{53}	ian^{53}	tɕie^{24}	tsɛ^{24} 白 / tsɤ^{24} 文	ie^{24}	tɕian^{312}	tɕʰian^{312}
濮阳	ian^{31}	ian^{42}	ian^{42}	tsie^{35}	tsɛ^{35}	ie^{35}	tɕian^{31}	tɕʰian^{31}
浚县	ian^{213}	ian^{42}	ian^{42}	tɕie^{24}	tsʅ^{24}	ie^{24}	tɕian^{213}	tɕʰian^{213}
长垣	iai^{213}	iai^{52}	iai^{52}	tsie^{24}	tsʅ^{24}	ie^{24}	tɕiai^{213}	tɕʰiai^{213}
兰考	ian^{312}	ian^{53}	ian^{53}	tɕie^{24}	tsɛ^{24}	ie^{24}	tɕian^{312}	tɕʰian^{312}
洛阳	iã^{31}	iã^{53}	iã^{53}	tsie^{34}	tsə^{34}	ie^{34}	tsiã^{31}	tɕʰiã^{31}
洛宁	ia^{31}	ia^{52}	ia^{52}	tɕie^{44}	tsə^{44}	ie^{44}	tɕia^{31}	tɕʰia^{31}
三门峡	iæ^{212}	iæ^{31}	iæ^{31}	tɕie^{53}	tsʅ^{53}	ie^{53}	tɕiæ^{212}	tɕʰiæ^{212}
灵宝	ian^{24}	ian^{213}	ian^{213}	tɕie^{53}	tsɤ^{53}	ie^{53}	tɕian^{24}	tɕʰian^{24}
商丘	iã^{41}	iã^{52}	iã^{52}	tɕiɛ^{223}	tsʅ^{223}	iɛ^{223}	tɕiã^{41}	tɕʰiã^{41}
永城	iã^{41}	iã^{53}	iã^{53}	tsie^{213}	tsə^{213}	ie^{213}	tɕiã^{41}	tɕʰiã^{41}
郸城	ian^{51}	ian^{42}	ian^{42}	tɕie^{24}	tsɤ^{24}	ie^{24}	tɕian^{51}	tɕʰian^{51}
漯河	ian^{31}	ian^{53}	ian^{53}	tsie^{224}	tsə^{224}	ie^{224}	tɕian^{31}	tɕʰian^{31}
许昌	ian^{31}	ian^{53}	ian^{53}	tsie^{24}	tsŋ^{24}	ie^{24}	tɕian^{31}	tɕʰian^{31}
周口	ian^{41}	ian^{53}	ian^{53}	tɕie^{24}	tsɤ^{24}	iɛ^{24}	tɕian^{41}	tɕʰian^{41}
驻马店	ian^{31}	ian^{53}	ian^{53}	tɕie^{213}	tsɛ^{213} 白 / tsɤ^{213} 文	ie^{213}	tɕian^{31}	tɕʰian^{31}
长葛	ian^{41}	ian^{52}	ian^{52}	tsie^{24}	tsɛ^{24}	ie^{24}	tsian^{31}	tɕʰian^{31}
泌阳	ian^{31}	ian^{53}	ian^{53}	tsie^{24}	tsɤ^{24}	ie^{24}	tɕian^{31}	tɕʰian^{31}
南阳	ian^{31}	ian^{42}	ian^{42}	tsie^{224}	tsʅ^{224}	ie^{224}	tɕian^{31}	tɕʰian^{31}
鲁山	ian^{31}	ian^{53}	ian^{53}	tsie^{24}	tsʅ^{24}	ie^{24}	tɕian^{31}	tɕʰian^{31}
邓州	ian^{31}	ian^{42}	ian^{42}	tsie^{33}	tsʅ^{33}	ie^{33}	tɕian^{31}	tɕʰian^{31}
西峡	ian^{31}	ian^{42}	ian^{42}	tsie^{24}	tsʅ^{24}	ie^{24}	tɕian^{31}	tɕʰian^{31}
信阳	ian^{53}	ian^{44}	ian^{44}	tɕie^{113}	tsɛ^{113}	iɛ^{113}	tɕian^{53}	tɕʰian^{53}
固始	ian^{51}	ian^{55}	ian^{55}	tɕie^{213}	tsɛ^{55}	ie^{213}	tɕian^{51}	tɕʰian^{51}

	0425 严	0426 业	0427 点	0428 店	0429 添	0430 甜	0431 念	0432 嫌
	咸开三	咸开三	咸开四	咸开四	咸开四	咸开四	咸开四	咸开四
	平严疑	入业疑	上添端	去添端	平添透	平添定	去添泥	平添匣
安阳	iã^{52}	iɛ^{31}	tiã^{43}	tiã^{31}	tʰiã^{44}	tʰiã^{52}	ȵiã^{31}	ɕiã^{52}
林州	ia^{42}	iɐʔ^{3}	tia^{54}	tia^{33}	tʰia^{31}	tʰia^{42}	ȵia^{33}	ɕia^{42}
鹤壁	iã^{53}	iɐʔ^{3}	tiã^{55}	tiã^{31}	tʰiã^{33}	tʰiã^{53}	ȵiã^{31}	ɕiã^{53}
新乡	iɛ̃^{52}	iɐʔ^{34}	tiɛ̃^{55}	tiɛ̃^{21}	tʰiɛ̃^{24}	tʰiɛ̃^{52}	ȵiɛ̃^{31}	ɕiɛ̃^{52}
济源	iãn^{312}	iɐʔ^{23}	tiãn^{52}	tiãn^{24}	tʰiãn^{44}	tʰiãn^{312}	ȵiãn^{24}	ɕiãn^{52} / ɕiãn^{312}~弃
沁阳	iã^{312}	iɐʔ^{23}	tiã^{52}	tiã^{13}	tʰiã^{44}	tʰiã^{312}	ȵiã^{13}	ɕiã^{312}
温县	ie^{31}	iɐʔ^{3}	tie^{53}	tie^{213}	tʰie^{44}	tʰie^{31}	ȵie^{213}	ɕie^{31}~弃 / ɕie^{53}
范县	iã^{42}	iɛ^{24}	tiã^{55}	tiã^{313}	tʰiã^{24}	tʰiã^{42}	ȵiã^{313}	ɕiã^{42}
郑州	ian^{53}	iE^{24}	tian^{44}	tian^{31}	tʰian^{24}	tʰian^{53}	ȵian^{31}	ɕian^{53}
开封	ian^{53}	iɛ^{24}	tian^{44}	tian^{312}	tʰian^{24}	tʰian^{53}	ȵian^{312}	ɕian^{53}
濮阳	ian^{42}	iɛ^{35}	tian^{55}	tian^{31}	tʰian^{35}	tʰian^{42}	ȵian^{31}	ɕian^{42}
浚县	ian^{42}	iɛ^{24}	tian^{55}	tian^{213}	tʰian^{24}	tʰian^{42}	ȵian^{213}	ɕian^{55}
长垣	iai^{52}	iɛ^{24}	tiai^{44}	tiai^{213}	tʰiai^{24}	tʰiai^{52}	ȵiai^{213}	ɕiai^{52}
兰考	ian^{53}	iɛ^{24}	tian^{44}	tian^{312}	tʰian^{24}	tʰian^{53}	ȵian^{312}	ɕian^{44}
洛阳	iã^{53}	iɛ^{34}	tiã^{44}	tiã^{31}	tʰiã^{34}	tʰiã^{53}	ȵiã^{31}	ɕiã^{53}
洛宁	ia^{52}	iɛ^{44}	tia^{35}	tia^{31}	tʰia^{44}	tʰia^{52}	ȵia^{31}	ɕia^{52}
三门峡	iæ̃^{31}	ȵie^{53}	tiæ̃^{44}	tiæ̃^{212}	tʰiæ̃^{53}	tʰiæ̃^{31}	ȵiæ̃^{212}	ɕiæ̃^{31}
灵宝	ȵian^{213}	ȵie^{53}	tian^{44}	tian^{24}	tʰian^{53}	tʰian^{213}	ȵian^{24}	ɕian^{213}
商丘	iã^{52}	iE^{223}	tiã^{44}	tiã^{41}	tʰiã^{223}	tʰiã^{52}	ȵiã^{41}	ɕiã^{52}
永城	iã^{53}	iɛ^{213}	tiã^{334}	tiã^{41}	tʰiã^{213}	tʰiã^{53}	ȵiã^{41}	ɕiã^{53}
郸城	ian^{42}	iɛ^{24}	tian^{44}	tian^{51}	tʰian^{24}	tʰian^{42}	ȵian^{51}	ɕian^{42}
漯河	ian^{53}	iɛ^{224}	tian^{44}	tian^{31}	tʰian^{224}	tʰian^{53}	ȵian^{31}	ɕian^{44}
许昌	ian^{53}	iɛ^{24}	tian^{44}	tian^{31}	tʰian^{24}	tʰian^{53}	ȵian^{31}	ɕian^{53}
周口	ian^{53}	iɛ^{24}	tian^{44}	tian^{41}	tʰian^{24}	tʰian^{53}	ȵian^{41}	ɕian^{44}
驻马店	ian^{53}	iɛ^{213}	tian^{44}	tian^{31}	tʰian^{213}	tʰian^{53}	ȵian^{31}	ɕian^{53}
长葛	ian^{52}	iɛ^{24}	tian^{44}	tian^{31}	tʰian^{24}	tʰian^{52}	ȵian^{31}	ɕian^{52}
泌阳	ian^{53}	iɛ^{24}	tian^{44}	tian^{31}	tʰian^{24}	tʰian^{52}	ȵian^{31}	ɕian^{53}
南阳	ian^{47}	iɛ^{224}	tian^{55}	tian^{31}	tʰian^{224}	tʰian^{42}	ȵian^{31}	ɕian^{42}
鲁山	ian^{53}	iɛ^{24}	tian^{44}	tian^{31}	tʰian^{24}	tʰian^{53}	ȵian^{31}	ɕian^{44}
邓州	ian^{42}	iɛ^{31}	tian^{55}	tian^{31}	tʰian^{33}	tʰian^{42}	ȵian^{31}	ɕian^{42}
西峡	ian^{42}	iɛ^{24}	tian^{55}	tian^{31}	tʰian^{24}	tʰian^{42}	ȵian^{31}	ɕian^{42}
信阳	ian^{44}	iɛ^{53}	tian^{24}	tian^{53}	tʰian^{113}	tʰian^{44}	ȵian^{53}	ɕian^{44}
固始	ian^{55}	iɛ^{213}	tian^{24}	tian^{51}	tʰian^{213}	tʰian^{55}	lian^{51}	ɕian^{55}

	0433 跌	0434 贴	0435 碟	0436 协	0437 犯	0438 法	0439 品	0440 林
	咸开四	咸开四	咸开四	咸开四	咸合三	咸合三	深开三	深开三
	入帖端	入帖透	入帖定	入帖匣	上凡奉	入乏非	上侵滂	平侵来
安阳	tieʔ³³	tʰieʔ³³	tie⁵²	ɕie⁵²	fã³¹	fɐʔ³³ 白 fa⁴⁴ 文	pʰiẽ⁴³	liẽ⁵²
林州	tieʔ³	tʰieʔ³	tie⁴²	ɕie⁴²	fa³³	fɐʔ³	pʰiəŋ⁵⁴	liəŋ⁴²
鹤壁	tieʔ³	tʰieʔ³	tie⁵³	ɕie⁵³	fɑ̃³¹	fɐʔ³	pʰiəŋ⁵⁵	liəŋ⁵³
新乡	tieʔ³⁴	tʰieʔ³⁴	tiə⁵²	ɕiə⁵²	fẽ²¹	fɐʔ³⁴	pʰiən⁵⁵	liən⁵²
济源	tieʔ²³	tʰieʔ²³	tie³¹²	ɕie³¹²	fãn²⁴	fɐʔ²³	pʰiə̃⁵²	liə̃³¹²
沁阳	tieʔ²³	tʰieʔ²³	tie³¹²	ɕie³¹²	fã¹³	fʌʔ²³	pʰiẽ⁵²	liẽ³¹²
温县	tieʔ³	tʰieʔ³	tie³¹	ɕie³¹	fæn²¹³	fʌʔ³	pʰĩ⁵³	lĩ³¹
范县	tie⁴²	tʰie²⁴	tie⁴²	ɕie⁴²	fã³¹³	fa²⁴	pʰien⁵⁵	lien⁴²
郑州	tiE²⁴	tʰiE²⁴	tiE⁵³	ɕiE⁵³	fan³¹	fa²⁴	pʰiən⁴⁴	liən⁵³
开封	tie²⁴	tʰie²⁴	tie⁵³	ɕie⁵³	fan³¹²	fa²⁴	pʰiən⁴⁴	liən⁵³
濮阳	tie³⁵	tʰie³⁵	tie⁴²	ɕie⁴²	fan³¹	fa³⁵	pʰiən⁵⁵	liən⁵³
浚县	tie²⁴	tʰie²⁴	tie⁴²	ɕie⁴²	fan²¹³	fa²⁴	pʰiən⁵⁵	liən⁴²
长垣	tie²⁴	tʰie²⁴	tie⁵²	ɕie⁵²	fai²¹³	fa²⁴	pʰiei⁴⁴	liei⁵²
兰考	tie²⁴	tʰie²⁴	tie⁵³	ɕie⁵³	fan³¹²	fa²⁴	pʰiən⁴⁴	liən⁵³
洛阳	tie³⁴	tʰie³⁴	tie⁵³	ɕie⁵³	fã³¹	fa³⁴	pʰiən⁴⁴	liən⁵³
洛宁	tie⁴⁴	tʰie⁴⁴	tie⁵²	ɕie⁵²	fa³¹	fɐ⁴⁴	pʰiei³⁵	liei⁵²
三门峡	tie⁵³	tʰie⁵³	tie³¹	ɕie³¹	fæ̃²¹²	fa⁵³	pʰieɪ⁴⁴	leɪ³¹
灵宝	tʰie⁵³ 白 tie⁵³ 文	tʰie⁵³	tʰie²¹³	ɕie²¹³	fan²⁴	fa⁵³	pʰiẽ⁴⁴	lẽ²¹³
商丘	tiE²²³	tʰiE²²³	tiE⁵²	ɕiE⁵²	fã⁴¹	fa²²³	pʰiən⁴⁴	liən⁵²
永城	tie²¹³	tʰie²¹³	tie⁵³	ɕie⁵³	fã⁴¹	fa²¹³	pʰiẽ³³⁴	liẽ⁵³
郸城	tie²⁴	tʰie²⁴	tie⁴²	ɕie⁴²	fan⁵¹	fa²⁴	pʰien⁴⁴	lien⁴²
漯河	tie²²⁴	tʰie²²⁴	tie²²⁴	ɕie⁵³	fan³¹	fa²²⁴	pʰin⁴⁴	lin⁵³
许昌	tie²⁴	tʰie²⁴	tie⁵³	ɕie⁵³	fan³¹	fa²⁴	pʰiən⁴⁴	liən⁵³
周口	tie²⁴	tʰie²⁴	tie⁵³	ɕie⁵³	fan⁴¹	fa²⁴	pʰin⁴⁴	lin⁵³
驻马店	tie⁵³	tʰie²¹³	tie⁵³	ɕie⁵³	fan³¹	fa²¹³	pʰiən⁴⁴	liən⁵³
长葛	tie²⁴	tʰie²⁴	tie⁵²	ɕie⁵²	fan³¹	fa²⁴	pʰiən⁴⁴	liən⁵²
泌阳	tie⁵³	tʰie²⁴	tie⁵³	ɕie⁵³	fan³¹	fa²⁴	pʰin⁴⁴	lin⁵³
南阳	tie²²⁴	tʰie²²⁴	tie⁴²	ɕie⁴²	fan³¹	fa²²⁴	pʰiən⁵⁵	liən⁴²
鲁山	tie²⁴	tʰie²⁴	tie⁵³	ɕie⁵³	fan³¹	fa²⁴	pʰiən⁴⁴	liən⁵³
邓州	tie⁴²	tʰie³³	tie⁴²	ɕie⁴²	fan³¹	fa³³	pʰien⁵⁵	lien⁴²
西峡	tie⁴²	tʰie²⁴	tie⁴²	ɕie⁴²	fan³¹	fa²⁴	pʰiən⁵⁵	liən⁴²
信阳	tie⁴⁴ 又 tiɛ¹¹³ 又	tʰie¹¹³	tie⁴⁴	ɕie⁴⁴	fan⁵³	fa¹¹³	pʰin²⁴	lin⁴⁴
固始	tiɛ⁵⁵	tʰiɛ²¹³	tiɛ⁵⁵	ɕiɛ⁵⁵	fan⁵¹	fa⁵⁵	pʰin²⁴	lin⁵⁵

	0441 浸	0442 心	0443 寻	0444 沉	0445 参 人~	0446 针	0447 深	0448 任 责~
	深开三	深开三	深开三	深开三	深开三	深开三	深开三	深开三
	去侵精	平侵心	平侵邪	平侵澄	平侵生	平侵章	平侵书	去侵日
安阳	tɕʰiẽ³¹	ɕiẽ⁴⁴	ɕyẽ⁵²	tʂʰẽ⁵²	sẽ⁴⁴	tʂẽ⁴⁴	tʂʰẽ⁴⁴ 白 sẽ⁴⁴ 文	zẽ³¹
林州	tsʰiəŋ³³	siəŋ³¹	syəŋ⁴²	tʂʰəŋ⁴²	ʂəŋ³¹	tʂəŋ³¹	tʂʰəŋ³¹ 白 ʂəŋ³¹ 文	zəŋ³¹
鹤壁	tɕʰiəŋ³¹	ɕiəŋ³³	ɕiəŋ⁵³ 白 ɕyəŋ⁵³ 文	tʂʰəŋ⁵³	səŋ³³	tʂəŋ³³	tʂʰəŋ³³	zəŋ³¹
新乡	tɕʰiən⁵²	ɕiən²⁴	ɕiən⁵² 白 ɕyən⁵² 文	tʂʰən⁵²	sən²⁴	tʂən²⁴	tʂʰən²⁴ 白 sən²⁴ 文	zən²¹
济源	tɕʰiə̃n⁵²	ɕiə̃n⁴⁴	ɕiə̃n³¹² 白 ɕyə̃n³¹² 文	tʂʰə̃n³¹²	ʂə̃n⁴⁴	tʂə̃n⁴⁴	tʂʰə̃n⁴⁴ 白 ʂə̃n⁴⁴ 文	zə̃n²⁴
沁阳	tɕʰiẽ⁴⁴	ɕiẽ⁴⁴	ɕiẽ³¹² 白 ɕyẽ³¹² 文	tʂʰẽ³¹²	sẽ⁴⁴	tʂẽ⁴⁴	tʂʰẽ⁴⁴ 白 sẽ⁴⁴ 文	zẽ¹³
温县	tɕʰĩ⁵³	ɕĩ⁴⁴	ɕĩ³¹	tʂʰẽ³¹	sẽ⁴⁴	tʂẽ⁴⁴	tʂʰẽ⁴⁴	zẽ²¹³
范县	tsʰien³¹³	sien²⁴	sien⁴² 白 suen⁴² 文	tʂʰen⁴²	ʂen²⁴	tʂen²⁴	tʂʰen²⁴ 白 ʂen²⁴ 文	zen³¹³
郑州	tsʰiən⁵³	siən²⁴	siən⁵³ 白 ɕyən⁵³ 文	tʂʰən⁵³	ʂən²⁴	tʂən²⁴	tʂʰən²⁴ 白 ʂən²⁴ 文	zən³¹
开封	tɕʰiən³¹²	ɕiən²⁴	ɕiən⁵³ 白 ɕyən⁵³ 文	tʂʰən⁵³	ʂən²⁴	tʂən²⁴	tʂʰən²⁴ 白 ʂən²⁴ 文	zən³¹²
濮阳	tsʰiən⁴²	siən³⁵	siən⁴² 白 syən⁴² 文	tʃʰiən⁴² 白 tʂʰən⁴² 文	ʂən³⁵	tʃiən³⁵ 白 tʂən³⁵ 文	tʃʰiən³⁵ 白 tʂʰən³⁵ 白 ʂən³⁵ 文	zən³¹
浚县	tɕʰiən⁵⁵	ɕiən²⁴	ɕiən⁴² 白 ɕyən⁴² 文	tʂʰən⁴²	ʂən²¹³	tʂən²⁴	tʂʰən²⁴ 白 ʂən²⁴ 文	zən²¹³
长垣	tsʰiei⁴⁴	siei²⁴	siei⁵² 白 suei⁵² 文	tʂʰei⁵²	ʂei²⁴	tʂei²⁴	tʂʰei²⁴ 白 ʂei²⁴ 文	zei²¹³
兰考	tɕʰiən⁵³	ɕiən²⁴	ɕiən⁵³ 白 ɕyən⁵³ 文	tʂʰən⁵³	sən²⁴	tʂən²⁴	tʂʰən²⁴ 白 sən²⁴ 文	zən³¹²
洛阳	tsʰiən³¹ ~猛子 tsiən³⁴ ~肉	siən³⁴	siən⁵³	tʂʰən⁵³	sən³⁴	tʂən³⁴	tʂʰən³⁴ 白 sən³⁴ 文	zən³¹
洛宁	tɕʰiei³⁵	ɕiei⁴⁴	ɕiei⁵²	tʂʰei⁵²	sei⁴⁴	tʂei⁴⁴	tʂʰei⁴⁴ 白 sei⁴⁴ 文	zei³¹

	0441 浸	0442 心	0443 寻	0444 沉	0445 参 人~	0446 针	0447 深	0448 任 责~
	深开三	深开三	深开三	深开三	深开三	深开三	深开三	深开三
	去侵精	平侵心	平侵邪	平侵澄	平侵生	平侵章	平侵书	去侵日
三门峡	tɕʰieɪ⁴⁴	ɕieɪ⁵³	ɕieɪ³¹ 白 ɕyeɪ³¹ 文	tʂʰeɪ³¹	ʂeɪ⁵³	tʂeɪ⁵³	tʂʰeɪ⁵³	ʐeɪ³¹
灵宝	tɕʰiẽ⁴⁴	ɕiẽ⁵³	ɕiẽ²¹³	tʂʰẽ²¹³	ʂẽ⁵³	tʂẽ⁵³	ʂẽ⁵³	ʐẽ²⁴
商丘	tɕʰiən⁴⁴	ɕiən²²³	ɕiən⁵² 白 suən⁵² 文	tʂʰən⁵²	ʂən²²³	tʂən²²³	tʂʰən²²³ 白 ʂən²²³ 文	ʐən⁴¹
永城	tsʰiẽ³³⁴	siẽ²¹³	siẽ⁵³ 白 suẽ⁵³ 文	tʂʰẽ⁵³	ʂẽ²¹³	tʂẽ²¹³	tʂʰẽ²¹³ 白 ʂẽ²¹³ 文	ʐẽ⁴¹
郸城	tɕʰien⁵¹	ɕien²⁴	ɕien⁴² 白 ɕyen⁴⁴ 文	tʂʰen⁴²	ʂen²⁴	tʂen²⁴	tʂʰen²⁴ 白 ʂen²⁴ 文	ʐen⁵¹
漯河	tsʰin⁴⁴	sin²²⁴	sin⁵³ 白 syn⁵³ 文	tʂʰən⁵³	sən²²⁴	tsən²²⁴	tsʰən²²⁴	ʐən³¹
许昌	tɕʰiən⁴⁴	siən²⁴	siən⁵³ 白 ɕyan⁵³ 文	tʂʰən⁵³	ʂən²⁴	tʂən²⁴	tʂʰən²⁴	ʐən³¹
周口	tɕʰin⁴¹	ɕin²⁴	ɕin⁵³ 白 ɕyn⁵³ 文	tʂʰən⁵³	sən²⁴	tsən²⁴	tsʰən²⁴ 白 sən²⁴ 文	ʐən⁴¹
驻马店	tɕiən²¹³ 沉~ tɕʰiən³¹ ~油	ɕiən²¹³	ɕiən⁵³ 白 ɕyən⁵³ 文	tʂʰən⁵³	sən²¹³	tsən²¹³	tsʰən²¹³ 白 sən²¹³ 文	ʐən³¹
长葛	tsʰiən⁴⁴	siən²⁴	siən⁵² 白 syən⁵² 文	tʂʰən⁵²	ʂən²⁴	tʂən²⁴	tʂʰən²⁴	ʐən³¹
泌阳	tsin⁴⁴	sin²⁴	sin⁵³ 白 syn⁵³ 文	tʂʰən⁵³	ʂən²⁴	tʂən²⁴	tʂʰən²⁴ 白 ʂən²⁴ 文	ʐən³¹
南阳	tsiən³¹	siən²²⁴	siən⁴² 白 syən⁴² 文	tʂʰən⁴²	ʂən²²⁴	tʂən²²⁴	tʂʰən²²⁴ 白 ʂən²²⁴ 文	ʐən³¹
鲁山	tɕʰiən⁵³	siən²⁴	siən⁵³ 白 syən⁵³ 文	tʂʰən⁵³	ʂən²⁴	tʂən²⁴	tʂʰən²⁴ 白 ʂən²⁴ 文	ʐən³¹
邓州	tsien³³	sien³³	sien⁴² 白 syen⁴² 文	tʂʰen⁴²	ʂen³³	tʂen³³	tʂʰen³³ 白 ʂen³³ 文	ʐen³¹
西峡	tsʰiən³¹ 白 tsiən³¹ 文	siən²⁴	suən⁴²	tʂʰən⁴²	ʂən²⁴	tʂən²⁴	tʂʰən²⁴ 白 ʂən²⁴ 文	ʐən³¹
信阳	tɕʰin⁵³	ɕin¹¹³	ɕyən⁴⁴	tʂʰən⁴⁴	sən¹¹³	tsən¹¹³	tsʰən¹¹³ 白 sən¹¹³ 文	ʐən⁵³
固始	tɕʰin²¹³	ɕin²¹³	ɕyen⁵⁵	tsʰen⁵⁵	sen²¹³	tsen²¹³	tsʰen²¹³ 白 sen²¹³ 文	ʐen⁵¹

	0449 金	0450 琴	0451 音	0452 立	0453 集	0454 习	0455 汁	0456 十
	深开三	深开三	深开三	深开三	深开三	深开三	深开三	深开三
	平侵见	平侵群	平侵影	入缉来	入缉从	入缉邪	入缉章	入缉禅
安阳	tɕiẽ⁴⁴	tɕʰiẽ⁵²	iẽ⁴⁴	liɛʔ³³	tɕiɛʔ³³ 又 tɕi⁵² 又	ɕiɛʔ³³	tsʅ⁴⁴	sɛʔ³³ sʅ⁵² 词语的后一个音节
林州	tɕiəŋ³¹	tɕʰiəŋ⁴²	iəŋ³¹	liʔ³	tsi³	si ʔ³	tʂʅ³¹	ʂʅʔ³
鹤壁	tɕiəŋ³³	tɕʰiəŋ⁵³	iəŋ³³	liəʔ³	tɕiəʔ³ 白 tɕi⁵³ 文	ɕiəʔ³	tsʅ³³	səʔ³
新乡	tɕiən²⁴	tɕʰiən⁵²	iən²⁴	liəʔ³⁴	tɕiəʔ³⁴	ɕiəʔ³⁴	tsʅ²⁴	səʔ³⁴
济源	tɕiə̃n⁴⁴	tɕʰiə̃n³¹²	iə̃n⁴⁴	liʔ²³	tɕiəʔ²³ 又 tɕi³¹² 又	ɕiəʔ²³	tsʅ⁴⁴	ʂəʔ²³ ʂʅ³¹² 单说
沁阳	tɕiẽ⁴⁴	tɕʰiẽ³¹²	iẽ⁴⁴	liəʔ²³	tɕiəʔ²³ 白 tɕi³¹² 文	ɕiəʔ²³	tsʅ⁴⁴	səʔ²³
温县	tɕĩ⁴⁴	tɕʰĩ³¹	iəŋ⁴⁴	liəʔ³	tɕiəʔ³ 又 tɕi³¹ 又	ɕiəʔ³	tsʅ⁴⁴	ʂəʔ³
范县	tɕien²⁴	tɕʰien⁴²	ien²⁴	li²⁴	tsi⁴²	si⁴²	tsʅ²⁴	ʂʅ⁴²
郑州	tɕiən²⁴	tɕʰiən⁵³	iən²⁴	li²⁴	tɕi⁵³ 又 tɕi²⁴ 又	si⁵³	tsʅ²⁴	ʂʅ⁵³
开封	tɕiən²⁴	tɕʰiən⁵³	iən²⁴	li²⁴	tɕi⁵³	ɕi⁵³	tsʅ²⁴	ʂʅ⁵³
濮阳	tɕiən³⁵	tɕʰiən⁴²	iən³⁵	li³⁵	tsi³⁵	si⁴²	tsʅ³⁵	ʃi⁴² 白 ʂʅ⁴² 文
浚县	tɕiən²⁴	tɕʰiən⁴²	iən²⁴	li²⁴	tɕi²⁴	ɕi²⁴ 练~ ɕi⁴² 姓	tʂʅ²⁴ 不单说	ʂʅ⁴²
长垣	tɕiei²⁴	tɕʰiei⁵²	iei²⁴	li²⁴	tsi⁵²	si⁵²	（无）不单说	ʂʅ⁵²
兰考	tɕiən²⁴	tɕʰiən⁵³	iən²⁴	li²⁴	tɕi⁵³	ɕi⁵³	tsʅ²⁴	sʅ⁵³
洛阳	tɕiən³⁴	tɕʰiən⁵³	iən³⁴	li³⁴	tsi³¹ 又 tsi⁵³ 又	si⁵³	tsʅ³⁴	ʂʅ⁵³
洛宁	tɕiei⁴⁴	tɕʰiei⁵²	iei⁴⁴	li⁴⁴	tɕi⁵² 又 tɕi³⁵ 又	ɕi⁵²	tsʅ⁴⁴	ʂʅ⁵²
三门峡	tɕiei⁵³	tɕʰiei³¹	iei⁵³	li⁵³	tɕi⁵³ 又 tɕi²¹² 又	ɕi³¹	tsʅ⁵³	ʂʅ³¹

	0449 金	0450 琴	0451 音	0452 立	0453 集	0454 习	0455 汁	0456 十
	深开三	深开三	深开三	深开三	深开三	深开三	深开三	深开三
	平侵见	平侵群	平侵影	入缉来	入缉从	入缉邪	入缉章	入缉禅
灵宝	tɕiẽ⁵³	tɕʰiẽ²¹³	iẽ⁵³	li⁵³	tɕʰi²¹³ 又 tɕi²¹³ 又	ɕi²¹³	tʂɿ⁵³	ʂɿ²¹³
商丘	tɕiən²²³	tɕʰiən⁵²	iən²²³	li²²³	tɕi⁵²	ɕi⁵²	tʂɿ²²³	ʂɿ⁵²
永城	tɕiẽ²¹³	tɕʰiẽ⁵³	iẽ²¹³	li²¹³	tsi⁵³	si⁵³	tʂɿ²¹³	ʂɿ⁵³
郸城	tɕien²⁴	tɕʰien⁴²	ien²⁴	li²⁴	tɕi⁴²	ɕi⁴²	tʂɿ²⁴	ʂɿ⁴²
漯河	tɕin²²⁴	tɕʰin⁵³	in²²⁴	li²²⁴	tsi⁵³ 又 tsi²²⁴ 又	si⁵³	tʂɿ²²⁴	ʂɿ⁵³
许昌	tɕiən²⁴	tɕʰiən⁵³	iən²⁴	li²⁴	tsi⁵³ 白 tɕi²⁴ 文	si⁵³	tʂɿ²⁴	ʂɿ⁵³
周口	tɕin²⁴	tɕʰin⁵³	in²⁴	li²⁴	tɕi⁵³	ɕi⁵³	tʂɿ²⁴	ʂɿ⁵³
驻马店	tɕiən²¹³	tɕʰiən⁵³	iən²¹³	li²¹³	tɕi⁵³	ɕi⁵³	tʂɿ²¹³	ʂɿ⁵³
长葛	tɕiən²⁴	tɕʰiən⁵²	iən²⁴	li²⁴	tsi²⁴ 又 tsi⁵² 又	si⁵²	tʂɿ²⁴	ʂɿ⁵²
泌阳	tɕin²⁴	tɕʰin⁵³	in²⁴	li²⁴	tsi²⁴ 又 tsi⁵³ 又	si⁵³	tʂɿ²⁴	ʂɿ⁵³
南阳	tɕiən²²⁴	tɕʰiən⁴²	iən²²⁴	li²²⁴	tsi²²⁴ 又 tsi⁴² 又	si⁴²	tʂɿ²²⁴	ʂɿ⁴²
鲁山	tɕiən²⁴	tɕʰiən⁵³	iən²⁴	li²⁴	tsi²⁴ ~合 tsi⁵³ 赶~	si⁵³	tʂɿ²⁴	ʂɿ⁵³
邓州	tɕien³³	tɕʰien⁴²	ien³³	li³³	tsi⁴²	si⁴²	tʂɿ³³	ʂɿ⁴²
西峡	tɕiən²⁴	tɕʰiən⁴²	iən²⁴	li²⁴	tsi⁴² 又 tsi²⁴ 又	si⁴²	tʂɿ²⁴	ʂɿ⁴²
信阳	tɕin¹¹³	tɕʰin⁴⁴	in¹¹³	li¹¹³	tɕi⁴⁴	ɕi⁴⁴	tʂɿ¹¹³	ʂɿ⁴⁴
固始	tɕin²¹³	tɕʰin⁵⁵	in²¹³	li⁵⁵	tɕi⁵⁵	ɕi⁵⁵	tʂɿ²¹³	ʂɿ⁵⁵

第二章 字音对照表

	0457 入	0458 急	0459 及	0460 吸	0461 单~简~	0462 炭	0463 弹~琴	0464 难~易
	深开三	深开三	深开三	深开三	山开一	山开一	山开一	山开一
	入缉日	入缉见	入缉群	入缉晓	平寒端	去寒透	平寒定	平寒泥
安阳	zuɐʔ^{33}	tɕiɛʔ^{33} ~诊 tɕi^{52} 着~	tɕiɛʔ^{33}	ɕiɛʔ^{33}	tã^{44}	tʰã^{31}	tʰã^{52}	nã^{52}
林州	zu̩ʔ^{3}	tɕiʔ^{3} 白 tɕi^{42} 文	tɕiʔ^{3}	ɕiʔ^{3}	ta^{31}	tʰa^{33}	tʰa^{42}	na^{42}
鹤壁	zuəʔ^{3}	tɕiəʔ^{3} 白 tɕi^{53} 文	tɕiəʔ^{3}	ɕiəʔ^{3}	tã^{33}	tʰã^{31}	tʰã^{53}	nã^{53}
新乡	zuəʔ^{34} 白 zu^{24} 文	tɕi^{52}	tɕiəʔ^{34}	ɕiəʔ^{34} ~铁石 ɕi^{24} ~气	tɛ̃^{24}	tʰɛ̃^{21}	tʰɛ̃^{52}	nɛ̃^{52}
济源	zuəʔ^{23}	tɕiəʔ^{23} tɕi^{312} 单说或词的后一音节	tɕiəʔ^{23}	ɕiəʔ^{23}	tãn^{44}	tʰãn^{24}	tʰãn^{312}	nãn^{312}
沁阳	zuəʔ^{23}	tɕiəʔ^{23} 白 tɕi^{312} 文	tɕiəʔ^{23}	ɕiəʔ^{23}	tã^{44}	tʰã^{13}	tʰã^{312}	nã^{312}
温县	vəʔ^{3}	tɕiəʔ^{3} 词首音节 tɕi^{31} 词尾音节	tɕiəʔ^{3}	ɕiəʔ^{3}	tæn^{44}	tʰæn^{213}	tʰæn^{31}	næn^{31}
范县	zu̩^{24}	tɕi^{42}	tɕi^{42}	ɕi^{42}	tã^{24}	tʰã^{313}	tʰã^{42}	nã^{42}
郑州	zu̩^{24}	tɕi^{53}	tɕi^{24} 又 tɕi^{53} 又	ɕi^{24}	tan^{24}	tʰan^{31}	tʰan^{53}	nan^{53}
开封	zu̩^{24}	tɕi^{53}	tɕi^{24}	ɕi^{24}	tan^{24}	tʰan^{312}	tʰan^{53}	nan^{53}
濮阳	ʒy^{35} 白 zu̩^{35} 文	tɕi^{42}	tɕi^{35}	ɕi^{35}	tan^{35}	tʰan^{31}	tʰan^{42}	nan^{42}
浚县	zu̩^{24}	tɕi^{42}	tɕi^{24}	ɕi^{24}	tan^{24}	tʰan^{213}	tʰan^{42}	nan^{42}
长垣	zu̩^{24}	tɕi^{52}	tɕi^{24}	ɕi^{24}	tai^{24}	tʰai^{213}	tʰai^{52}	nai^{52}
兰考	zu̩^{24}	tɕi^{53}	tɕi^{24}	ɕi^{24}	tan^{24}	tʰan^{312}	tʰan^{53}	nan^{53}
洛阳	zu̩^{34}	tɕi^{53}	tɕi^{34}	ɕi^{34}	tã^{34}	tʰã^{31}	tʰã^{53}	nã^{53}
洛宁	zu̩^{44}	tɕi^{52}	tɕi^{52}	ɕi^{44}	ta^{44}	tʰã^{31}	tʰa^{52}	na^{52}
三门峡	zu̩^{53}	tɕi^{31}	tɕi^{212}	ɕi^{53}	tæ̃^{53}	tʰæ̃^{212}	tʰæ̃^{31}	næ̃^{31}
灵宝	zu̩^{53}	tɕi^{213}	tɕi^{213}	ɕi^{53}	tan^{53}	tʰan^{24}	tʰan^{213}	nan^{213}
商丘	zu̩^{223}	tɕi^{52}	tɕi^{223}	ɕi^{223}	tã^{223}	tʰã^{41}	tʰã^{52}	nã^{52}
永城	zu̩^{213}	tɕi^{53}	tɕi^{213}	ɕi^{213}	tã^{213}	tʰã^{41}	tʰã^{53}	nã^{53}
郸城	zu̩^{24}	tɕi^{42}	tɕi^{24}	ɕi^{24}	tan^{24}	tʰan^{51}	tʰan^{42}	nan^{42}
漯河	zu̩^{224}	tɕi^{53}	tɕi^{224}	ɕi^{224}	tan^{224}	tʰan^{31}	tʰan^{31}	nan^{31}
许昌	zu̩^{24}	tɕi^{53}	tɕi^{24}	ɕi^{24}	tan^{24}	tʰan^{31}	tʰan^{53}	nan^{53}
周口	zu̩^{24}	tɕi^{53}	tɕi^{24}	ɕi^{24}	tan^{24}	tʰan^{41}	tʰan^{53}	nan^{53}
驻马店	zu^{213}	tɕi^{53}	tɕi^{213}	ɕi^{213}	tan^{213}	tʰan^{31}	tʰan^{53}	nan^{53}
长葛	zu̩^{24}	tɕi^{52}	tɕi^{24}	ɕi^{24}	tan^{24}	tʰan^{31}	tʰan^{31}	nan^{52}
泌阳	zu̩^{24}	tɕi^{53}	tɕi^{24}	ɕi^{24}	tan^{24}	tʰan^{31}	tʰan^{53}	nan^{53}
南阳	zu̩^{42}	tɕi^{42}	tɕi^{221} 又 tɕi^{31} 又 tɕi^{42} 又	ɕi^{224}	tan^{224}	tʰan^{31}	tʰan^{42}	nan^{42}
鲁山	zu̩^{24}	tɕi^{53}	tɕi^{24}	ɕi^{24}	tan^{24}	tʰan^{31}	tʰan^{53}	nan^{53}
邓州	zu̩^{31}	tɕi^{42}	tɕi^{42}	ɕi^{33}	tan^{33}	tʰan^{31}	tʰan^{42}	nan^{42}
西峡	zu̩^{24}	tɕi^{42}	tɕi^{24}	ɕi^{24}	tan^{24}	tʰan^{31}	tʰan^{42}	nan^{42}
信阳	y^{113}	tɕi^{44}	tɕi^{44}	ɕi^{113}	tan^{113}	tʰan^{53}	tʰan^{44}	lan^{44}
固始	zu^{55}	tɕi^{55}	tɕi^{55}	ɕi^{213}	tan^{213}	tʰan^{51}	tʰan^{55}	lan^{55}

	0465 兰	0466 懒	0467 烂	0468 伞	0469 肝	0470 看~见	0471 岸	0472 汉
	山开一	山开一	山开一	山开一	山开一	山开一	山开一	山开一
	平寒来	上寒来	去寒来	上寒心	平寒见	去寒溪	去寒疑	去寒晓
安阳	lã^{52}	lã^{43}	lã^{31}	sã^{43}	kã^{44}	kʰã^{31}	ã^{31}	xã^{31}
林州	la^{42}	la^{54}	la^{33}	sa^{54}	ka^{31}	kʰa^{33}	ɣa^{33}	xa^{33}
鹤壁	lɑ̃^{53}	lɑ̃^{55}	lɑ̃^{31}	sɑ̃^{55}	kɑ̃^{33}	kʰɑ̃^{31}	ɣɑ̃^{31}	xɑ̃^{31}
新乡	lɛ̃^{52}	lɛ̃^{55}	lɛ̃^{21}	sɛ̃^{55}	kɛ̃^{24}	kʰɛ̃^{21}	ɣɛ̃^{21}	xɛ̃^{21}
济源	lãn^{312}	lãn^{52}	lãn^{24}	sãn^{52}	kãn^{44}	kʰãn^{24}	ɣãn^{24}	xãn^{24}
沁阳	lã^{312}	lã^{52}	lã^{13}	sã^{52}	kã^{44}	kʰã^{13}	ɣã^{13}	xã^{13}
温县	læn^{31}	læn^{53}	læn^{213}	sæn^{53}	kæn^{44}	kʰæn^{213}	ɣæn^{213}	xæn^{213}
范县	lã^{42}	lã^{55}	lã^{313}	sã^{55}	kã^{24}	kʰã^{313}	ɣã^{313}	xã^{313}
郑州	lan^{53}	lan^{44}	lan^{31}	san^{44}	kan^{24}	kʰan^{31}	ɣan^{31}	xan^{31}
开封	lan^{53}	lan^{44}	lan^{312}	san^{44}	kan^{24}	kʰan^{312}	an^{312}	xan^{312}
濮阳	lan^{42}	lan^{55}	lan^{31}	san^{55}	kan^{35}	kʰan^{31}	ɣan^{31}	xan^{31}
浚县	lan^{42}	lan^{55}	lan^{213}	san^{55}	kan^{24}	kʰan^{213}	ɣan^{213}	xan^{213}
长垣	lai^{52}	lai^{44}	lai^{213}	sai^{44}	kai^{24}	kʰai^{213}	ɣai^{213}	xai^{213}
兰考	lan^{53}	lan^{44}	lan^{312}	san^{44}	kan^{24}	kʰan^{312}	ɣan^{312}	xan^{312}
洛阳	lã^{53}	lã^{44}	lã^{31}	sã^{44}	kã^{34}	kʰã^{31}	ɣã^{31}	xã^{31}
洛宁	la^{52}	la^{35}	la^{31}	sa^{35}	ka^{44}	kʰa^{31}	ɣa^{31}	xa^{31}
三门峡	læ̃^{31}	læ̃^{44}	læ̃^{212}	sæ̃^{44}	kæ̃^{53}	kʰæ̃^{212}	ŋæ̃^{212}	xæ̃^{212}
灵宝	lan^{213}	lan^{44}	lan^{24}	san^{44}	kan^{53}	kʰan^{24}	ŋan^{24}	xan^{24}
商丘	lã^{52}	lã^{44}	lã^{41}	sã^{44}	kã^{223}	kʰã^{41}	ã^{41}	xã^{41}
永城	lã^{53}	lã^{334}	lã^{41}	sã^{334}	kã^{213}	kʰã^{41}	ã^{41}	xã^{41}
郸城	lan^{42}	lan^{44}	lan^{51}	san^{44}	kan^{24}	kʰan^{51}	ɣan^{51}	xan^{51}
漯河	lan^{53}	lan^{44}	lan^{31}	san^{44}	kan^{224}	kʰan^{31}	an^{31}	xan^{31}
许昌	lan^{53}	lan^{44}	lan^{31}	san^{44}	kan^{24}	kʰan^{31}	an^{31}	xan^{31}
周口	lan^{53}	lan^{44}	lan^{41}	san^{44}	kan^{24}	kʰan^{41}	an^{41}	xan^{41}
驻马店	lan^{53}	lan^{44}	lan^{31}	san^{44}	kan^{213}	kʰan^{31}	ɣan^{31}	xan^{31}
长葛	lan^{52}	lan^{44}	lan^{31}	san^{44}	kan^{24}	kʰan^{31}	ɣan^{31}	xan^{31}
泌阳	lan^{53}	lan^{44}	lan^{31}	san^{44}	kan^{24}	kʰan^{31}	ɣan^{31}	xan^{31}
南阳	lan^{42}	lan^{55}	lan^{31}	san^{55}	kan^{224}	kʰan^{31}	an^{31}	xan^{31}
鲁山	lan^{53}	lan^{44}	lan^{31}	san^{44}	kan^{24}	kʰan^{31}	ɣan^{31}	xan^{31}
邓州	lan^{42}	lan^{55}	lan^{31}	san^{55}	kan^{33}	kʰan^{31}	ɣan^{31}	xan^{31}
西峡	lan^{42}	lan^{55}	lan^{31}	san^{55}	kan^{24}	kʰan^{31}	an^{31}	xan^{31}
信阳	lan^{44}	lan^{24}	lan^{53}	san^{24}	kan^{113}	kʰan^{53}	ŋan^{53}	xan^{53}
固始	lan^{55}	lan^{24}	lan^{51}	san^{24}	kan^{213}	kʰan^{51}	ɣan^{51}	xan^{51}

	0473 汗	0474 安	0475 达	0476 辣	0477 擦	0478 割	0479 渴	0480 扮
	山开一	山开一	山开一	山开一	山开一	山开一	山开一	山开二
	去寒匣	平寒影	入曷定	入曷来	入曷清	入曷见	入曷溪	去山帮
安阳	xã^{31}	ã^{44}	tɐʔ^{33} 白 ta^{52} 文	lɐʔ^{33}	tsʰɐʔ^{33}	kɐʔ^{33}	kʰɐʔ^{33}	pã^{31}
林州	xa^{33}	ɣa^{31}	tɐʔ^{3}	lɐʔ^{3}	tsʰɐʔ^{3}	kɐʔ^{3}	kʰɐʔ^{3}	pa^{33}
鹤壁	xã^{31}	ɣã^{33}	tɐʔ^{3}	lɐʔ^{3}	tsʰɐʔ^{3}	kɐʔ^{3}	kʰɐʔ^{3}	pã^{31}
新乡	xɛ̃^{21}	ɣɛ̃^{24}	tɐʔ^{34} 白 ta^{24} 文	lɐʔ^{34}	tsʰa^{24}	kɐʔ^{34}	kʰɐʔ^{34}	pɛ̃^{21}
济源	xãn^{24}	ɣãn^{44}	tɐʔ^{23} 白 ta^{312} 文	lɐʔ^{23}	tsʰɐʔ^{23} 动 tsʰa^{44} 名	kɐʔ^{23}	kʰɐʔ^{23}	pãn^{24}
沁阳	xã^{13}	ɣã^{44}	tʌʔ^{23}	lʌʔ^{23}	tsʰʌʔ^{23}	kʌʔ^{23}	kʰʌʔ^{23}	pã^{13}
温县	xæn^{213}	ɣæn^{44}	tʌʔ^{3}	lʌʔ^{3}	tʂʰʌʔ^{3}	kʌʔ^{3}	kʰʌʔ^{3}	pæn^{213}
范县	xã^{313}	ɣã^{24}	ta^{42}	la^{24}	tsʰa^{24}	kə^{24}	kʰə^{24}	pã^{313}
郑州	xan^{31}	ɣan^{24}	ta^{53}	la^{24}	tsʰa^{24}	kə^{24}	kʰə^{24}	pan^{31}
开封	xan^{312}	an^{24}	ta^{53}	la^{24}	tsʰa^{24}	kɤ^{24}	kʰɤ^{24}	pan^{312}
濮阳	xan^{31}	ɣan^{35}	ta^{42}	la^{35}	tsʰa^{35}	kə^{35}	kʰə^{35}	pan^{31}
浚县	xan^{213}	ɣan^{24}	ta^{42}	la^{24}	tsʰa^{24}	kɤ^{24}	kʰɤ^{24}	pan^{213}
长垣	xai^{213}	ɣai^{24}	ta^{52}	la^{24}	tsʰa^{24}	kə^{24}	kʰə^{24}	pai^{213}
兰考	xan^{312}	ɣan^{24}	ta^{53}	la^{24}	tsʰa^{24}	kɤ^{24}	kʰɤ^{24}	pan^{312}
洛阳	xã^{31}	ɣã^{34}	ta^{53}	la^{34}	tsʰa^{34}	kə^{34}	kʰə^{34}	pã^{31}
洛宁	xa^{31}	ɣa^{44}	tɐ^{52}	lɐ^{44}	tsʰɐ^{44}	kə^{44}	kʰə^{44}	pa^{31}
三门峡	xæ̃^{212}	ŋæ̃^{53}	ta^{31}	la^{53}	tsʰa^{53}	kuə^{53}	kʰuə^{53}	pæ̃^{212}
灵宝	xan^{24}	ŋan^{53}	ta^{213}	la^{53}	tsʰa^{53}	kuɤ^{53} 白 kɤ^{53} 文	kʰuɤ^{53}	pan^{24}
商丘	xã^{41}	ã^{223}	ta^{52}	la^{223}	tsʰa^{223}	kə^{223}	kʰə^{223}	pã^{41}
永城	xã^{41}	ã^{213}	ta^{53}	la^{213}	tsʰa^{213}	kə^{213}	kʰə^{213}	pã^{41}
郸城	xan^{51}	ɣan^{24}	ta^{42}	la^{24}	tsʰa^{24}	kɤ^{24}	kʰɤ^{24}	fan^{51} 白 pan^{51} 文
漯河	xan^{31}	an^{224}	ta^{53}	la^{224}	tsʰa^{224}	kɤ^{224}	kʰɤ^{224}	pan^{31}
许昌	xan^{31}	an^{24}	ta^{53}	la^{24}	tsʰa^{24}	kɤ^{24}	kʰɤ^{24}	pan^{31}
周口	xan^{41}	an^{24}	ta^{53}	la^{24}	tsʰa^{24}	kɤ^{24}	kʰɤ^{24}	pan^{41}
驻马店	xan^{31}	ɣan^{213}	ta^{53}	la^{213}	tsʰa^{213}	kɤ^{213}	kʰɤ^{213}	pan^{31}
长葛	xan^{31}	ɣan^{24}	ta^{52}	la^{24}	tsʰa^{24}	kɤ^{24}	kʰɤ^{24}	pan^{31}
泌阳	xan^{31}	ɣan^{24}	ta^{53}	la^{24}	tsʰa^{24}	kɤ^{24}	kʰɤ^{24}	pan^{31}
南阳	xan^{31}	an^{224}	ta^{42}	la^{224}	tsʰa^{224}	kə^{224}	kʰə^{224}	pan^{31}
鲁山	xan^{31}	ɣan^{24}	ta^{53}	la^{24}	tsʰa^{24}	kə^{24}	kʰə^{24}	pan^{31}
邓州	xan^{31}	ɣan^{33}	ta^{42}	la^{33}	tsʰa^{33}	kə^{33}	kʰə^{33}	pan^{31}
西峡	xan^{31}	an^{24}	ta^{42}	la^{24}	tsʰa^{24}	kə^{24}	kʰə^{24}	pan^{31}
信阳	xan^{53}	ŋan^{113}	ta^{44}	la^{113}	tsʰa^{113}	kɤ^{113}	kʰɤ^{113}	pan^{53}
固始	xan^{51}	ɣan^{213}	ta^{55}	la^{213}	tsʰa^{213}	kɤ^{213}	kʰɤ^{213}	pan^{51}

	0481 办	0482 铲	0483 山	0484 产 ~妇	0485 间 房~，一~房	0486 眼	0487 限	0488 八
	山开二	山开二	山开二	山开二	山开二	山开二	山开二	山开二
	去山並	上山初	平山生	上山生	平山见	上山疑	上山匣	入黠帮
安阳	pã³¹	tsʰã⁴³	sã⁴⁴	tsʰã⁴³	tɕiã⁴⁴	iã⁴³	ɕiã³¹	pɐʔ³³
林州	pa³³	tʂʰa⁵⁴	ʂa³¹	tʂʰa⁵⁴	tɕia³¹	ia⁵⁴	ɕia³³	pɐʔ³
鹤壁	pã³¹	tsʰã⁵⁵	sã³³	tsʰã⁵⁵	tɕiã³³	iã⁵⁵	ɕiã³¹	pɐʔ⁵⁵
新乡	pɛ̃²¹	tsʰɛ̃⁵⁵	sɛ̃²⁴	tsʰɛ̃⁵⁵	tɕiɛ̃²⁴	iɛ̃⁵⁵	ɕiɛ̃²¹	pɐʔ³⁴
济源	pãn²⁴	tsʰãn⁵²	sãn⁴⁴	tsʰãn⁵²	tɕiãn⁴⁴	iãn⁵²	ɕiãn²⁴	pɐʔ²³
沁阳	pã¹³	tsʰã⁵²	sã⁴⁴	tsʰã⁵²	tɕiã⁴⁴	iã⁵²	ɕiã¹³	pʌʔ²³
温县	pæn²¹³	tsʰæn⁵³	sæn⁴⁴	tsʰæn⁵³	tɕie⁴⁴	ie⁵³	ɕie²¹³	pʌʔ³
范县	pã³¹³	tsʰã⁵⁵	sã²⁴	tsʰã⁵⁵	tɕiã²⁴	iã⁵⁵	ɕiã³¹³	pa²⁴
郑州	pan³¹	tsʰan⁴⁴	ʂan²⁴	tsʰan⁴⁴	tɕian²⁴	ian⁴⁴	ɕian³¹	pa²⁴
开封	pan³¹²	tsʰan⁴⁴	ʂan²⁴	tsʰan⁴⁴	tɕian²⁴	ian⁴⁴	ɕian³¹²	pa²⁴
濮阳	pan³¹	tʂʰan⁵⁵	ʂan³⁵	tʂʰan⁵⁵	tɕian³⁵	ian⁵⁵	ɕian³¹	pa³⁵
浚县	pan²¹³	tʂʰan⁵⁵	ʂan²⁴	tʂʰan⁵⁵	tɕian²⁴	ian⁵⁵	ɕian²¹³	pa²⁴
长垣	pai²¹³	tʂʰai⁴⁴	ʂai²⁴	tʂʰai⁴⁴	tɕiai²⁴	iai⁴⁴	ɕiai²¹³	pa²⁴
兰考	pan³¹²	tsʰan⁴⁴	san²⁴	tsʰan⁴⁴	tɕian²⁴	ian⁴⁴	ɕian³¹²	pa²⁴
洛阳	pã³¹	tsʰã⁴⁴	sã³⁴	tsʰã⁴⁴	tɕiã³⁴	iã⁴⁴	ɕiã³¹	pa³⁴
洛宁	pa³¹	tsʰa³⁵	sa⁴⁴	tsʰa³⁵	tɕia⁴⁴	ia³⁵	ɕia³¹	pɐ⁵
三门峡	pæ̃²¹²	tsʰæ̃⁴⁴	sæ̃⁵³	tsʰæ̃⁴⁴	tɕiæ̃⁵³	ɲiæ̃⁴⁴ 白 / iæ̃⁴⁴ 文	ɕiæ̃²¹²	pa⁵³
灵宝	pan²⁴	tsʰan⁴⁴	san⁵³	tsʰan⁴⁴	tɕian⁵³	ɲian⁴⁴	xan²⁴ 门~ / ɕian²⁴ 无~	pa⁵³
商丘	pã⁴¹	tsʰã⁴⁴	sã²²³	tsʰã⁴⁴	tɕiã²²³	iã⁴⁴	ɕiã⁴¹	pa²²³
永城	pã⁴¹	tsʰã³³⁴	sã²¹³	tsʰã³³⁴	tɕiã²¹³	iã³³⁴	ɕiã⁴¹	pa²¹³
郸城	pan⁵¹	tsʰan⁴⁴	san²⁴	tsʰan⁴⁴	tɕian²⁴	ian⁴⁴	ɕian⁵¹	pa²⁴
漯河	pan³¹	tsʰan⁴⁴	san²²⁴	tsʰan⁴⁴	tɕian²²⁴	ian⁴⁴	ɕian³¹	pa²²⁴
许昌	pan³¹	tsʰan⁴⁴	san²⁴	tsʰan⁴⁴	tɕian²⁴	ian⁴⁴	ɕian³¹	pa²⁴
周口	pan⁴¹	tsʰan⁴⁴	san²⁴	tsʰan⁴⁴	tɕian²⁴	ian⁴⁴	ɕian⁴¹	pa²⁴
驻马店	pan³¹	tsʰan⁴⁴	san²¹³	tsʰan⁴⁴	tɕian²¹³	ian⁴⁴	ɕian³¹	pa²¹³
长葛	pan³¹	tsʰan⁴⁴	san²⁴	tsʰan⁴⁴	tɕian²⁴	ian⁴⁴	ɕian³¹	pa²⁴
泌阳	pan³¹	tsʰan⁴⁴	san²⁴	tsʰan⁴⁴	tɕian²⁴	ian⁴⁴	ɕian³¹	pa²⁴
南阳	pan³¹	tsʰan⁵⁵	san²²⁴	tsʰan⁵⁵	tɕian²²⁴	ian⁵⁵	ɕian³¹	pa²²⁴
鲁山	pan³¹	tsʰan⁴⁴	san²⁴	tsʰan⁴⁴	tɕian²⁴	ian⁴⁴	ɕian³¹	pa²⁴
邓州	pan³¹	tsʰan⁵⁵	san³³	tsʰan⁵⁵	tɕian³³	ian⁵⁵	ɕian³¹	pa³³
西峡	pan³¹	tsʰan⁵⁵	san²⁴	tsʰan⁵⁵	tɕian²⁴	ian⁵⁵	ɕian³¹	pa²⁴
信阳	pan⁵³	tsʰan²⁴	san¹¹³	tsʰan²⁴	tɕian¹¹³	ian²⁴	ɕian⁵³	pa¹¹³
固始	pan⁵¹	tsʰan²⁴	san²¹³	tsʰan²⁴	tɕian²¹³	ian²⁴	ɕian⁵¹	pa²¹³

	0489 扎	0490 杀	0491 班	0492 板	0493 慢	0494 奸	0495 颜	0496 瞎
	山开二	山开二	山开二	山开二	山开二	山开二	山开二	山开二
	入黠庄	入黠生	平删帮	上删帮	去删明	平删见	平删疑	入鎋晓
安阳	tsɐʔ³³	ʂɐʔ³³ 白 sa⁴⁴ 文	pã⁴⁴	pã⁴³	mã³¹	tɕiã⁴⁴	iã⁵²	ɕiɛʔ³³ 白 ɕia⁴⁴ 文
林州	tʂɐʔ³	ʂɐʔ³	pa³¹	pa⁵⁴	ma³³	tɕia³¹	ia⁴²	ɕiɛʔ³
鹤壁	tsɐʔ³	sɐʔ³	pã³³	pã⁵⁵	mã³¹	tɕiã³³	iã⁵³	ɕiɛʔ³
新乡	tsɐʔ³⁴ 白 tsa²⁴ 文	sɐʔ³⁴	pɛ̃²⁴	pɛ̃⁵⁵	mɛ̃²¹	tɕiɛ̃²⁴	iɛ̃⁵²	ɕiɛʔ³⁴
济源	tsɐʔ²³ 白 tsa⁴⁴ 文	sɐʔ²³ 白 sa⁴⁴ 文	pãn⁴⁴	pãn⁵²	mãn²⁴	tɕiãn⁴⁴	iãn³¹²	ɕia⁴⁴
沁阳	tsʌʔ²³	sʌʔ²³	pã⁴⁴	pã⁵²	mã¹³	tɕiã⁴⁴	iã³¹²	ɕiʌʔ²³
温县	tʂʌʔ³	ʂʌʔ³	pæn⁴⁴	pæn⁵³	mæn²¹³	tɕie⁴⁴	ie³¹	ɕiʌʔ³
范县	tʂa²⁴	ʂa²⁴	pã²⁴	pã⁵⁵	mã³¹³	tɕia²⁴	ia⁴²	ɕia²⁴
郑州	tʂa²⁴	ʂa²⁴	pan²⁴	pan⁴⁴	man³¹	tɕian²⁴	ian⁵³	ɕia²⁴
开封	tʂa²⁴	ʂa²⁴	pan²⁴	pan⁴⁴	man³¹²	tɕian²⁴	ian⁵³	ɕia²⁴
濮阳	tʂa³⁵	ʂa³⁵	pan³⁵	pan⁵⁵	man³¹	tɕian³⁵	ian⁴²	ɕia³⁵
浚县	tʂa²⁴	ʂa²⁴	pan²⁴	pan⁵⁵	man²¹³	tɕian²⁴	ian⁴²	ɕia²⁴
长垣	tʂa²⁴	ʂa²⁴	pai²⁴	pai⁴⁴	mai²¹³	tɕiai²⁴	iai⁵²	ɕia²⁴
兰考	tʂa²⁴	ʂa²⁴	pan²⁴	pan⁴⁴	man³¹²	tɕian²⁴	ian⁵³	ɕia²⁴
洛阳	tsa³⁴	sa³⁴	pã³⁴	pã⁴⁴	mã³¹	tɕiã³⁴	iã⁵³	ɕia³⁴
洛宁	tsɐ⁴⁴	sɐ⁴⁴	pa⁴⁴	pa³⁵	ma³¹	tɕia⁴⁴	ia⁵²	ɕiɛ⁴⁴
三门峡	tsa⁵³	sa⁵³	pæ̃⁵³	pæ̃⁴⁴	mæ̃²¹²	tɕiæ̃⁵³	iæ̃³¹	xa⁵³ 白 ɕia⁵³ 文
灵宝	tsa⁵³	sa⁵³	pan⁵³	pan⁴⁴	man²⁴	tɕian⁵³	ȵian²¹³	xa⁵³ 白 ɕia⁵³ 文
商丘	tʂa²²³	ʂa²²³	pã²²³	pã⁴⁴	mã⁴¹	tɕiã²²³	iã⁵²	ɕia²²³
永城	tʂa²¹³	ʂa²¹³	pã²¹³	pã³³⁴	mã⁴¹	tɕiã²¹³	iã⁵³	ɕia²¹³
郸城	tʂa²⁴	ʂa²⁴	pan²⁴	pan⁴⁴	man⁵¹	tɕian²⁴	ian⁴²	ɕia²⁴
漯河	tsa²²⁴	sa²²⁴	pan²²⁴	pan⁴⁴	man³¹	tɕian²²⁴	ian⁵³	ɕia²²⁴
许昌	tʂa²⁴	ʂa²⁴	pan²⁴	pan⁴⁴	man³¹	tʂian²⁴	ian⁵³	ɕia²⁴
周口	tsa²⁴	sa²⁴	pan²⁴	pan⁴⁴	man⁴¹	tɕian²⁴	ian⁵³	ɕia²⁴
驻马店	tsa²¹³	sa²¹³	pan²¹³	pan⁴⁴	man³¹	tɕian²¹³	ian⁵³	ɕia²¹³
长葛	tʂa²⁴	ʂa²⁴	pan²⁴	pan⁴⁴	man³¹	tɕian²⁴	ian⁵²	ɕia²⁴
泌阳	tʂa²⁴	ʂa²⁴	pan²⁴	pan⁴⁴	man³¹	tɕian²⁴	ian⁵³	ɕia²⁴
南阳	tʂa²²⁴	ʂa²²⁴	pan²²⁴	pan⁵⁵	man³¹	tɕian²²⁴	ian⁴²	ɕia²²⁴
鲁山	tʂa²⁴	ʂa²⁴	pan²⁴	pan⁴⁴	man³¹	tɕian²⁴	ian⁵³	ɕia²⁴
邓州	tʂa³³	ʂa³³	pan³³	pan⁵⁵	man³¹	tɕian³³	ian⁴²	ɕia³³
西峡	tʂa²⁴	ʂa²⁴	pan²⁴	pan⁵⁵	man³¹	tɕian²⁴	ian⁴²	ɕia²⁴
信阳	tsa¹¹³	sa¹¹³	pan¹¹³	pan²⁴	man⁵³	tɕian¹¹³	ian⁴⁴	ɕia¹¹³
固始	tsa²¹³	sa²¹³	pan²¹³	pan²⁴	man⁵¹	tɕian²¹³	ian⁵⁵	ɕia²¹³

	0497 变	0498 骗欺~	0499 便方~	0500 棉	0501 面~孔	0502 连	0503 剪	0504 浅
	山开三	山开三	山开三	山开三	山开三	山开三	山开三	山开三
	去仙帮	去仙滂	去仙並	平仙明	去仙明	平仙来	上仙精	上仙清
安阳	piã³¹	pʰiã³¹	piã³¹	miã⁵²	miã³¹	liã⁵²	tɕiã⁴³	tɕʰiã⁴³
林州	pia³³	pʰia³³	pia³³	mia⁴²	mia³³	lia⁴²	tsia⁵⁴	tsʰia⁵⁴
鹤壁	piã³¹	pʰiã³¹	piã³¹	miã⁵³	miã³¹	liã⁵³	tɕiã⁵⁵	tɕʰiã⁵⁵
新乡	piɛ̃²¹	pʰiɛ̃²¹	piɛ̃²¹	miɛ̃⁵²	miɛ̃²¹	liɛ̃⁵²	tɕiɛ̃⁵⁵	tɕʰiɛ̃⁵⁵
济源	piãn²⁴	pʰiãn²⁴	piãn²⁴	miãn³¹²	miãn²⁴	liãn³¹²	tɕiãn⁵²	tɕʰiãn⁵²
沁阳	piã¹³	pʰiã¹³	piã¹³	miã³¹²	miã¹³	liã³¹²	tɕiã⁵²	tɕʰiã⁵²
温县	pie²¹³	pʰie²¹³	pie²¹³	mie³¹	mie²¹³	lie³¹	tɕie⁵³	tɕʰie⁵³
范县	piã³¹³	pʰiã³¹³	piã³¹³	miã⁴²	miã³¹³	liã⁴²	tsiã⁵⁵	tsʰiã⁵⁵
郑州	pian³¹	pʰian³¹	pian³¹	mian⁵³	mian³¹	lian⁵³	tsian⁴⁴	tsʰian⁴⁴
开封	pian³¹²	pʰian³¹²	pian³¹²	mian⁵³	mian³¹²	lian⁵³	tɕian⁴⁴	tɕʰian⁴⁴
濮阳	pian³¹	pʰian³¹	pian³¹	mian⁴²	mian³¹	lian⁴²	tsian⁵⁵	tsʰian⁵⁵
浚县	pian²¹³	pʰian²¹³	pian²¹³	mian⁴²	mian²¹³	lian⁴²	tɕian⁵⁵	tɕʰian⁵⁵
长垣	piai²¹³	pʰiai²¹³	piai²¹³	miai⁵²	miai²¹³	liai⁵²	tsiai⁴⁴	tsʰiai⁴⁴
兰考	pian³¹²	pʰian³¹²	pian³¹²	mian⁵³	mian³¹²	lian⁵³	tɕian⁴⁴	tɕʰian⁴⁴
洛阳	piã³¹	pʰiã³¹	piã³¹	miã⁵³	miã³¹	liã⁵³	tsiã⁴⁴	tsʰiã⁴⁴
洛宁	pia³¹	pʰia³¹	pia³¹	mia⁵²	mia³¹	lia⁵²	tɕia³⁵	tɕʰia³⁵
三门峡	piæ²¹²	pʰiæ²¹²	piæ²¹²	miæ³¹	miæ²¹²	liæ³¹	tɕiæ⁴⁴	tɕʰiæ⁴⁴
灵宝	pian²⁴	pʰian²⁴	pian²⁴	mian²¹³	mian²⁴	lian²¹³	tɕian⁴⁴	tɕʰian⁴⁴
商丘	piã⁴¹	pʰiã⁴¹	piã⁴¹	miã⁵²	miã⁴¹	liã⁵²	tɕiã⁴⁴	tɕʰiã⁴⁴
永城	piã⁴¹	pʰiã⁴¹	piã⁴¹	miã⁵³	miã⁴¹	liã⁵³	tsiã³³⁴	tsʰiã³³⁴
郸城	pian⁵¹	pʰian⁵¹	pian⁵¹	mian⁴²	mian⁵¹	lian⁴²	tɕian⁴⁴	tɕʰian⁴⁴
漯河	pian³¹	pʰian³¹	pian³¹	mian⁵³	mian³¹	lian⁵³	tsian⁴⁴	tsʰian⁴⁴
许昌	pian³¹	pʰian³¹	pian³¹	mian⁵³	mian³¹	lian⁵³	tsian⁴⁴	tsʰian⁴⁴
周口	pian⁴¹	pʰian⁴¹	pian⁴¹	mian⁵³	mian⁴¹	lian⁵³	tɕian⁴⁴	tɕʰian⁴⁴
驻马店	pian³¹	pʰian³¹	pian³¹	mian⁵³	mian³¹	lian⁵³	tɕian⁴⁴	tɕʰian⁴⁴
长葛	pian³¹	pʰian³¹	pian³¹	mian⁵²	mian³¹	lian⁵²	tsian⁴⁴	tsʰian⁴⁴
泌阳	pian³¹	pʰian³¹	pian³¹	mian⁵³	mian³¹	lian⁵³	tsian⁴⁴	tsʰian⁴⁴
南阳	pian³¹	pʰian³¹	pian³¹	mian⁴²	mian³¹	lian⁴²	tsian⁵⁵	tsʰian⁵⁵
鲁山	pian³¹	pʰian³¹	pian³¹	mian⁵³	mian³¹	lian⁵³	tsian⁴⁴	tsʰian⁴⁴
邓州	pian³¹	pʰian³¹	pian³¹	mian⁴²	mian³¹	lian⁴²	tsian⁵⁵	tsʰian⁵⁵
西峡	pian³¹	pʰian³¹	pian³¹	mian⁴²	mian³¹	lian⁴²	tsian⁵⁵	tsʰian⁵⁵
信阳	pian⁵³	pʰian⁵³	pian⁵³	mian⁴⁴	mian⁵³	lian⁴⁴	tɕian²⁴	tɕʰian²⁴
固始	pian⁵¹	pʰian⁵¹	pian⁵¹	mian⁵⁵	mian⁵¹	lian⁵⁵	tɕian²⁴	tɕʰian²⁴

	0505 钱	0506 鲜	0507 线	0508 缠	0509 战	0510 扇名	0511 善	0512 件
	山开三	山开三	山开三	山开三	山开三	山开三	山开三	山开三
	平仙从	平仙心	去仙心	平仙澄	去仙章	去仙书	上仙禅	上仙群
安阳	tɕʰiã^{52}	ɕiã^{44}	ɕiã^{31}	tʂʰã^{52}	tʂã^{31}	ʂã^{31}	ʂã^{31}	tɕiã^{31}
林州	tsʰia^{42}	sya^{31}	sia^{33}	tʂʰa^{42}	tʂa^{33}	ʂa^{33}	ʂa^{33}	tɕia^{33}
鹤壁	tɕʰiã^{53}	ɕyã^{33}白 ɕiã^{33}文	ɕiã^{31}	tʂʰã^{53}	tʂã^{31}	ʂã^{31}	ʂã^{31}	tɕiã^{31}
新乡	tɕʰiɛ̃^{52}	ɕiɛ̃^{24}	ɕiɛ̃^{21}	tʂʰɛ̃^{52}	tʂɛ̃^{21}	ʂɛ̃^{21}	ʂɛ̃^{21}	tɕiɛ̃^{21}
济源	tɕʰiãn^{312}	ɕiãn^{44}	ɕiãn^{24}	tʂʰãn^{312}	tʂãn^{24}	ʂãn^{24}	ʂãn^{24}	tɕiãn^{24}
沁阳	tɕʰiã^{312}	ɕiã^{44}	ɕiã^{13}	tʂʰã^{312}	tʂã^{13}	ʂã^{13}	ʂã^{13}	tɕiã^{13}
温县	tɕʰie^{31}	ɕie^{44}	ɕie^{213}	tʂʰæn^{31}	tsæn^{213}	ʂæn^{213}	ʂæn^{213}	tɕie^{213}
范县	tsʰiã^{42}	siã^{24}	siã^{313}	tʂʰã^{42}	tʂã^{313}	ʂã^{313}	ʂã^{313}	tɕiã^{313}
郑州	tsʰian^{53}	syan^{24}	sian^{31}	tʂʰan^{53}	tʂan^{31}	ʂan^{31}	ʂan^{31}	tɕian^{31}
开封	tɕʰian^{53}	ɕyan^{24}白 ɕian^{24}文	ɕian^{312}	tʂʰan^{53}	tʂan^{312}	ʂan^{312}	ʂan^{312}	tɕian^{312}
濮阳	tsʰian^{42}	sian^{35}	sian^{31}	tʃʰian^{42}白 tʂʰan^{42}文	tʂan^{31}	ʃian^{31}	ʃian^{31}	tɕian^{31}
浚县	tɕʰian^{42}	ɕyan^{24}白 ɕian^{24}文	ɕian^{213}	tʂʰan^{42}	tʂan^{213}	ʂan^{213}	ʂan^{213}	tɕian^{213}
长垣	tsʰiai^{52}	siai^{24}	siai^{213}	tʂʰai^{52}	tʂai^{213}	ʂai^{213}	ʂai^{213}	（无）不单说
兰考	tɕʰian^{53}	ɕyan^{24}白 ɕian^{24}文	ɕian^{312}	tʂʰan^{53}	tsan^{312}	san^{312}	san^{312}	tɕian^{312}
洛阳	tsʰiã^{53}	syã^{34}白 siã^{34}文	siã^{31}	tʂʰã^{53}	tʂã^{31}	ʂã^{31}	ʂã^{31}	tɕiã^{31}
洛宁	tɕʰia^{52}	ɕia^{44}	ɕia^{31}	tʂʰa^{52}	tʂa^{31}	ʂa^{31}	ʂa^{31}	tɕia^{31}
三门峡	tɕʰiæ̃^{31}	ɕyæ̃^{44}	ɕiæ̃^{212}	tʂʰæ̃^{31}	tʂæ̃^{212}	ʂæ̃^{212}	ʂæ̃^{212}	tɕiæ̃^{212}
灵宝	tɕʰian^{213}	ɕian^{44}	ɕian^{24}	tʂʰan^{213}	tʂan^{24}	ʂan^{24}	ʂan^{24}	tɕʰian^{24}
商丘	tɕʰiã^{52}	ɕiã^{223}	ɕiã^{41}	tʂʰã^{52}	tʂã^{41}	ʂã^{41}	ʂã^{41}	tɕiã^{41}
永城	tsʰiã^{53}	siã^{213}	siã^{41}	tʂʰã^{53}	tʂã^{41}	ʂã^{41}	ʂã^{41}	tɕiã^{41}
郸城	tɕʰian^{42}	ɕyan^{24}	ɕian^{51}	tʂʰan^{42}	tʂan^{51}	ʂan^{51}	ʂan^{51}	tɕian^{51}
漯河	tsʰian^{53}	syan^{224}	sian^{31}	tʂʰan^{53}	tʂan^{31}	san^{31}	ʂan^{31}	tɕian^{31}
许昌	tsʰian^{53}	ɕyan^{24}白 sian^{24}文	sian^{31}	tʂʰan^{53}	tʂan^{31}	ʂan^{31}	ʂan^{31}	tɕian^{31}
周口	tɕʰian^{53}	ɕyan^{24}白 ɕian^{24}文	ɕian^{41}	tʂʰan^{53}	tsan^{41}	san^{41}	san^{41}	tɕian^{41}
驻马店	tɕʰian^{53}	ɕyan^{213}白 ɕian^{213}文	ɕian^{31}	tʂʰan^{53}	tsan^{31}	san^{31}	san^{31}	tɕian^{31}
长葛	tsʰian^{52}	syan^{24}	sian^{31}	tʂʰan^{52}	tʂan^{31}	ʂan^{31}	ʂan^{31}	tɕian^{31}
泌阳	tsʰian^{53}	syan^{24}	sian^{31}	tʂʰan^{53}	tʂan^{31}	ʂan^{31}	ʂan^{31}	tɕian^{31}
南阳	tsʰian^{42}	syan^{224}	sian^{31}	tʂʰan^{42}	tʂan^{31}	ʂan^{31}	ʂan^{31}	tɕian^{31}
鲁山	tsʰian^{53}	syan^{24}白 sian^{24}文	sian^{31}	tʂʰan^{53}	tʂan^{31}	ʂan^{31}	ʂan^{31}	tɕian^{31}
邓州	tsʰian^{42}	syan^{33}	sian^{31}	tʂʰan^{42}	tʂan^{31}	ʂan^{31}	ʂan^{31}	tɕian^{31}
西峡	tsʰian^{42}	suan^{24}白 sian^{24}文	sian^{31}	tʂʰan^{42}	tʂan^{31}	ʂan^{31}	ʂan^{31}	tɕian^{31}
信阳	tɕʰian^{44}	ɕyan^{113}	ɕian^{53}	tʂʰan^{44}	tʂan^{53}	san^{53}	san^{53}	tɕian^{53}
固始	tɕʰian^{55}	ɕyan^{213}	ɕian^{51}	tʂʰan^{55}	tsan^{51}	san^{51}	san^{51}	tɕian^{51}

	0513 延	0514 别~人	0515 灭	0516 列	0517 撤	0518 舌	0519 设	0520 热
	山开三	山开三	山开三	山开三	山开三	山开三	山开三	山开三
	平仙以	入薛帮	入薛明	入薛来	入薛彻	入薛船	入薛书	入薛日
安阳	iã^{52}	piɛ^{52}	miɛʔ^{33}	liɛʔ^{33}	tʂʰɐ^{31}	ʂʅ^{52}	ʂɐ^{31}	zɛʔ^{33}
林州	ia^{42}	piɛ^{42}	miɛʔ^{3}	liɐʔ^{3} lɐʔ^{3}~算式	tʂʰɐʔ^{3}	ʂʅʔ^{3}白 ʂɐʔ^{3}文	ʂɐʔ^{3}	zɐʔ^{3}
鹤壁	iã^{53}	piɛ^{53}	miɛ^{33}	lɐʔ^{3}	tʂʰɐʔ^{3}	ʂɤ^{53}	ʂʔ^{31}	zɐʔ^{3}
新乡	iɛ̃^{52}	piə^{52}	miɛʔ^{34}	liɛʔ^{34}	tʂʰɐʔ^{34}	sɐʔ^{34}白 ʂɐʔ^{52}文	sɐʔ^{34}	zɐʔ^{34}
济源	iãn^{312}	piɛ^{312}	miɛʔ^{23}	liɛʔ^{23}	tʂʰɐʔ^{23}	ʂəʔ^{23}~头 ʂɤ^{312}	ʂɐʔ^{23}	zɐʔ^{23}
沁阳	iã^{312}	piɛ^{312}	miɛʔ^{23}	liɛʔ^{23}	tʂʰʌʔ^{23}	səʔ^{23}白 ʂɐʔ^{23}文	sɐʔ^{23}	zɐʔ^{23}
温县	ie^{31}	piɛ^{31}	miɛʔ^{3}	liɐʔ^{3}	tʂʰʌʔ^{3}	ʂəʔ^{3}	ʂɐʔ^{3}	zɐʔ^{3}
范县	iã^{42}	piɛ^{42}	miɛ^{24}	liɛ^{24}~宁 liɛ^{313}	tʂʰɐ^{313}	ʂə^{42}	ʂə^{42}	zə^{24}
郑州	ian^{53}	piɛ^{53}	miɛ^{24}	liɛ^{24}	tʂʰɚ^{31}	ʂɚ^{53}	ʂɚ^{31}	zɚ^{24}
开封	ian^{53}	piɛ^{53}	miɛ^{24}	liɛ^{24}	tʂʰɛ^{312}白 tʂʰɤ^{312}文	ʂɛ^{53}白 ʂɤ^{53}文	ʂɛ^{312}白 ʂɤ^{312}文	zɛ^{24}白 zɤ^{24}文
濮阳	ian^{42}	piɛ^{42}	miɛ^{35}	lɛ^{35}	tʂʰɛ^{31}	ʃie^{42}	ʂɛ^{35}	ʒie^{35}白 zɛ^{35}文
浚县	ian^{42}	piɛ^{42}	miɛ^{24}	lɛ^{24}	tʂʰɚ^{42}	ʂɚ^{42}	ʂɚ^{55}	zɚ^{24}
长垣	iai^{52}	piɛ^{52}	miɛ^{24}	lɛ^{24}	tʂʰə^{52}	ʂə^{52}	ʂə^{213}	zə^{24}
兰考	ian^{53}~长	piɛ^{53}	miɛ^{24}	lɛ^{24}	tʂʰɛ^{312}	sɛ^{53}	sɛ^{24}	zɛ^{24}
洛阳	iã^{53}~长 iã^{31}~安	piɛ^{53}	miɛ^{34}	liɛ^{34}	tʂʰə^{31}	ʂə^{53}	ʂə^{44}建~ ʂə^{35}假~	zə^{34}
洛宁	ia^{31}	piɛ^{52}	miɛ^{44}	liɛ^{44}	tʂʰə^{31}	ʂə^{52}	ʂə^{35}	zə^{44}
三门峡	iæ̃^{212}	piɛ^{31}	miɛ^{53}	liɛ^{53}	tʂʰə^{44}	ʂɚ^{31}	ʂɚ^{44}	zɚ^{53}
灵宝	ian^{213}	piɛ^{213}	miɛ^{53}	liɛ^{53}	tʂʰɤ^{53}	ʂɤ^{213}	ʂɤ^{53}	zɤ^{53}
商丘	iã^{52}	piɛ^{52}	miɛ^{223}	liɛ^{223}	tʂʰə^{41}	ʂə^{52}	ʂə^{223}	zə^{223}
永城	iã^{53}	piɛ^{53}	miɛ^{213}	liɛ^{213}	tʂʰə^{213}白 tʂʰə^{41}文	ʂə^{53}	ʂə^{213}	zə^{213}
郸城	ian^{42}	piɛ^{42}	miɛ^{24}	lai^{24}白 liɛ^{24}文	tʂʰɤ^{51}	ʂɤ^{42}	ʂɤ^{44}	zɤ^{24}
漯河	ian^{53}~长 ian^{44}~安	piɛ^{53}	miɛ^{224}	lɛ^{224}	tʂʰə^{31}	ʂə^{53}	ʂə^{44}	zə^{24}
许昌	ian^{53}	piɛ^{53}	miɛ^{24}	liɛ^{24}	tʂə^{31}	ʂə^{53}	ʂə^{44}	zə^{24}
周口	ian^{53}	piɛ^{53}	miɛ^{24}	lai^{24}白 liɛ^{24}文	tʂʰɤ^{24}	ʂɤ^{53}	ʂɤ^{24}	zɤ^{24}
驻马店	ian^{53}	piɛ^{53}	miɛ^{213}	lɛ^{213}白 liɛ^{213}文	tʂʰɛ^{53}又 tʂʰɛ^{31}又	sɛ^{53}白 ʂɤ^{53}文	sɛ^{31}白 ʂɤ^{31}文	zɛ^{213}白 zɤ^{213}文
长葛	ian^{52}	piɛ^{52}	miɛ^{24}	lɛ^{24}	tʂʰɛ^{31}	ʂɛ^{52}	ʂɛ^{44}	zɛ^{24}
泌阳	ian^{31}	piɛ^{53}	miɛ^{24}	lɛ^{24}白 liɛ^{24}文	tʂʰɤ^{31}	ʂɤ^{53}	ʂɤ^{44}	zɤ^{24}
南阳	ian^{42}	piɛ^{42}	miɛ^{224}	liɛ^{224}	tʂʰə^{31}	ʂə^{42}	ʂə^{55}	zə^{224}
鲁山	ian^{31}	piɛ^{53}	miɛ^{24}	liɛ^{24}	tʂʰə^{31}	ʂə^{53}	ʂə^{44}	zə^{24}
邓州	ian^{42}	piɛ^{42}	miɛ^{33}	lɛ^{33}白 lɛ^{33}文	tʂʰə^{31}	ʂə^{42}	ʂə^{42}	zə^{33}
西峡	ian^{42}	piɛ^{42}	miɛ^{24}	liɛ^{24}	tʂʰə^{55}	ʂə^{42}	ʂə^{55}	zə^{24}
信阳	ian^{44}	piɛ^{44}	miɛ^{113}	lɛ^{113}	tʂʰɛ^{53}	sɛ^{44}	sɛ^{53}	zɛ^{113}
固始	ian^{55}	piɛ^{55}	miɛ^{55}	liɛ^{55}	tʂʰɛ^{55}	sɛ^{55}	sɛ^{24}	zɛ^{213}

	0521 杰	0522 孽	0523 建	0524 健	0525 言	0526 歇	0527 扁	0528 片
	山开三	山开三	山开三	山开三	山开三	山开三	山开四	山开四
	入薛群	入薛疑	去元见	去元群	平元疑	入月晓	上先帮	去先滂
安阳	tɕiɛ⁵²	n̠iɛ⁴⁴	tɕiã³¹	tɕiã³¹	iã⁵²	ɕiɛ⁴⁴	piã⁴³	pʰiã³¹
林州	tɕiɛ⁴²	n̠iaiʔ³ 又 iɛʔ³ 又	tɕia³³	tɕia³³	ia⁴²	ɕiɛʔ³	pia⁵⁴	pʰia³³
鹤壁	tɕiɛ⁵³	iɛʔ³	tɕiã³¹	tɕiã³¹	iã⁵³	ɕiɛʔ³	piã⁵⁵	pʰiã³¹
新乡	tɕiə⁵²	n̠iaiʔ³⁴	tɕiɛ̃²¹	tɕiɛ̃²¹	iɛ̃⁵²	ɕiə²⁴	piɛ̃⁵⁵	pʰiɛ̃²¹
济源	tɕiɛ³¹²	n̠iaiʔ²³	tɕiãn²⁴	tɕiãn²⁴	iãn³¹²	ɕiɛʔ²³	piãn⁵²	pʰiãn²⁴
沁阳	tɕiɛ³¹²	n̠iɛʔ²³	tɕia¹³	tɕia¹³	ia³¹²	ɕiɛʔ²³	pia⁵²	pʰia¹³
温县	tɕiɛ³¹	n̠iaiʔ³	tɕie²¹³	tɕie²¹³	ie³¹	ɕiɛʔ³	pie⁵³	pʰie²¹³
范县	tɕiɛ⁴²	n̠iɛ²⁴	tɕiã³¹³	tɕiã³¹³	iã⁴²	ɕiɛ²⁴	piã⁵⁵	pʰiã³¹³
郑州	tɕiɛ⁵³	n̠iɛ²⁴	tɕian³¹	tɕian³¹	ian⁵³	ɕiɛ²⁴	pian⁴⁴	pʰian³¹
开封	tɕiɛ⁵³	n̠iɛ²⁴	tɕian³¹²	tɕian³¹²	ian⁵³	ɕiɛ²⁴	pian⁴⁴	pʰian³¹²
濮阳	tɕiɛ⁴²	n̠iɛ³⁵	tɕian³¹	tɕian³¹	ian⁴²	ɕiɛ³⁵	pian⁵⁵	pʰian³¹
浚县	tɕiɛ⁴²	yɛ²⁴	tɕian²¹³	tɕian²¹³	ian⁴²	ɕiɛ²⁴	pian⁵⁵	pʰian²¹³
长垣	tɕiɛ⁵²	n̠iɛ²⁴	tɕiai²¹³	tɕiai²¹³	iai⁵²	ɕiɛ²⁴	piai⁴⁴	pʰiai²¹³
兰考	tɕiɛ⁵³	n̠iɛ²⁴	tɕian³¹²	tɕian³¹²	ian⁵³	ɕiɛ²⁴	pian⁴⁴	pʰian³¹²
洛阳	tɕiɛ⁵³	n̠iɛ³¹	tɕiã³¹	tɕiã³¹	iã⁵³	ɕiɛ³⁴	pia⁴⁴ 白 piã⁴⁴ 文	pʰiã³¹
洛宁	tɕiɛ⁵²	iɛ⁴⁴ 白 n̠iɛ³¹ 文	tɕia³¹	tɕia³¹	ia⁵²	ɕiɛ⁴⁴	pia³⁵	pʰia³¹
三门峡	tɕiɛ³¹	n̠iɛ⁵³	tɕiæ̃²¹²	tɕiæ̃²¹²	iæ̃³¹	ɕiɛ⁵³	piæ̃⁴⁴	pʰiæ̃⁴⁴
灵宝	tɕiɛ²¹³	n̠iɛ⁵³	tɕian²⁴	tɕian²⁴	ian²¹³	ɕiɛ⁵³	pian⁴⁴	pʰian⁴⁴
商丘	tɕiɛ⁵²	n̠iɛ²²³ ~种 n̠iɛ⁴¹ 作~	tɕiã⁴¹	tɕiã⁴¹	iã⁵²	ɕiɛ²²³	piã⁴⁴	pʰiã⁴¹
永城	tɕiɛ⁵³	n̠iɛ²¹³	tɕiã⁴¹	tɕiã⁴¹	iã⁵³	ɕiɛ²¹³	piã³³⁴	pʰiã⁴¹
郸城	tɕiɛ⁴²	n̠iɛ²⁴	tɕian⁵¹	tɕian⁵¹	ian⁴²	ɕiɛ²⁴	pian⁴⁴	pʰian²⁴ ~子 pʰian⁵¹
漯河	tɕiɛ⁵³	iɛ²²⁴	tɕian³¹	tɕian³¹	ian⁵³	ɕiɛ²²⁴	pian⁴⁴	pʰian³¹
许昌	tɕiɛ⁵³	n̠iɛ³¹	tɕian³¹	tɕian³¹	ian⁵³	ɕiɛ³¹	pian⁴⁴	pʰian³¹
周口	tɕiɛ⁵³	n̠iɛ⁴¹	tɕian⁴¹	tɕian⁴¹	ian⁵³	ɕiɛ⁴¹	pian⁴⁴	pʰian³¹
驻马店	tɕiɛ⁵³	iɛ²¹³	tɕian³¹	tɕian³¹	ian⁵³	ɕiɛ²¹³	pian⁴⁴	pʰian³¹
长葛	tɕiɛ⁵²	n̠iɛ³¹	tɕian³¹	tɕian³¹	ian⁵²	ɕiɛ³¹	pian⁴⁴	pʰian³¹
泌阳	tɕiɛ⁵³	iɛ²⁴	tɕian³¹	tɕian³¹	ian⁵³	ɕiɛ²⁴	pian⁴⁴	pʰian³¹
南阳	tɕiɛ⁴²	n̠iɛ²²⁴	tɕian³¹	tɕian³¹	ian⁴²	ɕiɛ²²⁴	pian⁵⁵	pʰian³¹
鲁山	tɕiɛ⁵³	iɛ²⁴ 白 n̠iɛ²⁴ 文	tɕian³¹	tɕian³¹	ian⁵³	ɕiɛ²⁴	pian⁴⁴	pʰian³¹
邓州	tɕiɛ⁴²	n̠iɛ³³	tɕian³¹	tɕian³¹	ian⁴²	ɕiɛ³³	pian⁵⁵	pʰian³¹
西峡	tɕiɛ⁴²	n̠iɛ²⁴	tɕian³¹	tɕian³¹	ian⁴²	ɕiɛ²⁴	pʰian⁵⁵ 白 pian⁵⁵ 文	pʰian³¹
信阳	tɕiɛ⁴⁴	n̠iɛ¹¹³	tɕian⁵³	tɕian⁵³	ian⁴⁴	ɕiɛ¹¹³	pie²⁴ 白 pian²⁴ 文	pʰian⁵³
固始	tɕiɛ⁵⁵	liɛ⁵⁵	tɕian⁵¹	tɕian⁵¹	ian⁵⁵	ɕiɛ²¹³	pian²⁴	pʰian⁵¹

	0529 面~条	0530 典	0531 天	0532 田	0533 垫	0534 年	0535 莲	0536 前
	山开四	山开四	山开四	山开四	山开四	山开四	山开四	山开四
	去先明	上先端	平先透	平先定	去先定	平先泥	平先来	平先从
安阳	miã^{31}	tiã^{43}	tʰiã^{44}	tʰiã^{52}	tiã^{31}	ȵiã^{52}	liã^{52}	tɕʰiã^{52}
林州	mia^{33}	tia^{54}	tʰia^{31}	tʰia^{42}	tia^{33}	ȵia^{42}	lia^{42}	tsʰia^{42}
鹤壁	miɑ̃^{31}	tiɑ̃^{55}	tʰiɑ̃^{33}	tʰiɑ̃^{53}	tiɑ̃^{31}	ȵiɑ̃^{53}	liɑ̃^{53}	tɕʰiɑ̃^{53}
新乡	miɛ̃^{21}	tiɛ̃^{55}	tʰiɛ̃^{24}	tʰiɛ̃^{52}	tiɛ̃^{21}	ȵiɛ̃^{52}	liɛ̃^{52}	tɕʰiɛ̃^{52}
济源	miãn^{24}	tiãn^{52}	tʰiãn^{44}	tʰiãn^{312}	tiãn^{24}	ȵiãn^{312}	liãn^{312}	tɕʰiãn^{312}
沁阳	miã^{13}	tiã^{52}	tʰiã^{44}	tʰiã^{312}	tiã^{13}	ȵiã^{312}	liã^{312}	tɕʰiã^{312}
温县	mie^{213}	tie^{53}	tʰie^{44}	tʰie^{31}	tie^{213}	ȵie^{31}	lie^{31}	tɕʰie^{31}
范县	miã^{313}	tiã^{55}	tʰiã^{24}	tʰiã^{42}	tiã^{313}	ȵiã^{42}	liã^{42}	tsʰiã^{42}
郑州	mian^{31}	tian^{44}	tʰian^{24}	tʰian^{53}	tian^{31}	ȵian^{53}	lian^{53}	tsʰian^{53}
开封	mian^{312}	tian^{44}	tʰian^{24}	tʰian^{53}	tian^{312}	ȵian^{53}	lian^{53}	tɕʰian^{53}
濮阳	mian^{31}	tian^{55}	tʰian^{35}	tʰian^{42}	tian^{31}	ȵian^{42}	lian^{42}	tsʰian^{42}
浚县	mian^{213}	tian^{55}	tʰian^{24}	tʰian^{42}	tian^{213}	ȵian^{42}	lian^{42}	tɕʰian^{42}
长垣	miai^{213}	tiai^{44}	tʰiai^{24}	tʰiai^{52}	tiai^{213}	ȵiai^{52}	liai^{52}	tsʰiai^{52}
兰考	mian^{312}	tian^{44}	tʰian^{24}	tʰian^{53}	tian^{312}	ȵian^{53}	lian^{53}	tɕʰian^{53}
洛阳	miã^{31}	tiã^{44}	tʰiã^{34}	tʰiã^{53}	tiã^{31}	ȵiã^{53}	liã^{53}	tsʰiã^{53}
洛宁	mia^{31}	tia^{35}	tʰia^{44}	tʰia^{52}	tia^{31}	ȵia^{52}	lia^{52}	tɕʰia^{52}
三门峡	miæ̃^{212}	tiæ̃^{44}	tʰiæ̃^{53}	tʰiæ̃^{31}	tʰiæ̃^{212}白 / tiæ̃^{212}文	ȵiæ̃^{31}	liæ̃^{31}	tɕʰiæ̃^{31}
灵宝	mian^{24}	tian^{44}	tʰian^{53}	tʰian^{213}	tʰian^{24}	ȵian^{213}	lian^{213}	tɕʰian^{213}
商丘	miã^{41}	tiã^{44}	tʰiã^{223}	tʰiã^{52}	tiã^{41}	ȵiã^{52}	liã^{52}	tɕʰiã^{52}
永城	miã^{41}	tiã^{334}	tʰiã^{213}	tʰiã^{53}	tiã^{41}	ȵiã^{53}	liã^{53}	tsʰiã^{53}
郸城	mian^{51}	tian^{44}	tʰian^{24}	tʰian^{42}	tian^{51}	ȵian^{42}	lian^{42}	tɕʰian^{42}
漯河	mian^{31}	tian^{44}	tʰian^{224}	tʰian^{53}	tian^{31}	ȵian^{53}	lian^{53}	tsʰian^{53}
许昌	mian^{31}	tian^{44}	tʰian^{24}	tʰian^{53}	tian^{31}	ȵian^{53}	lian^{53}	tsʰian^{53}
周口	mian^{41}	tian^{44}	tʰian^{24}	tʰian^{53}	tian^{41}	ȵian^{53}	lian^{53}	tɕʰian^{53}
驻马店	mian^{31}	tian^{44}	tʰian^{213}	tʰian^{53}	tian^{31}	ȵian^{53}	lian^{53}	tɕʰian^{53}
长葛	mian^{31}	tian^{44}	tʰian^{24}	tʰian^{52}	tian^{31}	ȵian^{52}	lian^{52}	tsʰian^{52}
泌阳	mian^{31}	tian^{44}	tʰian^{24}	tʰian^{53}	tian^{31}	ȵian^{53}	lian^{53}	tsʰian^{53}
南阳	mian^{31}	tian^{55}	tʰian^{224}	tʰian^{42}	tian^{31}	ȵian^{42}	lian^{42}	tsʰian^{42}
鲁山	mian^{31}	tian^{44}	tʰian^{24}	tʰian^{53}	tian^{31}	ȵian^{53}	lian^{53}	tsʰian^{53}
邓州	mian^{31}	tian^{55}	tʰian^{33}	tʰian^{42}	tian^{31}	ȵian^{42}	lian^{42}	tsʰian^{42}
西峡	mian^{31}	tian^{55}	tʰian^{24}	tʰian^{42}	tian^{31}	ȵian^{42}	lian^{42}	tsʰian^{42}
信阳	mian^{53}	tian^{24}	tʰian^{113}	tʰian^{44}	tian^{53}	ȵian^{44}	lian^{44}	tɕʰian^{44}
固始	mian^{51}	tian^{24}	tʰian^{213}	tʰian^{55}	tian^{51}	lian^{55}	lian^{55}	tɕʰian^{55}

	0537 先	0538 肩	0539 见	0540 牵	0541 显	0542 现	0543 烟	0544 楔
	山开四	山开四	山开四	山开四	山开四	山开四	山开四	山开四
	平先心	平先见	去先见	平先溪	上先晓	去先匣	平先影	入屑滂
安阳	ɕiã⁴⁴	tɕiã⁴⁴	tɕiã³¹	tɕʰiã⁴⁴	ɕiã⁴³	ɕiã³¹	iã⁴⁴	piɛʔ³³
林州	sia³¹	tɕia³¹	tɕia³³	tɕʰia³¹	ɕia⁵⁴	ɕia³³	ia³¹	piɛʔ³
鹤壁	ɕiã³³	tɕiã³³	tɕiã³¹	tɕʰiã³³	ɕiã⁵⁵	ɕiã³¹	iã³³	piɛʔ³
新乡	ɕiɛ̃²⁴	tɕiɛ̃²⁴	tɕiɛ̃²¹	tɕʰiɛ̃²⁴	ɕiɛ̃⁵⁵	ɕiɛ̃²¹	iɛ̃²⁴	piɛʔ³⁴
济源	ɕiãn⁴⁴	tɕiãn⁴⁴	tɕiãn²⁴	tɕʰiãn⁴⁴	ɕiãn⁵²	ɕiãn²⁴	iãn⁴⁴	piɛʔ²³
沁阳	ɕiã⁴⁴	tɕiã⁴⁴	tɕiã¹³	tɕʰiã⁴⁴	ɕiã⁵²	ɕiã¹³	iã⁴⁴	piɛʔ²³
温县	ɕie⁴⁴	tɕie⁴⁴	tɕie²¹³	tɕʰie⁴⁴	ɕie⁵³	ɕie²¹³	ie⁴⁴	piɛʔ³
范县	sia²⁴	tɕia²⁴	tɕia³¹³	tɕʰia²⁴	ɕia⁵⁵	ɕia³¹³	ia²⁴	piɛ²⁴
郑州	sian²⁴	tɕiaŋ²⁴ 白 tɕian²⁴ 文	tɕian³¹	tɕʰian²⁴	ɕian⁴⁴	ɕian³¹	ian²⁴	piɛ²⁴
开封	ɕian²⁴	tɕian²⁴	tɕian³¹²	tɕʰian²⁴	ɕian⁴⁴	ɕian³¹²	ian²⁴	piɛ²⁴
濮阳	sian³⁵	tɕian³⁵	tɕian³¹	tɕʰian³⁵	ɕian⁵⁵	ɕian³¹	ian³⁵	piɛ³⁵
浚县	ɕian²⁴	tɕian²⁴	tɕian²¹³	tɕʰian²⁴	ɕian⁵⁵	ɕian²¹³	ian²⁴	piɛ²⁴
长垣	siai²⁴	tɕiai²⁴	tɕiai²¹³	tɕʰiai²⁴	ɕiai⁴⁴	ɕiai²¹³	iai²⁴	piɛ²⁴
兰考	ɕian²⁴	tɕian²⁴	tɕian³¹²	tɕʰian²⁴	ɕian⁴⁴	ɕian³¹²	ian²⁴	piɛ²⁴
洛阳	siã³⁴	tɕiã³⁴	tɕiã³¹	tɕʰiã³⁴	ɕiã⁴⁴	ɕiã³¹	iã³⁴	piɛ³⁴
洛宁	ɕia⁴⁴	tɕia⁴⁴	tɕia³¹	tɕʰia⁴⁴	ɕia³⁵	ɕia³¹	ia⁴⁴	piɛ⁴⁴
三门峡	ɕiæ̃⁵³	tɕiæ̃⁵³	tɕiæ̃²¹²	tɕʰiæ̃⁵³	ɕiæ̃⁴⁴	ɕiæ̃²¹²	iæ̃⁵³	piɛ⁵³
灵宝	ɕian⁵³	tɕian⁵³	tɕian²⁴	tɕʰian⁵³	ɕian⁴⁴	ɕian²⁴	ian⁵³	piɛ⁵³
商丘	ɕiã²²³	tɕiã²²³	tɕiã⁴¹	tɕʰiã²²³	ɕiã⁴⁴	ɕiã⁴¹	iã²²³	piɛ²²³
永城	siã²¹³	tɕiã²¹³	tɕiã⁴¹	tɕʰiã²¹³	ɕiã³³⁴	ɕiã⁴¹	iã²¹³	piɛ²¹³
郸城	ɕian²⁴	tɕian²⁴	tɕian⁵¹	tɕʰian²⁴	ɕian⁴⁴	ɕian⁵¹	ian²⁴	piɛ²⁴
漯河	sian²²⁴	tɕian²²⁴	tɕian³¹	tɕʰian²²⁴	ɕian⁴⁴	ɕian³¹	ian²²⁴	piɛ²²⁴
许昌	sian²⁴	tɕian²⁴	tɕian³¹	tɕʰian²⁴	ɕian⁴⁴	ɕian³¹	ian²⁴	piɛ²⁴
周口	ɕian²⁴	tɕian²⁴	tɕian⁴¹	tɕʰian²⁴	ɕian⁴⁴	ɕian⁴¹	ian²⁴	piɛ²⁴
驻马店	ɕian²¹³	tɕian²¹³	tɕian³¹	tɕʰian²¹³	ɕian⁴⁴	ɕian³¹	ian²¹³	piɛ²¹³
长葛	sian²⁴	tɕian²⁴	tɕian³¹	tɕʰian²⁴	ɕian⁴⁴	ɕian³¹	ian²⁴	piɛ²⁴
泌阳	sian²⁴	tɕian²⁴	tɕian³¹	tɕʰian²⁴	ɕian⁴⁴	ɕian³¹	ian²⁴	piɛ²⁴
南阳	sɪan²²⁴	tɕian²²⁴	tɕian³¹	tɕʰian²²⁴	ɕian⁵⁵	ɕian³¹	ian²²⁴	piɛ²²⁴
鲁山	sian²⁴	tɕian²⁴	tɕian³¹	tɕʰian²⁴	ɕian⁴⁴	ɕian³¹	ian²⁴	piɛ²⁴
邓州	sian³³	tɕian³³	tɕian³¹	tɕʰian³³	ɕian⁵⁵	ɕian³¹	ian³³	piɛ³³
西峡	sian²⁴	tɕian²⁴	tɕian³¹	tɕʰian²⁴	ɕian⁵⁵	ɕian³¹	ian²⁴	piɛ²⁴
信阳	ɕian¹¹³	tɕian¹¹³	tɕian⁵³	tɕʰian¹¹³	ɕian²⁴	ɕian⁵³	ian¹¹³	piɛ¹¹³
固始	ɕian²¹³	tɕian²¹³	tɕian⁵¹	tɕʰian²¹³	ɕian²⁴	ɕian⁵¹	ian²¹³	piɛ²¹³

	0545 篾	0546 铁	0547 捏	0548 节	0549 切动	0550 截	0551 结	0552 搬
	山开四	山开四	山开四	山开四	山开四	山开四	山开四	山合一
	入屑明	入屑透	入屑泥	入屑精	入屑清	入屑从	入屑见	平桓帮
安阳	（无）	$t^hiɛʔ^{33}$	$ɳiɛʔ^{33}$	$tɕiɛʔ^{33}$	$tɕ^hiɛʔ^{33}$	$tɕiɛ^{52}$	$tɕiɛʔ^{33}$	$pã^{44}$
林州	mi^{42}	$t^hiɛ^3$	$ɳiɛ^3$	$tsiɛʔ^3$	$ts^hiɛʔ^3$	$tsiɛ^{42}$	$tɕiɛʔ^3$	pa^{31}
鹤壁	（无）	$t^hiɛʔ^3$	$ɳiɛʔ^3$	$tɕiɛʔ^3$	$tɕ^hiɛʔ^3$	$tɕiɛ^{53}$	$tɕiɛʔ^3$	$pã^{33}$
新乡	$miɛʔ^{34}$	$t^hiɛʔ^{34}$	$ɳiɛʔ^{34}$	$tɕiɛʔ^{34}$	$tɕ^hiɛʔ^{34}$	$tɕiɔ^{52}$	$tɕiɛʔ^{34}$	$pẽ^{24}$
济源	$miɛʔ^{23}$	$t^hiɛʔ^{23}$	$ɳiɛʔ^{23}$	$tɕiɛʔ^{23}$	$tɕ^hiɛʔ^{23}$	$tɕiɛ^{312}$	$tɕiɛʔ^{23}$	$pãn^{44}$
沁阳	$miɛʔ^{23}$	$t^hiɛʔ^{23}$	$ɳiɛʔ^{23}$	$tɕiɛʔ^{23}$	$tɕ^hiɛʔ^{23}$	$tɕiɛ^{312}$	$tɕiɛʔ^{23}$	$pã^{44}$
温县	$miɛʔ^3$	$t^hiɛʔ^3$	$ɳiɛ^3$	$tɕiɛʔ^3$ 白 $tɕiɛ^{31}$ 文,不单说	$tɕ^hiɛʔ^3$	$tɕiɛ^{31}$	$tɕiɛʔ^3$	$pæn^{44}$
范县	mi^{42}	$t^hiɛ^{24}$	$ɳiɛ^{24}$	$tsiɛ^{24}$	$ts^hiɛ^{24}$	$tsiɛ^{42}$	$tɕiɛ^{24}$	$pã^{24}$
郑州	mi^{53}	t^hiE^{24}	$ɳiE^{24}$	$tsiE^{24}$	ts^hiE^{24}	$tsiɛ^{53}$	$tɕiE^{24}$	pan^{24}
开封	（无）	$t^hiɛ^{24}$	$ɳiɛ^{24}$	$tɕiɛ^{24}$	$tɕ^hiɛ^{24}$	$tsiɛ^{53}$	$tɕiɛ^{24}$	pan^{24}
濮阳	（无）	$t^hiɛ^{55}$	$ɳiɛ^{35}$	$tsiɛ^{35}$	$ts^hiɛ^{35}$	$tsiɛ^{42}$	$tɕiɛ^{35}$	pan^{35}
浚县	mi^{42}	$t^hiɛ^{24}$	$ɳiɛ^{24}$	$tɕiɛ^{24}$	$tɕ^hiɛ^{24}$	$tɕiɛ^{42}$	$tɕiɛ^{24}$	pan^{24}
长垣	（无）	$t^hiɛ^{24}$	$ɳiɛ^{24}$	$tsiɛ^{24}$	$ts^hiɛ^{24}$	$tsiɛ^{52}$	$tɕiɛ^{24}$	pai^{24}
兰考	（无）	$t^hiɛ^{24}$	$ɳiɛ^{24}$	$tɕiɛ^{24}$	$tɕ^hiɛ^{24}$	$tɕiɛ^{53}$	$tɕiɛ^{24}$	pan^{24}
洛阳	（无）	$t^hiɛ^{34}$	$ɳiɛ^{34}$	$tsiɛ^{34}$	$ts^hiɛ^{34}$	$tsiɛ^{53}$	$tɕiɛ^{34}$	$pã^{34}$
洛宁	（无）	$t^hiɛ^{44}$	$ɳiɛ^{44}$	$tɕiɛ^{44}$	$tɕ^hiɛ^{44}$	$tɕiɛ^{52}$	$tɕiɛ^{44}$	pa^{44}
三门峡	mi^{31}	$t^hiɛ^{53}$	$ɳiɛ^{53}$	$tɕiɛ^{53}$	$tɕ^hiɛ^{53}$	$tɕiɛ^{31}$	$tɕiɛ^{53}$	$pæ^{53}$
灵宝	（无）	$t^hiɛ^{53}$	$ɳiɛ^{53}$	$tɕiɛ^{53}$	$tɕ^hiɛ^{53}$	$tɕ^hiɛ^{213}$	$tɕiɛ^{53}$	pan^{53}
商丘	mi^{52}	t^hiE^{223}	$ɳiE^{223}$	$tɕiE^{223}$	$tɕ^hiE^{223}$	$tɕiɛ^{52}$	$tɕiE^{223}$	$pã^{223}$
永城	mi^{53}	$t^hiɛ^{213}$	$ɳiɛ^{213}$	$tsiɛ^{213}$	$ts^hiɛ^{213}$	$tɕiɛ^{53}$	$tɕiɛ^{213}$	$pã^{213}$
郸城	mi^{51}	$t^hiɛ^{24}$	$ɳiɛ^{24}$	$tɕiɛ^{24}$	$tɕ^hiɛ^{24}$	$tɕiɛ^{42}$	$tɕiɛ^{24}$	pan^{24}
漯河	mi^{31}	$t^hiɛ^{224}$	$ɳiɛ^{224}$	$tsiɛ^{224}$	$ts^hiɛ^{224}$	$tsiɛ^{53}$	$tɕiɛ^{224}$	pan^{224}
许昌	mi^{24}	$t^hiɛ^{24}$	$ɳiɛ^{24}$	$tsiɛ^{24}$	$ts^hiɛ^{24}$	$tsiɛ^{53}$	$tɕiɛ^{24}$	pan^{24}
周口	（无）	$t^hiɛ^{24}$	$ɳiɛ^{24}$	$tɕiɛ^{24}$	$tɕ^hiɛ^{24}$	$tɕiɛ^{53}$	$tɕiɛ^{24}$	pan^{24}
驻马店	（无）	$t^hiɛ^{213}$	$ɳiɛ^{213}$	$tɕiɛ^{213}$	$tɕ^hiɛ^{213}$	$tɕiɛ^{53}$	$tɕiɛ^{213}$	pan^{213}
长葛	mi^{52}	$t^hiɛ^{24}$	$ɳiɛ^{24}$	$tsiɛ^{24}$	$ts^hiɛ^{24}$	$tsiɛ^{52}$	$tɕiɛ^{24}$	pan^{24}
泌阳	（无）	$t^hiɛ^{24}$	$ɳiɛ^{24}$	$tsiɛ^{24}$	$ts^hiɛ^{24}$	$tsiɛ^{53}$	$tɕiɛ^{24}$	pan^{24}
南阳	mi^{224}	$t^hiɛ^{224}$	$ɳiɛ^{224}$	$tsiɛ^{224}$	$ts^hiɛ^{224}$	$tsiɛ^{42}$	$tɕiɛ^{224}$	pan^{224}
鲁山	mi^{53}	$t^hiɛ^{24}$	$ɳiɛ^{24}$	$tsiɛ^{24}$	$ts^hiɛ^{24}$	$tsiɛ^{53}$	$tɕiɛ^{24}$	pan^{24}
邓州	$miɛ^{33}$	$t^hiɛ^{33}$	$ɳiɛ^{33}$	$tsiɛ^{33}$	$ts^hiɛ^{33}$	$tsiɛ^{42}$	$tɕiɛ^{33}$	pan^{33}
西峡	$miɛ^{24}$	$t^hiɛ^{24}$	$ɳiɛ^{24}$	$tsiɛ^{24}$	$ts^hiɛ^{24}$	$tsiɛ^{42}$	$tɕiɛ^{24}$	pan^{24}
信阳	$miɛ^{113}$ 竹~ $miɛ^{44}$ ~匠	$t^hiɛ^{113}$ ~门 $t^hiɛ^{44}$ ~匠	$ɳiɛ^{113}$	$tɕiɛ^{113}$ 过~ $tɕiɛ^{44}$ ~气	$tɕ^hiɛ^{113}$	$tɕiɛ^{44}$	$tɕiɛ^{113}$	pan^{113}
固始	$miɛ^{213}$ 竹~子 $miɛ^{55}$ ~匠	$t^hiɛ^{213}$ ~门 $t^hiɛ^{55}$ ~匠	$liɛ^{213}$	$tɕiɛ^{55}$	$tɕ^hiɛ^{213}$	$tɕiɛ^{55}$	$tɕiɛ^{55}$	pan^{213}

	0553 半	0554 判	0555 盘	0556 满	0557 端~午	0558 短	0559 断 绳~了	0560 暖
	山合一	山合一	山合一	山合一	山合一	山合一	山合一	山合一
	去桓帮	去桓滂	平桓并	上桓明	平桓端	上桓端	上桓定	上桓泥
安阳	pã³¹	pʰã³¹	pʰã⁵²	mã⁴³	tuã⁴⁴	tuã⁴³	tuã³¹	nuã⁴³
林州	pa³³	pʰa³³	pʰa⁴²	ma⁵⁴	ta³¹ 又 tua³¹ 又	tua⁵⁴	tua³³	na⁵⁴ 白 nua⁵⁴ 文
鹤壁	pã³¹	pʰã³¹	pʰã⁵³	mã⁵⁵	tã³³	tuã⁵⁵	tuã³¹	nuã⁵⁵
新乡	pɛ̃²¹	pʰɛ̃²¹	pʰɛ̃⁵²	mɛ̃⁵⁵	tuɛ̃²⁴	tuɛ̃⁵⁵	tuɛ̃²¹	nuɛ̃⁵⁵
济源	pãn²⁴	pʰãn²⁴	pʰãn³¹²	mãn⁵²	tãn⁴⁴	tuãn⁵²	tuãn²⁴	nuãn⁵²
沁阳	pã¹³	pʰã¹³	pʰã³¹²	mã⁵²	tuã⁴⁴ 又 tã⁴⁴ 又	tuã⁵²	tuã¹³	nuã⁵²
温县	pæn²¹³	pʰæn²¹³	pʰæn³¹	mæn⁵³	tæn⁴⁴	tuæn⁵³	tuæn²¹³	nuæn⁵³
范县	pã³¹³	pʰã³¹³	pʰã⁴²	mã⁵⁵	tuã²⁴	tuã⁵⁵	tuã³¹³	nuã⁵⁵
郑州	pan³¹	pʰan³¹	pʰan⁵³	man⁴⁴	tuan²⁴	tuan⁴⁴	tuan³¹	nuan⁴⁴
开封	pan³¹²	pʰan³¹²	pʰan⁵³	man⁴⁴	tuan²⁴	tuan⁴⁴	tuan³¹²	nuan⁴⁴
濮阳	pan³¹	pʰan³¹	pʰan⁴²	man⁵⁵	tuan³⁵	tuan⁵⁵	tuan³¹	nuan⁵⁵
浚县	pan²¹³	pʰan²¹³	pʰan⁴²	man⁵⁵	tuan²⁴	tuan⁵⁵	tuan²¹³	nuan⁵⁵
长垣	pai²¹³	pʰai²¹³	pʰai⁵²	mai⁴⁴	tuai²⁴	tuai⁴⁴	tuai²¹³	nuai⁴⁴
兰考	pan³¹²	pʰan³¹²	pʰan⁵³	man⁴⁴	tuan²⁴	tuan⁴⁴	tuan³¹²	nuan⁴⁴
洛阳	pã³¹	pʰã³¹	pʰã⁵³	mã⁴⁴	taŋ³⁴	tuã⁴⁴	tuã³¹	nuã⁴⁴
洛宁	pa³¹	pʰa³¹	pʰa⁵²	ma³⁵	tua⁴⁴	tua³⁵	tua³¹	nua³⁵
三门峡	pæ̃²¹²	pʰæ̃²¹²	pʰæ̃³¹	mæ̃⁴⁴	tæ̃⁵³	tuæ̃⁴⁴	tʰuæ̃²¹² 白 tuæ̃²¹² 文	nuæ̃⁴⁴
灵宝	pan²⁴	pʰan²⁴	pʰan²¹³	man⁴⁴	tan⁵³	tuan⁴⁴	tʰuan²⁴	luan⁴⁴
商丘	pã⁴¹	pʰã⁴¹	pʰã⁵²	mã⁴⁴	tuã²²³	tuã⁴⁴	tuã⁴¹	nuã⁴⁴
永城	pã⁴¹	pʰã⁴¹	pʰã⁵³	mã³³⁴	tuã²¹³	tuã³³⁴	tuã⁴¹	nuã³³⁴
郸城	pan⁵¹	pʰan⁵¹	pʰan⁴²	man⁴⁴	taŋ²⁴ 又 tuan²⁴ 又	tuan⁴⁴	tuan⁵¹	nuan⁴⁴
漯河	pan³¹	pʰan³¹	pʰan⁵³	man⁴⁴	tuan²²⁴	tuan⁴⁴	tuan³¹	nuan⁴⁴
许昌	pan³¹	pʰan³¹	pʰan⁵³	man⁴⁴	tuan²⁴	tuan⁴⁴	tuan³¹	nuan⁴⁴
周口	pan⁴¹	pʰan⁴¹	pʰan⁵³	man⁴⁴	taŋ²⁴	tuan⁴⁴	tuan⁴¹	nuan⁴⁴
驻马店	pan³¹	pʰan³¹	pʰan⁵³	man⁴⁴	taŋ²¹³	tuan⁴⁴	tuan³¹	nuan⁴⁴
长葛	pan³¹	pʰan³¹	pʰan⁵²	man⁴⁴	tuan²⁴	tuan⁴⁴	tuan³¹	nuan⁴⁴
泌阳	pan³¹	pʰan³¹	pʰan⁵³	man⁴⁴	taŋ²⁴	tuan⁴⁴	tuan³¹	nuan⁴⁴
南阳	pan³¹	pʰan³¹	pʰan⁴²	man⁵⁵	tuan²²⁴	tuan⁵⁵	tuan³¹	nuan⁵⁵
鲁山	pan³¹	pʰan³¹	pʰan⁵³	man⁴⁴	tan²⁴	tuan⁴⁴	tuan³¹	nuan⁴⁴
邓州	pan³¹	pʰan³¹	pʰan⁴²	man⁵⁵	tʰan³³	tuan⁵⁵	tuan³¹	nuan⁵⁵
西峡	pan³¹	pʰan³¹	pʰan⁴²	man⁵⁵	tuan²⁴	tuan⁵⁵	tuan³¹	nuan⁵⁵
信阳	pan⁵³	pʰan⁵³	pʰan⁴⁴	man²⁴	taŋ¹¹³	tan²⁴	tan⁵³	laŋ²⁴
固始	pan⁵¹	pʰan⁵¹	pʰan⁵⁵	man²⁴	tuan²¹³	tuan²⁴	tuan⁵¹	luan²⁴

	0561 乱	0562 酸	0563 算	0564 官	0565 宽	0566 欢	0567 完	0568 换
	山合一	山合一	山合一	山合一	山合一	山合一	山合一	山合一
	去桓来	平桓心	去桓心	平桓见	平桓溪	平桓晓	平桓匣	去桓匣
安阳	luã³¹	suã⁴⁴	suã³¹	kuã⁴⁴	kʰuã⁴⁴	xuã⁴⁴	vã⁵²	xuã³¹
林州	lua³³	sua³¹	sua³³	kua³¹	kʰua³¹	xua³¹	va⁴²	xua³³
鹤壁	luã³¹	suã³³	suã³¹	kuã³³	kʰuã³³	xuã³³	vã⁵³	xuã³¹
新乡	luɛ̃²¹	suɛ̃²⁴	suɛ̃²¹	kuɛ̃²⁴	kʰuɛ̃²⁴	xuɛ̃²⁴	vɛ̃⁵²	xuɛ̃²¹
济源	luãn²⁴	ʂuãn⁴⁴	ʂuãn²⁴	kuãn⁴⁴	kʰuãn⁴⁴	xuãn⁴⁴	uãn³¹²	xuãn²⁴
沁阳	luã¹³	suã⁴⁴	suã¹³	kuã⁴⁴	kʰuã⁴⁴	xuã⁴⁴	uã³¹²	xuã¹³
温县	luæn²¹³	ʂuæn⁴⁴	ʂuæn²¹³	kuæn⁴⁴	kʰuæn⁴⁴	xuæn⁴⁴	uæn³¹	xuæn²¹³
范县	luã³¹³	suã²⁴	suã³¹³	kuã²⁴	kʰuã²⁴	xuã²⁴	uã⁴²	xuã³¹³
郑州	luan³¹	suan²⁴	suan³¹	kuan²⁴	kʰuan²⁴	xuan²⁴	uan⁵³	xuan³¹
开封	luan³¹²	suan²⁴	suan³¹²	kuan²⁴	kʰuan²⁴	xuan²⁴	uan⁵³	xuan³¹²
濮阳	luan³¹	suan³⁵	suan³¹	kuan³⁵	kʰuan³⁵	xuan³⁵	uan⁴²	xuan³¹
浚县	luan²¹³	suan²⁴	suan²¹³	kuan²⁴	kʰuan²⁴	xuan²⁴	uan⁴²	xuan²¹³
长垣	luai²¹³	suai²⁴	suai²¹³	kuai²⁴	kʰuai²⁴	xuai²⁴	uai⁵²	xuai²¹³
兰考	luan³¹²	suan²⁴	suan³¹²	kuan²⁴	kʰuan²⁴	xuan²⁴	uan⁵³	xuan³¹²
洛阳	lyã³¹ 白 luã³¹ 文	suã³⁴	suã³¹	kuã³⁴	kʰuã³⁴	xuã³⁴	uã⁵³	xuã³¹
洛宁	lua³¹	sua⁴⁴	sua³¹	kua⁴⁴	kʰua⁴⁴	xua⁴⁴	ua⁵²	xua³¹
三门峡	luæ²¹²	suæ⁵³	suæ²¹²	kuæ⁵³	kʰuæ⁵³	xuæ⁴⁴	væ³¹	xuæ²¹²
灵宝	lan²⁴	suan⁵³	suan²⁴	kuan⁵³	kʰuan⁵³	xuan⁵³	van²¹³	xuan²⁴
商丘	luã⁴¹	suã²²³	suã⁴¹	kuã²²³	kʰuã²²³	xuã²²³	uã⁵²	xuã⁴¹
永城	luã⁴¹	suã²¹³	suã⁴¹	kuã²¹³	kʰuã²¹³	xuã²¹³	uã⁵³	xuã⁴¹
郸城	luan⁵¹	suan²⁴	suan⁵¹	kuan²⁴	kʰuan²⁴	xuan²⁴	uan⁴²	xuan⁵¹
漯河	luan³¹	suan²²⁴	suan³¹	kuan²²⁴	kʰuan²²⁴	xuan²²⁴	uan⁵³	xuan³¹
许昌	luan³¹	suan²⁴	suan³¹	kuan²⁴	kʰuan²⁴	xuan²⁴	uan⁵³	xuan³¹
周口	luan⁴¹	suan²⁴	suan⁴¹	kuan²⁴	kʰuan²⁴	xuan²⁴	uan⁵³	xuan⁴¹
驻马店	luan³¹	suan²¹³	suan³¹	kuan²¹³	kʰuan²¹³	xuan²¹³	uan⁵³	xuan³¹
长葛	luan³¹	suan²⁴	suan³¹	kuan²⁴	kʰuan²⁴	xuan²⁴	uan⁵²	xuan³¹
泌阳	luan³¹	suan²⁴	suan³¹	kuan²⁴	kʰuan²⁴	xuan²⁴	uan⁵³	xuan³¹
南阳	luan³¹	suan²²⁴	suan³¹	kuan²²⁴	kʰuan²²⁴	xuan²²⁴	uan⁴²	xuan³¹
鲁山	luan³¹	suan²⁴	suan³¹	kuan²⁴	kʰuan²⁴	xuan²⁴	uan⁵³	xuan³¹
邓州	luan³¹	suan³³	suan³¹	kuan³³	kʰuan³³	xuan³³	uan⁴²	xuan³¹
西峡	luan³¹	suan²⁴	suan³¹	kuan²⁴	kʰuan²⁴	xuan²⁴	uan⁴²	xuan³¹
信阳	lan⁵³	san¹¹³	san⁵³	kuan¹¹³	kʰuan¹¹³	fan¹¹³	van⁴⁴	fan⁵³
固始	luan⁵¹	suan²¹³	suan⁵¹	kuan²¹³	kʰuan²¹³	xuan²¹³	uan⁵⁵	xuan⁵¹

第二章　字音对照表

	0569 碗	0570 拨	0571 泼	0572 末	0573 脱	0574 夺	0575 阔	0576 活
	山合一	山合一	山合一	山合一	山合一	山合一	山合一	山合一
	上桓影	入末帮	入末滂	入末明	入末透	入末定	入末溪	入末匣
安阳	vã⁴³	pɐʔ³³	pʰɐʔ³³	mɐʔ³³	tʰuɐʔ³³	tuɤ⁵²	kʰuɐʔ³³	xuɤ⁵²
林州	va⁵⁴	pɐʔ³	pʰɐʔ³	mɐʔ³	tʰuɐʔ³	tuɤ⁴²	kʰuɐʔ³	xuɤ⁴²
鹤壁	vã⁵⁵	pɐʔ³	pʰɐʔ³	mɐʔ³	tʰuɐʔ³	tuɤ⁵³	kʰuɐʔ³	xuɤ⁵³
新乡	vɛ̃⁵⁵	pɐʔ³⁴	pʰɐʔ³⁴	mɐʔ³⁴ 白 muɤ²⁴ 文	tʰuɐʔ³⁴	tuɤ⁵²	kʰuɐʔ³⁴ 白 kʰuɤ²¹ 文	xuɤ⁵²
济源	uã⁵²	pa³¹²	pʰɐʔ²³	mɐʔ²³	tʰuɐʔ²³	tuɤ³¹²	kʰuɐʔ²³ 白 kʰuɤ²⁴ 文	xuɤ³¹²
沁阳	uã⁵²	pʌʔ²³	pʰʌʔ²³	mʌʔ²³	tʰuʌʔ²³	tuɤ³¹²	kʰuʌʔ²³	xuɤ³¹²
温县	uæn⁵³	pʌʔ³	pʰʌʔ³	mʌʔ³	tʰuʌʔ³	tuɤ³¹	kʰuʌʔ³ 白 kʰuɤ²¹³ 文	xuɤ³¹
范县	uã⁵⁵	puə²⁴	pʰuə²⁴	muə²⁴	tʰuə²⁴	tuə⁴²	kʰuə²⁴	xuə⁴²
郑州	uan⁴⁴	puə²⁴	pʰuə²⁴	muə²⁴	tʰuə²⁴	tuə⁵³	kʰuə³¹	xuə⁵³
开封	uan⁴⁴	puo²⁴	pʰuo²⁴	muo²⁴	tʰuo²⁴	tuo⁵³	kʰuo³¹² 又 kʰuo²⁴ 又	xuo⁵³
濮阳	uan⁵⁵	puə³⁵	pʰuə³⁵	muə³⁵	tʰuə³⁵	tuə⁴²	kʰuə³⁵	xuə⁴²
浚县	uan⁵⁵	puɤ²⁴	pʰuɤ²⁴	muɤ²⁴	tʰuɤ²⁴	tuɤ⁴²	kʰuɤ²¹³	xuɤ⁴²
长垣	uai⁴⁴	puə²⁴	pʰuə²⁴	muə²⁴	tʰuə²⁴	tuə⁵²	kʰuə⁵²	xuə⁵²
兰考	uan⁴⁴	puo²⁴	pʰuo²⁴	muo²⁴	tʰuo²⁴	tuo⁵³	kʰuo³¹²	xuo⁵³
洛阳	uã⁴⁴	puə³⁴	pʰuə³⁴	muə³⁴	tʰuə³⁴	tuə⁵³	kʰuə³¹	xuə⁵³
洛宁	ua³⁵	puə⁴⁴	pʰuə⁴⁴	muə⁴⁴	tʰuə⁴⁴	tuə⁵²	kʰuə³¹	xuə⁵²
三门峡	væ⁴⁴	puə⁵³	pʰuə⁵³	muə⁵³	tʰuə⁵³	tuə³¹	kʰuə²¹²	xuə³¹
灵宝	van⁴⁴	puɤ⁵³	pʰuɤ⁵³	muɤ⁵³	tʰuɤ⁵³	tʰuɤ²¹³	kʰuɤ⁵³	xuɤ²¹³
商丘	uã⁴⁴	puə²²³	pʰuə²²³	muə²²³	tʰuə²²³	tuə⁵²	kʰuə⁴¹	xuə⁵²
永城	uã³³⁴	puə²¹³	pʰuə²¹³	muə²¹³	tʰuə²¹³	tuə⁵³	kʰuə²¹³	xuə⁵³
郸城	uan⁴⁴	pɤ²⁴	pʰɤ²⁴	mɤ²⁴	tʰɤ²⁴	tuɤ⁴²	kʰuɤ²⁴	xuɤ⁴²
漯河	uan⁴⁴	puɤ²²⁴	pʰuɤ²²⁴	muɤ²²⁴	tʰuɤ²²⁴	tuɤ⁵³	kʰuɤ³¹	xuɤ⁵³
许昌	uan⁴⁴	puɤ²⁴	pʰuɤ²⁴	muɤ²⁴	tʰuɤ²⁴	tuɤ⁵³	kʰuɤ³¹	xuɤ⁵³
周口	uan⁴⁴	puo²⁴	pʰuo²⁴	muo²⁴	tʰuo²⁴	tuo⁵³	kʰuo²⁴ 又 kʰuo⁴¹ 又	xuo⁵³
驻马店	uan⁴⁴	puɤ²¹³	pʰuɤ²¹³	muɤ²¹³	tʰuɤ²¹³	tuɤ⁵³	kʰuɤ²¹³ 又 kʰuɤ³¹ 又	xuɤ⁵³
长葛	uan⁴⁴	puɤ²⁴	pʰuɤ²⁴	muɤ²⁴	tʰuɤ²⁴	tuɤ⁵²	kʰuɤ³¹	xuɤ⁵²
泌阳	uan⁴⁴	puo²⁴	pʰuo²⁴	muo²⁴	tʰuo²⁴	tuo⁵³	kʰuo³¹	xuo⁵³
南阳	uan⁵⁵	puə²²⁴	pʰuə²²⁴	muə²²⁴	tʰuə²²⁴	tuə⁴²	kʰuə³¹	xuə⁴²
鲁山	uan⁴⁴	puə²⁴	pʰuə²⁴	muə²⁴	tʰuə²⁴	tuə⁵³	kʰuə³¹	xuə⁵³
邓州	uan⁵⁵	puə³³	pʰuə³³	muə³³	tʰuə³³	tuə⁴²	kʰuə³¹	xuə⁴²
西峡	uan⁵⁵	puə²⁴	pʰuə²⁴	muə²⁴	tʰuə²⁴	tuə⁴²	kʰuə³¹	xuə⁴²
信阳	van²⁴	po¹¹³	pʰo¹¹³	mo¹¹³	tʰuo¹¹³	tuo⁴⁴	kʰuo⁵³	fo⁴⁴
固始	uan²⁴	pɤ²¹³	pʰɤ²¹³	mɤ²¹³	tʰuɤ²¹³	tuɤ⁵⁵	kʰuɤ⁵⁵	xuɤ⁵⁵

	0577 顽 ~皮，~固	0578 滑	0579 挖	0580 闩	0581 关~门	0582 惯	0583 还动	0584 还副
	山合二	山合二	山合二	山合二	山合二	山合二	山合二	山合二
	平山疑	入黠匣	入黠影	平删生	平删见	去删见	平删匣	平删匣
安阳	vã⁵²	xua⁵²	va⁴⁴	（无）	kuã⁴⁴	kuã³¹	xuã⁵²	xai⁵²
林州	va⁴²	xɔ⁴²	vɔ³¹	ʂua³¹	kua³¹	kua³³	xua⁴²	xa⁴²
鹤壁	vã⁵³	xuɑ⁵³	vɑ³³	（无）	kuã³³	kuã³¹	xuɑ⁵³	xɑ̃⁵³
新乡	vɛ̃⁵²	xua⁵²	va²⁴	ʂuɛ̃²⁴	kuɛ̃²⁴	kuɛ̃²¹	xuɛ̃⁵²	xai⁵²
济源	uãn³¹²	xua³¹²	ua⁴⁴	ʂuãn⁴⁴	kuãn⁴⁴	kuãn²⁴	xuãn³¹²	xãn³¹² 又 xuãn³¹² 又
沁阳	uã³¹²	xua³¹²	ua⁴⁴	（无）	kuã⁴⁴	kuã¹³	xuã³¹²	xã³¹²
温县	uæn³¹	xua³¹	ua⁴⁴	fæn⁴⁴	kuæn⁴⁴	kuæn²¹³	xuæn³¹	xæn³¹
范县	uã⁴²	xua⁴²	ua²⁴	（无）	kuã²⁴	kuã³¹³	xuã⁴²	xɛ⁴²
郑州	uan⁵³	xua⁵³	ua²⁴	ʂuan²⁴	kuan²⁴	kuan³¹	xuan⁵³	xai⁵³
开封	uan⁵³	xua⁵³	ua²⁴	ʂuan²⁴	kuan²⁴	kuan³¹²	xuan⁵³	xai⁵³
濮阳	uan⁴²	xua⁴²	ua³⁵	ʂuan³⁵	kuan³⁵	kuan³¹	xuan⁴²	xan⁴²
浚县	uan⁴²	xua⁴²	ua²⁴	ʂuan²⁴	kuan²⁴	kuan²¹³	xuan⁴²	xai⁴²
长垣	uai⁵²	xua⁵²	ua²⁴	（无）	kuai²⁴	kuai²¹³	xuai⁵²	xai⁵²
兰考	uan⁵³	xua⁵³	ua²⁴	suan²⁴	kuan²⁴	kuan³¹²	xuan⁵³	xai⁵³
洛阳	vã⁵³ 白 uã⁵³ 文	xua⁵³	ua³⁴	ʂuã³⁴	kuã³⁴	kuã³¹	xuã⁵³	xã⁵³
洛宁	ua⁵²	xue⁵²	ue⁴⁴	ʂua⁴⁴	kua⁴⁴	kua³¹	xua⁵²	xa⁵²
三门峡	væ̃³¹	xua³¹	va⁵³	ʂuæ̃⁵³	kuæ̃⁵³	kuæ̃²¹²	xuæ̃³¹	xa³¹
灵宝	van²¹³	xua²¹³	va⁵³	ʂuan⁵³	kuan⁵³	kuan²⁴	xuan²¹³	xɛ²¹³
商丘	uã⁵²	xua⁵²	ua²²³	（无）	kuã²²³	kuã⁴¹	xuã⁵²	xæ⁵²
永城	uã⁵³	xua⁵³	ua²¹³	ʂuã²¹³	kuã²¹³	kuã⁴¹	xuã⁵³	xæ⁵³
郸城	uan⁴²	xua⁴²	ua²⁴	fan²⁴	kuan²⁴	kuan⁵¹	xuan⁴²	xan⁴² 又 xai⁴² 又
漯河	uan⁵³	xua⁵³	ua²²⁴	suan²²⁴	kuan²²⁴	kuan³¹	xuan⁵³	xai⁵³
许昌	uan⁵³	xua⁵³	ua²⁴	ʂuan²⁴	kuan²⁴	kuan³¹	xuan⁵³	xai⁵³
周口	uan⁵³	xua⁵³	ua²⁴	suan²⁴	kuan²⁴	kuan⁴¹	xuan⁵³	xai⁵³
驻马店	uan⁵³	xua⁵³	ua²¹³	suan²¹³	kuan²¹³	kuan³¹	xuan⁵³	xɛ⁵³
长葛	uan⁵²	xua⁵²	ua²⁴	ʂuan²⁴	kuan²⁴	kuan³¹	xuan⁵²	xai⁵²
泌阳	uan⁵³	xua⁵³	ua²⁴	ʂuan²⁴	kuan²⁴	kuan³¹	xuan⁵³	xɛ⁵³
南阳	uan⁴²	xua⁴²	ua²²⁴	ʂuan²²⁴	kuan²²⁴	kuan³¹	xuan⁴²	xɛ⁴²
鲁山	uan⁵³	xua⁵³	ua²⁴	ʂuan²⁴	kuan²⁴	kuan³¹	xuan⁵³	xan⁵³ 又 xai⁵³ 又
邓州	uan⁴²	xua⁴²	ua³³	ʂuan³³	kuan³³	kuan³¹	xuan⁴²	xan⁴²
西峡	uan⁴²	xua⁴²	ua²⁴	ʂuan²⁴	kuan²⁴	kuan³¹	xuan⁴²	xan⁴²
信阳	van⁴⁴	fa⁴⁴	va¹¹³	san¹¹³	kuan¹¹³	kuan⁵³	fan⁴⁴	xai⁴⁴
固始	uan⁵⁵	xua⁵⁵	ua²¹³	suan²¹³	kuan²¹³	kuan⁵¹	xuan⁵⁵	xɛ⁵⁵

第二章　字音对照表

	0585 弯	0586 刷	0587 刮	0588 全	0589 选	0590 转~眼,~送	0591 传~下来	0592 传~记
	山合二	山合二	山合二	山合三	山合三	山合三	山合三	山合三
	平删影	入鎋生	入鎋见	平仙从	上仙心	上仙知	平仙澄	去仙澄
安阳	vã⁴⁴	suɐʔ³³白 suɑ⁴⁴文	kuɐʔ³³~风 kuɑ⁴⁴~胡子	tɕʰyã⁵²	ɕyã⁴³	tsuã⁴³	tsʰuã⁵²	tsuã³¹
林州	va³¹	ʂuɐʔ³	kuɐʔ³~风 kɔ⁵⁴~	tsʰya⁴²	sya⁵⁴	tʂua⁵⁴	tʂʰua⁴²	tʂua³³
鹤壁	vã³³	suɐʔ³	kuɐʔ³白 kuɑ³³文	tɕʰyã⁵³	ɕyã⁵⁵	tsuã⁵⁵	tsʰuã⁵³	tsuã³¹
新乡	vɛ̃²⁴	suɐʔ³⁴	kuɐʔ³⁴白 kuɑ⁵⁵文	tɕʰyɛ̃⁵²	ɕyɛ̃⁵⁵	tsuɛ̃⁵⁵	tsʰuɛ̃⁵²	tsuɛ̃²¹
济源	uã⁴⁴	ʂuɐʔ²³白 ʂuɑ⁴⁴文	kuɐʔ²³~风 kuɑ⁴⁴~墙 kuɑ⁵²~胡	tɕʰyãn³¹²	ɕyãn⁵²	tʂuãn⁵²	tʂʰuãn³¹²	tʂuãn²⁴
沁阳	uã⁴⁴	suɐʔ²³	kuɐʔ²³~风 kuɑ⁵²~胡	tɕʰyã³¹²	ɕyã⁵²	tsuã⁵²	tsʰuã³¹²	tsuã¹³
温县	uæn⁴⁴	fʌʔ³	kuʌʔ³~风 kuɑ⁵³~胡	tɕʰye³¹	ɕye⁵³	tʂuæn⁵³	tʂʰuæn³¹	tʂuæn²¹³
范县	uã²⁴	fa²⁴	kuɑ²⁴~风 kuɑ⁵⁵~胡	tsʰuã⁴²	suã⁵⁵	tʂuã⁵⁵	tʂʰuã⁴²	tʂuã³¹³
郑州	uan²⁴	ʂua²⁴	kua²⁴又 kua⁴⁴又	tsʰyan⁵³	syan⁴⁴	tʂuan⁴⁴	tʂʰuan⁵³	tʂuan³¹
开封	uan²⁴	ʂua²⁴	kua²⁴又 kua⁴⁴又	tɕʰyan⁵³	ɕyan⁴⁴	tʂuan⁴⁴	tʂʰuan⁵³	tʂuan³¹²
濮阳	uan³⁵	ʂua³⁵	kua²⁴~风 kua⁵⁵~胡	tsʰyan⁴²	syan⁵⁵	tsuan⁵⁵	tsʰuan⁴²	tsuan³¹
浚县	uan²⁴	ʂua²⁴	kua²⁴又 kua⁵⁵又	tɕʰyan⁴²	ɕyan⁵⁵	tʂuan⁵⁵	tʂʰuan⁴²	tʂuan²¹³
长垣	uai²⁴	ʂua²⁴	kua⁴⁴又 kua²⁴又	tsʰuai⁵²	suai⁴⁴	tʂuai⁴⁴	tʂʰuai⁵²	tʂuai²¹³
兰考	uan²⁴	sua²⁴	kua²⁴又 kua⁴⁴又	tɕʰyan⁵³	ɕyan⁴⁴	tsuan⁴⁴	tsʰuan⁵³	tsuan³¹²
洛阳	uã³⁴	ʂua³⁴	kua³⁴~风 kua⁴⁴~胡子	tsʰyã⁵³	syã⁴⁴	tʂuã⁴⁴	tʂʰuã⁵³	tʂuã³¹
洛宁	ua⁴⁴	ʂuɐ⁴⁴	kua⁴⁴~风 kua³⁵~胡子	tɕʰya⁵²	ɕya³⁵	tʂua³⁵	tʂʰua⁵²	tʂua³¹

	0585 弯	0586 刷	0587 刮	0588 全	0589 选	0590 转 ~眼,~送	0591 传 ~下来	0592 传~记
	山合二	山合二	山合二	山合三	山合三	山合三	山合三	山合三
	平删影	入鎋生	入鎋见	平仙从	上仙心	上仙知	平仙澄	去仙澄
三门峡	væ̃⁵³	ʂua⁵³	kua⁵³ 又 kua⁴⁴ 又	tɕʰyæ̃³¹	ɕyæ̃⁴⁴	tʂuæ̃⁴⁴	tʂʰuæ̃³¹	tʂuæ̃²¹²
灵宝	van⁵³	ʂua⁵³	kua⁵³ 又 kua⁴⁴ 又	tɕʰyan²¹³	suan⁴⁴ 白 ɕyan⁴⁴ 文	tʂuan⁴⁴	tʂʰuan²¹³	tʂʰuan²⁴
商丘	uã²²³	fa²²³	kua²²³ 又 kua⁴⁴ 又	tsʰuã⁵²	suã⁴⁴	tʂuã⁴⁴	tʂʰuã⁵²	tʂuã⁴¹
永城	uã²¹³	ʂua²¹³	kua²¹³ 又 kua³³⁴ 又	tsʰuã⁵³ 白 tɕʰyã⁵³ 文	suã³³⁴	tʂuã³³⁴	tʂʰuã⁵³	tʂuã⁴¹
郸城	uan²⁴	fa²⁴	kua⁴⁴ ~胡子 kua²⁴ ~风	tɕʰyan⁴²	ɕyan⁴⁴	tʂuan⁴⁴	tʂʰuan⁴²	tʂuan⁵¹
漯河	uan²²⁴	sua²²⁴	kua²²⁴ 又 kua⁴⁴ 又	tsyan⁵³	syan⁴⁴	tsuan⁴⁴	tsʰuan⁵³	tsuan³¹
许昌	uan²⁴	ʂua²⁴	kua²⁴ 又 kua⁴⁴ 又	tɕʰyan⁵³	syan⁴⁴	tʂuan⁴⁴	tʂʰuan⁵³	tʂuan³¹
周口	uan²⁴	sua²⁴	kua²⁴ 又 kua⁴⁴ 又	tsʰyan⁵³	ɕyan⁴⁴	tsuan⁴⁴	tsʰuan⁵³	tsuan⁴¹
驻马店	uan²¹³	sua²¹³	kua²¹³ 又 kua⁴⁴ 又	tɕʰyan⁵³	ɕyan⁴⁴	tsuan⁴⁴	tʂʰuan⁵³	tsuan³¹
长葛	uan²⁴	ʂua²⁴	kua²⁴ 又 kua⁴⁴ 又	tsʰyan⁵²	syan⁴⁴	tʂuan⁴⁴	tʂʰuan⁵²	tʂuan³¹
泌阳	uan²⁴	ʂua²⁴	kua²⁴ 又 kua⁴⁴ 又	tsʰyan⁵³	syan⁴⁴	tʂuan⁴⁴	tʂʰuan⁵³	tʂuan³¹
南阳	uan²²⁴	ʂua²²⁴	kua²²⁴ 又 kua⁵⁵ 又	tsʰyan⁴²	syan⁵⁵	tʂuan³¹	tʂʰuan⁴²	tʂuan³¹
鲁山	uan²⁴	ʂua²⁴	kua²⁴ ~风 kua⁴⁴ ~胡子	tɕʰyan⁵³	syan⁴⁴	tʂuan⁴⁴	tʂʰuan⁵³	tʂuan³¹
邓州	uan³³	ʂua³³	kua³³ ~风 kua⁵⁵ ~胡子	tsʰyan⁴²	syan⁵⁵	tʂuan⁵⁵	tʂʰuan⁴²	tʂuan³¹
西峡	uan²⁴	ʂua²⁴	kua²⁴ 又 kua⁵⁵ 又	tsʰuan⁴²	suan⁵⁵	tʂuan⁵⁵	tʂʰuan⁴²	tʂuan³¹
信阳	van¹¹³	sua¹¹³	kua¹¹³	tɕʰyan⁴⁴	ɕyan²⁴	tɕyan²⁴	tɕʰyan⁴⁴	tɕyan⁵³
固始	uan²¹³	sua²¹³	kua²⁴	tɕʰyan⁵⁵	ɕyan²⁴	tsuan²⁴	tsʰuan⁵⁵	tsuan⁵¹

第二章 字音对照表

	0593 砖	0594 船	0595 软	0596 卷~起	0597 圈圆~	0598 权	0599 圆	0600 院
	山合三	山合三	山合三	山合三	山合三	山合三	山合三	山合三
	平仙章	平仙船	上仙日	上仙见	平仙溪	平仙群	平仙云	去仙云
安阳	tsuã⁴⁴	tsʰuã⁵²	zuã⁴³	tɕyã⁴³	tɕʰyã⁴⁴	tɕʰyã⁴³	yã⁵²	yã³¹
林州	tsua³¹	tsʰua⁴²	zua⁵⁴	tɕya⁵⁴	tɕʰya³¹	tɕʰya⁴²	ya⁴²	ya³³
鹤壁	tsuã³³	tsʰuã⁵³	zuã⁵⁵	tɕyã⁵⁵	tɕʰyã³³	tɕʰyã⁵⁵	yã⁵³	yã³¹
新乡	tsuɛ̃²⁴	tsʰuɛ̃⁵²	zuɛ̃⁵⁵	tɕyɛ̃⁵⁵	tɕʰyɛ̃⁵⁵	tɕʰyɛ̃⁵⁵	yɛ̃⁵²	yɛ̃²¹
济源	tsuãn⁴⁴	tsʰuãn³¹²	zuãn⁵²	tɕyãn⁵²	tɕʰyãn⁴⁴	tɕʰyãn⁵²	yãn³¹²	yãn²⁴
沁阳	tsuã⁴⁴	tsʰuã³¹²	zuã⁵²	tɕyã⁵²	tɕʰyã⁴⁴	tɕʰyã⁵²	yã³¹²	yã¹³
温县	tsuæn⁴⁴	tsʰuæn³¹	væn⁵³	tɕye⁵³	tɕʰye⁴⁴	tɕʰye⁵³	ye³¹	ye²¹³
范县	tsuã²⁴	tsʰuã⁴²	zuã⁵⁵	tɕyã⁵⁵	tɕʰyã²⁴	tɕʰyã⁵⁵	yã⁴²	yã³¹³
郑州	tsuan²⁴	tsʰuan⁵³	zuan⁴⁴	tɕyan⁴⁴	tɕʰyan²⁴	tɕʰyan⁴⁴ 又 tɕʰyan⁵³ 又	yan⁵³	yan³¹
开封	tsuan²⁴	tsʰuan⁵³	zuan⁴⁴	tɕyan⁴⁴	tɕʰyan²⁴	tɕʰyan⁴⁴	yan⁵³	yan³¹²
濮阳	tsuan³⁵	tsʰuan⁴²	zuan⁵⁵	tɕyan⁵⁵	tɕʰyan³⁵	tɕʰyan⁵⁵	yan⁴²	yan³¹
浚县	tsuan²⁴	tsʰuan⁴²	zuan⁵⁵	tɕyan⁵⁵	tɕʰyan²⁴	tɕʰyan⁵⁵	yan⁴²	yan²¹³
长垣	tsuai²⁴	tsʰuai⁵²	zuai⁴⁴	tɕyai⁴⁴	tɕʰyai²⁴	tɕʰyai⁵²	yai⁵²	yai²¹³
兰考	tsuan²⁴	tsʰuan⁵³	zuan⁴⁴	tɕyan⁴⁴	tɕʰyan²⁴	tɕʰyan⁴⁴	yan⁵³	yan³¹²
洛阳	tsuã³⁴	tsʰuã⁵³	zuã⁴⁴	tɕyã⁴⁴	tɕʰyã³⁴	tɕʰyã⁵³	yã⁵³	yã³¹
洛宁	tsua⁴⁴	tsʰua⁵²	zua³⁵	tɕya³⁵	tɕʰya⁴⁴	tɕʰya⁵²	ya⁵²	ya³¹
三门峡	tsuæ⁵³	tsʰuæ³¹	zuæ⁴⁴	tɕyæ⁴⁴	tɕʰyæ⁵³	tɕʰyæ³¹	yæ³¹	yæ²¹²
灵宝	tsuan⁵³	tsʰuan²¹³	zuan⁴⁴	tɕyan⁴⁴	tɕʰyan⁵³	tɕʰyan²¹³	yan²¹³	yan²⁴
商丘	tsuã²²³	tsʰuã⁵²	zuã⁴⁴	tɕyã⁴⁴	tɕʰyã²²³	tɕʰyã⁴⁴ 又 tɕʰyã⁵² 又	yã⁵²	yã⁴¹
永城	tsuã²¹³	tsʰuã⁵³	zuã³³⁴	tɕyã³³⁴	tɕʰyã²¹³	tɕʰyã⁵³	yã⁵³	yã⁴¹
郸城	tsuan²⁴	tsʰuan⁴²	zuan⁴⁴	tɕyan⁴⁴	tɕʰyan²⁴	tɕʰyan⁴²	yan⁴²	yan⁵¹
漯河	tsuan²²⁴	tsʰuan⁵³	zuan⁴⁴	tɕyan⁴⁴	tɕʰyan²²⁴	tɕʰyan⁵³	yan⁵³	yan³¹
许昌	tsuan²⁴	tsʰuan⁵³	zuan⁴⁴	tɕyan⁴⁴	tsʰyan²⁴	tsʰyan⁵³	yan⁵³	yan³¹
周口	tsuan²⁴	tsʰuan⁵³	zuan⁴⁴	tɕyan⁴⁴	tɕʰyan²⁴	tɕʰyan⁵³	yan⁵³	yan⁴¹
驻马店	tsuan²¹³	tsʰuan⁵³	zuan⁴⁴	tɕyan⁴⁴	tɕʰyan²¹³	tɕʰyan⁵³	yan⁵³	yan³¹
长葛	tsuan²⁴	tsʰuan⁵²	zuan⁴⁴	tɕyan⁴⁴	tɕʰyan²⁴	tɕʰyan⁵²	yan⁵²	yan³¹
泌阳	tsuan²⁴	tsʰuan⁵³	zuan⁴⁴	tɕyan⁴⁴	tɕʰyan²⁴	tɕʰyan⁵³	yan⁵³	yan³¹
南阳	tsuan²²⁴	tsʰuan⁴²	zuan⁵⁵	tɕyan⁵⁵	tɕʰyan³²¹	tɕʰyan⁴²	yan⁴²	yan³¹
鲁山	tsuan²⁴	tsʰuan⁵³	zuan⁴⁴	tɕyan⁴⁴	tɕʰyan²⁴	tɕʰyan⁵³	yan⁵³	yan³¹
邓州	tsuan³³	tsʰuan⁴²	zuan⁵⁵	tɕyan⁵⁵	tɕʰyan³³	tɕʰyan⁴²	yan⁴²	yan³¹
西峡	tsuan²⁴	tsʰuan⁴²	zuan⁵⁵	tɕyan⁵⁵	tɕʰyan²⁴	tɕʰyan⁴²	yan⁴²	yan³¹
信阳	tɕyan¹¹³	tɕʰyan⁴⁴	zuan²⁴	tɕyan²⁴	tɕʰyan¹¹³	tɕʰyan⁴⁴	yan⁴⁴	yan⁵³
固始	tsuan²¹³	tsʰuan⁵⁵	zuan²⁴	tɕyan²⁴	tɕʰyan²¹³	tɕʰyan⁵⁵	yan⁵⁵	yan⁵¹

	0601 铅~笔	0602 绝	0603 雪	0604 反	0605 翻	0606 饭	0607 晚	0608 万麻将牌
	山合三	山合三	山合三	山合三	山合三	山合三	山合三	山合三
	平仙以	入薛从	入薛心	上元非	平元敷	去元奉	上元微	去元微
安阳	tɕʰiɑ̃^{44}	tɕyɛ^{52}	ɕyɛʔ^{33}	fɑ̃^{43}	fɑ̃^{44}	fɑ̃^{31}	vɑ̃^{43}	vɑ̃^{31}
林州	tɕʰia^{31}	tsyɛʔ^{3} tsyɤ^{42}~户	syɛʔ^{3}	fa^{54}	fa^{31}	fa^{33}	va^{54}	va^{33}
鹤壁	tɕʰiɑ̃^{33}	tɕyɐ^{53}	ɕyɐʔ^{3}	fɑ̃^{55}	fɑ̃^{33}	fɑ̃^{31}	vɑ̃^{55}	vɑ̃^{31}
新乡	tɕʰiɛ̃^{24}	tɕyə^{52}	ɕyɛʔ^{34}	fɛ̃^{55}	fɛ̃^{24}	fɛ̃^{21}	vɛ̃^{55}	vɛ̃^{21}
济源	tɕʰiãn^{44}	tɕyɛ^{312}	ɕyɛ^{23}	fãn^{52}	fãn^{44}	fãn^{24}	uãn^{52}	uãn^{24}
沁阳	tɕʰiɑ̃^{44}	tɕyɛ^{312}	ɕyɛ^{23}	fɑ̃^{52}	fɑ̃^{44}	fɑ̃^{13}	vɑ̃^{52}	vɑ̃^{13}
温县	tɕʰie^{44}	tɕyɛ^{31}	ɕyɛʔ^{3}	fæn^{53}	fæn^{44}	fæn^{213}	væn^{53}	væn^{213}
范县	tɕʰiɑ̃^{24}	tsyə^{42}	suə^{24}	fɑ̃^{55}	fɑ̃^{24}	fɑ̃^{313}	uɑ̃^{55}	uɑ̃^{313}
郑州	tɕʰian^{24}	tsyE^{53}	syE^{24}	fan^{44}又 fan^{24}又	fan^{24}	fan^{31}	uan^{44}	uan^{31}
开封	tɕʰian^{24}	tɕyɛ^{53}	ɕyɛ^{24}	fan^{44}	fan^{24}	fan^{312}	uan^{44}	uan^{312}
濮阳	tɕʰian^{35}	tsyɛ^{42}	syɛ^{35}	fan^{55}	fan^{35}	fan^{31}	uan^{55}	uan^{31}
浚县	tɕʰian^{24}	tɕyɛ^{42}	ɕyɛ^{24}	fan^{24}正~ fan^{55}~对	fan^{24}	fan^{213}	uan^{55}	uan^{213}
长垣	tɕʰiai^{24}	tsyɛ^{52}	syɛ^{24}	fai^{44}	fai^{24}	fai^{213}	uai^{44}	uai^{213}
兰考	tɕʰian^{24}	tɕyɛ^{52}	ɕyɛ^{24}	fan^{44}	fan^{24}	fan^{312}	uan^{44}	uan^{312}
洛阳	tɕʰiɑ^{34}	tsyɛ^{53}	syɛ^{34}	fɑ̃^{44}造~ fɑ̃^{34}正~	fɑ̃^{34}	fɑ̃^{31}	vɑ̃^{44}	vɑ̃^{31}
洛宁	tɕʰia^{44}	tɕyə^{52}	ɕyə^{44}	fa^{44}~正 fa^{52}拿~	fa^{44}	fa^{31}	va^{35}	va^{31}
三门峡	tɕʰiæ̃^{53}	tɕyə^{53}	ɕyə^{53}	fæ̃^{44}	fæ̃^{53}	fæ̃^{212}	væ̃^{44}	væ̃^{212}
灵宝	tɕʰian^{53}	tɕyɤ^{213}	ɕyɤ^{53}	fan^{44}	fan^{53}	fan^{24}	van^{44}	van^{24}
商丘	tɕʰiɑ^{223}	tsyə^{52}	syə^{223}	fɑ̃^{44}正~ fɑ̃^{223}~正	fɑ̃^{223}	fɑ̃^{41}	uɑ̃^{44}	uɑ̃^{41}
永城	tɕʰiɑ^{213}	tsuə^{53}	suə^{213}	fɑ̃^{334}	fɑ̃^{213}	fɑ̃^{41}	uɑ̃^{334}	uɑ̃^{41}
郸城	tɕʰian^{24}	tɕyɛ^{42}	ɕyɛ^{24}	fan^{44}	fan^{24}	fan^{51}	mian^{44}紧分低 uan^{44}	uan^{51}
漯河	tɕʰian^{224}	tsyɛ^{53}	syɛ^{224}	fan^{224}~正 fan^{44}~对	fan^{224}	fan^{31}	uan^{44}	uan^{31}
许昌	tɕʰian^{24}	tɕyɛ^{53}	syɛ^{24}	fan^{24}又 fan^{44}又	fan^{24}	fan^{31}	uan^{44}	uan^{31}
周口	tɕʰian^{24}	tɕyɛ^{53}	ɕyɛ^{24}	fan^{44}	fan^{24}	fan^{41}又 xuan^{41}又	uan^{44}	uan^{41}
驻马店	tɕʰian^{213}	tɕyɛ^{53}	ɕyɛ^{213}	fan^{44}~对 fan^{213}~正	fan^{213}	fan^{31}	uan^{44}	uan^{31}
长葛	tɕʰian^{24}	tsyɛ^{52}	syɛ^{24}	fan^{44}~对 fan^{24}正~	fan^{24}	fan^{31}	uan^{44}	uan^{31}
泌阳	tɕʰian^{24}	tsyo^{53}	syo^{24}	fan^{44}	fan^{24}	fan^{31}	uan^{44}	uan^{31}
南阳	tɕʰian^{224}	tsyə^{42}	syə^{224}	fan^{224}又 fan^{55}又	fan^{224}	fan^{31}	uan^{55}	uan^{31}
鲁山	tɕʰian^{24}	tɕyə^{53}	syə^{24}	fan^{44}~对 fan^{24}穿~了	fan^{24}	fan^{31}	uan^{44}	uan^{31}
邓州	tɕʰian^{33}	tsyə^{42}	syə^{33}	fan^{55}	fan^{33}	fan^{31}	uan^{55}	uan^{31}
西峡	tɕʰian^{24}	tsuə^{42}	suə^{24}	fan^{55}	fan^{24}	fan^{31}	van^{55}白 uan^{55}文	van^{31}白 uan^{31}文
信阳	tɕʰian^{113}	tɕyɛ^{44}	ɕyɛ^{113}	fan^{24}	fan^{113}	fan^{53}	van^{24}	van^{53}
固始	tɕʰian^{213}	tɕyɛ^{55}	ɕyɛ^{213}	fan^{24}	fan^{213}	fan^{51}	uan^{24}	uan^{51}

	0609 劝	0610 原	0611 冤	0612 园	0613 远	0614 发头~	0615 罚	0616 袜
	山合三	山合三	山合三	山合三	山合三	山合三	山合三	山合三
	去元溪	平元疑	平元影	平元云	上元云	入月非	入月奉	入月微
安阳	tɕʰyã³¹	yã⁵²	yã⁴⁴	yã⁵²	yã⁴³	fɐʔ³³	fa⁵²	vɐʔ³³
林州	tɕʰya³³	ya⁴²	ya³¹	ya⁴²	ya⁵⁴	fɐʔ³	fɔ⁴²	vɐʔ³
鹤壁	tɕʰyã³¹	yã⁵³	yã³³	yã⁵³	yã⁵⁵	fɐʔ³	fa⁵³	vɐʔ³
新乡	tɕʰyɛ̃²¹	yɛ̃⁵²	yɛ̃²⁴	yɛ̃⁵²	yɛ̃⁵⁵	fɐʔ³⁴	fa⁵²	va²⁴
济源	tɕʰyan²⁴	yan³¹²	yan⁴⁴	yan³¹²	yan⁵²	fɐʔ²³	fa³¹²	va⁴⁴
沁阳	tɕʰyã¹³	yã³¹²	yã⁴⁴	yã³¹²	yã⁵²	fɐʔ²³	fa³¹²	vɐʔ²³
温县	tɕʰye²¹³	ye³¹	ye⁴⁴	ye³¹	ye⁵³	fa²¹³	fa³¹	va⁴⁴
范县	tɕʰyã³¹³	yã⁴²	yã²⁴	yã⁴²	yã⁵⁵	fa²⁴	fa⁴²	ua²⁴
郑州	tɕʰyan³¹	yan⁵³	yan²⁴	yan⁵³	yan⁴⁴	fa²⁴	fa⁵³	ua²⁴
开封	tɕʰyan³¹²	yan⁵³	yan²⁴	yan⁵³	yan⁴⁴	fa²⁴	fa⁵³	ua²⁴
濮阳	tɕʰyan³¹	yan⁴²	yan³⁵	yan⁴²	yan⁵⁵	fa³¹	fa⁴²	ua³⁵
浚县	tɕʰyan²¹³	yan⁴²	yan²⁴	yan⁴²	yan⁵⁵	fa²⁴	fa⁴²	ua²⁴
长垣	tɕʰyai²¹³	yai⁵²	yai²⁴	yai⁵²	yai⁴⁴	fa²⁴	fa⁵²	ua²⁴
兰考	tɕʰyan³¹²	yan⁵³	yan²⁴	yan⁵³	yan⁴⁴	fa²⁴	fa⁵³	ua²⁴
洛阳	tɕʰyã³¹	yã⁵³	yã³⁴	yã⁵³	yã⁴⁴	fa³⁴	fa⁵³	va³⁴
洛宁	tɕʰya³¹	ya⁵²	ya⁴⁴	ya⁵²	ya³⁵	fɐ⁴⁴	fɐ⁵²	vɐ⁴⁴
三门峡	tɕʰyæ̃²¹²	yæ̃³¹	yæ̃⁵³	yæ̃³¹	yæ̃⁴⁴	fa⁵³	fa³¹	va⁵³
灵宝	tɕʰyan²⁴	yan²¹³	yan⁵³	yan²¹³	yan⁴⁴	fa⁵³	fa²¹³	va⁵³
商丘	tɕʰyã⁴¹	yã⁵²	yã²²³	yã⁵²	yã⁴⁴	fa²²³	fa⁵²	ua²²³
永城	tɕʰyã⁴¹	yã⁵³	yã²¹³	yã⁵³	yã³³⁴	fa²¹³	fa⁵³	ua²¹³
郸城	tɕʰyan⁵¹	yan⁴²	yan²⁴	yan⁴²	yan⁴⁴	fa²⁴	fa⁴²	ua²⁴
漯河	tɕʰyan³¹	yan⁵³	yan²²⁴	yan⁵³	yan⁴⁴	fa²²⁴	fa⁵³	ua²²⁴
许昌	tɕʰyan³¹	yan⁵³	yan²⁴	yan⁵³	yan⁴⁴	fa²⁴	fa⁵³	ua²⁴
周口	tɕʰyan⁴¹	yan⁵³	yan²⁴	yan⁵³	yan⁴⁴	fa²⁴	fa⁵³	ua²⁴
驻马店	tɕʰyan³¹	yan⁵³	yan²¹³	yan⁵³	yan⁴⁴	fa²¹³	fa⁵³	ua²¹³
长葛	tɕʰyan³¹	yan⁵²	yan²⁴	yan⁵²	yan⁴⁴	fa²⁴	fa⁵²	ua²⁴
泌阳	tɕʰyan³¹	yan⁵³	yan²⁴	yan⁵³	yan⁴⁴	fa²⁴	fa⁵³	ua²⁴
南阳	tɕʰyan³¹	yan⁴²	yan²²⁴	yan⁴²	yan⁵⁵	fa²²⁴	fa⁴²	ua²²⁴
鲁山	tɕʰyan³¹	yan⁵³	yan²⁴	yan⁵³	yan⁴⁴	fa²⁴	fa⁵³	ua²⁴
邓州	tɕʰyan³¹	yan⁴²	yan³³	yan⁴²	yan⁵⁵	fa³³	fa⁴²	ua³³
西峡	tɕʰyan³¹	yan⁵⁵	yan²⁴	yan⁴²	yan⁵⁵	fa²⁴	fa⁴²	va²⁴
信阳	tɕʰyan⁵³	yan⁴⁴	yan¹¹³	yan⁴⁴	yan²⁴	fa¹¹³	fa⁴⁴	va¹¹³
固始	tɕʰyan⁵¹	yan⁵⁵	yan²¹³	yan⁵⁵	yan²⁴	fa⁵⁵	fa⁵⁵	ua²¹³

	0617 月	0618 越	0619 县	0620 决	0621 缺	0622 血	0623 吞	0624 根
	山合三	山合三	山合四	山合四	山合四	山合四	臻开一	臻开一
	入月疑	入月云	去先匣	入屑见	入屑溪	入屑晓	平痕透	平痕见
安阳	yɛʔ³³	yɛʔ³³	ɕiã³¹	tɕyɛʔ³³	tɕʰyɛʔ³³	ɕiɛʔ³³	tʰē⁴⁴	kē⁴⁴
林州	yɐʔ³	yɐʔ³	ɕia³³	tɕyɐʔ³	tɕʰyɐʔ³	ɕiɐʔ³	tʰəŋ³¹	kəŋ³¹
鹤壁	yɛʔ³	yɛʔ³	ɕiã³¹	tɕyɛʔ³	tɕʰyɛʔ³	ɕiɛʔ³	tʰəŋ³³	kəŋ³³
新乡	yɛʔ³⁴	yɛʔ³⁴	ɕiẽ²¹	tɕyɛʔ³⁴	tɕʰyɛʔ³⁴	ɕiɛʔ³⁴	tʰən²⁴ 白 / tʰuən²⁴ 文	kən²⁴
济源	yɛʔ²³	yɛʔ²³	ɕiãn²⁴	tɕyɛʔ²³	tɕʰyɛʔ²³	ɕiɛʔ²³ 白 / ɕyɛʔ²³ 文	tʰuõn⁴⁴	kõn⁴⁴
沁阳	yɛʔ²³	yɛʔ²³	ɕia¹³	tɕyɛʔ²³	tɕʰyɛʔ²³	ɕiɛʔ²³	tʰē⁴⁴	kē⁴⁴
温县	yɐʔ³	yɐʔ³	ɕie²¹³	tɕyɐʔ³	tɕʰyɐʔ³	ɕiɐʔ³	tʰē⁴⁴	kē⁴⁴
范县	yə²⁴	yə²⁴	ɕiã³¹³	tɕyə²⁴	tɕʰyə²⁴	ɕie²⁴	tʰuen²⁴	ken²⁴
郑州	yE²⁴	yE²⁴	ɕian³¹	tɕyE⁵³	tɕʰyE⁵³	ɕiE²⁴	tʰən²⁴ 白 / tʰuən²⁴ 文	kən²⁴
开封	ye²⁴	ye²⁴	ɕian³¹²	tɕye²⁴	tɕʰye²⁴	ɕie²⁴	tʰən²⁴	kən²⁴
濮阳	ye³⁵	ye³⁵	ɕian³¹	tɕye³⁵	tɕʰye³⁵	ɕie³⁵	tʰən³⁵	kən³⁵
浚县	ye²⁴	ye²⁴	ɕian²¹³	tɕye²⁴	tɕʰye²⁴	ɕie²⁴	tʰən²⁴	kən²⁴
长垣	ye²⁴	ye²⁴	ɕiai²¹³	tɕye²⁴	tɕʰye²⁴	ɕie²⁴	tʰei²⁴	kei²⁴
兰考	ye²⁴	ye²⁴	ɕian³¹²	tɕye²⁴	tɕʰye²⁴	ɕie²⁴	tʰən²⁴	kən²⁴
洛阳	yɛ³⁴	yɛ³⁴	ɕiã³¹	tɕyə³⁴ 白 / tɕyə³⁴ 文	tɕʰyə³⁴	ɕie³⁴	tʰən³⁴ 白 / tʰuən³⁴ 文	kən³⁴
洛宁	yə⁴⁴	yə⁴⁴	ɕia³¹	tɕyə⁵²	tɕʰyə⁴⁴	ɕie⁴⁴	tʰuei⁴⁴	kei⁴⁴
三门峡	yə⁵³	yə⁵³	ɕiæ̃²¹²	tɕyə⁴⁴	tɕʰyə⁵³	ɕie⁵³	tʰeɪ⁵³	keɪ⁵³
灵宝	yɤ⁵³	yɤ⁵³	ɕian²⁴	tɕyɤ⁵³	tɕʰyɤ⁵³	ɕie⁵³	tʰəŋ⁵³	kẽ⁵³
商丘	yə²²³	yə²²³	ɕiã⁴¹	tɕyə²²³	tɕʰyə²²³	ɕiE²²³	tʰuən²²³	kən²²³
永城	yə²¹³	yə²¹³	ɕiã⁴¹	tɕyə²¹³	tɕʰyə²¹³	ɕie²¹³	tʰuē²¹³	kē²¹³
郸城	ye²⁴	ye⁵¹	ɕian⁵¹	tɕye²⁴	tɕʰye²⁴	ɕie²⁴	tʰen²⁴	ken²⁴
漯河	ye²²⁴	ye²²⁴	ɕian³¹	tɕye²²⁴	tɕʰye²²⁴	ɕie²²⁴	tʰən²²⁴	kən²²⁴
许昌	ye²⁴	ye²⁴	ɕian³¹	tɕye²⁴	tɕʰye²⁴	ɕie²⁴	tʰuən²⁴	kən²⁴
周口	ye²⁴	ye²⁴	ɕian⁴¹	tɕye²⁴	tɕʰye²⁴	ɕie²⁴	tʰən²⁴	kən²⁴
驻马店	ye²¹³	ye²¹³	ɕian³¹	tɕye²¹³	tɕʰye²¹³	ɕie²¹³	tʰən²¹³	kən²¹³
长葛	ye²⁴	ye²⁴	ɕian³¹	tɕye²⁴	tɕʰye²⁴	ɕie²⁴	tʰən²⁴	kən²⁴
泌阳	yo²⁴	yo²⁴	ɕian³¹	tɕyo²⁴	tɕʰyo²⁴	ɕie²⁴	tʰən²⁴	kən²⁴
南阳	yə²²⁴	yə²²⁴	ɕian³¹	tɕyə²²⁴	tɕʰyə²²⁴	ɕie²²⁴	tʰən²²⁴ 白 / tʰuən²²⁴ 文	kən²²⁴
鲁山	yə²⁴	yə²⁴	ɕian³¹	tɕyə²⁴	tɕʰyə²⁴	ɕie²⁴	tʰən²⁴	kən²⁴
邓州	yə³³	yə³³	ɕian³¹	tɕyə³³	tɕʰyə³³	ɕie³³	tʰuen³³	ken³³
西峡	yə²⁴	yə²⁴	ɕian³¹	tɕyə²⁴	tɕʰyə²⁴	ɕie²⁴	tʰuən²⁴	kən²⁴
信阳	ye¹¹³	ye⁵³	ɕian⁵³	tɕye¹¹³	tɕʰye¹¹³	ɕie¹¹³	tʰən¹¹³	kən¹¹³
固始	yɛ²¹³ 正~ / yɛ⁵⁵ ~亮	yɛ⁵¹ ~来 / yɛ⁵⁵ ~南	ɕian⁵¹	tɕyɛ⁵⁵	tɕʰyɛ²¹³	ɕie²¹³	tʰen²¹³	ken²¹³

	0625 恨	0626 恩	0627 贫	0628 民	0629 邻	0630 进	0631 亲~人	0632 新
	臻开一	臻开一	臻开三	臻开三	臻开三	臻开三	臻开三	臻开三
	去痕匣	平痕影	平真並	平真明	平真来	去真精	平真清	平真心
安阳	xẽ³¹	ẽ⁴⁴	pʰiẽ⁵²	miẽ⁵²	liẽ⁵²	tɕiẽ³¹	tɕʰiẽ⁴⁴	ɕiẽ⁴⁴
林州	xəŋ³³	ɣəŋ³¹	pʰiəŋ⁴²	miəŋ⁴²	liəŋ⁴²	tsiəŋ³³	tsʰiəŋ³¹	siəŋ³¹
鹤壁	xəŋ³¹	ɣəŋ³³	pʰiəŋ⁵³	miəŋ⁵³	liəŋ⁵³	tɕiəŋ³¹	tɕʰiəŋ³³	ɕiəŋ³³
新乡	xən²¹	ɣən²⁴	pʰiən⁵²	miən⁵²	liən⁵²	tɕiən²¹	tɕʰiən²⁴	ɕiən²⁴
济源	xə̃n²⁴	ɣə̃n⁴⁴	pʰiə̃n³¹²	mi³¹²	liə̃n³¹²	tɕiə̃n²⁴	tɕʰiə̃n⁴⁴	ɕiə̃n⁴⁴
沁阳	xẽ¹³	ɣẽ⁴⁴	pʰiẽ³¹²	mi³¹²	liẽ³¹²	tɕiẽ¹³	tɕʰiẽ⁴⁴	ɕiẽ⁴⁴
温县	xẽ²¹³	ɣẽ⁴⁴	pʰĩ³¹	mi³¹	lĩ³¹	tɕĩ²¹³	tɕʰĩ⁴⁴	ɕĩ⁴⁴
范县	xen³¹³	ɣen²⁴	pʰien⁴²	mien⁴²	lien⁴²	tsien³¹³	tsʰien²⁴	sien²⁴
郑州	xən³¹	ɣən²⁴	pʰiən⁵³	miən⁵³	liən⁵³	tɕiən³¹	tɕʰiən²⁴	ɕiən²⁴
开封	xən³¹²	ən²⁴	pʰiən⁵³	miən⁵³	liən⁵³	tɕiən³¹²	tɕʰiən²⁴	ɕiən²⁴
濮阳	xən³¹	ɣən³⁵	pʰiən⁴²	miən⁴²	liən⁴²	tɕiən³¹	tɕʰiən³⁵	ɕiən³⁵
浚县	xən²¹³	ɣən²⁴	pʰiən⁴²	miən⁴²	liən⁴²	tɕiən²¹³	tɕʰiən²⁴	ɕiən²⁴
长垣	xei²¹³	ɣei²⁴	pʰiei⁵²	miei⁵²	liei⁵²	tsiei²¹³	tsʰiei²⁴	siei²⁴
兰考	xən³¹²	ɣən²⁴	pʰiən⁵³	miən⁵³	liən⁵³	tɕiən³¹²	tɕʰiən²⁴	ɕiən²⁴
洛阳	xən³¹	ɣən³⁴	pʰiən⁵³	miən⁵³	liən⁵³	tsiən³¹	tsʰiən³⁴	siən³⁴
洛宁	xei³¹	ɣei⁴⁴	pʰiei⁵²	miei⁵²	liei⁵²	tɕiei³¹	tɕʰiei⁴⁴	ɕiei⁴⁴
三门峡	xeɪ²¹²	ŋeɪ⁵³	pʰieɪ³¹	mieɪ³¹	leɪ³¹	tɕieɪ²¹²	tɕʰieɪ⁵³	ɕieɪ⁵³
灵宝	xẽ²⁴	ŋẽ⁵³	pʰiẽ²¹³	miẽ²¹³	liẽ²¹³	tɕiẽ²⁴	tɕʰiẽ⁵³	ɕiẽ⁵³
商丘	xən⁴¹	ən²²³	pʰiən⁵²	miən⁵²	liən⁵²	tɕiən⁴¹	tɕʰiən²²³	ɕiən²²³
永城	xẽ⁴¹	ẽ²¹³	pʰiẽ⁵³	miẽ⁵³	liẽ⁵³	tsiẽ⁴¹	tsʰiẽ²¹³	sẽ²¹³
郸城	xen⁵¹	ɣen²⁴	pʰien⁴²	mien⁴²	lien⁴²	tɕien⁵¹	tɕʰien²⁴	ɕien²⁴
漯河	xən³¹	ən²²⁴	pʰin⁵³	min⁵³	lin⁵³	tsin³¹	tsʰin²²⁴	sin²²⁴
许昌	xən³¹	ən²⁴	pʰiən⁵³	miən⁵³	liən⁵³	tsiən³¹	tsʰiən²⁴	siən²⁴
周口	xən⁴¹	ən²⁴	pʰin⁵³	min⁵³	lin⁵³	tɕin⁴¹	tɕʰin²⁴	ɕin²⁴
驻马店	xən³¹	ɣən²¹³	pʰiən⁵³	miən⁵³	liən⁵³	tɕiən³¹	tɕʰiən²¹³	ɕiən²¹³
长葛	xən³¹	ɣən²⁴	pʰiən⁵²	miən⁵²	liən⁵²	tɕiən³¹	tɕʰiən²⁴	ɕiən²⁴
泌阳	xən³¹	ɣən²⁴	pʰin⁵³	min⁵³	lin⁵³	tsin³¹	tsʰin²⁴	sin²⁴
南阳	xən³¹	ən²²⁴	pʰiən⁴²	miən⁴²	liən⁴²	tsiən³¹	tsʰiən²²⁴	siən²²⁴
鲁山	xən³¹	ɣən²⁴	pʰiən⁵³	miən⁵³	lyən⁵³ 白 liən⁵³ 文	tsiən³¹	tsʰiən²⁴	siən²⁴
邓州	xen³¹	ɣen³³	pʰien⁴²	mien⁴²	lien⁴²	tsien³¹	tsʰien³³	sien³³
西峡	xən³¹	ən²⁴	pʰiən⁴²	miən⁴²	liən⁴²	tsiən³¹	tsʰiən²⁴	siən²⁴
信阳	xən⁵³	ŋən¹¹³	pʰin⁴⁴	min⁴⁴	lin⁴⁴	tɕin⁵³	tɕʰin¹¹³	ɕin¹¹³
固始	xen⁵¹	ɣen²¹³	pʰin⁵⁵	min⁵⁵	lin⁵⁵	tɕin⁵¹	tɕʰin²¹³	ɕin²¹³

	0633 镇	0634 陈	0635 震	0636 神	0637 身	0638 辰	0639 人	0640 认
	臻开三	臻开三	臻开三	臻开三	臻开三	臻开三	臻开三	臻开三
	去真知	平真澄	去真章	平真船	平真书	平真禅	平真日	去真日
安阳	tsẽ³¹	tsʰẽ⁵²	tsẽ³¹	sẽ⁵²	sẽ⁴⁴	tsʰẽ⁵²	zẽ⁵²	zẽ³¹
林州	tʂəŋ³³	tʂʰəŋ⁴²	tʂəŋ³³	ʂəŋ⁴²	ʂəŋ³¹	tʂʰəŋ⁴²	ʐəŋ⁴²	ʐəŋ³³
鹤壁	tsəŋ³¹	tsʰəŋ⁵³	tsəŋ³¹	səŋ⁵³	səŋ³³	tsʰəŋ⁵³	zəŋ⁵³	zəŋ³¹
新乡	tsən²¹	tsʰən⁵²	tsən²¹	sən⁵²	sən²⁴	tsʰən⁵²	zən⁵²	zən²¹
济源	tʂɔ̃n²⁴	tʂʰɔ̃n³¹²	tʂɔ̃n²⁴	ʂɔ̃n³¹²	ʂɔ̃n⁴⁴	tʂʰɔ̃n³¹²	ʐɔ̃n³¹²	ʐɔ̃n²⁴
沁阳	tsẽ¹³	tsʰẽ³¹²	tsẽ¹³	sẽ³¹²	sẽ⁴⁴	tsʰẽ³¹²	zẽ³¹²	zẽ¹³
温县	tsẽ²¹³	tsʰẽ³¹	tsẽ²¹³	ʂẽ³¹	ʂẽ⁴⁴	tsʰẽ³¹	ʐẽ³¹	ʐẽ²¹³
范县	tʂen³¹³	tʂʰen⁴²	tʂen³¹³	ʂen⁴²	ʂen²⁴	tʂʰen⁴²	ʐen⁴²	ʐen³¹³
郑州	tʂən³¹	tʂʰən⁵³	tʂən³¹	ʂən⁵³	ʂən²⁴	tʂʰən⁵³	ʐən⁵³	ʐən³¹
开封	tʂən³¹²	tʂʰən⁵³	tʂən³¹²	ʂən⁵³	ʂən²⁴	tʂʰən⁵³	ʐən⁵³	ʐən³¹²
濮阳	tʂən³¹	tʃʰiən⁴²	tʂən³¹	ʃiən⁴²	ʂən³⁵	tʃʰiən⁴²	ʒiən⁴² 白 / ʐən⁴² 文	ʒiən³¹ 白 / ʐən³¹ 文
浚县	tʂən²¹³	tʂʰən⁴²	tʂən²¹³	ʂən⁴²	ʂən²⁴	tʂʰən⁴²	ʐən⁴²	ʐən²¹³
长垣	tʂei²¹³	tʂʰei⁵²	tʂei²¹³	ʂei⁵²	ʂei²⁴	tʂʰei⁵²	ʐei⁵²	ʐei²¹³
兰考	tʂən³¹²	tʂʰən⁵³	tʂən³¹²	ʂən⁵³	ʂən²⁴	tʂʰən⁵³	ʐən⁵³	ʐən³¹²
洛阳	tʂən³¹	tʂʰən⁵³	tʂən³¹	ʂən⁵³	ʂən³⁴	tʂʰən⁵³	ʐən⁵³	ʐən³¹
洛宁	tʂei³¹	tʂʰei⁵²	tʂei³¹	ʂei⁵²	ʂei⁴⁴	tʂʰei⁵²	ʐei⁵²	ʐei³¹
三门峡	tʂeɪ²¹²	tʂʰeɪ³¹	tʂeɪ²¹²	ʂeɪ³¹	ʂeɪ⁵³	tʂʰeɪ³¹	ʐeɪ³¹	ʐeɪ²¹²
灵宝	tʂẽ²⁴	tʂʰẽ²¹³	tʂẽ²⁴	ʂẽ²¹³	ʂẽ⁵³	tʂʰẽ²¹³	ʐẽ²¹³	ʐẽ²⁴
商丘	tʂən⁴¹	tʂʰən⁵²	tʂən⁴¹	ʂən⁵²	ʂən²²³	tʂʰən⁵²	ʐən⁵²	ʐən⁴¹
永城	tʂẽ⁴¹	tʂʰẽ⁵³	tʂẽ⁴¹	ʂẽ⁵³	ʂẽ²¹³	tʂʰẽ⁵³	ʐẽ⁵³	ʐẽ⁴¹
郸城	tʂen⁵¹	tʂʰen⁴²	tʂen⁵¹	ʂen⁴²	ʂen²⁴	tʂʰen⁴²	ʐen⁴²	ʐen⁵¹
漯河	tʂən³¹	tʂʰən⁵³	tʂən³¹	ʂən⁵³	ʂən²²⁴	tʂʰən⁵³	ʐən⁵³	ʐən³¹
许昌	tʂən³¹	tʂʰən⁵³	tʂən³¹	ʂən⁵³	ʂən²⁴	tʂʰən⁵³	ʐən⁵³	ʐən³¹
周口	tʂən⁴¹	tʂʰən⁵³	tʂən⁴¹	ʂən⁵³	ʂən²⁴	tʂʰən⁵³	ʐən⁵³	ʐən⁴¹
驻马店	tʂən³¹	tʂʰən⁵³	tʂən³¹	ʂən⁵³	ʂən²¹³	tʂʰən⁵³	ʐən⁵³	ʐən³¹
长葛	tʂən³¹	tʂʰən⁵²	tʂən³¹	ʂən⁵²	ʂən²⁴	tʂʰən⁵²	ʐən⁵²	ʐən³¹
泌阳	tʂən³¹	tʂʰən⁵³	tʂən³¹	ʂən⁵³	ʂən²⁴	tʂʰən⁵³	ʐən⁵³	ʐən³¹
南阳	tʂən³¹	tʂʰən⁴²	tʂəŋ⁴²	ʂən⁴²	ʂən²²⁴	tʂʰən⁴²	ʐəŋ⁴²	ʐən³¹
鲁山	tʂən³¹	tʂʰən⁵³	tʂən³¹	ʂən⁵³	ʂən²⁴	tʂʰən⁵³	ʐən⁵³	ʐən³¹
邓州	tʂen³¹	tʂʰen⁴²	tʂen³¹	ʂen⁴²	ʂen³³	tʂʰen⁴²	ʐen⁴²	ʐen³¹
西峡	tʂən³¹	tʂʰən⁴²	tʂən³¹	ʂən⁴²	ʂən²⁴	tʂʰən⁴²	ʐən⁴²	ʐən³¹
信阳	tsan⁵³	tsʰan⁴⁴	tsan⁵³	san⁴⁴	san¹¹³	tsʰan⁴⁴	zan⁴⁴	zan⁵³
固始	tsen⁵¹	tsʰen⁵⁵	tsen⁵¹	sen⁵⁵	sen²¹³	tsʰen⁵⁵	zen⁵⁵	zen⁵¹

	0641 紧	0642 银	0643 印	0644 引	0645 笔	0646 匹	0647 密	0648 栗
	臻开三	臻开三	臻开三	臻开三	臻开三	臻开三	臻开三	臻开三
	上真见	平真疑	去真影	上真以	入质帮	入质滂	入质明	入质来
安阳	tɕiɛ̃⁴³	iɛ̃⁵²	iɛ̃³¹	iɛ̃⁴³	piɛʔ³³	pʰi⁴³	miɛʔ³³	liɛʔ³³
林州	tɕiŋ⁵⁴	iŋ⁴²	iŋ³³	iŋ⁵⁴	piʔ³	pʰi⁵⁴	miʔ³	liʔ³
鹤壁	tɕiŋ⁵⁵	iŋ⁵³	iŋ³¹	iŋ⁵⁵	piɛ³³	pʰi³³	miɛʔ³	liɛʔ³
新乡	tɕiən⁵⁵	iən⁵²	iən²¹	iən⁵⁵	piəʔ³⁴ 又 pei²⁴ 又	pʰi⁵²	miəʔ³⁴	liəʔ³⁴
济源	tɕiə̃n⁵²	iə̃n³¹²	iə̃n²⁴	iə̃n⁵²	piəʔ²³	pʰi³¹²	miəʔ²³	liəʔ²³
沁阳	tɕiɛ̃⁵²	iɛ̃³¹²	iɛ̃¹³	iɛ̃⁵²	piəʔ²³	pʰi³¹²	miəʔ²³	liəʔ²³
温县	tɕĩ⁵³	ĩ³¹	ĩ²¹³	ĩ⁵³	piəʔ³	pʰi³¹	miəʔ³	li⁴⁴
范县	tɕien⁵⁵	ien⁴²	ien³¹³	ien⁵⁵	pei²⁴	pʰi⁴²	mi²⁴	li³¹³
郑州	tɕiən⁴⁴	iən⁵³	iən³¹	iən⁴⁴	pei²⁴	pʰi⁵³	mi²⁴	li²⁴
开封	tɕiən⁴⁴	iən⁵³	iən³¹²	iən⁴⁴	pei²⁴	pʰi⁴⁴	mi²⁴	li²⁴
濮阳	tɕiən⁵⁵	iən⁴²	iən³¹	iən⁵⁵	pei³⁵	pʰi⁴²	mi³⁵	li³⁵
浚县	tɕiən⁵⁵	iən⁴²	iən²¹³	iən⁵⁵	pei²⁴	pʰi⁴²	mi²⁴	li²⁴
长垣	tɕiei⁴⁴	iei⁵²	iei²¹³	iei⁴⁴	pei²⁴	pʰi²¹³	mi²⁴	li²⁴
兰考	tɕiən⁴⁴	iən⁵³	iən³¹²	iən⁴⁴	pei²⁴	pʰi⁵³	mi²⁴	li²⁴
洛阳	tɕiən⁴⁴	iən⁵³	iən³¹	iən⁴⁴	pei³⁴	pʰi³⁴	mi³⁴	li³⁴ 毛~子 li³¹ 姓~
洛宁	tɕiei³⁵	iei⁵²	iei³¹	iei³⁵	pei⁴⁴	pʰi⁵²	mi⁴⁴	li⁴⁴ 毛~子 li⁵² 姓~
三门峡	tɕieɪ⁴⁴	ieɪ³¹	ieɪ²¹²	ieɪ⁴⁴	peɪ⁵³	pʰi³¹	mi⁵³	li⁵³
灵宝	tɕiɛ̃⁴⁴	ȵiɛ̃²¹³	iɛ̃²⁴	iɛ̃⁴⁴	pei⁵³	pʰi²¹³	mi⁵³	li⁵³
商丘	tɕiən⁴⁴	iən⁵²	iən⁴¹	iən⁴⁴	pei²²³	pʰi⁵²	mi²²³	li²²³
永城	tɕiɛ̃³³⁴	iɛ̃⁵³	iɛ̃⁴¹	iɛ̃³³⁴	pE²¹³	pʰi²¹³	mi²¹³	li²¹³
郸城	tɕien⁴⁴	ien⁴²	ien⁵¹	ien⁴⁴	pei²⁴	pʰi⁴²	mi²⁴	li⁵¹
漯河	tɕin⁴⁴	in⁵³	in³¹	in⁴⁴	pei²²⁴	pʰi⁵³	mi²²⁴	li²²⁴
许昌	tɕiən⁴⁴	iən⁵³	iən³¹	iən⁴⁴	pei²⁴	pʰi⁵³	mi²⁴	li²⁴
周口	tɕin⁴⁴	in⁵³	in⁴¹	in⁴⁴	pei²⁴	pʰi⁵³	mi²⁴	li²⁴
驻马店	tɕiən⁴⁴	iən⁵³	iən³¹	iən⁴⁴	pei²¹³ 白 pi⁵³ 文	pʰi⁴⁴	mi²¹³	li²¹³
长葛	tɕiən⁴⁴	iən⁵²	iən³¹	iən⁴⁴	pei²⁴	pʰi⁵²	mi³¹	li³¹
泌阳	tɕin⁴⁴	in⁵³	in³¹	in⁴⁴	pei²⁴	pʰi⁵³	mi²⁴	li²⁴
南阳	tɕiən⁵⁵	iən⁴²	iən³¹	iən⁵⁵	pei²²⁴	pʰi²²⁴	mi²²⁴	li²²⁴
鲁山	tɕiən⁴⁴	iən⁵³	iən³¹	iən⁴⁴	pei²⁴	pʰi⁵³	mi²⁴	li²⁴
邓州	tɕien⁵⁵	ien⁴²	ien³¹	ien⁵⁵	pei³³	pʰi³³	mi³³	li³³
西峡	tɕiən⁵⁵	iən⁴²	iən³¹	iən⁵⁵	pei²⁴	pʰi⁴²	mi²⁴	li²⁴
信阳	tɕin²⁴	in⁴⁴	in⁵³	in²⁴	pei⁴⁴ 白 pi⁴⁴ 文	pʰi⁴⁴	mi¹¹³	li¹¹³
固始	tɕin²⁴	in⁵⁵	in⁵¹	in²⁴	pi⁵⁵	pʰi²¹³	mi²¹³	li²¹³

	0649 七	0650 侄	0651 虱	0652 实	0653 失	0654 日	0655 吉	0656 一
	臻开三	臻开三	臻开三	臻开三	臻开三	臻开三	臻开三	臻开三
	入质清	入质澄	入质生	入质船	入质书	入质日	入质见	入质影
安阳	tɕʰiɛʔ³³	tsʅ⁵²	sɛʔ³³	sɛʔ³³	sɛʔ³³	zɚʔ³³ 罐语 / zʅ³¹	tɕiɛʔ³³	iɛʔ³³
林州	tsʰiʔ³	tsʅʔ³	sʅʔ³	sʅʔ³	sʅʔ³	zɿʔ³ 晋语 / zʅ³³	tɕiʔ³	iʔ³
鹤壁	tɕʰiəʔ³	tsʅ⁵³	səʔ³	tsʅ⁵³ 白 / sʅ⁵³ 文	səʔ³	zʅ³¹	tɕiəʔ³	iəʔ³
新乡	tɕʰiəʔ³⁴	tsəʔ³⁴	（无）	səʔ³⁴	səʔ³⁴	zəʔ³⁴ 白 / zʅ²¹ 文	tɕiəʔ³⁴	iəʔ³⁴
济源	tɕʰiəʔ²³	tsʅ³¹²	sɚ²³	ʂʅ³¹²	ʂəʔ²³	zɚ²³	tɕiəʔ²³	iəʔ²³
沁阳	tɕʰiəʔ²³	tsʅ³¹²	səʔ²³	səʔ²³	səʔ²³	zəʔ²³	tɕiəʔ²³	iəʔ²³
温县	tɕʰiəʔ³	tsʅ³¹	sɚʔ³	sʅ³¹	səʔ³	zəʔ³	tɕiəʔ³	iəʔ³
范县	tsʰhi²⁴	tsʅ⁴²	sʅ²⁴	sʅ⁴²	sʅ²⁴	zʅ²⁴	tɕi²⁴	i²⁴
郑州	tsʰhi²⁴	tsʅ⁵³	sʅ²⁴	sʅ⁵³	sʅ²⁴	zʅ²⁴	tɕi²⁴	i²⁴
开封	tɕʰi²⁴	tsʅ⁵³	sʅ²⁴	sʅ⁵³	sʅ²⁴	zʅ²⁴	tɕi⁵³	i²⁴
濮阳	tsʰhi³⁵	tʃi⁴²	sʅ³⁵	ʃi⁴² 白 / sʅ⁴² 文	sʅ³⁵	ʒi³⁵ 晋语 / zʅ³¹	tɕi³⁵	i³⁵
浚县	tɕʰi²⁴	tsʅ⁴²	sʅ²⁴	sʅ⁴²	sʅ²⁴	zʅ²⁴ 又 / zʅ²¹³ 又	tɕi²⁴	i²⁴
长垣	tsʰhi²⁴	tsʅ⁵²	（无）	sʅ⁵²	sʅ²⁴	zʅ²⁴ 晋语 / zʅ²¹³	tɕi²⁴	i²⁴
兰考	tɕʰi²⁴	tsʅ⁵³	sʅ²⁴	sʅ⁵³	sʅ²⁴	zʅ²⁴	tɕi⁴⁴	i²⁴
洛阳	tsʰhi³⁴	tsʅ⁵³	sai³⁴	sʅ⁵³	sʅ³⁴	zʅ³⁴	tɕi³⁴	i³⁴
洛宁	tɕʰi⁴⁴	tsʅ⁵²	sai⁴⁴	sʅ⁵²	sʅ⁴⁴	zʅ⁴⁴	tɕi⁴⁴	i⁴⁴
三门峡	tɕʰi⁵³	tʂʰʅ⁵³ 白 / tsʅ⁵³ 文	sɛ⁵³	sʅ³¹	sʅ⁵³	ər⁵³ 白 / zʅ⁵³ 文	tɕi⁵³	i⁵³
灵宝	tɕʰi⁵³	tsʰʅ²¹³	sɤ⁵³	sʅ²¹³	sʅ⁵³	ər⁵³ 白 / zʅ⁵³ 文	tɕi⁵³	i⁵³
商丘	tɕʰi²²³	tsʅ⁵²	sʅ²²³	sʅ⁵²	sʅ²²³	zʅ²²³	tɕi²²³	i²²³
永城	tsʰhi²¹³	tsʅ⁵³	sʅ²¹³	sʅ⁵³	sʅ²¹³	zʅ²¹³	tɕi²¹³	i²¹³
郸城	tɕʰi²⁴	tsʅ⁴²	sʅ²⁴	sʅ⁴²	sʅ²⁴	zʅ²⁴	tɕi²⁴	i²⁴
漯河	tsʰhi²²⁴	tsʅ⁵³	sɛ²²⁴	sʅ⁵³	sʅ²²⁴	zʅ²²⁴	tɕi²²⁴	i²²⁴
许昌	tsʰhi²⁴	tsʅ⁵³	sʅ²⁴	sʅ⁵³	sʅ²⁴	zʅ²⁴	tɕi²⁴	i²⁴
周口	tɕʰi²⁴	tsʅ⁵³	sai²⁴	sʅ⁵³	sʅ²⁴	zʅ²⁴	tɕi²⁴	i²⁴
驻马店	tɕʰi²¹³	tsʅ⁵³	sɛ²¹³	sʅ⁵³	sʅ²¹³	zʅ²¹³	tɕi²¹³	i²¹³
长葛	tsʰhi²⁴	tsʅ⁵²	sɛ²⁴	sʅ⁵²	sʅ²⁴	zʅ²⁴	tɕi²⁴	i²⁴
泌阳	tsʰhi²⁴	tsʅ⁵³	ʂɛ²⁴	sʅ⁵³	sʅ²⁴	zʅ²⁴	tɕi²⁴	i²⁴
南阳	tsʰhi²²⁴	tsʅ⁴²	sɛ²²⁴	sʅ⁴²	sʅ²²⁴	zʅ²²⁴	tɕi⁴²	i²²⁴
鲁山	tsʰhi²⁴	tsʅ⁵³	ʂai²⁴	sʅ⁵³	sʅ²⁴	zʅ²⁴	tɕi²⁴	i²⁴
邓州	tsʰhi³³	tsʅ⁴²	ʂɛ³³	sʅ⁴²	sʅ³³	zʅ³³	tɕi⁴²	i³³
西峡	tsʰhi²⁴	tsʅ⁴²	ʂɛ²⁴	sʅ⁴²	sʅ²⁴	zʅ²⁴	tɕi²⁴	i²⁴
信阳	tɕʰi¹¹³	tsʅ⁴⁴	sɛ¹¹³	sʅ⁴⁴	sʅ¹¹³	zʅ¹¹³	tɕi⁴⁴	i¹¹³
固始	tɕʰi⁵⁵	tsʅ⁵⁵	sɛ²¹³	sʅ⁵⁵	sʅ²⁴	zʅ⁵⁵	tɕi⁵⁵	i²¹³

第二章　字音对照表

	0657 筋	0658 劲有~	0659 勤	0660 近	0661 隐	0662 本	0663 盆	0664 门
	臻开三	臻开三	臻开三	臻开三	臻开三	臻合一	臻合一	臻合一
	平殷见	去殷见	平殷群	上殷群	上殷影	上魂帮	平魂並	平魂明
安阳	tɕiẽ⁴⁴	tɕiẽ³¹	tɕʰiẽ⁵²	tɕiẽ³¹	iẽ⁴³	pẽ⁴³	pʰẽ⁵²	mẽ⁵²
林州	tɕiəŋ³¹	tɕiəŋ³³	tɕʰiəŋ⁴²	tɕiəŋ³³	iəŋ⁵⁴	pəŋ⁵⁴	pʰəŋ⁴²	məŋ⁴²
鹤壁	tɕiəŋ³³	tɕiəŋ³¹	tɕʰiəŋ⁵³	tɕiəŋ³¹	iəŋ⁵⁵	pəŋ⁵⁵	pʰəŋ⁵³	məŋ⁵³
新乡	tɕiən²⁴	tɕiən²¹	tɕʰiən⁵²	tɕiən²¹	iən⁵⁵	pən⁵⁵	pʰən⁵²	mən⁵²
济源	tɕiə̃n⁴⁴	tɕiə̃n²⁴	tɕʰiə̃n³¹²	tɕiə̃n²⁴	iə̃n⁵²	pə̃n⁵²	pʰə̃n³¹²	mə̃n³¹²
沁阳	tɕiẽ⁴⁴	tɕiẽ¹³	tɕʰiẽ³¹²	tɕiẽ¹³	iẽ⁵²	pẽ⁵²	pʰẽ³¹²	mẽ³¹²
温县	tɕĩ⁴⁴	tɕiəŋ²¹³	tɕʰĩ³¹	tɕĩ²¹³	ĩ⁵³	pẽ⁵³	pʰẽ³¹	mẽ³¹
范县	tɕien²⁴	tɕien³¹³	tɕʰien⁴²	tɕien³¹³	ien⁵⁵	pen⁵⁵	pʰen⁴²	men⁴²
郑州	tɕiən²⁴	tɕiən³¹	tɕʰiən⁵³	tɕiən³¹	iən⁴⁴	pən⁴⁴	pʰən⁵³	mən⁵³
开封	tɕiən²⁴	tɕiən³¹²	tɕʰiən⁵³	tɕiən³¹²	iən⁴⁴	pən⁴⁴	pʰən⁵³	mən⁵³
濮阳	tɕiən³⁵	tɕiən³¹	tɕʰiən⁵³	tɕiən³¹	iən⁵⁵	pən⁵⁵	pʰən⁵³	mən⁴²
浚县	tɕiən²⁴	tɕiən²¹³	tɕʰiən⁴²	tɕiən²¹³	iən⁵⁵	pən⁵⁵	pʰən⁴²	mən⁴²
长垣	tɕiei²⁴	tɕiei²¹³	tɕʰiei⁵²	tɕiei²¹³	iei⁴⁴	pei⁴⁴	pʰei⁵²	mei⁵²
兰考	tɕiən²⁴	tɕiən³¹²	tɕʰiən⁵³	tɕiən³¹²	iən⁴⁴	pən⁴⁴	pʰən⁵³	mən⁵³
洛阳	tɕiən³⁴	tɕiən³¹	tɕʰiən⁵³	tɕiən³¹	iən⁴⁴	pən⁴⁴	pʰən⁵³	mən⁵³
洛宁	tɕiei⁴⁴	tɕiei³¹	tɕʰiei⁵²	tɕiei³¹	iei³⁵	pei³⁵	pʰei⁵²	mei⁵²
三门峡	tɕiei⁵³	tɕiei²¹²	tɕʰiei⁵¹	tɕiei²¹²	iei⁴⁴	pei⁴⁴	pʰei³¹	mei³¹
灵宝	tɕiẽ⁵³	tɕiẽ²⁴	tɕʰiẽ²¹³	tɕʰiẽ²⁴	iẽ⁴⁴	pẽ⁴⁴	pʰẽ²¹³	mẽ²¹³
商丘	tɕiən²²³	tɕiən⁴¹	tɕʰiən⁵²	tɕiən⁴¹	iən⁴⁴	pən⁴⁴	pʰən⁵²	mən⁵²
永城	tɕiẽ²¹³	tɕiẽ⁴¹	tɕʰiẽ⁵³	tɕiẽ⁴¹	iẽ³³⁴	pẽ³³⁴	pʰẽ⁵³	mẽ⁵³
郸城	tɕien²⁴	tɕien⁵¹	tɕʰien⁴²	tɕien⁵¹	ien⁴⁴	pen⁴⁴	pʰen⁴²	men⁴²
漯河	tɕin²²⁴	tɕin³¹	tɕʰin⁵³	tɕin³¹	in⁴⁴	pən⁴⁴	pʰən⁵³	mən⁵³
许昌	tɕiən²⁴	tɕiən³¹	tɕʰiən⁵³	tɕiən³¹	iən⁴⁴	pən⁴⁴	pʰən⁵³	mən⁵³
周口	tɕin²⁴	tɕin⁴¹	tɕʰin⁵³	tɕin⁴¹	in⁴⁴	pən⁴⁴	pʰən⁵³	mən⁵³
驻马店	tɕiən²¹³	tɕiən³¹	tɕʰiən⁵³	tɕiən³¹	iən⁴⁴	pən⁴⁴	pʰən⁵³	mən⁵³
长葛	tɕiən²⁴	tɕiən³¹	tɕʰiən⁵²	tɕiən³¹	iən⁴⁴	pən⁴⁴	pʰən⁵²	mən⁵²
泌阳	tɕĩ²⁴	tɕĩ³¹	tɕʰĩ⁵³	tɕĩ³¹	ĩ⁴⁴	pə̃⁴⁴	pʰə̃⁵³	mə̃⁵³
南阳	tɕiən²²⁴	tɕiən³¹	tɕʰiən⁴²	tɕiən³¹	iən⁵⁵	pən⁵⁵	pʰən⁴²	mən⁴²
鲁山	tɕiən²⁴	tɕiən³¹	tɕʰiən⁵³	tɕiən³¹	iən⁴⁴	pən⁴⁴	pʰən⁵³	mən⁵³
邓州	tɕien³³	tɕien³¹	tɕʰien⁴²	tɕien³¹	ien⁵⁵	pen⁵⁵	pʰen⁴²	men⁴²
西峡	tɕiən²⁴	tɕiən³¹	tɕʰiən⁴²	tɕiən³¹	iən⁵⁵	pən⁵⁵	pʰən⁴²	mən⁴²
信阳	tɕin¹¹³	tɕin⁵³	tɕʰin⁴⁴	tɕin⁵³	in²⁴	pə̃²⁴	pʰə̃⁴⁴	mə̃⁴⁴
固始	tɕin²¹³	tɕin⁵¹	tɕʰin⁵⁵	tɕin⁵¹	in²⁴	pen²⁴	pʰen⁵⁵	men⁵⁵

	0665 墩	0666 嫩	0667 村	0668 寸	0669 蹲	0670 孙~子	0671 滚	0672 困
	臻合一	臻合一	臻合一	臻合一	臻合一	臻合一	臻合一	臻合一
	平魂端	去魂泥	平魂清	去魂清	平魂从	平魂心	上魂见	去魂溪
安阳	tuẽ^{44}	luẽ^{31}	tsʰuẽ^{44}	tsʰuẽ^{31}	tuẽ^{44}	suẽ^{44}	kuẽ^{43}	kʰuẽ^{31}
林州	tuəŋ^{31}	nuəŋ^{33}	tsʰuəŋ^{31}	tsʰuəŋ^{33}	tuəŋ^{31}	suəŋ^{31}	kuəŋ^{54}	kʰuəŋ^{33}
鹤壁	tuəŋ^{33}	luəŋ^{31}	tsʰuəŋ^{33}	tsʰuəŋ^{31}	tuəŋ^{33}	suəŋ^{33}	kuəŋ^{55}	kʰuəŋ^{31}
新乡	tuən^{24}	luən^{21}	tsʰuən^{24}	tsʰuən^{21}	tuən^{24}	suən^{24}	kuən^{55}	kʰuən^{21}
济源	tuə̃n^{44}	luə̃n^{52}白 / nə̃n^{24}文	tʂʰuə̃n^{44}	tʂʰuə̃n^{24}	tuə̃n^{44}	ʂuə̃n^{44}	kuə̃n^{52}	kʰuə̃n^{24}
沁阳	tuẽ^{44}	luẽ^{13}	tsʰuẽ^{44}	tsʰuẽ^{13}	tuẽ^{44}	suẽ^{44}	kuẽ^{52}	kʰuẽ^{13}
温县	tuẽ^{44}	luẽ^{53}	tʂʰuẽ^{44}	tʂʰuẽ^{213}	tuẽ^{44}	ʂuẽ^{44}	kuẽ^{53}	kʰuẽ^{213}
范县	tuen^{24}	luen^{42}	tsʰuen^{24}	tsʰuen^{313}	tuen^{24}	suen^{24}	kuen^{55}	kʰuen^{313}
郑州	tuən^{24}	luən^{31}	tsʰuən^{24}	tsʰuən^{31}	tuən^{24}	suən^{24}	kuən^{44}	kʰuən^{31}
开封	tuən^{24}	luən^{312}白 / nən^{312}文	tsʰuən^{24}	tsʰuən^{312}	tuən^{24}	suən^{24}	kuən^{44}	kʰuən^{312}
濮阳	tuən^{35}	luən^{31}白 / nuən^{31}文	tsʰuən^{35}	tsʰuən^{31}	tuən^{35}	suən^{35}	kuən^{55}	kʰuən^{31}
浚县	tuən^{24}	luən^{213}	tsʰuən^{24}	tsʰuən^{213}	tuən^{24}	suən^{24}	kuən^{55}	kʰuən^{213}
长垣	tuei^{24}	luei^{213}	tsʰuei^{24}	tsʰuei^{213}	tsuei^{24}	suei^{24}	kuei^{44}	kʰuei^{213}
兰考	tuən^{24}	luən^{312}	tsʰuən^{24}	tsʰuən^{312}	tuən^{24}	suən^{24}	kuən^{44}	kʰuən^{312}
洛阳	tuən^{34}	luən^{44}	tsʰuən^{34}	tsʰuən^{31}	tuən^{34}	suən^{34}	kuən^{44}	kʰuən^{31}
洛宁	tuei^{44}	nuei^{35}	tsʰuei^{44}	tsʰuei^{31}	tuei^{44}	suei^{44}	kuei^{35}	kʰuei^{31}
三门峡	tuɛɪ^{53}	luɛɪ^{44}	tsʰuɛɪ^{53}	tsʰuɛɪ^{212}	tuɛɪ^{53}	suɛɪ^{53}	kuɛɪ^{44}	kʰuɛɪ^{212}
灵宝	tuẽ^{53}	lẽ^{44}	tsʰuẽ^{53}	tsʰuẽ^{24}	tuẽ^{53}	suẽ^{53}	kuẽ^{44}	kʰuẽ^{24}
商丘	tuən^{223}	luən^{41}	tsʰuən^{223}	tsʰuən^{41}	tuən^{223}	suən^{223}	kuən^{44}	kʰuən^{41}
永城	tuẽ^{213}	luẽ^{41}	tsʰuẽ^{213}	tsʰuẽ^{41}	tuẽ^{213}	suẽ^{213}	kuẽ^{334}	kʰuẽ^{41}
郸城	tuen^{24}	luen^{51}	tsʰuen^{24}	tsʰuen^{51}	tuen^{24}	suen^{24}	kuen^{44}	kʰuen^{51}
漯河	tuən^{224}	luən^{31}	tsʰuən^{224}	tsʰuən^{31}	tuən^{224}	suən^{224}	kuən^{44}	kʰuən^{31}
许昌	tuən^{24}	luən^{31}	tsʰuən^{24}	tsʰuən^{31}	tuən^{24}	suən^{24}	kuən^{44}	kʰuən^{31}
周口	tuən^{24}	luən^{41}	tsʰuən^{24}	tsʰuən^{41}	tuən^{24}	suən^{24}	kuən^{44}	kʰuən^{41}
驻马店	tuən^{213}	luən^{31}	tsʰuən^{213}	tsʰuən^{31}	tuən^{213}	suən^{213}	kuən^{44}	kʰuən^{31}
长葛	tuən^{24}	luən^{31}	tsʰuən^{24}	tsʰuən^{31}	tuən^{24}	suən^{24}	kuən^{44}	kʰuən^{31}
泌阳	tuən^{24}	luən^{31}	tsʰuən^{24}	tsʰuən^{31}	tuən^{24}	suən^{24}	kuən^{44}	kʰuən^{31}
南阳	tuən^{224}	luən^{31}	tsʰuən^{224}	tsʰuən^{31}	tuən^{224}	suən^{224}	kuən^{55}	kʰuən^{31}
鲁山	tuən^{24}	lyən^{44}白 / nən^{31}文	tsʰuən^{24}	tsʰuən^{31}	tuən^{24}	suən^{24}	kuən^{44}	kʰuən^{31}
邓州	tuen^{33}	lyen^{31}	tsʰuen^{33}	tsʰuen^{31}	tsuen^{33}又 / tuen^{33}又	suen^{33}	kuen^{55}	kʰuen^{31}
西峡	tuən^{24}	nuən^{31}	tsʰuən^{24}	tsʰuən^{31}	tuən^{24}	suən^{24}	kuən^{55}	kʰuən^{31}
信阳	tən^{113}	lən^{53}	tsʰən^{113}	tsʰən^{53}	tən^{113}	sən^{113}	kuən^{24}	kʰuən^{53}
固始	ten^{213}	len^{51}	tsʰen^{213}	tsʰen^{51}	ten^{213}	sen^{213}	kuen^{24}	kʰuen^{51}

	0673 婚	0674 魂	0675 温	0676 卒棋子	0677 骨	0678 轮	0679 俊	0680 笋
	臻合一	臻合一	臻合一	臻合一	臻合一	臻合三	臻合三	臻合三
	平魂晓	平魂匣	平魂影	入没精	入没见	平谆来	去谆精	上谆心
安阳	xuẽ⁴⁴	xuẽ⁵²	vẽ⁴⁴	tsu⁵²	kuɐʔ³³	luẽ⁵²	tɕyẽ³¹	ɕyẽ⁴³
林州	xuəŋ³¹	xuəŋ⁴²	vəŋ³¹	tsu⁴²	kuʔ³	luəŋ⁴²	tsyəŋ³³	syəŋ⁵⁴
鹤壁	xuəŋ³³	xuəŋ⁵³	vəŋ³³	tsu⁵³	kuɐʔ³	luəŋ⁵³	tɕyəŋ³¹	ɕyəŋ⁵⁵
新乡	xuən²⁴	xuən⁵²	vən²⁴	tsu⁵²	kuɐʔ³⁴	luən⁵²	tɕyən²¹	ɕyən⁵⁵
济源	xuə̃n⁴⁴	xuə̃n³¹²	uə̃n⁴⁴	tʂu³¹²	kuə²³	luə̃n³¹²	tɕyə̃n²⁴	ɕyə̃n⁵²
沁阳	xuẽ⁴⁴	xuẽ³¹²	uẽ⁴⁴	tsu³¹²	kuəʔ²³	luẽ³¹²	tɕyẽ¹³	ɕyẽ⁵²
温县	xuẽ⁴⁴	xuẽ³¹	uẽ⁴⁴	tsu³¹	kuəʔ³	luẽ³¹	tɕyẽ²¹³	ɕyẽ⁵³
范县	xuen²⁴	xuen⁴²	uen²⁴	tsu⁴²	ku²⁴	luen⁴²	tsuen³¹³	suen⁵⁵
郑州	xuən²⁴	xuən⁵³	uən²⁴	tsu⁵³	ku²⁴	lyən⁵³白 luən⁵³文	tsyən³¹	syən⁴⁴
开封	xuən²⁴	xuən⁵³	uən²⁴	tsu⁵³	ku²⁴	luən⁵³文 lyən⁵³白	tsuən³¹²白 tɕyən³¹²文	ɕyən⁴⁴
濮阳	xuən³⁵	xuən⁴²	uən³⁵	tsu⁴²	ku³⁵	luən⁴²	tsuən³¹	syən⁵⁵
浚县	xuən²⁴	xuən⁴²	uən²⁴	tsu⁴²	ku²⁴	luən⁴²	tɕyən²¹³	syən⁵⁵
长垣	xuei²⁴	xuei⁵²	uei²⁴	tsu⁵²	ku²⁴	luei⁵²	tsuei²¹³	suei⁴⁴
兰考	xuən²⁴	xuən⁴²	uən²⁴	tsu⁵³	ku²⁴	luən⁵³	tsuən³¹²	ɕyən⁴⁴
洛阳	xuən³⁴	xuən⁵³	uən³⁴	tsu⁵³	ku³⁴	lyən⁵³白 luən⁵³文	tsyən³¹	syən⁴⁴
洛宁	xuei⁴⁴	xuei⁵²	uei⁴⁴	tsu⁵²	ku⁴⁴	luei⁵²	tɕyei³¹	ɕyei³⁵
三门峡	xueɪ⁵³	xueɪ³¹	veɪ⁵³	tsu³¹	ku⁵³	lueɪ³¹	tɕyeɪ²¹²	ɕyeɪ⁴⁴
灵宝	xuẽ⁵³	xuẽ²¹³	vẽ⁵³	tsʰou²¹³	ku⁵³	lẽ²¹³	tsuẽ²⁴	suẽ⁴⁴
商丘	xuən²²³	xuən⁵²	uən²²³	tsu⁵²	ku²²³	luən⁵²	tsuən⁴¹	syən⁴⁴
永城	xuẽ²¹³	xuẽ⁵³	uẽ²¹³	tsu³³⁴又 tsu⁵³又	ku²¹³	luẽ⁵³	tsuẽ⁴¹	suẽ³³⁴
郸城	xuen²⁴	xuen⁴²	uen²⁴	tsu⁴²	ku²⁴	luen⁴²	tɕyen⁵¹	ɕyen⁴⁴
漯河	xuən²²⁴	xuən⁵³	uən²²⁴	tsu⁵³	ku²²⁴	luən⁵³	tsyn³¹	syn⁴⁴
许昌	xuən²⁴	xuən⁵³	uən²⁴	tsu⁵³	ku²⁴	luən⁵³	tɕyən³¹	syən⁴⁴
周口	xuən²⁴	xuən⁵³	uən²⁴	tsu⁵³	ku²⁴	luən⁵³	tɕyn⁴¹	ɕyn⁴⁴
驻马店	xuən²¹³	xuən⁵³	uən²¹³	tsu²¹³	ku²¹³	lyən⁵³白 luən⁵³文	tɕyən³¹	ɕyən⁴⁴
长葛	xuən²⁴	xuən⁵²	uən²⁴	tsu⁵²	ku²⁴	luən⁵²	tsyən³¹	syən⁴⁴
泌阳	xuən²⁴	xuən⁵³	uən²⁴	tsu⁵³	ku²⁴	luən⁵³	tsyn³¹	syn⁴⁴
南阳	xuən²²⁴	xuən⁴²	uən²²⁴	tsu⁴²	ku²²⁴	luən⁴²	tsyən³¹	syən⁵⁵
鲁山	xuən²⁴	xuən⁵³	uən²⁴	tsu⁵³	ku²⁴	lyən⁵³白 luən⁵³文	tɕyən³¹	ɕyən⁴⁴
邓州	xuen³³	xuen⁴²	uen³³	tsu⁴²	ku³³	lyen⁴²	tsyen³¹	syen⁵⁵
西峡	xuən²⁴	xuən⁴²	uən²⁴	tsəu⁴²	ku²⁴	luən⁴²	tsuən³¹	suən⁵⁵
信阳	fən¹¹³	fən⁴⁴	vən¹¹³	tsou⁴⁴	ku¹¹³	lən⁴⁴	tɕyən⁵³	ɕyən²⁴白 sən²⁴文
固始	xuen²¹³	xuen⁵⁵	uen²¹³	tsu⁵⁵	ku²¹³	len⁵⁵	tɕyen⁵¹	sen²⁴

	0681 准	0682 春	0683 唇	0684 顺	0685 纯	0686 闰	0687 均	0688 匀
	臻合三	臻合三	臻合三	臻合三	臻合三	臻合三	臻合三	臻合三
	上谆章	平谆昌	平谆船	去谆船	平谆禅	去谆日	平谆见	平谆以
安阳	tsuẽ⁴³	tsʰuẽ⁴⁴	tsʰuẽ⁵²	suẽ³¹	tsʰuẽ⁵²	yẽ³¹	tɕyẽ⁴⁴	yẽ⁵²
林州	tʂuəŋ⁵⁴	tʂʰuəŋ³¹	tʂʰuəŋ⁴²	ʂuəŋ³³	tʂʰuəŋ⁴²	yəŋ³³	tɕyəŋ³¹	yəŋ⁴²
鹤壁	tsuəŋ⁵⁵	tsʰuəŋ³³	tsʰuəŋ⁵³	suəŋ³¹ ~利 / tsʰuəŋ³³ 孝~	tsʰuəŋ⁵³	yəŋ³¹	tɕyəŋ³³	yəŋ⁵³
新乡	tsuən⁵⁵	tsʰuən²⁴	tsʰuən⁵²	suən²¹	tsʰuən⁵²	yən²¹	tɕyən²⁴	yən⁵²
济源	tsuə̃n⁵²	tsʰuə̃n⁴⁴	tsʰuə̃n³¹²	ʂuə̃n²⁴	tsʰuə̃n³¹²	zuə̃n²⁴	tɕyə̃n⁴⁴	yə̃n³¹²
沁阳	tsuẽ⁵²	tsʰuẽ⁴⁴	tsʰuẽ³¹²	suẽ¹³ / tsʰuẽ¹³ 孝~	ʂuẽ³¹²	zuẽ¹³	tɕyẽ⁴⁴	yẽ³¹²
温县	tsuẽ⁵³	tsʰuẽ⁴⁴	tsʰuẽ³¹	fẽ²¹³	ʂuẽ³¹	vẽ²¹³	tɕyẽ⁴⁴	yẽ³¹
范县	tʂuen⁵⁵	tʂʰuen²⁴	tʂʰuen⁴²	fen³¹³ 白 / ʂuen³¹³ 文	tʂʰuen⁴²	yen³¹³	tɕyen²⁴	yen⁴²
郑州	tʂuən⁴⁴	tʂʰuən²⁴	tsyən⁵³	ʂuən³¹	tʂʰuən⁵³	zuən³¹	tɕyən²⁴	yən⁵³
开封	tsuən²⁴	tsʰuən²⁴	tsʰuən⁵³	suən³¹²	tsʰuən⁵³	yən³¹² 白 / zuən³¹² 文	tɕyən²⁴	yən⁵³
濮阳	tsuən⁵⁵	tsʰuən³⁵	tsʰuən⁴²	ʂuən³¹ / tsʰuən³¹ 孝~	tsʰuən⁴²	yən³¹	tɕyən³⁵	yən⁴²
浚县	tsuən⁵⁵	tsʰuən²⁴	tsʰuən⁴²	suən²¹³	tsʰuən⁴²	yən²¹³	tɕyən²⁴	yən⁴²
长垣	tʂuei⁴⁴	tʂʰuei²⁴	tʂʰuei⁵²	ʂuei²¹³ / tsʰuei²¹³ 孝~	tʂʰuei⁵²	yei²¹³	tɕyei²⁴	yei⁵²
兰考	tsuən⁴⁴	tsʰuən²⁴	tsʰuən⁵³	suən³¹²	tsʰuən⁵³	yən³¹²	tɕyən²⁴	yən⁵³
洛阳	tsuən⁴⁴	tsʰuən³⁴	tsʰuən⁵³	ʂuən³¹	tsʰuən⁵³	zuən³¹	tɕyən³⁴	yən⁵³
洛宁	tsuei³⁵	tsʰuei⁴⁴	tsʰuei⁵²	ʂuei³¹	tsʰuei⁵²	zuei³¹	tɕyei⁴⁴	yei⁵²
三门峡	tsuei⁴⁴	tsʰueɪ⁵³	tsʰueɪ³¹	ʂueɪ²¹²	tsʰueɪ³¹	zueɪ²¹²	tɕyei⁵³	yei³¹
灵宝	tsuẽ⁴⁴	tsʰuẽ⁵³	ʂẽ²¹³ 白 / tsʰuẽ²¹³ 文	suẽ²⁴	tsʰuẽ²¹³	zuẽ²⁴	tɕyẽ⁵³	yẽ²¹³
商丘	tsuən⁴⁴	tsʰuən²²³	tsʰuən⁵²	fən⁴¹ 白 / ʂuən⁴¹ 文	tsʰuən⁵²	yən⁴¹	tɕyən²²³	yən⁵²
永城	tsuẽ³³⁴	tsʰuẽ²¹³	tɕyẽ⁵³ 嘴~子 / tsʰuẽ⁵³ 嘴~儿	suẽ⁴¹	tsʰuẽ⁵³	yẽ⁴¹	tɕyẽ²¹³	yẽ⁵³
郸城	tsuen⁴⁴	tsʰuen²⁴	tsʰuen⁴²	fen⁵¹	tsʰuen⁴²	yen⁵¹	tɕyen²⁴	yen⁴²
漯河	tsuən⁴⁴	tsʰuən²²⁴	tsʰuən⁵³	suan³¹	tsʰuən⁵³	yn³¹	tɕyn²²⁴	yn⁵³
许昌	tsuən⁴⁴	tsʰuən²⁴	tsʰuən⁵³	ʂuən³¹	tsʰuən⁵³	yən³¹	tɕyən²⁴	yən⁵³
周口	tsuən⁴⁴	tsʰuən²⁴	tsʰuən⁵³	suən⁴¹	tsʰuən⁵³	yn⁴¹	tɕyn²⁴	yn⁵³
驻马店	tsuən⁴⁴	tsʰuən²¹³	tsʰuən⁵³	suən⁵³	tsʰuən⁵³	yən³¹	tɕyən²¹³	yən⁵³
长葛	tsuən⁴⁴	tsʰuən²⁴	tsʰuən⁵²	ʂuən³¹	tsʰuən⁵²	yən³¹	tɕyən²⁴	yən⁵³
泌阳	tsuən⁴⁴	tsʰuən²⁴	tsʰuən⁵³	ʂuən³¹	tsʰuən⁵³	yn³¹	tɕyn²⁴	yn⁵³
南阳	tsuən⁵⁵	tsʰuən²²⁴	tsʰuən⁴²	suən³¹	tsʰuən⁴²	zuən³¹	tɕyən²²⁴	yən⁴²
鲁山	tsuən⁴⁴	tsʰuən²⁴	tsʰuən⁵³	ʂuən³¹	tsʰuən⁵³	yən³¹	tɕyən²⁴	yən⁵³
邓州	tsuen⁵⁵	tsʰuen³³	tsʰuen⁴²	suen³¹	tsʰuen⁴²	zuen³¹	tɕyen³³	yen⁴²
西峡	tsuən⁵⁵	tsʰuən²⁴	tsʰuən⁴²	ʂuən³¹	tsʰuən⁴²	yən³¹	tɕyən²⁴	yən⁴²
信阳	tɕyən²⁴	tɕʰyən¹¹³ 白 / tsʰyən¹¹³ 文	tsʰyən⁴⁴	ɕyən⁵³	tsʰyən⁴⁴	yən⁵³	tɕyən¹¹³	yən⁴⁴
固始	tsuen²⁴	tsʰuen²¹³	tɕʰyen⁵⁵	suen⁵¹	tsʰuen⁵⁵	yen⁵¹	tɕyen²¹³	yen⁵⁵

	0689 律	0690 出	0691 橘	0692 分_动	0693 粉	0694 粪	0695 坟	0696 蚊
	臻合三	臻合三	臻合三	臻合三	臻合三	臻合三	臻合三	臻合三
	入术来	入术昌	入术见	平_文非	上_文非	去_文非	平_文奉	平_文微
安阳	lyɛʔ³³	tsʰuɐʔ³³	tɕyɛʔ³³	fẽ⁴⁴	fẽ⁴³	fẽ³¹	fẽ⁵²	vẽ⁵²
林州	lyʔ³	tsʰuʔ³	tɕyʔ³	fəŋ³¹	fəŋ⁵⁴	fəŋ³³	fəŋ⁴²	vəŋ⁴²
鹤壁	lyəʔ³	tsʰuəʔ³	tɕyəʔ³	fəŋ³³	fəŋ⁵⁵	fəŋ³¹	fəŋ⁵³	vəŋ⁵³
新乡	lyəʔ³⁴	tsʰuəʔ³⁴	tɕyəʔ³⁴	fən²⁴	fən⁵⁵	fən²¹	fən⁵²	vən⁵²
济源	lyəʔ²³	tsʰuəʔ²³	tɕyəʔ²³	fə̃n⁴⁴	fə̃n⁵²	fə̃n²⁴	fə̃n³¹²	və̃n³¹²
沁阳	lyəʔ²³	tsʰuəʔ²³	tɕyəʔ²³	fẽ⁴⁴	fẽ⁵²	fẽ¹³	fẽ³¹²	vẽ³¹²
温县	lyəʔ³	tsʰuəʔ³	tɕyəʔ³	fẽ⁴⁴	fẽ⁵³	fẽ²¹³	fẽ³¹	vẽ³¹
范县	ly²⁴	tsʰu²⁴	tɕy²⁴	fen²⁴	fen⁵⁵	fen³¹³	fen⁴²	uen⁴²
郑州	ly²⁴	tsʰu²⁴	tɕy²⁴	fən²⁴	fən⁴⁴	fən³¹	fən⁵³	uən⁵³
开封	ly²⁴	tsʰu²⁴	tɕy²⁴	fən²⁴	fən⁴⁴	fən³¹²	fən⁵³	uən⁵³
濮阳	ly³⁵	tʃʰy³⁵ 白 / tsʰu³⁵ 文	tɕy³⁵	fən³⁵	fən⁵⁵	fən³¹	fən⁴²	uən⁴²
浚县	ly²⁴	tsʰuʵ²⁴	tɕy²⁴	fən²⁴	fən⁵⁵	fən²¹³	fən⁴²	uən⁴²
长垣	ly²⁴	tsʰuʵ²⁴	tɕy²⁴	fei²⁴	fei⁴⁴	fei²¹³	fei⁵²	uei⁵²
兰考	ly²⁴	tsʰuʵ²⁴	tɕy²⁴	fən²⁴	fən⁴⁴	fən³¹²	fən⁵³	uən⁵³
洛阳	ly³¹	tsʰu³⁴	tɕy³⁴	fən³⁴	fən⁴⁴	fən³¹	fən⁵³	vən⁵³
洛宁	ly⁴⁴	tsʰu⁴⁴	tɕy⁴⁴	fei⁴⁴	fei³⁵	fei³¹	fei⁵²	vei⁵²
三门峡	ly⁵³	tsʰuʵ⁵³	tɕy⁵³	feɪ⁵³	feɪ⁴⁴	feɪ²¹²	feɪ³¹	veɪ³¹
灵宝	ly⁴⁴	tsʰuʵ⁵³	tɕy⁵³	fẽ⁵³	fẽ⁴⁴	fẽ²⁴	fẽ²¹³	vẽ²¹³
商丘	ly²²³	tsʰu²²³	tɕy²²³	fən²²³	fən⁴¹	fən⁵²	fən⁵²	uən⁵²
永城	ly²¹³	tsʰu²¹³	tɕy²¹³	fẽ²¹³	fẽ³³⁴	fẽ⁴¹	fẽ⁵³	uẽ⁵³
郸城	ly²⁴	tsʰu²⁴	tɕy²⁴	fen²⁴	fen⁴⁴	fen⁵¹	fen⁴²	uen⁴²
漯河	ly²²⁴	tsʰu²²⁴	tɕy²²⁴	fən²²⁴	fən⁴⁴	fən³¹	fən⁵³	uən⁵³
许昌	ly²⁴	tsʰu²⁴	tɕy²⁴	fən²⁴	fən⁴⁴	fən³¹	fən⁵³	uən⁵³
周口	ly²⁴	tsʰu²⁴	tɕy²⁴	fən²⁴	fən⁴⁴	fən⁴¹	fən⁵³	uən⁵³
驻马店	ly²¹³	tsʰu²¹³	tɕʰy²¹³	fən²¹³	fən⁴⁴	fən³¹	fən⁵³	uən⁵³
长葛	ly²⁴	tsʰu²⁴	tɕy²⁴	fən²⁴	fən⁴⁴	fən³¹	fən⁵²	uən⁵²
泌阳	ly²⁴	tsʰu²⁴	tɕʰy²⁴	fən²⁴	fən⁴⁴	fən³¹	fən⁵³	uən⁵³
南阳	ly²²⁴	tsʰu²²⁴	tɕy²²⁴	fən²²⁴	fən⁵⁵	fən³¹	fən⁴²	uən⁴²
鲁山	ly²⁴	tsʰu²⁴	tɕy²⁴	fən²⁴	fən⁴⁴	fən³¹	fən⁵³	uən⁵³
邓州	ly³³	tsʰu³³	tɕy³³	fen³³	fen⁵⁵	fen³¹	fen⁴²	uen⁴²
西峡	lu²⁴	tsʰu²⁴	tɕy²⁴	fən²⁴	fən⁵⁵	fən³¹	fən⁴²	vən⁴²
信阳	ly¹¹³	tɕʰy¹¹³	tɕy¹¹³	fən¹¹³	fən²⁴	fən⁵³	fən⁴⁴	vən⁴⁴
固始	ly²¹³	tsʰu⁵⁵	tɕy⁵⁵	fen²¹³	fen²⁴	fen⁵¹	fen⁵⁵	uen⁵⁵

	0697 问	0698 军	0699 裙	0700 熏	0701 云~彩	0702 运	0703 佛~像	0704 物
	臻合三	臻合三	臻合三	臻合三	臻合三	臻合三	臻合三	臻合三
	去文微	平文见	平文群	平文晓	平文云	去文云	入物奉	入物微
安阳	vẽ³¹	tɕyẽ⁴⁴	tɕʰyẽ⁵²	ɕyẽ⁴⁴	yẽ⁵²	yẽ³¹	fu⁵²	u³¹
林州	vəŋ³³	tɕyəŋ³¹	tɕʰyəŋ⁴²	ɕyəŋ³¹	yəŋ⁴²	yəŋ³³	fu⁴²	u³³
鹤壁	vəŋ³¹	tɕyəŋ³³	tɕʰyəŋ⁵³	ɕyəŋ³³	yəŋ⁵³	yəŋ³¹	fu⁵³	u³¹
新乡	vən²¹	tɕyən²⁴	tɕʰyən⁵²	ɕyən²⁴	yən⁵²	yən²¹	fuɤ⁵²	u²⁴
济源	vẽn²⁴	tɕyẽn⁴⁴	tɕʰyẽn³¹²	ɕyẽn⁴⁴	yẽn³¹²	yẽn²⁴	fɤ³¹² 白 / fu³¹² 文	uəʔ²³
沁阳	vẽ¹³	tɕyẽ⁴⁴	tɕʰyẽ³¹²	ɕyẽ⁴⁴	yẽ³¹²	yẽ¹³	fu³¹²	uəʔ²³
温县	vẽ²¹³	tɕyẽ⁴⁴	tɕʰyẽ³¹	ɕyẽ⁴⁴	yẽ³¹	yẽ²¹³	fu³¹	uəʔ³
范县	uen³¹³	tɕyen²⁴	tɕʰyen⁴²	ɕyen²⁴	yen⁴²	yen³¹³	fə⁴²	u³¹³
郑州	uən³¹	tɕyən²⁴	tɕʰyən⁵³	ɕyən²⁴	yən⁵³	yən³¹	fu⁵³ 白 / fuə⁵³ 文	u²⁴
开封	uən³¹²	tɕyən²⁴	tɕʰyən⁵³	ɕyən²⁴	yən⁵³	yən³¹²	fɤ⁵³	u²⁴
濮阳	uən³¹	tɕyən³⁵	tɕʰyən⁴²	ɕyən³⁵	yən⁴²	yən³¹	fuə⁴²	u³¹
浚县	uən²¹³	tɕyən²⁴	tɕʰyən⁴²	ɕyən²⁴	yən⁴²	yən²¹³	fu⁴²	u²¹³
长垣	uei²¹³	tɕyei²⁴	tɕʰyei⁵²~带	ɕyei²⁴	yei⁵²	yei²¹³	fə⁵²	u²⁴
兰考	uən³¹²	tɕyən²⁴	tɕʰyən⁵³	ɕyən²⁴	yən⁵³	yən³¹²	fuo⁵³	u³¹²
洛阳	vən³¹	tɕyən³⁴	tɕʰyən⁵³	ɕyən³⁴	yən⁵³	yən³¹	fu⁵³	u³⁴
洛宁	vei³¹	tɕyei⁴⁴	tɕʰyei⁵²	ɕyei⁴⁴	yei⁵²	yei³¹	fu⁵²	vu⁴⁴
三门峡	vei²¹²	tɕyei⁵³	tɕʰyei³¹	ɕyei⁵³	yei³¹	yei²¹²	fuə³¹	u⁵³
灵宝	vẽ²⁴	tɕyẽ⁵³	tɕʰyẽ²¹³	ɕyẽ⁵³	yẽ²¹³	yẽ²⁴	fu²¹³	uɤ⁵³
商丘	uən⁴¹	tɕyən²²³	tɕʰyən⁵²	ɕyən²²³	yən⁵²	yən⁴¹	fu⁵²	u²²³
永城	uẽ⁴¹	tɕyẽ²¹³	tɕʰyẽ⁵³	ɕyẽ²¹³	yẽ⁵³	yẽ⁴¹	fu⁵³ 白 / fə⁵³ 文	u²¹³
郸城	uen⁵¹	tɕyen²⁴	tɕʰyen⁴²	ɕyen²⁴	yen⁴²	yen⁵¹	fu⁴² 白 / fɤ⁴² 文	u²⁴
漯河	uən³¹	tɕyn²²⁴	tɕʰyn⁵³	ɕyn²²⁴	yn⁵³	yn³¹	fu²²⁴	u²²⁴
许昌	uən³¹	tɕyən²⁴	tɕʰyən⁵³	ɕyən²⁴	yən⁵³	yən³¹	fuɤ⁵³	u²⁴
周口	uən⁴¹	tɕyn²⁴	tɕʰyn⁵³	ɕyn²⁴	yn⁵³	yn⁴¹	fɤ⁵³	u²⁴
驻马店	uən³¹	tɕyən²¹³	tɕʰyən⁵³	ɕyən²¹³	yən⁵³	yən³¹	fu⁵³ 白 / fɤ⁵³ 文	u²¹³
长葛	uən³¹	tɕyən²⁴	tɕʰyən⁵²	ɕyən²⁴	yən⁵²	yən³¹	fu⁵²	u³¹
泌阳	uən³¹	tɕyn²⁴	tɕʰyn⁵³	ɕyn²⁴	yn⁵³	yn³¹	fu⁵³	u²⁴
南阳	uən³¹	tɕyən²²⁴	tɕʰyən⁴²	ɕyən²²⁴	yən⁴²	yən³¹	fuə⁴²	u²²⁴
鲁山	uən³¹	tɕyən²⁴	tɕʰyən⁵³	ɕyən²⁴	yən⁵³	yən³¹	fu⁵³ 白 / fuə⁵³ 文	u²⁴
邓州	uen³¹	tɕyen³³	tɕʰyen⁴²	ɕyen³³	yen⁴²	yen³¹	fu⁴²	u³³
西峡	vən³¹	tɕyən²⁴	tɕʰyən⁴²	ɕyən²⁴	yən⁴²	yən³¹	fuə⁴²	u²⁴
信阳	vən⁵³	tɕyən¹¹³	tɕʰyən⁴⁴	ɕyən¹¹³	yən⁴⁴	yən⁵³	fo⁴⁴	vu⁵³
固始	uen⁵¹	tɕyen²¹³	tɕʰyen⁵⁵	ɕyen²¹³	yen⁵⁵	yen⁵¹	fu⁵⁵	u⁵⁵

	0705 帮	0706 忙	0707 党	0708 汤	0709 糖	0710 浪	0711 仓	0712 钢 名
	宕开一	宕开一	宕开一	宕开一	宕开一	宕开一	宕开一	宕开一
	平唐帮	平唐明	上唐端	平唐透	平唐定	去唐来	平唐清	平唐见
安阳	pɑŋ⁴⁴	mɑŋ⁵²	tɑŋ⁴³	tʰɑŋ⁴⁴	tʰɑŋ⁵²	lɑŋ³¹	tsʰɑŋ⁴⁴	kɑŋ⁴⁴
林州	pɑŋ³¹	mɑŋ⁴²	tɑŋ⁵⁴	tʰɑŋ³¹	tʰɑŋ⁴²	lɑŋ³³	tsʰɑŋ³¹	kɑŋ³¹
鹤壁	pɑŋ³³	mɑŋ⁵³	tɑŋ⁵⁵	tʰɑŋ³³	tʰɑŋ⁵³	lɑŋ³¹	tsʰɑŋ³³	kɑŋ³³
新乡	pɑŋ²⁴	mɑŋ⁵²	tɑŋ⁵⁵	tʰɑŋ²⁴	tʰɑŋ⁵²	lɑŋ²¹	tsʰɑŋ²⁴	kɑŋ²⁴
济源	pãŋ⁴⁴	mãŋ³¹²	tãŋ⁵²	tʰãŋ⁴⁴	tʰãŋ³¹²	lãŋ²⁴	tsʰãŋ⁴⁴	kãŋ⁴⁴
沁阳	pɑŋ⁴⁴	mɑŋ³¹²	tɑŋ⁵²	tʰɑŋ⁴⁴	tʰɑŋ³¹²	lɑŋ¹³	tsʰɑŋ⁴⁴	kɑŋ⁴⁴
温县	pã⁴⁴	mã³¹	tã⁵³	tʰã⁴⁴	tʰã³¹	lã²¹³	tsʰã⁴⁴	kã⁴⁴
范县	pɑŋ²⁴	mɑŋ⁴²	tɑŋ⁵⁵	tʰɑŋ²⁴	tʰɑŋ⁴²	lɑŋ³¹³	tsʰɑŋ²⁴	kɑŋ²⁴
郑州	pɑŋ²⁴	mɑŋ⁵³	tɑŋ⁴⁴	tʰɑŋ²⁴	tʰɑŋ⁵³	lɑŋ³¹	tsʰɑŋ²⁴	kɑŋ²⁴
开封	pɑŋ²⁴	mɑŋ⁵³	tɑŋ⁴⁴	tʰɑŋ²⁴	tʰɑŋ⁵³	lɑŋ³¹²	tsʰɑŋ²⁴	kɑŋ²⁴
濮阳	pɑŋ³⁵	mɑŋ⁴²	tɑŋ⁵⁵	tʰɑŋ³⁵	tʰɑŋ⁴²	lɑŋ³¹	tsʰɑŋ³⁵	kɑŋ³⁵
浚县	pɑŋ²⁴	mɑŋ⁴²	tɑŋ⁵⁵	tʰɑŋ²⁴	tʰɑŋ⁴²	lɑŋ²¹³	tsʰɑŋ²⁴	kɑŋ²⁴
长垣	pɑŋ²⁴	mɑŋ⁵²	tɑŋ⁴⁴	tʰɑŋ²⁴	tʰɑŋ⁵²	lɑŋ²¹³	tsʰɑŋ²⁴	kɑŋ²⁴
兰考	pɑŋ²⁴	mɑŋ⁵³	tɑŋ⁴⁴	tʰɑŋ²⁴	tʰɑŋ⁵³	lɑŋ³¹²	tsʰɑŋ²⁴	kɑŋ²⁴
洛阳	pɑŋ³⁴	mɑŋ⁵³	tɑŋ⁴⁴	tʰɑŋ³⁴	tʰɑŋ⁵³	lɑŋ³¹	tsʰɑŋ³⁴	kɑŋ³⁴
洛宁	pɑŋ⁴⁴	mɑŋ⁵²	tɑŋ³⁵	tʰɑŋ⁴⁴	tʰɑŋ⁵²	lɑŋ³¹	tsʰɑŋ⁴⁴	kɑŋ⁴⁴
三门峡	pɑŋ⁵³	mɑŋ³¹	tɑŋ⁴⁴	tʰɑŋ⁵³	tʰɑŋ³¹	lɑŋ²¹²	tsʰɑŋ⁵³	kɑŋ⁵³
灵宝	pɑŋ⁵³	mɑŋ²¹³	tɑŋ⁴⁴	tʰɑŋ⁵³	tʰɑŋ²¹³	lɑŋ²⁴	tsʰɑŋ⁵³	kɑŋ⁵³
商丘	pʌ̃²²³	mʌ̃⁵²	tʌ̃⁴⁴	tʰʌ̃²²³	tʰʌ̃⁵²	lʌ̃⁴¹	tsʰʌ̃²²³	kʌ̃²²³
永城	pã²¹³	mã⁵³	tã³³⁴	tʰã²¹³	tʰã⁵³	lã⁴¹	tsʰã²¹³	kã²¹³
郸城	pɑŋ²⁴	mɑŋ⁴²	tɑŋ⁴⁴	tʰɑŋ²⁴	tʰɑŋ⁴²	lɑŋ⁵¹	tsʰɑŋ²⁴	kɑŋ²⁴
漯河	pɑŋ²²⁴	mɑŋ⁵³	tɑŋ⁴⁴	tʰɑŋ²²⁴	tʰɑŋ⁵³	lɑŋ³¹	tsʰɑŋ²²⁴	kɑŋ²²⁴
许昌	pɑŋ²⁴	mɑŋ⁵³	tɑŋ⁴⁴	tʰɑŋ²⁴	tʰɑŋ⁵³	lɑŋ³¹	tsʰɑŋ²⁴	kɑŋ²⁴
周口	pɑŋ²⁴	mɑŋ⁵³	tɑŋ⁴⁴	tʰɑŋ²⁴	tʰɑŋ⁵³	lɑŋ⁴¹	tsʰɑŋ²⁴	kɑŋ²⁴
驻马店	pɑŋ²¹³	mɑŋ⁵³	tɑŋ⁴⁴	tʰɑŋ²¹³	tʰɑŋ⁵³	lɑŋ³¹	tsʰɑŋ²¹³	kɑŋ²¹³
长葛	pɑŋ²⁴	mɑŋ⁵²	tɑŋ⁴⁴	tʰɑŋ²⁴	tʰɑŋ⁵²	lɑŋ³¹	tsʰɑŋ²⁴	kɑŋ²⁴
泌阳	pɑŋ²⁴	mɑŋ⁵³	tɑŋ⁴⁴	tʰɑŋ²⁴	tʰɑŋ⁵³	lɑŋ³¹	tsʰɑŋ²⁴	kɑŋ²⁴
南阳	pɑŋ²²⁴	mɑŋ⁴²	tɑŋ⁵⁵	tʰɑŋ²²⁴	tʰɑŋ⁴²	lɑŋ³¹	tsʰɑŋ²²⁴	kɑŋ²²⁴
鲁山	pɑŋ²⁴	mɑŋ⁵³	tɑŋ⁴⁴	tʰɑŋ²⁴	tʰɑŋ⁵³	lɑŋ³¹	tsʰɑŋ²⁴	kɑŋ²⁴
邓州	pɑŋ³³	mɑŋ⁴²	tɑŋ⁵⁵	tʰɑŋ³³	tʰɑŋ⁴²	lɑŋ³¹	tsʰɑŋ³³	kɑŋ³³
西峡	pɑŋ²⁴	mɑŋ⁴²	tɑŋ⁵⁵	tʰɑŋ²⁴	tʰɑŋ⁴²	lɑŋ³¹	tsʰɑŋ²⁴	kɑŋ²⁴
信阳	pɑŋ¹¹³	mɑŋ⁴⁴	tɑŋ²⁴	tʰɑŋ¹¹³	tʰɑŋ⁴⁴	lɑŋ⁵³	tsʰɑŋ¹¹³	kɑŋ¹¹³
固始	pɑŋ²¹³	mɑŋ⁵⁵	tɑŋ²⁴	tʰɑŋ²¹³	tʰɑŋ⁵⁵	lɑŋ⁵¹	tsʰɑŋ²¹³	kɑŋ²¹³

	0713 糠 宕开一 平唐溪	0714 薄形 宕开一 入铎並	0715 摸 宕开一 入铎明	0716 托 宕开一 入铎透	0717 落 宕开一 入铎来	0718 作 宕开一 入铎精	0719 索 宕开一 入铎心	0720 各 宕开一 入铎见
安阳	kʰɑŋ⁴⁴	puɐ⁵²	muɐ⁴⁴	tʰuɐʔ³³	luɐʔ³	tsuɐʔ³³	suɐʔ³³	kɐʔ³³
林州	kʰɑŋ³¹	puɤ⁴²	mɐʔ³	tʰuɐʔ³	luɐʔ³	tsuɐʔ³	suɐʔ³	kɐʔ³
鹤壁	kʰɑŋ³³	puɤ⁵³	muɤ³³	tʰuɐʔ³	luɐʔ³	tsuɐʔ³	suɐʔ³	kɐʔ³
新乡	kʰɑŋ²⁴	puɤ⁵²	mɐʔ³⁴	tʰuɐʔ³⁴	luɐʔ³⁴	tsuɐʔ³⁴	suɤ⁵⁵	kɐʔ³⁴
济源	kʰɑ̃ŋ⁴⁴	puɤ³¹²	mɐʔ²³	tʰuɐʔ²³	luɐʔ²³	tʂuɐʔ²³	ʂuɤ⁵²	kɐʔ²³
沁阳	kʰɑŋ⁴⁴	puɤ³¹²	mʌʔ²³	tʰuʌ²³白 tʰuɤ⁴⁴文	luʌʔ²³	tsuʌʔ²³	suʌʔ²³	kʌʔ²³
温县	kʰɑ̃⁴⁴	puɤ³¹	mʌʔ³	tʰuʌʔ³~付 tʰuɤ⁴⁴	luʌʔ³	tʂuʌʔ³	ʂuʌʔ³白 ʂuɤ⁵³文	kɐʔ³
范县	kʰɑŋ²⁴	puə⁴²	muə²⁴	tʰuə²⁴	luə²⁴	tsuə²⁴	suə⁵⁵	kə²⁴
郑州	kʰɑŋ²⁴	puə⁵³	muə²⁴	tʰuə²⁴	luə²⁴	tsuə²⁴	suə⁴⁴	kə³¹
开封	kʰɑŋ²⁴	puo⁵³	muo²⁴	tʰuo²⁴	luo²⁴	tsuo²⁴	suo⁴⁴	kɤ²⁴
濮阳	kʰɑŋ³⁵	puə⁴²	muə³⁵	tʰuə³⁵	luə³⁵又 la³¹又	tsuə³⁵	suə⁵⁵	kə³⁵
浚县	kʰɑŋ²⁴	puɤ⁴²	muɤ²⁴	tʰuɤ²⁴	luɤ²⁴	tsuɤ²⁴	suɤ⁵⁵	kɤ²⁴
长垣	kʰɑŋ²⁴	puə⁴²	muə²⁴	tʰuə²⁴	luə²⁴又 la²⁴又	tsuə²⁴	suə⁵⁵	kə²⁴
兰考	kʰɑŋ²⁴	puo⁴²	muo²⁴	tʰuo²⁴	luo²⁴	tsuo²⁴	suo⁴⁴	kɤ²⁴
洛阳	kʰɑŋ³⁴	puə⁵³	muə³⁴	tʰuə³⁴	luə³⁴	tsuə³⁴	suə⁴⁴	kə³¹
洛宁	kʰɑŋ⁴⁴	puə⁵²	muə⁴⁴	tʰuə⁴⁴	luə⁴⁴	tsuə⁴⁴	suə³⁵	kə⁴⁴
三门峡	kʰɑŋ⁵³	pʰuə³¹白 puə³¹文	muə⁵³	tʰuə⁵³	luə⁵³	tsuə⁵³	suə⁴⁴	kuə⁵³
灵宝	kʰɑŋ⁵³	pʰuɤ²¹³	mɔ⁵³	tʰuɤ⁵³	luɤ⁵³	tsuɤ⁵³	suɤ⁵³	kuɤ⁵³白 kɤ⁵³文
商丘	kʰɑ̃⁵³²²³	puə⁵²	muə²²³	tʰuə²²³	luə²²³	tsuə²²³	suə⁴⁴	kə²²³
永城	kʰɑ̃²¹³	puə⁵³	muə²¹³	tʰuə²¹³	luə²¹³	tsuə²¹³	suə³³⁴	kə²¹³
郸城	kʰɑŋ²⁴	pɤ⁴²	mɤ²⁴	tʰuɤ²⁴	luɤ²⁴	tsuɤ²⁴	suɤ⁴⁴	kɤ²⁴
漯河	kʰɑŋ²²⁴	puɤ⁵³	muɤ²²⁴	tʰuɤ²²⁴	luɤ²²⁴	tsuɤ²²⁴	suɤ⁴⁴	kɤ²²⁴
许昌	kʰɑŋ²⁴	puɤ⁵³	muɤ²⁴	tʰuɤ²⁴	luɤ²⁴	tsuɤ²⁴	suɤ⁴⁴	kɤ²⁴
周口	kʰɑŋ²⁴	puo⁵³	muo²⁴	tʰuo²⁴	luo²⁴	tsuo²⁴	suo⁴⁴	kɤ²⁴
驻马店	kʰɑŋ²¹³	puɤ⁵³	muɤ²¹³	tʰuɤ²¹³	luɤ²¹³	tsuɤ²¹³	suɤ⁴⁴	kɤ²¹³
长葛	kʰɑŋ²⁴	puɤ⁵²	muɤ²⁴	tʰuɤ²⁴	luɤ²⁴	tsuɤ²⁴	suɤ⁴⁴	kɤ³¹
泌阳	kʰɑŋ²⁴	puo⁵³	muo²⁴	tʰuo²⁴	luo²⁴	tsuo²⁴	suo⁴⁴	kɤ²⁴
南阳	kʰɑŋ²²⁴	puə⁴²	muə²²⁴	tʰuə²²⁴	luə²²⁴	tsuə²²⁴	suə⁵⁵	kə²²⁴
鲁山	kʰɑŋ²⁴	puə⁵³	muə²⁴	tʰuə²⁴	luə²⁴	tsuə²⁴	suə⁴⁴	kə²⁴
邓州	kʰɑŋ³³	puə⁴²	muə³³	tʰuə³³	luə³³	tsuə³³	suə⁵⁵	kə³³
西峡	kʰɑŋ²⁴	puə⁴²	muə²⁴	tʰuə⁵⁵	luə²⁴	tsuə²⁴	suə⁵⁵	kə²⁴
信阳	kʰɑŋ¹¹³	po⁴⁴	mo¹¹³	tʰuo¹¹³	luo¹¹³	tsuo¹¹³	suo²⁴	kuo⁵³
固始	kʰɑŋ²¹³	pɤ⁵⁵	mɤ²¹³	tʰuɤ²¹³又 tʰuɤ⁵⁵又	luɤ²¹³	tsuɤ⁵⁵	suɤ⁵⁵	kɤ⁵⁵

第二章　字音对照表

	0721 鹤	0722 恶 形,入声	0723 娘	0724 两 斤~	0725 亮	0726 浆	0727 抢	0728 匠
	宕开一	宕开一	宕开三	宕开三	宕开三	宕开三	宕开三	宕开三
	入铎匣	入铎影	平阳泥	上阳来	去阳来	平阳精	上阳清	去阳从
安阳	xɐʔ³³	ɐʔ³³	ȵiaŋ⁵²	liaŋ⁴³	liaŋ³¹	tɕiaŋ⁴⁴ 名词 tɕiaŋ³¹ 动词	tɕʰiaŋ⁴³	tɕiaŋ³¹
林州	xɐʔ³	ɣɤ³¹	ȵiaŋ⁴²	liaŋ⁵⁴	liaŋ³³	tsiaŋ³¹	tsʰiaŋ⁵⁴	tsiaŋ³³
鹤壁	xɐʔ³	ɣɐʔ³	ȵiaŋ⁵³	liaŋ⁵⁵	liaŋ³¹	tɕiaŋ³³	tɕʰiaŋ⁵⁵	tɕiaŋ³¹
新乡	xɐʔ³⁴ 白 xɤ²¹ 文	ɣɤ²⁴	ȵiaŋ⁵²	liaŋ⁵⁵	liaŋ²¹	tɕiaŋ²⁴ 豆~ tɕiaŋ²¹ 粉~	tɕʰiaŋ⁵⁵	tɕiaŋ²¹
济源	xɐʔ²³	ɣɐʔ²³	ȵiã ŋ³¹²	liã ŋ⁵²	liã ŋ²⁴	tɕiã ŋ²⁴ tɕʰiã ŋ²⁴ ~面条	tɕʰiã ŋ⁵²	tɕiã ŋ²⁴
沁阳	xʌʔ²³	ɣʌʔ²³	ȵiaŋ³¹²	liaŋ⁵²	liaŋ¹³	tɕiaŋ⁴⁴ 名词 tɕiaŋ¹³ 动词	tɕʰiaŋ⁵²	tɕiaŋ¹³
温县	xʌʔ³	ɣʌʔ³	ȵiã³¹	liã⁵³	liã²¹³	tɕiã⁴⁴ ~饭 tɕiã²¹³ ~糊	tɕʰiã⁵³	tɕiã²¹³
范县	xə²⁴	ɣə²⁴	ȵiaŋ²⁴ 妈妈 ȵiaŋ⁴²	liaŋ⁵⁵	liaŋ³¹³	tsiaŋ²⁴ 豆~ tsiaŋ³¹³ ~洗	tsʰiaŋ⁵⁵	tsiaŋ³¹³
郑州	xə²⁴	ɣə²⁴	ȵiaŋ⁵³	liaŋ⁴⁴	liaŋ³¹	tsiaŋ²⁴	tsʰiaŋ⁴⁴	tsiaŋ³¹
开封	xɤ³¹²	ɤ²⁴	ȵiaŋ⁵³	liaŋ⁴⁴	liaŋ³¹²	tɕiaŋ²⁴	tɕʰiaŋ⁴⁴	tɕiaŋ³¹²
濮阳	xə³⁵	ɣə³⁵	ȵiaŋ⁴²	liaŋ⁵⁵	liaŋ³¹	tsiaŋ³⁵ 名词 tsiaŋ³¹ 动词	tsʰiaŋ⁵⁵	tsiaŋ³¹
浚县	xɤ²⁴	ɣɤ²⁴	ȵiaŋ⁴²	liaŋ⁵⁵	liaŋ²¹³	tɕiaŋ²⁴	tɕʰiaŋ⁵⁵	tɕiaŋ²¹³
长垣	xə²⁴	ɣə²⁴	ȵiaŋ⁵²	liaŋ⁴⁴	liaŋ²¹³	tsiaŋ²¹³ 动词 tsiaŋ²⁴ 名词	tsʰiaŋ⁴⁴	tsiaŋ²¹³
兰考	xɤ³¹²	ɣɤ²⁴	ȵiaŋ⁵³	liaŋ⁴⁴	liaŋ³¹²	tɕiaŋ²⁴	tɕʰiaŋ⁴⁴	tɕiaŋ³¹²
洛阳	xə³¹	ɣə³⁴	ȵiaŋ⁵³	liaŋ⁴⁴	liaŋ³¹	tɕiaŋ³⁴	tɕʰiaŋ⁴⁴	tɕiaŋ³¹
洛宁	xə³¹	ɣə⁴⁴	ȵiaŋ⁵²	liaŋ³⁵	liaŋ³¹	tɕiaŋ⁴⁴	tɕʰiaŋ³⁵	tɕiaŋ³¹
三门峡	xuə²¹²	ŋuə⁵³	ȵiaŋ³¹	liaŋ⁴⁴	liaŋ²¹²	tɕiaŋ⁵³	tɕʰiaŋ⁴⁴	tɕiaŋ²¹²
灵宝	xɤ⁵³	ŋuɤ⁵³	ȵiaŋ²¹³	liaŋ⁴⁴	liaŋ²⁴	tɕiaŋ⁵³	tɕʰiaŋ⁴⁴	tɕʰiaŋ²⁴
商丘	xə⁴¹	ə²²³	ȵiʌ̃⁵²	liʌ̃⁴⁴	liʌ̃⁴¹	tɕiʌ̃²²³	tɕʰiʌ̃⁴⁴	tɕiʌ̃⁴¹
永城	xə⁴¹	ə²¹³	ȵiã⁵³	liã³³⁴	liã²¹³	tsiã²¹³	tsʰiã³³⁴	tsiã⁴¹
郸城	xɤ²⁴	ɣɤ²⁴	ȵiaŋ⁴²	liaŋ⁴⁴	liaŋ⁵¹	tɕiaŋ²⁴ 豆~ tɕiaŋ⁵¹ ~洗	tɕʰiaŋ⁴⁴	tɕiaŋ⁵¹
漯河	xɤ³¹	ɤ²²⁴	ȵiaŋ⁵³	liaŋ⁴⁴	liaŋ³¹	tsiaŋ²²⁴	tsʰiaŋ⁴⁴	tsiaŋ³¹
许昌	xɤ³¹	ɤ²⁴	ȵiaŋ⁵³	liaŋ⁴⁴	liaŋ³¹	tsiaŋ²⁴	tsʰiaŋ⁴⁴	tsiaŋ³¹
周口	xɤ⁴¹	ɤ²⁴	ȵiaŋ⁵³	liaŋ⁴⁴	liaŋ⁴¹	tɕiaŋ²⁴	tɕʰiaŋ⁴⁴	tɕiaŋ⁴¹
驻马店	xɤ³¹	ɣɤ²¹³	ȵiaŋ⁵³	liaŋ⁴⁴	liaŋ³¹	tɕiaŋ²¹³	tɕʰiaŋ⁴⁴	tɕiaŋ³¹
长葛	xɤ³¹	ɣɤ³¹	ȵiaŋ⁵²	liaŋ⁴⁴	liaŋ³¹	tsiaŋ²⁴	tsʰiaŋ⁴⁴	tsiaŋ³¹
泌阳	xɤ³¹	ɣɤ²⁴	ȵiaŋ⁵³	liaŋ⁴⁴	liaŋ³¹	tsiaŋ²⁴	tsʰiaŋ⁴⁴	tsiaŋ³¹
南阳	xə³¹	ə²²⁴	ȵiaŋ⁴²	liaŋ⁵⁵	liaŋ³¹	tsiaŋ²²⁴	tsʰiaŋ⁵⁵	tsiaŋ³¹
鲁山	xə³¹	ɣə²⁴	ȵiaŋ⁵³	liaŋ⁴⁴	liaŋ³¹	tsiaŋ²⁴	tsʰiaŋ⁴⁴	tsiaŋ³¹
邓州	xə³¹	ɣə³³	ȵiaŋ³³ 伯母 ȵiaŋ⁴² 母亲	liaŋ⁵⁵	liaŋ³¹	tsiaŋ³³ 豆~ tsiaŋ⁴² ~布	tsʰiaŋ⁵⁵	tsiaŋ³¹
西峡	xə³¹	ə²⁴	ȵiaŋ⁴²	liaŋ⁵⁵	liaŋ³¹	tsiaŋ²⁴	tsʰiaŋ⁵⁵	tsiaŋ³¹
信阳	xɤ⁵³	ŋɤ¹¹³	ȵiaŋ⁴⁴	liaŋ²⁴	liaŋ⁵³	tɕiaŋ¹¹³	tɕʰiaŋ²⁴	tɕiaŋ⁵³
固始	xɤ⁵¹	ɣɤ⁵⁵	liaŋ⁵⁵	liaŋ²⁴	liaŋ⁵¹	tɕiaŋ²¹³	tɕʰiaŋ²⁴	tɕiaŋ⁵¹

	0729 想	0730 像	0731 张量	0732 长~短	0733 装	0734 壮	0735 疮	0736 床
	宕开三	宕开三	宕开三	宕开三	宕开三	宕开三	宕开三	宕开三
	上阳心	上阳邪	平阳知	平阳澄	平阳庄	去阳庄	平阳初	平阳崇
安阳	ɕiaŋ⁴³	ɕiaŋ³¹	tsaŋ⁴⁴	tsʰaŋ⁵²	tsuaŋ⁴⁴	tsuaŋ³¹	tsʰuaŋ⁴⁴	tsʰuaŋ⁵²
林州	siaŋ⁵⁴	siaŋ³³	tʂaŋ³¹	tʂʰaŋ⁴²	tʂuaŋ³¹	tʂuaŋ³³	tʂʰuaŋ³¹	tʂʰuaŋ⁴²
鹤壁	ɕiaŋ⁵⁵	ɕiaŋ³¹	tsaŋ³³	tsʰaŋ⁵³	tsuaŋ³³	tsuaŋ³¹	tsʰuaŋ³³	tsʰuaŋ⁵³
新乡	ɕiaŋ⁵⁵	ɕiaŋ²¹	tsaŋ²⁴	tsʰaŋ⁵²	tsuaŋ²⁴	tsuaŋ²¹	tsʰuaŋ²⁴	tsʰuaŋ⁵²
济源	ɕiãŋ⁵²	ɕiãŋ²⁴	tʂãŋ⁴⁴	tʂʰãŋ³¹²	tʂuãŋ⁴⁴	tʂuãŋ²⁴	tʂʰuãŋ⁴⁴	tʂʰuãŋ³¹²
沁阳	ɕiaŋ⁵²	ɕiaŋ¹³	tsaŋ⁴⁴	tsʰaŋ³¹²	tsuaŋ⁴⁴	tsuaŋ¹³	tsʰuaŋ⁴⁴	tsʰuaŋ³¹²
温县	ɕiã⁵³	ɕiã²¹³	tsã⁴⁴	tsʰã³¹	tʂuã⁴⁴	tʂuã²¹³	tʂʰuã⁴⁴	tʂʰuã³¹
范县	siaŋ⁵⁵	siaŋ³¹³	tʂaŋ²⁴	tʂʰaŋ⁴²	tʂuaŋ²⁴	tʂuaŋ³¹³	tʂʰuaŋ²⁴	tʂʰuaŋ⁴²
郑州	siaŋ⁴⁴	siaŋ³¹	tʂaŋ²⁴	tʂʰaŋ⁵³	tʂuaŋ²⁴	tʂuaŋ³¹	tʂʰuaŋ²⁴	tʂʰuaŋ⁵³
开封	ɕiaŋ⁴⁴	ɕiaŋ³¹²	tsaŋ²⁴	tsʰaŋ⁵³	tsuaŋ²⁴	tsuaŋ³¹²	tsʰuaŋ²⁴	tsʰuaŋ⁵³
濮阳	siaŋ⁵⁵	siaŋ³¹	tʃiaŋ³⁵白 tʂaŋ³⁵文	tʃʰiaŋ⁴²	tʂuaŋ³⁵	tʂuaŋ³¹	tʂʰuaŋ³⁵	tʂʰuaŋ⁴²
浚县	ɕiaŋ⁵⁵	ɕiaŋ²¹³	tsaŋ²⁴	tsʰaŋ⁴²	tsuaŋ²⁴	tsuaŋ²¹³	tsʰuaŋ²⁴	tsʰuaŋ⁴²
长垣	siaŋ⁴⁴	siaŋ²¹³	tsaŋ²⁴	tsʰaŋ⁵²	tsuaŋ²⁴	tsuaŋ²¹³	tsʰuaŋ²⁴	tsʰuaŋ⁵²
兰考	ɕiaŋ⁴⁴	ɕiaŋ³¹²	tsaŋ²⁴	tsʰaŋ⁵³	tsuaŋ²⁴	tsuaŋ³¹²	tsʰuaŋ²⁴	tsʰuaŋ⁵³
洛阳	siaŋ⁴⁴	siaŋ³¹	tʂaŋ³⁴	tʂʰaŋ⁵³	tʂuaŋ³⁴	tʂuaŋ³¹	tʂʰuaŋ³⁴	tʂʰuaŋ⁵³
洛宁	ɕiaŋ³⁵	ɕiaŋ³¹	tsaŋ⁴⁴	tsʰaŋ⁵²	tsuaŋ⁴⁴	tsuaŋ³¹	tsʰuaŋ⁴⁴	tsʰuaŋ⁵²
三门峡	ɕiaŋ⁴⁴	ɕiaŋ²¹²	tsaŋ⁵³	tsʰaŋ³¹	tsuaŋ⁵³	tsuaŋ²¹²	tsʰuaŋ⁵³	tsʰuaŋ³¹
灵宝	ɕiaŋ⁴⁴	ɕiaŋ²⁴	tsaŋ⁵³	tsʰaŋ²¹³	tsuaŋ⁵³	tsuaŋ²⁴	tsʰuaŋ⁵³	tsʰuaŋ²¹³
商丘	ɕiʌ̃⁴⁴	ɕiʌ̃⁴¹	tʂʌ̃²²³	tʂʰʌ̃⁵²	tʂuʌ̃²²³	tʂuʌ̃⁴¹	tʂʰuʌ̃²²³	tʂʰuʌ̃⁵²
永城	siã³³⁴	siã⁴¹	tʂã²¹³	tʂʰã⁵³	tʂuã²¹³	tʂuã⁴¹	tʂʰuã²¹³	tʂʰuã⁵³
郸城	ɕiaŋ⁴⁴	ɕiaŋ⁵¹	tsaŋ²⁴	tsʰaŋ⁴²	tsuaŋ²⁴	tsuaŋ⁵¹	tsʰuaŋ²⁴	tsʰuaŋ⁴²
漯河	siaŋ⁴⁴	siaŋ³¹	tsaŋ²²⁴	tsʰaŋ⁵³	tsuaŋ²²⁴	tsuaŋ³¹	tsʰuaŋ²²⁴	tsʰuaŋ⁵³
许昌	siaŋ⁴⁴	siaŋ³¹	tsaŋ²⁴	tsʰaŋ⁵³	tsuaŋ²⁴	tsuaŋ³¹	tsʰuaŋ²⁴	tsʰuaŋ⁵³
周口	ɕiaŋ⁴⁴	ɕiaŋ⁴¹	tsaŋ²⁴	tsʰaŋ⁵³	tsuaŋ²⁴	tsuaŋ⁴¹	tsʰuaŋ²⁴	tsʰuaŋ⁵³
驻马店	ɕiaŋ⁴⁴	ɕiaŋ³¹	tsaŋ²¹³	tsʰaŋ⁵³	tsuaŋ²¹³	tsuaŋ³¹	tsʰuaŋ²¹³	tsʰuaŋ⁵³
长葛	siaŋ⁴⁴	siaŋ³¹	tʂaŋ²⁴	tʂʰaŋ⁵³	tʂuaŋ²⁴	tʂuaŋ³¹	tʂʰuaŋ²⁴	tʂʰuaŋ⁵²
泌阳	siaŋ⁴⁴	siaŋ³¹	tsaŋ²⁴	tsʰaŋ⁵³	tsuaŋ²⁴	tsuaŋ³¹	tsʰuaŋ²⁴	tsʰuaŋ⁵³
南阳	siaŋ⁵⁵	siaŋ³¹	tʂaŋ²²⁴	tʂʰaŋ⁴²	tʂuaŋ²²⁴	tʂuaŋ³¹	tʂʰuaŋ²²⁴	tʂʰuaŋ⁴²
鲁山	siaŋ⁴⁴	siaŋ³¹	tsaŋ²⁴	tsʰaŋ⁵³	tsuaŋ²⁴	tsuaŋ³¹	tsʰuaŋ²⁴	tsʰuaŋ⁵³
邓州	siaŋ⁵⁵	siaŋ³¹	tsaŋ³³	tsʰaŋ⁴²	tsuaŋ³³	tsuaŋ³¹	tsʰuaŋ³³	tsʰuaŋ⁴²
西峡	siaŋ⁵⁵	siaŋ³¹	tsaŋ²⁴	tsʰaŋ⁴²	tsuaŋ²⁴	tsuaŋ³¹	tsʰuaŋ²⁴	tsʰuaŋ⁴²
信阳	ɕiaŋ²⁴	ɕiaŋ⁵³	tsaŋ¹¹³	tsʰaŋ⁴⁴	tsuaŋ¹¹³	tsuaŋ⁵³	tsʰaŋ¹¹³	tsʰaŋ⁴⁴
固始	ɕiaŋ²⁴	ɕiaŋ⁵¹	tsaŋ²¹³	tsʰaŋ⁵⁵	tsuaŋ²¹³	tsuaŋ⁵¹	tsʰuaŋ²¹³	tsʰuaŋ⁵⁵

	0737 霜	**0738** 章	**0739** 厂	**0740** 唱	**0741** 伤	**0742** 尝	**0743** 上~去	**0744** 让
	宕开三	宕开三	宕开三	宕开三	宕开三	宕开三	宕开三	宕开三
	平阳生	平阳章	上阳昌	去阳昌	平阳书	平阳禅	上阳禅	去阳日
安阳	ʂuaŋ⁴⁴	tsaŋ⁴⁴	tsʰaŋ⁴³	tʂʰaŋ³¹	saŋ⁴⁴	tsʰaŋ⁵²	saŋ³¹	zaŋ³¹
林州	ʂuaŋ³¹	tʂaŋ³¹	tʂʰaŋ⁵⁴	tʂʰaŋ³³	ʂaŋ³¹	tʂʰaŋ⁴²	ʂaŋ³³	ʐaŋ³³
鹤壁	suaŋ³³	tsaŋ³³	tsʰaŋ⁵⁵	tsʰaŋ³¹	saŋ³³	tsʰaŋ⁵³	saŋ³¹	zaŋ³¹
新乡	suaŋ²⁴	tsaŋ²⁴	tsʰaŋ⁵⁵	tsʰaŋ²¹	saŋ²⁴	tsʰaŋ⁵²	saŋ²¹	zaŋ²¹
济源	ʂuãŋ⁴⁴	tʂãŋ⁴⁴	tʂʰãŋ⁵²	tʂʰãŋ²⁴	ʂãŋ⁴⁴	tʂʰãŋ³¹²	ʂãŋ²⁴	ʐãŋ²⁴
沁阳	suaŋ⁴⁴	tsaŋ⁴⁴	tsʰaŋ⁵²	tʂʰaŋ¹³	saŋ⁴⁴	tʂʰaŋ³¹²	saŋ¹³	zaŋ¹³
温县	fã⁴⁴	tsã⁴⁴	tsʰã⁵³	tsʰã²¹³	sã⁴⁴	tsʰã³¹	ʂã²¹³	ʐã²¹³
范县	faŋ²⁴	tsaŋ²⁴	tsʰaŋ⁵⁵	tʂʰaŋ³¹³	saŋ²⁴	tsʰaŋ⁴²	ʂaŋ³¹³	ʐaŋ³¹³
郑州	ʂuaŋ²⁴	tʂaŋ²⁴	tʂʰaŋ⁴⁴	tʂʰaŋ³¹	ʂaŋ²⁴	tʂʰaŋ⁵³	ʂaŋ³¹	ʐaŋ³¹
开封	ʂuaŋ²⁴	tʂaŋ²⁴	tʂʰaŋ⁴⁴	tʂʰaŋ³¹²	ʂaŋ²⁴	tʂʰaŋ⁵³	ʂaŋ³¹²	ʐaŋ³¹²
濮阳	ʂuaŋ³⁵	tʂaŋ³⁵	tʃʰiaŋ⁵⁵	tʃʰiaŋ³¹白 tʂʰaŋ³¹文	ʃiaŋ³⁵白 ʂaŋ³⁵文	tʃʰiaŋ⁴²	ʃiaŋ³¹白 ʂaŋ³¹文	ʐaŋ³¹
浚县	ʂuaŋ²⁴	tʂaŋ²⁴	tʂʰaŋ⁵⁵	tʂʰaŋ²¹³	ʂaŋ²⁴	tʂʰaŋ⁴²	ʂaŋ²¹³	ʐaŋ²¹³
长垣	ʂuaŋ²⁴	tʂaŋ²⁴	tʂʰaŋ⁴⁴	tʂʰaŋ²¹³	ʂaŋ²⁴	tʂʰaŋ⁵²	ʂaŋ²¹³	ʐaŋ²¹³
兰考	ʂuaŋ²⁴	tʂaŋ²⁴	tʂʰaŋ⁴⁴	tʂʰaŋ³¹²	ʂaŋ²⁴	tʂʰaŋ⁵³	ʂaŋ³¹²	ʐaŋ³¹²
洛阳	ʂuaŋ³⁴	tʂaŋ³⁴	tʂʰaŋ⁴⁴	tʂʰaŋ³¹	ʂaŋ³⁴	tʂʰaŋ⁵³	ʂaŋ³¹	ʐaŋ³¹
洛宁	ʂuaŋ⁴⁴	tʂaŋ⁴⁴	tʂʰaŋ³⁵	tʂʰaŋ³¹	ʂaŋ⁴⁴	tʂʰaŋ⁵²	ʂaŋ³¹	ʐaŋ³¹
三门峡	ʂuaŋ⁵³	tʂaŋ⁵³	tʂʰaŋ⁴⁴	tʂʰaŋ²¹²	ʂaŋ⁵³	ʂaŋ³¹	ʂaŋ²¹²	ʐaŋ²¹²
灵宝	ʂuaŋ⁵³	tʂaŋ⁵³	tʂʰaŋ⁴⁴	tʂʰaŋ²⁴	ʂaŋ⁵³	ʂaŋ²¹³	ʂaŋ²⁴	ʐaŋ²⁴
商丘	fʌ̃²²³	tsʌ̃²²³	tsʰʌ̃⁴⁴	tsʰʌ̃⁴¹	sʌ̃²²³	tsʰʌ̃⁵²	ʂʌ̃⁴¹	ʐʌ̃⁴¹
永城	ʂuã²¹³	tʂã²¹³	tʂʰã³³⁴	tʂʰã⁴¹	ʂã²¹³	tʂʰã⁵³	ʂã⁴¹	ʐã²¹³~烟 ʐã⁴¹~座
郸城	faŋ²⁴	tsaŋ²⁴	tsʰaŋ⁴⁴	tsʰaŋ⁵¹	saŋ²⁴	tsʰaŋ⁴²	ʂaŋ⁵¹	zaŋ⁵¹
漯河	suaŋ²²⁴	tsaŋ²²⁴	tsʰaŋ⁴⁴	tsʰaŋ³¹	saŋ²²⁴	tsʰaŋ⁵³	saŋ³¹	zaŋ³¹
许昌	ʂuaŋ²⁴	tʂaŋ²⁴	tsʰaŋ⁴⁴	tsʰaŋ³¹	ʂaŋ²⁴	tsʰaŋ⁵³	saŋ³¹	ʐaŋ³¹
周口	suaŋ²⁴	tsaŋ²⁴	tsʰaŋ⁴⁴	tsʰaŋ⁴¹	saŋ²⁴	tsʰaŋ⁵³	saŋ⁴¹	zaŋ⁴¹
驻马店	suaŋ²¹³	tsaŋ²¹³	tsʰaŋ⁴⁴	tsʰaŋ³¹	saŋ²¹³	tsʰaŋ⁵³	saŋ³¹	zaŋ³¹
长葛	ʂuaŋ²⁴	tʂaŋ²⁴	tʂʰaŋ⁴⁴	tʂʰaŋ³¹	ʂaŋ²⁴	tʂʰaŋ⁵²	ʂaŋ³¹	ʐaŋ³¹
泌阳	suaŋ²⁴	tʂaŋ²⁴	tsʰaŋ⁴⁴	tsʰaŋ³¹	saŋ²⁴	tsʰaŋ⁵³	saŋ³¹	zaŋ³¹
南阳	ʂuaŋ²²⁴	tʂaŋ²²⁴	tʂʰaŋ⁵⁵	tʂʰaŋ³¹	ʂaŋ²²⁴	tʂʰaŋ⁴²	ʂaŋ³¹	ʐaŋ³¹
鲁山	suaŋ²⁴	tʂaŋ²⁴	tʂʰaŋ⁴⁴	tʂʰaŋ³¹	ʂaŋ²⁴	tʂʰaŋ⁵³	ʂaŋ³¹	ʐaŋ³¹
邓州	ʂuaŋ³³	tʂaŋ³³	tʂʰaŋ⁵⁵	tʂʰaŋ³¹	ʂaŋ³³	tʂʰaŋ⁴²	ʂaŋ³¹	ʐaŋ³¹
西峡	ʂuaŋ²⁴	tʂaŋ²⁴	tʂʰaŋ⁵⁵	tʂʰaŋ³¹	ʂaŋ²⁴	tʂʰaŋ⁴²	ʂaŋ³¹	ʐaŋ³¹
信阳	saŋ¹¹³	tsaŋ¹¹³	tsʰaŋ²⁴	tsʰaŋ⁵³	saŋ¹¹³	tsʰaŋ⁴⁴	saŋ⁵³	zaŋ⁵³
固始	suaŋ²¹³	tsaŋ²¹³	tsʰaŋ²⁴	tsʰaŋ⁵¹	saŋ²¹³	tsʰaŋ⁵⁵	saŋ⁵¹	zaŋ⁵¹

	0745 姜~生~	0746 响	0747 向	0748 秧	0749 痒	0750 样	0751 雀	0752 削
	宕开三	宕开三	宕开三	宕开三	宕开三	宕开三	宕开三	宕开三
	平阳见	上阳晓	去阳晓	平阳影	上阳以	去阳以	入药精	入药心
安阳	tɕiaŋ⁴⁴	ɕiaŋ⁴³	ɕiaŋ³¹	iaŋ⁴⁴	iaŋ⁴³	iaŋ³¹	tɕʰyɐ³¹	ɕyɛ³³
林州	tɕiaŋ³¹	ɕiaŋ⁵⁴	ɕiaŋ³³	iaŋ³¹	iaŋ⁵⁴	iaŋ³³	tsʰyɐʔ³	syɐʔ³ 剥~ / siao³¹ ~笔
鹤壁	tɕiaŋ³³	ɕiaŋ⁵⁵	ɕiaŋ³¹	iaŋ³³	iaŋ⁵⁵	iaŋ³¹	tɕʰyɐʔ³	ɕyɐʔ³
新乡	tɕiaŋ²⁴	ɕiaŋ⁵⁵	ɕiaŋ²¹	zaŋ²⁴	iaŋ⁵⁵	iaŋ²¹	tɕʰyɐʔ³⁴	ɕyɐʔ³⁴
济源	tɕiãŋ⁴⁴	ɕiãŋ⁵²	ɕiãŋ²⁴	zãŋ⁴⁴ 白 / iãŋ⁴⁴ 文	iãŋ⁵²	iãŋ²⁴	tɕʰyɐʔ²³	ɕyɐʔ²³ 剥~ / ɕyɤ⁴⁴ ~水果
沁阳	tɕiaŋ⁴⁴	ɕiaŋ⁵²	ɕiaŋ¹³	zaŋ⁴⁴ 藤蔓 / iaŋ⁴⁴ 幼苗	iaŋ⁵²	iaŋ¹³	tɕʰyʌʔ²³	ɕyɐʔ²³
温县	tɕiã⁴⁴	ɕiã⁵³	ɕiã²¹³	zã⁴⁴ 白 / iã⁴⁴ 文	iã⁵³	iã²¹³	tɕʰyɐʔ³	ɕyɐʔ³ 剥~ / ɕio ~笔
范县	tɕiaŋ²⁴	ɕiaŋ⁵⁵	ɕiaŋ³¹³	iaŋ²⁴	iaŋ⁵⁵	iaŋ³¹³	tsʰuə²⁴	suə²⁴
郑州	tɕiaŋ²⁴	ɕiaŋ⁴⁴	ɕiaŋ³¹	zaŋ²⁴	iaŋ⁴⁴	iaŋ³¹	tɕʰyɛ²⁴	siau²⁴
开封	tɕiaŋ²⁴	ɕiaŋ⁴⁴	ɕiaŋ³¹²	zaŋ²⁴ 白 / iaŋ²⁴ 文	iaŋ⁴⁴	iaŋ³¹²	tɕʰyo²⁴ 白 / tɕʰyɛ³¹² 文	ɕyɛ²⁴ / ɕiau²⁴ 文
濮阳	tɕiaŋ³⁵	ɕiaŋ⁵⁵	ɕiaŋ³¹	iaŋ³⁵	iaŋ⁵⁵	iaŋ³¹	tsʰyə³⁵	suə³⁵ 剥~ / siau³¹ ~笔
浚县	tɕiaŋ²⁴	ɕiaŋ⁵⁵	ɕiaŋ²¹³	zaŋ²⁴	iaŋ⁵⁵	iaŋ²¹³	tɕʰyɤ²⁴	ɕyɛ²⁴
长垣	tɕiaŋ²⁴	ɕiaŋ⁴⁴	ɕiaŋ²¹³	zaŋ²⁴ 白 / iaŋ²⁴ 文	iaŋ⁴⁴	iaŋ²¹³	tsʰuə²⁴	ɕiau²⁴ ~皮 / suə²⁴ 剥~
兰考	tɕiaŋ²⁴	ɕiaŋ⁴⁴	ɕiaŋ³¹²	zaŋ²⁴	iaŋ⁴⁴	iaŋ³¹²	tɕʰyo²⁴	ɕiau²⁴
洛阳	tɕiaŋ³⁴	ɕiaŋ⁴⁴	ɕiaŋ³¹	zaŋ³⁴ 白 / iaŋ³⁴ 文	iaŋ⁴⁴	iaŋ³¹	tsʰyɛ³¹	syə³⁴
洛宁	tɕiaŋ⁴⁴	ɕiaŋ³⁵	ɕiaŋ³¹	iaŋ⁴⁴	iaŋ³⁵	iaŋ³¹	tɕʰyə³¹	ɕyə⁴⁴
三门峡	tɕiaŋ⁵³	ɕiaŋ⁴⁴	ɕiaŋ²¹²	iaŋ⁵³	iaŋ⁴⁴	iaŋ²¹²	tɕʰyə⁵³	ɕyə⁵³
灵宝	tɕiaŋ⁵³	ɕiaŋ⁴⁴	ɕiaŋ²⁴	ȵiaŋ⁵³	iaŋ⁴⁴	iaŋ²⁴	tɕʰyɤ⁵³	ɕyɤ⁵³
商丘	tɕiʌ̃²²³	ɕiʌ̃⁴⁴	ɕiʌ̃⁴¹	iʌ̃²²³	iʌ̃⁴⁴	iʌ̃⁴¹	tɕʰyə²²³	suə²²³
永城	tɕiã²¹³	ɕiã³³⁴	ɕiã⁴¹	iã²¹³	iã³³⁴	iã⁴¹	tsʰuə²¹³ 白 / tsʰuə⁴¹ 文	suə²¹³
郸城	tɕiaŋ²⁴	ɕiaŋ⁴⁴	ɕiaŋ⁵¹	iaŋ²⁴	iaŋ⁴⁴	iaŋ⁵¹	tɕʰyɤ²⁴	ɕyɤ²⁴
漯河	tɕiaŋ²²⁴	ɕiaŋ⁴⁴	ɕiaŋ³¹	iaŋ²²⁴	iaŋ⁴⁴	iaŋ³¹	tsʰyɤ³¹	syɤ²²⁴
许昌	tɕiaŋ²⁴	ɕiaŋ⁴⁴	ɕiaŋ³¹	zaŋ²⁴ 白 / iaŋ²⁴ 文	iaŋ⁴⁴	iaŋ³¹	tɕʰyo²⁴	ɕyɤ²⁴
周口	tɕiaŋ²⁴	ɕiaŋ⁴⁴	ɕiaŋ⁴¹	zaŋ²⁴	iaŋ⁴⁴	iaŋ⁴¹	tɕʰyo²⁴	ɕyo²⁴
驻马店	tɕiaŋ²¹³	ɕiaŋ⁴⁴	ɕiaŋ³¹	zaŋ²¹³ 白 / iaŋ²¹³ 文	iaŋ⁴⁴	iaŋ³¹	tɕʰyɤ²¹³	ɕyɤ²¹³
长葛	tɕiaŋ²⁴	ɕiaŋ⁴⁴	ɕiaŋ³¹	iaŋ²⁴	iaŋ⁴⁴	iaŋ³¹	tɕʰyɛ³¹	syɤ²⁴
泌阳	tɕiaŋ²⁴	ɕiaŋ⁴⁴	ɕiaŋ³¹	zaŋ²⁴ 白 / iaŋ²⁴ 文	iaŋ⁴⁴	iaŋ³¹	tsʰyo²⁴	syo²⁴
南阳	tɕiaŋ²²⁴	ɕiaŋ⁵⁵	ɕiaŋ³¹	iaŋ²²⁴	iaŋ⁵⁵	iaŋ³¹	tsʰyə³¹	syə²²⁴ 白 / siao 文
鲁山	tɕiaŋ²⁴	ɕiaŋ⁴⁴	ɕiaŋ³¹	zaŋ²⁴ 白 / iaŋ²⁴ 文	iaŋ⁴⁴	iaŋ³¹	tsʰyə³¹	syə²⁴
邓州	tɕiaŋ³³	ɕiaŋ⁵⁵	ɕiaŋ³¹	iaŋ³³	iaŋ⁵⁵	iaŋ³¹	tsʰuə⁴²	syə³³
西峡	tɕiaŋ²⁴	ɕiaŋ⁵⁵	ɕiaŋ³¹	iaŋ²⁴	iaŋ⁵⁵	iaŋ³¹	tsʰuə³¹	suə²⁴
信阳	tɕiaŋ¹¹³	ɕiaŋ²⁴	ɕiaŋ⁵³	iaŋ¹¹³	iaŋ²⁴	iaŋ⁵³	tɕʰyo¹¹³	ɕyo¹¹³
固始	tɕiaŋ²¹³	ɕiaŋ²⁴	ɕiaŋ⁵¹	iaŋ²¹³	iaŋ²⁴	iaŋ⁵¹	tɕʰyɛ²¹³	ɕyɛ²¹³

	0753 着火~了	0754 勺	0755 弱	0756 脚	0757 约	0758 药	0759 光~线	0760 慌
	宕开三	宕开三	宕开三	宕开三	宕开三	宕开三	宕合一	宕合一
	入药知	入药禅	入药日	入药见	入药影	入药以	平唐见	平唐晓
安阳	tsuə⁵²	suə⁵²	zuə⁴⁴	tɕyɐʔ³³	yɐʔ³³	yɐʔ³³	kuaŋ⁴⁴	xuaŋ⁴⁴
林州	tsuɤ⁴²	ʂuɤ⁴²	zuɐʔ³	tɕyɐʔ³	yɐʔ³	yɐʔ³	kuaŋ³¹	xuaŋ³¹
鹤壁	tsuɤʔ³	suɤ⁵³	（无）	tɕyɐʔ³	yɐʔ³	yɐʔ³	kuaŋ³³	xuaŋ³³
新乡	tsuɤ⁵²	（无）不单说	zuɐʔ³⁴	tɕyɐʔ³⁴	yɐʔ³⁴	yɐʔ³⁴	kuaŋ²⁴	xuaŋ²⁴
济源	tʂɤ³¹²	ʂɔ³¹²	zuɐʔ²³	tɕiɐʔ²³ tɕyɐʔ²³骂 人时用	iɐʔ²³ yɐʔ²³~会	iɐʔ²³ yɐʔ²³~园	kuã⁴⁴	xuã⁴⁴
沁阳	tsɤ³¹²	sɤ³¹²	zuʌʔ²³	tɕiʌʔ²³	iʌʔ²³	iʌʔ²³	kuaŋ⁴⁴	xuaŋ⁴⁴
温县	tsɤ³¹	ʂɔ³¹	zuʌʔ³	tɕiʌʔ³	iʌʔ³	iʌʔ³	kuã⁴⁴	xuã⁴⁴
范县	tsuə⁴²	fə⁴²	zuə³¹³	tɕyə²⁴	yə²⁴	yə²⁴	kuaŋ²⁴	xuaŋ²⁴
郑州	tʂuə⁵³	ʂuə⁵³	zuə²⁴	tɕyə²⁴	yə²⁴	yə²⁴	kuaŋ²⁴	xuaŋ²⁴
开封	tʂuo⁵³	ʂuo⁵³白 ʂau⁵³文	zuo²⁴	tɕyo²⁴白 tɕiau²⁴文	yo²⁴白 yɛ²⁴文	yo²⁴	kuaŋ²⁴	xuaŋ²⁴
濮阳	tsuə⁴²	ʂuə⁴²	zuə³¹	tɕyə³⁵	yə³⁵	yə³⁵	kuaŋ³⁵	xuaŋ³⁵
浚县	tsuɤ⁴²	ʂuɤ⁴²	zuɤ²⁴	tɕyɤ²⁴	yɤ²⁴	yɤ²⁴	kuaŋ²⁴	xuaŋ²⁴
长垣	tsuə⁵²	suə⁵²	zuə²¹³	tɕyə²⁴	yə²⁴	yə²⁴	kuaŋ²⁴	xuaŋ²⁴
兰考	tsuo⁵³	suo⁵³	zuo²⁴	tɕyo²⁴	yo²⁴	yo²⁴	kuaŋ²⁴	xuaŋ²⁴
洛阳	tʂuə⁵³	ʂuə⁵³	zuə³⁴	tɕyə³⁴	yə³⁴	yə³⁴	kuaŋ³⁴	xuaŋ³⁴
洛宁	tʂuə⁵²	ʂuə⁵²	zuə⁴⁴	tɕyə⁴⁴	yə⁴⁴	yə⁴⁴	kuaŋ⁴⁴	xuaŋ⁴⁴
三门峡	tʂʰuə³¹	ʂuə³¹	zuə⁵³	tɕyə⁵³	yə⁵³	yə⁵³	kuaŋ⁵³	xuaŋ⁵³
灵宝	tʂʰuɤ²¹³	ʂuɤ²¹³	zuɤ⁵³	tɕyɤ⁵³	yɤ⁵³	yɤ⁵³	kuaŋ⁵³	xuaŋ⁵³
商丘	tsuə⁵²	fuə⁵²	zuə²²³	tɕyə²²³	yə²²³	yə²²³	kuã²²³	xuã²²³
永城	tsuə⁵³	suə⁵³	zuə²¹³	tɕyə²¹³	yə²¹³	yə²¹³	kuã²¹³	xuã²¹³
郸城	tsuɤ⁴²	suɤ⁴²	zuɤ²⁴	tɕyɤ²⁴	yɤ²⁴	yɤ²⁴	kuaŋ²⁴	xuaŋ²⁴
漯河	tsuɤ⁵³	suɤ⁵³	zuɤ²²⁴	tɕyɤ²²⁴	yɤ²²⁴	yɤ²²⁴	kuaŋ²²⁴	xuaŋ²²⁴
许昌	tsuɤ⁵³	suɤ⁵³	zuɤ²⁴	tɕyɤ²⁴	yɛ²⁴	yɤ²⁴	kuaŋ²⁴	xuaŋ²⁴
周口	tsuo⁵³	suo⁵³	zuo²⁴	tɕyo²⁴	yo²⁴	yo²⁴	kuaŋ²⁴	xuaŋ²⁴
驻马店	tsuɤ⁵³	suɤ⁵³	zuɤ²¹³	tɕyɤ²¹³	yɤ²¹³	yɤ²¹³	kuaŋ²¹³	xuaŋ²¹³
长葛	tsuɤ⁵²	suɤ⁵²	zuɤ³¹	tɕyɤ²⁴	yɛ²⁴	yɤ²⁴	kuaŋ²⁴	xuaŋ²⁴
泌阳	tʂuo⁵³	ʂuo⁵³	zuo²⁴	tɕyo²⁴	yo²⁴	yo²⁴	kuaŋ²⁴	xuaŋ²⁴
南阳	tʂuə⁴²	ʂuə⁴²	zuə²²⁴	tɕyə²²⁴	yə²²⁴	yə²²⁴	kuaŋ²²⁴	xuaŋ²²⁴
鲁山	tʂuə⁵³	ʂuə⁵³	zuə²⁴	tɕyə²⁴	yə²⁴	yə²⁴	kuaŋ²⁴	xuaŋ²⁴
邓州	tʂuə⁴²	ʂuə⁴²	zuə³³	tɕyə³³	yə³³	yə³³	kuaŋ³³	xuaŋ³³
西峡	tʂuə⁴²	ʂuə⁴²	zuə²⁴	tɕyə²⁴	yə²⁴	yə²⁴	kuaŋ²⁴	xuaŋ²⁴
信阳	tsuo⁴⁴	suo⁴⁴	zuo¹¹³	tɕyo¹¹³	yo¹¹³	yo¹¹³	kuaŋ¹¹³	faŋ¹¹³
固始	tsuɤ⁵⁵	suɤ⁵⁵	zuɤ⁵⁵	tɕyɤ²¹³	yɤ²¹³	yɤ²¹³	kuaŋ²¹³	xuaŋ²¹³

	0761 黄	0762 郭	0763 霍	0764 方	0765 放	0766 纺	0767 房	0768 防
	宕合一	宕合一	宕合一	宕合三	宕合三	宕合三	宕合三	宕合三
	平唐匣	入铎见	入铎晓	平阳非	去阳非	上阳敷	平阳奉	平阳奉
安阳	xuaŋ⁵²	kuɐʔ³³	xuɐʔ³³	faŋ⁴⁴	faŋ³¹	faŋ⁴³	faŋ⁵²	faŋ⁵²
林州	xuaŋ⁴²	kuɐʔ³	xuɐʔ³	faŋ³¹	faŋ³³	faŋ⁵⁴	faŋ⁴²	faŋ⁴²
鹤壁	xuaŋ⁵³	kuɐʔ³	xuɐʔ³	faŋ³³	faŋ³¹	faŋ⁵⁵	faŋ⁵³	faŋ⁵³ 又 faŋ⁵⁵ 又
新乡	xuaŋ⁵²	kuɐʔ³⁴	xuɐʔ³⁴	faŋ²⁴	faŋ²¹	faŋ⁵⁵	faŋ⁵²	faŋ⁵²
济源	xuãŋ³¹²	kuɐʔ²³	xuɐʔ²³	fãŋ⁴⁴	fãŋ²⁴	fãŋ⁵²	fãŋ³¹²	fãŋ³¹²
沁阳	xuaŋ³¹²	kuʌʔ²³	xuʌʔ²³	faŋ⁴⁴	faŋ¹³	faŋ⁵²	faŋ³¹²	faŋ³¹²
温县	xuã³¹	kuʌʔ³	xuʌʔ³	fã⁴⁴	fã²¹³	fã⁵³	fã³¹	fã³¹
范县	xuaŋ⁴²	kuə²⁴	xuə²⁴	faŋ²⁴	faŋ³¹³	faŋ⁵⁵	faŋ⁴²	faŋ⁵⁵
郑州	xuaŋ⁵³	kuə²⁴	xuə³¹	faŋ²⁴	faŋ³¹	faŋ⁴⁴	faŋ⁵³	faŋ⁴⁴ 又 faŋ⁵³ 又
开封	xuaŋ⁵³	kuo²⁴	xuo³¹²	faŋ²⁴	faŋ³¹²	faŋ⁴⁴	faŋ⁵³	faŋ⁵³
濮阳	xuaŋ⁴²	kuə³⁵	xuə³⁵	faŋ³⁵	faŋ³¹	faŋ⁵⁵	faŋ⁴²	faŋ⁵⁵
浚县	xuaŋ⁴²	kuɤ²⁴	xuɤ²¹³	faŋ²⁴	faŋ²¹³	faŋ⁵⁵	faŋ⁴²	faŋ⁴²
长垣	xuaŋ⁵²	kuə²⁴	xuə²⁴	faŋ²⁴	faŋ²¹³	faŋ⁴⁴	faŋ⁵²	faŋ⁵²
兰考	xuaŋ⁵³	kuo²⁴	xuo³¹²	faŋ²⁴	faŋ³¹²	faŋ⁴⁴	faŋ⁵³	faŋ⁵³
洛阳	xuaŋ⁵³	kuə³⁴	xuə³¹	faŋ³⁴	faŋ³¹	faŋ⁵³	faŋ⁵³	faŋ⁵³
洛宁	xuaŋ⁵²	kuə⁴⁴	xuə⁴⁴	faŋ⁴⁴	faŋ³¹	faŋ⁵²	faŋ⁵²	faŋ⁵²
三门峡	xuɑŋ³¹	kuə⁵³	xuə²¹²	faŋ⁵³	faŋ²¹²	faŋ⁴⁴	faŋ³¹	faŋ³¹
灵宝	xuaŋ²¹³	kuɤ⁵³	xuɤ⁵³	faŋ⁵³	faŋ²⁴	faŋ⁴⁴	faŋ²¹³	faŋ²¹³
商丘	xuʌ⁵²	kuə²²³	xuə²²³	fʌ²²³	fʌ⁴¹	fʌ⁴⁴	fʌ⁵²	fʌ⁴⁴
永城	xuã⁵³	kuə²¹³	xuə²¹³	fã²¹³	fã⁴¹	fã³³⁴	fã⁵³	fã⁵³
郸城	xuaŋ⁴²	kuɤ²⁴	xuɤ²⁴	faŋ²⁴	faŋ⁵¹	faŋ⁴⁴	faŋ⁴²	faŋ⁴²
漯河	xuaŋ⁵³	kuɤ²²⁴	xuɤ²²⁴	faŋ²²⁴	faŋ³¹	faŋ⁴⁴	faŋ⁵³	faŋ⁵³
许昌	xuaŋ⁵³	kuɤ²⁴	xuɤ²⁴	faŋ²⁴	faŋ³¹	faŋ⁴⁴	faŋ⁵³	faŋ⁵³ 又 faŋ⁴⁴ 又
周口	xuaŋ⁵³	kuo²⁴	xuo²⁴	faŋ²⁴	faŋ⁴¹	faŋ⁴⁴	faŋ⁵³	faŋ⁴⁴
驻马店	xuaŋ⁵³	kuɤ²¹³	xuɤ²¹³	faŋ²¹³	faŋ³¹	faŋ⁴⁴	faŋ⁵³	faŋ⁵³ 又 faŋ⁴⁴ 又
长葛	xuaŋ⁵²	kuɤ²⁴	xuɤ³¹	faŋ²⁴	faŋ³¹	faŋ⁴⁴	faŋ⁵²	faŋ⁵²
泌阳	xuaŋ⁵³	kuo²⁴	xuo²⁴	faŋ²⁴	faŋ³¹	faŋ⁴⁴	faŋ⁵³	faŋ⁵³
南阳	xuaŋ⁴²	kuə²²⁴	xuə³¹	faŋ²²⁴	faŋ³¹	faŋ⁵⁵	faŋ⁴²	faŋ⁴² 又 faŋ⁵⁵ 又
鲁山	xuaŋ⁵³	kuə²⁴	xuə²⁴	faŋ²⁴	faŋ³¹	faŋ⁴⁴	faŋ⁵³	faŋ⁵³
邓州	xuaŋ⁴²	kuə³³	xuə³³	faŋ³³	faŋ³¹	faŋ⁵⁵	faŋ⁴²	faŋ⁴²
西峡	xuaŋ⁴²	kuə²⁴	xuə³¹	faŋ²⁴	faŋ³¹	faŋ⁵⁵	faŋ⁴²	faŋ⁴² 又 faŋ⁵⁵ 又
信阳	faŋ⁴⁴	kuo¹¹³	xɤ⁵³	faŋ¹¹³	faŋ⁵³	faŋ²⁴	faŋ⁴⁴	faŋ⁴⁴
固始	xuaŋ⁵⁵	kuɤ²¹³	xuɤ⁵¹	faŋ²¹³	faŋ⁵¹	faŋ²⁴	faŋ⁵⁵	faŋ²⁴

	0769 网	0770 筐	0771 狂	0772 王	0773 旺	0774 缚	0775 绑	0776 胖
	宕合三	宕合三	宕合三	宕合三	宕合三	宕合三	江开二	江开二
	上阳微	平阳溪	平阳群	平阳云	去阳云	入药奉	上江帮	去江滂
安阳	vaŋ⁴³	kʰuaŋ⁴⁴	kʰuaŋ⁵²	vaŋ⁵²	vaŋ³¹	（无）	paŋ⁴³	pʰaŋ³¹
林州	vaŋ⁵⁴	kʰuaŋ³¹	kʰuaŋ⁴²	vaŋ⁴²	vaŋ³³	（无）	paŋ⁵⁴	pʰaŋ³³
鹤壁	vaŋ⁵⁵	kʰuaŋ³³	kʰuaŋ⁵³	vaŋ⁵³	vaŋ³¹	fu³¹	paŋ⁵⁵	pʰaŋ³¹
新乡	vaŋ⁵⁵	kʰuaŋ²⁴	kʰuaŋ⁵²	vaŋ⁵²	vaŋ²¹	（无）	paŋ⁵⁵	pʰaŋ²¹
济源	uãŋ⁵²	kʰuãŋ⁴⁴	kʰuãŋ³¹²	uãŋ³¹²	uãŋ²⁴	puɤ³¹²	pãŋ⁵²	pʰãŋ⁴⁴ 单用，指体形 pʰãŋ²⁴
沁阳	vaŋ⁵²	kʰuaŋ⁴⁴	kʰuaŋ³¹²	uaŋ³¹²	uaŋ¹³	fu³¹²	paŋ⁵²	pʰaŋ⁴⁴ 又 pʰaŋ¹³ 又
温县	vã⁵³	kʰuã⁴⁴	kʰuã³¹	uã³¹	uã²¹³	fəʔ³	pã⁵³	pʰã⁴⁴ 又 pʰã²¹³ 又
范县	uaŋ⁵⁵	kʰuaŋ²⁴	kʰuaŋ⁴²	uaŋ⁴²	uaŋ³¹³	（无）	paŋ⁵⁵	pʰaŋ³¹³
郑州	uaŋ⁴⁴	kʰuaŋ²⁴	kʰuaŋ⁵³	uaŋ⁵³	uaŋ³¹	fuə⁵³	paŋ⁴⁴	pʰaŋ³¹
开封	uaŋ⁴⁴	kʰuaŋ²⁴	kʰuaŋ⁵³	uaŋ⁵³	uaŋ³¹²	fu⁵³	paŋ⁴⁴	pʰaŋ³¹²
濮阳	uaŋ⁵⁵	kʰuaŋ³⁵	kʰuaŋ⁴²	uaŋ⁴²	uaŋ³¹	（无）	paŋ⁵⁵	pʰaŋ³¹
浚县	uaŋ⁵⁵	kʰuaŋ²⁴	kʰuaŋ⁴²	uaŋ⁴²	uaŋ²¹³	（无）	paŋ⁵⁵	pʰaŋ²¹³ 又 pʰaŋ²⁴ 又
长垣	uaŋ⁴⁴	kʰuaŋ²⁴	kʰuaŋ⁵²	uaŋ⁵²	uaŋ²¹³	（无）	paŋ⁴⁴	pʰaŋ²¹³
兰考	uaŋ⁴⁴	kʰuaŋ²⁴	kʰuaŋ⁵³	uaŋ⁵³	uaŋ³¹²	（无）	paŋ⁴⁴	pʰaŋ³¹²
洛阳	vaŋ⁴⁴	kʰuaŋ³⁴	kʰuaŋ⁵²	vaŋ⁵³	vaŋ³¹	fu³¹	paŋ⁴⁴	pʰaŋ³¹
洛宁	vaŋ³⁵	kʰuaŋ⁴⁴	kʰuaŋ⁵²	vaŋ⁵²	vaŋ³¹	（无）	paŋ³⁵	pʰaŋ³¹
三门峡	vaŋ⁴⁴	kʰuaŋ⁵³	kʰuaŋ³¹	vaŋ³¹	vaŋ²¹²	（无）	paŋ⁴⁴	pʰaŋ²¹²
灵宝	vaŋ⁴⁴	kʰuaŋ⁵³	kʰuaŋ²¹³	vaŋ²¹³	vaŋ²⁴	fu⁵³	paŋ⁴⁴	pʰaŋ²⁴
商丘	uʌ̃⁴⁴	kʰuʌ̃²²³	kʰuʌ̃⁵²	uʌ̃⁵²	uʌ̃⁴¹	fu²²³	pʌ̃⁴⁴	pʰʌ̃⁴¹ 又 pʰʌ̃²²³ 又
永城	uã³³⁴	kʰuã²¹³	kʰuã⁵³	uã⁵³	uã⁴¹	（无）	pã³³⁴	pʰã⁴¹ 又 pʰã²¹³ 又
郸城	uaŋ⁴⁴	kʰuaŋ²⁴	kʰuaŋ⁴²	uaŋ⁴²	uaŋ⁵¹	fu²⁴	paŋ⁴⁴	pʰaŋ⁵¹
漯河	uaŋ⁴⁴	kʰuaŋ²²⁴	kʰuaŋ⁵³	uaŋ⁵³	uaŋ³¹	fu²²⁴	paŋ⁴⁴	pʰaŋ³¹ 又 pʰaŋ²²⁴ 又
许昌	uaŋ⁴⁴	kʰuaŋ²⁴	kʰuaŋ⁵³	uaŋ⁵³	uaŋ³¹	fu³¹	paŋ⁴⁴	pʰaŋ³¹
周口	uaŋ⁴⁴	kʰuaŋ²⁴	kʰuaŋ⁵³	uaŋ⁵³	uaŋ⁴¹	fu⁵³	paŋ⁴⁴	pʰaŋ⁴¹
驻马店	uaŋ⁴⁴	kʰuaŋ²¹³	kʰuaŋ⁵³	uaŋ⁵³	uaŋ³¹	fu³¹	paŋ⁴⁴	pʰaŋ³¹
长葛	uaŋ⁴⁴	kʰuaŋ²⁴	kʰuaŋ⁵²	uaŋ⁵²	uaŋ³¹	（无）	paŋ⁴⁴	pʰaŋ³¹ 又 pʰaŋ²⁴ 又
泌阳	uaŋ⁴⁴	kʰuaŋ²⁴	kʰuaŋ⁵³	uaŋ⁵³	uaŋ³¹	（无）	paŋ⁴⁴	pʰaŋ³¹
南阳	uaŋ⁵⁵	kʰuaŋ²²⁴	kʰuaŋ⁴²	uaŋ⁴²	uaŋ³¹	fu²²⁴	paŋ⁵⁵	pʰaŋ³¹
鲁山	uaŋ⁴⁴	kʰuaŋ²⁴	kʰuaŋ⁵³	uaŋ⁵³	uaŋ³¹	（无）	paŋ⁴⁴	pʰaŋ³¹
邓州	uaŋ⁵⁵	kʰuaŋ³³	kʰuaŋ⁴²	uaŋ⁴²	uaŋ³¹	fu⁴²	paŋ³³	pʰaŋ³¹
西峡	uaŋ⁵⁵	kʰuaŋ²⁴	kʰuaŋ⁴²	uaŋ⁴²	uaŋ³¹	fuə⁴²	paŋ⁵⁵	pʰaŋ³¹
信阳	vaŋ²⁴	kʰuaŋ¹¹³	kʰuaŋ⁴⁴	vaŋ⁴⁴	vaŋ⁵³	fu⁵³	paŋ²⁴	pʰaŋ⁵³
固始	uaŋ²⁴	kʰuaŋ²¹³	kʰuaŋ⁵⁵	uaŋ⁵⁵	uaŋ⁵¹	fu⁵¹	paŋ²⁴	pʰaŋ⁵¹

	0777 棒	0778 桩	0779 撞	0780 窗	0781 双	0782 江	0783 讲	0784 降投~
	江开二	江开二	江开二	江开二	江开二	江开二	江开二	江开二
	上江並	平江知	去江澄	平江初	平江生	平江见	上江见	平江匣
安阳	paŋ³¹	tsuaŋ⁴⁴	tsʰuaŋ³¹ 白 tsuaŋ³¹ 文	tsʰuaŋ⁴⁴	suaŋ⁴⁴	tɕiaŋ⁴⁴	tɕiaŋ⁴³	ɕiaŋ⁵²
林州	paŋ³³	tsuaŋ³¹	tʂʰuaŋ³³ 白 tsuaŋ³³ 文	tʂʰuaŋ³¹	ʂuaŋ³¹	tɕiaŋ³¹	tɕiaŋ⁵⁴	ɕiaŋ⁴²
鹤壁	paŋ³¹	tsuaŋ³³	tsʰuaŋ³¹ 白 tsuaŋ³¹ 文	tsʰuaŋ³³	suaŋ³³	tɕiaŋ³³	tɕiaŋ⁵⁵	ɕiaŋ⁵³
新乡	paŋ²¹	tsuaŋ²⁴	tsʰuaŋ²¹ 白 tsuaŋ²¹ 文	tsʰuaŋ²⁴	suaŋ²⁴	tɕiaŋ²⁴	tɕiaŋ⁵⁵	ɕiaŋ⁵²
济源	pãŋ²⁴	tʂuãŋ⁴⁴	tʂʰuãŋ²⁴ 白 tsuãŋ²⁴ 文	tʂʰuãŋ⁴⁴	ʂuãŋ⁴⁴	tɕiãŋ⁴⁴	tɕiãŋ⁵²	ɕiãŋ³¹²
沁阳	paŋ¹³	tsuaŋ⁴⁴	tsʰuaŋ¹³ 白 tsuaŋ¹³ 文	tsʰuaŋ⁴⁴	suaŋ⁴⁴	tɕiaŋ⁴⁴	tɕiaŋ⁵²	ɕiaŋ³¹²
温县	pã²¹³	tsuã⁴⁴	tsʰuã²¹³ 白 tsuã²¹³ 文	tsʰuã⁴⁴	fã⁴⁴	tɕiã⁴⁴	tɕiã⁵³	ɕiã³¹
范县	paŋ³¹³	tʂuaŋ²⁴	tʂʰuaŋ³¹³ 白 tsuaŋ³¹³ 文	tʂʰuaŋ²⁴	faŋ²⁴	tɕiaŋ²⁴	tɕiaŋ⁵⁵	ɕiaŋ⁴²
郑州	paŋ³¹	tʂuaŋ²⁴	tʂuaŋ³¹	tʂʰuaŋ²⁴	ʂuaŋ²⁴	tɕiaŋ²⁴	tɕiaŋ⁴⁴	ɕiaŋ⁵³
开封	paŋ³¹²	tsuaŋ²⁴	tsuaŋ³¹²	tsʰuaŋ²⁴	suaŋ²⁴	tɕiaŋ²⁴	tɕiaŋ⁴⁴	ɕiaŋ⁵³
濮阳	paŋ³¹	tsuaŋ³⁵	tsʰuaŋ³¹ 白 tsuaŋ³¹ 文	tsʰuaŋ³⁵	suaŋ³⁵	tɕiaŋ³⁵	tɕiaŋ⁵⁵	ɕiaŋ⁴²
浚县	paŋ²¹³	tʂuaŋ²⁴	tʂʰuaŋ²¹³ 白 tsuaŋ²¹³ 文	tsʰuaŋ²⁴	ʂuaŋ²⁴	tɕiaŋ²⁴	tɕiaŋ⁵⁵	tɕʰiaŋ⁴²
长垣	paŋ²¹³	tʂuaŋ²⁴	tsuaŋ²¹³	tsʰuaŋ²⁴	suaŋ²⁴	tɕiaŋ²⁴	tɕiaŋ⁴⁴	tɕʰiaŋ⁵²
兰考	paŋ³¹²	tsuaŋ²⁴	tsuaŋ³¹²	tsʰuaŋ²⁴	suaŋ²⁴	tɕiaŋ²⁴	tɕiaŋ⁴⁴	ɕiaŋ⁵³
洛阳	paŋ³¹	tsuaŋ³⁴	tsʰuaŋ³¹	tsʰuaŋ³⁴	suaŋ³⁴	tɕiaŋ³⁴	tɕiaŋ⁴⁴	ɕiaŋ⁵³
洛宁	paŋ³¹	tsuaŋ⁴⁴	tʂʰuaŋ³¹ 白 tsuaŋ³¹ 文	tsʰuaŋ⁴⁴	ʂuaŋ⁴⁴	tɕiaŋ⁴⁴	tɕiaŋ³⁵	ɕiaŋ⁵²
三门峡	paŋ²¹²	tsuaŋ⁵³	tsʰuaŋ²¹²	tsʰuaŋ⁵³	suaŋ⁵³	tɕiaŋ⁵³	tɕiaŋ⁴⁴	tɕʰiaŋ³¹
灵宝	paŋ²⁴	tsuaŋ⁵³	tsʰuaŋ⁴⁴	tsʰuaŋ⁵³	suaŋ⁵³	tɕiaŋ⁵³	tɕiaŋ⁴⁴	ɕiaŋ²¹³

	0777 棒	0778 桩	0779 撞	0780 窗	0781 双	0782 江	0783 讲	0784 降投~
	江开二	江开二	江开二	江开二	江开二	江开二	江开二	江开二
	上江並	平江知	去江澄	平江初	平江生	平江见	上江见	平江匣
商丘	pɐ̃⁴¹	tʂuɐ̃²²³	tʂuɐ̃⁴¹	tʂʰuɐ̃²²³	fɐ̃²²³ 白 ʂuɐ̃²²³ 文	tɕiɐ̃²²³	tɕiɐ̃⁴⁴	ɕiɐ̃⁵²
永城	pã⁴¹	tʂuã²¹³	tʂʰuã⁴¹ 白 tʂuã⁴¹ 文	tʂʰuã²¹³	ʂuã²¹³	tɕiã²¹³	tɕiã³³⁴	ɕiã⁵³
郸城	paŋ⁵¹	tʂuaŋ²⁴	tʂuaŋ⁵¹ 白 tʂʰuaŋ⁵¹ 文	tʂʰuaŋ²⁴	faŋ²⁴ faŋ⁵¹ ~生	tɕiaŋ²⁴	tɕiaŋ⁴⁴	ɕiaŋ⁴²
漯河	paŋ³¹	tsuaŋ²²⁴	tsuaŋ³¹	tsʰuaŋ²²⁴	suaŋ²²⁴	tɕiaŋ²²⁴	tɕiaŋ⁴⁴	ɕiaŋ⁵³
许昌	paŋ³¹	tʂuaŋ²⁴	tʂʰuaŋ³¹ 白 tʂuaŋ³¹ 文	tʂʰuaŋ²⁴	ʂuaŋ²⁴	tɕiaŋ²⁴	tɕiaŋ⁴⁴	ɕiaŋ⁵³
周口	paŋ⁴¹	tsuaŋ²⁴	tsʰuaŋ⁴¹ 白 tsuaŋ⁴¹ 文	tsʰuaŋ²⁴	suaŋ²⁴	tɕiaŋ²⁴	tɕiaŋ⁴⁴	ɕiaŋ⁵³
驻马店	paŋ³¹	tʂuaŋ²¹³	tʂʰuaŋ³¹ 白 tʂuaŋ³¹ 文	tʂʰuaŋ²¹³	ʂuaŋ²¹³	tɕiaŋ²¹³	tɕiaŋ⁴⁴	ɕiaŋ⁵³
长葛	paŋ³¹	tʂuaŋ²⁴	tʂuaŋ³¹	tʂʰuaŋ²⁴	ʂuaŋ²⁴	tɕiaŋ²⁴	tɕiaŋ⁴⁴	ɕiaŋ⁵²
泌阳	paŋ³¹	tʂuaŋ²⁴	tʂʰuaŋ³¹ 白 tʂuaŋ³¹ 文	tʂʰuaŋ²⁴	ʂuaŋ²⁴	tɕiaŋ²⁴	tɕiaŋ⁴⁴	ɕiaŋ⁵³
南阳	paŋ³¹	tʂuaŋ²²⁴	tʂuaŋ³¹	tʂʰuaŋ²²⁴	ʂuaŋ²²⁴	tɕiaŋ²²⁴	tɕiaŋ⁵⁵	ɕiaŋ⁴²
鲁山	paŋ³¹	tʂuaŋ²⁴	tʂʰuaŋ³¹ 白 tʂuaŋ³¹ 文	tʂʰuaŋ²⁴	ʂuaŋ²⁴	tɕiaŋ²⁴	tɕiaŋ⁴⁴	ɕiaŋ⁵³
邓州	paŋ³¹	tʂuaŋ³³	tʂʰuaŋ³¹ 白 tʂuaŋ³¹ 文	tʂʰuaŋ³³	ʂuaŋ³³	tɕiaŋ³³	tɕiaŋ⁵⁵	ɕiaŋ⁴²
西峡	paŋ³¹	tʂuaŋ²⁴	tʂuaŋ³¹	tʂʰuaŋ²⁴	ʂuaŋ²⁴	tɕiaŋ²⁴	tɕiaŋ⁵⁵	ɕiaŋ⁴²
信阳	paŋ⁵³	tsaŋ¹¹³	tsaŋ⁵³	tsʰaŋ¹¹³	saŋ¹¹³	tɕiaŋ¹¹³	tɕiaŋ²⁴	ɕiaŋ⁴⁴
固始	paŋ⁵¹ 又	tsuaŋ²¹³	tsuaŋ⁵¹	tsʰuaŋ²¹³	suaŋ⁵¹ 又 suaŋ²¹³ 又	tɕiaŋ²¹³	tɕiaŋ²⁴	ɕiaŋ⁵⁵

	0785 项	0786 剥	0787 桌	0788 镯	0789 角	0790 壳	0791 学	0792 握
	江开二	江开二	江开二	江开二	江开二	江开二	江开二	江开二
	上江匣	入觉帮	入觉知	入觉崇	入觉见	入觉溪	入觉匣	入觉影
安阳	ɕiaŋ³¹	pɐʔ³³	tsuɐʔ³³	tsuə⁵²	tɕyɐʔ³³	kʰɐʔ³³	ɕyə⁵² 又 ɕyɛ⁵² 又	uə⁴⁴
林州	ɕiaŋ³³	pɐʔ³	tʂuɐʔ³	tʂuɤ⁴²	tɕyɐʔ³	kʰɤ⁴²	ɕyɤ⁴²	vɤʔ³
鹤壁	ɕiaŋ³¹	pɐʔ³	tsuɐʔ³	tsuɤ⁵³	tɕyɐʔ³	kʰɤ³³	ɕyɤ⁵³	uɤ³¹
新乡	ɕiaŋ²¹	pɐʔ³⁴	tsuɐʔ³⁴	tsuɤ⁵²	tɕyɐʔ³⁴	（无）	ɕyɤ⁵²	uɤ²⁴
济源	ɕiã²⁴	pɐʔ²³	tʂuɤ⁴⁴	tʂuɤ³¹²	tɕiɔ⁴⁴	kʰɤ³¹² tɕʰiɔ²⁴ 地~	ɕiɛ³¹² 白 ɕyɛ³¹² 文	uɐʔ²³ 把~ uɤ⁴⁴ ~手
沁阳	ɕiaŋ¹³	pʌʔ²³	（无）	tsuɤ³¹²	tɕiʌʔ²³	（无）	ɕiɤ³¹² 又 ɕyɤ³¹² 又	uʌʔ²³
温县	ɕiã²¹³	pʌʔ³	tʂuʌʔ³	tʂuɤ³¹	tɕiʌʔ³	kʰɤ⁴⁴	ɕiɤ³¹ 又 ɕyɤ³¹ 又	uʌʔ³ 把~ uɤ⁴⁴ ~手
范县	ɕiaŋ³¹³	puə²⁴	tʂuə²⁴	tsuə⁴²	tɕyə²⁴	kʰə²⁴	ɕyə⁴²	uə²⁴
郑州	ɕiaŋ³¹	puə²⁴	tʂuə²⁴	tʂuə⁵³	tɕyə²⁴	kʰə²⁴	ɕyə⁵³	uə²⁴
开封	ɕiaŋ³¹²	puo²⁴ 白 pau²⁴ 文	tʂuo²⁴	tʂuo⁵³	tɕyo²⁴ 白 tɕiau²⁴ 文	kɤ²⁴	ɕyo⁵³ 白 ɕyɛ⁵³ 文	uo²⁴
濮阳	ɕiaŋ³¹	puə³⁵	tʂuə³⁵	tʂuə⁴²	tɕyɛ³⁵ 白 tɕiau³⁵ 文	（无）	ɕyə⁴²	uə³⁵
浚县	ɕiaŋ²¹³	puɤ²⁴	tʂuɤ²⁴	tʂuɤ⁴²	tɕyɤ²⁴	kʰɤ²⁴	ɕyɤ⁴²	nuɤ²⁴ 白 uɤ²⁴ 文
长垣	ɕiaŋ²¹³	puə²⁴	（无）	（无）	tɕyə²⁴	kʰə²⁴	ɕyə⁵²	uə²⁴
兰考	ɕiaŋ³¹²	puo²⁴	tsuo²⁴	tsuo⁵³	tɕyo²⁴	kʰɤ²⁴	ɕyo⁵³	uo²⁴
洛阳	ɕiaŋ³¹	puə³⁴	tʂuə³⁴	tʂuə⁵³	tɕyə³⁴	（无）	ɕyə⁵³	uə³⁴

	0785 项	0786 剥	0787 桌	0788 镯	0789 角	0790 壳	0791 学	0792 握
	江开二	江开二	江开二	江开二	江开二	江开二	江开二	江开二
	上江匣	入觉帮	入觉知	入觉崇	入觉见	入觉溪	入觉匣	入觉影
洛宁	ɕiaŋ³¹	puə⁴⁴	tʂuə⁴⁴	tʂuə⁵²	tɕyə⁴⁴	kʰə⁴⁴	ɕyə⁵²	uə⁴⁴
三门峡	ɕiaŋ²¹²	puə⁵³	tʂuə⁵³	tʂuə³¹	tɕyə⁵³	kʰuə⁵³	ɕyə³¹	uə⁵³
灵宝	xaŋ²⁴	puɤ⁵³	tʂuɤ⁵³	tʂʰuɤ²¹³	tɕyɤ⁵³	kʰɤ⁵³	ɕyɤ²¹³	uɤ⁵³
商丘	ɕiã⁴¹	puə²²³	tʂuə²²³	tʂuə⁵²	tɕyə⁴⁴ 又 tɕyə²²³ 又	kʰə²²³	ɕyə⁵²	uə²²³
永城	ɕiã⁴¹	puə²¹³	tʂuə²¹³	tʂuə⁵³	tɕyə²¹³ 又 tɕyə³³⁴ 又	kʰə²¹³	ɕyə⁵³	uə²¹³
郸城	ɕiaŋ⁵¹	pɤ²⁴	tʂuɤ²⁴	tʂuɤ⁴²	tɕyɤ²⁴ 牛~ tɕyɤ⁴⁴ 几~钱	kʰɤ²⁴	ɕyɤ⁴²	uɤ²⁴
漯河	ɕiaŋ³¹	puɤ²²⁴	tʂuɤ²²⁴	tʂuɤ⁵³	tɕyɤ²²⁴ 又 tɕyn⁴⁴ 又	kʰɤ²²⁴	ɕyɤ⁵³	nuɤ²²⁴ 白 uɤ²²⁴ 文
许昌	ɕiaŋ³¹	puɤ²⁴	tʂuɤ²⁴	tʂuɤ⁵³	tɕyɤ²⁴	kʰɤ⁵³	ɕyɤ⁵³	uɤ²⁴
周口	ɕiaŋ⁴¹	puo²⁴	tsuo²⁴	tsuo⁵³	tɕyo⁴⁴ 又 tɕyo²⁴ 又	kʰɤ²⁴	ɕyo⁵³	uo²⁴
驻马店	ɕiaŋ³¹	puɤ²¹³	tsuɤ²¹³	tsuɤ⁵³	tɕyɤ²¹³ 又 tɕyɤ⁴⁴ 又	kʰɤ²¹³	ɕyɤ⁵³	uɤ²¹³
长葛	ɕiaŋ³¹	puɤ²⁴	tʂuɤ²⁴	tʂuɤ⁵²	tɕyɤ²⁴	kʰɤ²⁴	ɕyɤ⁵²	nuɤ²⁴ 白 uɤ²⁴ 文
泌阳	ɕiaŋ³¹	puo²⁴	tʂuo²⁴	tʂuo⁵³	tɕyo⁴⁴ 又 tɕyo²⁴ 又	kʰɤ²⁴	ɕyo⁵³	uo²⁴
南阳	ɕiaŋ³¹	puə²²⁴	tʂuə²²⁴	tʂuə⁴²	tɕyə²²⁴	kʰə²²⁴	ɕyə⁴²	uə³¹
鲁山	ɕiaŋ³¹	puə²⁴	tʂuə²⁴	tsuə⁵³	tɕyə²⁴	kʰə²⁴	ɕyə⁵³	uə²⁴
邓州	ɕiaŋ³¹	puə³³	tʂuə³³	tʂuə⁴²	tɕyə³³	kʰə³³	ɕyə⁴²	uə³³
西峡	ɕiaŋ³¹	puə²⁴	tʂuə²⁴	tʂuə⁴²	tɕyə³¹	kʰə²⁴	ɕyə⁴²	uə²⁴
信阳	ɕiaŋ⁵³	po¹¹³	tsuo¹¹³	tsuo⁴⁴	tɕyo²⁴ 又 kɤ¹¹³ 又	kʰɤ¹¹³	ɕyo⁴⁴	vo¹¹³
固始	ɕiaŋ⁵¹	pɤ²¹³	tsuɤ²¹³	tsuɤ⁵⁵	tɕyɤ²⁴ 又 kɤ⁵⁵ 又	kʰɤ²¹³	ɕyɤ⁵⁵	ɤ²¹³

	0793 朋 曾开一 平登並	0794 灯 曾开一 平登端	0795 等 曾开一 上登端	0796 凳 曾开一 去登端	0797 藤 曾开一 平登定	0798 能 曾开一 平登泥	0799 层 曾开一 平登从	0800 僧 曾开一 平登心
安阳	pʰəŋ⁵²	təŋ⁴⁴	təŋ⁴³	təŋ³¹	tʰəŋ⁵²	nəŋ⁵²	tsʰəŋ⁵²	səŋ⁴⁴
林州	pʰəŋ⁴²	təŋ³¹	təŋ⁵⁴	təŋ³³	tʰəŋ⁴²	nəŋ⁴²	tsʰəŋ⁴²	səŋ³¹
鹤壁	pʰəŋ⁵³	təŋ³³	təŋ⁵⁵	təŋ³¹	tʰəŋ⁵³	nəŋ⁵³	tsʰəŋ⁵³	səŋ³³
新乡	pʰəŋ⁵²	təŋ²⁴	təŋ⁵⁵	təŋ²¹	tʰəŋ⁵²	nəŋ⁵²	tsʰəŋ⁵²	səŋ²⁴
济源	pʰəŋ³¹²	təŋ⁴⁴	təŋ⁵²	təŋ²⁴	tʰəŋ³¹²	nəŋ³¹²	tsʰəŋ³¹²	səŋ⁴⁴
沁阳	pʰəŋ³¹²	təŋ⁴⁴	təŋ⁵²	təŋ¹³	tʰəŋ³¹²	nəŋ³¹²	tsʰəŋ³¹²	səŋ⁴⁴
温县	pʰəŋ³¹	təŋ⁴⁴	təŋ⁵³	təŋ²¹³	tʰəŋ³¹	nəŋ³¹	tʂʰəŋ³¹	ʂəŋ⁴⁴
范县	pʰəŋ⁴²	təŋ²⁴	təŋ⁵⁵	təŋ³¹³	tʰəŋ⁴²	nəŋ⁴²	tsʰəŋ⁴²	səŋ²⁴
郑州	pʰəŋ⁵³	təŋ²⁴	təŋ⁴⁴	təŋ³¹	tʰəŋ⁵³	nəŋ⁵³	tsʰəŋ⁵³	səŋ²⁴
开封	pʰəŋ⁵³	təŋ²⁴	təŋ⁴⁴	təŋ³¹²	tʰəŋ⁵³	nəŋ⁵³	tsʰəŋ⁵³	səŋ²⁴
濮阳	pʰəŋ⁴²	təŋ³⁵	təŋ⁵⁵	təŋ³¹	tʰəŋ⁴²	nəŋ⁴²	tsʰəŋ⁴²	səŋ³⁵
浚县	pʰəŋ⁴²	təŋ²⁴	təŋ⁵⁵	təŋ²¹³	tʰəŋ⁴²	nəŋ⁴²	tsʰəŋ⁴²	səŋ²⁴
长垣	pʰəŋ⁵²	təŋ²⁴	təŋ⁴⁴	təŋ²¹³	tʰəŋ⁵²	nəŋ⁵²	tsʰəŋ⁵²	səŋ²⁴
兰考	pʰəŋ⁵³	təŋ²⁴	təŋ⁴⁴	təŋ³¹²	tʰəŋ⁵³	nəŋ⁵³	tsʰəŋ⁵³	səŋ²⁴
洛阳	pʰəŋ⁵³	təŋ³⁴	təŋ⁴⁴	təŋ³¹	tʰəŋ⁵³	nəŋ⁵³	tsʰəŋ⁵³	səŋ³⁴
洛宁	pʰəŋ⁵²	təŋ⁴⁴	təŋ³⁵	təŋ³¹	tʰəŋ⁵²	nəŋ⁵²	tsʰəŋ⁵²	səŋ⁴⁴
三门峡	pʰəŋ³¹	təŋ⁵³	təŋ⁴⁴	təŋ²¹²	tʰəŋ³¹	nəŋ³¹	tsʰəŋ³¹	səŋ⁵³
灵宝	pʰəŋ²¹³	təŋ⁵³	təŋ⁴⁴	təŋ²⁴	tʰəŋ⁵³	nəŋ²¹³	tsʰəŋ²¹³	səŋ⁵³
商丘	pʰəŋ⁵²	təŋ²²³	təŋ⁴⁴	təŋ⁴¹	tʰəŋ⁵²	nəŋ⁵²	tsʰəŋ⁵²	ʂəŋ²²³
永城	pʰəŋ⁵³	təŋ²¹³	təŋ³³⁴	təŋ⁴¹	tʰəŋ⁵³	nəŋ⁵³	tsʰəŋ⁵³	səŋ²¹³
郸城	pʰəŋ⁴²	təŋ²⁴	təŋ⁴⁴	təŋ⁵¹	tʰəŋ⁴²	nəŋ⁴²	tsʰəŋ⁴²	səŋ²⁴
漯河	pʰəŋ⁵³	təŋ²²⁴	təŋ⁴⁴	təŋ³¹	tʰəŋ⁵³	nəŋ⁵³	tsʰəŋ⁵³	səŋ²²⁴
许昌	pʰəŋ⁵³	təŋ²⁴	təŋ⁴⁴	təŋ³¹	tʰəŋ⁵³	nəŋ⁵³	tsʰəŋ⁵³	səŋ²⁴
周口	pʰəŋ⁵³	təŋ²⁴	təŋ⁴⁴	təŋ⁴¹	tʰəŋ⁵³	nəŋ⁵³	tsʰəŋ⁵³	səŋ²⁴
驻马店	pʰəŋ⁵³	təŋ²¹³	təŋ⁴⁴	təŋ³¹	tʰəŋ⁵³	nəŋ⁵³	tsʰəŋ⁵³	səŋ²¹³
长葛	pʰəŋ⁵²	təŋ²⁴	təŋ⁴⁴	təŋ³¹	tʰəŋ⁵²	nəŋ⁵²	tsʰəŋ⁵²	səŋ²⁴
泌阳	pʰəŋ⁵³	təŋ²⁴	təŋ⁴⁴	təŋ³¹	tʰəŋ⁵³	nəŋ⁵³	tsʰəŋ⁵³	səŋ²⁴
南阳	pʰəŋ⁴²	təŋ²²⁴	təŋ⁵⁵	təŋ³¹	tʰəŋ⁴²	nəŋ⁴²	tsʰəŋ⁴²	səŋ²²⁴
鲁山	pʰəŋ⁵³	təŋ²⁴	təŋ⁴⁴	təŋ³¹	tʰəŋ⁵³	nəŋ⁵³	tsʰəŋ⁵³	səŋ²⁴
邓州	pʰəŋ⁴²	təŋ³³	təŋ⁵⁵	təŋ³¹	tʰəŋ⁴²	nəŋ⁴²	tsʰəŋ⁴²	səŋ³³
西峡	pʰəŋ⁴²	təŋ²⁴	təŋ⁵⁵	təŋ³¹	tʰəŋ⁴²	nəŋ⁴²	tsʰəŋ⁴²	səŋ²⁴
信阳	pʰəŋ⁴⁴	tən¹¹³	tən²⁴	tən⁵³	tʰən⁴⁴	lən⁴⁴	tsʰən⁴⁴	sən¹¹³
固始	pʰen⁵⁵	ten²¹³	ten²⁴	ten⁵¹	tʰen⁵⁵	len⁵⁵	tsʰen⁵⁵	sen²¹³

	0801 肯	0802 北	0803 墨	0804 得	0805 特	0806 贼	0807 塞	0808 刻
	曾开一	曾开一	曾开一	曾开一	曾开一	曾开一	曾开一	曾开一
	上登溪	入德帮	入德明	入德端	入德定	入德从	入德心	入德溪
安阳	kʰɐ̃⁴³	pɛʔ³³	mei³¹ ~斗 muə³¹ ~汁	tɛʔ³³	tʰɐʔ³³	tsei⁵²	sɐʔ³³ 动词 sai⁴⁴ 名词	kʰɐʔ³³
林州	kʰɐŋ⁵⁴	pɐʔ³	mɐʔ³	tɐʔ³	tʰɐʔ³	tsei⁴²	sɐʔ³	kʰɐʔ³
鹤壁	kʰɐŋ³³	pɐʔ³	mei³³	tɐʔ³	tʰɐʔ³	tsei⁵³	sɐʔ³	kʰɐʔ³
新乡	kʰən⁵⁵	pɐʔ³⁴	mɐʔ³⁴ 白 mei⁵⁵ 白 muɣ²¹ 文	tɐʔ³⁴	tʰɐʔ³⁴	tsei⁵²	sɐʔ³⁴	kʰɐʔ³⁴
济源	kʰə̃n⁵²	pəʔ²³ pei⁴⁴ ~京	mɐʔ²³ mə̃n⁴⁴ 墨水	tɐʔ²³	tʰɐʔ²³	tsei³¹²	sɐʔ²³ 动词 sɛ⁴⁴ 名词	kʰɐʔ²³
沁阳	kʰɐ̃⁵²	pɛʔ²³ 白 pei⁴⁴ 文	mɛʔ²³ 白 mɛ̃⁴⁴ 文	tɛʔ²³	tʰʌʔ²³ tʰɛʔ²³ 瓦~	tsei³¹²	sɛʔ²³	kʰʌʔ²³
温县	kʰɐ̃⁵³	pɐʔ³ pei⁴⁴ ~京	mɐʔ³	tɐʔ³	tʰɐʔ³	tsei³¹	sɐʔ³	kʰʌʔ³
范县	kʰen⁵⁵	pei²⁴	mei²⁴ 白 muə²⁴ 文	tɛ²⁴	tʰə⁴²	tsei⁴²	sei²⁴	kʰei²⁴ 白 kʰə²⁴ 文
郑州	kʰən⁴⁴	pei²⁴	mei²⁴	tɛ²⁴	tʰɛ²⁴	tsei⁵³	sɛ²⁴	kʰɛ²⁴
开封	kʰən⁴⁴	pei²⁴	mei²⁴ 白 mo²⁴ 文	tɛ²⁴	tʰɛ²⁴	tsei⁵³	sɛ²⁴ 白 sai²⁴ 文	kʰɛ²⁴
濮阳	kʰən⁵⁵	pei³⁵	mei³⁵	tɛ³⁵	tʰɛ⁴²	tsei⁴²	sɛ³⁵	kʰɛ³⁵
浚县	kʰən⁵⁵	pei²⁴	mei²⁴	tɛ²⁴	tʰɛ²⁴	tsei⁴²	sɛ²⁴	kʰɛ²⁴
长垣	kʰeɪ⁴⁴	pei²⁴	mei²⁴	tɛ²⁴	tʰɛ⁵²	tsei⁵²	sɛ²⁴	kʰɛ²⁴
兰考	kʰən⁴⁴	pei²⁴	mei²⁴	tɛ²⁴	tʰiɛ⁵³	tsei⁵³	sɛ²⁴	kʰɛ²⁴
洛阳	kʰən⁴⁴	pei³⁴	mei³⁴	tai³⁴	tʰai³⁴	tsei⁵³	sai³⁴ ~进去 sai³¹ 要~	kʰai³⁴ 白 kʰə³⁴ 文

	0801 肯 曾开一 上登溪	0802 北 曾开一 入德帮	0803 墨 曾开一 入德明	0804 得 曾开一 入德端	0805 特 曾开一 入德定	0806 贼 曾开一 入德从	0807 塞 曾开一 入德心	0808 刻 曾开一 入德溪
洛宁	kʰei³⁵	pei⁴⁴	mei⁴⁴	tei⁴⁴	tʰei⁴⁴	tsei⁵²	sai⁴⁴ ~东西 sai³¹ 边~	kʰai⁴⁴
三门峡	kʰeɪ⁴⁴	peɪ⁵³	meɪ⁵³	tɛ⁵³	tʰɛ⁵³	tsei³¹	sɛ⁵³	kʰuə⁵³
灵宝	kʰẽ⁴⁴	pei⁵³	mei⁵³	tɤ⁵³	tʰɤ⁵³	tsʰei²¹³	sɤ⁵³	kʰɤ⁵³
商丘	kʰən⁴⁴	pei²²³	mei²²³	tɛ²²³	tʰɛ⁵² 白 tʰə²²³ 文	tsei⁵²	sei²²³	kʰɛ²²³
永城	kʰẽ³³⁴	pE²¹³	mE²¹³	tE²¹³	tʰE⁵³	tsE⁵³	sE²¹³	kʰE²¹³
郸城	kʰen⁴⁴	pei²⁴	mei²⁴	tai²⁴	tʰai⁴²	tsei⁴²	sai²⁴	tɕʰie²⁴ ~章 kʰɤ²⁴
漯河	kʰən⁴⁴	pei²²⁴	mei²²⁴	tɛ²²⁴	tʰɛ²²⁴	tsei⁵³	sɛ²²⁴	kʰɛ²²⁴
许昌	kʰən⁴⁴	pei²⁴	mei²⁴	tɛ²⁴	tʰɛ²⁴	tsei⁵³	sɛ²⁴	kʰɛ²⁴
周口	kʰən⁴⁴	pei²⁴	mei²⁴	tai²⁴ 白 tɤ²⁴ 文	tʰai⁵³ 白 tʰɤ²⁴ 文	tsei⁵³	sai²⁴ 又 sai⁴¹ 又	kʰie²⁴ 白 kʰɤ²⁴ 文
驻马店	kʰən⁴⁴	pei²¹³	mei²¹³	tɛ²¹³ 白 tɤ²¹³ 文	tʰɛ²¹³	tsei⁵³	sɛ²¹³	tɕʰie²¹³ 又 kʰie²¹³ 又
长葛	kʰən⁴⁴	pei²⁴	mei²⁴	tɛ²⁴	tʰɛ²⁴	tsei⁵²	sɛ²⁴	kʰɛ²⁴
泌阳	kʰən⁴⁴	pei²⁴	mei²⁴	tɛ²⁴	tʰɛ²⁴	tsei⁵³	sɛ²⁴	kʰɛ²⁴
南阳	kʰən⁵⁵	pei²²⁴	mei²²⁴	tɛ²²⁴	tʰɛ²²⁴	tsei⁴²	sɛ²²⁴	kʰɛ²²⁴
鲁山	kʰən⁴⁴	pei²⁴	mei²⁴ 白 muə²⁴ 文	tai²⁴	tʰai²⁴	tsuei⁵³	sai²⁴	kʰai²⁴
邓州	kʰen⁵⁵	pei³³	mei³³	tɛ³³	tʰɛ³³	tsei⁴²	sɛ³³	kʰɛ³³
西峡	kʰən⁵⁵	pei²⁴	mei²⁴	tɛ²⁴	tʰɛ²⁴	tsei⁴²	sɛ²⁴	kʰɛ²⁴
信阳	kʰən²⁴	pɛ¹¹³	mɛ¹¹³	tɛ¹¹³	tʰɛ⁵³	tsei⁴⁴	sɛ¹¹³	kʰie⁵³
固始	kʰen²⁴	pɛ²¹³	mɛ²¹³	tɛ⁵⁵	tʰie⁵⁵	tsei⁵⁵	sɛ⁵¹	kʰe⁵⁵

第二章　字音对照表

	0809 黑	0810 冰	0811 证	0812 秤	0813 绳	0814 剩	0815 升	0816 兴高兴
	曾开一	曾开三	曾开三	曾开三	曾开三	曾开三	曾开三	曾开三
	入德晓	平蒸帮	去蒸章	去蒸昌	平蒸船	去蒸船	平蒸书	去蒸晓
安阳	xɐʔ³³	piəŋ⁴⁴	tʂəŋ³¹	tʂʰəŋ³¹	ʂəŋ⁵²	ʂəŋ³¹	ʂəŋ⁴⁴	ɕiəŋ³¹
林州	xɐʔ³	piəŋ³¹	tʂəŋ³³	tʂʰəŋ³³	ʂəŋ⁴²	ʂəŋ³³	ʂəŋ³¹	ɕiəŋ³³
鹤壁	xɐʔ³	piəŋ³³	tʂəŋ³¹	tʂʰəŋ³¹	ʂəŋ⁵³	ʂəŋ³¹	ʂəŋ³³	ɕiəŋ³¹
新乡	xɐʔ³⁴	piəŋ²⁴	tʂəŋ²¹	tʂʰəŋ²¹	ʂəŋ⁵²	ʂəŋ²¹	ʂəŋ²⁴	ɕiəŋ²¹
济源	xəʔ²³	piəŋ⁴⁴	tʂəŋ²⁴	tʂʰəŋ²⁴	ʂəŋ³¹²	ʂəŋ²⁴	ʂəŋ⁴⁴	ɕiəŋ²⁴
沁阳	xəʔ²³	piəŋ⁴⁴	tʂəŋ¹³	tʂʰəŋ¹³	ʂəŋ³¹²	ʂəŋ¹³	ʂəŋ⁴⁴	ɕiəŋ¹³
温县	xəʔ³	piəŋ⁴⁴	tʂəŋ²¹³	tʂʰəŋ²¹³	ʂəŋ³¹	ʂəŋ²¹³	ʂəŋ⁴⁴	ɕiəŋ²¹³
范县	xei²⁴	piəŋ²⁴	tʂəŋ³¹³	tʂʰəŋ³¹³	ʂəŋ⁴²	ʂəŋ³¹³	ʂəŋ²⁴	ɕiəŋ³¹³
郑州	xɛ²⁴	piəŋ²⁴	tʂəŋ³¹	tʂʰəŋ²⁴ 又 / tʂʰəŋ³¹ 又	ʂəŋ⁵³	ʂəŋ³¹	ʂəŋ²⁴	ɕiəŋ³¹
开封	xɛ²⁴	piəŋ²⁴	tʂəŋ³¹²	tʂʰəŋ³¹²	ʂəŋ⁵³	ʂəŋ³¹²	ʂəŋ²⁴	ɕiəŋ³¹²
濮阳	xɛ³⁵	piəŋ³⁵	tʃiəŋ³¹	tʃʰiəŋ³¹	ʃiəŋ⁴²	ʃiəŋ³¹	ʃiəŋ³⁵ 白 / ʂəŋ³⁵ 文	ɕiəŋ³¹
浚县	xɛ²⁴	piəŋ²⁴	tʂəŋ²¹³	tʂʰəŋ²¹³	ʂəŋ⁴²	ʂəŋ²¹³	ʂəŋ²⁴	ɕiəŋ²¹³
长垣	xɛ²⁴	piəŋ²⁴	tʂəŋ²¹³	tʂʰəŋ²¹³	ʂəŋ⁵²	ʂəŋ²¹³	ʂəŋ²⁴	ɕiəŋ²¹³
兰考	xɛ²⁴	piəŋ²⁴	tʂəŋ³¹²	tʂʰəŋ³¹²	ʂəŋ⁵³	ʂəŋ³¹²	ʂəŋ²⁴	ɕiəŋ³¹²
洛阳	xɯ³⁴	piəŋ³⁴	tʂəŋ³¹	tʂʰəŋ³¹	ʂəŋ⁵³	ʂəŋ³¹	ʂəŋ³⁴	ɕiəŋ³¹
洛宁	xɤ⁴⁴	piəŋ⁴⁴	tʂəŋ³¹	tʂʰəŋ³¹	ʂəŋ⁵²	ʂəŋ³¹	ʂəŋ⁴⁴	ɕiəŋ³¹
三门峡	xɯ⁵³	piəŋ⁵³	tʂəŋ²¹²	tʂʰəŋ²¹²	ʂəŋ³¹	ʂəŋ²¹²	ʂəŋ⁵³	ɕiəŋ²¹²
灵宝	xɯ⁵³	pin⁵³	tʂəŋ²⁴	tʂʰəŋ²⁴	ʂəŋ²¹³	ʂəŋ²⁴	ʂəŋ⁵³	ɕin⁵³
商丘	xɛ²²³	piəŋ²²³	tʂəŋ⁴¹	tʂʰəŋ⁴¹	ʂəŋ⁵³	ʂəŋ⁴¹	ʂəŋ²²³	ɕiəŋ⁴¹
永城	xɛ²¹³	piəŋ²¹³	tʂəŋ⁴¹	tʂʰəŋ⁴¹	ʂəŋ⁵³	ʂəŋ⁴¹	ʂəŋ²¹³	ɕiəŋ⁴¹
郸城	ɕiɛ²⁴	piəŋ²⁴	tʂəŋ⁵¹	tʂʰəŋ⁵¹	ʂəŋ⁴²	ʂəŋ⁵¹	ʂəŋ²⁴	ɕiəŋ⁵¹
漯河	xei²²⁴	piəŋ²²⁴	tʂəŋ³¹	tʂʰəŋ³¹	ʂəŋ⁵³	ʂəŋ³¹	ʂəŋ²²⁴	ɕiəŋ³¹
许昌	xɛ²⁴	piəŋ²⁴	tʂəŋ³¹	tʂʰəŋ³¹	ʂəŋ⁵³	ʂəŋ³¹	ʂəŋ²⁴	ɕiəŋ³¹
周口	xiɛ²⁴ 白 / xei²⁴ 文	pin²⁴	tʂəŋ⁴¹	tʂʰəŋ⁴¹	ʂəŋ⁵³	ʂəŋ⁴¹	ʂəŋ²⁴	ɕin⁴¹
驻马店	ɕiɛ²¹³ 又 / xiɛ²¹³ 又	piəŋ²¹³	tʂəŋ³¹	tʂʰəŋ³¹	ʂəŋ⁵³	ʂəŋ³¹	ʂəŋ²¹³	ɕiəŋ³¹
长葛	xɛ²⁴	piəŋ²⁴	tʂəŋ³¹	tʂʰəŋ³¹	ʂəŋ⁵²	ʂəŋ³¹	ʂəŋ²⁴	ɕiəŋ³¹
泌阳	xei²⁴	pin²⁴	tʂəŋ³¹	tʂʰəŋ³¹	ʂəŋ⁵³	ʂəŋ³¹	ʂəŋ²⁴	ɕin³¹
南阳	xɯ²²⁴	piəŋ²²⁴	tʂəŋ³¹	tʂʰəŋ³¹ 又 / tʂʰəŋ²²⁴ 又	ʂəŋ⁴²	ʂəŋ³¹	ʂəŋ²²⁴	ɕiəŋ³¹
鲁山	xɤ²⁴	piəŋ²⁴	tʂəŋ³¹	tʂʰəŋ³¹	ʂəŋ⁵³	ʂəŋ³¹	ʂəŋ²⁴	ɕiəŋ³¹
邓州	xɯ³³	piəŋ³³	tʂəŋ³¹	tʂʰəŋ³¹	ʂəŋ⁴²	ʂəŋ³¹	ʂəŋ³³	ɕiəŋ³¹
西峡	xɯ²⁴ 白 / xei²⁴ 文	piəŋ²⁴	tʂəŋ³¹	tʂʰəŋ³¹ 又 / tʂʰəŋ²⁴ 又	ʂəŋ⁴²	ʂəŋ³¹	ʂəŋ²⁴	ɕiəŋ³¹
信阳	xiɛ¹¹³	pin¹¹³	tʂəŋ⁵³	tʂʰəŋ⁵³	ʂən⁴⁴	ʂən⁵³	ʂən¹¹³	ɕin⁵³
固始	xe²¹³	pin²¹³	tsen⁵¹	tsʰen⁵¹	sen⁵⁵	sen⁵¹	sen²¹³	ɕin⁵¹

	0817 蝇	0818 逼	0819 力	0820 息	0821 直	0822 侧	0823 测	0824 色
	曾开三	曾开三	曾开三	曾开三	曾开三	曾开三	曾开三	曾开三
	平蒸以	入职帮	入职来	入职心	入职澄	入职庄	入职初	入职生
安阳	iəŋ^{52}	piɛʔ^{33}	liɛʔ^{33}	ɕiɛʔ^{33}	tsɛʔ^{33} 白 tsʅ^{52} 文	tsɛʔ^{33} tsʰɐʔ^{33} ~棱	tsʰɐʔ^{33}	sɐʔ^{33}
林州	iəŋ^{42}	piʔ^{3}	liʔ^{3}	siʔ^{3}	tʂʔ^{3}	tʂʔ^{3} ~棱 tʂʰʔ^{3} ~边	tʂʰɐʔ^{3}	ʂɐʔ^{3}
鹤壁	iəŋ^{53}	piəʔ^{3}	liəʔ^{3}	ɕiəʔ^{3}	tsəʔ^{3} 白 tsʅ^{53} 文	tsɐʔ^{3} 又 tsʰɐʔ^{3} 又	tsʰɐʔ^{3}	sɐʔ^{3}
新乡	iəŋ^{52}	piəʔ^{34}	liəʔ^{34}	ɕiəʔ^{34} 白 ɕi^{24} 文	tsəʔ^{34}	tsʰəʔ^{34}	tsʰɐʔ^{34}	sɐʔ^{34}
济源	iəŋ^{312}	piəʔ^{23}	liəʔ^{23}	ɕiəʔ^{23}	tʂəʔ^{23} tʂʅ^{312} 单字音	tsɛʔ^{23} ~棱 tsʰɛʔ^{23}	tsʰɐʔ^{23}	sɐʔ^{23}
沁阳	iəŋ^{312}	piəʔ^{23}	liəʔ^{23}	ɕiəʔ^{23}	tsəʔ^{23} 白 tsʅ^{312} 文	tsɛʔ^{23} ~棱 tsʰɛʔ^{23}	tsʰɛʔ^{23}	sɛʔ^{23}
温县	iəŋ^{31}	piəʔ^{3}	liəʔ^{3}	ɕiəʔ^{3}	tʂəʔ^{3} tʂʅ^{3} 脾气~	tsʰɐʔ^{3} tʂɐʔ^{3} ~棱	tsʰɐʔ^{3}	sɐʔ^{3}
范县	iəŋ^{42}	pi^{24}	li^{24}	si^{24}	tʂʅ^{42}	tsei^{24} ~棱 tsə^{313}	tsʰə^{24}	ʂei^{24}
郑州	iəŋ^{53}	pi^{24}	li^{24}	si^{24}	tsʅ^{53}	tsʰɛ^{24} 又 tsʰE^{24} 又	tsʰE^{24}	ʂE^{24} 又 sE^{24} 又
开封	iəŋ^{53}	pi^{53} 又 pi^{24}	li^{24}	ɕi^{24}	tsʅ^{53}	tsʰɛ^{24} 白 tsʰɤ^{312} 文	tsʰɛ^{24} 白 tsʰɤ^{312} 文	sɛ^{24} 白 ʂɤ^{312} 文
濮阳	iəŋ^{42}	pi^{35}	li^{35}	si^{35}	tʃi^{42} 白 tsʅ^{42} 文	tsɛ^{42} 又 tsʰɛ^{35} 又	tsʰɛ^{35}	sɛ^{35}
浚县	iəŋ^{42}	pi^{24}	li^{24}	ɕi^{24}	tsʅ^{42}	tsɛ^{55}	tsʰɛ^{24}	sɛ^{24}
长垣	iəŋ^{52}	pi^{24}	li^{24}	si^{24}	tsʅ^{52}	tsɛ^{52} 又 tsʰɛ^{24} 又	tsʰɛ^{24}	sɛ^{24}
兰考	iəŋ^{53}	pi^{53}	li^{24}	ɕi^{24}	tsʅ^{53}	tsɛ^{44} 又 tsʰɛ^{24} 又	tsʰɛ^{24}	sɛ^{24}
洛阳	iəŋ^{53}	pi^{44}	li^{34}	si^{34}	tsʅ^{53}	tsai^{34} 又 tsʰai^{34} 又	tsʰai^{34}	sai^{34}
洛宁	iəŋ^{52}	pi^{44}	li^{44}	ɕi^{44}	tsʅ^{52}	tsai^{52} ~棱 tsʰai^{44} ~面	tsʰai^{44}	sai^{44} 白 sə^{31} 文
三门峡	iəŋ^{31}	pi^{53}	li^{53}	ɕi^{53}	tsʅ^{31}	tsʰɛ^{53} 又 tsɛ^{31} 又	tsʰɛ^{53}	sɛ^{53}

	0817 蝇	0818 逼	0819 力	0820 息	0821 直	0822 侧	0823 测	0824 色
	曾开三	曾开三	曾开三	曾开三	曾开三	曾开三	曾开三	曾开三
	平蒸以	入职帮	入职来	入职心	入职澄	入职庄	入职初	入职生
灵宝	iŋ²¹³	pei⁵³	li⁵³	ɕi⁵³	tʂʰʅ²¹³	tsɤ²¹³ 又 tsʰɤ²¹³ 又	tsʰɤ⁵³	sɤ⁵³
商丘	iəŋ⁵²	pi²²³	li²²³	ɕi²²³	tʂʅ⁵²	tsE⁵² 又 tsʰE²²³ 又	tsʰE²²³	ʂE²²³
永城	iəŋ⁵³	pi⁵³	li²¹³	ɕi²¹³	tʂʅ⁵³	tʂE²¹³ 又 tʂʰE²¹³ 又	tʂʰE²¹³	ʂE²¹³
郸城	iəŋ⁴²	pi²⁴	li²⁴	ɕi²⁴	tʂʅ⁴²	tʂʰai²⁴ ~身 tsai⁴⁴ ~棱	tʂʰai²⁴	ʂai²⁴
漯河	iəŋ⁵³	pi⁵³	li²²⁴	si²²⁴	tsʅ⁵³	tsɛ⁴⁴ 又 tsʰɛ²²⁴ 又	tsʰɛ²²⁴	sɛ²²⁴
许昌	iəŋ⁵³	pi²⁴	li²⁴	ɕi²⁴	tsʅ⁵³	tʂɛ⁴⁴ 又 tsʰɛ²⁴ 又	tsʰɛ²⁴ 又	ʂɛ²⁴ 又 sɛ²⁴ 又
周口	iŋ⁵³	pi²⁴	li²⁴	ɕi²⁴	tsʅ⁵³	tsai⁴⁴ 又 tsʰai²⁴ 又	tsʰai²⁴ 白 tsʰɤ²⁴ 文	sai²⁴ 白 sɤ²⁴ 文
驻马店	iəŋ⁵³	pi⁵³	li²¹³	ɕi²¹³	tsʅ⁵³	tsɛ⁴⁴ 又 tsʰɛ²¹³ 又	tsʰɛ²¹³ 白 tsʰɤ²¹³ 文	sɛ²¹³ 白 sɤ²¹³ 文
长葛	iəŋ⁵²	pi²⁴	li²⁴	si²⁴	tsʅ⁵²	tsɛ⁴⁴ 又 tsʰɛ²⁴ 又	tsʰɛ²⁴	sɛ²⁴
泌阳	iŋ⁵³	pi⁵³	li²⁴	si²⁴	tʂʅ⁵³	tʂɛ⁴⁴ 又 tʂʰɛ²⁴ 又	tʂʰɛ²⁴	ʂɛ²⁴
南阳	iəŋ⁴²	pi⁴²	li²²⁴	si²²⁴	tʂʅ⁴²	tʂʰɛ²²⁴ 又 tʂʰə²²⁴ 又	tʂʰɛ²²⁴	ʂɛ²²⁴
鲁山	iəŋ⁵³	pi⁵³	li²⁴	si²⁴	tʂʅ⁵³	tʂʰai²⁴ 又 tsai⁵³ 又	tʂʰai²⁴	ʂai²⁴
邓州	iəŋ⁴²	pi⁴²	li³³	si³³	tʂʅ⁴²	tʂʰɛ³³	tʂʰɛ³³	ʂɛ³³
西峡	iəŋ⁴²	pi⁴²	li²⁴	si²⁴	tʂʅ⁴²	tʂɛ⁴² 又 tʂʰɛ²⁴ 又	tʂʰɛ²⁴	ʂɛ²⁴
信阳	in¹¹³	pi⁴⁴	li¹¹³	ɕi¹¹³ 休~ ɕi⁴⁴ ~县	tsʅ⁴⁴	tsʰɛ⁵³	tsʰɛ¹¹³	sɛ¹¹³
固始	in⁵⁵	pi⁵⁵	li⁵⁵	ɕi⁵⁵	tsʅ⁵⁵	tsʰɛ⁵⁵	tsʰɛ⁵⁵	sɛ⁵⁵

	0825 织	0826 食	0827 式	0828 极	0829 国	0830 或	0831 猛	0832 打
	曾开三	曾开三	曾开三	曾开三	曾合一	曾合一	梗开二	梗开二
	入职章	入职船	入职书	入职群	入德见	入德匣	上庚明	上庚端
安阳	tsɛʔ³³	sɛʔ³³	sʅ³¹	tɕiɛʔ³³	kuɛʔ³³	xuɛʔ³³	məŋ⁴³	ta⁴³
林州	tʂʅʔ³	ʂʅʔ³	ʂʅ³³	tɕiʔ³	kuɛʔ³	xuɛʔ³	məŋ⁵⁴	tɔ⁵⁴
鹤壁	tsəʔ³	səʔ³	sʅ³¹	tɕiəʔ³	kuɛʔ³	xuɛʔ³	məŋ⁵⁵	ta⁵⁵
新乡	tsəʔ³⁴	səʔ³⁴	səʔ³⁴	tɕiəʔ³⁴	kuɛʔ³⁴	xuɛʔ³⁴	məŋ⁵⁵	ta⁵⁵
济源	tsəʔ²³	ʂəʔ²³	ʂəʔ²³	tɕiəʔ²³	kuɛʔ²³	xuɛʔ²³	məŋ⁵²	ta⁵²
沁阳	tsəʔ²³	səʔ²³	səʔ²³	tɕiəʔ²³	kuᴀʔ²³	xuᴀʔ²³	məŋ⁵²	ta⁵²
温县	tsəʔ³	ʂəʔ³	ʂəʔ³	tɕiəʔ³	kuɛʔ³	xuɛʔ³	məŋ⁵³	ta⁵³
范县	tʂʅ²⁴	ʂʅ⁴²	ʂʅ³¹³	tɕi⁴²	kuə⁵⁵	xuei⁴²	məŋ⁵⁵	ta⁵⁵
郑州	tʂʅ²⁴	ʂʅ⁵³	ʂʅ³¹	tɕi⁵³	kuɛ²⁴ 白 / kuə²⁴ 文	xuai⁵³	məŋ⁴⁴	ta⁴⁴
开封	tʂʅ²⁴	ʂʅ⁵³	ʂʅ³¹²	tɕi⁵³	kuɛ²⁴ 白 / kuo²⁴ 文	xuai⁵³ 白 / xuo³¹² 文	məŋ⁴⁴	ta⁴⁴
濮阳	tʃi³⁵	ʃi⁴²	ʂʅ³⁵	tɕi⁴²	kuɛ³⁵ 白 / kuə³⁵ 文	xuɛ⁴² 白 / xuei⁴² 文	məŋ⁵⁵	ta⁵⁵
浚县	tʂʅ²⁴	ʂʅ⁴²	ʂʅ²¹³	tɕi²⁴	kuɛ²⁴ 白 / kuɤ²⁴ 文	xuɛ⁴²	məŋ⁵⁵	ta⁵⁵
长垣	tʂʅ²⁴	ʂʅ⁵²	ʂʅ²¹³	tɕi²⁴	kuɛ²⁴ 白 / kuə²⁴ 文	xuɛ⁵²	məŋ⁴⁴	ta⁴⁴
兰考	tʂʅ²⁴	ʂʅ⁵³	ʂʅ³¹²	tɕi⁵³	kuɛ²⁴	xuai⁵³	məŋ⁴⁴	ta⁴⁴
洛阳	tʂʅ³⁴	ʂʅ⁵³	tʂʰʅ³¹	tɕi⁵³	kuə³⁴	xuai⁵³	məŋ⁴⁴	ta⁴⁴
洛宁	tʂʅ⁴⁴	ʂʅ⁵²	tʂʰʅ³¹	tɕi⁵²	kuə⁴⁴	xuai⁵²	məŋ³⁵	tɐ³⁵
三门峡	tʂʅ⁵³	ʂʅ³¹	ʂʅ⁵³	tɕi⁵³	kuə⁵³	xuɛ³¹	məŋ⁴⁴	ta⁴⁴
灵宝	tʂʅ⁵³	ʂʅ²¹³	ʂʅ⁵³	tɕi²¹³	kuɤ⁵³	xuɤ²¹³	məŋ⁴⁴	ta⁴⁴
商丘	tʂʅ²²³	ʂʅ⁵²	ʂʅ⁴¹	tɕi²²³	kuei⁵² 白 / kuə²²³ 文	xuɛ⁵² 白 / xuə⁵² 文	məŋ⁴⁴	ta⁴⁴
永城	tʂʅ²¹³	ʂʅ⁵³	ʂʅ⁴¹	tɕi⁵³	kuɛ²¹³ 白 / kuə²¹³ 文	xuɛ⁵³ 白 / xuə⁵³ 文	məŋ³³⁴	ta³³⁴
郸城	tʂʅ²⁴	ʂʅ⁴²	ʂʅ⁵¹	tɕi⁴²	kuai²⁴ 白 / kuɤ²⁴ 文	xuai⁴²	məŋ⁴⁴	ta⁴⁴
漯河	tʂʅ²²⁴	ʂʅ⁵³	ʂʅ³¹	tɕi²²⁴	kuɛ²²⁴	xuai⁵³	məŋ⁴⁴	ta⁴⁴
许昌	tʂʅ²⁴	ʂʅ⁵³	ʂʅ³¹	tɕi²⁴	kuɛ²⁴ 白 / kuɤ²⁴ 文	xuai⁵³ 白 / xuɤ⁵³ 文	məŋ⁴⁴	ta⁴⁴
周口	tʂʅ²⁴	ʂʅ⁵³	ʂʅ⁴¹	tɕi²⁴	kuai²⁴ 白 / kuo²⁴ 文	xuai⁵³ 白 / xuo⁵³ 文	məŋ⁴⁴	ta⁴⁴
驻马店	tʂʅ²¹³	ʂʅ⁵³	tʂʰʅ³¹ 白 / ʂʅ³¹ 文	tɕi⁵³	kuɛ²¹³ 白 / kuɤ²¹³ 文	xuɛ⁵³	məŋ⁴⁴	ta⁴⁴
长葛	tʂʅ²⁴	ʂʅ⁵²	ʂʅ³¹	tɕi⁵²	kuɛ²⁴	xuai⁵²	məŋ⁴⁴	ta⁴⁴
泌阳	tʂʅ²⁴	ʂʅ⁵³	tʂʰʅ³¹ 白 / ʂʅ³¹ 文	tɕi⁵³	kuɛ²⁴ 白 / kuo²⁴ 文	xuɛ⁵³ 白 / xuo⁵³ 文	məŋ⁴⁴	ta⁴⁴
南阳	tʂʅ²²⁴	ʂʅ⁴²	ʂʅ³¹	tɕi⁴²	kuɛ²²⁴ 白 / kuə²²⁴ 文	xuɛ⁴² 白 / xuɤ³¹ 文	məŋ⁵⁵	ta⁵⁵
鲁山	tʂʅ²⁴	ʂʅ⁵³	tʂʰʅ³¹	tɕi⁵³	kuai²⁴ 白 / kuə²⁴ 文	xuai⁵³ 白 / xuə⁵³ 文	məŋ⁴⁴	ta⁴⁴
邓州	tʂʅ³³	ʂʅ⁴²	tʂʰʅ³¹	tɕi⁴²	kuɛ³³	xuɛ⁴²	məŋ⁵⁵	ta⁵⁵
西峡	tʂʅ²⁴	ʂʅ⁴²	tʂʰɯ³¹	tɕi⁴²	kuɛɛ²⁴	xuɛɛ⁴²	məŋ⁵⁵	ta⁵⁵
信阳	tʂʅ¹¹³	ʂʅ⁴⁴	ʂʅ⁵³	tɕi⁴⁴	kuɛ¹¹³	fɛ⁵³	mɤŋ²⁴	ta²⁴
固始	tʂʅ²¹³	ʂʅ⁵⁵	ʂʅ⁵¹	tɕi⁵⁵	kuɛ⁵⁵	xuɛ⁵⁵	meŋ²⁴	ta²⁴

	0833 冷	0834 生	0835 省~长	0836 更 三~,打~	0837 梗	0838 坑	0839 硬	0840 行 ~为,~走
	梗开二	梗开二	梗开二	梗开二	梗开二	梗开二	梗开二	梗开二
	上庚来	平庚生	上庚生	平庚见	上庚见	平庚溪	去庚疑	平庚匣
安阳	ləŋ⁴³	ʂəŋ⁴⁴	ʂəŋ⁴³	tɕiaŋ⁴⁴ 白 kəŋ⁴⁴ 文	kəŋ⁴³	kʰəŋ⁴⁴	iəŋ³¹	ɕiəŋ⁵²
林州	ləŋ⁵⁴	ʂəŋ³¹	ʂəŋ⁵⁴	tɕiaŋ³¹ 白 kəŋ³¹ 文	kəŋ⁵⁴	kʰəŋ³¹	iəŋ³³	ɕiəŋ⁴²
鹤壁	ləŋ⁵⁵	ʂəŋ³³	ʂəŋ⁵⁵	tɕiaŋ³³ 白 kəŋ⁵⁵ 文	kəŋ⁵⁵	kʰəŋ³³	ɣəŋ³¹ 白 iəŋ³¹ 文	ɕiəŋ⁵³
新乡	ləŋ⁵⁵	ʂəŋ²⁴	ʂəŋ⁵⁵	kəŋ²⁴	kəŋ⁵⁵	kʰəŋ²⁴	ɣəŋ²¹	ɕiəŋ⁵²
济源	ləŋ⁵²	ʂəŋ⁴⁴	ʂəŋ⁵²	kəŋ⁴⁴	kəŋ⁵²	kʰəŋ⁴⁴	ɣəŋ²⁴ 白 iəŋ²⁴ 文 ȵiəŋ²⁴ 文	ɕiəŋ³¹²
沁阳	ləŋ⁵²	ʂəŋ⁴⁴	ʂəŋ⁵²	tɕiaŋ⁴⁴ 三~天 kəŋ⁴⁴ 打~	kəŋ⁵²	kʰəŋ⁴⁴	ɣəŋ¹³ 白 iəŋ¹³ 文	ɕiəŋ³¹²
温县	ləŋ⁵³	ʂəŋ⁴⁴	ʂəŋ⁵³	kəŋ⁴⁴	kəŋ⁵³	kʰəŋ⁴⁴	ɣəŋ²¹³ 白 ȵiŋ²¹³ 文	ɕiəŋ³¹
范县	ləŋ⁵⁵	ʂəŋ²⁴	ʂəŋ⁵⁵	tɕiəŋ²⁴ 打~ kəŋ²⁴ 三~	kəŋ⁵⁵	kʰəŋ²⁴	iəŋ³¹³	ɕiəŋ⁴²
郑州	ləŋ⁴⁴	ʂəŋ²⁴	ʂəŋ⁴⁴	kəŋ²⁴	kəŋ⁴⁴	kʰəŋ²⁴	ɣəŋ³¹ 白 iəŋ³¹ 文	ɕiəŋ⁵³
开封	ləŋ⁴⁴	ʂəŋ²⁴	ʂəŋ⁴⁴	tɕiəŋ²⁴ 白 kəŋ²⁴ 文	kəŋ⁴⁴	kʰəŋ²⁴	əŋ³¹² 白 iəŋ³¹² 文	ɕiəŋ⁵³
濮阳	ləŋ⁵⁵	ʂəŋ³⁵	ʂəŋ⁵⁵	kəŋ³⁵	kəŋ⁵⁵	kʰəŋ³⁵	ɣəŋ³¹ 白 iəŋ³¹ 文	ɕiəŋ⁴²
浚县	ləŋ⁵⁵	ʂəŋ²⁴	ʂəŋ⁵⁵	kəŋ²⁴	kəŋ⁴⁴	kʰəŋ²⁴	ɣəŋ²¹³ 白 iəŋ²¹³ 文	ɕiəŋ⁴²
长垣	ləŋ⁴⁴	ʂəŋ²⁴	ʂəŋ⁴⁴	kəŋ²⁴	（无）	kʰəŋ²⁴	ɣəŋ²¹³ 白 iəŋ²¹³ 文	ɕiəŋ⁵²
兰考	ləŋ⁴⁴	ʂəŋ²⁴	ʂəŋ⁴⁴	kəŋ²⁴	kəŋ⁴⁴	kʰəŋ²⁴	ɣəŋ³¹² 白 iəŋ³¹² 文	ɕiəŋ⁵³
洛阳	ləŋ⁴⁴	ʂəŋ³⁴	ʂəŋ⁴⁴	kəŋ³⁴	kəŋ⁴⁴	kʰəŋ³⁴	ɣəŋ³¹	ɕiəŋ⁵³
洛宁	ləŋ³⁵	ʂəŋ⁴⁴	ʂəŋ³⁵	kəŋ⁴⁴	kəŋ³⁵	kʰəŋ⁴⁴	ɣəŋ³¹ 白 iəŋ³¹ 文	ɕiəŋ⁵²

	0833 冷	0834 生	0835 省~长	0836 更 三~,打~	0837 梗	0838 坑	0839 硬	0840 行 ~为,~走
	梗开二	梗开二	梗开二	梗开二	梗开二	梗开二	梗开二	梗开二
	上庚来	平庚生	上庚生	平庚见	上庚见	平庚溪	去庚疑	平庚匣
三门峡	ləŋ⁴⁴	səŋ⁵³	səŋ⁴⁴	kəŋ⁵³	kəŋ⁵³	kʰəŋ⁵³	ȵiəŋ²¹²	ɕiəŋ³¹
灵宝	ləŋ⁴⁴	səŋ⁵³	səŋ⁴⁴	kəŋ⁵³	kəŋ⁴⁴	kʰəŋ⁵³	ȵiŋ²⁴	ɕiŋ²¹³
商丘	ləŋ⁴⁴	ʂəŋ²²³	ʂəŋ⁴⁴	kəŋ²²³	kəŋ⁴⁴	kʰəŋ²²³	iəŋ⁴¹	ɕiəŋ⁵²
永城	ləŋ³³⁴	ʂəŋ²¹³	ʂəŋ³³⁴	kəŋ²¹³	kəŋ³³⁴	kʰəŋ²¹³	iəŋ⁴¹	ɕiəŋ⁵³
郸城	ləŋ⁴⁴	ʂəŋ²⁴	ʂəŋ⁴⁴	kəŋ²⁴	kəŋ⁴⁴	kʰəŋ²⁴	ɣəŋ⁵¹ 白 / iəŋ⁵¹ 文	ɕiəŋ⁴²
漯河	ləŋ⁴⁴	səŋ²²⁴	səŋ⁴⁴	kəŋ²²⁴	kəŋ⁴⁴	kʰəŋ²²⁴	əŋ³¹	ɕiəŋ⁵³
许昌	ləŋ⁴⁴	ʂəŋ²⁴	ʂəŋ⁴⁴	kəŋ²⁴	kəŋ⁴⁴	kʰəŋ²⁴	əŋ³¹ 白 / iəŋ³¹ 文	ɕiəŋ⁵³
周口	ləŋ⁴⁴	səŋ²⁴	səŋ⁴⁴	kəŋ²⁴	kəŋ⁴⁴	kʰəŋ²⁴	əŋ⁴¹ 白 / iŋ⁴¹ 文	ɕiŋ⁵³
驻马店	ləŋ⁴⁴	səŋ²¹³	səŋ⁴⁴	kəŋ²¹³	kəŋ⁴⁴	kʰəŋ²¹³	ɣəŋ³¹ 白 / iəŋ³¹ 文	ɕiəŋ⁵³
长葛	ləŋ⁴⁴	səŋ²⁴	səŋ⁴⁴	kəŋ²⁴	kəŋ⁴⁴	kʰəŋ²⁴	ɣəŋ³¹	ɕiəŋ⁵²
泌阳	ləŋ⁴⁴	ʂəŋ²⁴	ʂəŋ⁴⁴	kəŋ²⁴	kəŋ⁴⁴	kʰəŋ²⁴	ɣəŋ³¹ 白 / iŋ³¹ 文	ɕiŋ⁵³
南阳	ləŋ⁵⁵	ʂəŋ²²⁴	ʂəŋ⁵⁵	kəŋ²²⁴	kəŋ⁵⁵	kʰəŋ²²⁴	əŋ³¹	ɕiəŋ⁴²
鲁山	ləŋ⁴⁴	ʂəŋ²⁴	ʂəŋ⁴⁴	kəŋ²⁴	kəŋ⁴⁴	kʰəŋ²⁴	ɣəŋ³¹ 白 / iəŋ³¹ 文	ɕiəŋ⁵³
邓州	ləŋ³³	ʂəŋ³³	ʂəŋ⁵⁵	kəŋ³³	kəŋ⁵⁵	kʰəŋ³³	ɣəŋ³¹	ɕiəŋ⁴²
西峡	ləŋ⁵⁵	ʂəŋ²⁴	ʂəŋ⁵⁵	kəŋ²⁴	kəŋ⁵⁵	kʰəŋ²⁴	əŋ³¹ 白 / iəŋ³¹ 文	ɕiəŋ⁴²
信阳	lən²⁴	sən¹¹³	sən²⁴	tɕin¹¹³ 白 / kən²⁴ 文	kən²⁴	kʰən¹¹³	ŋən⁵³ 白 / in⁵³ 文	ɕin⁴⁴
固始	len²⁴	sen²¹³	sen²⁴	ken²¹³	ken²⁴	kʰen²¹³	ɣen⁵¹	ɕin⁵⁵

	0841 百	0842 拍	0843 白	0844 拆	0845 择	0846 窄	0847 格	0848 客
	梗开二	梗开二	梗开二	梗开二	梗开二	梗开二	梗开二	梗开二
	入陌帮	入陌滂	入陌並	入陌彻	入陌澄	入陌庄	入陌见	入陌溪
安阳	pɐʔ³³	pʰiɛʔ³³ 白 pʰɛʔ³³ 文	pai⁵²	tsʰɐʔ³³	tsɛʔ³³ tsə⁵² ~菜	tsɛʔ³³	kɐʔ³³	kʰɐʔ³³
林州	pɐʔ³	pʰiɛʔ³ 白 pʰɛʔ³ 文	pai⁴²	tʂʰɐʔ³	tʂɐʔ³	tʂɐʔ³	kɐʔ³	kʰɐʔ³
鹤壁	pɐʔ³	pʰiɛʔ³ 白 pʰɐʔ³ 文	pei⁵³ 白 pɑi⁵³ 文	tʂʰɐʔ³	tʂɐʔ³	tʂɐʔ³	kɐʔ³	kʰɐʔ³
新乡	pɐʔ³⁴	pʰɐʔ³⁴	pai⁵²	tsʰɐʔ³⁴	tsɐʔ³⁴	tsɐʔ³⁴	kɐʔ³⁴	kʰɐʔ³⁴
济源	pɐʔ²³	pʰɐʔ²³	pɐ³¹²	tsʰɐʔ²³	tsɐʔ²³ 选~ tsɐ³¹² ~菜	tsɐʔ²³	kɐʔ²³	kʰɐʔ²³
沁阳	pɛʔ²³	pʰɛʔ²³	pai³¹²	tsʰɛʔ²³	tsɛʔ²³ tsai³¹² ~菜	tsɛʔ²³	kʌʔ²³	kʰʌʔ²³
温县	pɐʔ³	pʰɐʔ³	pɐ³¹	tsʰɐʔ³	tsɐʔ³ tsɐ³¹ ~菜	tsɐʔ³	kɐʔ³	kʰɐʔ³
范县	pei²⁴	pʰei²⁴	pei⁴²	tsʰei²⁴	tʂei⁴²	tʂei²⁴	kə²⁴	kʰei²⁴
郑州	pE²⁴	pʰE²⁴	pE⁵³	tʂʰE²⁴	tʂE⁵³	tʂE²⁴	kE²⁴	kʰE²⁴ 白 kʰə²⁴ 文
开封	pɛ²⁴ 白 pai²⁴ 文	pʰɛ²⁴ 白 pʰai²⁴ 文	pɛ⁵³ 白 pai⁵³ 文	tʂʰɛ²⁴ 白 tʂʰai²⁴ 文	tʂɛ⁵³ 白 tʂɤ⁵³ 文	tʂɛ²⁴ 白 tʂai²⁴ 文	kɤ²⁴	kʰɛ²⁴ 白 kʰɤ³¹² 文
濮阳	pɛ³⁵	pʰiɛ³⁵ 白 pʰɛ³⁵ 文	pɛ⁴²	tʃʰiɛ³⁵ 白 tʂʰɛ³⁵ 文	tʂɛ⁴²	tʂɛ³⁵	kɛ³⁵	kʰɛ³⁵
浚县	pɛ²⁴	pʰiɛ²⁴	pɛ⁴²	tʂʰɛ²⁴	tʂɛ⁴² 又 tʂɛ⁴² 又	tʂɛ²⁴	kɛ²⁴ 白 kɤ²⁴ 文	kʰɛ²⁴
长垣	pɛ²⁴	pʰɛ²⁴	pɛ⁵²	tʂʰɛ²⁴	tʂɛ⁵²	tʂɛ²⁴	kɛ²⁴ 白 kə²⁴ 文	kʰɛ²⁴ 白 kʰə²⁴ 文
兰考	pɛ²⁴	pʰɛ²⁴	pɛ⁵³	tʂʰɛ²⁴	tʂɛ⁵³	tʂɛ²⁴	kɤ²⁴	kʰɛ²⁴
洛阳	pai³⁴	pʰai³⁴	pai⁵³	tsʰai³⁴	tsai⁵³	tsai³⁴	kai³⁴ 白 kə³⁴ 文	kʰai³⁴

	0841 百	0842 拍	0843 白	0844 拆	0845 择	0846 窄	0847 格	0848 客
	梗开二	梗开二	梗开二	梗开二	梗开二	梗开二	梗开二	梗开二
	入陌帮	入陌滂	入陌並	入陌彻	入陌澄	入陌庄	入陌见	入陌溪
洛宁	pai⁴⁴	pʰai⁴⁴	pai⁵²	tsʰai⁴⁴	tsai⁵²	tsai⁴⁴	kə⁴⁴	kʰai⁴⁴
三门峡	pɛ⁵³	pʰɛ⁵³	pʰe³¹ 白 pɛ³¹ 文	tsʰɛ⁵³	tsɛ³¹	tsɛ⁵³	kuə⁵³ 不单用	kʰɛ⁵³
灵宝	pie⁵³ 白 pɛ⁵³ 文	pʰie⁵³ 白 pʰɛ⁵³ 文	pʰie²¹³ 白 pʰɛ²¹³ 文	tsʰɤ⁵³	tsʰɤ²¹³	tsɤ⁵³	kɤ⁵³	tʰie⁵³ 白 kʰɤ⁵³ 文
商丘	pE²²³	pʰE²²³	pE⁵²	tʂʰE²²³	tʂE⁵²	tʂE²²³	kE²²³	kʰE²²³
永城	pE²¹³	pʰE²¹³	pE⁵³	tʂʰE²¹³	tʂE⁵³	tʂE²¹³	kE²¹³	kʰE²¹³
郸城	pai²⁴	pʰai²⁴	pai⁴²	tsʰai²⁴	tsai⁴²	tsai²⁴	tɕie²⁴ ~外 kɤ²⁴	tɕʰie²⁴
漯河	pɛ²²⁴	pʰɛ²²⁴	pɛ⁵³	tsʰɛ²²⁴	tsɛ⁵³	tsɛ²²⁴	kɛ²²⁴	kʰɛ²²⁴
许昌	pɛ²⁴	pʰɛ²⁴	pɛ⁵³	tʂʰɛ²⁴	tʂɛ⁵³	tʂɛ²⁴	kɛ²⁴	kʰɛ²⁴
周口	pai²⁴	pʰai²⁴	pai⁵³	tsʰai²⁴	tsai⁵³ 白 tsɤ⁵³ 文	tsai²⁴	kie²⁴ 白 kɤ²⁴ 文	kʰie²⁴ 白 kʰɤ²⁴ 文
驻马店	pɛ²¹³	pʰɛ²¹³	pɛ⁵³	tsʰɛ²¹³	tsɛ⁵³	tsɛ²¹³	tɕie²¹³ 白 kɤ²¹³ 文	tɕʰie²¹³ 白 kʰie²¹³ 文
长葛	pɛ²⁴	pʰɛ²⁴	pɛ⁵²	tsʰɛ²⁴	tsɛ⁵²	tsɛ²⁴	kɛ²⁴	kʰɛ²⁴
泌阳	pɛ²⁴	pʰɛ²⁴	pɛ⁵³	tʂʰɛ²⁴	tʂɛ⁵³	tʂɛ²⁴	kɛ²⁴ 白 kɤ²⁴ 文	kʰɛ²⁴ 白 kʰɤ²⁴ 文
南阳	pɛ²²⁴	pʰɛ²²⁴	pɛ⁴²	tʂʰɛ²²⁴	tʂɛ⁴² 又 tsə⁴² 又	tʂɛ²²⁴	kɛ²²⁴	kʰɛ²²⁴
鲁山	pai²⁴	pʰai²⁴	pai⁵³	tʂʰai²⁴	tʂai⁵³	tʂai⁴⁴	kai²⁴	kʰai²⁴
邓州	pɛ³³	pʰɛ³³	pɛ⁴²	tʂʰɛ³³	tʂɛ⁴²	tʂɛ³³	kɛ⁴² 又 kə⁴² 又	kʰɛ³³
西峡	pɛ²⁴	pʰɛ²⁴	pɛ⁴²	tʂʰɛ²⁴	tʂɛ⁴²	tʂɛ²⁴	kə²⁴	kʰɛ²⁴
信阳	pɛ¹¹³	pʰɛ¹¹³	pɛ⁴⁴	tsʰɛ¹¹³	tsɛ⁴⁴	tsɛ¹¹³	kie¹¹³	kʰie¹¹³
固始	pɛ²¹³	pʰɛ²¹³	pɛ⁵⁵	tsʰɛ²¹³	tsɛ⁵⁵	tsɛ²¹³	ke⁵⁵	kʰe²¹³

第二章　字音对照表

	0849 额	**0850 棚**	**0851 争**	**0852 耕**	**0853 麦**	**0854 摘**	**0855 策**	**0856 隔**
	梗开二	梗开二	梗开二	梗开二	梗开二	梗开二	梗开二	梗开二
	入陌疑	平耕并	平耕庄	平耕见	入麦明	入麦知	入麦初	入麦见
安阳	ə⁴⁴ ~外 ə⁵² ~头	pʰəŋ⁵²	tsəŋ⁴⁴	kəŋ⁴⁴	mɛʔ³³	tsɛʔ³³	tsʰɛʔ³³	kɛʔ³³
林州	ɣɤ⁴²	pʰəŋ⁴²	tṣəŋ³¹	kəŋ³¹	mɛʔ³	tsɛʔ³	tsʰɛʔ³	kɛʔ³
鹤壁	ɣɤ⁵³	pʰəŋ⁵³	tsəŋ³³	kəŋ³³	mɛʔ³	tsɛʔ³	tsʰɛʔ³	kɛʔ³
新乡	ɣɤ⁵²	pʰəŋ⁵²	tsəŋ²⁴	kəŋ²⁴	mɛʔ³⁴	tsɛʔ³⁴	tsʰɛʔ³⁴	kɛʔ³⁴
济源	ɣɤ³¹²	pʰəŋ³¹²	tṣəŋ⁴⁴	kəŋ⁴⁴	mɛʔ²³	tsɛʔ²³	tsʰɛʔ²³	kɛʔ²³
沁阳	ɣAʔ²³ ~外 ɣɤ¹³ ~头	pʰəŋ³¹²	tṣəŋ⁴⁴	kəŋ⁴⁴	mɛʔ²³	tsɛʔ²³	tsʰɛʔ²³	kAʔ²³
温县	ɣɐʔ³	pʰəŋ³¹	tṣəŋ⁴⁴	kəŋ⁴⁴	mɛʔ³	tsɛʔ³	tsʰɛʔ³	kAʔ³
范县	ɣei⁵⁵	pʰəŋ⁴²	tṣəŋ²⁴	kəŋ²⁴	mei²⁴	tsei²⁴	tsʰei²⁴	kei²⁴
郑州	ɣə⁵³	pʰəŋ⁵³	tṣəŋ²⁴	kəŋ²⁴	mE²⁴	tṣE²⁴	tṣʰE²⁴ 白 tṣʰE²⁴ 文	kE²⁴
开封	ɣə⁵³	pʰəŋ⁵³	tṣəŋ²⁴	kəŋ²⁴	mɛ²⁴ 白 mai³¹² 文	tsɛ²⁴	tsʰɛ²⁴	kɛ²⁴
濮阳	ɣə⁴² 白 ɣɛ³⁵ 文	pʰəŋ⁴²	tṣəŋ³⁵	kəŋ³⁵	mɛ³⁵	tsɛ³⁵	tsʰɛ³⁵	kɛ³⁵
浚县	ɣɤ²⁴	pʰəŋ⁴²	tṣəŋ²⁴	kəŋ²⁴	mɛ²⁴	tṣɛ²⁴	tṣʰɛ²⁴	kɛ²⁴
长垣	ɣɛ²⁴	pʰəŋ⁵²	tṣəŋ²⁴	kəŋ²⁴	mɛ²⁴	tsɛ²⁴	tsʰɛ²⁴	kɛ²⁴ 白 kə²⁴ 文
兰考	ɣɛ²⁴	pʰəŋ⁵³	tsəŋ²⁴	kəŋ²⁴	mɛ²⁴	tsɛ²⁴	tsʰɛ²⁴	kɛ²⁴
洛阳	ɣai⁵³	pʰəŋ⁵³	tsəŋ³⁴	kəŋ³⁴	mai³⁴	tsai³⁴	tsʰai³⁴	kai³⁴
洛宁	ɣai³⁵	pʰəŋ⁵²	tsəŋ⁴⁴	kəŋ⁴⁴	mai⁴⁴	tsai⁴⁴	tsʰai⁴⁴	kai⁴⁴
三门峡	ŋɛ⁴⁴ 数~ ȵiɛ⁵³ ~娄	pʰəŋ³¹	tsəŋ⁵³	kəŋ⁵³	mɛ⁵³	tsɛ⁵³	tsʰɛ⁵³	kɛ⁵³
灵宝	ŋɛ⁴⁴	pʰəŋ²¹³	tsəŋ⁵³	kəŋ⁵³	miɛ⁵³	tsɤ⁵³	tsʰɤ⁵³	kɤ⁵³
商丘	E⁵² 白 ə²²³ 文	pʰəŋ⁵²	tṣəŋ²²³	kəŋ²²³	mE²²³	tṣE²²³	tṣʰE²²³	kE²²³
永城	E³³⁴	pʰəŋ⁵³	tṣəŋ²¹³	kəŋ²¹³	mE²¹³	tṣE²¹³	tṣʰE²¹³	kE²¹³
郸城	ɣai⁴⁴	pʰəŋ⁴²	tsəŋ²⁴	kəŋ²⁴	mai²⁴	tsai²⁴	tsʰai²⁴	tɕie²⁴
漯河	ie²²⁴ ~老盖 ai⁵³ ~外	pʰəŋ⁵³	tsəŋ²²⁴	kəŋ²²⁴	mɛ²²⁴	tsɛ²²⁴	tsʰɛ²²⁴	kɛ²²⁴
许昌	ɤ⁵³ 又 ɤ⁴⁴ 又	pʰəŋ⁵³	tsəŋ²⁴	kəŋ²⁴	mɛ²⁴	tsɛ²⁴	tsʰɛ²⁴	kɛ²⁴
周口	ai⁴⁴ ~外 ɤ²⁴ ~头	pʰəŋ⁵³	tsəŋ²⁴	kəŋ²⁴	mai²⁴	tsai²⁴	tsʰai²⁴ 白 tsʰɤ²⁴ 文	kie²⁴ 白 kɤ²⁴ 文
驻马店	ɣɛ⁴⁴ 白 ɣɤ⁵³ 文	pʰəŋ⁵³	tsəŋ²¹³	kəŋ²¹³	mE²¹³	tsɛ²¹³	tsʰɛ²¹³	tɕie²¹³ 又 kie²¹³ 又
长葛	ai⁴⁴	pʰəŋ⁵²	tsəŋ²⁴	kəŋ²⁴	mɛ²⁴	tsɛ²⁴	tsʰɛ²⁴	kɛ²⁴
泌阳	ɣɛ⁴⁴ 白 ɣɤ⁴⁴ 文	pʰəŋ⁵³	tsəŋ²⁴	kəŋ²⁴	mɛ²⁴	tsɛ²⁴	tsʰɛ²⁴	kɛ²⁴ 白 kɤ²⁴ 文
南阳	ɛ⁵⁵ 又 ə⁴² 又	pʰəŋ⁴²	tsəŋ²²⁴	kəŋ²²⁴	mɛ²²⁴	tsɛ²²⁴	tṣʰE²²⁴ 白 tsʰɛ²²⁴ 文	kɛ²²⁴
鲁山	ɣai⁴⁴	pʰəŋ⁵³	tsəŋ²⁴	kəŋ²⁴	mai²⁴	tṣʰai²⁴	tṣʰai²⁴	kai²⁴
邓州	ɣɛ⁴²	pʰəŋ⁵³	tsəŋ³³	kəŋ³³	mɛ³³	tsɛ³³	tsʰɛ³³	kɛ³³
西峡	ɛ⁵⁵	pʰəŋ⁴²	tsəŋ²⁴	kəŋ²⁴	mɛ²⁴	tsɛ²⁴	tsʰɛ²⁴	kɛ²⁴
信阳	ŋɤ⁴⁴	pʰɤŋ⁴⁴	tsen¹¹³	ken¹¹³	mɛ¹¹³	tsɛ¹¹³	tsʰɛ¹¹³	kie¹¹³
固始	ɣɛ⁵⁵	pʰeŋ⁵⁵	tsen²¹³	ken²¹³	mɛ²¹³	tsɛ²¹³	tsʰɛ⁵¹	kɛ²¹³

	0857 兵	0858 柄	0859 平	0860 病	0861 明	0862 命	0863 镜	0864 庆
	梗开三	梗开三	梗开三	梗开三	梗开三	梗开三	梗开三	梗开三
	平庚帮	去庚帮	平庚並	去庚並	平庚明	去庚明	去庚见	去庚溪
安阳	piəŋ⁴⁴	piəŋ⁴³	pʰiəŋ⁵²	piəŋ³¹	miəŋ⁵²	miəŋ³¹	tɕiəŋ³¹	tɕʰiəŋ³¹
林州	piəŋ³¹	piəŋ⁵⁴	pʰiəŋ⁴²	piəŋ³³	miəŋ⁴²	miəŋ³³	tɕiəŋ³³	tɕʰiəŋ³³
鹤壁	piəŋ³³	piəŋ⁵⁵	pʰiəŋ⁵³	piəŋ³¹	miəŋ⁵³	miəŋ³¹	tɕiəŋ³¹	tɕʰiəŋ³¹
新乡	piəŋ²⁴	piəŋ⁵⁵	pʰiəŋ⁵²	piəŋ²¹	miəŋ⁵²	miəŋ²¹	tɕiəŋ²¹	tɕʰiəŋ²¹
济源	piəŋ⁴⁴	piəŋ⁵²	pʰiəŋ³¹²	piəŋ²⁴	miəŋ³¹²	miəŋ²⁴	tɕiəŋ²⁴	tɕʰiəŋ²⁴
沁阳	piəŋ⁴⁴	piəŋ⁵²	pʰiəŋ³¹²	piəŋ¹³	miəŋ³¹²	miəŋ¹³	tɕiəŋ¹³	tɕʰiəŋ¹³
温县	piəŋ⁴⁴	piəŋ⁵³	pʰiəŋ³¹	piəŋ²¹³	miəŋ³¹	miəŋ²¹³	tɕiəŋ²¹³	tɕʰiəŋ²¹³
范县	piəŋ²⁴	piəŋ⁵⁵	pʰiəŋ⁴²	piəŋ³¹³	miəŋ⁴²	miəŋ³¹³	tɕiəŋ³¹³	tɕʰiəŋ³¹³
郑州	piəŋ²⁴	piəŋ⁴⁴	pʰiəŋ⁵³	piəŋ³¹	miəŋ⁵³	miəŋ³¹	tɕiəŋ³¹	tɕʰiəŋ³¹
开封	piəŋ²⁴	piəŋ⁴⁴	pʰiəŋ⁵³	piəŋ³¹²	miəŋ⁵³	miəŋ³¹²	tɕiəŋ³¹²	tɕʰiəŋ³¹²
濮阳	piəŋ³⁵	piəŋ⁵⁵	pʰiəŋ⁴²	piəŋ³¹	miəŋ⁴²	miəŋ³¹	tɕiəŋ³¹	tɕʰiəŋ³¹
浚县	piəŋ²⁴	piəŋ⁵⁵	pʰiəŋ⁴²	piəŋ²¹³	miəŋ⁴²	miəŋ²¹³	tɕiəŋ²¹³	tɕʰiəŋ²¹³
长垣	piəŋ²⁴	piəŋ⁴⁴	pʰiəŋ⁵³	piəŋ²¹³	miəŋ⁵²	miəŋ²¹³	tɕiəŋ²¹³	tɕʰiəŋ²¹³
兰考	piəŋ²⁴	piəŋ⁴⁴	pʰiəŋ⁵³	piəŋ³¹²	miəŋ⁵³	miəŋ³¹²	tɕiəŋ³¹²	tɕʰiəŋ³¹²
洛阳	piəŋ³⁴	（无）	pʰiəŋ⁵³	piəŋ³¹	miəŋ⁵³	miəŋ³¹	tɕiəŋ³¹	tɕʰiəŋ³¹
洛宁	piəŋ⁴⁴	piəŋ³⁵	pʰiəŋ⁵²	piəŋ³¹	miəŋ⁵²	miəŋ³¹	tɕiəŋ³¹	tɕʰiəŋ³¹
三门峡	piəŋ⁵³	piəŋ²¹²	pʰiəŋ³¹	pʰiəŋ²¹²白 piəŋ²¹²文	miəŋ³¹	miəŋ²¹²	tɕiəŋ²¹²	tɕʰiəŋ²¹²
灵宝	pin⁵³	pin⁴⁴	pʰin²¹³	pʰin²⁴	min²¹³	min²⁴	tɕin²⁴	tɕʰin²⁴
商丘	piəŋ²²³	piəŋ⁴⁴	pʰiəŋ⁵²	piəŋ⁴¹	miəŋ⁵²	miəŋ⁴¹	tɕiəŋ⁴¹	tɕʰiəŋ⁴¹
永城	piəŋ²¹³	piəŋ³³⁴	pʰiəŋ⁵³	piəŋ⁴¹	miəŋ⁵³	miəŋ⁴¹	tɕiəŋ⁴¹	tɕʰiəŋ⁴¹
郸城	piəŋ²⁴	piəŋ⁴⁴	pʰiəŋ⁴²	piəŋ⁵¹	miəŋ⁴²	miəŋ⁵¹	tɕiəŋ⁵¹	tɕʰiəŋ⁵¹
漯河	piəŋ²²⁴	piəŋ⁴⁴	pʰiəŋ⁵³	piəŋ³¹	miəŋ⁵³	miəŋ³¹	tɕiəŋ³¹	tɕʰiəŋ³¹
许昌	piəŋ²⁴	piəŋ⁴⁴	pʰiəŋ⁵³	piəŋ³¹	miəŋ⁵³	miəŋ³¹	tɕiəŋ³¹	tɕʰiəŋ³¹
周口	pin²⁴	pin⁴⁴	pʰin⁵³	pin⁴¹	min⁵³	min⁴¹	tɕin⁴¹	tɕʰin⁴¹
驻马店	piəŋ²¹³	piəŋ⁴⁴	pʰiəŋ⁵³	piəŋ³¹	miəŋ⁵³	miəŋ³¹	tɕiəŋ³¹	tɕʰiəŋ³¹
长葛	piəŋ²⁴	piəŋ⁴⁴	pʰiəŋ⁵²	piəŋ³¹	miəŋ⁵²	miəŋ³¹	tɕiəŋ³¹	tɕʰiəŋ³¹
泌阳	pin²⁴	pin⁴⁴	pʰin⁵³	pin³¹	min⁵³	min³¹	tɕin³¹	tɕʰin³¹
南阳	piəŋ²²⁴	piəŋ⁵⁵	pʰiəŋ⁴²	piəŋ³¹	miəŋ⁴²	miəŋ³¹	tɕiəŋ³¹	tɕʰiəŋ³¹
鲁山	piəŋ²⁴	piəŋ⁴⁴	pʰiəŋ⁵³	piəŋ³¹	miəŋ⁵³	miəŋ³¹	tɕiəŋ³¹	tɕʰiəŋ³¹
邓州	piəŋ³³	piəŋ⁵⁵	pʰiəŋ⁴²	piəŋ³¹	miəŋ⁴²	miəŋ³¹	tɕiəŋ³¹	tɕʰiəŋ³¹
西峡	piəŋ²⁴	piəŋ⁵⁵	pʰiəŋ⁴²	piəŋ³¹	miəŋ⁴²	miəŋ³¹	tɕiəŋ³¹	tɕʰiəŋ³¹
信阳	pin¹¹³	pin²⁴	pʰin⁴⁴	pin⁵³	min⁴⁴	min⁵³	tɕin⁵³	tɕʰin⁵³
固始	pin²¹³	pin²⁴	pʰin⁵⁵	pin⁵¹	min⁵⁵	min⁵¹	tɕin⁵¹	tɕʰin⁵¹

	0865 迎	0866 影	0867 剧戏~	0868 饼	0869 名	0870 领	0871 井	0872 清
	梗开三	梗开三	梗开三	梗开三	梗开三	梗开三	梗开三	梗开三
	平庚疑	上庚影	入陌群	上清帮	平清明	上清来	上清精	平清清
安阳	iəŋ⁵²	iəŋ⁴³	tɕy³¹	piəŋ⁴³	miəŋ⁵²	liəŋ⁴³	tɕiəŋ⁴³	tɕʰiəŋ⁴⁴
林州	iəŋ⁴²	iəŋ⁵⁴	tɕy³³	piəŋ⁵⁴	miəŋ⁴²	liəŋ⁵⁴	tsiəŋ⁵⁴	tsʰiəŋ³¹
鹤壁	iəŋ⁵³	iəŋ⁵⁵	tɕy³¹	piəŋ⁵⁵	miəŋ⁵³	liəŋ⁵⁵	tɕiəŋ⁵⁵	tɕʰiəŋ³³
新乡	iəŋ⁵²	iəŋ⁵⁵	tɕy²¹	piəŋ⁵⁵	miəŋ⁵²	liəŋ⁵⁵	tɕiəŋ⁵⁵	tɕʰiəŋ²⁴
济源	iəŋ³¹²	iəŋ⁵²	tɕy²⁴	piəŋ⁵²	miəŋ³¹²	liəŋ⁵²	tɕiəŋ⁵²	tɕʰiəŋ⁴⁴
沁阳	iəŋ³¹²	iəŋ⁵²	tɕy¹³	piəŋ⁵²	miəŋ³¹²	liəŋ⁵²	tɕiəŋ⁵²	tɕʰiəŋ⁴⁴
温县	iəŋ³¹	iəŋ⁵³	tɕy²¹³	piəŋ⁵³	miəŋ³¹	liəŋ⁵³	tɕiəŋ⁵³	tɕʰiəŋ⁴⁴
范县	iəŋ⁴²	iəŋ⁵⁵	tɕy³¹³	piəŋ⁵⁵	miəŋ⁴²	liəŋ⁵⁵	tsiəŋ⁵⁵	tsʰiəŋ²⁴
郑州	iəŋ⁵³	iəŋ⁴⁴	tɕy³¹	piəŋ⁴⁴	miəŋ⁵³	liəŋ⁴⁴	tɕiəŋ⁴⁴	tɕʰiəŋ²⁴
开封	iəŋ⁵³	iəŋ⁴⁴	tɕy³¹²	piəŋ⁴⁴	miəŋ⁵³	liəŋ⁴⁴	tɕiəŋ⁴⁴	tɕʰiəŋ²⁴
濮阳	iəŋ⁴²	iəŋ⁵⁵	tɕy³¹	piəŋ⁵⁵	miəŋ⁴²	liəŋ⁵⁵	tsiəŋ⁵⁵	tsʰiəŋ³⁵
浚县	iəŋ⁴²	iəŋ⁵⁵	tɕy²¹³	piəŋ⁵⁵	miəŋ⁴²	liəŋ⁵⁵	tɕiəŋ⁵⁵	tɕʰiəŋ²⁴
长垣	iəŋ⁵²	iəŋ⁴⁴	tɕy⁵²	piəŋ⁴⁴	miəŋ⁵²	liəŋ⁴⁴	tɕiəŋ⁴⁴	tsʰiəŋ²⁴
兰考	iəŋ⁵³	iəŋ⁴⁴	tɕy³¹²	piəŋ⁴⁴	miəŋ⁵³	liəŋ⁴⁴	tɕiəŋ⁴⁴	tɕʰiəŋ²⁴
洛阳	iəŋ⁵³	iəŋ⁴⁴	tɕy³¹	piəŋ⁴⁴	miəŋ⁵³	liəŋ⁴⁴	tɕiəŋ⁴⁴	tsʰiəŋ³⁴
洛宁	iəŋ⁵²	iəŋ³⁵	tɕy³¹	piəŋ³⁵	miəŋ⁵²	liəŋ³⁵	tɕiəŋ³⁵	tɕʰiəŋ⁴⁴
三门峡	iəŋ³¹	iəŋ⁴⁴	tɕy²¹²	piəŋ⁴⁴	miəŋ³¹	liəŋ⁴⁴	tɕiəŋ⁴⁴	tɕʰiəŋ⁵³
灵宝	iŋ²¹³	ŋiŋ⁴⁴白 / iŋ⁴⁴文	tɕy²¹³	piŋ⁴⁴	miŋ²¹³	liŋ⁴⁴	tɕiŋ⁴⁴	tɕʰiŋ⁵³
商丘	iəŋ⁵²	iəŋ⁴⁴	tɕy⁴¹	piəŋ⁴⁴	miəŋ⁵²	liəŋ⁴⁴	tɕiəŋ⁴⁴	tɕʰiəŋ²²³
永城	iəŋ⁵³	iəŋ³³⁴	tɕy⁴¹	piəŋ³³⁴	miəŋ⁵³	liəŋ³³⁴	tsiəŋ³³⁴	tsʰiəŋ²¹³
郸城	iəŋ⁴²	iəŋ⁴⁴	tɕy⁵¹	piəŋ⁴⁴	miəŋ⁴²	liəŋ⁴⁴	tɕiəŋ⁴⁴	tɕʰiəŋ²⁴
漯河	iəŋ⁵³	iəŋ⁴⁴	tɕy⁵³	piəŋ⁴⁴	miəŋ⁵³	liəŋ⁴⁴	tɕiəŋ⁴⁴	tsʰiəŋ²²⁴
许昌	iəŋ⁵³	iəŋ⁴⁴	tɕy⁵³	piəŋ⁴⁴	miəŋ⁵³	liəŋ⁴⁴	tsiəŋ⁴⁴	tsʰiəŋ²⁴
周口	iŋ⁵³	iŋ⁴⁴	tɕy⁵³	piŋ⁴⁴	miŋ⁵³	liŋ⁴⁴	tɕiŋ⁴⁴	tɕʰiŋ²⁴
驻马店	iəŋ⁵³	iəŋ⁴⁴	tɕy⁵³	piəŋ⁴⁴	miəŋ⁵³	liəŋ⁴⁴	tɕiəŋ⁴⁴	tɕʰiəŋ²¹³
长葛	iəŋ⁵²	iəŋ⁴⁴	tɕy³¹	piəŋ⁴⁴	miəŋ⁵²	liəŋ⁴⁴	tsiəŋ⁴⁴	tsʰiəŋ²⁴
泌阳	iŋ⁴⁴	iŋ⁴⁴	tɕy⁵³	piŋ⁴⁴	miŋ⁵³	liŋ⁴⁴	tsiŋ⁴⁴	tsʰiŋ²⁴
南阳	iəŋ⁴²	iəŋ⁵⁵	tɕy³¹	piəŋ⁶⁶	miəŋ⁴²	liəŋ⁵⁵	tsiəŋ⁵⁵	tsʰiəŋ²²⁴
鲁山	iəŋ⁵³	iəŋ⁴⁴	tɕy⁵³	piəŋ⁴⁴	miəŋ⁵³	liəŋ⁴⁴	tɕiəŋ⁴⁴	tsʰiəŋ²⁴
邓州	iəŋ⁴²	iəŋ⁵⁵	tɕy³¹	piəŋ⁵⁵	miəŋ⁴²	liəŋ⁵⁵	tsiəŋ⁵⁵	tsʰiəŋ³³
西峡	iəŋ⁴²	iəŋ⁵⁵	tɕy⁴²	piəŋ⁵⁵	miəŋ⁴²	liəŋ⁵⁵	tsiəŋ⁵⁵	tsʰiəŋ²²⁴
信阳	in⁴⁴	in²⁴	tɕy⁵³	pin²⁴	min⁴⁴	lin²⁴	tɕin²⁴	tɕʰin¹¹³
固始	in⁵⁵	in²⁴	tɕy⁵¹	pin²⁴	min⁵⁵	lin²⁴	tɕin²⁴	tɕʰin²¹³

	0873 静 梗开三 上清从	0874 姓 梗开三 去清心	0875 贞 梗开三 平清知	0876 程 梗开三 平清澄	0877 整 梗开三 上清章	0878 正~反 梗开三 去清章	0879 声 梗开三 平清书	0880 城 梗开三 平清禅
安阳	tɕiəŋ³¹	ɕiəŋ³¹	tsəŋ⁴⁴ 人名用字 tsẽ⁴⁴	tsʰəŋ⁵²	tsəŋ⁴³	tsəŋ³¹	səŋ⁴⁴	tsʰəŋ⁵²
林州	tsiəŋ³³	siəŋ³³	tʂəŋ³¹	tʂʰəŋ⁴²	tʂəŋ⁵⁴	tʂəŋ³³	ʂəŋ³¹	tʂʰəŋ⁴²
鹤壁	tɕiəŋ³¹	ɕiəŋ³¹	tsəŋ³³	tsʰəŋ⁵³	tsəŋ⁵⁵	tsəŋ³¹	səŋ³³	tsʰəŋ⁵³
新乡	tɕiəŋ²¹	ɕiəŋ²¹	tsəŋ²⁴	tsʰəŋ⁵²	tsəŋ⁵⁵	tsəŋ²¹	səŋ²⁴	tsʰəŋ⁵²
济源	tɕiəŋ²⁴	ɕiəŋ²⁴	tʂə̃n⁴⁴	tʂʰəŋ³¹²	tʂəŋ⁵²	tʂəŋ²⁴	ʂəŋ⁴⁴	tʂʰəŋ³¹²
沁阳	tɕiəŋ¹³	ɕiəŋ¹³	tsẽ⁴⁴	tsʰəŋ³¹²	tsəŋ⁵²	tsəŋ¹³	səŋ⁴⁴	tsʰəŋ³¹²
温县	tɕiəŋ²¹³	ɕiəŋ²¹³	tsẽ⁴⁴	tsʰəŋ³¹	tsəŋ⁵³	tsəŋ²¹³	səŋ⁴⁴	tsʰəŋ³¹
范县	tsiəŋ³¹³	siəŋ³¹³	tʂəŋ²⁴	tʂʰəŋ⁴²	tʂəŋ⁵⁵	tʂəŋ³¹³	ʂəŋ²⁴	tʂʰəŋ⁴²
郑州	tsiəŋ³¹	siəŋ⁴⁴ 又 siəŋ³¹ 又	tʂəŋ²⁴	tʂʰəŋ⁵³	tʂəŋ⁴⁴	tʂəŋ³¹	ʂəŋ²⁴	tʂʰəŋ⁵³
开封	tɕiəŋ³¹²	ɕiəŋ³¹²	tʂəŋ²⁴	tʂʰəŋ⁵³	tʂəŋ⁴⁴	tʂəŋ³¹²	ʂəŋ²⁴	tʂʰəŋ⁵³
濮阳	tsiəŋ³¹	siəŋ³¹	tʃiən³⁵	tʃʰiən⁴²	tʃiəŋ⁵⁵	tʃiəŋ³¹	ʃiəŋ³⁵	tʃʰiən⁴² 白 tʂʰəŋ⁴² 文
浚县	tɕiəŋ²¹³	ɕiəŋ⁵⁵ 动词 ɕiəŋ²¹³ 名词	tʂəŋ²⁴	tʂʰəŋ⁴²	tʂəŋ⁵⁵	tʂəŋ²¹³	səŋ²⁴	tsʰəŋ⁴²
长垣	tsiəŋ²¹³	siəŋ²¹³	tʂəŋ²⁴	tʂʰəŋ⁵²	tʂəŋ⁴⁴	tʂəŋ²¹³	ʂəŋ²⁴	tʂʰəŋ⁵²
兰考	tɕiəŋ³¹²	ɕiəŋ⁵³ 动词 ɕiəŋ³¹² 名词	tsəŋ²⁴	tsʰəŋ⁵³	tsəŋ⁴⁴	tsəŋ³¹²	səŋ²⁴	tsʰəŋ⁵³
洛阳	tsiəŋ³¹	siəŋ³¹ ~名 siəŋ⁴⁴ ~啥	tʂən³⁴	tʂʰəŋ⁵³	tʂəŋ⁴⁴	tʂəŋ³¹	ʂəŋ³⁴	tʂʰəŋ⁵³
洛宁	tɕiəŋ³¹	ɕiəŋ⁴⁴ ~李 ɕiəŋ³¹ ~名	tsei⁴⁴	tsʰəŋ⁵²	tsəŋ³⁵	tsəŋ³¹	səŋ⁴⁴	tsʰəŋ⁵²
三门峡	tɕʰiəŋ²¹² 白 tɕiəŋ²¹² 文	ɕiəŋ³¹ 动词 ɕiəŋ²¹² 名词	tsei⁵³	tsʰəŋ³¹	tsəŋ⁴⁴	tsəŋ²¹²	səŋ⁵³	tsʰəŋ³¹
灵宝	tɕʰiŋ²⁴	ɕiŋ²⁴	tsẽ⁵³	tsʰəŋ²¹³	tsəŋ⁴⁴	tsəŋ²⁴	səŋ⁵³	tsʰəŋ²¹³
商丘	tɕiəŋ⁴¹	ɕiəŋ⁵² 动词 ɕiəŋ⁴¹ 名词	tsəŋ²²³	tsʰəŋ⁵²	tsəŋ⁴⁴	tsəŋ⁴¹	səŋ²²³	tsʰəŋ⁵²
永城	tsiəŋ⁴¹	siəŋ³³⁴ 动词 siəŋ⁴¹ 名词	tʂəŋ²¹³	tʂʰəŋ⁵³	tʂəŋ³³⁴	tʂəŋ⁴¹	ʂəŋ²¹³	tʂʰəŋ⁵³

	0873 静	0874 姓	0875 贞	0876 程	0877 整	0878 正~反	0879 声	0880 城
	梗开三	梗开三	梗开三	梗开三	梗开三	梗开三	梗开三	梗开三
	上清从	去清心	平清知	平清澄	上清章	去清章	平清书	平清禅
郸城	tɕiəŋ⁵¹	ɕiəŋ⁵¹	tʂəŋ²⁴	tʂʰəŋ⁴²	tʂəŋ⁴⁴	tʂəŋ⁵¹	ʂəŋ²⁴	tʂʰəŋ⁴²
漯河	tsiəŋ³¹	siəŋ⁴⁴ 动词 siəŋ³¹ 名词	tsəŋ²²⁴	tsʰəŋ⁵³	tsəŋ⁴⁴	tsəŋ³¹	səŋ²²⁴	tsʰəŋ⁵³
许昌	tsiəŋ³¹	siəŋ⁴⁴ 动词 siəŋ³¹ 名词	tʂəŋ²⁴	tʂʰəŋ⁵³	tʂəŋ⁴⁴	tʂəŋ³¹	ʂəŋ²⁴	tʂʰəŋ⁵³
周口	tɕiŋ⁴¹	ɕiŋ⁴⁴ ~啥 ɕiŋ⁴¹ ~名	tsəŋ²⁴ 白 tsəŋ²⁴ 文	tsʰəŋ⁵³	tsəŋ⁴⁴	tsəŋ⁴¹	səŋ²⁴	tsʰəŋ⁵³
驻马店	tɕiəŋ³¹	ɕiəŋ³¹	tsəŋ²¹³	tsʰəŋ⁵³	tsəŋ⁴⁴	tsəŋ³¹	səŋ²¹³	tsʰəŋ⁵³
长葛	tsiəŋ³¹	siəŋ⁴⁴ 动词 siəŋ³¹ 名词	tʂəŋ²⁴	tʂʰəŋ⁵²	tʂəŋ⁴⁴	tʂəŋ³¹	ʂəŋ²⁴	tʂʰəŋ⁵²
泌阳	tsiŋ³¹	siŋ³¹ ~名 siŋ⁴⁴ ~啥	tʂəŋ²⁴	tʂʰəŋ⁵³	tʂəŋ⁴⁴	tʂəŋ³¹	ʂəŋ²⁴	tʂʰəŋ⁵³
南阳	tsiəŋ³¹	siəŋ³¹ 名词 siəŋ⁵⁵ 动词	tʂəŋ⁵⁵	tʂʰəŋ⁴²	tʂəŋ⁵⁵	tʂəŋ³¹	ʂəŋ²²⁴	tʂʰəŋ⁴²
鲁山	tsiəŋ³¹	siəŋ³¹ ~名 siəŋ⁴⁴ ~啥	tʂəŋ²⁴	tʂʰəŋ⁵³	tʂəŋ⁴⁴	tʂəŋ³¹	ʂəŋ²⁴	tʂʰəŋ⁵³
邓州	tsiəŋ³¹	siəŋ³¹	tsen³³	tʂʰəŋ⁴²	tʂəŋ⁵⁵	tʂəŋ³¹	ʂəŋ³³	tʂʰəŋ⁴²
西峡	tsiəŋ³¹	siəŋ³¹	tsəŋ²⁴	tʂʰəŋ⁴²	tʂəŋ⁵⁵	tʂəŋ³¹	ʂəŋ²⁴	tʂʰəŋ⁴²
信阳	tɕin⁵³	ɕin⁵³	tsən¹¹³	tsʰən⁴⁴	tsən²⁴	tsən⁵³	sən¹¹³	tsʰən⁴⁴
固始	tɕin⁵¹	ɕin⁵¹	tsen²¹³	tsʰen⁵⁵	tsen²⁴	tsen⁵¹	sen²¹³	tsʰen⁵⁵

	0881 轻 梗开三 平清溪	0882 赢 梗开三 平清以	0883 积 梗开三 入昔精	0884 惜 梗开三 入昔心	0885 席 梗开三 入昔邪	0886 尺 梗开三 入昔昌	0887 石 梗开三 入昔禅	0888 益 梗开三 入昔影
安阳	tɕʰiəŋ⁴⁴	iəŋ⁵²	tɕiɛʔ³³	ɕiɛʔ³³	ɕi⁵²	tsʰʅʔ³³	sɛʔ³³ 白 sʅ⁵² 文	i³¹
林州	tɕʰiən³¹	iəŋ⁴²	tsiʔ³	siʔ³	siʔ³ 主~ si⁴² ~子	tʂʰʅʔ³	ʂʅʔ³	i³³
鹤壁	tɕʰiəŋ³³	iəŋ⁵³	tɕiəʔ³	ɕiəʔ³	ɕi⁵³	tsʰəʔ³	səʔ³	i³¹
新乡	tɕʰiəŋ²⁴	iəŋ⁵²	tɕiəʔ³⁴	ɕiəʔ³⁴	ɕi⁵²	tsʰəʔ³⁴	səʔ³⁴	i²¹
济源	tɕʰiəŋ⁴⁴	iəŋ³¹²	tɕiəʔ²³	ɕiəʔ²³	ɕi³¹²	tsʰəʔ²³	ʂʅ³¹²	i²⁴
沁阳	tɕʰiəŋ⁴⁴	iəŋ³¹²	tɕiəʔ²³	ɕiəʔ²³	ɕi³¹²	tsʰəʔ²³	səʔ²³ ~头 ʂʅ³¹²	i¹³
温县	tɕʰiəŋ⁴⁴	iəŋ³¹	tɕiəʔ³	ɕiəʔ³	ɕi³¹	tsʰəʔ³	ʂəʔ³ ~头 ʂʅ³¹	i²¹³
范县	tɕʰiəŋ²⁴	iəŋ⁴²	tsi²⁴	si²⁴	si⁴²	tʂʰʅ²⁴	ʂʅ⁴²	i³¹³
郑州	tɕʰiəŋ²⁴	iəŋ⁵³	tsi²⁴	si²⁴	si⁵³	tʂʰʅ²⁴	ʂʅ⁵³	i³¹
开封	tɕʰiəŋ²⁴	iəŋ⁵³	tɕi²⁴	ɕi²⁴	ɕi⁵³	tsʰʅ²⁴	ʂʅ⁵³	i³¹²
濮阳	tɕʰiəŋ³⁵	iəŋ⁴²	tsi³⁵	si³⁵	si⁴²	tʃʰi³⁵ 白 tʂʰʅ³⁵ 文	ʃi⁴²	i³¹
浚县	tɕʰiəŋ²⁴	zəŋ⁴²	tɕi²⁴	ɕi²⁴	ɕi⁴²	tʂʰʅ²⁴	ʂʅ⁴²	i²¹³
长垣	tɕʰiəŋ²⁴	iəŋ⁵²	tsi²⁴	si²⁴	si⁵²	tʂʰʅ²⁴	ʂʅ⁵²	i²¹³
兰考	tɕʰiəŋ²⁴	iəŋ⁵³	tɕi²⁴	ɕi²⁴	ɕi⁵³	tʂʰʅ²⁴	ʂʅ⁵³	i³¹²
洛阳	tɕʰiəŋ³⁴	iəŋ⁵³	tsi³⁴	si³⁴	si⁵³	tʂʰʅ³⁴	ʂʅ⁵³	i³¹
洛宁	tɕʰiəŋ⁴⁴	iəŋ⁵²	tɕi⁴⁴	ɕi⁴⁴	ɕi⁵²	tʂʰʅ⁴⁴	ʂʅ⁵²	i³¹
三门峡	tɕʰiəŋ⁵³	iəŋ³¹	tɕi⁵³	ɕi⁵³	ɕi³¹	tʂʰʅ⁵³	ʂʅ³¹	i⁵³
灵宝	tɕʰiŋ⁵³	iŋ²¹³	tɕi⁵³	ɕi⁵³	ɕi²¹³	tʂʰʅ⁵³	ʂʅ²¹³	i⁵³
商丘	tɕʰiəŋ²²³	iəŋ⁵²	tɕi²²³	ɕi²²³	ɕi⁵²	tʂʰʅ²²³	ʂʅ⁵²	i⁴¹
永城	tɕʰiəŋ²¹³	iəŋ⁵³	tsi²¹³	si²¹³	si⁵³	tʂʰʅ²¹³	ʂʅ⁵³	i²¹³
郸城	tɕʰiəŋ²⁴	iəŋ⁴²	tɕi²⁴	ɕi²⁴	ɕi⁴²	tʂʰʅ²⁴	ʂʅ⁴²	i⁵¹
漯河	tɕiəŋ²²⁴	iəŋ⁵³	tsi²²⁴	si²²⁴	si⁵³	tʂʰʅ²²⁴	ʂʅ⁵³	i³¹ 利~ i²²⁴ ~虫
许昌	tɕʰiəŋ²⁴	iəŋ⁵³	tsi²⁴	ɕi²⁴	si⁵³	tʂʰʅ²⁴	ʂʅ⁵³	i³¹
周口	tɕʰiŋ²⁴	iŋ⁵³	tɕi²⁴	ɕi²⁴	ɕi⁵³	tʂʰʅ²⁴	ʂʅ⁵³	i⁴¹
驻马店	tɕʰiəŋ²¹³	iəŋ⁵³	tɕi²¹³	ɕi²¹³	ɕi⁵³	tʂʰʅ²¹³	ʂʅ⁵³	i³¹
长葛	tɕʰiəŋ²⁴	iəŋ⁵²	tsi²⁴	si²⁴	si⁵²	tʂʰʅ²⁴	ʂʅ⁵²	i³¹
泌阳	tɕʰiŋ²⁴	iŋ⁵³	tsi²⁴	si²⁴	si⁵³	tʂʰʅ²⁴	ʂʅ⁵³	i³¹
南阳	tɕʰiəŋ²²⁴	iəŋ⁴²	tsi²²⁴	si²²⁴	si⁴²	tʂʰʅ²²⁴	ʂʅ⁴²	i³¹
鲁山	tɕʰiəŋ²⁴	iəŋ⁵³	tsi²⁴	si²⁴	si⁵³	tʂʰʅ²⁴	ʂʅ⁵³	i³¹
邓州	tɕʰiəŋ³³	iəŋ⁴²	tsi³³	si³³	si⁴²	tʂʰʅ³³	ʂʅ⁴²	i³¹
西峡	tɕʰiəŋ²⁴	iəŋ⁴²	tsi²⁴	si²⁴	si⁴²	tʂʰʅ²⁴	ʂʅ⁴²	i³¹
信阳	tɕʰin¹¹³	in⁴⁴	tɕi¹¹³	ɕi¹¹³	ɕi⁴⁴	tsʰʅ¹¹³	ʂʅ⁴⁴	i⁵³
固始	tɕʰin²¹³	in⁵⁵	tɕi⁵⁵	ɕi⁵⁵	ɕi⁵⁵	tsʰʅ²¹³	ʂʅ⁵⁵	i⁵⁵

	0889 瓶	0890 钉名	0891 顶	0892 厅	0893 听~见	0894 停	0895 挺	0896 定
	梗开四	梗开四	梗开四	梗开四	梗开四	梗开四	梗开四	梗开四
	平青並	平青端	上青端	平青透	平青透	平青定	上青定	去青定
安阳	pʰiəŋ⁵²	tiəŋ⁴⁴	tiəŋ⁴³	tʰiəŋ⁴⁴	tʰiəŋ⁴⁴	tʰiəŋ⁵²	tʰiəŋ⁴³	tiəŋ³¹
林州	pʰiəŋ⁴²	tiəŋ³¹	tiəŋ⁵⁴	tʰiəŋ³¹	tʰiəŋ³¹	tʰiəŋ⁴²	tʰiəŋ⁵⁴	tiəŋ³³
鹤壁	pʰiəŋ⁵³	tiəŋ³³	tiəŋ⁵⁵	tʰiəŋ³³	tʰiəŋ³³	tʰiəŋ⁵³	tʰiəŋ⁵⁵	tiəŋ³¹
新乡	pʰiəŋ⁵²	tiəŋ²⁴	tiəŋ⁵⁵	tʰiəŋ²⁴	tʰiəŋ²⁴	tʰiəŋ⁵²	tʰiəŋ⁵⁵	tiəŋ²¹
济源	pʰiəŋ³¹²	tiəŋ⁴⁴	tiəŋ⁵²	tʰiəŋ⁴⁴	tʰiəŋ⁴⁴	tʰiəŋ³¹²	tʰiəŋ⁵²	tiəŋ²⁴
沁阳	pʰiəŋ³¹²	tiəŋ⁴⁴	tiəŋ⁵²	tʰiəŋ⁴⁴	tʰiəŋ⁴⁴	tʰiəŋ³¹²	tʰiəŋ⁵²	tiəŋ¹³
温县	pʰiəŋ³¹	tiəŋ⁴⁴	tiəŋ⁵³	tʰiəŋ⁴⁴	tʰiəŋ⁴⁴	tʰiəŋ³¹	tʰiəŋ⁵³	tiəŋ²¹³
范县	pʰiəŋ⁴²	tiəŋ²⁴	tiəŋ⁵⁵	tʰiəŋ²⁴	tʰiəŋ²⁴	tʰiəŋ⁴²	tʰiəŋ⁵⁵	tiəŋ³¹³
郑州	pʰiəŋ⁵³	tiəŋ²⁴	tiəŋ⁴⁴	tʰiəŋ²⁴	tʰiəŋ²⁴	tʰiəŋ⁵³	tʰiəŋ⁴⁴	tiəŋ³¹
开封	pʰiəŋ⁵³	tiəŋ²⁴	tiəŋ⁴⁴	tʰiəŋ²⁴	tʰiəŋ²⁴	tʰiəŋ⁵³	tʰiəŋ⁴⁴	tiəŋ³¹²
濮阳	pʰiəŋ⁴²	tiəŋ³⁵	tiəŋ⁵⁵	tʰiəŋ³⁵	tʰiəŋ³⁵	tʰiəŋ⁴²	tʰiəŋ⁵⁵	tiəŋ³¹
浚县	pʰiəŋ⁴²	tiəŋ²⁴	tiəŋ⁵⁵	tʰiəŋ²⁴	tʰiəŋ²⁴	tʰiəŋ⁴²	tʰiəŋ⁵⁵	tiəŋ²¹³
长垣	pʰiəŋ⁵²	tiəŋ²⁴	tiəŋ⁴⁴	tʰiəŋ²⁴	tʰiəŋ²⁴	tʰiəŋ⁵²	tʰiəŋ⁴⁴	tiəŋ²¹³
兰考	pʰiəŋ⁵³	tiəŋ²⁴	tiəŋ⁴⁴	tʰiəŋ²⁴	tʰiəŋ²⁴	tʰiəŋ⁵³	tʰiəŋ⁴⁴	tiəŋ³¹²
洛阳	pʰiəŋ⁵³	（无）	tiəŋ⁴⁴	tʰiəŋ³⁴	tʰiəŋ³⁴	tʰiəŋ⁵³	tʰiəŋ⁴⁴	tiəŋ³¹
洛宁	pʰiəŋ⁵²	tiəŋ⁴⁴	tiəŋ³⁵	tʰiəŋ⁴⁴	tʰiəŋ⁴⁴	tʰiəŋ⁵²	tʰiəŋ³⁵	tiəŋ³¹
三门峡	pʰiəŋ³¹	tiəŋ⁵³	tiəŋ⁴⁴	tʰiəŋ⁵³	tʰiəŋ⁵³	tʰiəŋ³¹	tʰiəŋ⁴⁴	tiəŋ²¹²
灵宝	pʰiŋ²¹³	tiŋ⁵³	tiŋ⁴⁴	tʰiŋ⁵³	tʰiŋ⁵³	tʰiŋ²¹³	tʰiŋ⁴⁴	tiŋ²⁴
商丘	pʰiəŋ⁵²	tiəŋ²²³	tiəŋ⁴⁴	tʰiəŋ²²³	tʰiəŋ²²³	tʰiəŋ⁵²	tʰiəŋ⁴⁴	tiəŋ⁴¹
永城	pʰiəŋ⁵³	tiəŋ²¹³	tiəŋ³³⁴	tʰiəŋ²¹³	tʰiəŋ²¹³	tʰiəŋ⁵³	tʰiəŋ³³⁴	tiəŋ⁴¹
郸城	pʰiəŋ⁴²	tiəŋ²⁴	tiəŋ⁴⁴	tʰiəŋ²⁴	tʰiəŋ²⁴	tʰiəŋ⁴²	tʰiəŋ²⁴	tiəŋ⁵¹
漯河	pʰiəŋ⁵³	tiəŋ²²⁴	tiəŋ⁴⁴	tʰiəŋ²²⁴	tʰiəŋ²²⁴	tʰiəŋ⁵³	tʰiəŋ⁴⁴	tiəŋ³¹
许昌	pʰiəŋ⁵³	tiəŋ²⁴	tiəŋ⁴⁴	tʰiəŋ²⁴	tʰiəŋ²⁴	tʰiəŋ⁵³	tʰiəŋ⁴⁴	tiəŋ³¹
周口	pʰiŋ⁵³	tiŋ²⁴	tiŋ⁴⁴	tʰiŋ²⁴	tʰiŋ²⁴	tʰiŋ⁵³	tʰiŋ⁵³	tiŋ⁴¹
驻马店	pʰiəŋ⁵³	tiəŋ²¹³	tiəŋ⁴⁴	tʰiəŋ²¹³	tʰiəŋ²¹³	tʰiəŋ⁵³	tʰiəŋ⁴⁴	tiəŋ³¹
长葛	pʰiəŋ⁵²	tiəŋ²⁴	tiəŋ⁴⁴	tʰiəŋ²⁴	tʰiəŋ²⁴	tʰiəŋ⁵²	tʰiəŋ⁴⁴	tiəŋ³¹
泌阳	pʰiŋ⁵³	tiŋ²⁴	tiŋ⁴⁴	tʰiŋ²⁴	tʰiŋ²⁴	tʰiŋ⁵³	tʰiŋ⁴⁴	tiŋ³¹
南阳	pʰiəŋ⁴²	tiəŋ²²⁴	tiəŋ⁵⁵	tʰiəŋ²²⁴	tʰiəŋ²²⁴	tʰiəŋ⁴²	tʰiəŋ⁵⁵	tiəŋ³¹
鲁山	pʰiəŋ⁵³	tiəŋ²⁴	tiəŋ⁴⁴	tʰiəŋ²⁴	tʰiəŋ²⁴	tʰiəŋ⁵³	tʰiəŋ⁵³	tiəŋ³¹
邓州	pʰiəŋ⁴²	tiəŋ³³	tiəŋ⁵⁵	tʰiəŋ³³	tʰiəŋ³³	tʰiəŋ⁴²	tʰiəŋ⁵⁵	tiəŋ³¹
西峡	pʰiəŋ⁴²	tiəŋ²⁴	tiəŋ⁵⁵	tʰiəŋ²⁴	tʰiəŋ²⁴	tʰiəŋ⁴²	tʰiəŋ³¹	tiəŋ³¹
信阳	pʰin⁴⁴	tin¹¹³	tin²⁴	tʰin¹¹³	tʰin¹¹³	tʰin⁴⁴	tʰin²⁴	tin⁵³
固始	pʰin⁵⁵	tin²¹³	tin²⁴	tʰin²¹³	tʰin²¹³	tʰin⁵⁵	tʰin²⁴	tin⁵¹

	0897 零 梗开四 平青来	0898 青 梗开四 平青清	0899 星 梗开四 平青心	0900 经 梗开四 平青见	0901 形 梗开四 平青匣	0902 壁 梗锡帮 入锡帮	0903 劈 梗锡滂 入锡滂	0904 踢 梗锡透 入锡透
安阳	liəŋ⁵²	tɕʰiəŋ⁴⁴	ɕiəŋ⁴⁴	tɕiəŋ⁴⁴	ɕiəŋ⁵²	piɛʔ³³白 pi³¹文	pʰiɛʔ³³	tʰiɛʔ³³
林州	liəŋ⁴²	tsʰiəŋ³¹	siəŋ³¹	tɕiəŋ³¹	ɕiəŋ⁴²	piʔ³	pʰiʔ³	tʰiʔ³
鹤壁	liəŋ⁵³	tɕʰiəŋ³³	ɕiəŋ³³	tɕiəŋ³³	ɕiəŋ⁵³	pei³¹白 pi³¹文	pʰiəʔ³	tʰiəʔ³
新乡	liəŋ⁵²	tɕʰiəŋ²⁴	ɕiəŋ²⁴	tɕiəŋ²⁴	ɕiəŋ⁵²	pi²¹	pʰiəʔ³⁴	tʰiəʔ³⁴
济源	liəŋ³¹²	tɕʰiəŋ⁴⁴	ɕiəŋ⁴⁴	tɕiəŋ⁴⁴	ɕiəŋ³¹²	pi²⁴	pʰiəʔ²³	tʰiəʔ²³
沁阳	liəŋ³¹²	tɕʰiəŋ⁴⁴	ɕiəŋ⁴⁴	tɕiəŋ⁴⁴	ɕiəŋ³¹²	piəʔ²³膨~ pi¹³	piəʔ²³	tʰiəʔ²³
温县	liəŋ³¹	tɕʰiəŋ⁴⁴	ɕiəŋ⁴⁴	tɕiəŋ⁴⁴	ɕiəŋ³¹	pi²¹³	pʰiəʔ³	tʰiəʔ³
范县	liəŋ⁴²	tsʰiəŋ²⁴	siəŋ²⁴	tɕiəŋ²⁴	ɕiəŋ⁴²	pi³¹³	pʰi²⁴	tʰi²⁴
郑州	liəŋ⁵³	tsʰiəŋ²⁴	siəŋ²⁴	tɕiəŋ²⁴	ɕiəŋ⁵³	pei³¹白 pi³¹文	pʰi²⁴	tʰi²⁴
开封	liəŋ⁵³	tɕʰiəŋ²⁴	ɕiəŋ²⁴	tɕiəŋ²⁴	ɕiəŋ⁵³	pi³¹²	pʰi²⁴	tʰi²⁴
濮阳	liəŋ⁴²	tsʰiəŋ³⁵	siəŋ³⁵	tɕiəŋ³⁵	ɕiəŋ⁴²	pi³¹	pʰi³⁵	tʰi³⁵
浚县	liəŋ⁴²	tɕʰiəŋ²⁴	ɕiəŋ²⁴	tɕiəŋ²⁴	ɕiəŋ⁴²	pei²¹³白 pi²¹³文	pʰi²⁴	tʰi²⁴
长垣	liəŋ⁵²	tsʰiəŋ²⁴	siəŋ²⁴	tɕiəŋ²⁴	ɕiəŋ⁵²	pi²¹³	pʰi²⁴	tʰi²⁴
兰考	liəŋ⁵³	tɕʰiəŋ²⁴	ɕiəŋ²⁴	tɕiəŋ²⁴	ɕiəŋ⁵³	pi³¹²	pʰi²⁴	tʰi²⁴
洛阳	liəŋ⁵³	tsʰiəŋ³⁴	siəŋ³⁴	tɕiəŋ³⁴	ɕiəŋ⁵³	pi³¹	pʰi³⁴	tʰi³⁴
洛宁	liəŋ⁵²	tɕʰiəŋ⁴⁴	ɕiəŋ⁴⁴	tɕiəŋ⁴⁴	ɕiəŋ⁵²	pi³¹	pʰi⁴⁴	tʰi⁴⁴
三门峡	liəŋ³¹	tɕʰiəŋ⁵³	ɕiəŋ⁵³	tɕiəŋ⁵³	ɕiəŋ³¹	pei⁵³白 pi²¹²文	pʰi⁵³	tʰi⁵³
灵宝	lin²¹³	tɕʰin⁵³	ɕin⁵³	tɕin⁵³	ɕin²¹³	pei²¹³	pʰi⁵³	tʰi⁵³
商丘	liəŋ⁵²	tɕʰiəŋ²²³	ɕiəŋ²²³	tɕiəŋ²²³	ɕiəŋ⁵²	pi⁴¹	pʰi²²³	tʰi²²³
永城	liəŋ⁵³	tsʰiəŋ²¹³	siəŋ²¹³	tɕiəŋ²¹³	ɕiəŋ⁵³	pi⁴¹	pʰi²¹³	tʰi²¹³
郸城	liəŋ⁴²	tɕʰiəŋ²⁴	ɕiəŋ²⁴	tɕiəŋ²⁴	ɕiəŋ⁴²	pi⁵¹	pʰi²⁴	tʰi²⁴
漯河	liəŋ⁵³	tsʰiəŋ²²⁴	siəŋ²²⁴	tɕiəŋ²²⁴	ɕiəŋ⁵³	pei³¹白 pi³¹文	pʰi²²⁴	tʰi²²⁴
许昌	liəŋ⁵³	tsʰiəŋ²⁴	siəŋ²⁴	tɕiəŋ²⁴	ɕiəŋ⁵³	pi³¹	pʰi²⁴	tʰi²⁴
周口	lin⁵³	tɕʰin²⁴	ɕin²⁴	tɕin²⁴	ɕin⁵³	pi⁴¹	pʰi²⁴	tʰi²⁴
驻马店	liəŋ⁵³	tɕʰiəŋ²¹³	ɕiəŋ²¹³	tɕiəŋ²¹³	ɕiəŋ⁵³	pi³¹	pʰi²¹³	tʰi²¹³
长葛	liəŋ⁵²	tsʰiəŋ²⁴	siəŋ²⁴	tɕiəŋ²⁴	ɕiəŋ⁵²	pei³¹白 pi³¹文	pʰi²⁴	tʰi²⁴
泌阳	lin⁵³	tsʰin²⁴	sin²⁴	tɕin²⁴	ɕin⁵³	pi³¹	pʰi²⁴	tʰi²⁴
南阳	liəŋ⁴²	tsʰiəŋ²²⁴	siəŋ²²⁴	tɕiəŋ²²⁴	ɕiəŋ⁴²	pi³¹	pʰi²²⁴	tʰi²²⁴
鲁山	liəŋ⁵³	tsʰiəŋ²⁴	siəŋ²⁴	tɕiəŋ²⁴	ɕiəŋ⁵³	pi³¹	pʰi²⁴	tʰi²⁴
邓州	liəŋ⁴²	tsʰiəŋ³³	siəŋ³³	tɕiəŋ³³	ɕiəŋ⁴²	pi³¹	pʰi³³	tʰi³³
西峡	liəŋ⁴²	tsʰiəŋ²⁴	siəŋ²⁴	tɕiəŋ²⁴	ɕiəŋ⁴²	pi³¹	pʰi²⁴	tʰi²⁴
信阳	lin⁴⁴	tɕʰin¹¹³	ɕin¹¹³	tɕin¹¹³	ɕin⁴⁴	pi⁵³	pʰi¹¹³	tʰi¹¹³
固始	lin⁵⁵	tɕʰin²¹³	ɕin²¹³	tɕin²¹³	ɕin⁵⁵	pi⁵¹	pʰi²¹³	tʰi²¹³

	0905 笛	0906 历农~	0907 锡	0908 击	0909 吃	0910 横~竖	0911 划计~	0912 兄
	梗开四	梗开四	梗开四	梗开四	梗开四	梗合二	梗合二	梗合三
	入锡定	入锡来	入锡心	入锡见	入锡溪	平庚匣	入麦匣	平庚晓
安阳	ti⁵²	liɛʔ³³	ɕiɛʔ³³	tɕiɛʔ³³	tsʰɛʔ³³	xuŋ⁵² 又 xəŋ⁵² 又	xua³¹	ɕyŋ⁴⁴
林州	ti⁴²	liʔ³	siʔ³	tɕiʔ³	tsʰʅʔ³	xuəŋ³³	xɔ³³	ɕyəŋ³¹
鹤壁	ti⁵³	liəʔ³	ɕiəʔ³	tɕiəʔ³	tsʰəʔ³	xuəŋ³¹	xua⁵³ ~船 xua³¹ 计~	ɕyəŋ³³
新乡	ti⁵²	liəʔ³⁴	ɕiəʔ³⁴	tɕiəʔ³⁴	tsʰəʔ³⁴	xəŋ²¹	xua²¹	ɕyəŋ²⁴
济源	ti³¹²	liəʔ²³	ɕiəʔ²³	tɕiəʔ²³	tsʰəʔ²³	xuŋ³¹² 白 xəŋ²⁴ 文	xua²⁴	ɕyŋ⁴⁴
沁阳	ti³¹²	liəʔ²³	ɕiəʔ²³	tɕiəʔ²³	tsʰəʔ²³	xuŋ¹³ 白 xəŋ³¹² 文	xua¹³	ɕyəŋ⁴⁴
温县	ti³¹	liəʔ³	ɕiəʔ³	tɕiəʔ³	tsʰəʔ³	xuŋ³¹ 白 xəŋ³¹ 文	xua²¹³	ɕyŋ⁴⁴
范县	ti⁴²	li³¹³	si²⁴	tɕi²⁴	tsʰʅ²⁴	xəŋ³¹³	xua³¹³	ɕyŋ²⁴
郑州	ti⁵³	li³¹	ɕi²⁴	tɕi²⁴	tsʰʅ²⁴	xuəŋ³¹ 白 xəŋ³¹ 文	xua³¹	ɕyəŋ²⁴
开封	ti⁵³	li³¹²	ɕi²⁴	tɕi²⁴	tsʰʅ²⁴	xuəŋ³¹² 白 xəŋ³¹² 文	xua³¹²	ɕyəŋ²⁴
濮阳	ti⁴²	li³¹	si³⁵	tɕi³⁵	tʃʰi³⁵	xuəŋ⁴² 白 xəŋ⁴² 文	xua³¹	ɕyəŋ³⁵
浚县	ti⁴²	li²¹³	ɕi²⁴	tɕi²⁴	tsʰʅ²⁴	xuəŋ²¹³ 白 xəŋ²¹³ 文	xua²¹³	ɕyəŋ²⁴
长垣	ti⁵²	li²¹³	ɕi²⁴	tɕi²⁴	tsʰʅ²⁴	xuəŋ⁵² 白 xəŋ⁵² 文	xua⁵²	ɕyəŋ²⁴
兰考	ti⁵³	li³¹²	ɕi²⁴	tɕi²⁴	tsʰʅ²⁴	xuəŋ³¹² 白 xəŋ³¹² 文	xua³¹²	ɕyəŋ²⁴
洛阳	ti⁵³	li³⁴	si³⁴	tɕi³⁴	tsʰʅ³⁴	xoŋ³¹ 白 xəŋ³¹ 文	xua³¹	ɕyoŋ³⁴
洛宁	ti⁵²	li³¹	ɕi⁴⁴	tɕi⁴⁴	tsʰʅ⁴⁴	xuəŋ³¹ 白 xəŋ³¹ 文	xuɑ³¹	ɕyəŋ⁴⁴
三门峡	tʰi³¹	li³¹	ɕi⁵³	tɕi⁵³	tsʰʅ⁵³	xəŋ²¹²	xua²¹²	ɕyəŋ⁵³

	0905 笛	0906 历衣~	0907 锡	0908 击	0909 吃	0910 横~竖	0911 划计~	0912 兄
	梗开四	梗开四	梗开四	梗开四	梗开四	梗合二	梗合二	梗合三
	入锡定	入锡来	入锡心	入锡见	入锡溪	平庚匣	入麦匣	平庚晓
灵宝	tʰi²¹³	li²⁴	ɕi⁵³	tɕi⁵³	tʂʰʅ⁵³	xəŋ²¹³	xua²⁴	ɕyŋ⁵³
商丘	ti⁵²	li⁴¹	ɕi²²³	tɕi²²³	tʂʰʅ²²³	xuən⁴¹白 xəŋ⁴¹文	xua⁴¹	ɕyəŋ²²³
永城	ti⁵³	li⁴¹	si²¹³	tɕi²¹³	tʂʰʅ²¹³	xuən⁴¹白 xəŋ⁴¹文	xua⁴¹	ɕyəŋ²¹³
郸城	ti⁴²	li²⁴白 li⁵¹文	ɕi²⁴	tɕi²⁴	tʂʰʅ²⁴	xəŋ⁴²	xua⁵¹	ɕyŋ²⁴
漯河	ti⁵³	li²²⁴	si²²⁴	tɕi²²⁴	tʂʰʅ²²⁴	xuəŋ³¹白 xəŋ³¹文	xua³¹	ɕyəŋ²²⁴
许昌	ti⁵³	li²⁴	ɕi²⁴	tɕi²⁴	tʂʰʅ²⁴	xuəŋ³¹白 xəŋ³¹文	xua³¹	ɕyəŋ²⁴
周口	ti⁵³	li²⁴白 li⁴¹文	ɕi²⁴	tɕi²⁴	tʂʰʅ²⁴	xuŋ⁴¹白 xəŋ⁴¹文	xua⁴¹	ɕiuŋ²⁴
驻马店	ti⁵³	li³¹	ɕi²¹³	tɕi²¹³	tʂʰʅ²¹³	xuoŋ³¹白 xəŋ³¹文	xua³¹	ɕyoŋ²¹³
长葛	ti⁵²	li²⁴	si²⁴	tɕi²⁴	tʂʰʅ²⁴	xuəŋ³¹白 xəŋ³¹文	xua³¹	ɕyəŋ²⁴
泌阳	ti⁵³	li³¹	si²⁴	tɕi²⁴	tʂʰʅ²⁴	xuŋ³¹白 xəŋ³¹文	xua³¹	ɕiuŋ²⁴
南阳	ti⁴²	li²²⁴	si²²⁴	tɕi²²⁴	tʂʰʅ²²⁴	xuəŋ³¹白 xəŋ³¹文	xua³¹	ɕyəŋ²²⁴
鲁山	ti⁵³	li²⁴	si²⁴	tɕi²⁴	tʂʰʅ²⁴	xuəŋ³¹白 xəŋ³¹文	xua³¹	ɕyəŋ²⁴
邓州	ti⁴²	li³³	si³³	tɕi³³	tʂʰʅ³³	xuəŋ⁴²	xua³¹	ɕyəŋ³³
西峡	ti⁴²	li²⁴	si²⁴	tɕi²⁴	tʂʰʅ²⁴	xuəŋ³¹白 xəŋ³¹文	xua³¹	ɕyəŋ²⁴
信阳	ti⁴⁴	li⁵³	ɕi¹¹³	tɕi¹¹³	tʂʰʅ¹¹³	xɤŋ⁴⁴	fa⁵³	ɕyɤŋ¹¹³
固始	ti⁵⁵	li⁵¹	ɕi²¹³	tɕi²¹³	tʂʰʅ²¹³	xeŋ⁵¹	xua⁵¹	ɕyŋ²¹³

	0913 荣	0914 永	0915 营	0916 蓬~松	0917 东	0918 懂	0919 冻	0920 通
	梗合三	梗合三	梗合三	通合一	通合一	通合一	通合一	通合一
	平庚云	上庚云	平清以	平东並	平东端	上东端	去东端	平东透
安阳	zuŋ⁵²	yŋ⁴³	iəŋ⁵²	pʰəŋ⁵²	tuŋ⁴⁴	tuŋ⁴³	tuŋ³¹	tʰuŋ⁴⁴
林州	ʐuəŋ⁴²	yəŋ⁵⁴	iəŋ⁴²	pʰəŋ⁴²	tuəŋ³¹	tuəŋ⁵⁴	tuəŋ³³	tʰuəŋ³¹
鹤壁	yəŋ⁵³白 ʐuəŋ⁵³文	yəŋ⁵⁵	iəŋ⁵³	pʰəŋ⁵³	tuəŋ³³	tuəŋ⁵⁵	tuəŋ³¹	tʰuəŋ³³
新乡	zuŋ⁵²	yəŋ⁵⁵	iəŋ⁵⁵	pʰəŋ⁴²	tuŋ²⁴	tuŋ⁵⁵	tuŋ²¹	tʰuŋ²⁴
济源	ʐuŋ³¹²	yŋ⁵²	iəŋ³¹²	pʰəŋ³¹²	tuŋ⁴⁴	tuŋ⁵²	tuŋ²⁴	tʰuŋ⁴⁴
沁阳	ʐuəŋ³¹²	yŋ⁵²	iəŋ³¹²	pʰəŋ³¹²	tuəŋ⁴⁴	tuəŋ⁵²	tuəŋ¹³	tʰuəŋ⁴⁴
温县	zuŋ³¹	yŋ⁵³	iəŋ³¹	pʰəŋ³¹	tuŋ⁴⁴	tuŋ⁵³	tuŋ²¹³	tʰuŋ⁴⁴
范县	yŋ⁴²	yŋ⁵⁵	iəŋ⁴²	pʰəŋ⁴²	tuŋ²⁴	tuŋ⁵⁵	tuŋ³¹³	tʰuŋ²⁴
郑州	ʐuəŋ⁵³	yəŋ⁴⁴	iəŋ⁵³	pʰəŋ⁵³	tuəŋ²⁴	tuəŋ⁴⁴	tuəŋ³¹	tʰuəŋ²⁴
开封	ʐuəŋ⁵³	yəŋ⁴⁴	iəŋ⁵³	pʰəŋ⁵³	tuəŋ²⁴	tuəŋ⁴⁴	tuəŋ³¹²	tʰuəŋ²⁴
濮阳	yəŋ⁴²	yəŋ⁵⁵	iəŋ⁴²	pʰəŋ⁴²	tuəŋ³⁵	tuəŋ⁵⁵	tuəŋ³¹	tʰuəŋ³⁵
浚县	yəŋ⁴²白 ʐu̯əŋ⁴²文	yəŋ⁵⁵	iəŋ⁴²	pʰəŋ⁴²	tuəŋ²⁴	tuəŋ⁵⁵	tuəŋ²¹³	tʰuəŋ²⁴
长垣	yəŋ⁵²	yəŋ⁴⁴	iəŋ⁵²	pʰəŋ⁵²	tuəŋ²⁴	tuəŋ⁴⁴	tuəŋ²¹³	tʰuəŋ²⁴
兰考	yəŋ⁵³	yəŋ⁴⁴	iəŋ⁵³	pʰəŋ⁵³	tuəŋ²⁴	tuəŋ⁴⁴	tuəŋ³¹²	tʰuəŋ²⁴
洛阳	zoŋ⁵³	yoŋ⁴⁴	iəŋ⁵³	pʰəŋ⁵³	toŋ³⁴	toŋ⁴⁴	toŋ³¹	tʰoŋ³⁴
洛宁	ʐuəŋ⁵²	yəŋ³⁵	iəŋ⁵²	pʰəŋ⁵²	tuəŋ⁴⁴	tuəŋ³⁵	tuəŋ³¹	tʰuəŋ⁴⁴
三门峡	ʐuəŋ³¹	yəŋ⁴⁴	iəŋ³¹	pʰəŋ³¹	tuəŋ⁵³	tuəŋ⁴⁴	tʰuəŋ²¹²	tʰuəŋ⁵³
灵宝	ʐuŋ²¹³	yŋ⁴⁴	iŋ²¹³	pʰəŋ²¹³	tuŋ⁵³	tuŋ⁴⁴	tuŋ²⁴	tʰuŋ⁵³
商丘	ʐuəŋ⁵²	ʐuəŋ⁴⁴	iəŋ⁵²	pʰəŋ⁵²	tuəŋ²²³	tuəŋ⁴⁴	tuəŋ⁴¹	tʰuəŋ²²³
永城	ʐuəŋ⁵³	yəŋ³³⁴	iəŋ⁵³	pʰəŋ⁵³	tuəŋ²¹³	tuəŋ³³⁴	tuəŋ⁴¹	tʰuəŋ²¹³
郸城	ʐuŋ⁴²	yŋ⁴⁴	iəŋ⁴²	pʰəŋ⁴²	tuŋ²⁴	tuŋ⁴⁴	tuŋ⁵¹	tʰuŋ²⁴
漯河	yəŋ⁵³	yəŋ⁵³	iəŋ⁵³	pʰəŋ⁵³	tuəŋ²²⁴	tuəŋ⁴⁴	tuəŋ³¹	tʰuəŋ²²⁴
许昌	ʐuəŋ⁵³	yəŋ⁴⁴	iəŋ⁵³	pʰəŋ⁵³	tuəŋ²⁴	tuəŋ⁴⁴	tuəŋ³¹	tʰuəŋ²⁴
周口	zuŋ⁵³	zuŋ⁴⁴白 iuŋ⁴⁴文	iŋ⁵³	pʰəŋ⁵³	tuŋ²⁴	tuŋ⁴⁴	tuŋ⁴¹	tʰuŋ²⁴
驻马店	zuoŋ⁵³	zuoŋ⁴⁴	iəŋ⁵³	pʰəŋ⁵³	tuoŋ²¹³	tuoŋ⁴⁴	tuoŋ³¹	tʰuoŋ²¹³
长葛	yəŋ⁵²	yəŋ⁵²	iəŋ⁵²	pʰəŋ⁵²	tuəŋ²⁴	tuəŋ⁴⁴	tuəŋ³¹	tʰuəŋ²⁴
泌阳	zuŋ⁵³	zuŋ⁴⁴	iŋ⁵³	pʰəŋ⁵³	tuŋ²⁴	tuŋ⁴⁴	tuŋ³¹	tʰuŋ²⁴
南阳	ʐuəŋ⁴²	yəŋ⁵⁵	iəŋ⁴²	pʰəŋ⁴²	tuəŋ²²⁴	tuəŋ⁵⁵	tuəŋ³¹	tʰuəŋ²²⁴
鲁山	ʐuəŋ⁵³	yəŋ⁴⁴	iəŋ⁵³	pʰəŋ⁵³	tuəŋ²⁴	tuəŋ⁴⁴	tuəŋ³¹	tʰuəŋ²⁴
邓州	ʐuəŋ⁴²	yəŋ⁴²	iəŋ⁴²	pʰəŋ⁴²	tuəŋ³³	tuəŋ⁴⁴	tuəŋ³¹	tʰuəŋ³³
西峡	ʐuəŋ⁴²	yəŋ⁵⁵	iəŋ⁴²	pʰəŋ⁴²	tuəŋ²⁴	tuəŋ⁵⁵	tuəŋ³¹	tʰuəŋ²⁴
信阳	zuɣŋ⁴⁴	zuɣŋ²⁴	iŋ⁴⁴	pʰɣŋ⁴⁴	tuɣŋ¹¹³	tuɣŋ²⁴	tuɣŋ⁵³	tʰuɣŋ¹¹³
固始	zuŋ⁵⁵	zuŋ²⁴	iŋ⁵⁵	pʰeŋ⁵⁵	teŋ²¹³	teŋ²⁴	teŋ⁵¹	tʰeŋ²¹³

	0921 桶	0922 痛	0923 铜	0924 动	0925 洞	0926 聋	0927 弄	0928 粽
	通合一	通合一	通合一	通合一	通合一	通合一	通合一	通合一
	上东透	去东透	平东定	上东定	去东定	平东来	去东来	去东精
安阳	tʰuŋ⁴³	tʰuŋ³¹	tʰuŋ⁵²	tuŋ³¹	tuŋ³¹	luŋ⁵²	nəŋ³¹~死 nuŋ³¹玩~	tsuŋ³¹
林州	tʰuəŋ⁵⁴	tʰuəŋ³³	tʰuəŋ⁴²	tuəŋ³³	tuəŋ³³	luəŋ⁴²	luəŋ³³白 nuəŋ³³文	tsusŋ³³
鹤壁	tʰuəŋ⁵⁵	tʰuəŋ³¹	tʰuəŋ⁵³	tuəŋ³¹	tuəŋ³¹	luəŋ⁵³	nuəŋ³¹	tsuəŋ³¹
新乡	tʰuəŋ⁵⁵	tʰuəŋ²¹	tʰuəŋ⁵²	tuəŋ²¹	tuəŋ²¹	luəŋ⁵²	nəŋ²¹白 nuəŋ²¹文	tɕyŋ²¹白 tsuəŋ²¹文
济源	tʰuŋ⁵²	tʰuŋ²⁴	tʰuŋ³¹²	tuŋ²⁴	tuŋ²⁴	luŋ³¹²	nuŋ²⁴	tɕyŋ²⁴白 tṣuŋ²⁴文
沁阳	tʰuəŋ⁵²	tʰuəŋ¹³	tʰuəŋ³¹²	tuəŋ¹³	tuəŋ¹³	luəŋ³¹²	nuəŋ¹³	tɕyəŋ¹³
温县	tʰuŋ⁵³	tʰuŋ²¹³	tʰuŋ²¹³	tuŋ²¹³	tuŋ²¹³	luŋ³¹	nuŋ²¹³	tɕyŋ²¹³
范县	tʰuəŋ⁵⁵	tʰuəŋ³¹³	tʰuəŋ⁴²	tuəŋ³¹³	tuəŋ³¹³	luəŋ⁴²	nuəŋ³¹³	tsuəŋ³¹³
郑州	tʰuəŋ⁴⁴	tʰuəŋ³¹	tʰuəŋ⁵³	tuəŋ³¹	tuəŋ³¹	luəŋ⁵³	nuəŋ³¹	tɕyəŋ³¹
开封	tʰuəŋ⁴⁴	tʰuəŋ³¹²	tʰuəŋ⁵³	tuəŋ³¹²	tuəŋ³¹²	luəŋ⁵³	nuəŋ³¹²	tʂuəŋ³¹²
濮阳	tʰuəŋ⁵⁵	tʰuəŋ³¹	tʰuəŋ⁴²	tuəŋ³¹	tuəŋ³¹	luəŋ⁴²	nəŋ³¹白 nuəŋ³¹文	tsyəŋ³¹
浚县	tʰuəŋ⁵⁵	tʰuəŋ²¹³	tʰuəŋ⁵³	tuəŋ²¹³	tuəŋ²¹³	luəŋ⁴²	nəŋ²¹³	tɕyəŋ²¹³
长垣	tʰuəŋ⁴⁴	tʰuəŋ²¹³	tʰuəŋ⁵²	tuəŋ²¹³	tuəŋ²¹³	luəŋ⁵²	nəŋ²¹³文 nuəŋ²¹³文	tsuəŋ²¹³
兰考	tʰuəŋ⁴⁴	tʰuəŋ³¹²	tʰuəŋ⁵³	tuəŋ³¹²	tuəŋ³¹²	luəŋ⁵³	nəŋ³¹²白 nuəŋ³¹²文	tɕyəŋ³¹²
洛阳	tʰoŋ⁴⁴	tʰoŋ³¹	tʰoŋ⁵³	toŋ³¹	toŋ³¹	loŋ⁵³	noŋ³¹	tsyoŋ³¹白 tsoŋ³¹文
洛宁	tʰuəŋ³⁵	tʰuəŋ³¹	tʰuəŋ⁵²	tuəŋ³¹	tuəŋ³¹	luəŋ⁵²	nuəŋ³¹	tɕyəŋ³¹
三门峡	tʰuəŋ⁴⁴	tʰuəŋ²¹²		tʰuəŋ²¹²白 tuəŋ²¹²文	tʰuəŋ²¹²	luəŋ³¹	nuəŋ²¹²	tsuəŋ²¹²
灵宝	tʰuŋ⁴⁴	tʰuŋ²⁴	tʰuŋ²¹³	tʰuŋ²⁴	tʰuŋ²⁴	luŋ²¹³	nuŋ²⁴	tsuŋ²⁴
商丘	tʰuəŋ⁴⁴	tʰuəŋ⁴¹	tʰuəŋ⁵²	tuəŋ⁴¹	tuəŋ⁴¹	luəŋ⁵²	nuəŋ⁴¹	tsuəŋ⁴¹
永城	tʰuəŋ³³⁴	tʰuəŋ⁴¹	tʰuəŋ⁵³	tuəŋ⁴¹	tuəŋ⁴¹	luəŋ⁵³	nəŋ⁴¹白 nuəŋ⁴¹文	tsuəŋ⁴¹
郸城	tʰuŋ⁴⁴	tʰuŋ⁵¹	tʰuŋ⁴²	tuŋ⁵¹	tuŋ⁵¹	luŋ⁴²	nuŋ⁵¹	tsuŋ⁵¹
漯河	tʰuəŋ⁴⁴	tʰuəŋ³¹	tʰuəŋ⁵³	tuəŋ³¹	tuəŋ³¹	luəŋ⁵³	nuəŋ³¹	tɕyəŋ³¹
许昌	tʰuəŋ⁴⁴	tʰuəŋ³¹	tʰuəŋ⁵³	tuəŋ³¹	tuəŋ³¹	luəŋ⁵³	nəŋ³¹白 nuəŋ³¹文	tɕyəŋ³¹
周口	tʰuŋ⁴⁴	tʰuŋ⁴¹	tʰuŋ⁵³	tuŋ⁴¹	tuŋ⁴¹	luŋ⁵³	nəŋ⁴¹白 nuŋ⁴¹文	tɕiuŋ⁴¹
驻马店	tʰuoŋ⁴⁴	tʰuoŋ³¹	tʰuoŋ⁵³	tuoŋ³¹	tuoŋ³¹	luoŋ⁵³	nəŋ³¹	tɕyoŋ³¹
长葛	tʰuəŋ⁴⁴	tʰuəŋ³¹	tʰuəŋ⁵²	tuəŋ³¹	tuəŋ³¹	luəŋ⁵²	nuəŋ³¹	tɕyəŋ³¹
泌阳	tʰuŋ⁴⁴	tʰuŋ³¹	tʰuŋ⁵³	tuŋ³¹	tuŋ³¹	luŋ⁵³	nəŋ³¹白 nuŋ³¹文	tsiuŋ³¹
南阳	tʰuəŋ⁵⁵	tʰuəŋ³¹	tʰuəŋ⁴²	tuəŋ³¹	tuəŋ³¹	luəŋ⁴²	nəŋ³¹白 nuəŋ³¹文	tsuəŋ³¹
鲁山	tʰuəŋ⁴⁴	tʰuəŋ³¹	tʰuəŋ⁵³	tuəŋ³¹	tuəŋ³¹	luəŋ⁵³	nuəŋ³¹	tɕyəŋ³¹白 tsuəŋ³¹文
邓州	tʰuəŋ⁵⁵	tʰuəŋ³¹	tʰuəŋ⁴²	tuəŋ³¹	tuəŋ³¹	luəŋ⁴²	nuəŋ³¹	tsuəŋ³¹
西峡	tʰuəŋ⁵⁵	tʰuəŋ³¹	tʰuəŋ⁴²	tuəŋ³¹	tuəŋ³¹	luəŋ⁴²	nəŋ³¹白 nuəŋ³¹文	tsuəŋ³¹
信阳	tʰɤŋ²⁴	tʰɤŋ⁵³	tʰɤŋ⁴⁴	tɤŋ⁵³	tɤŋ⁵³	lɤŋ¹¹³	lɤŋ⁵³	tsɤŋ⁵³
固始	tʰeŋ²⁴	tʰeŋ⁵¹	tʰeŋ⁵⁵	teŋ⁵¹	teŋ⁵¹	leŋ²¹³	leŋ⁵¹	tsuŋ⁵¹

	0929 葱	0930 送	0931 公	0932 孔	0933 烘~干	0934 红	0935 翁	0936 木
	通合一	通合一	通合一	通合一	通合一	通合一	通合一	通合一
	平东清	去东心	平东见	上东溪	平东晓	平东匣	平东影	入屋明
安阳	tsʰuŋ⁴⁴	suŋ³¹	kuŋ⁴⁴	kʰuŋ⁴³	xuŋ⁴⁴	xuŋ⁵²	vəŋ⁴⁴	məʔ³³
林州	tsʰuəŋ³¹	suəŋ³³	kuəŋ³¹	kʰuəŋ⁵⁴	xuəŋ³¹	xuəŋ⁴²	vəŋ³¹	məʔ³
鹤壁	tsʰuəŋ³³	suəŋ³¹	kuəŋ³³	kʰuəŋ⁵⁵	xuəŋ³³	xuəŋ⁵³	vəŋ³³	məʔ³
新乡	tsʰuəŋ²⁴	suəŋ²¹	kuəŋ²⁴	kʰuəŋ⁵⁵	xuəŋ²⁴	xuəŋ⁵²	vəŋ²⁴	məʔ³⁴
济源	tʂʰuŋ⁴⁴	ʂuŋ²⁴	kuŋ⁴⁴	kʰuŋ⁵²	xuŋ⁴⁴	xuŋ³¹²	uŋ⁴⁴	məʔ²³
沁阳	tsʰuŋ⁴⁴	suŋ¹³	kuŋ⁴⁴	kʰuŋ⁵²	xuŋ⁴⁴	xuŋ³¹²	uŋ⁴⁴	məʔ²³
温县	tsʰuŋ⁴⁴	suŋ²¹³	kuŋ⁴⁴	kʰuŋ⁵³	xuŋ⁴⁴	xuŋ³¹	uŋ⁴⁴	məʔ³
范县	tsʰuŋ²⁴	suŋ³¹³	kuŋ²⁴	kʰuŋ⁵⁵	xuŋ⁵⁵	xuŋ⁴²	uŋ²⁴	mu²⁴
郑州	tsʰuəŋ²⁴	suəŋ³¹	kuəŋ²⁴	kʰuəŋ⁴⁴	xuəŋ²⁴	xuəŋ⁵³	uəŋ²⁴	mu²⁴
开封	tsʰuəŋ²⁴	suəŋ³¹²	kuəŋ²⁴	kʰuəŋ⁵⁵	xuəŋ²⁴	xuəŋ⁵³	uəŋ²⁴	mu²⁴
濮阳	tsʰuəŋ³⁵	suəŋ³¹	kuəŋ³⁵	kʰuəŋ⁵⁵	xuəŋ³⁵	xuəŋ⁴²	uəŋ³⁵	mu³⁵
浚县	tsʰuəŋ²⁴	suəŋ²¹³	kuəŋ²⁴	kʰuəŋ⁵⁵	xuəŋ²⁴	xuəŋ⁴²	uəŋ²⁴	mu²⁴
长垣	tsʰuəŋ²⁴	suəŋ²¹³	kuəŋ²⁴	kʰuəŋ⁴⁴	xuəŋ²⁴	xuəŋ⁵²	uəŋ²⁴	mu²⁴
兰考	tsʰuəŋ²⁴	suəŋ³¹²	kuəŋ²⁴	kʰuəŋ⁴⁴	xuəŋ²⁴	xuəŋ⁵³	uəŋ²⁴	mu²⁴
洛阳	tsʰoŋ³⁴	soŋ³¹	koŋ³⁴	kʰoŋ⁴⁴	xoŋ³⁴	xoŋ⁵³	oŋ³⁴	mu³⁴
洛宁	tsʰuəŋ⁴⁴	suəŋ³¹	kuəŋ⁴⁴	kʰuəŋ³⁵	xuəŋ⁴⁴	xuəŋ⁵²	uəŋ⁴⁴	mu⁴⁴
三门峡	tsʰuəŋ⁵³	suəŋ²¹²	kuəŋ⁵³	kʰuəŋ⁴⁴	xuəŋ⁵³	xuəŋ³¹	vəʋ⁵³	mu⁵³
灵宝	tsʰuŋ⁵³	suŋ²⁴	kuŋ⁵³	kʰuŋ⁴⁴	xuŋ⁵³	xuŋ²¹³	vəŋ⁵³	mu⁵³
商丘	tsʰuəŋ²²³	suəŋ⁴¹	kuəŋ²²³	kʰuəŋ⁴⁴	xuəŋ²²³	xuəŋ⁵²	uəŋ²²³	mu²²³
永城	tsʰuəŋ²¹³	suəŋ⁴¹	kuəŋ²¹³	kʰuəŋ³³⁴	xuəŋ²¹³	xuəŋ⁵³	uəŋ²¹³	mu²¹³
郸城	tsʰuŋ²⁴	suŋ⁵¹	kuŋ²⁴	kʰuŋ⁴⁴	xuŋ²⁴	xuŋ⁴²	uŋ²⁴	mu²⁴
漯河	tsʰuəŋ²²⁴	suəŋ³¹	kuəŋ²²⁴	kʰuəŋ⁴⁴	xuəŋ²²⁴	xuəŋ⁵³	uəŋ²²⁴	mu²²⁴
许昌	tsʰuəŋ²⁴	suəŋ³¹	kuəŋ²⁴	kʰuəŋ⁴⁴	xuəŋ²⁴	xuəŋ⁵²	uəŋ²⁴	mu²⁴
周口	tsʰuŋ²⁴	suŋ⁴¹	kuŋ²⁴	kʰuŋ⁴⁴	xuŋ²⁴	xuŋ⁵³	uoŋ²⁴	mu²⁴
驻马店	tsʰuoŋ²¹³	suoŋ³¹	kuoŋ²¹³	kʰuoŋ⁴⁴	xuoŋ²¹³	xuoŋ⁵³	uoŋ²¹³	mu²¹³
长葛	tsʰuəŋ²⁴	suəŋ³¹	kuəŋ²⁴	kʰuəŋ⁴⁴	xuəŋ²⁴	xuəŋ⁵²	uəŋ²⁴	mu²⁴
泌阳	tsʰuŋ²⁴	suŋ³¹	kuŋ²⁴	kʰuŋ⁴⁴	xuŋ²⁴	xuŋ⁵³	uoŋ²⁴	mu²⁴
南阳	tsʰuəŋ²²⁴	suəŋ³¹	kuəŋ²²⁴	kʰuəŋ⁵⁵	xuəŋ²²⁴	xuəŋ⁴²	uəŋ²²⁴	mu²²⁴
鲁山	tsʰuəŋ²⁴	suəŋ³¹	kuəŋ²⁴	kʰuəŋ⁴⁴	xuəŋ²⁴	xuəŋ⁵³	uəŋ²⁴	mu²⁴
邓州	tsʰuəŋ³³	suəŋ³¹	kuəŋ³³	kʰuəŋ⁵⁵	xuəŋ³³	xuəŋ⁴²	uəŋ³³	mu³³
西峡	tsʰuəŋ²⁴	suəŋ³¹	kuəŋ²⁴	kʰuəŋ⁵⁵	xuəŋ²⁴	xuəŋ⁴²	uəŋ²⁴	mu²⁴
信阳	tsʰɤŋ¹¹³	sɤŋ⁵³	koŋ¹¹³	kʰoŋ²⁴	fɤŋ¹¹³	fɤŋ⁴⁴	vɤŋ¹¹³	mu¹¹³ 又 mu⁴⁴ 又
固始	tsʰuŋ²¹³	suŋ⁵¹	kuŋ²¹³	kʰuŋ²⁴	xuŋ²¹³	xuŋ⁵⁵	uŋ²¹³	mu²¹³

	0937 读	0938 鹿	0939 族	0940 谷稻~	0941 哭	0942 屋	0943 冬~至	0944 统
	通合一	通合一	通合一	通合一	通合一	通合一	通合一	通合一
	入屋定	入屋来	入屋从	入屋见	入屋溪	入屋影	平冬端	去冬透
安阳	tu⁵²	luɐʔ³³	tsu⁵²	kuɐʔ³³	kʰuɐʔ³³	u⁴⁴	tuŋ⁴⁴	tʰuŋ⁴³
林州	tuʔ³	luʔ³	tsuʔ³	kuʔ³	kʰuʔ³	vəʔ³	tuəŋ³¹	tʰuəŋ⁵⁴
鹤壁	tu⁵³	luəʔ³	tsuəʔ³	kuəʔ³	kʰuəʔ³	u³³	tuəŋ³³	tʰuəŋ⁵⁵
新乡	tuəʔ³⁴	luəʔ³⁴	tsuəʔ³⁴ 白 / tsu⁵² 文	kuəʔ³⁴	kʰuəʔ³⁴	u²⁴	tuəŋ²⁴	tʰuəŋ⁵⁵~~ / tʰuəŋ²⁴~一
济源	tuəʔ²³ 白 / tu³¹² 文	luəʔ²³	tʂuəʔ²³	kuəʔ²³	kʰuəʔ²³	u⁴⁴	tuŋ⁴⁴	tʰuŋ⁴⁴ / tʰuŋ⁵² 总~
沁阳	tu³¹²	luəʔ²³	tsuəʔ²³	kuəʔ²³	kʰuəʔ²³	u⁴⁴	tuəŋ⁴⁴	tʰuəŋ⁴⁴
温县	tu³¹	luəʔ³	tʂuəʔ³	kuəʔ³	kʰuʌʔ³	uəʔ³	tuŋ⁴⁴	tʰuŋ⁴⁴~一 / tʰuŋ⁵³~战
范县	tu⁵⁵	lu²⁴	tsu⁴²	ku²⁴	kʰu²⁴	u²⁴	tuəŋ²⁴	tʰuŋ⁵⁵
郑州	tu⁵³	lu²⁴	tsu⁵³	ku²⁴	kʰu²⁴	u²⁴	tuəŋ²⁴	tʰuəŋ²⁴ / tʰuəŋ⁴⁴
开封	tu⁵³	lu²⁴	tsu⁵³	ku²⁴	kʰu²⁴	u²⁴	tuəŋ²⁴	tʰuəŋ²⁴ / tʰuəŋ⁵³
濮阳	tu⁴²	lu³⁵	tsu⁴²	ku³⁵	kʰu³⁵	u³⁵	tuəŋ³⁵	tʰuəŋ⁵⁵~~ / tʰuəŋ⁴²~一
浚县	tu⁴²	lu²⁴ 梅花~ / lu²¹³ 姓	tsu⁴²	ku²⁴	kʰu²⁴	u²⁴	tuəŋ²⁴	tʰuəŋ²⁴ / tʰuəŋ⁵⁵ 文
长垣	tu⁵²	lu²⁴	tsu⁵²	ku²⁴	kʰu²⁴	u²⁴	tuəŋ²⁴	tʰuəŋ⁴⁴
兰考	tu⁵³	lu²⁴	tsu⁵³	ku²⁴	kʰu²⁴	u²⁴	tuəŋ²⁴	tʰuəŋ⁴⁴
洛阳	tu⁴⁴	lu³⁴	tsu⁵³	ku³⁴	kʰu³⁴	u³⁴	toŋ³⁴	tʰoŋ⁴⁴~统 / tʰoŋ³⁴~治
洛宁	tu⁵²	lou⁴⁴	tsu⁵²	ku⁴⁴	kʰu⁴⁴	u⁴⁴	tuəŋ⁴⁴	tʰuəŋ³⁵
三门峡	tu³¹	lou⁵³	tsu³¹	ku⁵³	kʰu⁵³	u⁵³	tuəŋ⁵³	tʰuəŋ⁴⁴
灵宝	tʰu²¹³	lou⁵³	tsʰou²¹³	ku⁵³	kʰu⁵³	u²¹³	tuŋ⁵³	tʰuŋ⁴⁴
商丘	tu⁵²	lu²²³	tsu⁵²	ku²²³	kʰu²²³	u²²³	tuəŋ²²³	tʰuəŋ⁴⁴
永城	tu³³⁴	lu²¹³	tsu³³⁴	ku²¹³	kʰu²¹³	u²¹³	tuəŋ²¹³	tʰuəŋ³³⁴
郸城	tu⁴²	lu²⁴	tsu⁴²	ku²⁴	kʰu²⁴	u²⁴	tuŋ²⁴	tʰuəŋ⁴⁴
漯河	tu⁴⁴	lu²²⁴	tsu²²⁴	ku²²⁴	kʰu²²⁴	u²²⁴	tuəŋ²²⁴	tʰuəŋ²²⁴ 又 / tʰuaŋ⁴⁴
许昌	tu⁵³	lu²⁴	tsu⁵³	ku²⁴	kʰu²⁴	u²⁴	tuəŋ²⁴	tʰuəŋ²⁴ / tʰuəŋ⁴⁴
周口	tu⁵³	lu²⁴	tsu⁵³	ku²⁴	kʰu²⁴	u²⁴	tuŋ²⁴	tʰuŋ⁴⁴
驻马店	tu⁴⁴	lu²¹³	tsu⁵³	ku²¹³	kʰu²¹³	u²¹³	tuoŋ²¹³	tʰuoŋ⁴⁴ 又 / tʰuoŋ²¹³
长葛	tu⁴⁴	lu³¹	tsu⁵²	ku²⁴	kʰu²⁴	u²⁴	tuəŋ²⁴	tʰuəŋ²⁴ / tʰuəŋ⁴⁴
泌阳	tu⁴⁴	lu²⁴	tsu⁵²	ku²⁴	kʰu²⁴	u²⁴	tuŋ²⁴	tʰuŋ⁴⁴
南阳	tu⁵⁵	lu²²⁴	tsu⁴²	ku²²⁴	kʰu²²⁴	u²²⁴	tuəŋ²²⁴	tʰuəŋ²²⁴
鲁山	tu⁴⁴	lu²⁴	tsu⁵³	ku²⁴	kʰu²⁴	u²⁴	tuəŋ²⁴	tʰuəŋ²⁴
邓州	tu⁴²	lou³³	tsu⁴²	ku³³	kʰu³³	u³³	tuəŋ³³	tʰuəŋ³³
西峡	təu⁴²	ləu²⁴	tsəu⁴²	ku²⁴	kʰu²⁴	u²⁴	tuəŋ²⁴	tʰuəŋ²⁴
信阳	tou⁴⁴	lou¹¹³	tsou⁴⁴	ku¹¹³	kʰu¹¹³	vu¹¹³	tɤŋ¹¹³	tʰɤŋ²⁴
固始	tu⁵⁵	lu²¹³	tsu⁵⁵	ku⁵⁵	kʰu²¹³	u²¹³	teŋ²¹³	tʰeŋ²⁴

	0945 脓	0946 松~紧	0947 宋	0948 毒	0949 风	0950 丰	0951 凤	0952 梦
	通合一	通合一	通合一	通合一	通合三	通合三	通合三	通合三
	平冬泥	平冬心	去冬心	入沃定	平东非	平东敷	去东奉	去东明
安阳	nuŋ⁵²	suŋ⁴⁴	suŋ³¹	tu⁵²	fəŋ⁴⁴	fəŋ⁴⁴	fəŋ³¹	məŋ³¹
林州	nuəŋ⁴²	suəŋ³¹	suəŋ³³	tu⁴²	fəŋ³¹	fəŋ³¹	fəŋ³³	məŋ³³
鹤壁	nuəŋ⁵³	suəŋ³³	suəŋ³¹	tu⁵³	fəŋ³³	fəŋ³³	fəŋ³¹	məŋ³¹
新乡	nuəŋ⁵²	suəŋ²⁴	suəŋ²¹	tu⁵²	fəŋ²⁴	fəŋ²⁴	fəŋ²¹	məŋ²¹
济源	nuŋ³¹²	ʂuŋ⁴⁴	ʂuŋ²⁴	tu³¹²	fəŋ⁴⁴	fəŋ⁴⁴	fəŋ²⁴	məŋ²⁴
沁阳	nuəŋ³¹²	suəŋ⁴⁴	suəŋ¹³	tu³¹²	fəŋ⁴⁴	fəŋ⁴⁴	fəŋ¹³	məŋ¹³
温县	nuŋ³¹	ʂuŋ⁴⁴	ʂuŋ²¹³	tu³¹	fəŋ⁴⁴	fəŋ⁴⁴	fəŋ²¹³	məŋ²¹³
范县	nuŋ⁴²	suŋ²⁴	suŋ³¹³	tu⁴²	fəŋ²⁴	fəŋ²⁴	fəŋ³¹³	məŋ³¹³
郑州	nuəŋ⁵³	suəŋ²⁴	suəŋ³¹	tu⁵³	fəŋ²⁴	fəŋ²⁴	fəŋ³¹	məŋ³¹
开封	nuəŋ⁵³	suəŋ²⁴	suəŋ³¹²	tu⁵³	fəŋ²⁴	fəŋ²⁴	fəŋ³¹²	məŋ³¹²
濮阳	nuəŋ⁴²	suəŋ³⁵	suəŋ³¹	tu⁴²	fəŋ³⁵	fəŋ³⁵	fəŋ³¹	məŋ³¹
浚县	nuəŋ⁴²	suəŋ²⁴	suəŋ²¹³	tu⁴²	fəŋ²⁴	fəŋ²⁴	fəŋ²¹³	məŋ²¹³
长垣	nuəŋ⁵²	suəŋ²⁴	suəŋ²¹³	tu⁵²	fəŋ²⁴	fəŋ²⁴	fəŋ²¹³	məŋ²¹³
兰考	nuəŋ⁵³	suəŋ²⁴	suəŋ³¹²	tu⁵³	fəŋ²⁴	fəŋ²⁴	fəŋ³¹²	məŋ³¹²
洛阳	noŋ⁵³	soŋ³⁴	soŋ³¹	tu⁵³	fəŋ³⁴	fəŋ³⁴	fəŋ³¹	məŋ³¹
洛宁	nuəŋ⁵²	suəŋ⁴⁴	suəŋ³¹	tu⁵²	fəŋ⁴⁴	fəŋ⁴⁴	fəŋ³¹	məŋ³¹
三门峡	nuəŋ³¹	suəŋ⁵³	suəŋ²¹²	tʰu³¹	fəŋ⁵³	fəŋ⁵³	fəŋ²¹²	məŋ²¹²
灵宝	nəŋ²¹³	suŋ⁵³	suŋ²⁴	tʰu³¹	fəŋ⁵³	fəŋ⁵³	fəŋ²⁴	məŋ²⁴
商丘	nuəŋ⁵²	suəŋ²²³	suəŋ⁴¹	tu⁵²	fəŋ²²³	fəŋ²²³	fəŋ⁴¹	məŋ⁴¹
永城	nuəŋ⁵³	suəŋ²¹³	suəŋ⁴¹	tu⁵³	fəŋ²¹³	fəŋ²¹³	fəŋ⁴¹	məŋ⁴¹
郸城	nuŋ⁴²	suŋ²⁴	suŋ⁵¹	tu⁴²	fəŋ²⁴	fəŋ²⁴	fəŋ⁵¹	məŋ⁵¹
漯河	nuəŋ⁵³	suəŋ²²⁴	suəŋ³¹	tu⁵³	fəŋ²²⁴	fəŋ³¹	fəŋ³¹	məŋ³¹
许昌	nuəŋ⁵³	suəŋ²⁴	suəŋ³¹	tu⁵³	fəŋ²⁴	fəŋ²⁴	fəŋ³¹	məŋ³¹
周口	nuŋ⁵³	suŋ²⁴	suŋ⁴¹	tu⁵³	fəŋ²⁴	fəŋ²⁴	fəŋ⁴¹	məŋ⁴¹
驻马店	nuoŋ⁵³	suoŋ²¹³	suoŋ³¹	tu⁵³	fəŋ²¹³	fəŋ²¹³	fəŋ³¹	məŋ³¹
长葛	nuəŋ⁵²	suəŋ²⁴	suəŋ³¹	tu⁵²	fəŋ²⁴	fəŋ²⁴	fəŋ³¹	məŋ³¹
泌阳	nuŋ⁵³	suŋ²⁴	suŋ³¹	tu⁵³	fəŋ²⁴	fəŋ²⁴	fəŋ³¹	məŋ³¹
南阳	nuəŋ⁴²	suəŋ²²⁴	suəŋ³¹	tu⁴²	fəŋ²²⁴	fəŋ²²⁴	fəŋ³¹	məŋ³¹
鲁山	nuəŋ⁵³	suəŋ²⁴	suəŋ³¹	tu⁵³	fəŋ²⁴	fəŋ²⁴	fəŋ³¹	məŋ³¹
邓州	nuəŋ⁴²	suəŋ³³	suəŋ³¹	tu⁴²	fəŋ³³	fəŋ³³	fəŋ³¹	məŋ³¹
西峡	nuəŋ⁴²	suəŋ²⁴	suəŋ³¹	təu⁴²	fəŋ²⁴	fəŋ³¹	fəŋ³¹	məŋ³¹
信阳	lɤŋ⁴⁴	sɤŋ¹¹³	sɤŋ⁵³	tou⁴⁴	fɤŋ¹¹³	fɤŋ¹¹³	fɤŋ⁵³	mɤŋ⁵³
固始	leŋ⁵⁵	suŋ²¹³	suŋ⁵¹	tu⁵⁵	feŋ²¹³	feŋ²¹³	feŋ⁵¹	meŋ⁵¹

	0953 中当~	0954 虫	0955 终	0956 充	0957 宫	0958 穷	0959 熊	0960 雄
	通合三	通合三	通合三	通合三	通合三	通合三	通合三	通合三
	平东知	平东澄	平东章	平东昌	平东见	平东群	平东云	平东云
安阳	tʂuŋ⁴⁴	tʂʰuŋ⁵²	tʂuŋ⁴⁴	tʂʰuŋ⁴⁴	kuŋ⁴⁴	tɕʰyŋ⁵²	ɕyŋ⁵²	ɕyŋ⁵²
林州	tʂuəŋ³¹	tʂʰuəŋ⁴²	tʂuəŋ³¹	tʂʰuəŋ³¹	kuəŋ³¹	tɕʰyəŋ⁴²	ɕyəŋ⁴²	ɕyəŋ⁴²
鹤壁	tsuŋ³³	tsʰuŋ⁵³	tsuŋ³³	tsʰuŋ³³	kuŋ³³	tɕʰyŋ⁵³	ɕyŋ⁵³	ɕyŋ⁵³
新乡	tsuŋ²⁴	tsʰuŋ⁵²	tsuŋ²⁴	tsʰuŋ²⁴	kuŋ²⁴	tɕʰyŋ⁵²	ɕyŋ⁵²	ɕyŋ⁵²
济源	tʂuŋ⁴⁴	tʂʰuŋ³¹²	tʂuŋ⁴⁴	tʂʰuŋ⁴⁴	kuŋ⁴⁴	tɕʰyŋ³¹²	ɕyŋ³¹²	ɕyŋ³¹²
沁阳	tsuəŋ⁴⁴	tsʰuəŋ³¹²	tsuəŋ⁴⁴	tsʰuəŋ⁴⁴	kuəŋ⁴⁴	tɕʰyəŋ³¹²	ɕyəŋ³¹²	ɕyəŋ³¹²
温县	tʂuŋ⁴⁴	tʂʰuŋ³¹	tʂuŋ⁴⁴	tʂʰuŋ⁴⁴	kuŋ⁴⁴	tɕʰyŋ³¹	ɕyŋ³¹	ɕyŋ³¹
范县	tʂuŋ²⁴	tʂʰuŋ⁴²	tʂuŋ²⁴	tʂʰuŋ²⁴	kuŋ²⁴	tɕʰyŋ⁴²	ɕyŋ⁴²	ɕyŋ⁴²
郑州	tʂuəŋ²⁴	tʂʰuəŋ⁵³	tʂuəŋ²⁴	tʂʰuəŋ²⁴	kuəŋ²⁴	tɕʰyəŋ⁵³	ɕyəŋ⁵³	ɕyəŋ⁵³
开封	tʂuəŋ²⁴	tʂʰuəŋ⁵³	tʂuəŋ²⁴	tʂʰuəŋ²⁴	kuəŋ²⁴	tɕʰyəŋ⁵³	ɕyəŋ⁵³	ɕyəŋ⁵³
濮阳	tʂuəŋ³⁵	tʂʰuəŋ⁴²	tʂuəŋ³⁵	tʂʰuəŋ³⁵	kuəŋ³⁵	tɕʰyəŋ⁴²	ɕyəŋ⁴²	ɕyəŋ⁴²
浚县	tʂuəŋ²⁴	tʂʰuəŋ⁴²	tsuəŋ²⁴	tʂʰuəŋ²⁴	kuəŋ²⁴	tɕʰyəŋ⁴²	ɕyəŋ⁴²	ɕyəŋ⁴²
长垣	tʂuəŋ²⁴	tʂʰuəŋ⁵²	tʂuəŋ²⁴	tʂʰuəŋ²⁴	kuəŋ²⁴	tɕʰyəŋ⁵²	ɕyəŋ⁵²	ɕyəŋ⁵²
兰考	tʂuəŋ²⁴	tʂʰuəŋ⁵³	tsuəŋ²⁴	tʂʰuəŋ²⁴	kuəŋ²⁴	tɕʰyəŋ⁵³	ɕyəŋ⁵³	ɕyəŋ⁵³
洛阳	tʂoŋ³⁴	tʂʰoŋ⁵³	tʂoŋ³⁴	tʂʰoŋ³⁴	koŋ³⁴	tɕʰyoŋ⁵³	ɕyoŋ⁵³	ɕyoŋ⁵³
洛宁	tʂuəŋ⁴⁴	tʂʰuəŋ⁵²	tsuəŋ⁴⁴	tʂʰuəŋ⁴⁴	kuəŋ⁴⁴	tɕʰyəŋ⁵²	ɕyəŋ⁵²	ɕyəŋ⁴⁴
三门峡	tʂuəŋ⁵³	tʂʰuəŋ³¹	tsuəŋ⁵³	tʂʰuəŋ⁴⁴	kuəŋ⁵³	tɕʰyəŋ³¹	ɕyəŋ³¹	ɕyəŋ³¹
灵宝	tʂuŋ⁵³	tʂʰuŋ²¹³	tsuŋ⁵³	tʂʰuŋ⁵³	kuŋ⁵³	tɕʰyŋ²¹³	ɕyŋ²¹³	ɕyŋ²¹³
商丘	tʂuəŋ²²³	tʂʰuəŋ⁵²	tsuəŋ²²³	tʂʰuəŋ²²³	kuəŋ²²³	tɕʰyəŋ⁵²	ɕyəŋ⁵²	ɕyəŋ⁵²
永城	tʂuəŋ²¹³	tʂʰuəŋ⁵³	tsuəŋ²¹³	tʂʰuəŋ²¹³	kuəŋ²¹³	tɕʰyəŋ⁵³	ɕyəŋ⁵³	ɕyəŋ⁵³
郸城	tʂuŋ²⁴	tʂʰuŋ⁴²	tsuŋ²⁴	tʂʰuŋ²⁴	kuŋ²⁴	tɕʰyŋ⁴²	ɕyŋ⁴²	ɕyŋ⁴²
漯河	tsuəŋ²²⁴	tsʰuəŋ⁵³	tsuəŋ²²⁴	tsʰuəŋ²²⁴	kuəŋ²²⁴	tɕʰyəŋ⁵³	ɕyəŋ⁵³	ɕyəŋ⁵³
许昌	tʂuəŋ²⁴	tʂʰuəŋ⁵³	tsuəŋ²⁴	tʂʰuəŋ²⁴	kuəŋ²⁴	tɕʰyəŋ⁵³	ɕyəŋ⁵³	ɕyəŋ⁵³
周口	tsuŋ²⁴	tsʰuŋ⁵³	tsuŋ²⁴	tsʰuŋ²⁴	kuŋ²⁴	tɕʰiuŋ⁵³	ɕiuŋ⁵³	ɕiuŋ⁵³
驻马店	tsuoŋ²¹³	tsʰuoŋ⁵³	tsuoŋ²¹³	tsʰuoŋ²¹³	kuoŋ²¹³	tɕʰyoŋ⁵³	ɕyoŋ⁵³	ɕyoŋ⁵³
长葛	tʂuəŋ²⁴	tʂʰuəŋ⁵²	tsuəŋ²⁴	tʂʰuəŋ²⁴	kuəŋ²⁴	tɕʰyəŋ⁵²	ɕyəŋ⁵²	ɕyəŋ⁵²
泌阳	tsuŋ²⁴	tsʰuŋ⁵³	tsuŋ²⁴	tsʰuŋ²⁴	kuŋ²⁴	tɕʰiuŋ⁵³	ɕiuŋ⁵³	ɕiuŋ⁵³
南阳	tʂuəŋ²²⁴	tʂʰuəŋ⁴²	tsuəŋ²²⁴	tʂʰuəŋ²²⁴	kuəŋ²²⁴	tɕʰyəŋ⁴²	ɕyəŋ⁴²	ɕyəŋ⁴²
鲁山	tʂuəŋ²⁴	tʂʰuəŋ⁵³	tsuəŋ²⁴	tʂʰuəŋ²⁴	kuəŋ²⁴	tɕʰyəŋ⁵³	ɕyəŋ⁵³	ɕyəŋ⁵³
邓州	tʂuəŋ³³	tʂʰuəŋ⁴²	tsuəŋ³³	tʂʰuəŋ³³	kuəŋ³³	tɕʰyəŋ⁴²	ɕyəŋ⁴²	ɕyəŋ⁴²
西峡	tsuəŋ²⁴	tsʰuəŋ⁴²	tsuəŋ²⁴	tsʰuəŋ²⁴	kuəŋ²⁴	tɕʰyəŋ⁴²	ɕyəŋ⁴²	ɕyəŋ⁴²
信阳	tsɤŋ¹¹³	tsʰɤŋ⁴⁴	tsɤŋ¹¹³	tsʰɤŋ¹¹³	koŋ¹¹³	tɕʰyɤŋ⁴⁴	ɕyɤŋ⁴⁴	ɕyɤŋ⁴⁴
固始	tsuŋ²¹³	tsʰuŋ⁵⁵	tsuŋ²¹³	tsʰuŋ²¹³	kuŋ²¹³	tɕʰyŋ⁵⁵	ɕyŋ⁵⁵	ɕyŋ⁵⁵

	0961 福	0962 服	0963 目	0964 六	0965 宿 住~，~舍	0966 竹	0967 畜 ~生	0968 缩
	通合三	通合三	通合三	通合三	通合三	通合三	通合三	通合三
	入屋非	入屋奉	入屋明	入屋来	入屋心	入屋知	入屋彻	入屋生
安阳	fɐʔ³³	fɐʔ³³	mu³¹	liəu³¹	ɕyɛʔ³³	tsuɛʔ³³	tʂʰu³¹	suɛʔ³³
林州	fəʔ³	fəʔ³	mu³³	luʔ³ 仅用于"～月～" liəu³³	syʔ³ 白 suʔ³ 文	tsuʔ³	tʂʰuʔ³	suʔ³
鹤壁	fəʔ³	fəʔ³	mu³¹	liɤu³¹	ɕyəʔ³	tsuəʔ³	ɕyəʔ³	tsʰuəʔ³ 白 suɛʔ³ 文
新乡	fəʔ³⁴	fəʔ³⁴	mu²¹	luəʔ³⁴ 白 liou²¹ 文	ɕyəʔ³⁴ 又 suəʔ³⁴ 又	tsuəʔ³⁴	tsʰu²¹	suɛʔ³⁴
济源	fəʔ²³	fəʔ²³	məʔ²³	luəʔ²³ ~月 liou²⁴ 文	ɕyəʔ²³ suəʔ²³	tsuəʔ²³	tʂʰu²⁴	ʂuɐʔ²³
沁阳	fəʔ²³	fəʔ²³	məʔ²³	luəʔ²³ 白 liou¹³ 文	ɕyəʔ²³	tsuəʔ²³	tsʰuəʔ²³	suɐʔ²³
温县	fəʔ³	fəʔ³	məʔ³	luəʔ³ 白 liou²¹³ 文	ʂuəʔ³ 白 ɕyəʔ³ 文	tsuəʔ³	tʂʰuəʔ³	ʂuʌʔ³
范县	fu²⁴	fu⁴²	mu³¹³	liəu³¹³	sy²⁴	tsu²⁴	tʂʰu³¹³	ʂuə³¹³
郑州	fu²⁴	fu⁵³	mu³¹	liou³¹	su³¹ 又 ɕiou³¹ 又	tsu²⁴	tsʰu³¹	tʂʰu²⁴ 白 suə²⁴ 文
开封	fu²⁴	fu⁵³	mu³¹²	liou³¹²	su²⁴ 又 su³¹² 文	tsu²⁴	tsʰu²⁴	tʂʰu²⁴ 白 suo²⁴ 文
濮阳	fu³⁵	fu⁴²	mu³¹	liəu³¹	sy³⁵	tsu³⁵	tsʰu³¹	ʂuə³¹
浚县	fu²⁴	fu²⁴ 又 fu⁴² 又	mu²¹³	liou²¹³	ɕy²⁴	tsu²⁴	tsʰu²¹³	tʂʰu²⁴ 白 suɤ²⁴ 又
长垣	fu²⁴	fu⁵²	mu²¹³	liou²¹³	ʂuə²⁴	tsu²⁴	ɕy²⁴	ʂuə²⁴
兰考	fu²⁴	fu⁵³	mu²⁴	liou³¹²	ɕy²⁴	tsu²⁴	tsu²⁴	tsu²⁴ 白 suo²⁴ 文
洛阳	fu³⁴	fu³⁴	mu³⁴	lu³⁴ 白 liou³¹ 文	sy³⁴	tsu³⁴	tsʰu³¹	suə³⁴
洛宁	fu⁴⁴	fu⁴⁴	mu⁴⁴	lou⁴⁴ 白 liou³¹ 文	ɕy⁴⁴	tsu⁴⁴	tsʰu⁴⁴	suə⁴⁴
三门峡	fu⁵³	fu⁵³	mu⁵³	liou⁵³	ɕy⁵³	tsu⁵³	tʂʰu⁵³	ʂuə⁵³

	0961 福	0962 服	0963 目	0964 六	0965 宿 住~，~舍	0966 竹	0967 畜~生	0968 缩
	通合三	通合三	通合三	通合三	通合三	通合三	通合三	通合三
	入屋非	入屋奉	入屋明	入屋来	入屋心	入屋知	入屋彻	入屋生
灵宝	fu⁵³	fu²¹³	mu⁵³	liou⁵³	ɕy⁵³	tsou⁵³	tsʰou⁵³	suɤ²¹³
商丘	fu²²³	fu⁵²	mu⁴¹	liou⁴¹	ɕy²²³ 白 su²²³ 文	tʂu²²³	tʂʰu⁴¹	tʂʰu²²³ 白 suə²²³ 文
永城	fu²¹³	fu⁵³	mu⁴¹	liou⁴¹	sy²¹³	tʂu²¹³	tʂʰu⁴¹	tʂʰu²¹³ 白 suə²¹³ 文
郸城	fu²⁴	fu⁴²	mu²⁴	liou⁵¹	ɕy²⁴	tʂu²⁴	tʂʰu⁵¹	fɤ²⁴
漯河	fu²²⁴	fu²²⁴ ~装 fu⁵³ ~气	mu²²⁴	liou³¹	sy²²⁴	tsu²²⁴	tsʰu³¹	tsʰu²²⁴ 白 suɤ²²⁴ 文
许昌	fu²⁴	fu⁵³	mu²⁴	ly²⁴ 白 liəu³¹ 文	ɕy²⁴ 白 su³¹ 文	tʂu²⁴	tʂʰu³¹	tʂʰu²⁴ 白 suɤ²⁴ 文
周口	fu²⁴	fu⁵³	mu⁴¹	lu²⁴ 白 liou⁴¹ 文	ɕy²⁴ 白 su²⁴ 文	tsu²⁴	tsʰu²⁴	tsʰu²⁴ 白 suo²⁴ 文
驻马店	fu²¹³	fu⁵³	mu³¹	liou³¹	ɕy²¹³	tsu²¹³	tsʰu²¹³	tsʰu²¹³ 白 suɤ²¹³ 文
长葛	fu²⁴	fu²⁴ ~务 fu⁵² ~气	mu³¹	ly²⁴ 白 liou³¹ 文	sy²⁴	tʂu²⁴	tʂʰu³¹	tʂʰu²⁴ 白 suɤ²⁴ 文
泌阳	fu²⁴	fu⁵³	mu²⁴	liou³¹	sy²⁴ 白 su²⁴ 文	tʂu²⁴	tʂʰu²⁴	tʂʰu²⁴ 白 ʂuo²⁴ 文
南阳	fu²²⁴	fu⁴²	mu²²⁴	liəu³¹	sy²²⁴ 白 su²²⁴ 文	tʂu²²⁴	tʂʰu³¹	tʂʰu²²⁴ 白 ʂuə⁴² 文
鲁山	fu²⁴	fu⁵³	mu²⁴	lu²⁴ 白 liou³¹ 文	sy²⁴	tʂu²⁴	tʂʰu²⁴	tʂʰu²⁴ 白 ʂuə²⁴ 文
邓州	fu³³	fu⁴²	mu³³	lou³³ 白 liou³¹ 文	sy³³	tʂu³³	tʂʰu³¹	ʂuə⁴²
西峡	fu²⁴	fu²⁴	mu²⁴	ləu²⁴ 白 liəu³¹ 文	su²⁴	tʂʰəu²⁴	tʂʰəu²⁴	tʂʰəu²⁴ 白 ʂuə⁴² 文
信阳	fu¹¹³	fu⁴⁴	mu¹¹³	liou⁵³	ɕy¹¹³	tsou⁴⁴	tsʰou¹¹³	suo¹¹³
固始	fu⁵⁵	fu⁵⁵	mu²¹³	liou⁵¹	ɕy²¹³	tsu⁵⁵	tsʰu⁵⁵	suɤ⁵⁵

	0969 粥	0970 叔	0971 熟	0972 肉	0973 菊	0974 育	0975 封	0976 蜂
	通合三	通合三	通合三	通合三	通合三	通合三	通合三	通合三
	入屋章	入屋书	入屋禅	入屋日	入屋见	入屋以	平钟非	平钟敷
安阳	tsəu⁴⁴	su⁴⁴	su⁵²	zəu³¹	tɕyɛʔ³³	yɛʔ³³ 白 / y³¹ 文	fəŋ⁴⁴	fəŋ⁴⁴
林州	tʂəu³¹	ʂuʔ³ ~伯 / ʂu³¹	ʂu⁴²	zəu³³	tɕyʔ³	yʔ³	fəŋ³¹	fəŋ³¹
鹤壁	tsɤu³³	suəʔ³ 白 / su⁵⁵ 文	su⁵³	zuəʔ³ 白 / zɤu³¹ 文	tɕyəʔ³	y³¹	fəŋ³³	fəŋ³³
新乡	tsou²⁴	su²⁴	su⁵²	zou²¹	tɕyəʔ³⁴	y²¹	fəŋ²⁴	fəŋ²⁴
济源	tsou⁴⁴	ʂuəʔ²³ ~伯 / ʂu⁴⁴	ʂu³¹²	ʐuəʔ²³ ~桂 / zou²⁴	tɕyəʔ²³	y²⁴	fəŋ⁴⁴	fəŋ⁴⁴
沁阳	tsou⁴⁴	su⁴⁴	su³¹²	zou¹³	tɕyəʔ²³	y¹³	fəŋ⁴⁴	fəŋ⁴⁴
温县	tsou⁴⁴	fəʔ³ ~伯 / fu⁴⁴ 白 / su⁴⁴ 文	fu³¹ 白 / su³¹ 文	zou²¹³	tɕyəʔ³	y²¹³	fəŋ⁴⁴	fəŋ⁴⁴
范县	tsəu²⁴	fu⁵⁵	fu⁴²	zəu³¹³	tɕy²⁴	y³¹³	fəŋ²⁴	fəŋ⁵⁵
郑州	tsou²⁴	ʂu⁴⁴	ʂu⁵³	zou³¹	tɕy²⁴	y³¹	fəŋ²⁴	fəŋ²⁴
开封	tsou²⁴	ʂu⁴⁴	ʂu⁵³	zou³¹²	tɕy²⁴	y³¹²	fəŋ²⁴	fəŋ²⁴
濮阳	tsəu³⁵	ʂu⁵⁵	ʂu⁴²	zəu³¹	tɕy³⁵	y³¹	fəŋ³⁵	fəŋ⁵⁵
浚县	tsou²⁴	ʂu⁵⁵	ʂu⁴²	zou²¹³	tɕy²⁴	y²¹³	fəŋ²⁴	fəŋ²⁴
长垣	tʂu²⁴ 白 / tsou²⁴ 文	ʂu⁴⁴	ʂu⁵²	zou²¹³	tɕy²⁴	y²¹³	fəŋ²⁴	fəŋ²⁴ ~蜜 / fəŋ⁴⁴ 蜜~
兰考	tsou²⁴	su⁴⁴	su⁵³	zou³¹²	tɕy²⁴	y³¹²	fəŋ²⁴	fəŋ⁵³
洛阳	tsou³⁴	ʂu⁴⁴	ʂu⁵³	zou³¹	tɕy³⁴	y³¹	fəŋ³⁴	fəŋ³⁴
洛宁	tsou⁴⁴	ʂu⁴⁴	ʂu⁵²	zou³¹	tɕy⁴⁴	y³¹	fəŋ⁴⁴	fəŋ⁴⁴
三门峡	tsou⁵³	ʂu⁵³	ʂu³¹	zou²¹²	tɕy⁵³	y²¹²	fəŋ⁵³	fəŋ⁵³
灵宝	tsou⁵³	sou⁵³	sou²¹³	zou⁵³	tɕy⁵³	y²⁴	fəŋ⁵³	fəŋ⁵³
商丘	tsou²²³	fu⁴⁴ 白 / ʂu⁴⁴ 文	fu⁵² 白 / su⁵² 文	zou⁴¹	tɕy²²³	y⁴¹	fəŋ²²³	fəŋ²²³
永城	tsou²¹³	ʂu³³⁴	ʂu⁵³	zou⁴¹	tɕy²¹³	y⁴¹	fəŋ²¹³	fəŋ²¹³
郸城	tsou²⁴	fu⁴⁴	fu⁴²	zou⁵¹	tɕy²⁴	y⁵¹	fəŋ²⁴	fəŋ²⁴
漯河	tsou²²⁴	su⁴⁴	su⁵³	zou³¹	tɕy²²⁴	y³¹	fəŋ²²⁴	fəŋ²²⁴
许昌	tʂou²⁴	ʂu⁴⁴	ʂu⁵³	zou³¹	tɕy²⁴	y³¹	fəŋ²⁴	fəŋ²⁴
周口	tsou²⁴	su⁴⁴	su⁵³	zou⁴¹	tɕy²⁴	y⁴¹	fəŋ²⁴	fəŋ²⁴
驻马店	tsou²¹³	su⁴⁴	su⁵³	zou³¹	tɕy²¹³	y³¹	fəŋ²¹³	fəŋ²¹³
长葛	tsou²⁴	ʂu⁴⁴	ʂu⁵²	zou³¹	tɕy²⁴	y³¹	fəŋ²⁴	fəŋ²⁴
泌阳	tsou²⁴	ʂu⁴⁴	ʂu⁵³	zou³¹	tɕy²⁴	y³¹	fəŋ²⁴	fəŋ²⁴
南阳	tʂəu²²⁴	ʂu²²⁴	ʂu⁴²	zəu³¹	tɕy²²⁴	y³¹	fəŋ²²⁴	fəŋ²²⁴
鲁山	tsou²⁴	ʂu²⁴	ʂu⁵³	zou³¹	tɕy²⁴	y³¹	fəŋ²⁴	fəŋ²⁴
邓州	tsou³³	ʂu³³	ʂu⁴²	zou³¹	tɕy³³	y³¹	fəŋ³³	fəŋ³³
西峡	tʂəu²⁴	ʂəu²⁴	ʂəu⁴²	zəu³¹	tɕy²⁴	y³¹	fəŋ²⁴	fəŋ²⁴
信阳	tsou¹¹³	sou⁴⁴	sou⁴⁴	zou⁵³	tɕy¹¹³	y⁵³	fɤŋ¹¹³	fɤŋ¹¹³
固始	tsou²¹³	su²⁴	su⁵⁵	zou⁵¹	tɕy⁵⁵	y⁵¹	feŋ²¹³	feŋ²¹³

	0977 缝~一条~	0978 浓	0979 龙	0980 松~树	0981 重~轻~	0982 肿	0983 种~树	0984 冲
	通合三	通合三	通合三	通合三	通合三	通合三	通合三	通合三
	去钟奉	平钟泥	平钟来	平钟邪	上钟澄	上钟章	去钟章	平钟昌
安阳	fəŋ³¹	nuŋ⁵²	luŋ⁵²	suŋ⁴⁴	tsuŋ³¹	tsuŋ⁴³	tsuŋ³¹	tsʰuŋ⁴⁴ ~锋 tsʰuŋ³¹ 脾气~
林州	fəŋ³³	nuəŋ⁴²	lyəŋ⁴² 白 luəŋ⁴² 文	syəŋ³¹	tʂuəŋ³³	tʂuəŋ⁵⁴	tʂuəŋ³³	tʂʰuəŋ³¹ ~锋 tʂʰuəŋ³³ ~着
鹤壁	fəŋ³¹	nuəŋ⁵³	lyəŋ⁵³ 白 luəŋ⁵³ 文	ɕyəŋ³³ 白 suəŋ³³ 文	tsuəŋ³¹	tsuəŋ⁵⁵	tsuəŋ³¹	tsʰuəŋ³³ 往前~ tsʰuəŋ³¹ 说话
新乡	fəŋ²¹	nuəŋ⁵²	lyəŋ⁵² 白 luəŋ⁵² 文	ɕyəŋ²⁴ ~木板 suəŋ²⁴ ~树	tsuəŋ²¹	tsuəŋ⁵⁵	tsuəŋ²¹	tsʰuəŋ²⁴ ~锋 tsʰuəŋ²¹ 脾气~
济源	fəŋ²⁴	nuŋ³¹²	lyŋ³¹² 白 luŋ³¹² 文	ʂuŋ⁴⁴	tʂuŋ²⁴	tʂuŋ⁵²	tʂuŋ²⁴	tʂʰuŋ⁴⁴ tʂʰuŋ²⁴ 脾气~
沁阳	fəŋ¹³	nuəŋ³¹²	lyəŋ³¹² 白 luəŋ³¹² 文	ɕyəŋ⁴⁴	tsuəŋ¹³	tsuəŋ⁵²	tsuəŋ¹³	tsʰuəŋ⁴⁴ ~锋 tsʰuəŋ¹³ 脾气~
温县	fəŋ²¹³	nuŋ²¹³	lyŋ³¹	ɕyŋ⁴⁴	tʂuŋ²¹³	tʂuŋ⁵³	tʂuŋ²¹³	tsʰuŋ⁴⁴ ~锋 tʂʰuŋ²¹³ 脾气~
范县	fəŋ³¹³	nuŋ⁴²	luŋ⁴²	suŋ²⁴	tʂuŋ³¹³	tʂuŋ⁵⁵	tʂuŋ³¹³	tʂʰuŋ²⁴ ~动 tʂʰuŋ³¹³ 脾气~
郑州	fəŋ³¹	nuəŋ⁵³	lyəŋ⁵³	syəŋ²⁴	tʂuəŋ³¹	tʂuəŋ⁴⁴	tʂuəŋ³¹	tʂʰuəŋ²⁴
开封	fəŋ³¹²	nuəŋ⁵³	luəŋ⁵³	suəŋ²⁴	tʂuəŋ³¹²	tʂuəŋ⁴⁴	tʂuəŋ³¹²	tʂʰuəŋ²⁴
濮阳	fəŋ³¹	nuəŋ⁴²	luəŋ⁴²	suəŋ³⁵	tʂuəŋ³¹	tʂuəŋ⁵⁵	tʂuəŋ³¹	tʂʰuəŋ³⁵
浚县	fəŋ²¹³	nuəŋ⁴²	lyəŋ⁴² 白 luəŋ⁴² 文	ɕyəŋ²⁴	tʂuəŋ²¹³	tʂuəŋ⁵⁵	tʂuəŋ²¹³	tʂʰuəŋ²⁴ ~杀 tʂʰuəŋ²¹³ 说话~
长垣	fəŋ²¹³	nuəŋ⁵²	luəŋ⁵²	suəŋ²⁴	tʂuəŋ²¹³	tʂuəŋ⁴⁴	tʂuəŋ²¹³	tʂʰuəŋ²⁴ ~锋 tʂʰuəŋ²¹³ 脾气~
兰考	fəŋ³¹²	nuəŋ⁵³	luəŋ⁵³	ɕyəŋ²⁴ 白 suəŋ²⁴ 文	tsuəŋ³¹²	tsuəŋ⁴⁴	tsuəŋ³¹²	tsʰuəŋ²⁴
洛阳	vəŋ³¹	noŋ⁵³	lyoŋ⁵³	syoŋ³⁴ 白 soŋ³⁴ 文	tʂoŋ³¹	tʂoŋ⁴⁴	tʂoŋ³¹	tʂʰoŋ³⁴
洛宁	fəŋ³¹	nuəŋ⁵²	lyəŋ⁵²	ɕyəŋ⁴⁴	tʂuəŋ³¹	tʂuəŋ³⁵	tʂuəŋ³¹	tʂʰuəŋ⁴⁴ ~走 tʂʰuəŋ³¹ 说话~

	0977 缝~衣~	0978 浓	0979 龙	0980 松~树	0981 重轻~	0982 肿	0983 种~树	0984 冲
	通合三	通合三	通合三	通合三	通合三	通合三	通合三	通合三
	去钟奉	平钟泥	平钟来	平钟邪	上钟澄	上钟章	去钟章	平钟昌
三门峡	fəŋ²¹²	nuəŋ³¹	lyəŋ³¹ 白 luəŋ³¹ 文	suəŋ⁵³	tʂuəŋ²¹²	tʂuəŋ⁴⁴	tʂuəŋ²¹²	tʂʰuəŋ⁴⁴
灵宝	fəŋ²⁴	luŋ²¹³	lyŋ²¹³ 白 luŋ²¹³ 文	suŋ⁵³	tʂʰuŋ²⁴	tʂuŋ⁴⁴	tʂuŋ²⁴	tʂʰuŋ⁵³
商丘	fəŋ⁴¹	nuəŋ⁵²	luəŋ⁵²	suəŋ²²³	tʂuəŋ⁴¹	tʂuəŋ⁴⁴	tʂuəŋ⁴¹	tʂʰuəŋ²²³
永城	fəŋ⁴¹	nuəŋ⁵³	luəŋ⁵³	suəŋ²¹³	tʂuəŋ⁴¹	tʂuəŋ³³⁴	tʂuəŋ⁴¹	tʂʰuəŋ²¹³
郸城	fəŋ⁵¹	nuŋ⁴²	lyŋ⁴² 白 luŋ⁴² 文	suŋ²⁴	tʂuŋ⁵¹	tʂuŋ⁴⁴	tʂuŋ⁵¹	tʂʰuŋ²⁴ 往前~ tʂʰuŋ⁵¹ 说话~
漯河	fəŋ³¹	nuəŋ⁵³	lyəŋ⁵³	syəŋ²²⁴	tʂuəŋ³¹	tʂuəŋ⁴⁴	tʂuəŋ³¹	tʂʰuəŋ²²⁴ ~出去 tʂʰuəŋ³¹ ~子
许昌	fəŋ³¹	nuəŋ³¹	lyəŋ⁵³	ɕyəŋ²⁴ 白 suəŋ²⁴ 文	tʂuəŋ³¹	tʂuəŋ⁴⁴	tʂuəŋ³¹	tʂʰuəŋ²⁴
周口	fəŋ⁴¹	nuŋ⁴¹	liuŋ⁵³ 白 luŋ⁵³ 文	ɕiuŋ²⁴ 白 suŋ²⁴ 文	tsuŋ⁴¹	tsuŋ⁴⁴	tsuŋ⁴¹	tsʰuŋ²⁴
驻马店	fəŋ³¹	nuoŋ³¹	lyoŋ⁵³ 白 luoŋ⁵³ 文	ɕyoŋ²¹³ 白 suoŋ²¹³ 文	tsuoŋ³¹	tsuoŋ⁴⁴	tsuoŋ³¹	tsʰuoŋ²¹³ ~锋 tsʰuoŋ³¹ 说话~
长葛	fəŋ³¹	nuəŋ⁵²	lyəŋ⁵² 白 luəŋ⁵² 文	ɕyəŋ²⁴	tʂuəŋ³¹	tʂuəŋ⁴⁴	tʂuəŋ³¹	tʂʰuəŋ²⁴ ~杀 tʂʰuəŋ³¹ ~看
泌阳	fəŋ³¹	nuŋ³¹	liuŋ⁵³ 白 luŋ⁵³ 文	siuŋ²⁴ 白 suŋ²⁴ 文	tʂuŋ³¹	tʂuŋ⁴⁴	tʂuŋ³¹	tʂʰuŋ²⁴ ~锋 tʂʰuŋ³¹ 说话~
南阳	fəŋ³¹	nuəŋ³¹	luəŋ⁴²	suəŋ²²⁴	tʂuəŋ³¹	tʂuəŋ⁵⁵	tʂuəŋ³¹	tʂʰuəŋ²²⁴
鲁山	fəŋ³¹	nuəŋ³¹	lyəŋ⁵³	syəŋ²⁴	tʂuəŋ³¹	tʂuəŋ⁴⁴	tʂuəŋ³¹	tʂʰuəŋ²⁴ ~水 tʂʰuəŋ³¹ 说话~
邓州	fəŋ³¹	nuəŋ⁴²	lyəŋ⁴² 白 luəŋ⁴² 文	suəŋ³³	tʂuəŋ³¹	tʂuəŋ⁵⁵	tʂuəŋ³¹	tʂʰuəŋ³³ ~锋 tʂʰuəŋ³¹ 脾气~
西峡	fəŋ³¹	nuəŋ³¹	luəŋ⁴²	suəŋ²⁴	tʂuəŋ³¹	tʂuəŋ⁵⁵	tʂuəŋ³¹	tʂʰuəŋ²⁴
信阳	fɤŋ⁵³	lɤŋ⁴⁴	lɤŋ⁴⁴	sɤŋ¹¹³	tsɤŋ⁵³	tsɤŋ²⁴	tsɤŋ⁵³	tsʰɤŋ¹¹³
固始	feŋ⁵¹	leŋ⁵⁵	leŋ⁵⁵	suŋ²¹³	tsuŋ⁵¹	tsuŋ²⁴	tsuŋ⁵¹	tsʰuŋ²¹³

	0985 恭	0986 共	0987 凶吉~	0988 拥	0989 容	0990 用	0991 绿	0992 足
	通合三	通合三	通合三	通合三	通合三	通合三	通合三	通合三
	平钟见	去钟群	平钟晓	上钟影	平钟以	去钟以	入烛来	入烛精
安阳	kuŋ⁴⁴	kuŋ³¹	ɕyŋ⁴⁴	yŋ⁴⁴	ʐyŋ⁵²	yŋ³¹	luəʔ³³	tsuəʔ³³
林州	kuəŋ³¹	kuəŋ³³	ɕyəŋ³¹	yəŋ³¹	ʐuəŋ⁴²	yəŋ³³	luʔ³	tsyʔ³
鹤壁	kuəŋ³³	kuəŋ³¹	ɕyəŋ³³	yəŋ⁵⁵	yəŋ⁵³ 白 zuəŋ⁵³ 文	yəŋ³¹	luəʔ³	tɕyəʔ³ 白 tsuəʔ³ 文
新乡	kuəŋ²⁴	kuəŋ²¹	ɕyəŋ²⁴	yəŋ²⁴	zuəŋ⁵²	yəŋ²¹	luəʔ³⁴ lyəʔ³⁴ 文	tɕyəʔ³⁴ tsuəʔ³⁴ 文
济源	kuŋ⁴⁴	kuŋ²⁴	ɕyŋ⁴⁴	yŋ⁴⁴	yŋ³¹² 又 ʐuŋ³¹² 又	yŋ²⁴	lyəʔ²³ 又 luəʔ²³ 又	tɕyəʔ²³ 又 tʂuəʔ²³ 又
沁阳	kuəŋ⁴⁴	kuəŋ¹³	ɕyəŋ⁴⁴	yəŋ⁴⁴	yəŋ³¹² ~易 zuəŋ³¹²	yəŋ¹³	luəʔ²³	tɕyəʔ²³
温县	kuŋ⁴⁴	kuŋ²¹³	ɕyŋ⁴⁴	yŋ⁴⁴	yŋ³¹	yŋ²¹³	luəʔ³	tɕyəʔ³
范县	kuŋ²⁴	kuŋ³¹³	ɕyŋ²⁴	yŋ⁵⁵	yŋ⁴²	yŋ³¹³	ly²⁴	tsu²⁴
郑州	kuəŋ²⁴	kuəŋ³¹	ɕyəŋ²⁴	yəŋ²⁴	ʐuəŋ⁵³	yəŋ³¹	ly²⁴ 又 ly⁵³	tsu²⁴
开封	kuəŋ²⁴	kuəŋ³¹²	ɕyəŋ²⁴	yəŋ⁴⁴ 又 yəŋ²⁴ 又	zuəŋ⁵³	yəŋ³¹²	ly²⁴	tɕy²⁴ 白 tsu²⁴ 文
濮阳	kuəŋ³⁵	kuəŋ³¹	ɕyəŋ³⁵	yəŋ³⁵	yəŋ⁴²	yəŋ³¹	ly³⁵	tsy³⁵
浚县	kuəŋ²⁴	kuəŋ²¹³	ɕyəŋ²⁴	yəŋ⁵⁵	yəŋ⁴² 白 zuəŋ⁴² 文	yəŋ²¹³	lu²⁴ 白 ly²⁴ 文	tɕy²⁴ 白 tsu²⁴ 文
长垣	kuəŋ²⁴	kuəŋ²¹³	ɕyəŋ²⁴	yəŋ⁴⁴	yəŋ⁵² 白 zuəŋ⁵² 文	yəŋ²¹³	ly²⁴	tsy²⁴
兰考	kuəŋ²⁴	kuəŋ³¹²	ɕyəŋ²⁴	yəŋ⁴⁴	zuəŋ⁵³	yəŋ³¹²	ly²⁴	tɕy²⁴ 白 tsu²⁴ 文
洛阳	koŋ³⁴	koŋ³¹	ɕyoŋ³⁴	yoŋ³⁴	yoŋ⁵³ 白 zoŋ⁵³ 文	yoŋ³¹	lu³⁴	tsu³⁴
洛宁	kuəŋ⁴⁴	kuəŋ³¹	ɕyəŋ⁴⁴	yəŋ⁴⁴	zuəŋ⁵²	yəŋ³¹	lou⁴⁴	tɕy⁴⁴
三门峡	kuəŋ⁵³	kuəŋ²¹²	ɕyəŋ⁵³	yəŋ⁴⁴	zuəŋ³¹	yəŋ²¹²	lou⁵³ 白 ly⁵³ 文	tɕy⁵³ 白 tsu⁵³ 文
灵宝	kuŋ⁵³	kuŋ²⁴	ɕyŋ⁵³	yŋ⁴⁴	ʐuŋ²¹³	yŋ²⁴	liou⁵³	tsou⁵³
商丘	kuəŋ²²³	kuəŋ⁴¹	ɕyəŋ²²³	ʐuəŋ²²³	ʐuəŋ⁵²	ʐuəŋ⁴¹	ly²²³	tɕy²²³ 白 tsu²²³ 文

	0985 恭	**0986 共**	**0987 凶**吉~	**0988 拥**	**0989 容**	**0990 用**	**0991 绿**	**0992 足**
	通合三	通合三	通合三	通合三	通合三	通合三	通合三	通合三
	平钟见	去钟群	平钟晓	上钟影	平钟以	去钟以	入烛来	入烛精
永城	kuəŋ²¹³	kuəŋ⁴¹	ɕyəŋ²¹³	yəŋ²¹³	yəŋ⁵³白 ʐuəŋ⁵³文	yəŋ⁴¹	lu²¹³白 ly²¹³文	tsy²¹³白 tsu²¹³文
郸城	kuŋ²⁴	kuŋ⁵¹	ɕyŋ²⁴	ʐuŋ²⁴	ʐuŋ⁴²	ʐuŋ⁵¹	ly²⁴	tɕy²⁴白 tsu²⁴文
漯河	kuəŋ²²⁴	kuəŋ³¹	ɕyəŋ²²⁴	yəŋ²²⁴	yəŋ⁵³	yəŋ³¹	ly²²⁴	tsy²²⁴
许昌	kuəŋ²⁴	kuəŋ³¹	ɕyəŋ²⁴	yəŋ²⁴	ʐuəŋ⁵³	yəŋ³¹	lu²⁴白 ly²⁴文	tɕy²⁴白 tsu²⁴文
周口	kuŋ²⁴	kuŋ⁴¹	ɕiuŋ²⁴	ʐuŋ²⁴白 iuŋ²⁴文	iuŋ⁵³白 ʐuŋ⁵³文	ʐuŋ⁴¹白 iuŋ⁴¹文	lu²⁴白 ly²⁴文	tɕy²⁴白 tsu²⁴文
驻马店	kuoŋ²¹³	kuoŋ³¹	ɕyoŋ²¹³	zuoŋ²¹³	zuoŋ⁵³	zuoŋ³¹	lu²¹³白 ly²¹³文	tɕy²¹³白 tsu²¹³文
长葛	kuəŋ²⁴	kuəŋ³¹	ɕyəŋ²⁴	yəŋ²⁴	yəŋ⁵²	yəŋ³¹	ly²⁴	tɕy²⁴白 tsu²⁴文
泌阳	kuŋ²⁴	kuŋ³¹	ɕiuŋ²⁴	ʐuŋ²⁴	ʐuŋ⁵³	ʐuŋ³¹	lu²⁴白 ly²⁴文	tsy²⁴白 tsu²⁴文
南阳	kuəŋ²²⁴	kuəŋ³¹	ɕyəŋ²²⁴	yəŋ²²⁴	ʐuəŋ⁴²	yəŋ³¹	lu⁴²文 lu²⁴白	tsy²²⁴白 tsu²²⁴文
鲁山	kuəŋ²⁴	kuəŋ³¹	ɕyəŋ²⁴	yəŋ⁴⁴	ʐuəŋ⁵³	yəŋ³¹	lu²⁴	tɕy²⁴白 tsu²⁴文
邓州	kuəŋ³³	kuəŋ³¹	ɕyəŋ³³	yəŋ³³	ʐuəŋ⁴²	yəŋ³¹	lou³³白 ly³³文	tsu³³
西峡	kuəŋ²⁴	kuəŋ³¹	ɕyəŋ²⁴	yəŋ²⁴	ʐuəŋ⁴²	yəŋ³¹	ləu²⁴白 lu²⁴文	tsu²⁴
信阳	koŋ¹¹³	koŋ⁵³	ɕyɤŋ¹¹³	zɤŋ²⁴	zɤŋ⁴⁴	zɤŋ⁵³	lou¹¹³白 ly¹¹³文	tsou⁴⁴
固始	kuŋ²¹³	kuŋ⁵¹	ɕyŋ²¹³	zuŋ²⁴	zuŋ⁵⁵	zuŋ⁵¹	lu²¹³	tsu⁵⁵

	0993 烛	0994 赎	0995 属	0996 褥	0997 曲 ~折, 歌~	0998 局	0999 玉	1000 浴
	通合三	通合三	通合三	通合三	通合三	通合三	通合三	通合三
	入烛章	入烛船	入烛禅	入烛日	入烛溪	入烛群	入烛疑	入烛以
安阳	tsuəʔ³³	su⁴³	suəʔ³³ 家~ su⁴³ ~于	zuəʔ³³	tɕʰyəʔ³³	tɕy⁵²	y³¹	y³¹
林州	tʂuʔ³	ʂuʔ⁴²	ʂuʔ³ ʂuəʔ³ ~相	zuʔ³	tɕʰyʔ³	tɕy⁴²	y³³	yʔ³
鹤壁	tsuəʔ³	su³³	suəʔ³ 白 su⁵³ 文	zuəʔ³	tɕʰyəʔ³	tɕy⁵³	y³¹	y³¹
新乡	tsuəʔ³⁴ 白 tsu²⁴ 文	su⁵²	suəʔ³⁴	zu²¹	tɕʰyəʔ³⁴ ~折 tɕʰy⁵⁵ 歌~	tɕy⁵²	y²¹	y²¹
济源	tsuəʔ²³	ʂu³¹²	ʂuəʔ²³ ʂu³¹² ~相	zu⁴⁴	tɕʰyəʔ²³ ~折 tɕʰy⁵² 歌~	tɕy³¹²	y²⁴	y²⁴
沁阳	tsuəʔ²³	su³¹²	suəʔ²³	zuəʔ²³	tɕʰyəʔ²³	tɕy³¹²	y¹³	y⁴⁴
温县	tsuəʔ³	fu³¹	fəʔ³	vu²¹³	tɕʰyəʔ³ ~折 tɕʰy⁵³ 歌~	tɕy³¹	y²¹³	y²¹³
范县	tʂu²⁴	ʂu²⁴	fu⁴² ~相 ʂu⁵⁵	zu̩⁴²	tɕʰy²⁴	tɕy⁴²	y³¹³	y³¹³
郑州	tʂu²⁴	ʂu⁵³	ʂu⁴⁴	zu̩²⁴	tɕʰy²⁴	tɕy⁵³	y³¹	y³¹
开封	tʂu²⁴	ʂu⁴⁴	ʂu⁴⁴	zu̩²⁴	tɕʰy²⁴ tɕʰy⁴⁴	tɕy⁵³	y³¹²	y²⁴ 又 y³¹² 又
濮阳	tʂu³⁵	ʂu⁵⁵	ʂu⁵⁵	zu̩³⁵	tɕʰy⁵⁵	tɕy⁴²	y³¹	y³¹
浚县	tʂu²⁴	ʂu²⁴	ʂu⁵⁵	(无)	tɕʰy²⁴	tɕy⁴²	y²¹³	y²⁴
长垣	tʂu²⁴	ʂu⁵²	ʂu⁵²	zu̩²⁴	tɕʰy²⁴	tɕy⁵²	y²¹³	y⁴⁴
兰考	tʂu²⁴	ʂu²⁴	ʂu⁵³	zu̩²⁴	tɕʰy²⁴	tɕy⁵³	y³¹²	y³¹²
洛阳	tʂu³⁴	ʂu⁵³	ʂu⁵³	zu̩³⁴	tɕʰy³⁴	tɕy⁵³	y³¹	y³¹
洛宁	tʂu⁴⁴	ʂu⁵²	ʂu³⁵	zu̩⁴⁴	tɕʰy⁴⁴	tɕy⁵²	y³¹	y⁴⁴
三门峡	tʂu̜⁵³	ʂu̜⁵³	ʂu̜⁴⁴	zu̜⁵³	tɕʰy⁵³	tɕy³¹	y²¹²	y²¹²
灵宝	tsou⁵³	sou²¹³	sou⁵³	zou⁵³	tɕʰy⁵³	tɕʰy²¹³	y⁵³	y²⁴
商丘	tʂu²²³	ʂu²²³	fu⁵² 名词 fu⁴⁴ 动词	(无)	tɕʰy²²³	tɕy⁵²	y⁴¹	y⁴¹
永城	tʂu²¹³	ʂu⁵³	ʂu⁵³	(无)	tɕʰy²¹³	tɕy⁵³	y⁴¹	y²¹³
郸城	tʂu²⁴	fu⁴²	fu⁴²	zu̩²⁴	tɕʰy²⁴	tɕy⁴²	y⁵¹	y²⁴
漯河	tsu²²⁴	su²²⁴	su⁴⁴	zu²²⁴	tɕʰy²²⁴	tɕy⁵³	y³¹	y²²⁴
许昌	tʂu²⁴	ʂu²⁴	ʂu⁴⁴	zu̩²⁴	tɕʰy²⁴	tɕy⁵³	y³¹	y³¹
周口	tsu²⁴	su⁵³	su⁵³	zu²⁴	tɕʰy²⁴	tɕy⁵³	y⁴¹	y²⁴
驻马店	tsu⁵³	su⁴⁴	su⁵³	lu²¹³	tɕʰy²¹³	tɕy⁵³	y³¹	y²¹³
长葛	tʂu²⁴	ʂu⁵³	ʂu⁴⁴	zu̩²⁴	tɕʰy²⁴	tɕy⁵²	y³¹	y²⁴
泌阳	tʂu⁵³	ʂu²⁴	ʂu⁴⁴	lu²⁴ 白 zu̩²⁴ 文	tɕʰy²⁴	tɕy⁵³	y³¹	y²⁴
南阳	tʂu²²⁴	ʂu⁴²	ʂu⁵⁵	zu̩²²⁴	tɕʰy²²⁴	tɕy⁴²	y³¹	y³¹
鲁山	tʂu²⁴	ʂu⁵³	ʂu⁴⁴	zu̩²⁴	tɕʰy²⁴	tɕy⁵³	y³¹	y³¹
邓州	tʂu⁴²	ʂu⁵⁵	ʂu⁵⁵	zu̩³³	tɕʰy³³	tɕy⁴²	y³¹	y³¹
西峡	tʂəu⁴²	ʂəu⁴²	ʂəu⁵⁵	zəu²⁴	tɕʰy²⁴	tɕy⁴²	y³¹	y³¹
信阳	tsou⁴⁴	sou⁴⁴	sou⁴⁴	y¹¹³	tɕʰy¹¹³	tɕy⁴⁴	y⁵³	y⁵³
固始	tsu⁵⁵	su⁵⁵	su⁵⁵	zu²⁴	tɕʰy⁵⁵	tɕy⁵⁵	y⁵¹	y⁵¹

参考文献

安阳市地方志编委会：《安阳市志》，中州古籍出版社2008年版。
陈泓、李海洁：《黄河故道与新乡方言》，《韶关学院学报》（社会科学版）2006年第4期。
陈卫恒：《林州方言"子"尾读音研究》，《语文研究》2003年第4期。
郸城县地方志编纂委员会：《郸城县志》，中州古籍出版社1992年版。
邓州市地方史志编纂委员会：《邓州市志》，中州古籍出版社1996年版。
段亚广：《中原官话音韵研究》，中国社会科学出版社2012年版。
范县地方史志编纂委员会：《范县志》，中州古籍出版社2008年版。
贺巍：《济源方言记略》，《方言》1981年第1期。
贺巍：《河南山东皖北苏北的官话（稿）》，《方言》1985年第3期。
贺巍：《洛阳方言研究》，社会科学文献出版社1990年版。
贺巍：《中原官话分区（稿）》，《方言》2005年第2期。
侯精一：《晋东南地区的子变韵母》，《中国语文》1985年第2期。
济源市地方史志编纂委员会：《济源市志》，中州古籍出版社2011年版。
教育部语言文字信息管理司、中国语言资源保护中心：《中国语言资源调查手册·汉语方言》，商务印书馆2015年版。
浚县志编委会：《浚县志》，中州古籍出版社1990年版。
兰考县地方史志编纂委员会：《兰考县志》，中州古籍出版社1999年版。
李荣：《官话方言的分区》，《方言》1985年第1期。
李荣：《汉语方言的分区》，《方言》1989年第4期。
李宇明：《泌阳方言的儿化闪音》，《方言》1996年第4期。
林州市志编纂委员会、李学勤：《林州市志》，中州古籍出版社2004年版。
刘冬冰：《开封方言记略》，《方言》1997年第4期。
卢甲文：《郑州方言志》，语文出版社1992年版。
鲁山县地方史志编纂委员会：《鲁山县志》，中州古籍出版社1994年版。
洛宁县志编纂委员会：《洛宁县志》，中州古籍出版社2005年版。
洛阳市地方史志编纂委员会：《洛阳市志》，中州古籍出版社1999年版。
裴泽仁：《明代人口移徙与豫北方言——河南方言的形成》（一），《中州学刊》1988年第4期。
濮阳市地方史志编纂委员会：《濮阳市志》，中州古籍出版社2005年版。

沁阳市地方史志编纂委员会：《沁阳市志》，中州古籍出版社 2016 年版。
孙志波：《〈音韵六书指南〉音系与温县方音》，《语言研究》2017 年第 5 期。
王森：《郑州荥阳（广武）方言的变韵》，《中国语文》1998 年第 4 期。
王福堂：《汉语方言语音的演变和层次》，语文出版社 1999 年版。
王青锋：《长垣方言志语音篇》，中州古籍出版社 2007 年版。
焦作市温县志编纂委员会：《温县志》，光明日报出版社 1991 年版。
辛永芬：《浚县方言语法研究》，中华书局 2006 年版。
辛永芬、庄会彬：《汉语方言 Z 变音的类型分布及历史流变》，《中国语文》2019 年第 5 期。
辛永芬：《中原官话学术史梳理与研究展望》，《河南大学学报》2022 年第 2 期。
新乡市地方史志编纂委员会：《新乡市志》，三联书店 1994 年版。
许仰民：《信阳方言的声韵调系统及其特点》，《信阳师范学院学报》1994 年第 4 期。
叶祖贵：《固始方言研究》，中国社会科学出版社 2009 年版。
叶祖贵：《信阳地区方言语音研究》，中国社会科学出版社 2014 年版。
曾广光、张启焕、许留森：《洛阳方言志》，河南人民出版社 1987 年版。
张启焕、陈天福、程仪：《河南方言研究》，河南大学出版社 1993 年版。
赵清治：《长葛方言的动词变韵》，《方言》1998 年第 1 期。
支建刚：《豫北晋语语音研究》，中西书局 2020 年版。
中国社会科学院语言研究所：《方言调查字表》，商务印书馆 1981 年版。
中国社会科学院语言研究所、澳大利亚人文科学院：《中国语言地图集》（第 1 版），香港朗文（远东）有限公司 1987 年版。
中国社会科学院语言研究所、中国社会科学院民族学与人类学研究所、香港城市大学语言资讯科学研究中心：《中国语言地图集》（第 2 版），商务印书馆 2012 年版。
周庆生：《郑州方言的声韵调》，《方言》1987 年第 3 期。

附录　方言调查和发音人信息表

调查点	调查人	协助调查者	调查设备	调查时间	方言发音人 姓名	性别	出生年月	文化程度	备注
安阳	王新宇	孙志波 郭向敏 沈恒娟 炕留一 苏林猛	samson c03u；话筒内置声卡；松下广播级摄录一体机 AG-HMC 153MC/罗技 C-930e	2018	华东林	男	1955.04	初中	方言老男
					王雨	男	1988.12	函授本科	方言青男
					王建洲	男	1956.11	初中	口头文化
林州	王新宇	辛永芬 段亚广 孙志波 郭向敏 沈恒娟 炕留一 苏林猛	samson c03u；话筒内置声卡；松下广播级摄录一体机 AG-HMC 153MC/罗技 C-930e	2016	张鸣声	男	1953.03	小学	方言老男
					秦波	男	1984.10	初中	方言青男
					杨双枝	女	1957.09	高中	口头文化
					赵长生	男	1950.05	初中	口头文化
					任保青	女	1972.02	初中	口头文化
					闫改芬	女	1970.07	高中	口头文化
					侯国勤	女	1950.05	高中	口头文化
					侯巧荣	女	1954.05	初中	口头文化
					张鸣声	男	1953.03	小学	口头文化
鹤壁	申少帅	辛永芬 段亚广 孙志波 李聪聪 王嘉宝 朱莉娜	samson c03u；话筒内置声卡；SONY HDR-CX900E/罗技 C-930e	2017	姚贵群	男	1953.03	初中	方言老男
					张德魁	男	1989.07	大专	方言青男
					姬有良	男	1971.12	初中	口头文化
					姚贵群	男	1953.03	初中	口头文化

续表

调查点	调查人	协助调查者	调查设备	调查时间	方言发音人					备注
					姓名	性别	出生年月	文化程度	
新乡	王新宇	辛永芬 孙志波 郭向敏 沈恒娟 炕留一 苏林猛	samson c03u；话筒内置声卡；松下广播级摄录一体机 AG-HMC 153MC/罗技 C-930e	2016	韩吉虎	男	1959.02	大专	方言老男
					张淑宝	男	1989.01	初中	方言青男
					朱命乐	男	1948.09	中专	口头文化
					贺占坤	男	1963.11	本科	口头文化
					贾林	男	1960.07	大专	口头文化
					潘小郑	男	1962.05	本科	口头文化
济源	王新宇	赵祎缺 郭向敏 沈恒娟 炕留一 苏林猛	samson c03u；话筒内置声卡；松下广播级摄录一体机 AG-HMC 153MC/罗技 C-930e	2017	王金平	男	1962.09	高中	方言老男
					刘程	男	1986.01	中专	方言青男
					姚兰	女	1954.08	高中	口头文化
					李小玲	女	1958.12	高中	口头文化
					李道繁	男	1942.12	大专	口头文化
					王慧芳	女	1998.07	本科	口头文化
沁阳	郭向敏	孙志波 王新宇 沈恒娟 炕留一 苏林猛	samson c03u；话筒内置声卡；松下广播级摄录一体机 AG-HMC 153MC/罗技 C-930e	2018	李治亚	男	1956.08	高中	方言老男
					李鹏	男	1992.01	大专肄业	方言青男
					孙国成	男	1954.02	中专	口头文化
					都屏君	男	1975.11	大专	口头文化
					牛二团	男	1980.11	初中	口头文化
					韩电厂	男	1977.10	初中	口头文化
					李治才	男	1945.02	高中	口头文化
					杨久茹	男	1952.01	大专	口头文化
					杨寿远	男	1950.06	大专	口头文化

续表

调查点	调查人	协助调查者	调查设备	调查时间	方言发音人				
					姓名	性别	出生年月	文化程度	备注
温县	郭向敏	赵祎缺 王新宇 沈恒娟 炕留一 苏林猛	samson c03u；话筒内置声卡；松下广播级摄录一体机 AG-HMC 153MC/罗技 C-930e	2017	张庚申	男	1953.12	初中	方言老男
					张磊	男	1990.02	初中	方言青男
					张峰	男	1985.05	大专	口头文化
					原树武	男	1936.12	小学	口头文化
					原雪英	女	1957.12	高中	口头文化
					张庚申	男	1953.12	初中	口头文化
					王长江	男	1951.08	高中	口头文化
范县	沈恒娟	孙志波 郭向敏 王新宇 邱兴宇 吕红兰	samson c03u；话筒内置声卡；SONY FDR-AX60 高清数码摄像机/罗技 C-930e	2019	田东海	男	1954.12	高中	方言老男
					张新超	男	1986.06	初中	方言青男
					顾生荣	男	1965.04	大专	口头文化
					刘训江	男	1945.04	高中	口头文化
					常兆功	男	1990.12	中专	口头文化
					荆慧	女	1989.01	中专	口头文化
					晏聪聪	女	1996.08	中专	口头文化
					刘帆	女	1991.07	中专	口头文化

续表

调查点	调查人	协助调查者	调查设备	调查时间	方言发音人				
					姓名	性别	出生年月	文化程度	备注
郑州	鲁冰	王蕾 周胜蓝 王文婷 马怡妃	samson c03u；话筒内置声卡；SONY HDR-CX900E/罗技 C-930e	2019	赵彦群	男	1959.09	高中	方言老男
					关敬轩	男	1987.07	本科	方言青男
					连德林	男	1937.10	高中	口头文化
					郭爱生	男	1958.11	高中	口头文化
					连晓爽	女	2000.09	本科	口头文化
开封	段亚广	辛永芬 李聪聪 娄珂珂 李甜甜	samson c03u；话筒内置声卡；SONY HDR-CX900E/罗技 C-930e	2019	苏雨洪	男	1946.02	高中	方言老男
					王文胜	男	1976.05	函授大专	方言青男
					李中华	男	1951.07	大专	口头文化
					王冠生	男	1962.06	小学	口头文化
					席天才	男	1945.09	高中	口头文化
					叶欣	女	1947.04	中专	口头文化
					别青霞	女	1959.04	高中	口头文化
					张俊	女	1977.01	大专	口头文化
濮阳	沈恒娟	孙志波 郭向敏 王新宇 炕留一 苏林猛	samson c03u；话筒内置声卡；松下广播级摄录一体机 AG-HMC 153MC/罗技 C-930e	2018	王连聚	男	1950.03	初中	方言老男
					李兆阳	男	1986.05	中专	方言青男
					王连聚	男	1950.03	初中	口头文化
					张焕竹	女	1953.03	小学	口头文化

续表

调查点	调查人	协助调查者	调查设备	调查时间	方言发音人				备注
					姓名	性别	出生年月	文化程度	
浚县	辛永芬	申少帅 海爽 王蕾 李聪聪 王昕 辛平	samson c03u；话筒内置声卡；SONY HDR-CX900E/罗技 C-930e	2017	李全民	男	1959.02	高中	方言老男
					吴晓明	男	1990.10	高中	方言青男
					辛永忠	男	1969.12	大专	口头文化
					李志华	女	1973.03	高中	口头文化
					王贵珍	女	1962.06	初中	口头文化
					韩学荣	女	1963.05	初中	口头文化
					郭秀林	男	1936.01	高中	口头文化
长垣	孙志波	章策 李昕 陈辉 董一博 张秀岚 张雅倩 翟敏 毛英慧	samson c03u；话筒内置声卡；SONY HDR-CX900E/罗技 C-930e	2017	李恒印	男	1959.03	高中	方言老男
					赵世杰	男	1986.01	高中	方言青男
					李恒印	男	1959.03	高中	口头文化
					杨金英	女	1953.11	小学	口头文化
					于凤敏	女	1958.03	初中	口头文化
					王银芝	女	1963.04	高中	口头文化
					赵素芳	女	1946.02	初中	口头文化

续表

调查点	调查人	协助调查者	调查设备	调查时间	方言发音人				
					姓名	性别	出生年月	文化程度	备注
兰考	辛永芬	段亚广 庄会彬 申少帅 鲁冰 王昕 李甜甜 李聪聪 海爽	samson c03u；话筒内置声卡；SONY HDR-CX900E/罗技 C-930e	2016	姬付军	男	1951.05	小学	方言老男
					王振	男	1990.05	高中	方言青男
					王莹	女	1990.01	初中	口头文化
					程道章	男	1951.07	小学	口头文化
					曹庆刚	男	1974.03	小学	口头文化
					姬付军	男	1951.05	小学	口头文化
					程道民	男	1948.04	初中	口头文化
					刘虎	男	1961.12	初中	口头文化
					雷国建	男	1962.09	中专	口头文化
洛阳	尤晓娟	李会转 王静 魏鹏飞 王洪刚 褚红	samson c03u；话筒内置声卡；SONY HDR-CX900E/罗技 C-930e	2017	梁智敏	男	1960.07	高中	方言老男
					马骏	男	1989.12	大专	方言青男
					郭松珍	女	1952.05	初中	口头文化
					毕青凤	女	1962.07	大专	口头文化
					梁一帆	女	1986.12	本科	口头文化
					梁智敏	男	1960.07	高中	口头文化

续表

调查点	调查人	协助调查者	调查设备	调查时间	方言发音人				备注
					姓名	性别	出生年月	文化程度	
洛宁	李会转	魏会平 尤晓娟 王洪刚 王静	samson c03u；话筒内置声卡；SONY HDR-CX900E/罗技 C-930e	2018	雷石虎	男	1956.12	初中	方言老男
					赵丽峰	男	1984.01	初中	方言青男
					牛晓琳	女	1990.04	中专	口头文化
					赵松林	男	1951.11	初中	口头文化
					雷石虎	男	1956.12	初中	口头文化
					赵丽峰	男	1984.01	初中	口头文化
三门峡	辛永芬	申少帅 孙伊彦 李薇薇 王玉佩	samson c03u；话筒内置声卡；SONY HDR-CX900E/罗技 C-930e	2019	曹润梅	男	1959.07	初中	方言老男
					曹彦琪	男	1984.02	初中	方言青男
					曹润梅	男	1959.07	初中	口头文化
					王丑娃	女	1952.02	小学	口头文化
					秦仙绸	女	1962.10	初中	口头文化
					曲健康	男	1953.03	高中	口头文化
					吕大平	女	1962.11	高中	口头文化
					师洪源	男	1975.01	本科	口头文化
					师亚仙	女	1956.09	函授大专	口头文化

续表

调查点	调查人	协助调查者	调查设备	调查时间	方言发音人			
					姓名	性别	出生年月	文化程度	备注
灵宝	段亚广	朱莉娜 范振洁 吕钰琪	samson c03u；话筒内置声卡；SONY HDR-CX900E/罗技 C-930e	2019	梁建州	男	1956.07	高中	方言老男
					陈乐	男	1984.09	高中	方言青男
					张建苗	女	1963.12	本科	口头文化
					樊瑞	女	1963.05	大专	口头文化
					李玉草	女	1929.10	初小	口头文化
					乔亚亭	女	1942.12	高中	口头文化
					程引珠	女	1956.06	中师	口头文化
商丘	庄会彬	辛永芬 张俊 王波 申少帅 鲁冰 李聪聪 李甜甜 王蕾	samson c03u；话筒内置声卡；SONY HDR-CX900E/罗技 C-930e	2017	黄孝杰	男	1958.02	自学大专	方言老男
					刘恩慧	男	1992.10	自学本科	方言青男
					黄付荣	女	1957.08	初中	口头文化
					吴桂莲	女	1949.11	初中	口头文化
永城	王昕	辛永芬 李甜甜 海爽 王蕾 高顺洁 庞可慧 张辉	samson c03u；话筒内置声卡；SONY HDR-CX900E/罗技 C-930e	2017	李子相	男	1956.01	高中	方言老男
					陶万棵	男	1990.03	初中	方言青男
					陶秋芬	女	1958.07	高中	口头文化
					李子相	男	1956.01	高中	口头文化
					杨之献	男	1955.06	函授大专	口头文化

续表

调查点	调查人	协助调查者	调查设备	调查时间	方言发音人					备注
					姓名	性别	出生年月	文化程度	
永城	王昕	辛永芬 李甜甜 海爽 王蕾 高顺洁 庞可慧 张辉	samson c03u；话筒内置声卡；SONY HDR-CX900E/罗技 C-930e	2017	陈淑云	女	1968.04	中专	口头文化
					李世友	男	1963.04	初中	口头文化
					聂守杰	男	1971.05	初中	口头文化
					苏玲侠	女	1961.04	高中	口头文化
郸城	王新宇	孙志波 郭向敏 沈恒娟 邱兴宇 吕红兰	samson c03u；话筒内置声卡；SONY FDR-AX60 高清数码摄像机/罗技 C-930e	2019	黄相林	男	1958.07	高中	方言老男
					王灿豪	男	1994.10	初中	方言青男
					王景云	男	1955.10	高中	口头文化
漯河	申少帅	辛永芬 吴亮 海爽 李薇薇 周胜蓝 孙伊彦	samson c03u；话筒内置声卡；SONY HDR-CX900E/罗技 C-930e	2018	陈建国	男	1957.02	初中	方言老男
					赵成武	男	1990.04	自学本科	方言青男
					郭秀芬	女	1954.07	初中	口头文化
					姜华	女	1978.12	初中	口头文化
					魏园	女	1981.11	初中	口头文化
					马顺安	男	1958.01	初中	口头文化

续表

调查点	调查人	协助调查者	调查设备	调查时间	方言发音人 姓名	性别	出生年月	文化程度	备注
许昌	鲁冰	马怡妃 王文婷 张俊 王蕾	samson c03u；话筒内置声卡；SONY HDR-CX900E/罗技 C-930e	2018	胡建民	男	1958.05	初中	方言老男
					候帅	男	1992.11	中专	方言青男
					杨明军	男	1962.04	高中	口头文化
					李恋花	女	1958.02	初中	口头文化
					张凤琴	女	1963.06	高中	口头文化
					孙淑华	女	1958.02	高中	口头文化
周口	王昕	段亚广 朱莉娜 李聪聪 刘洋 高巍 高梓琦 周磊	samson c03u；话筒内置声卡；SONY HDR-CX900E/罗技 C-930e	2018	齐太坤	男	1955.04	高中	方言老男
					崔金哲	男	1992.06	初中	方言青男
					王永光	男	1997.06	小学	口头文化
					张玉梅	女	1966.10	小学	口头文化
					崔喜爱	女	1957.09	小学	口头文化
					史国强	男	1956.04	初中	口头文化
					李笼	女	1955.05	小学	口头文化
驻马店	段亚广	李聪聪 朱莉娜 王嘉宝 申少帅	samson c03u；话筒内置声卡；SONY HDR-CX900E/罗技 C-930e	2017	高会武	男	1945.08	高中	方言老男
					汪烁	男	1992.02	大专	方言青男
					贺学云	女	1956.01	小学	口头文化

附录 方言调查和发音人信息表

续表

调查点	调查人	协助调查者	调查设备	调查时间	方言发音人 姓名	性别	出生年月	文化程度	备注
驻马店	段亚广	李聪聪 朱莉娜 王嘉宝 申少帅	samson c03u；话筒内置声卡；SONY HDR-CX900E/罗技 C-930e	2017	李小响	女	1961.04	小学	口头文化
					靳阿慧	女	1988.04	中专	口头文化
					柴丽丽	女	1959.05	高中	口头文化
					高会武	男	1945.08	高中	口头文化
长葛	辛永芬	申少帅 吴亮 海爽 李薇薇 周胜蓝 孙伊彦	samson c03u；话筒内置声卡；SONY HDR-CX900E/罗技 C-930e	2018	贾保顺	男	1954.02	初中	方言老男
					陈辉良	男	1990.04	初中	方言青男
					武松岭	女	1957.06	高中	口头文化
					陈宝花	女	1966.02	初中	口头文化
					张会菊	女	1962.12	初中	口头文化
					张庭阳	男	1953.07	初中	口头文化
					路长喜	男	1931.01	小学	口头文化
泌阳	段亚广	李聪聪 朱莉娜 吕钰琪	samson c03u；话筒内置声卡；SONY HDR-CX900E/罗技 C-930e	2018	袁海建	男	1963.03	高中	方言老男
					焦成伟	男	1992.02	高中	方言青男
					张振甫	男	1955.10	小学	口头文化
					禹建民	女	1957.02	小学	口头文化
					袁海建	男	1963.03	高中	口头文化

续表

调查点	调查人	协助调查者	调查设备	调查时间	方言发音人			
					姓名	性别	出生年月	文化程度	备注
南阳	庄会彬	辛永芬 鲁冰 申少帅 郑津 王蕾 海爽 李甜甜 杨璟	samson c03u；话筒内置声卡；SONY HDR-CX900E/罗技 C-930e	2018	刘明甫	男	1960.08	大专	方言老男
					郭隆达	男	1982.07	大专	方言青男
					黄泳	女	1966.11	本科	口头文化
					牛天锋	男	1970.10	本科	口头文化
					金果	男	1974.10	本科	口头文化
					宋珂	女	1975.12	大专	口头文化
鲁山	王静	尤晓娟 李会转 王洪刚	samson c03u；话筒内置声卡；SONY HDR-CX900E/罗技 C-930e	2018	刘栓	男	1957.08	高中	方言老男
					张朋	男	1989.07	大专	方言青男
					刘栓	男	1957.08	高中	口头文化
					谢令利	女	1958.08	初中	口头文化
					谢小利	女	1962.10	高中	口头文化
					张朋	男	1989.07	大专	口头文化
					冯国	男	1964.06	初中	口头文化
邓州	郭向敏	孙志波 王新宇 沈恒娟 邱兴宇 吕红兰	samson c03u；话筒内置声卡；SONY FDR-AX60 高清数码摄像机/罗技 C-930e	2019	闫林	男	1957.08	高中	方言老男
					苏殿川	男	1988.07	初中	方言青男
					汤清莲	女	1958.11	高中	口头文化
					闫林	男	1957.08	高中	口头文化
					刘志强	男	1964.12	初中	口头文化

续表

调查点	调查人	协助调查者	调查设备	调查时间	方言发音人 姓名	性别	出生年月	文化程度	备注
西峡	鲁冰	周胜蓝 王蕾 马怡妃 王文婷	samson c03u；话筒内置声卡；SONY HDR-CX900E/罗技 C-930e	2019	李新珊	男	1958.10	中师	方言老男
					张洪超	男	1989.08	本科	方言青男
					张闪	女	1987.07	本科	口头文化
					王春兰	女	1957.03	初中	口头文化
					周海静	女	1968.12	大专	口头文化
					曹刚林	男	1946.11	中专	口头文化
					韩花立	男	1964.05	初中	口头文化
					黄芊	女	1988.11	本科	口头文化
					姚社平	女	1960.06	高中	口头文化
信阳	罗家坤	叶祖贵 尹百利 李川 李秀林 项臻 钱倩	samson c03u；话筒内置声卡；SONY HDR-CX900E/罗技 C-930e	2017	王荣德	男	1953.04	小学	方言老男
					周海军	男	1984.02	本科	方言青男
					项臻	男	1983.07	硕士	口头文化
					王荣德	男	1953.04	小学	口头文化
					周海军	男	1984.02	大专	口头文化
					陈宝玉	女	1953.10	初中	口头文化
					钟力群	女	1987.01	本科	口头文化
					严建华	女	1954.06	初中	口头文化
					秦臻	女	1982.11	本科	口头文化

续表

调查点	调查人	协助调查者	调查设备	调查时间	方言发音人				备注
					姓名	性别	出生年月	文化程度	
固始	叶祖贵	尹百利 李川 刘阳海 李秀林 钱倩	samson c03u；话筒内置声卡；SONY HDR-CX900E/罗技 C-930e	2018	熊建军	男	1956.12	高中	方言老男
					张孝兵	男	1982.04	大专	方言青男
					吴曾明	男	1955.04	大专	口头文化
					周成英	女	1956.06	小学	口头文化
					赵海英	女	1951.10	小学	口头文化
					熊建军	男	1956.12	高中	口头文化
					程泽云	女	1961.10	小学	口头文化
					张孝兵	男	1982.04	大专	口头文化
					李迎新	女	1976.11	大专	口头文化

后　　记

　　河南省语言资源保护工程于 2016 年启动，2019 年完成，历经四年。省教育厅高度重视河南语保工作，在广泛征求相关高校及专家的意见后，印发了《河南省教育厅办公室转发教育部办公厅关于推进中国语言资源保护工程建设的通知》（教办语用〔2016〕312 号），成立河南汉语方言调查项目管理小组，主管厅长亲自担任管理项目负责人，委托河南科技学院承担项目管理小组具体事务。由河南大学、河南科技学院、洛阳理工学院、信阳职业技术学院承担河南汉语方言调查的具体工作。四年来，河南省共完成专项调查课题 34 个，其中，国家规划课题 25 个，少数民族濒危汉语方言课题 1 个，国家立项、省自筹经费项目 8 个。调查点及其课题负责人如下（负责人名单按音序排列）：

　　邓　楠：武陟（回民汉语方言）
　　段亚广：开封、驻马店、泌阳、灵宝
　　郭向敏：温县、沁阳、邓州
　　李会转：洛宁
　　鲁　冰：许昌、郑州、西峡
　　罗家坤：信阳
　　申少帅：鹤壁、漯河
　　沈恒娟：濮阳、范县
　　孙志波：长垣
　　王　昕：永城、周口
　　王　静：鲁山
　　王新宇：林州、新乡、安阳、济源、郸城
　　辛永芬：兰考、浚县、长葛、三门峡
　　叶祖贵：固始
　　尤晓娟：洛阳
　　庄会彬：商丘、南阳

　　为保证项目的顺利开展，省教育厅选聘"中国语言资源保护工程"核心专家组专家、河南大学辛永芬教授为首席专家，组织全体项目组成员到国家语保中心参加培训，并于 2017 年 3 月承办了河南、河北、安徽三省调查团队的专题培训。首席专家辛永芬教授在完成好自己承担项目的基础上，与摄录团队技术骨干一起对每个调查点进行了专业指导，全程参与了所有项目点的课题中检、预验收、验收等工作。每一次中检、预验收、验收，省教育厅领导都亲临现场认真听取专家组意见，要求各课题组对于专家的意见和建议照单全收，认真整改，同时对整改情况进行过程督导。

为更好地保护河南汉语资源，在国家规定任务的基础上，河南省教育厅自筹经费86万元，增加了8个方言调查点。2020年还列支了33万元用于资源集的出版。这些措施既为专项调查任务的顺利完成提供了保障，也为语言资源集的编写出版提供了有力支持。

《中国语言资源集（分省）》编写工作是语保工程一期调查成果的系统性整理和加工，是语保工程标志性精品成果之一。教育部语信司2019年全面启动了分省资源集编写工作，并印发了《中国语言资源集（分省）实施方案》和《中国语言资源集（分省）编写出版规范》。"中国语言资源集·河南"（YB19ZYA024）于2019年9月获得立项，将"中国语言资源保护工程·河南汉语方言调查"项目中的33个点纳入整理编写的范围，暂不含武陟回民汉语方言点。根据教育部语信司相关文件精神和编写出版要求，我们拟定了《〈中国语言资源集·河南〉实施方案》，制定了语音卷、词汇卷、语法卷、口头文化卷等四卷的具体编写方案和统一格式示例，并先行整理出鹤壁、浚县、漯河三个方言点的材料，形成样稿，发给其他各点参照执行。

为了语言资源集编写和出版工作的顺利推进，我们建立了多方沟通渠道：一是与语保中心的沟通渠道；二是与教育厅的沟通渠道；三是与出版社的沟通渠道；四是与各课题组及编写人员的沟通渠道。两年多来，大家分工合作，积极献计献策，发现问题及时沟通，随时交流。这个过程中，每个参与的成员都做到了尽职、尽责、尽心、尽力，乐于相助，甘于奉献，充分体现了团结、互助、和谐、友爱的团队精神。

资源集编写工作中最有技术含量的是33个点的字音对照表、词汇对照表和语法对照表的转写整理。这项工作由河南语保工作的技术骨干申少帅负责。他根据三个对照表的编写规范和编写要求，结合本省实际，制作了《分省资源集 xls 转 word 的视频教程》转发给大家，视频教程中列出了详细的转写步骤，并以漯河方言为示例进行了转写示范，使得三个对照表的进展非常顺利。

资源集编写工作的难点在于语料的准确性、规范性和一致性。这项工作主要由首席专家辛永芬、课题组骨干成员段亚广和鲁冰统筹拟定，各课题组负责人分工完成。《中国语言资源集·河南》共分《语音卷》《词汇卷》《语法卷》《口头文化卷》四卷，于2020年11月完成初稿，并先后进行了三次校对。第一次是集中式校对，由辛永芬负责概况、语法卷和口头文化卷的校对工作，段亚广老师负责词汇卷的校对工作，鲁冰老师负责语音卷的校对工作。第二次是分散式校对，我们根据一校时发现的问题编写了各卷的凡例和具体校对要求，分发给各课题组编写人员进行分散式校对。2021年11月，我们又根据《中国语言资源集（分省）实施方案（2019年修订）》和《中国语言资源集（分省）编写出版方案（2019年修订）》，对已经完成的第二稿进行第三次校对修改。这个过程中，语保中心张世方教授、省教育厅有关领导始终关注着资源集的每一步进展情况。河北师范大学吴继章老师、陕西师范大学黑维强老师、辽宁师范大学原新梅老师在资源集的编写体例、编写规范和具体操作方面也给予了很多指导。

2022年3月我们把书稿交付给中国社会科学出版社，2022年4月收到出版社的一校稿。因疫情影响不能进行集体校对，我们把纸质校对稿复印了8份，分寄给相关课题负责人进行校对。此次校对，我们又按照《中国语言资源集（分省）编写出版规范（2021年修订）》对书稿进行结构上的调整，最后由辛永芬、段亚广、鲁冰完成全书统稿。资源集二校、三校分别于2022年9月和10月顺利完成。

如今，《中国语言资源集·河南》经过反复不断地打磨、校对、修改终于要付梓出版了。在资源集的编写过程中，参与河南语保工作的各位领导、专家、课题负责人、研究生付出了许多艰辛和努力。大家顾全大局，齐心协力，凝聚智慧，坦诚交流，不仅顺利完成了编写任务，也结下了真挚深厚的友谊。

《中国语言资源集·河南》（四卷）是为期四年的河南语保工作的重要总结和标志性成果之一，是集体劳动和集体智慧的结晶。

真诚感谢河南语保团队各位同仁的辛勤付出！感谢协助课题负责人进行田野调查、纸笔记录、录音录像、材料整理、资源集编写和校对修改的（音序排列）褚红、高巅、炕留一、李川、李秀林、刘心铭、刘洋、刘阳海、吕红兰、庞可慧、钱倩、邱兴宇、苏林猛、王洪刚、魏会平、魏鹏飞、吴亮、项臻、尹百利、张辉、张俊、赵延军、赵祎缺等专家老师。

真诚感谢多年来不怕辛苦，牺牲假期休息时间，跟随团队进行田野调查、录音录像、材料整理和书稿校对修改的各位研究生、本科生。他们是河南汉语方言保护工作的生力军、亲历者和见证人，在语保工作中得到了历练和成长。他们的名字是（音序排列）：

曹冬雨、柴畅、陈孟阳、陈贝贝、陈辉、董一博、范振洁、高顺洁、高梓琦、郭海娟、郭静邑、郭琪、海爽、胡予恒、李聪聪、李甜甜、李薇薇、李昕、刘依林、李天姿、李雨芳、娄珂珂、吕英杰、吕钰琪、马静、马怡妃、毛英慧、钱嘉欣、乔文芳、孙庆可、孙伊彦、石平华、王慧芳、王嘉宝、王蕾、王林、王梦宇、王文婷、王忆宁、王玉佩、辛平、徐洪达、杨璟、原梦琳、翟敏、章策、张茗、张乾、张清龙、张秀岚、张雅倩、张贻舒、郑津、周胜蓝、周轩冰、朱莉娜

真诚感谢在河南语保专业培训、中检、预验收和验收工作中为我们提供专业指导、纠偏纠错并提出宝贵修改意见的乔全生、伍巍、张生汉、赵日新、黑维强、庄初升、高晓虹、唐正大、张世方、黄晓东、桑宇红、陶寰、严修鸿、黄拾全、支建刚、王文胜、肖萍、张薇、王红娟、瞿建慧、白静茹、陈晓姣、王莉莎、董丽丽等各位专家！感谢他们多年来的悉心指教和辛苦付出！

真诚感谢河南省教育厅宋争辉、尹洪斌、李金川、何秀敏、吕冰、闫俊山、王亚洲、韩冰、柳建伟、李伟民、陈晨、唐磊、薛芳以及各市县语委办的同志，

项目的顺利完成，离不开他们多年来的大力支持和帮助。

真诚感谢为河南语保提供第一手语料的 200 多位方言发音人！感谢为河南语保多方奔走的方言热心人士和各位亲朋好友。他们是河南方言的代言人，是乡音的保护者和传承人，有了他们的加入和辛苦付出，才有了今天呈现给大家的这套有分量的资源集。

真诚感谢李宇明教授对河南语保工作的关心和支持，也非常感谢李老师在百忙之中抽时间为河南语言资源集作序。李老师是"中国语言资源有声数据库建设"和"中国语言资源保护工程"的发起人之一和参与者，是令人敬仰的语言学大家，是河南语言学界的骄傲，更是河南语言学人学习的榜样！李老师的序言立意高远，视野开阔，不仅使资源集大为增色，也为我们指明了继续前行的方向。

真诚感谢中国社会科学出版社的编校老师，他们的博学和细心、严谨，确保了本资源集的高质量顺利出版。

"语言是一种宝贵的、不可再生的社会文化资源。"有机会参与"中国语言资源保护工程"这一重大的语言文化工程，我们感到莫大的荣幸！《中国语言资源集·河南》只是河南语保工程的一个阶段性成果，以后的路还很长，我们将积极奉献、奋发有为、砥砺前行！

辛永芬　王新宇　段亚广
2022 年 10 月 10 日